ଭାବ ଓ ଭାଷାର ସମ୍ରାଟ ସୁରେନ୍ଦ୍ର

ଭାବ ଓ ଭାଷାର ସମ୍ରାଟ ସୁରେନ୍ଦ୍ର

ଡକ୍ଟର ସର୍ବେଶ୍ୱର ସେଣ

ବ୍ଲାକ୍ ଈଗଲ୍ ବୁକ୍ସ
ଭୁବନେଶ୍ୱର, ଓଡ଼ିଶା

BLACK EAGLE BOOKS
Dublin, USA

ଭାବ ଓ ଭାଷାର ସମ୍ରାଟ ସୁରେନ୍ଦ୍ର / ଡକ୍ଟର ସର୍ବେଶ୍ୱର ସେଣ

ବ୍ଲାକ୍ ଇଗଲ୍ ବୁକ୍ସ : ଭୁବନେଶ୍ୱର, ଓଡ଼ିଶା ● ଡବ୍ଲିନ୍, ଯୁକ୍ତରାଷ୍ଟ୍ର ଆମେରିକା

BLACK EAGLE BOOKS

USA address:
7464 Wisdom Lane
Dublin, OH 43016

India address:
E/312, Trident Galaxy, Kalinga Nagar,
Bhubaneswar-751003, Odisha, India

E-mail: info@blackeaglebooks.org
Website: www.blackeaglebooks.org

First International Edition Published by
BLACK EAGLE BOOKS, 2023

Bhaba O Bhasara Samrat Surendra
by **Sarbeswar Sena**
E-mail : drssena@gmail.com
Cell: 9437088039

Copyright © **Sarbeswar Sena**

All rights reserved. No part of this publication may be reproduced, stored in a retrieval system, or transmitted, in any form or by any means, electronic, mechanical, photocopying, recording or otherwise without the prior permission of the publisher.

Cover & Interior Design: Ezy's Publication

ISBN- 978-1-64560-498-3 (Paperback)

Printed in the United States of America

ଉତ୍ସର୍ଗ

ମୋ ବୋଉ ରମାଦେଈଙ୍କ ସ୍ମୃତିରେ....

ଡକ୍ଟର ସର୍ବେଶ୍ୱର ସେଣ

ମୁଖବନ୍ଧ

ଓଡ଼ିଆ ଗଳ୍ପ ସାହିତ୍ୟର ଅନୁପମ ବିନ୍ଧାଣି ସୁରେନ୍ଦ୍ର

ଭାବ, ଭାବନା, ଭାବାନ୍ତର, ଭାଷା - ଏ ସମସ୍ତ ପରସ୍ପର ନିବିଡ଼ ଭାବେ ସମ୍ବନ୍ଧିତ। ଭାବ, ଅନୁରାଗର ଉତ୍କର୍ଷ, ମାଧୁର୍ଯ୍ୟ ଆସ୍ୱାଦନରେ ଆନନ୍ଦର ପୂର୍ଣ୍ଣତମ ରୂପ। ଭାବନା- ଆତ୍ମଜ୍ଞାନ, ନିବେଶ, ଧ୍ୟାନ। ଅପର ପକ୍ଷରେ ଭାବନ; ଅନୁଚିନ୍ତନ, ଚିନ୍ତନ, ପ୍ରକାଶନ - ଏଇ ଅର୍ଥରେ ପ୍ରଯୁଜ୍ୟ। ଭାବାନ୍ତର - ଅନ୍ୟଭାବ, ମନର ପରିବର୍ତ୍ତନ, ମାନସିକତାର ବିଷୟାନ୍ତର ଗମନ। ଦୃଶ୍ୟ ଜଗତରୁ ଅତୀନ୍ଦ୍ରିୟ ରାଜ୍ୟକୁ ତାହାର ପରିବ୍ୟାପ୍ତି। କଳ୍ପନା ବିଳାସ, ସୌନ୍ଦର୍ଯ୍ୟବୋଧ, ଅଧ୍ୟାତ୍ମ ଆବେଶ, ଏହାର ମୁଖ୍ୟ ବିଭବ। ଭାବ ପ୍ରକାଶର ଶ୍ରେଷ୍ଠ ମାଧ୍ୟମ ଭାଷା। ଭାଷା, ଭାବ - ଉଭୟ ମଧ୍ୟରେ ସଫଳ ସମନ୍ୱୟ; ସାହିତ୍ୟ ହୋଇଯାଏ ହୃଦୟସ୍ପର୍ଶୀ। ଏହାର ଭୂରି ଭୂରି ନମୁନା ବିଭିନ୍ନ ଭାଷାରେ ଲିଖିତ ସାହିତ୍ୟରେ ପରିଲକ୍ଷିତ। ଓଡ଼ିଆ ସାହିତ୍ୟରେ ଗଦ୍ୟ ସମ୍ରାଟ ଫକୀର ମୋହନଙ୍କ ଦ୍ୱାରା ଗଣ-ଭାଷାର ପ୍ରୟୋଗ, ଗୋପୀନାଥ ମହାନ୍ତିଙ୍କ ମନୋଜ୍ଞ ଭାଷାଶୈଳୀ, ଔପନ୍ୟାସିକ କାଳିନ୍ଦୀ ଚରଣ ପାଣିଗ୍ରାହୀଙ୍କର କାବ୍ୟଧର୍ମୀ ଗଦ୍ୟ; ସେହିପରି ଆହୁରି ଅନେକ। ପାଠକେ ମୁଗ୍ଧବିହ୍ୱଳ। ଅନୁରୂପ ଭାବେ ଫକୀରମୋହନୋତ୍ତର ଗଦ୍ୟ ସାହିତ୍ୟର ଅପ୍ରତିଦ୍ୱନ୍ଦ୍ୱୀ ସ୍ରଷ୍ଟା ସୁରେନ୍ଦ୍ର ମହାନ୍ତି। ତାଙ୍କର ପ୍ରତ୍ୟେକଟି କଳାକୃତିରେ ଭାବସହ ଭାଷାର ଅଭୂତପୂର୍ବ ଯୁଗଳବନ୍ଦୀ। ଚହଲିଯାଏ ପାଠକର ମନ, ପ୍ରାଣ। ବାସ୍ତବିକ ସେ ଭାଷାର ଯାଦୁକର, ଭାବର ଏକାଙ୍ଗଚକ୍ରବର୍ତ୍ତୀ ସମ୍ରାଟ।

କାଳଜୟୀ ସ୍ରଷ୍ଟା ସୁରେନ୍ଦ୍ର ମହାନ୍ତି। ଯାତ୍ରା ତାଙ୍କ ଜୀବନ, ପଥ ତାଙ୍କର ପୃଥିବୀ। ନିରନ୍ତର ଅଗ୍ରଗତି, ନାହିଁ କ୍ଳାନ୍ତି, ଅବସାଦ। ସଂଘର୍ଷରୁ ତାଙ୍କର ସାଧନା, ସାରସ୍ୱତ ତପସ୍ୟାରୁ ସିଦ୍ଧି। ସାମ୍ବାଦିକତା, ରାଜନୀତି - ଉଭୟ କ୍ଷେତ୍ରରେ ତାଙ୍କର ଅମାପ ଖ୍ୟାତି;

ମାତ୍ର ସାହିତ୍ୟ ସାଧନା ତାଙ୍କର ସଖା, ସହୋଦର, ଏକାନ୍ତ ସୁହୃତ। ଏଥିରୁ ପାଇଛନ୍ତି ପରମ ତୃପ୍ତି। ଜୀବନକୁ ସେ ଦେଖିଲେ ଖୁବ୍ ନିକଟରୁ। ପଢ଼ିଲେ ଜନତା ଜନାର୍ଦ୍ଦନଙ୍କର କଷଣ, ପେଷଣ, ନିର୍ଯ୍ୟାତିତ ଜୀବନକୁ। ହେଲେ ଅନୁଭୂତି ସିଦ୍ଧ, ତଟସ୍ଥ ଭାବେ ସେ ସବୁକୁ ଆଙ୍କିଦେଲେ ଆପଣାର ସୃଷ୍ଟି ସମ୍ଭାରରେ। କ୍ଷୁଦ୍ରଗଳ୍ପ, ଉପନ୍ୟାସ, ସମାଲୋଚନା, ଜୀବନୀ, ଆତ୍ମଜୀବନୀ ଆଦି ରଚନାରେ ଭାଷାର ଐନ୍ଦ୍ରଜାଲିକ ସମ୍ମୋହନରେ ଗୁଣୀ ପାଠକବୃନ୍ଦ ବିଭୋର। ଭାବ, ଭାଷା – ଉଭୟର ସୁରେନ୍ଦ୍ର ଜଣେ ଅନୁପମ ବିନ୍ଧାଣି। ଏ କଥାଟି ବହୁଜନ ସମ୍ମତ।

ପ୍ରାକ୍ ସ୍ୱାଧୀନତା କାଳ। ଏକ ନିପଟ ମଫସଲି ଗାଁ ପୁରୁଷୋତ୍ତମପୁର। କଟକ ଠାରୁ ୧୨ ମାଇଲ ଉତ୍ତର ପୂର୍ବ କୋଣରେ। ଚିର ସବୁଜିମା ଭରା ସେଇ ଛଇ ଛବିଲି ଗାଁର ରୂପ ଲାବଣ୍ୟ। ଚାଳଛପର ଖଞ୍ଜାଘର। ମଥାନ ଉପରେ ଛନ୍ଦାଛନ୍ଦି ଲାଉ କଖାରୁ ଲଟା। ଚପଳ ଛନ୍ଦା ବରଷା ରାଣୀର ପାଉଁଜି ପିନ୍ଧା ରୁଣୁଝୁଣୁ ଝଙ୍କାର - ଖୁବ୍ ମଧୁର। ବଗୁଲିଆ ପବନ, ତାଳ ବାହୁଙ୍ଗା ପବନରେ ଦାମାପିଟେ। ନିଶୂନ୍ ରାତି, ବାଉଁଶ ବଣ, ପବନ ନାନାବାୟା ଗୀତ ବୋଲେ। ଡାହାଣୀମାନେ ବଇଁଶୀ ବଜାନ୍ତି। ଦୂରରୁ ଶୁଭେ ଅଶରୀର କେଁ-କଟର-ସୁର; ବଡ଼ କାତର। ଗଛ-ଚଢ଼େଇ-ରଙ୍ଗୀନ ପ୍ରଜାପତି-ଫୁଲ-ଫଗୁଣ-ଜୋଛନା ଧଉଳା ଚଇତି ରାତି। ସବୁଜ-ଶାଗୁଆ ଧାନକ୍ଷେତ,ପୂବେଇ ବାଆରେ ଲହଡ଼ି ଭଙ୍ଗା କେରି କେରି ଧାନ କିଆରୀ। ସଞ୍ଜୁଆ ପବନରେ ମଧୁମାଳତୀର ମହକ। ଚହଲି ଯାଇଛି ସୁରେନ୍ଦ୍ରଙ୍କ ମନ-ପ୍ରାଣ-ହୃଦୟ। ପାଲଟି ଯାଇଛନ୍ତି ସୌନ୍ଦର୍ଯ୍ୟର ବିଭୋର ପୂଜାରୀ। ଫଳତଃ ଲଳିତ-ମଧୁର-କୋମଳ ଭାଷା ସମ୍ଭାର ସାର୍ଥକ ଭାବେ ପ୍ରତିଫଳିତ ତାଙ୍କର ବିଭିନ୍ନ ସାହିତ୍ୟ କୃତିରେ।

ବୃତ୍ତିରେ ସୁରେନ୍ଦ୍ର ଜଣେ ସାମ୍ବାଦିକ। ସାହିତ୍ୟ, ରାଜନୀତି - ଏ ଦୁଇଟି ତାଙ୍କ ପାଇଁ ପରିପୂରକ। ଓଡ଼ିଆ ସାମ୍ବାଦିକତାର କ୍ଷେତ୍ର - ଏଥିରେ ସେ ସାହିତ୍ୟ, ରାଜନୀତି, ସାମ୍ବାଦିକତାକୁ ଏକତ୍ର କରିବାର ପ୍ରୟାସ ଜାରିରଖିଲେ। ରାଜନୀତି ତାଙ୍କ ପାଇଁ ଗୋଟାଏ ସ୍ୱପ୍ନ, ଗୋଟାଏ ଆଦର୍ଶ ପ୍ରତିଷ୍ଠା ପାଇଁ ନିରବଚ୍ଛିନ୍ନ ସାଧନା। ବେସାଲିସ ଜୀବନ ଧାରା। ତଥାକଥିତ ରାଜନୀତି ପାଇଁ ତାହା ଘୋର ବାଧକ। ସୁରେନ୍ଦ୍ରଙ୍କୁ ଏକଥାଟି ଅଜଣା ନ ଥିଲା। ସାଲିସ ରାଜନୀତିଠାରୁ ସେ ଢେର୍ ଦୂରରେ; ମାତ୍ର ରାଜନୀତି ତାଙ୍କ ସାହିତ୍ୟ ପରିସରକୁ ସୁଦୂରପ୍ରସାରୀ କରିଛି। ସାମ୍ପ୍ରତିକ ସାହିତ୍ୟର ଦିଗ୍‌ବଳୟ ଅତି ସୀମିତ। ଏହାର କାରଣ ଓଡ଼ିଶା ତଥାପି ଏକ କୃଷିପ୍ରଧାନ ରାଜ୍ୟ। ଏଠାରେ କୌଣସି ମହାନଗରୀ ମୁଣ୍ଡଟେକି ନାହିଁ। ଛୋଟ ଛୋଟ ମଫସଲି ସହର, ଘଟଣା ବିହୀନ ଜୀବନ ଧାରା, ବଡ଼ ନିସ୍ତରଙ୍ଗ। କେଇଜଣ ନାଁ ଡାକ ସାହିତ୍ୟିକ, ଉଚ୍ଚ ଶିକ୍ଷିତ, ସରକାରୀ ଦପ୍ତରରେ ଚାକିରି। ରୁଦ୍ଧ

କୋଠରି ମଧ୍ୟରେ ସେମାନଙ୍କର ସାହିତ୍ୟ ସାଧନା। ଫଳସ୍ୱରୂପ ସାହିତ୍ୟର ଆଙ୍ଗିକତାରେ ଚମତ୍କାରିତା ପ୍ରକାଶ ପାଇଲା ସତ; ମାତ୍ର ଆତ୍ମାରେ ନୁହେଁ। ବନ୍ଦ କୋଠରି ମଧ୍ୟରେ ରହି ଅସୀମ ଆକାଶର ସ୍ୱପ୍ନ ଦେଖିବା ଯାହା, ମପାଚୁପା, ଧରାବନ୍ଧା ପରିବେଶ ମଧ୍ୟରେ ରହି ବୃହତ୍ତର ଜଗତର ବୈଚିତ୍ର୍ୟ କଳନା କରିବା ସେୟା। ଏ ପ୍ରସଙ୍ଗ ସୁରେନ୍ଦ୍ର ଅବଗତ ଥିଲେ। ତେଣୁ ତାଙ୍କ ସାହିତ୍ୟରେ ବିପୁଳ ଜୀବନାନୁଭୂତିର କଳାତ୍ମକ ପ୍ରତିଫଳନ; ସୁରେନ୍ଦ୍ର ପାଲଟିଲେ ଜଣେ ଲବ୍ଧପ୍ରତିଷ୍ଠ ସମାଜ-ଚିତ୍ରକର।

ସମୃଦ୍ଧ, ପ୍ରଭାବଶାଳୀ ସାହିତ୍ୟ ସୃଷ୍ଟିପାଇଁ କେବଳ ମାନସିକ ବିକାଶ ଯଥେଷ୍ଟ ନୁହେଁ; ସେଥିପାଇଁ ଲୋଡ଼ା ପ୍ରୟୋଜନ, କିଛି ସମ୍ପୃକ୍ତି ସହିତ ସଂକଳ୍ପର ସ୍ୱାକ୍ଷର। ସାହିତ୍ୟ ସୃଷ୍ଟି ପାଇଁ ଅପରିହାର୍ଯ୍ୟ ପ୍ରତ୍ୟକ୍ଷ ଅନୁଭବ। ଆଙ୍ଗୁଠି ନ ପୋଡ଼ି ନିରାପଦ ଦୂରତାରେ ରହି ନିଆଁ ଉପରେ ନିବନ୍ଧ ଲେଖିବା ଏକ କଥା; ମାତ୍ର ନିଆଁରେ ଆଙ୍ଗୁଠି ପୋଡ଼ି ନିଆଁ ଉପରେ କବିତା ରଚନା ଆଉ ଏକ ଭିନ୍ନ କଥା। ପ୍ରଥମଟିରେ ଦହନର କଳ୍ପନା ବିଳାସ; ଅନ୍ୟଟିରେ ଦହନର ପ୍ରତ୍ୟକ୍ଷୀଭୂତ ଯନ୍ତ୍ରଣା। ଏ ଉପଲବ୍ଧି ସୁରେନ୍ଦ୍ରଙ୍କର। ସେଇଥିପାଇଁ ସେ ଜଣେ କଳ୍ପନାବିଳାସୀ ସ୍ରଷ୍ଟା ନୁହଁନ୍ତି; ଜଣେ ବାସ୍ତବବାଦୀ ସାରସ୍ୱତ ସାଧକ।

ସୁରେନ୍ଦ୍ର ଉପନ୍ୟାସର ବର୍ଣ୍ଣାଢ୍ୟ ସୌଦାଗର, ଗଳ୍ପ ସାହିତ୍ୟର ନିପୁଣ ଯାଦୁକର। 'ଅନ୍ଧଦିଗନ୍ତ', 'ନୀଳଶୈଳ', 'ନୀଳାଦ୍ରି ବିଜୟ', 'କୃଷ୍ଣାବେଣୀରେ ସନ୍ଧ୍ୟା' ଆଦି ଉପନ୍ୟାସ। 'ପଥ ଓ ପୃଥିବୀ' ଆତ୍ମଲିପି; 'କୁଳବୃଦ୍ଧ', 'ଶତାବ୍ଦୀର ସୂର୍ଯ୍ୟ' (ଉଭୟେ ଚରିତୋପନ୍ୟାସ) - ଏ ସମସ୍ତ ଚିତ୍ତାକର୍ଷକ କଳାକୃତି। ଏତଦ୍‌ଭିନ୍ନ 'କୃଷ୍ଣଚୂଡ଼ା', 'ମହାନଗରୀର ରାତ୍ରି', 'ସବୁଜ ପତ୍ର ଓ ଧୂସର ଗୋଲାପ', 'ଯଦୁ ବଂଶ ଓ ଅନ୍ୟାନ୍ୟ ଗଳ୍ପ', 'ରାଜଧାନୀ ଓ ଅନ୍ୟାନ୍ୟ ଗଳ୍ପ', 'କବି ଓ ନର୍ତ୍ତକୀ', 'ମରାଳର ମୃତ୍ୟୁ', 'ମହାନିର୍ବାଣ', 'ମାଂସର କୋଣାର୍କ' ପ୍ରଭୃତି କ୍ଷୁଦ୍ରଗଳ୍ପ ସଂକଳନ ପ୍ରଣିଧାନଯୋଗ୍ୟ। 'ଓଡ଼ିଆ ସାହିତ୍ୟର ଆଦିପର୍ବ', 'ଓଡ଼ିଆ ସାହିତ୍ୟର ମଧ୍ୟପର୍ବ ଓ ଉତ୍ତର ପର୍ବ' ଭଳି ଉଚ୍ଚମାନର ସମାଲୋଚନା ପୁସ୍ତକର ସ୍ରଷ୍ଟା ସୁରେନ୍ଦ୍ର; ମାତ୍ର ଆପଣାର ସର୍ବୋତ୍କୃଷ୍ଟ କଳାକାରିଗରି ପଣର ନିଦର୍ଶନ ତାଙ୍କ ଗଳ୍ପସମ୍ଭାର।

ସମ୍ବାଦ ଏକ ରୁଚିକର ସାହିତ୍ୟ – ଏହା ମଧ୍ୟ ସ୍ପଷ୍ଟ କରିଦେଇଛନ୍ତି ଗାଳ୍ପିକ 'କୃଷ୍ଣଚୂଡ଼ା' ଗଳ୍ପ ରଚନା ପୃଷ୍ଠଭୂମିରେ- "ସାମ୍ବାଦିକ ସଦାନନ୍ଦ କଳାଘୁମର ମେଘଢଙ୍କା ଆକାଶ ତଳେ ପୁଷ୍ପିତ କୃଷ୍ଣଚୂଡ଼ାର ଶୋଭା ଆଡ଼େ ଚାହିଁ ନିଜକୁ ନିଜେ ପଚାରିଥିଲା; ଏଇ ପୁଷ୍ପିତ କୃଷ୍ଣଚୂଡ଼ା ଆଜି ଦିନର ଶ୍ରେଷ୍ଠ ସମ୍ବାଦ ନ ହେବ କାହିଁକି ?" ଏଇଥିରୁ ଜନ୍ମନେଲା 'କୃଷ୍ଣଚୂଡ଼ା' ଗପ। ଏତାଦୃଶ ସ୍ରଷ୍ଟାଙ୍କର ବହୁ ଅଭିନବ ପରିକଳ୍ପନା। ତାହା ତାଙ୍କ ସାହିତ୍ୟ କୃତିରେ ପ୍ରତିଫଳିତ।

ସମ୍ପ୍ରତି ଲେଖକମାନେ ପ୍ରେମକୁ ନେଇ ସାହିତ୍ୟ ସୃଷ୍ଟି କରିବା ପାଇଁ ବ୍ୟାକୁଳ; ମାତ୍ର ପ୍ରେମ ସୁରେନ୍ଦ୍ରଙ୍କ ପାଇଁ ଶୋଷ ଆଉ ପାଣି ଗ୍ଲାସ୍‌ର ସମ୍ପର୍କ - "ଗୋଟିଏ ସ୍ଥୂଳ ଜାନ୍ତବ କଥାକୁ କବି, ସଂଗୀତଜ୍ଞ, ଏପରିକି ଧର୍ମଗୁରୁମାନେ ମିଶି ଗୋଟାଏ 'ମିଷ୍ଟିକ୍' ଗୁରୁଗମ୍ଭୀର ରୂପ ଦେଇଛନ୍ତି। କିନ୍ତୁ ଅସଲ କଥା ଏହା ମୂଳରେ ରହିଛି ଗୋଟାଏ ଜାନ୍ତବ ତାଡ଼ନା।" ଶମଣଠାରୁ କବି, ନର୍ତ୍ତକୀ, ବାରାଙ୍ଗନା ପର୍ଯ୍ୟନ୍ତ - ସମସ୍ତେ ଏଇ ଜାନ୍ତବ କ୍ଷୁଧାପୀଡ଼ିତ। ଏହାରି ସାର୍ଥକ ଚିତ୍ର ସମ୍ବହନ କରେ 'ମହାନିର୍ବାଣ', 'ମଧୁମତ୍ତାର ରାତ୍ରି', 'ଅମ୍ବାପଲ୍ଲୀ', 'ଉତ୍ତରାମପୁତ୍ର', 'କବି', 'ନର୍ତ୍ତକୀ', 'ମାଂସର କୋଣାର୍କ' ଆଦି କ୍ଷୁଦ୍ରଗଳ୍ପ। ସୁରେନ୍ଦ୍ର ଦେହଜ ପ୍ରେମକୁ 'ଶାଶ୍ୱତ ପ୍ରେମ'ର ମିଥ୍ୟାବରଣ ମଧ୍ୟରେ ଢାଙ୍କିବାର ପ୍ରଚେଷ୍ଟା କରିନାହାନ୍ତି। ତାହାହିଁ ତାଙ୍କର ବିଶେଷତ୍ୱ।

ଏକ ନିଃସଙ୍ଗ ବ୍ୟକ୍ତି ସୁରେନ୍ଦ୍ର। ତାଙ୍କ ପକ୍ଷରେ ଗୋଠରେ ମିଶିବା ଯେତିକି ଉତ୍ପୀଡ଼କ, ମଠ ଗଢ଼ିବା ସେତିକି ଅରୁଚିକର। ତାଙ୍କର ସ୍ପଷ୍ଟବାଦିତା, ଅନମନୀୟ ପ୍ରକୃତି, କାହାରି କାହାରି ଆଖିରେ ତାହା ଔଦ୍ଧତ୍ୟ ବା ଉନ୍ନାସିକ ପରମ୍ପରା। ତେଣୁ ତାଙ୍କର ଜୀବନ କଟିଛି ଗ୍ରନ୍ଥ ଆଉ ପାଣ୍ଡୁଲିପି ମଧ୍ୟରେ। ତାହା ଲେଖକଙ୍କ ପାଣ୍ଡିତ୍ୟ, ବିଦ୍‌ବତ୍ତାକୁ ବହୁଗୁଣିତ କରିବାରେ ସହାୟକ ହୋଇଛି। ଇତିହାସର ପୃଷ୍ଠଭୂମି, ରାଜନୀତିକ ଘନଘଟା, ଧର୍ମୀୟ ଜୀବନଧାରା, ସମସାମୟିକ ସମାଜର ଚିତ୍ର - ଏ ସମସ୍ତ ତାଙ୍କ ଉପନ୍ୟାସ, କ୍ଷୁଦ୍ରଗଳ୍ପ ସମୂହରେ ପରିଲକ୍ଷିତ। ଇତିହାସର କଙ୍କାଳ ଉପରେ କଳ୍ପନା ବିଳାସର ଯଥାବିଧି ପ୍ରଲେପ ଦେବାରେ ସେ ଧୁରନ୍ଧର। ଗାଳ୍ପିକଙ୍କର ଐତିହାସିକ ଗଳ୍ପ 'କାବେରୀରୁ ଗଙ୍ଗା', 'ସନ୍ଧି ଓ ସର୍ତ୍ତ', 'ଦଳେଇ ବୁଢ଼ା', 'ବରଜୁ ଷେଣ୍ଢ ଘାଇ', 'ଆକାଶ ତଥାପି ସୁନୀଳ' ପ୍ରଭୃତି ଅତୀବ ମର୍ମସ୍ପର୍ଶୀ। ଏତଦ୍‌ଭିନ୍ନ ସ୍ୱାଧୀନ ଦେଶରେ ମୂଲ୍ୟବୋଧର ଅବକ୍ଷୟ, ରାଜନୀତିକ ପ୍ରାଣସ୍ପନ୍ଦନ, ଗାନ୍ଧୀଜୀଙ୍କ ଆଦର୍ଶର ହତ୍ୟା ଆଦି ସାର୍ଥକ ଚିତ୍ର। ପାଠକେ ପାଇଥା'ନ୍ତି 'ଶ୍ରୀକୃଷ୍ଣଙ୍କ ଶେଷହସ', 'ଗୃହଦାହ' ଗଳ୍ପରେ।

ଏ ସବୁର ଉର୍ଦ୍ଧ୍ୱରେ ସୁରେନ୍ଦ୍ର ବୌଦ୍ଧଧର୍ମ-ଦର୍ଶନର ପ୍ରତିଟି ଦିଗକୁ ତନ୍ନତନ୍ନ କରି ପଢ଼ିଛନ୍ତି। ଏଇ ଧର୍ମ ପତନାଭିମୁଖୀ ହେବାର କାରଣମାନ ବିଭିନ୍ନ ଗଳ୍ପରେ ଦେଖାଇ ଦେଇଛନ୍ତି। ନିର୍ବାଣ ପ୍ରାପ୍ତି ବୌଦ୍ଧଧର୍ମର ଶେଷଲକ୍ଷ୍ୟ। ତାହା ଅନିର୍ବଚନୀୟ, ଅତଳ ଶୂନ୍ୟତାରେ ସତ୍ତାଲୋପ; ମାତ୍ର ମହାନିର୍ବାଣ ପରମ ମୋକ୍ଷ, ବ୍ରହ୍ମ, ସାଯୁଜ୍ୟ। ବୌଦ୍ଧଧର୍ମର ଅନୁଶାସନ, ଆତ୍ମ ସଂଯମ, ଇନ୍ଦ୍ରିୟ ନିୟନ୍ତ୍ରଣ, କାମିନୀ କାଞ୍ଚନ ଭୋଗ ରହିତ ଜୀବନ; ତାହା ଶମଣମାନଙ୍କ ପକ୍ଷେ ସମ୍ଭବ ନଥିଲା। ଦେହଦାହର କଥା, ଇନ୍ଦ୍ରିୟ ମାନଙ୍କର ଅବଦମିତ ଉପଭୋଗ ଲିପ୍‌ସା, ପ୍ରବୃତ୍ତିର ଅଜଗରୀ କ୍ଷୁଧା - ଏଥିରୁ ନିସ୍ତାର ନାହିଁ। ବୁଦ୍ଧଦେବ ଏସବୁ ଦିଗକୁ ଅଣଦେଖା କଲେ। କ୍ରମେ ବୌଦ୍ଧଧର୍ମରେ ଆରମ୍ଭ ହେଲା

ସ୍ଖଳନ। ରୂପସୀ ପ୍ରକୃତିରାଣୀ, କୋକିଳର ପ୍ରମତ୍ତ- ରତିଭିକ୍ଷା, କାମିନୀ -କର ସ୍ପର୍ଶ। ସୃଷ୍ଟିକରେ ରୋମାଞ୍ଚ, ଶତ କଦମ୍ବର ବେପଥୁ। ସେଦିନ ଅପରୂପା ଶ୍ରେଷ୍ଠୀ ବଧୂ ମଧୁବ୍ରତା ରୂପ ଲାବଣ୍ୟରେ ବିହ୍ୱଳ ବୌଦ୍ଧଭିକ୍ଷୁ ନୀଳୋତ୍ପଳ। ନୀଳଚେଳ ପରିହିତା ଅପରାଜିତା ବ୍ରତତୀ ସମ, କୃଶାଙ୍ଗୀ ମଧୁବ୍ରତା। ପଦ୍ମପରି ଦୁଇ ଆୟତ ଆଖି, ଘଞ୍ଚ, ମୁଦ୍ରିତ ପକ୍ଷ୍ମରେଖା, ବ୍ରୀଡ଼ାନତ ମୁଗ୍ଧ ଦୃଷ୍ଟିର ଭ୍ରମ ସୃଷ୍ଟି କରୁଥିଲା। ସ୍ଫୁରିତ ଓଷ୍ଠ ଯେପରି ପ୍ରୀତି ଚୁମ୍ବନର ଦନ୍ତାଘାତ ପାଇଁ ଈଷତ୍ ବିସ୍ଫାରିତ ହୋଇ ରହିଥିଲା। ଉଲଙ୍ଗ ମଧୁବ୍ରତାର ଶିଥିଳ ପିଣ୍ଡକୁ ନୀଳୋତ୍ପଳ ବକ୍ଷ ସଂଲଗ୍ନ କରି, ପୂର୍ଣ୍ଣମୀର ପ୍ରଥମ ଜ୍ୟୋତ୍ସ୍ନାସ୍ନାତ ସେଇ ଗିରିଶୃଙ୍ଗ ଆଡ଼େ ଧାଇଁ ଅଦୃଶ୍ୟ ହୋଇ ଯାଉଥିଲେ। ସେଇଥିରେ ଶମଣର 'ମହାନିର୍ବାଣ'। ତଥାଗତ ବୁଦ୍ଧ ନିର୍ବାଣର ବାର୍ତ୍ତା ଦେଲେ; ମାତ୍ର ମହାନିର୍ବାଣରେ ଜୀବନର ପୂର୍ଣ୍ଣତା। ଏଇ ପ୍ରସଙ୍ଗଟି ଉଲ୍ଲେଖ କଲେ ଲେଖକ 'ମହାନିର୍ବାଣ' ଗପରେ। ଅନୁରୂପ ଭାବେ 'ମଧୁମତ୍ତାର ରାତ୍ରି' ଗଳ୍ପରେ ସଂସାର ତ୍ୟାଗୀ ଶମଣଙ୍କର ଉଗ୍ର କାମନା, ବାସନାକୁ ଦେଖାଇ ଦେଇଛନ୍ତି। ଏହା ବୌଦ୍ଧଧର୍ମ ପତନର ମୁଖ୍ୟ କାରଣ। ଏ ପ୍ରସଙ୍ଗକୁ ଚାତୁର୍ଯ୍ୟପୂର୍ଣ୍ଣ ଢଙ୍ଗରେ ଉପସ୍ଥାପନ କରିଛନ୍ତି ଗାଳ୍ପିକ।

କୃତବିଦ୍ୟ ଗାଳ୍ପିକ ସୁରେନ୍ଦ୍ର। ଅର୍ଦ୍ଧଶତାବ୍ଦୀର ନିରଳସ ସାରସ୍ୱତ ସାଧନା। ବହୁ କାଳଜୟୀ କୃତିର ସେ ଜନକ। ଏଥିପାଇଁ ସେ ବହୁ ଅନୁଷ୍ଠାନ ଦ୍ୱାରା ସମ୍ବର୍ଦ୍ଧିତ। ତାଙ୍କର 'ନୀଳଶୈଳ' ଉପନ୍ୟାସ କେନ୍ଦ୍ର ସାହିତ୍ୟ ଅକାଦମୀ ପୁରସ୍କାର ବିଜେତା। ଅନୁରୂପ ଭାବେ 'ସବୁଜପତ୍ର ଓ ଧୂସର ଗୋଲାପ', 'ପଥ ଓ ପୃଥିବୀ' ଓଡ଼ିଶା ସାହିତ୍ୟ ଅକାଦମୀ ପୁରସ୍କାରପ୍ରାପ୍ତ। ଚରିତୋପନ୍ୟାସ 'କୁଳବୃଦ୍ଧ' ପାଇଁ ସ୍ରଷ୍ଟା 'ଶାରଳା ସମ୍ମାନ'ରେ ବିମଣ୍ଡିତ। ଉଲ୍ଲେଖନୀୟ କାଳଜୟୀ ସାରସ୍ୱତ ସୃଷ୍ଟିପାଇଁ ମରଣୋତ୍ତର 'ପଦ୍ମଶ୍ରୀ' ପୁରସ୍କାରରେ ବିଭୂଷିତ। ସୁରେନ୍ଦ୍ର କେବଳ କାଳଜୀୟୀ ସ୍ରଷ୍ଟା ନୁହନ୍ତି, ଗୋଟେ ଅନୁଷ୍ଠାନ। ସତରେ ! ଏପରି କୌଣସି ସମ୍ମାନ ନାହିଁ, ଯାହା ତାଙ୍କ ସାରସ୍ୱତ ସାଧନାର ମହାନତାକୁ ବହୁଗୁଣିତ କରିପାରିବ ! ସ୍ରଷ୍ଟା ସବୁ ସମ୍ମାନର ବହୁ ଉର୍ଦ୍ଧ୍ୱରେ – ଏ କଥାଟି ଅନସ୍ୱୀକାର୍ଯ୍ୟ।

ବହୁ ପ୍ରାଣସ୍ପର୍ଶୀ ଗଳ୍ପର ସ୍ରଷ୍ଟା ସୁରେନ୍ଦ୍ର। ଏଗୁଡ଼ିକ କାରୁକାର୍ଯ୍ୟ ବିମଣ୍ଡିତ କଳା-କୋଣାର୍କର ଅପୂର୍ବ ନିଦର୍ଶନ। ଗଳ୍ପଗୁଡ଼ିକର ଭାଷା-ଚାତୁର୍ଯ୍ୟ, ଭାବର ରସ-ପ୍ରାଚୁର୍ଯ୍ୟ ପୂର୍ଣ୍ଣ ପରିବେଷଣ ବହୁ ଭାବରେ, ବହୁ ରୂପରେ ଆକର୍ଷଣ କରେ ପାଠକଙ୍କୁ। ଗଳ୍ପଗୁଡ଼ିକର ଭାବପକ୍ଷ, କଳାପକ୍ଷ ଉପରେ ତାତ୍ତ୍ୱିକ, ବୌଦ୍ଧିକ, ତଥ୍ୟଭିତ୍ତିକ ବିଶ୍ଳେଷଣ; ତାହା ଚର୍ଚ୍ଚାର ଦିଗ-ଦିଗନ୍ତ। ମୋଟ୍ ୨୬ ଗୋଟି ଗଳ୍ପ ଆଲୋଚନାର ଭିତ୍ତିଭୂମି। ଗଳ୍ପ ଗୁଡ଼ିକରେ ଭାବ ଆଉ ଭାଷାର ଅଭୂତପୂର୍ବ ସମନ୍ୱୟ। ଏ ସମସ୍ତ ପ୍ରସଙ୍ଗକୁ ବିଚାରକୁ ନିଆଯାଇଛି। ପୁସ୍ତକଟିର ଶିରୋନାମା ରଖାଯାଇଛି 'ଭାବ ଓ ଭାଷାର ସମ୍ରାଟ ସୁରେନ୍ଦ୍ର'।

ଶେଷରେ ଦି' ପଦ। ପୁସ୍ତକଟିରେ ସ୍ଥାନିତ ପ୍ରବନ୍ଧଗୁଡ଼ିକ ଦୈନିକ ସମ୍ବାଦପତ୍ର 'ସମ୍ବାଦ କଳିକା', 'ଶ୍ରୁତି', ପାକ୍ଷିକ 'କଳିଙ୍ଗପ୍ରଭା'ରେ ପ୍ରକାଶିତ। ଏହାର ପ୍ରକାଶନ ଅବସରରେ ସେଇ ସବୁ ଗୁଣୀ ସମ୍ପାଦକ (ଶ୍ରୀ ଜୟାଶୀଷ ରାୟ, ଶ୍ରୀ ସର୍ବେଶ୍ୱର ମିଶ୍ର, ଶ୍ରୀ ପ୍ରଦୀପ୍ତ କୁମାର ପରିଡ଼ା)ଙ୍କ ନିକଟରେ ଏ ଲେଖକ କୃତଜ୍ଞତା ଜଣାଉଛି। ମୋର ଅଗ୍ରଜ ପ୍ରତିମ ଭଦ୍ରକ ନିବାସୀ, ବିଶିଷ୍ଟ ଐତିହାସିକ ଡକ୍ଟର ରାଇମୋହନ ମହାପାତ୍ର, ବିଶିଷ୍ଟ କବି, ଲବ୍ଧ ପ୍ରତିଷ୍ଠ ସାମ୍ବାଦିକ ଶ୍ରୀ ଗୁରୁକଲ୍ୟାଣ ମହାପାତ୍ର – ଏମାନେ ବହିଟି ପ୍ରକାଶ ପାଇଁ ପ୍ରେରଣା ଯୋଗାଇଛନ୍ତି। ସେମାନଙ୍କ ନିକଟରେ ମୁଁ କୃତଜ୍ଞ। ମୋର ଶ୍ରଦ୍ଧେୟ ଛାତ୍ର ସାମ୍ବାଦିକ ଶ୍ରୀମାନ ଅରୁଣ କାନୁନ୍‌ଗୋଙ୍କ ସହଯୋଗ ଭୁଲିହେବନି। ମୋ ଅଗ୍ରଜ, ଉଚ୍ଚ ବିଦ୍ୟାଳୟର ଅବସରପ୍ରାପ୍ତ ପ୍ରଧାନଶିକ୍ଷକ ଶ୍ରୀ ନଟବର ସେଣ, ଅନୁଜ ଅବସରପ୍ରାପ୍ତ ପ୍ରଧାନ ଶିକ୍ଷକ ଶ୍ରୀ ପରମେଶ୍ୱର ସେଣଙ୍କ ଅବଦାନ ମଧ୍ୟ ସ୍ମରଣୀୟ। ସେମାନଙ୍କ ନିକଟରେ ଋଣୀ ରହିବି ନିଶ୍ଚୟ। ମୋ ଲେଖକୀୟ ଜୀବନର ପ୍ରେରଣାଦାତ୍ରୀ ସହଧର୍ମିଣୀ ଅବସରପ୍ରାପ୍ତା ପ୍ରଧାନ ଶିକ୍ଷୟିତ୍ରୀ ବିଚକ୍ଷଣା ବିଶ୍ୱାଳ। ମାତ୍ର ଅବଶୋଷ, ଏବେ ସେ ଆରପାରିରେ। ତାଙ୍କ ନିକଟରେ ମୁଁ ସାରା ଜୀବନ ଋଣୀ। ସାନଭାଇ ସଦୃଶ ଅବସରପ୍ରାପ୍ତ ଅଧ୍ୟକ୍ଷ ଡକ୍ଟର ସ୍ମୃତିରଞ୍ଜନ ବେହେରା, ସାନ ଭଉଣୀ ସଦୃଶା ପ୍ରାଧ୍ୟାପିକା ଡକ୍ଟର ଜ୍ୟୋସ୍ନାରାଣୀ ତ୍ରିପାଠୀ – ଏମାନଙ୍କର ସହଯୋଗ ସବୁଦିନେ ମନେରହିବ। ସେମାନଙ୍କୁ ଧନ୍ୟବାଦ୍ ଜଣାଉଛି। ଅନୁଜ ପ୍ରତିମ, ସ୍ନେହାସ୍ପଦ ବିଶିଷ୍ଟ ଗବେଷକ ସଞ୍ଜୟ କୁମାର ବରାଳ। ତାଙ୍କରି ଉତ୍ସାହ, ଆନ୍ତରିକ ସହଯୋଗ ମୋ ପାଇଁ ଚିର ଅଭୁଲା। ସ୍ୱନାମଧନ୍ୟ ଅଧିବକ୍ତା, ସୁସାହିତ୍ୟିକ, ପୁତ୍ରପ୍ରତିମ ଦେବାଶିଷ ତ୍ରିପାଠୀଙ୍କ ପ୍ରେରଣା ଭୁଲି ହବନି। ବ୍ଲାକ୍ ଈଗଲ ବୁକ୍‌ସ ପବ୍ଲିକେଶନର ସତ୍ତ୍ୱାଧିକାରୀ ଶ୍ରୀଯୁକ୍ତ ସତ୍ୟ ପଟ୍ଟନାୟକ ପୁସ୍ତକଟିର ପ୍ରକାଶନ ଦାୟିତ୍ୱ ନେଇଛନ୍ତି। ତାଙ୍କ ନିକଟରେ ମୁଁ ଋଣୀ। ପୁସ୍ତକଟିକୁ ନିର୍ଭୁଲ ତଥା ସର୍ବାଙ୍ଗ ସୁନ୍ଦର କରିବା ପାଇଁ ସମସ୍ତ ପ୍ରକାର ପ୍ରଯତ୍ନ କରାଯାଇଛି; ଏହା ସତ୍ତ୍ୱେ; କେତେକ ତ୍ରୁଟି ହୁଏତ ପରିଲକ୍ଷିତ ହୋଇପାରେ। ଗୁଣୀ ପାଠକେ ତାହାକୁ ଉଦାର ପଣେ ଘେନା କରିବାକୁ ନିବେଦନ।

ବିନୀତ

ଡକ୍ଟର ସର୍ବେଶ୍ୱର ସେଣ

ପୁରୁଷୋତ୍ତମପୁର

ତା ୨୪.୧୧.୨୦୨୩

ପୁସ୍ତକ ପ୍ରକାଶନ ସମ୍ପର୍କରେ

ଡକ୍ଟର ସର୍ବେଶ୍ୱର ସେଣ ଏକାଧାରରେ ଜଣେ ଲବ୍ଧପ୍ରତିଷ୍ଠ ପ୍ରାବନ୍ଧିକ, ନିଖୁଣ ସ୍ତମ୍ଭକାର ତଥା ବିଶିଷ୍ଟ ଶିକ୍ଷାବିତ୍। ବୃତ୍ତି ତାଙ୍କର ଅଧ୍ୟାପନା; ମାତ୍ର ମତି ସାହିତ୍ୟ ସର୍ଜନାରେ। ପ୍ରବନ୍ଧ ସାହିତ୍ୟରେ ତାଙ୍କର ବିଶେଷ ରୁଚି। ଏହାର ଫଳସ୍ୱରୂପ ତାଙ୍କର ସମାଲୋଚନାତ୍ମକ ପ୍ରବନ୍ଧ ପୁସ୍ତକଗୁଡ଼ିକ; ସମୃଦ୍ଧ କରିଛି ଓଡ଼ିଆ ବାଣୀ ଭଣ୍ଡାରକୁ। ଡ. ସେଣଙ୍କର ରଚନାଶୈଳୀ ସ୍ୱତନ୍ତ୍ର। ତାହା ତାଙ୍କର ନିଆରା ପଣ। ବୌଦ୍ଧିକ ଚର୍ଚ୍ଚା, ତତ୍ତ୍ୱଭିତ୍ତିକ ଆଲୋଚନା, ପ୍ରଜ୍ଞାଦୀପ୍ତ ପରିପ୍ରକାଶ - ଏସବୁ ତାଙ୍କ ରଚନାକୁ ରସସ୍ନିଗ୍ଧ କରିପାରିଛି। ଗଦ୍ୟର ଆବରଣ ତଳେ ସେ ଏକ କାବ୍ୟିକ ବାତାବରଣ ସୃଷ୍ଟି କରନ୍ତି। ଏଥିରେ ଗୁଣୀ ପାଠକ ମୁଗ୍ଧ ବିହ୍ୱଳ। ଏ-ଯାବତ୍ ସେ ଓଡ଼ିଆ ସାହିତ୍ୟକୁ ୧୧ ଖଣ୍ଡ ପ୍ରବନ୍ଧ ପୁସ୍ତକ ଭେଟି ଦେଇଛନ୍ତି। ତନ୍ମଧ୍ୟରେ 'କାଳ ଓ କଳାର ଶିଳ୍ପୀ ସୁରେନ୍ଦ୍ର' ଅନ୍ୟତମ। ପୁସ୍ତକଟି ପ୍ରଖ୍ୟାତ ସାରସ୍ୱତ ସାଧକ ସୁରେନ୍ଦ୍ର ମହାନ୍ତିଙ୍କ ଆତ୍ମଲିପି 'ପଥ ଓ ପୃଥିବୀ' ଉପରେ ଆଧାରିତ। ଏଥିରେ ସମକାଳୀନ ସାହିତ୍ୟ, ସାମ୍ବାଦିକତା, ରାଜନୀତିକ ପ୍ରାଣସ୍ପନ୍ଦନ ଅତି ସ୍ପଷ୍ଟ। ବାସ୍ତବିକ ଆତ୍ମଲିପିଟି ଏକ ସଠିକ ସାମାଜିକ ସନନ୍ଦ, ନିର୍ଭୁଲ ଐତିହାସିକ ଦଲିଲ - ଏକଥାଟି ଅନସ୍ୱୀକାର୍ଯ୍ୟ। ଏସବୁ ଦିଗ ଉପରେ ଡ. ସେଣ ଏକ ଚମତ୍କାର ଢଙ୍ଗରେ ଆଲୋକପାତ କରିଛନ୍ତି। ଆମ ବ୍ଲାକ୍ ଈଗଲ ବୁକ୍ସ ପୁସ୍ତକଟିକୁ ପ୍ରକାଶ କରିଛି।

ସଦ୍ୟ ପ୍ରକାଶ ପାଉଥିବା ଡ. ସେଣଙ୍କର ପ୍ରବନ୍ଧ ପୁସ୍ତକଟିର ଶିରୋନାମା 'ଭାବ ଓ ଭାଷାର ସମ୍ରାଟ ସୁରେନ୍ଦ୍ର'। ସୁରେନ୍ଦ୍ର ମହାନ୍ତିଙ୍କ କାଳଜୟୀ ଗଳ୍ପ ମଧ୍ୟରୁ ୨୬ଟି ଗଳ୍ପର ଆଲୋଚନା ପୁସ୍ତକଟିରେ ଜାରି ରହିଛି। ସୁରେନ୍ଦ୍ର କେବଳ ଜଣେ ସାରସ୍ୱତ ବାଣୀ ସାଧକ ନୁହଁନ୍ତି; ଗୋଟେ ଅନୁଷ୍ଠାନ। ଗଳ୍ପଗୁଡ଼ିକ ଅନୁପମ କାରୁକାର୍ଯ୍ୟ ବିମଣ୍ଡିତ ରସ-ଶିଳ୍ପ। ଏଥିରେ ଭାବ ଆଉ ଭାଷାର ଅଭୂତପୂର୍ବ ସମନ୍ୱୟ, ଗଳ୍ପଗୁଡ଼ିକ ହୋଇଯାଇଛି ରସୋତ୍ତୀର୍ଣ୍ଣ। ସତରେ ! ସୁରେନ୍ଦ୍ର ଭାଷାର ଯାଦୁକର, ଭାବର ସମ୍ରାଟ। ଗଳ୍ପ ଗୁଡ଼ିକର ଆଙ୍ଗିକ ବିଭବ, ଆତ୍ମିକ ସୌରଭ ଅଭୂତପୂର୍ବ। ଗଦ୍ୟ ସମ୍ରାଟ ଫକୀରମୋହନଙ୍କ ଉତ୍ତର ପିଢ଼ିର ସେ ଅପ୍ରତିଦ୍ୱନ୍ଦ୍ୱୀ ଗଳ୍ପସ୍ରଷ୍ଟା - ଏହା ବହୁଜନ ସ୍ୱୀକୃତ। ଡ. ସେଣ ଏକ ଚାତୁର୍ଯ୍ୟପୂର୍ଣ୍ଣ ଶୈଳୀରେ ସୁରେନ୍ଦ୍ରଙ୍କର ଗଳ୍ପଗୁଡ଼ିକର ଆକଳନ ପ୍ରଚେଷ୍ଟା ଅବ୍ୟାହତ ରଖିଛନ୍ତି। 'ଭାବ ଓ ଭାଷାର ସମ୍ରାଟ ସୁରେନ୍ଦ୍ର' ପ୍ରବନ୍ଧ ପୁସ୍ତକ, ଗୁଣଗ୍ରାହୀ ପାଠକଙ୍କର ରସ ଆସ୍ୱାଦନରେ ସହାୟକ ହେବ- ଏ ଆଶା ରହିବ ନିଶ୍ଚୟ।

ପ୍ରକାଶକ

ସୂଚିପତ୍ର

କବି ଯା କରେ ମୂର୍ଖଙ୍କୁ ସ୍ତୁତି...	୧୭
ନୃତ୍ୟ-ଲଳନା ଦେବଦାସୀ	୨୭
ନୀଳଜ୍ୟୋସ୍ନାରେ ଭିଜା ଭିଜା ସ୍ୱପ୍ନ	୩୬
ବଂଶୀର କିମିଆ	୪୧
ଇଜ୍‌ମାଲ୍ ସ୍ୱତ୍ୱ	୪୭
ପୁଷ୍ୟାଭିଷେକ	୫୬
ମାଫିକାର୍ଡ଼	୬୬
ରାଜନୀତିର ଚକ୍ରବ୍ୟୂହ	୭୧
ଦର୍ଶନରେ ଏକମାତ୍ର ପରୀକ୍ଷା - ଜୀବନ	୮୧
ବରଜୁ ଷେଣ୍ଢ ଘାଇ	୮୬
ମହାନିର୍ବାଣ : ଅତଳ ଶୂନ୍ୟତାରେ ସତ୍ତାଲୋପ	୯୫
ମୁଖାପିନ୍ଧା ମଣିଷମାନେ	୧୦୫
ନିର୍ବାଣ ନୁହେଁ ଜୀବନ	୧୧୦
ନିତ୍ୟ ଖେଳେ ହଂସ ଯମୁନା ଜଳେ	୧୧୫
ପିତା ବନାମ ପିତୃତ୍ୱ	୧୨୪
ପ୍ରବୃତ୍ତିରୁ ନାହିଁ ନିବୃତ୍ତି	୧୩୧
ରାଜନୀତିର ଯଜ୍ଞକୁଣ୍ଡରେ ବିଶ୍ୱସ୍ତ, ବଶମ୍ବଦଙ୍କ ଆହୁତି	୧୩୯
ପ୍ରାଣୀର ଭଲମନ୍ଦ ବାଣୀ...	୧୪୭
ପ୍ରବୃତ୍ତି ସହ ନିବୃତ୍ତିର ମହାମିଳନ	୧୫୭
ଧର୍ମଭୀରୁ ଗଜପତି: ଭୂଲୁଣ୍ଠିତ ଉତ୍କଳର ଗୌରବ	୧୬୫
ଭିଟା - ମାଟି - ମୋହ	୧୭୫
ଅଞ୍ଜନଗଡ଼ର ଇତିହାସ ଓ କାହାଣୀ	୧୮୦
ବିଶାଳ ଉତ୍କଳ : କାବେରୀରୁ ଗଙ୍ଗା	୧୮୫
ସୁଖୀ ପରଦେଶୀ ନିଜ ଦେଶେ	୧୯୫
ପାଇକାଳୀ ଗାଁ ଗଡ଼ମାଳୀପୁର : ପାଇକ ଦଳପତି ଦଳେଇ ବୁଢ଼ା	୨୦୬
ମଧୁମତ୍ତାର ରାତ୍ରୀ	୨୧୫

୧୫

କବି ଯା କରେ ମୂର୍ଖକୁ ସ୍ତୁତି...

କବି, ଲେଖକ, କଳାକାର, ଏମାନେ ଗଣରେ ଜଣେ ଜଣେ; ମାତ୍ର ସାଧାରଣରେ ଅସାଧାରଣ। ସେମାନେ ବି ସାଧାରଣ ମଣିଷ। ଯେତେବେଳେ ସେ ଭାବୁକ, ଲେଖକ, ତା'ର ପରିଚୟ ସ୍ୱତନ୍ତ୍ର। ସେଇମାନେ ଦ୍ୱିତୀୟ ଈଶ୍ୱର। ଯାହା ସ୍ୱୟଂ ବ୍ରହ୍ମାଙ୍କ ସୃଷ୍ଟିରେ ଅସମ୍ଭବ, ତାହା କବି ଲେଖନୀରେ ସମ୍ଭବ। ପଥରମାନେ ଶୀଳାପଦ୍ମ, ଖତଗଦାରେ ପଦ୍ମର ସୃଷ୍ଟି, ପଶ୍ଚିମ ଦିଗ୍‌ବଳୟରେ ସୂର୍ଯ୍ୟୋଦୟ; ଏପରିକି ଦଗ୍ଧମୁଖୀ କବି ଲେଖନୀରେ ମାନମୟୀ, ହାସ୍ୟମୟୀ, ଲାସ୍ୟମୟୀ। ସୃଷ୍ଟିର ସବୁ ଲାବଣ୍ୟର ଅଧିକାରିଣୀ ଲାବଣ୍ୟବତୀ ଅବା ତ୍ରିଲୋକର ସୌନ୍ଦର୍ଯ୍ୟବତୀ କୋଟି ବ୍ରହ୍ମାଣ୍ଡ ସୁନ୍ଦରୀ। ଲେଖକଟି ଲେଖନୀ ଚଳାଏ। ସ୍ତବ୍ଧ ପତ୍ରସବୁ ଆନ୍ଦୋଳିତ, ନିଃଶବ୍ଦ ମରୁତ ବେଗଗାମୀ। କେବେକେବେ ବାଡ଼ବ ଉଠେ, ଗିରି ଚମକେ, ଦୋହଲି ଯାଏ ଶାସନତନ୍ତ୍ର। ଯୁଗ ଯନ୍ତ୍ରଣାର ସ୍ୱର ଅନୁରଣିତ ସ୍ରଷ୍ଟାର କଳାକୃତିରେ। ହତାଶା, ବ୍ୟର୍ଥତା, ଅସହାୟତା, ଦ୍ୱିଧା ବିଭକ୍ତ ବ୍ୟକ୍ତିତ୍ୱ, ନିଃସଙ୍ଗତା ବୋଧ; ବିଶେଷ କରି କାନ୍ଦୁରା ମଣିଷର ଅନ୍ତର କଥା- ଏସବୁ ବାଦ୍ ଯାଏନି ତା' ଦୃଷ୍ଟିରୁ। କବି ଲେଖନୀ ଚଳାଏ। ସମାଜ ସଂସ୍କାର ପ୍ରୟାସ ଜାରିରଖେ। କେବେ ଶାସକ ରୁଷ୍ଟ, କେବେ ସାମାଜିକ ବିପ୍ଳବ। ଏମିତି ନାନା କଥା, ବ୍ୟଥାକୁ ନେଇ ସାହିତ୍ୟ ଜଗତ। ଲେଖକର ପ୍ରତିଷ୍ଠା ଆକାଶ ଛୁଆଁ, ଯଶ ଚୌଦିଗ ପ୍ରସାରୀ, କୀର୍ତ୍ତି କାଳ କୋଳରେ ଚିର ଜାଜ୍ୱଲ୍ୟମାନ। ପୁନଶ୍ଚ ସଂସ୍କାର ବିମୁକ୍ତ କବି। ଅନମନୀୟ ତା'ର କାବ୍ୟାଭିମାନ। ସମାଜପତି ଆଉ ଶାସକମାନେ ଅସହିଷ୍ଣୁ ତା'ର ପ୍ରତିଷ୍ଠାରେ। ତା' ପ୍ରତି ସେମାନଙ୍କର ଦୁର୍ବିନୀତ ଆହ୍ୱାନର ସଙ୍କେତ। କବିର ବିଡ଼ମ୍ବିତ ଭାଗ୍ୟ। ସୋଭିଏତ ଲେଖକ ସୋଲଝିତସିନ ସ୍ୱଦେଶରୁ ଏକଦା ନିର୍ବାସିତ। ରୀତି ଯୁଗୀୟ କବି ଦୀନକୃଷ୍ଣ ଦାସ। ମହନ୍ତ ମଠାଧୀଶଙ୍କ ଠାରୁ ମହାରାଜା ଦିବ୍ୟସିଂହ ଦେବ, ସମସ୍ତେ ବିଚଳିତ। ଦୀନକୃଷ୍ଣଙ୍କ

ସର୍ବଶ୍ରେଷ୍ଠ କୃତି 'ରସକଲ୍ଲୋଳ' କାବ୍ୟ। ମହାରାଜାଙ୍କ ନିର୍ଦ୍ଦେଶ, ତାଙ୍କରି ନାମରେ ଭଣିତା ହେବ। ସେଦିନ ଦୀନକୃଷ୍ଣ ଦାସ ଅବାଧ୍ୟ। ରାଜକୃପାରୁ ହେଲେ ବଞ୍ଚିତ। ତଥାପି ରାଜ- ବଶମ୍ବଦ ପାଲଟି ନଥିଲେ। ସ୍ପଷ୍ଟ ତାଙ୍କର ଉକ୍ତି - "କବି ଯା କରେ ମୂର୍ଖକୁ ସ୍ତୁତି / ଏଥିରୁ ବଡ଼ ନାହିଁ ବିପତ୍ତି / ଏଥିକି ପ୍ରତି ଛାତିକି କାତି ମାରିବା ଭଲ ହେ..।"

ମାହାରୀ ଦେବଦାସୀ କଳାବତୀ। ତା' ଚାଲିରେ ଚାଲିରେ ଶତ ପଦ୍ମ ପ୍ରସ୍ଫୁଟିତ। ତା' ଭଙ୍ଗିମାର ଚାରୁ ଚଳନ, ନିତମ୍ବର ମୃଦୁ ଦୋଳାୟମାନ, କବରୀରେ ସଜ ଗଜରାର ମହକ, ପାଦରେ ନୂପୁର। ବିମୋହିତ ଦୀନକୃଷ୍ଣ। କଳାବତୀର ଖେଳା ଖଞ୍ଜନାକ୍ଷୀ ଚାହାଁଣି। ଦୀନକୃଷ୍ଣଙ୍କ ହିଆରେ କମ୍ପନ, ସ୍ଫୁରି ଉଠୁଥିଲା ଶତ କଦମ୍ବର ରୋମାଞ୍ଚ। ଉତୁରି ଆସୁଥିଲା ରସକଲ୍ଲୋଳର ଏକ ପଂକ୍ତି ପରେ ଆରେକ। ବୈଷ୍ଣବ ଦୀନକୃଷ୍ଣ। ମୁଣ୍ଡରେ ଚିତା ତିଳକ। ତାଙ୍କ କାବ୍ୟରେ ଉଜ୍ଜ୍ୱଳ ବା ଶୃଙ୍ଗାର ରସର ପ୍ରାବଲ୍ୟ। ତାହା ଉତ୍କଳୀୟ ବୈଷ୍ଣବମାନଙ୍କର ଧର୍ମ ଆଦର୍ଶର ପରିପନ୍ଥୀ। ପୁନଶ୍ଚ ପିଣ୍ଡବ୍ରହ୍ମାଣ୍ଡବାଦୀଏ ଏଇ ଉତ୍କଳୀୟ ବୈଷ୍ଣବଗଣ। ବୈଷ୍ଣବ ଧର୍ମ-ଦର୍ଶନରେ ଦୀନକୃଷ୍ଣ ଏକ ବିରାଟ ବ୍ୟତିକ୍ରମ। ତାଙ୍କର ରାଧାକୃଷ୍ଣ ଭାବ-ଭାବିତ ଶୃଙ୍ଗାରୀ ଲୀଳା ଭିତ୍ତିକ ରଚନା। ଅସହ୍ୟବୋଧ ହେଲା। ଏଥି ସହିତ ତାଙ୍କର କଳାବତୀ ସହ ସମ୍ପର୍କ, ଏ ତ ଆଉ ଏକ ଅପରାଧ। କ୍ରମେ କଥାଟା ପ୍ରଘଟ ହେଲା। ସେଦିନ ଥାଏ ଅଶିଣର ଶୀତଳ ପାହାନ୍ତି। ମୁଠାଏ ଗଙ୍ଗଶିଉଳି, ବିଛାଡ଼ି ହେଇ ପଡ଼ିଥାଏ। ଶିଶିର ଭିଜା କେବଳୀ ମଠର ଉଦ୍ୟାନ ପଥ। ଫେରିଲେ ଦୀନକୃଷ୍ଣ। ହାତରେ ଏକତାରାଟିଏ। କପାଳ ଉପରେ ଅବିନ୍ୟସ୍ତ ବାବୁରି ବାଳ। ଆଖିରେ ବିନିଦ୍ର ରଜନୀର କ୍ଳାନ୍ତ-ବଳୟ। ମୁହଁରେ ଅତନ୍ଦ୍ର ଉଜାଗରର ବିବର୍ଣ୍ଣ ପାଣ୍ଡୁରତା। ମହନ୍ତ କେବଳ ଦାସ ତଥାପି ଧ୍ୟାନ ମୁଦ୍ରାରେ। ସାଧନା ଦାସୀ ବ୍ରଜେଶ୍ୱରୀ, ଉଦ୍ୟାନରେ ପୁଷ୍ପ ଚୟନ ରତା। ଦୀନକୃଷ୍ଣ ଅନେକବାର ରାତିରେ ମଠ ବାହାରକୁ ଯାଉଛନ୍ତି। ଫେରୁଛନ୍ତି ରଜନୀ ଅନ୍ତରେ। ଏବେ ସେ ବ୍ରଜେଶ୍ୱରୀର ସନ୍ଦେହ ବଳୟରେ। ମଠ ଗୋସେଇଁଙ୍କ କାନରେ ପଡ଼ିଲାଣି। ଦୀନକୃଷ୍ଣର ଚାରିତ୍ରିକ ସ୍ଖଳନ, ସେ ବୈଷ୍ଣବ। ରାତି ରାତି ମାହାରୀ ସାଇରେ। ଏମିତି ନାନାଦି ଅଭିଯୋଗ। କଥାଟି ବି ସତ୍ୟ। ଦୀନକୃଷ୍ଣ ଏବେ ମାହାରୀ କନ୍ୟା କଳାବତୀ ପ୍ରେମରେ। କବି ଜଣେ ଜଣେ ପ୍ରେମିକ ଅବା ପ୍ରେମିକା। ଏ କଥାଟି ଊଣା ଅଧିକେ ସତ୍ୟ। ଦୀନକୃଷ୍ଣ ତ ରକ୍ତମାଂସଧାରୀ କବି ଜଣେ। ହେଇ ଥାଆନ୍ତୁ ପଛେ ବୈଷ୍ଣବ। ଦେହଦାହର ମୋହ, ରୂପର ଆକର୍ଷଣ। ଦେବତାମାନେ ତ ଏଥିରୁ ବାଦ୍ ନୁହନ୍ତି। ସୌନ୍ଦର୍ଯ୍ୟ ନାହିଁ ତ କବିତା କାହିଁ? କୋଣାର୍କ ଗାତ୍ରରେ ମଦାଳସା ନଟୀର ଚିତ୍ର। ଶିଳ୍ପୀ ବିଶୁ ମହାରଣା ବିଭୋର ରାଜନର୍ତ୍ତକୀର ମଦମନ୍ଥର ଚାଲିରେ। ତା' ତନୁରେ ଢେଉଭଙ୍ଗା ରୂପ ଲହଡ଼ି। ସେଦିନ ମୁଗ୍ଧ ବିଶୁ ମହାରଣା, ଆଙ୍କିଦେଲେ ମଦାଳସା ନଟୀର ଚିତ୍ର।

ପାଷାଣରେ ରସର ଝରଣା ବହିଲା। ବିଶ୍ୱ ଚକିତ। ମାହାରୀ କନ୍ୟାର ଦେହଟା ଅଶୁଦ୍ଧ। ଦେହର ଅଭ୍ୟନ୍ତରରେ, ମନର ନିଭୃତରେ ସେଇ ମାନମୟୀ ମାନେ, ତଥାକଥିତ ଚିତାଚନ୍ଦନ ଚିତ୍ରିତାମାନଙ୍କ ତୁଳନାରେ ପୁଣ୍ୟମୟୀ। ଏକଥାଟି ବୈଷ୍ଣବ କବି ଦୀନକୃଷ୍ଣଙ୍କୁ ଅଜଣା ନ ଥିଲା। ସେମିତି ଏକ ତତ୍ତ୍ୱ, ତଥ୍ୟକୁ ନେଇ ସୁରେନ୍ଦ୍ର ମହାନ୍ତିଙ୍କ ଗପ 'କବି'। ଇତିହାସର ସାମାନ୍ୟ ଉତ୍ସାହ, ଅନୁପମ କଳାନିପୁଣତା, ସାମ୍ପ୍ରତିକ ସମାଜର କାନ୍ଦୁରା ମଣିଷ; ଏଇମାନଙ୍କ କଥା କାହାଣୀ - ଏସବୁକୁ ନେଇ ଗପଟି ରସସିକ୍ତ।

ନାରୀ ଈର୍ଷାପରାୟଣା। ଏଇଟି ଅକାଟ୍ୟ ସତ୍ୟ। ବ୍ରଜେଶ୍ୱରୀ ହୋଇ ଥାଆନ୍ତୁ ପଛେ ବୈଷ୍ଣବୀ। ତାଙ୍କ ଅଙ୍ଗରେ କାମ-କୋପ ଦହନ। କଳାବତୀ ସହ ଦୀନକୃଷ୍ଣଙ୍କ ସମ୍ପର୍କ। ଅସହ୍ୟ ହେଲା ବ୍ରଜେଶ୍ୱରୀଙ୍କର। କେବଳ ଦାସ ମଠାଧୀଶ। ନିତ୍ୟ ରାସଲୀଳାରେ ବିଶ୍ୱାସୀ। ତାହା ପୁଣି ଆପଣା ଅନ୍ତର ଭିତରେ। ନିତି ଚାଲିଛି ରାଧାକୃଷ୍ଣଙ୍କର ମିଳନରାସ। ଦୀନକୃଷ୍ଣ ଏଥିରେ ବ୍ୟତିକ୍ରମ, ବସନ୍ତ ରାସରେ ମଜ୍ଜିଛନ୍ତି। ସେ ଦିନ ଚାଲିଥାଏ ସଭାଟେ। ବୈଷ୍ଣବ ମହାଜନ-ମଣ୍ଡଳୀର ନାଁ ଡାକ ବୈଷ୍ଣବମାନେ ଏକାଠି। ଚାଲିଲା ରସ-ବିଚାର। ଗୌଡ଼ୀ ବୈଷ୍ଣବ କାବ୍ୟରେ ଶୃଙ୍ଗାର ରସର ପ୍ରାବଲ୍ୟ। ଉତ୍କଳୀୟ ବୈଷ୍ଣବ କାବ୍ୟ ପରମ୍ପରା – ଏଥିରେ ଏ ରସର ସ୍ଥାନ ନାହିଁ। ପିଣ୍ଡ ବ୍ରହ୍ମାଣ୍ଡର ତତ୍ତ୍ୱ, ଇଅଁଳା ପିଅଁଳା, ସୁଷୁମ୍ନା ନାଡ଼ି, ବାୟୁ ସାଧନା। ଏ ଦେହ ଥିଲେ ସର୍ବ ପାଇ, ଜଳେ ଯେସନ ଜହ୍ନ ଛାଇ। ଏଥିରେ କାମ-କେଳି-ରସାସ୍ୱାଦନ, ଏ ତ ସମ୍ପୂର୍ଣ୍ଣ ଅସମ୍ଭବ। ଦୀନକୃଷ୍ଣଙ୍କ 'ରସକଲ୍ଲୋଳ'। ସେଇ ସବୁ ତତ୍ତ୍ୱାନ୍ୱେଷୀମାନଙ୍କ ପ୍ରତି ପ୍ରଚ୍ଛନ୍ନ ବ୍ୟଙ୍ଗ - "କରନ୍ତି ଅଙ୍ଗେ ଅନେକ ଛାପ / କେହି ନ ଜାଣେ ଭିତର ପାପ। ଚିତ୍ରକାରକ ପଟ ପ୍ରତ୍ୟକ୍ଷ ଦିଶେ ହେ।" ଆନାସିକ-ହରିମନ୍ଦିର-ତିଳକ ଚିତ୍ରିତ ଶୂନ୍ୟବାଦୀଏ। ସମସ୍ତଙ୍କ ମତ ଦୀନକୃଷ୍ଣଙ୍କ ପାଇଁ ଏହା ପ୍ରଯୁଜ୍ୟ। ଏଇ ଦିଗରେ ବ୍ୟାଖ୍ୟା ଚାଲିଲା। ଅନେକ ରୁଷ୍ଟ; ଆଉ କେତେକଙ୍କ ବୈଷ୍ଣବ ସୁଲଭ ଗୁଣ-ତୃଣାଦପି ସୁନୀଚେନ ବିନୟ। ଏମାନଙ୍କର ନ ଥିଲା ପ୍ରତିବାଦ। ମାତ୍ର ଦୀନକୃଷ୍ଣଙ୍କର ଅକ୍ଷମଣୀୟ ଅପରାଧ। ଏ ଧାରଣାରୁ ବି ବାହାରି ପାରି ନ ଥିଲେ। ସେଦିନର ରତିକ୍ଳାନ୍ତ ନିଶୀଥ। ବ୍ରଜେଶ୍ୱରୀ କେବଳୀ ଦାସଙ୍କ ପଦସେବା ରତ। ଦୀନକୃଷ୍ଣଙ୍କୁ ନେଇ ଧୂମାୟିତ ପରିବେଶ। ବ୍ରଜେଶ୍ୱରୀ ପ୍ରଜ୍ୱଳିତ କରିଦେଲେ। ଦୀନକୃଷ୍ଣଙ୍କ ପଦ ଗାଇଲେ ଭିତର ପାପ...। ବ୍ରଜେଶ୍ୱରୀ ଦେହରେ ବିଷ ଚରିଗଲା। ଅଙ୍ଗଲାଗି ଲାଗି ତାଙ୍କୁ ବାଛିଥିଲେ ଗୋସେଇଁ। ସେଥି ପାଇଁ ତା'ରି ଉପରେ ଲକ୍ଷ୍ମୀଛଡ଼ା କୃଷ୍ଣ ଦାସର ଆଖି। ଏ କଥା କହୁଥିଲେ ବ୍ରଜେଶ୍ୱରୀ। ମଣିଷର ଭିତର ପାପ, ବାହାରକୁ ଅସ୍ପଷ୍ଟ। ମାତ୍ର କବି ଆଖିରେ ତାହା ସ୍ପଷ୍ଟ। ସେ ପଢ଼େ, ବୁଝେ ଭିତର ମଣିଷକୁ। ମନ ଗହନର ଗୋପନ କଥା, ଚାଲିଛି ଲୁଚକାଳି ଖେଳ କାମନା, ବାସନାର। ତାଙ୍କୁ କବି, ଲେଖକ ପରଖିନିଏ।

ଲେଖିଦିଏ। ଚିତା ତିଳକ କାଟିଦେଲେ କେହି ବୈଷ୍ଣବ ହୋଇ ପାରେନା। ସେମିତି ଜଟା, ଦାଢ଼ି, କାହାକୁ ରାତାରାତି ସାଧୁ କରି ଦିଏନି। ମହନ୍ତ କେବଳ ଦାସ, ସେବିକା ବ୍ରଜେଶ୍ୱରୀ। ଉଭୟ ବୁଝିଥିଲେ ଭିତର ପାପ କ'ଣ। ଆପଣା ଭିତର ପାପରେ ଦହି ହେଉଥିଲେ। ପରିସ୍ଥିତି ଥିଲା ଗୁରୁ ଗମ୍ଭୀର। ବ୍ରଜେଶ୍ୱରୀର ପଦସେବା, ପାଟଳୀ କୁସୁମ ସ୍ପର୍ଶର ମୃଦୁଳତା। ତଥାପି ମହନ୍ତ ବିନିଦ୍ର। ବାରମ୍ବାର କଥାଟି ମନକୁ କାବୁ କଲା। କୃଷ୍ଣ ଦାସଙ୍କ ଆକ୍ଷେପ। ସତେ ଯେମିତି କେବଳ ଦାସ ବୈଷ୍ଣବ, ବ୍ରଜେଶ୍ୱରୀ ଦାସୀ – ଏଇମାନଙ୍କ ପାଇଁ ଉଦ୍ଦିଷ୍ଟ !

କୃଷ୍ଣଦାସ ଭକ୍ତ ନୁହେଁ, କବିଟିଏ – ଏଇଟି ବଦ୍ଧ ଧାରଣା କେବଳ ଦାସଙ୍କର। ତଥାପି ଅକିଞ୍ଚନ କୃଷ୍ଣଦାସ, ତାଙ୍କରି ଆଶ୍ରିତ। ଆଶ୍ରିତକୁ ଆଶ୍ରୟ – ବଞ୍ଚିତ କରିବା ଧର୍ମ ବିରୋଧୀ। ଦୀନକୃଷ୍ଣ ନିଶି ଶେଷରେ ଫେରନ୍ତି ନାଗର ପରି। କେଉଁ ନବ ନାଗରୀ ସହ ରାତ୍ରି ସହବାସ। ବେଶ ମଳିନ। ମଠ ଭିତରକୁ ପଶନ୍ତି। ବ୍ରଜେଶ୍ୱରୀଙ୍କର ଶ୍ୟେନ ଦୃଷ୍ଟି କବି କୃଷ୍ଣଦାସ ଉପରେ। ସେଦିନ ଫେରୁଥିଲେ କଳାବତୀ କକ୍ଷରୁ। ଉଦ୍ୟାନ ସରୋବରରେ ଦୋଳାୟମାନ କଇଁଟି। ମାହାରୀ – କନ୍ୟା ନର୍ତ୍ତକୀ କଳାବତୀର ଭଙ୍ଗିମା, ଅଙ୍ଗର ଠାଣି – ଠିକ୍ ସେମିତି ସରୋବରରେ ଆନ୍ଦୋଳିତ କଇଁଟି। ଦୀନକୃଷ୍ଣଙ୍କ କାବ୍ୟ ସ୍ଫୁରିଲା – "କେଉଁ ଗୋପୀ ମୂର୍ତ୍ତି ଅନାଇଁ ବୋଲନ୍ତି, ତୋ ଅଙ୍ଗ କାମ ସରୋବର...।" ସିକ୍ତ ବସନା ଶ୍ୟାମାବଧୂ, ପଲ୍ଲୀ ପଥରେ କେଉଁ ଅଚିହ୍ନା ବନ୍ଧୁର ଦରହସିତ ଦୃଷ୍ଟି। ବ୍ରୀଡ଼ା କମ୍ପିତା ତନୁ। ଅଶିଣ ପ୍ରଭାର ଆଲୋକଛାୟାର ନୀଳ ଭଉଁରୀ। ତା'ରି ଭିତରେ ଉଦ୍ୟାନ ସରୋବର ମୃଦୁ କମ୍ପିତ। ଆଃ ! ଏକି ଜ୍ୱାଳା ! ଏ କି ଅତୃପ୍ତି ! ଉପର ପଦଟାକୁ ଯୋଡ଼ି ପୂର୍ଣ୍ଣ କରିବାକୁ ହେବ। ନଚେତ୍ ତାହା ହେବ ଅନ୍ତର୍ହିତ, ଏହିପରି ଆହୁରି ଶତଶତ ଅସମାପ୍ତ ପଦାବଳୀ। ଅବିକଶିତ ଭାବନା କଳିକା। ତାକୁ ସମ୍ପୂର୍ଣ୍ଣ କରିବାକୁ ହେବ। ସେଇ ପୂର୍ଣ୍ଣତାର ଉତ୍ସ କଳାବତୀ। ତାକୁ ଦେଖି କୃଷ୍ଣଦାସ ଲେଖିବେ ଗୋଟେ ପଦ ପରେ ଆରେକ। କବି ବିନା କେ ବୁଝିବ କବି ଶ୍ରମ ? ସେଇଥି ପାଇଁ ପରା ଅନୁଶାସନ –

"ଅକ୍ଷର ଗଣିବ ହସ୍ତରେ / ତେବେ ସେ ଲେଖିବ ପତରେ / ମନ ନୟନ ଏକ କରି / ଲେଖନ ମୁନେ ଦୃଷ୍ଟି ଭରି।" ଏଇଟି ନିୟମ। ରୀତି କାବ୍ୟ ରୀତିର ଆଉ ଏକ ନମୁନା। ଆଶୀ ନମସ୍କ୍ରିୟା। ତା' ପରେ ବସ୍ତୁ ନିର୍ଦ୍ଦେଶ, ଖଳ ନିନ୍ଦା, ସାଧୁଙ୍କର ଗୁଣ କୀର୍ତ୍ତନ – ଏସବୁ ଶୈଳୀର କଥା। କାବ୍ୟ, କବିତାର ଅଙ୍ଗ ଅଳଙ୍କରଣ। ଏହା ବାଦ୍ କବିତାର ଆତ୍ମା। ସେଇଟି ସଞ୍ଚରି ଆସେ ରୂପ ସୌନ୍ଦର୍ଯ୍ୟ ବୋଧରୁ। କୃଷ୍ଣଦାସଙ୍କ ପୋଥି ଥାଏ ବିବର୍ଣ୍ଣ ଶଯ୍ୟାରେ। ଏହାର ଉର୍ଦ୍ଧ୍ୱରେ କବିର ମୁଗ୍ଧ ଚେତନା। ବିଚିତ୍ରବର୍ଣ୍ଣା ନଟୀର ଶ୍ଳଥ କବରୀ। ଝରି ପଡୁଥିବ ରାଶିରାଶି ଅଶୋକ ମଞ୍ଜରୀ। କାହାର ମୁଗ୍ଧ ଦୃଷ୍ଟି ସେ

ସବୁକୁ ଚୟନ କରି ରଖିବ କାବ୍ୟ ସମୂହରେ ? କେବଳ କବି ହିଁ କବି। ସେଇ ପରିକା କବି କୃଷ୍ଣଦାସ। ତାଙ୍କ ପାଇଁ ଦି' ଆଖି - ରବି ଆଉ ଶଶୀ ସମ। ଏହାକୁ ଠୁଳ କରିଛନ୍ତି। ଯୋଡୁଛନ୍ତି ସହସ୍ର ପଦ। ଅଗଣତା ପୋଥି, ଶାସ୍ତ୍ର, ପୁରାଣ, ଛାନ୍ଦ - ଏ ସମସ୍ତ କୃଷ୍ଣଦାସଙ୍କ ନିପୁଣ ସୃଷ୍ଟିର ସ୍ମାରକୀ।

କବି କେବଳ ସୌନ୍ଦର୍ଯ୍ୟର ପୂଜାରୀ ନୁହେଁ; ତା' ଭିତରେ ଅନନ୍ତ ଯୁଗର କ୍ଷୁଧା। ଜୀବନର ଦୁର୍ବିସହ ଜ୍ୱାଳା। ସେହି ଗ୍ଲାନି। ଏଥି ସହ ବେଦନା। ଶହଶହ ପଦ ରଚନାର ପ୍ରଗଲ୍‌ଭତା। ଜୀବନର ଗୋଟିଏ କାବ୍ୟ, ଗୋଟିଏ ପଦ। ସବୁ ଅସମ୍ପୂର୍ଣ୍ଣ। ଗୋଟିଏ ମୁହୂର୍ତ୍ତ, ଗୋଟିଏ ଆବେଗ, ଗୋଟିଏ ଆକୁଳତା - ତଥାପି ସବୁ ଅଧୁରା। ଠିକ୍ ନିଶୀଥର ମୁଗ୍ଧ ସ୍ୱପ୍ନ ପରି। ଏଇ ଅବସ୍ଥା କବି କୃଷ୍ଣ ଦାସଙ୍କର। ସେ ବୁଝିଛନ୍ତି ଓଡ଼ିଶୀ ବୈଷ୍ଣବ ଧର୍ମର ଆଦର୍ଶବାଦୀ ଲକ୍ଷ୍ମଣରେଖାକୁ। ହୁଏତ ତାଙ୍କୁ ଦେଇପାରେ ବୈଷ୍ଣବର ପରିଚୟ। ମାତ୍ର କଳାବତୀ ବିନା ସେ ଅସମ୍ପୂର୍ଣ୍ଣ, ତାଙ୍କ କାବ୍ୟ ବି। ବିଗଳିତ ମନ-ପ୍ରାଣ-ଆତ୍ମା। ଆଶ୍ରମ ଉଦ୍ୟାନରେ ନୃତ୍ୟରତା ଅଳସୀ ସନ୍ଧ୍ୟା। କୃଷ୍ଣ ଦାସଙ୍କ ଆଖିରେ ବୋଳା ପ୍ରୀତିର ଅଞ୍ଜନ। ସେ ସମ୍ପୂର୍ଣ୍ଣ ଅନ୍ୟମନସ୍କ। ଏକତାରାଟିରେ ତାଙ୍କ ଆଙ୍ଗୁଳି ଚଳଚଞ୍ଚଳ। ଗାଇଲେ - "କେଉଁ ଗୋପୀ ମୂର୍ତ୍ତି ଅନାଇଁ ବୋଲନ୍ତି / ତୋ ଅଙ୍ଗକାମ ସରୋବର।" ଚହଲା ପରିବେଶ, ଲାଜୁଆ ସଞ୍ଜ, ମୁହଁରେ ତା'ର ଲମ୍ବ ଓଢ଼ଣା। ଅଧାଲେଖା ପୋଥି, ଧୂଳି ମଳି ପୋଛିଦେଲେ। ଉତ୍ତରୀୟରେ ସାଇତି ରଖିଲେ। ତାଙ୍କ ବେଦନା ବିଦଗ୍ଧ କଣ୍ଠରୁ ସ୍ୱତଃ ବାହାରି ପଡ଼ିଲା - "ଏ ପଦ ସବୁତ କୃଷ୍ଣ - ଗୋପୀ ସମ୍ବାଦ।" ପ୍ରକୃତି ପୁରୁଷଙ୍କ ଅପ୍ରାକୃତ ଲୀଳା। ଏଥିରେ ମଳିନତା କାହୁଁ ଆସିବ ?"

କୃଷ୍ଣଦାସ ଆତ୍ମଜ୍ଞାନରୁ ବୁଝିଲେ। ତୁଳସୀ ଚନ୍ଦନରୁ ଫୁଣ୍ଟାଏ ଦିଅଁଙ୍କୁ ଲାଗି କଲେ ସବୁ ଅପବିତ୍ର ପବିତ୍ର ହୋଇଯାଏ। ତାଙ୍କ ମନ ବିଦ୍ରୋହ କଲା। ତାଙ୍କ କାବ୍ୟର ନାୟକ ସ୍ୱୟଂ ଶ୍ରୀକୃଷ୍ଣ। ତାଙ୍କରି ଲୀଳା-ଖେଳା। ଏହା ଅପବିତ୍ର କିପରି ? ପାଷଣ୍ଡ ବୈଷ୍ଣବମାନେ ଏ କଥା କି ବୁଝନ୍ତି ? ଦିନକର କଥା। ଦୀନକୃଷ୍ଣ ଫେରୁ ଥାଆନ୍ତି ବୃନ୍ଦାବନରୁ। ଏକ ନିଭୃତ ମଠରେ ଜଣେ ବୈଷ୍ଣବ ସାଧକଙ୍କ କ୍ଷମା-ସୁନ୍ଦର ମୂର୍ତ୍ତି। କୃଷ୍ଣ ଦାସ ଆଖି ସଜଳ। ସେ ପାଷଣ୍ଡ, ମୂର୍ଖ। ଜୀବନରେ ତାଙ୍କର ଅନେକ ଅନାଚାର। କୃଷ୍ଣଭକ୍ତି ତାଙ୍କ ପାଇଁ ମରୀଚିକା। ଏଇ କଥା ବି କହିଲେ। ଯୋଡ଼ହସ୍ତରେ କ୍ଷମା ପ୍ରାର୍ଥନା କଲେ। ସେଦିନ ଗୁରୁଗମ୍ଭୀରାରୁ ଶୁଭୁଥିଲା। ସାଧନା ସଙ୍ଗିନୀ ଲଳିତା, ତାଙ୍କରି ଉଦ୍ଦେଶ୍ୟରେ କହିଲେ - "ଶୁଣୁଛ ଲଳିତେ। ଏ ବୈଷ୍ଣବେ କ'ଣ କହୁଛନ୍ତି - ସାଧୁମାନଙ୍କ ଅପେକ୍ଷା ପାଷଣ୍ଡଙ୍କର କୃଷ୍ଣ-ଭକ୍ତି ରସରେ ସିନା ବେଶି ଅଧିକାର।" ତଥାକଥିତ ବୈଷ୍ଣବ ଗୋସେଇଁମାନେ। ଚିତା-ଚିତ୍ରିତ ହୋଇଛନ୍ତି। ରଜଦୀର୍ଯ୍ୟର ମିଳନ ଆଉ ସାଧନାକୁ ଦୈହିକ

ସମ୍ଭୋଗରେ ପରିଣତ କରିଛନ୍ତି । ଏମାନଙ୍କ ଅପେକ୍ଷା ସହଜିଆ ସାଧକଗଣ ଅଧିକ ଶୁଦ୍ଧ, ଅଧିକ ପବିତ୍ର – ଏହା ଥିଲା କବି କୃଷ୍ଣ ଦାସଙ୍କର ଆତ୍ମାର ବାଣୀ ।

କବି କୃଷ୍ଣ ଦାସ । ରାଜା ଦିବ୍ୟସିଂହ ଦେବ । କେତେ ପ୍ରକାର ପ୍ରଲୋଭନ । ପ୍ରତିଶ୍ରୁତି ପରେ ପ୍ରତିଶ୍ରୁତି । ଅବଶ୍ୟ ଦେବେ ଧନ, ରାଜ୍ୟର ଏକ ଅଂଶ ମିଳିବ । ରାଜକବିର ପଦବୀ ବି । ଦୀନକୃଷ୍ଣ ନିର୍ବିକାର । ରକ୍ତମାଂସ ଧାରୀ ରାଜା । କେଭେଁ ନୁହନ୍ତି ତାଙ୍କ ପ୍ରଭୁ । ତାଙ୍କର ପ୍ରଭୁ ତ ନୀଳାଦ୍ରି ବିହାରୀ, କ୍ଷୀରମୟ ସିନ୍ଧୁ ଜେମା ଜୀବବନ୍ଧୁ, ଜଗତର ନାଥ ଜଗନ୍ନାଥ । ତାଙ୍କରି ଲୀଳାକୁ ନେଇ ‘ରସ କଲ୍ଲୋଳ’ କାବ୍ୟ । କ’ ଅକ୍ଷରରେ ଆରମ୍ଭ । ଅକ୍ଷର ଗଣା ହାତରେ । ତା’ ପରେ ଲେଖା ପୋଥିରେ । କବି ହେଲେ ତ, ଜାଣିବ ଏଥିରେ ଶ୍ରମ କେମନ୍ତ । କବିତ୍ୱ ମଳୟ ପବନ ମତ୍ତ, କରେ ରସିକ ତରୁ ପଲ୍ଲବିତ । କୁମତି ଗୁଆଁର, ସେ କି କାବ୍ୟରସ ଆସ୍ୱାଦନ କରିବ ? କ୍ଷମତାଧାରୀ ରାଜା, ତାଙ୍କ ପାଇଁ ଧନ, ମାନ, ଯଶ, କୀର୍ତ୍ତି, ଖ୍ୟାତି ବଡ଼ । ସେ ଏକାଙ୍ଗ ଚକ୍ରବର୍ତ୍ତୀ । ହେଲେ କବି, ଲେଖକ ଅବା କେଉଁ ଗୁଣରେ ନ୍ୟୂନ । ଗୋଟେ ପଟେ ତଥାକଥିତ ବୈଷ୍ଣବଙ୍କ ଚକ୍ରାନ୍ତ । ତା’ ସହିତ ରାଜକୋପ । ଶେଷରେ ଦୀନକୃଷ୍ଣ ହେଲେ ପୁରୀରୁ ନିର୍ବାସିତ । ଗଳିତ କୁଷ୍ଠ ବ୍ୟାଧି ଆକ୍ରାନ୍ତ । ତାଙ୍କ ପ୍ରାଣର କଳାବତୀ, ସେ ବି ବିମୁଖ । ଏକ ଦୟନୀୟ କରୁଣ ସ୍ଥିତି । ତଥାପି କବି ଅଟଳ । ମୂର୍ଖ ସ୍ତୁତି ଅପେକ୍ଷା ଆତ୍ମହତ୍ୟା ଶ୍ରେୟସ୍କର । ଏଇ କଥାଟି ସ୍ପଷ୍ଟ ତାଙ୍କ ‘ରସକଲ୍ଲୋଳ’ କାବ୍ୟରେ ।

ଗୋପନରେ ଦେହଭୋଗ-ଏକ ଅପରାଧ । ଅନେକ ବୈଷ୍ଣବ ଏକଥା ବୁଝି ମଧ୍ୟ ଅବୁଝା । ସହଜିଆମାନେ ତାଙ୍କ ଠାରୁ ଶୁଦ୍ଧ, ଅଧିକ ଶୁଭ୍ର । ସେମାନେ ସହଜ । ଆତ୍ମ ଗୋପନର ଆବ୍ରୁ ନାହିଁ । ଦେହ ଭିତରେ ସେମାନେ ଦେହଜୟୀ । ରସ କଲ୍ଲୋଳରେ ଗୋପୀ-କୃଷ୍ଣ ସମ୍ବାଦ । ଏ କଥାଟି କେଉଁ ଶାସ୍ତ୍ର, କେଉଁ ପୁରାଣ ସମ୍ମତ ? ରୁକ୍ଷ କଣ୍ଠରେ ସେଦିନ ପ୍ରଶ୍ନ କଲେ ମଠାଧୀଶ କେବଳ ଦାସ । ‘ରହସ୍ୟ ମଞ୍ଜରୀ’ କାବ୍ୟର ସ୍ରଷ୍ଟା ଦେବ ଦୁର୍ଲଭ ଦାସ ଗୋସ୍ୱାମୀ । ଶୃଙ୍ଗାର ରସ ଭିତ୍ତିକ ପଦ, ତା’ ପୁଣି ଗୋପୀ କୃଷ୍ଣଙ୍କୁ ନେଇ – ଏ କଥା ସେ ବି ଲେଖିନାହାନ୍ତି ? କ’ଣ ବା ଉତ୍ତର ଦେବେ କୃଷ୍ଣ ଦାସ । ଅନୁଶାସନ ଶାସ୍ତ୍ରର ନୁହେଁ, ହୃଦୟ ସମ୍ମତ । ମରମର ସାଧନାରେ ଏହାର ସିଦ୍ଧି । ଏଇ ଅନୁଭବ କୃଷ୍ଣଦାସ କବିଙ୍କର । ମାତ୍ର ତାହା ପ୍ରକାଶ କରି ନ ଥିଲେ । ସମୟ ଗଡ଼ି ଚାଲିଲା । ସେଇ ଶରତର ଶିଶିର ସ୍ନାତା ପ୍ରତ୍ୟୁଷ । ସେବିକା ବ୍ରଜେଶ୍ୱରୀ, ଉଦ୍ୟାନ ମଧ୍ୟରେ । ଫେରିଲେ ଦୀନକୃଷ୍ଣ, ବ୍ରଜେଶ୍ୱରୀଙ୍କ ବାଁ ଛାତି ଉପରୁ ଶାଢ଼ୀ ଅଞ୍ଚଳଟି ଅଧାଖସା । କୃଷ୍ଣଦାସଙ୍କୁ ଦେଖି ଈର୍ଷାରେ ଜଳିଗଲେ । ତାଙ୍କ ପାଦରେ ଅଳତା ଚିହ୍ନ । ଫେରିଛନ୍ତି କଳାବତୀ କକ୍ଷରୁ, ବ୍ରଜେଶ୍ୱରୀଙ୍କ କଟାକ୍ଷ – “ସୁର୍ ସହିତ ସଙ୍ଗତ ନଥିଲେ ଦୀନକୃଷ୍ଣଙ୍କ ପଦରୁ ଏ ବୋଲ

ସବୁ କାହୁଁ ଆସନ୍ତା ଗୋସେଇଁ?" ମହନ୍ତ କ୍ରୁଦ୍ଧ, କୃଷ୍ଣ ଦାସଙ୍କ ସମସ୍ତ ପୋଥି ପଦାକୁ ନିକ୍ଷେପ କରିଦେଲେ। କେବଳ ଦାସ ମଠର ଦ୍ୱାର, ତାଙ୍କ ପାଇଁ ସବୁ ଦିନ ନା। ଏଣିକି କୃଷ୍ଣଦାସ କବି ଆଶ୍ରୟ ରହିତ ଦୀନକୃଷ୍ଣ। କେବଳ ଦାସ ମଠରୁ ବିତାଡ଼ିତ, ଶ୍ରୀକ୍ଷେତ୍ର ସାଧୁସନ୍ଥ ମଣ୍ଡଳୀ ଚ୍ୟୁତ। ସମାଜ ଆଖିରେ ଚରିତ୍ରହୀନ, ବୈଷ୍ଣବମାନଙ୍କ ଆଖିରେ ସହଜିଆ ରୂପେ ନିନ୍ଦିତ। ଏଣିକି ଜଗନ୍ନାଥ ସାହା ଭରସା। ଆଉ ସେଇ ନବନାଗରୀ ମାହାରୀକନ୍ୟା କଳାବତୀ।

କୃଷ୍ଣଦାସ କଳାବତୀର ନଟ, ତା' କବିତା ଆତ୍ମାର ରୂପକାର। କଳାବତୀର ନୈଶ ଅଭିସାର; ଅଙ୍ଗସଜ୍ଜା। କୃଷ୍ଣଦାସଙ୍କ ଶେଷ ସ୍ପର୍ଶ ନ ହେଲେ ଅସମାପ୍ତ। ତା' ହୃଦ-ମନ-ପ୍ରାଣରେ ଦୀନକୃଷ୍ଣ। ଦେବତା ସମ୍ମୁଖରେ ସେ ନିତାନ୍ତ ସାଧାରଣୀ – ଘୋର ଉଲଙ୍ଗ ପରି। ଏବେ ସେ ସଙ୍ଗୀତମୟୀ। କୃଷ୍ଣଦାସଙ୍କ ଛନ୍ଦ ବିମୋହିତା। ଶେଷରେ ପାଲଟିଲା ବିଭୋରା ନୃତ୍ୟମୟୀ। କଳାବତୀ ସାମାନ୍ୟ ଦେବଦାସୀ ନୁହେଁ। କୃଷ୍ଣଚୂଡ଼ାର ସ୍ତବକପରି ପରସ୍ତ ପରସ୍ତ କୃଷ୍ଣଦାସଙ୍କ ଚେତନା ବୋଧରେ। ସେଇ ରସ ତରଙ୍ଗିଣୀ, ଆଜି କୃଷ୍ଣଦାସଙ୍କ ପାଇଁ ମରୀଚିକା, ଅସମୟର ମୃଗତୃଷ୍ଣା। ବିଚ୍ଛେଦ ଦିନର କରୁଣ କାହାଣୀ। ସେ ଦିନ କଳାବତୀ ଅଣ୍ଟାରେ ଭିଡୁଥିଲା କାଞ୍ଚିଦାମ। ଦୀନକୃଷ୍ଣଙ୍କ ଆଙ୍ଗୁଳି ସବୁ ଆନମନା। ପ୍ରାଣରେ ଗୁଞ୍ଜରିତ ପଦଟେ – "କାମ ଦିଗ ବିଜେ / ରଥ ପ୍ରାୟ ରାଜେ / ବନ୍ଧୁ ତୋହ କଳେବର / କଳିତ ନିତମ୍ବ ଚକ୍ର ଅବଲମ୍ବ / କରିଛି ଉତ୍ତମ ଅମ୍ବର।" ଏଣେ କଳାବତୀ କାମ ଜର୍ଜରିତା। ତା' ଦେହ ଆଉ ମନରେ ଜ୍ୱାଳାମୟ ଅସ୍ୱସ୍ତି। ମନରେ ଅସମାହିତ ପ୍ରଶ୍ନଟିଏ। କ'ଣ ଚାହେଁ ଏ ବୈଷ୍ଣବ? ଦେହ ତ ଚାହେଁନା ସେ। ତଥାପି ଦେହ ପ୍ରତି ପ୍ରଲୁବ୍ଧ କାହିଁକି? କଳାବତୀର ଅଙ୍ଗରେ ଅଙ୍ଗରେ ଏତେ ଛନ୍ଦ କାହୁଁ ଆସେ? ମୁଗ୍ଧ ବିହ୍ୱଳ ଦୀନକୃଷ୍ଣ। ମନରେ ତାଙ୍କର ପ୍ରଶ୍ନଟି। କଳାବତୀ କୃଷ୍ଣଦାସ ପ୍ରେମ ପାଗଳିନୀ। ଏ କଥା କି ସେ କହିପାରିବ? ସରମରେ ଦରମରା କଳାବତୀ। ବଦଳେଇ ଦେଲା କଥାର ପ୍ରସଙ୍ଗ। ଜଗା ଆଗରେ ନୃତ୍ୟ ପରିବେଷଣ, ବିଳମ୍ବ ହେଲେ ପରିଛାଙ୍କ ତାଡ଼ନା। ପୁନଶ୍ଚ ଦୀନକୃଷ୍ଣ ନିତି କଳାବତୀ କକ୍ଷରେ। ଏ କଥାଟି ପ୍ରଘଟ ହେଲେ ମହା ବିପତ୍ତି। କଳାବତୀ ଦ୍ରୁତ ପଦପାତରେ ବାହାରିଗଲା। ସୌନ୍ଦର୍ଯ୍ୟ ବିଭୋର କବି, ବୁଝିଲାନି ସେଦିନ ଦେହ ଭୋକର କଥା।

ଜୀବନର ବିଷପାତ୍ର ପୂର୍ଣ୍ଣ ହେବ। ବାକି ଥାଏ ରାଜନିଗ୍ରହ, ସଂସ୍କାର ବିମୁକ୍ତ କବିର ଅନମନୀୟ କାବ୍ୟାଭିମାନ। କାଳେ କାଳେ ରାଷ୍ଟ୍ରପତି ସେମାନଙ୍କ ପ୍ରତି ଅସହିଷ୍ଣୁ। ଦୀନକୃଷ୍ଣ ଦାସଙ୍କର କପାଳରେ ସେୟା। ମହନ୍ତ ମଠାଧୀଶଙ୍କ ଠାରୁ ମହାରାଜା ଦିବ୍ୟସିଂହ ଦେବ। ସମସ୍ତେ ବିଚଳିତ କବି ପ୍ରତିଷ୍ଠାରେ। ଚିତା-ତିଳକ ଚିତ୍ରିତ ସମାଜ। ଏହା

ବିରୋଧରେ ଦୀନକୃଷ୍ଣଙ୍କ ଦୁର୍ବିନୀତ ଯୁଦ୍ଧ ଘୋଷଣା । ଶତ ପ୍ରତାରଣାର ବହିର୍ବ୍ୟାସ ଛିନ୍ନ କରିବାର ସଂକଳ୍ପ । ପ୍ରତାରଣାଧର୍ମୀ ନିଗ୍ରହ ଉପରେ ସମାଜ ଦଣ୍ଡାୟମାନ । ସେଇ ନିଗ୍ରହକୁ ଚୂର୍ଣ୍ଣ କରିବା, ପ୍ରବୃତ୍ତିକୁ ସହଜ ପ୍ରକୃତି ମଧ୍ୟରେ ମୁକ୍ତି ଦେବାର ଦୁଃସାହସ । ସମାଜପତିଙ୍କ ନ୍ୟସ୍ତସ୍ୱାର୍ଥ ଉପରେ ଶତ କୁଠାରାଘାତ । ଦୀନକୃଷ୍ଣ ସହଜିଆ ପାଷଣ୍ଡ । ସନ୍ଥ, ମହନ୍ତ ମଠାଧୀଶ ମାନଙ୍କ ଚିତା-ଚିତ୍ରିତ କପାଳ । ଏହାକୁ ଚିତ୍ର ତାରକା ଚିତ୍ରପଟ ସହିତ ଉପମା, ଯୋଡ଼ିଦେଲେ ଦୀନକୃଷ୍ଣ । ଏଇଥି ପାଇଁ ପିଣ୍ଡବ୍ରହ୍ମାଣ୍ଡ ବାଦୀଙ୍କର କ୍ରୂର କଟାକ୍ଷ । କିଏ କହେ ଦୀନକୃଷ୍ଣ ନିରୀହ ବୈଷ୍ଣବ ? ନିରୁପଦ୍ରବ ଶୈବାଳାଚ୍ଛନ୍ନ ମଧ୍ୟଯୁଗୀୟ କାବ୍ୟଧାରା । ଏହା ବିରୋଧରେ କୃଷ୍ଣ ଦାସ ଏକ ଅଶାନ୍ତ ବିଦ୍ରୋହ ।

ଦିବ୍ୟସିଂହ ଦେବଙ୍କ ରାଜସଭା । ଅମାତ୍ୟ, ପାତ୍ର, ମନ୍ତ୍ରୀ ସହ ସଭାସଦ୍ ବର୍ଗ । ସମସ୍ତଙ୍କର ପ୍ରତୀକ୍ଷା କୃଷ୍ଣଦାସ କବିଙ୍କୁ । କଟୁଆଳ ଉପସ୍ଥିତ କରାଇଲେ କୃଷ୍ଣ ଦାସଙ୍କୁ । ଚାଲିଲା ବିଚାର । ଏଇ ସେଇ କୃଷ୍ଣ ଦାସ ? ଯାହାର ଛାନ୍ଦ, ସଙ୍ଗୀତର ମୂର୍ଚ୍ଛନାରେ ଶ୍ରୀକ୍ଷେତ୍ରର କୋଣ ଅନୁକୋଣ ମୁଖରିତ ? ପୁଣି ମାହାରୀ କନ୍ୟା କଳାବତୀ । ତା'ରି କଣ୍ଠରେ କାବ୍ୟର କାମାତୁରା ଆବୃତ୍ତି । ଯାହା ପ୍ରତ୍ୟହ ନିବେଦିତ । ଅପବିତ୍ର ପୁଣ୍ୟ ଦେବାଳୟ, କଳୁଷିତ ହେଉଛି ଭକ୍ତି ସଙ୍ଗୀତ । ରାଜାଙ୍କର କୋପଦୃଷ୍ଟି । ପଚାରିଲେ ତୁମେ ସେହି କୃଷ୍ଣଦାସ ? ଉତ୍ତର – ଥିଲି କୃଷ୍ଣ ଦାସ ଏବେ ଦୀନକୃଷ୍ଣ । ରାଜାଙ୍କ କୋପ ବହୁଗୁଣିତ, ରକ୍ତିମ ଚକ୍ଷୁ । ମହାବିଷ୍ଣୁ ରୂପୀ ଶ୍ରୀକୃଷ୍ଣ, କେଉଁ ଅନୁଶାସନରେ ସେ ଲମ୍ପଟୀ ? ପୁଣି 'ସହଜୀ ମହାରତା' ରୂପେ ଚିତ୍ରଣ କରିଛ ? କୃଷ୍ଣ କାମୁକ ନୁହନ୍ତି, ନୁହନ୍ତି ଗୋପୀଏ କାମିନୀ, ଗୋପୀ-କୃଷ୍ଣ ଏକ ଭାବରେ ଅଭିନ୍ନ, ଅଦ୍ୱୈତ ରସଘନ ରୂପ । ଏଇଟି କେଉଁ ଶାସ୍ତ୍ରର କଥା, ତାହା ଅଜଣା । ମାତ୍ର ଅନୁଶାସନ ମନୁଷ୍ୟ ହୃଦୟରେ । ଏଇ ଉତ୍ତର ଦୀନକୃଷ୍ଣଙ୍କର । ରାଜାଙ୍କର ଅଭିଯୋଗ, ଦୀନକୃଷ୍ଣଙ୍କ ଛାନ୍ଦ ସବୁ କାବ୍ୟ ନୁହେଁ, କାବ୍ୟ ନାମରେ କାମଶାସ୍ତ୍ର । କାମ କେଉଁଠି ନାହିଁ ? "କୀଟୁ ବ୍ରହ୍ମ ପରିଯନ୍ତେ ଯେତେକ / କାହିଁ ନାହିଁ କନ୍ଦର୍ପ କଉତୁକ ? କାମ କାହାକୁ କରି ନାହିଁ ବାହା / କହି ବସିବି କେତେ ଅବା ତାହା"-ଦୀନକୃଷ୍ଣ କଲେ ଏଇ ଆବୃତ୍ତି । ରାଜା ରାଗରେ ଜର୍ଜରିତ । ଧର୍ମଶାସ୍ତ୍ର ନାମରେ କନ୍ଦର୍ପ କୌତୁକ ସବୁ ବ୍ୟଭିଚାର । କେଉଁ ଶାସ୍ତ୍ରରେ ଲେଖା ? ଦୀନକୃଷ୍ଣଙ୍କର ସହଜ ଉତ୍ତର – ଦାରୁ ଭେଦକ୍ଷମ ଭ୍ରମର ମହୀରୁହ କାଟି ପକାଏ । ହେଲେ କୁସୁମ ପରି କୋମଳ ବସ୍ତୁ । ତା'ରି ଭିତରେ ବନ୍ଦୀ । ଏଠି ଶୃଙ୍ଗାର ଭିତରେ ଶଙ୍ଗାରୀର ବିନାଶ – "କୀଟ ସିନା ଦେଖ ମଧୁ ଲୀଟକୁ / କାଟି ପକାଏ ମହତ କାଠକୁ / କରେ କୁସୁମ ଠାରେ ଆସନ / କୋମଳରେ କୋମଳ ସମାନ ।" ଦୀନ କୃଷ୍ଣଙ୍କର ଅକାଟ୍ୟ ଯୁକ୍ତି । ସଭା ସମ୍ପୂର୍ଣ୍ଣ ନିରବ । ତାଙ୍କ ଅନୁପମ ପଦାବଳୀ । ରାଜାଙ୍କ ନାମରେ ଭଣିତ ହେବ । ହଟିଯିବ ସଂକଟର କଳାବାଦଲ । ବିଦ୍ରୋହର ଧୂମାୟିତ

ଉଷ୍ଣତା। ଆପେ ହ୍ରାସ ପାଇବ। ଦାରିଦ୍ର୍ୟ ଦୂର ହୋଇଯିବ। ଏଇଟି ଗ୍ରହଣୀୟ ପ୍ରସ୍ତାବ ନ ଥିଲା। ଦୀନକୃଷ୍ଣଙ୍କ ଦୃଢ଼ ପ୍ରତିବାଦ - "କବି ଯା କରେ ମୂର୍ଖକୁ ସ୍ତୁତି...।" ରାଜା ଦିବ୍ୟସିଂହ ଦେବ କ୍ଷମତାରେ ମଦମତ୍ତ। ଅହଙ୍କାର ପାହାଡ଼ ଶିଖରିରେ। ତତ୍‌କ୍ଷଣାତ୍ ଦୀନକୃଷ୍ଣ ବିତାଡ଼ିତ ହେଲେ ଶ୍ରୀକ୍ଷେତ୍ରରୁ। ଶ୍ରୀମନ୍ଦିର ସିଂହଦ୍ୱାର ତାଙ୍କ ପାଇଁ ସବୁଦିନ ବନ୍ଦ। ତାହା ନ ହେଲେ ପରିସ୍ଥିତି ଜଟିଳ ହୋଇଥାଆନ୍ତା। ଚିତା-ତିଳକ ଚିତ୍ରିତ ଭେକଧର୍ମୀ ସମାଜ, ଭେଳା ବୁଡ଼ିଥାଆନ୍ତା ଅବିଳମ୍ବେ। କଳାବତୀ ଶ୍ରୀକ୍ଷେତ୍ରରେ ବନ୍ଦିନୀ। ବାହାରକୁ ଯିବାର ସ୍ୱାଧୀନତା ତା'ର ନ ଥିଲା। ଦୀନକୃଷ୍ଣଙ୍କ ଅନୁପସ୍ଥିତି। କଳା ନିପୁଣା କଳାବତୀ ଆଜି ସ୍ପର୍ଶାତୁରତା ହୀନା ପାଷାଣୀ ଅହଲ୍ୟା। ତା'ର ସଂଗୀତ ମୁଖର କଣ୍ଠ, ଛନ୍ଦ ଚପଳ ପାଦ, ସବୁ ନିରବୀ ଗଲା। ଦୀନକୃଷ୍ଣଙ୍କ କାବ୍ୟର ଐନ୍ଦ୍ରଜାଲିକ ସ୍ପର୍ଶ। କଳାବତୀ ଦିନେ ଥିଲା ଐଶ୍ୱର୍ଯ୍ୟମୟୀ। ଏବେ ତା' ଜୀବନ ଦୁର୍ବିସହ। କେବଳ ଏକ ସ୍ତୂପୀକୃତ ଗ୍ଲାନି ଆଉ ଅମାପ କୁଶ୍ରୀତା। ତା' ପରେ ଶ୍ରୀମନ୍ଦିରରେ ଦୀନକୃଷ୍ଣ ଛାନ୍ଦ ସହ ସଙ୍ଗୀତ ବନ୍ଦ ରହିଲା। ରାଜା ଦିବ୍ୟସିଂହ ଦେବଙ୍କ ଏଇ ଆଦେଶ।

ପ୍ରବହମାନ ସମୟ। ମହାପ୍ରତାପୀ ମୋଗଲ ଶାସକ ଆଉରଙ୍ଗଜେବ। ତାଙ୍କର ସେନାପତି ଏକରାମ ଖାଁ। ହିନ୍ଦୁ ଧର୍ମବିଦ୍ୱେଷୀ ମୋଗଲ ସମ୍ରାଟଙ୍କ ଏଇ ସେନାପତି। ଗୋଟିଏ ପରେ ଗୋଟିଏ ଦେବପୀଠ ଆକ୍ରମଣ ଆରମ୍ଭ କଲା। ଏକରାମ ଖାଁର ଶ୍ରୀମନ୍ଦିର ଉପରେ ଭୟଙ୍କର ଆକ୍ରମଣ। ମହାରାଜା ଦିବ୍ୟସିଂହ ଦେବ। ଦେଇ ପାରିଲେନି ସୁରକ୍ଷା ଜଗନ୍ନାଥଙ୍କୁ। ନିଜେ ପୁରୀ ଛାଡ଼ିଲେ। ସ୍ୱୟଂ ଜଗନ୍ନାଥ, ଶ୍ରୀମନ୍ଦିରରେ ତାଙ୍କର ଆଉ ସ୍ଥାନ ରହିଲାନି। ଶେଷରେ ଆତ୍ମଗୋପନ ଚିଲିକା ଗର୍ଭରେ। ବାଣପୁର ଆଡ଼େ, ସେଇ ସ୍ଥାନଟି କୋକଲିଗଡ଼। ରହିଲେ ଚତୁର୍ଦ୍ଧା ମୂର୍ତ୍ତି। ଶ୍ରୀକ୍ଷେତ୍ର ଶ୍ମଶାନିତ। ଗଜପତି ଦିବ୍ୟସିଂହ ଦେବ କ୍ଷମତାଚ୍ୟୁତ। ଖୋର୍ଦ୍ଧା ବରୁଣେଇ ପାହାଡ଼ ଉପରେ କାଉ ଉଡ଼ିଲା। କାହିଁ ଗଲା ରାଜାଙ୍କ ସେ ଦିନର ଦମ୍ଭ, ଅହଂକାର? ନିରୀହ କବି ଦୀନକୃଷ୍ଣ। ତାଙ୍କ ପାଇଁ ରାଜାର ନାଲି ଆଖି, ଆଉ ପ୍ରତାପୀ ଆଉରଙ୍ଗଜେବଙ୍କ ନିକଟରେ କେତେ ଦୀନହୀନ ସତେ!

ସେଦିନ ଏକ ବିବର୍ଣ୍ଣ ଅପରାହ୍ଣର ଅକଳନ ବିଷଣ୍ଣତା। ପରିତ୍ୟକ୍ତ ଶ୍ରୀକ୍ଷେତ୍ର। କଳାବତୀ ତା' କୁଟୀର ପିଣ୍ଡାରେ। ପାହାଚ ଉପରେ ଦୁଇ ପାଦ। ଶୂନ୍ୟ ଦୃଷ୍ଟିରେ ଦାଣ୍ଡକୁ ଚାହିଁ ବସିଛି। ଦୂରରୁ ଗାଇ ଗାଇ ଆସୁଥିଲେ ଜଣେ ବୈଷ୍ଣବ - "କାଳିନ୍ଦୀ ଶୀତଳ କଲା କେ ଅନଳ / କହିବାକୁ ଆଚମ୍ବିତ ଯେ।" ଚମକି ପଡ଼ିଲା କଳାବତୀ। ଏ ତ ସେଇ ଦୀନକୃଷ୍ଣର ପଦାବଳୀ। ବୈଷ୍ଣବଙ୍କ ହାତରେ ତାଙ୍କର ଏକତାରା। କଳାବତୀ ପଚାରିଲା - ଏ ପଦ କେଉଁଠୁ ପାଇଲ ବୈଷ୍ଣବ? ସେ ଜଣେ କୁଷ୍ଠୀ, ଅପାଙ୍‌କ୍ତେୟ। ପଦ ଡାକନ୍ତି। ତାଙ୍କ ହାତ ଅଙ୍ଗୁଳି ଶୂନ୍ୟ। ଡାକନ୍ତି ଆଉ ସେ ଲେଖନ୍ତି। ସେଇ ପଦ ସବୁ ବୋଲି ଭିକ୍ଷା

ମାଗନ୍ତି – ଏ ଉତ୍ତର ଥିଲା ବୈଷ୍ଣବଙ୍କର । ଅଧିରା କଳାବତୀ । ଚାଲିଛି ବୈଷ୍ଣବଙ୍କ ପଛେ ପଛେ । ବ୍ୟାଧିର କଷ୍ଟଠୁ ବଳି ପଡ଼ିଛି ମନର ଜ୍ୱାଳା । କିଶୋରୀ ରତନ ରାଧା । ଶ୍ରୀକୃଷ୍ଣଙ୍କ ସହ ମିଳନ । ଦୀନକୃଷ୍ଣ ପଦ ଲେଖିବେ । ଦୀନକୃଷ୍ଣଙ୍କ ମାନସୀ, ପ୍ରେୟସୀ ରାଧା ହିଁ କଳାବତୀ । ମନ କୁଞ୍ଜବନରୁ ଏବେ ହଜି ଯାଇଛି । ତା'ରି ପାଇଁ କୃଷ୍ଣଦାସର ପ୍ରତୀକ୍ଷା, ପ୍ରତୀକ୍ଷାର ଏବେ ଶେଷ ଦୃଶ୍ୟ । ଜୀବନ ପ୍ରଦୀପ ଲିଭିଲିଭି ଯାଉଛି । ଦୀନକୃଷ୍ଣଙ୍କ କୁଡ଼ିଆଟି ଅଦୂରରେ, ଜଙ୍ଗଲ ମଧ୍ୟରେ । ଦୂରରୁ ପ୍ରତୀୟମାନ ଏକ ଗଭୀର କ୍ଷତର କବର ପରି । ଦିନମଣି ଅସ୍ତାଚଳ ଆରପଟେ । ସଞ୍ଜୁଆ ଅନ୍ଧାର । କଳାବତୀ ଆଖିରେ ଲୋତକର ଧାରା ଶ୍ରାବଣ । ପହଞ୍ଚିଲେ, ହେଲେ ତା' ପ୍ରେମିକ ଆଉ ନ ଥିଲେ ଇହଜଗତରେ । କୁଡ଼ିଆ ଭିତରେ ତାଙ୍କ ମୃତ ଶରୀର । ଇତସ୍ତତଃ ବିକ୍ଷିପ୍ତ ସେଇ ଅସମାପ୍ତ ରାଶି ରାଶି ତାଳପତ୍ର ଖେଦା । ଡାହାଣ ହାତର ଆଙ୍ଗୁଳି ସବୁ ଛିଣ୍ଡି ପଡ଼ିଥିଲା, ବାଁ ହାତରେ କେଇଟି ଆଙ୍ଗୁଳି ମାତ୍ର । ସେ ହାତରେ ଲେଖନୀ, ହୁଏତ କେଇଟି ଛାନ୍ଦ ଯୋଡ଼ିବାକୁ ଚେଷ୍ଟା କରିଥିଲେ । ସେତେବେଳକୁ ତାଙ୍କ ଜୀବନର ରସ ଭଣ୍ଡାର ନିଃଶେଷ । ଏକଥା ହୁଏତ ଜାଣିନଥିଲେ ଦୀନକୃଷ୍ଣ । ଅନ୍ତହୀନ ଶୂନ୍ୟତା, ବ୍ୟର୍ଥତାର ଅତୃପ୍ତି । ବ୍ୟାଧିର ପୁଞ୍ଜୀଭୂତ ଜ୍ୱାଳା । ସେଇ ନିସଙ୍ଗ ମୁହୂର୍ତ୍ତ । ସବୁ ହୋଇ ଉଠିଲା ଅସହ୍ୟ । ଦୀନକୃଷ୍ଣଙ୍କ ମିଳନ – ସମ୍ଭାବନା ହୀନ, ଶେଷହୀନ ବିରହ ଜର୍ଜରିତ ଶେଷରାତ୍ରି । ଏଥିରୁ ପରିତ୍ରାଣ ଲୋଡ଼ା । ରାଜାନୁକମ୍ପା ମିଳିଲାନି । ପୁଣି କଳାବତୀର ଅନୁପସ୍ଥିତି । ଦୀନକୃଷ୍ଣଙ୍କ ପାଇଁ ଅସହ୍ୟ । ହାତର ଲେଖନୀଟିକୁ ଗଳାରେ ଭୁଷି ଦେଲେ । କୁଡ଼ିଆ ଦୁଆରେ ବୈଷ୍ଣବ ଡାକୁଥିଲେ – ଦୀନକୃଷ୍ଣ କବି ! ସେତେବେଳକୁ ତାଙ୍କ ପ୍ରାଣ ପକ୍ଷୀ କେଉଁ ଅଜଣା ରାଇଜରେ । କଳାବତୀ କୁଟୀରରୁ ବାହାରୁଥିଲା । ଦୀନକୃଷ୍ଣଙ୍କ କୋଟରଗତ ଆଖି, କେଇ ବୁନ୍ଦା ଅଶ୍ରୁ । ତଥାପି ଶୁଖିନଥାଏ, ଝଟକୁ ଥାଏ ବିରହ ରଜନୀର ଅଶ୍ରୁ ଶିଶିର ପରି ।

ଆହେ ରାଜା ! କି କଲ କି କଲ ? ଜଣେ କବି । ଲେଖନୀ ତା'ର ଅବଲମ୍ବନ । ସାମାନ୍ୟ କୃପା । କରି ଦେଇ ଥାଆନ୍ତା ତା' ଜୀବନକୁ ରସ ସରସ । କଳାବତୀର କଳା-ନେତ୍ରାଞ୍ଜନ ମଖା ଦୀନକୃଷ୍ଣ । ଲେଖି ଥାଆନ୍ତେ ଛାନ୍ଦ ପରେ ଛାନ୍ଦ । ଗୋଟେ କବିର ଅନ୍ତହୀନ ଦୁର୍ଦ୍ଦଶା । ତଥାପି ସେ ହାର ମାନିନି, କ୍ଷମତା ଆଗରେ ହେଇନି ନତମସ୍ତକ । ମୂର୍ଖ ସ୍ତୁତି ଅପେକ୍ଷା ଆତ୍ମହତ୍ୟା ତା' ପାଇଁ ଶ୍ରେଷ୍ଠ । ଧନ୍ୟ କବି ଦୀନକୃଷ୍ଣ ! ରାଧା-କୃଷ୍ଣଙ୍କ ପ୍ରେମଲୀଳା, ରସର କଳ କଲ୍ଲୋଳରେ ତରଙ୍ଗାୟିତ 'ରସକଲ୍ଲୋଳ' । ଓଡ଼ିଆ ବାଣୀ ଭଣ୍ଡାରର ଏଇଟି ଅମୂଲ୍ୟ ସମ୍ପଦ । କବିଟି ଅସାଧାରଣ – ଏ କଥା କାଳେକାଳେ ସତ୍ୟ । ମହାରାଜା ଦିବ୍ୟସିଂହ ଦେବ ଇତିହାସର ଚରିତ୍ର; ମାତ୍ର କବି ଦୀନକୃଷ୍ଣଙ୍କ ପାଇଁ ଇତିହାସ ଗରୀୟାନ । ଏହା କି ମିଥ୍ୟା ?

ନୃତ୍ୟ-ଲଳନା ଦେବଦାସୀ

ଅତୀତ କଥା। ପ୍ରସିଦ୍ଧ ମଠ, ପୀଠ, ଦେବଦେବୀଙ୍କ ମନ୍ଦିର। ଏଗୁଡ଼ିକର ପୃଷ୍ଠପୋଷକ ରାଜା ମହାରାଜା। ଏମାନଙ୍କର ପ୍ରାଚୁର୍ଯ୍ୟମୟ, ବିଳାସପୂର୍ଣ୍ଣ ଚଳଣି। ଠିକ୍ ସେମିତି ତାଙ୍କ ଦେବାଦେବୀଙ୍କ ନୀତିକାନ୍ତି ରାଜକୀୟ। ମନ୍ଦିରଗୁଡ଼ିକରେ ଏକାଧିକ ସେବା ପ୍ରଚଳିତ। ତନ୍ମଧ୍ୟରୁ 'ଦେବଦାସୀ ସେବା' ଅତୀବ ଗୁରୁତ୍ୱପୂର୍ଣ୍ଣ। ମନ୍ଦିରରେ ନୃତ୍ୟରତା ଲଳନାଙ୍କର ସେବା 'ଦେବଦାସୀ ସେବା' ବା 'ମାହାରୀ ସେବା'। ଏ ପ୍ରଥାଟି ସାରା ଭାରତରେ ପ୍ରଚଳିତ, ବିଶେଷ କରି ଦକ୍ଷିଣ ଭାରତରେ। ମନ୍ଦିରର ନୃତ୍ୟ ଲଳନାମାନେ; ବିଭିନ୍ନ ରାଜ୍ୟରେ ଭିନ୍ନ ଭିନ୍ନ ଭାବେ ସେମାନଙ୍କର ପରିଚୟ। ଓଡ଼ିଶାର ବହୁ ଶୈବପୀଠ, ଦେବୀପୀଠରେ ଦେବଦାସୀ ପ୍ରଥା ପ୍ରଚଳିତ ଥିଲା। କିନ୍ତୁ ପୁରୀ ଶ୍ରୀମନ୍ଦିରରେ ଏ ପ୍ରଥାଟି ବିଶେଷ ଗୁରୁତ୍ୱପୂର୍ଣ୍ଣ। ସମ୍ପ୍ରତି ଦେବଦାସୀ ସେବା ଏକ ପ୍ରକାର ବିଲୁପ୍ତ। ଶ୍ରୀମନ୍ଦିରର ଦେବଦାସୀ, ଏମାନେ 'ମାହାରୀ', 'ନାଚୁଣୀ' ଭାବେ ପରିଚିତା।

ଦେବଦାସୀ ପ୍ରଥା ବହୁ ପ୍ରାଚୀନ। ବିଭିନ୍ନ ଗ୍ରନ୍ଥ, ଶବ୍ଦକୋଷ - ଏସବୁରେ ଦେବଦାସୀଙ୍କର ସବିଶେଷ ବର୍ଣ୍ଣନା। ଦେବଦାସୀମାନେ 'ଦେବ ପରିଚାରିକା' - ସଂସ୍କୃତ ଶବ୍ଦାର୍ଥ କଳ୍ପତରୁ ଏହି କଥାଟି କହେ। ବଙ୍ଗଳା ଶବ୍ଦକୋଷ ଅନୁଯାୟୀ ଏମାନେ 'ଦେବ ନର୍ତ୍ତକୀ'। ଅନୁରୂପ କଥାଟି ପୂର୍ଣ୍ଣଚନ୍ଦ୍ର ଭାଷାକୋଷରେ ସୂଚିତ। ଦେବଦାସୀମାନେ ସାତ ପ୍ରକାର - (୧) ଦତ୍ତା, (୨) ହୃତା, (୩) ବିକ୍ରିତା, (୪) ଭୃତ୍ୟା, (୫) ଅଳଙ୍କାରା, (୬) ଗୋପିକା, (୭) ରୁଦ୍ରଗଣିକା। ଅନେକ ଧର୍ମ- ପ୍ରାଣବନ୍ତ, ଆପଣାର କନ୍ୟାଙ୍କୁ ମନ୍ଦିର ସେବାରେ ସମର୍ପଣ କରନ୍ତି। ସେଇ କନ୍ୟାଟି 'ଦତ୍ତା' ଦେବଦାସୀ। 'ବଳପୂର୍ବକ ଅପହୃତା କନ୍ୟା, ଅନେକ ସମୟରେ ମନ୍ଦିର ସେବାରେ ନିଯୁକ୍ତ - ଏମାନେ 'ହୃତା' ଦେବଦାସୀ। କନ୍ୟାଟି ସ୍ୱେଚ୍ଛାକୃତ ଭାବେ ମନ୍ଦିର ସେବାରେ ଯୋଗଦେଲେ, ସେ 'ଭୃତ୍ୟା ଦେବଦାସୀ'। ଅନେକ ଭକ୍ତିପୂତା କନ୍ୟା, ଆପଣାକୁ ଦେବକାର୍ଯ୍ୟରେ ନିୟୋଜିତ କରନ୍ତି।

ଏମାନେ 'ଭକ୍ତା ଦେବଦାସୀ'। ବିଭିନ୍ନ ପ୍ରକାର ଅଳଙ୍କାର ସହ ମନ୍ଦିରକୁ ସମର୍ପିତାଟି 'ଅଳଙ୍କାରା' ଦେବଦାସୀ। ମନ୍ଦିରର ନୃତ୍ୟ ପରିବେଷଣ କରି କେତେକ ଦେବଦାସୀ ପାଉଣା ପାଆନ୍ତି। ଏ ପ୍ରକାର ନୃତ୍ୟ ଲଳନାମାନେ 'ଗୋପିକା ଦେବଦାସୀ'। 'ଗୋପିକା', 'ରୁଦ୍ରଗଣିକା' ଦେବଦାସୀ ସମ ପର୍ଯ୍ୟାୟଭୁକ୍ତ।

ଗଣିକାମାନେ ଦେବମନ୍ଦିର ନୃତ୍ୟଲଳନା, ଏ ପ୍ରସଙ୍ଗଟି ପାଣିନିଙ୍କ କାଶିକା ବୃତ୍ତିରେ ବର୍ଣ୍ଣିତ; ମାତ୍ର ଏହା ପଶ୍ଚାତରେ ଥିବା ସତ୍ୟ ଏବେ ବି ସନ୍ଦେହ ଘେରରେ। ସଂସ୍କୃତ କବି କାଳିଦାସ, ମନ୍ଦିରରେ ଗଣିକାମାନେ ନୃତ୍ୟ ପରିବେଷଣ କରନ୍ତି- ଏ ପ୍ରସଙ୍ଗଟି ତାଙ୍କର କେତେକ କାବ୍ୟକୃତିରେ ବର୍ଣ୍ଣିତ। ଶୈବ ମନ୍ଦିରରେ ଦେବଦାସୀମାନେ ନୃତ୍ୟ ପରିବେଷଣ କରନ୍ତି। କାଳିଦାସଙ୍କ 'ମେଘଦୂତ'ରେ ଏକଥାଟି ସ୍ଥାନିତ। ସୂର୍ଯ୍ୟ ମନ୍ଦିରର ନୃତ୍ୟ ଲଳନା ବାରନାରୀ। ଏ ପ୍ରସଙ୍ଗଟି ମଧ୍ୟ କବି ଲେଖନୀରେ ଚିତ୍ରିତ। ବିଭିନ୍ନ ଶିଳାଲେଖରେ ମନ୍ଦିର ନୃତ୍ୟ-ଲଳନା-ସେବା ପ୍ରସଙ୍ଗ ଉଲ୍ଲିଖିତ। ସେଗୁଡ଼ିକ ମଧ୍ୟରେ ଭୁଜବେଶ୍ୱର ମନ୍ଦିର (୯୭୫ ଖ୍ରୀ.ଅ.), କାଳୀପଦ ସ୍ୱାମୀ ମନ୍ଦିର (୧୦୧୮ ଖ୍ରୀ.ଅ.), ବ୍ରହ୍ମେଶ୍ୱର ମନ୍ଦିର (୧୦୫୩ ଖ୍ରୀ.ଅ.), ମାଘେଶ୍ୱର ମନ୍ଦିର (୧୦୭୦ ଖ୍ରୀ.ଅ.), ଶୋଭନେଶ୍ୱର ମନ୍ଦିର (୧୦୮୦ ଖ୍ରୀ.ଅ.), ନରେନ୍ଦ୍ରଶ୍ୱର ମନ୍ଦିର (୧୦୮୩ ଖ୍ରୀ.ଅ.), ମୁଖଲିଙ୍ଗମ୍ ମନ୍ଦିର (୧୧ଶ ଶତାବ୍ଦୀ), ଜଳେଧିଶ୍ୱର ମନ୍ଦିର (୧୧୪୪ ଖ୍ରୀ.ଅ.), ଅଗସ୍ତିଶ୍ୱର ମନ୍ଦିର (୧୧୫୮ ଖ୍ରୀ.ଅ.), ଲକ୍ଷ୍ମୀନୃସିଂହ ମନ୍ଦିର (୧୫ଶ ଶତାବ୍ଦୀ), ଶ୍ରୀଜଗନ୍ନାଥ ଶ୍ରୀମନ୍ଦିର (୧୬ଶ ଶତାବ୍ଦୀ) ପ୍ରଭୃତି ଉଲ୍ଲେଖନୀୟ।

ଶ୍ରୀଜଗନ୍ନାଥଙ୍କ ଜୟବିଜୟ ଦ୍ୱାରରେ ଗୀତଗୋବିନ୍ଦ ପ୍ରସ୍ତର। ଶ୍ରୀମନ୍ଦିରରେ ବନ୍ଦ ହୋଇଯାଇଥିଲା ଦେବଦାସୀ ସେବା। ଏହାକୁ ପୁନଃ ପ୍ରଚଳନ କଲେ ସୂର୍ଯ୍ୟବଂଶୀ ଗଜପତି ପୁରୁଷୋତ୍ତମ ଦେବ। ଗୀତଗୋବିନ୍ଦ ପ୍ରସ୍ତରରେ ଏଇ କଥାଟି ଲିପିବଦ୍ଧ। ମନ୍ଦିରଗୁଡ଼ିକରେ ଲଳନାଙ୍କ ନୃତ୍ୟ ସେବା ୪ର୍ଥ ଶତାବ୍ଦୀରୁ ପ୍ରଚଳିତ। ପୁରୁଷୋତ୍ତମ ଦେବ ଶିଳାଲିପି (ଷୋଡ଼ଶ ଶତାବ୍ଦୀ)। ଗଜପତି କପିଳେନ୍ଦ୍ରଦେବ ଶ୍ରୀମନ୍ଦିରରେ ଦେବଦାସୀ ସେବା ପ୍ରଚଳନ କଲେ - ଏ ପ୍ରସଙ୍ଗଟି ସେଥିରେ ବର୍ଣ୍ଣିତ। ସେଇସବୁ ନୃତ୍ୟ ଲଳନାମାନେ, ଅନେକ ସ୍ଥାନୀୟା, ଆଉ କେତେକ ତେଲେଙ୍ଗା ସମ୍ପ୍ରଦାୟର। ସକାଳଧୂପ ଠାରୁ ବଡ଼ ଶିଙ୍ଗାର, ଦେବଦାସୀମାନେ ଶ୍ରୀମନ୍ଦିରରେ ନୃତ୍ୟ ପରିବେଷଣ କରନ୍ତି। ଗଜପତି କପିଳେନ୍ଦ୍ର ଏଇ ସେବା ଆରମ୍ଭ କଲେ (୧୪୫୦ ଖ୍ରୀ.ଅ.)। ଏ କଥାଟି ଐତିହାସିକ ଡ. ମହତାବ ଲେଖିଛନ୍ତି।

ଦେବଦାସୀମାନେ ଶ୍ରୀମନ୍ଦିରରେ ନୃତ୍ୟ ପରିବେଷଣ କରନ୍ତି। ଜୟଦେବଙ୍କ ଗୀତଗୋବିନ୍ଦ ଗାନ କରନ୍ତି। ଏ ସମ୍ପର୍କିତ ରୋଚକ କିମ୍ବଦନ୍ତୀଟେ। ସ୍ୱୟଂ ଜଗନ୍ନାଥ

ଗୀତଗୋବିନ୍ଦ-ଶ୍ରବଣ-ବିହ୍ୱଳ । ଏହା ବିଶ୍ୱାସ କରାଯାଏ । ଦିନକର ଘଟଣା । ମନ୍ଦିରରେ ଗୀତଗୋବିନ୍ଦ ଗାନକଲା କନ୍ୟାଟେ । ଫେରିବା ବାଟରେ ଗାଉଥାଏ ସେଇ ଲଳିତ-ମଧୁର-ପଦାବଳୀ । ପଛେ ପଛେ ଶ୍ରୀ ଜଗନ୍ନାଥ । କଣ୍ଟକିତ ରାସ୍ତା । ଶ୍ରୀଜୀଉଙ୍କ ପାଟବସ୍ତ୍ର ଚିରିଗଲା । ସକାଳେ ଚହଳ ପଡ଼ିଲା । ସେବକମାନେ ଗଜପତିଙ୍କ ଦୃଷ୍ଟି ଆକର୍ଷଣ କଲେ । ସ୍ୱୟଂ ଜଗନ୍ନାଥଙ୍କ ଦ୍ୱାରା ସ୍ୱପ୍ନାଦିଷ୍ଟ ଗଜପତି । ସମସ୍ତ ବୃତ୍ତାନ୍ତ ଅବଗତ ହେଲେ । କନ୍ୟାଟିକୁ 'ଦେବଦାସୀ' ସେବା ମିଳିଲା । ଗୀତଗୋବିନ୍ଦକାର କବି ଜୟଦେବ । ତାଙ୍କରି ସହଧର୍ମିଣୀ ପଦ୍ମାବତୀ । ସେ ଥିଲେ ଶ୍ରୀମନ୍ଦିରର ନୃତ୍ୟ-ଲଳନା । ସ୍ୱନାମଧନ୍ୟ ଗବେଷକ କେଦାରନାଥ ମହାପାତ୍ର । ଗୀତଗୋବିନ୍ଦର କେତେକ ପଦକୁ ବିଶ୍ଳେଷଣ କଲେ । ଶ୍ରୀମନ୍ଦିର ନୃତ୍ୟ-ଲଳନା ପବିତ୍ରମନା ପଦ୍ମାବତୀ, ତାଙ୍କ ପ୍ରତି ଜୟଦେବ ଆକୃଷ୍ଟ ହେବା – ଏକଥାଟି ପ୍ରମାଣ କରିଦେଲେ । ଆସାମର କବି ରାମ ସରସ୍ୱତୀ (୧୬ଶ ଶତାବ୍ଦୀ) । ଲେଖିଲେ ଦୀର୍ଘ କବିତା 'ଜୟଦେବ' । ବର୍ଣ୍ଣନା କଲେ ପଦ୍ମାବତୀ, ଜୟଦେବଙ୍କ ପ୍ରସଙ୍ଗ । ମୈଥିଳୀ ଦତ୍ତଙ୍କ ଜୟଦେବ 'ଜୀବନୀ' ପୁସ୍ତକ । ଶ୍ରୀଜଗନ୍ନାଥ, ଜୟଦେବ, ପଦ୍ମାବତୀ – ଏମାନଙ୍କ ସମ୍ପର୍କରେ ଏଇ ପୁସ୍ତକଟି ସୂଚାଏ । ଶ୍ରୀମନ୍ଦିରରେ ଦେବଦାସୀ ସେବା ୧୨ଶ ଶତାବ୍ଦୀରେ ଥିଲା । ଏକଥାଟିକୁ ଅସ୍ୱୀକାର କରାଯାଇ ନପାରେ ।

ଶ୍ରୀମନ୍ଦିର ନୃତ୍ୟ-ଲଳନା । ଏମାନେ 'ଦେବଦାସୀ', 'ମାହାରୀ', 'ଗୀତଗୋବିନ୍ଦା' ଭାବେ ପରିଚିତା । କାର୍ଯ୍ୟକୁ ନେଇ ସେମାନଙ୍କ ବିଭାଗୀକରଣ । ଗଜପତିଙ୍କ ପରିଚାରିକାମାନେ 'ଅଙ୍ଗିଲା' । ଏମାନେ ମର୍ଯ୍ୟାଦାଶ୍ରେଣୀୟା । 'ଗାଆଣ ମାହାରୀ' – ଶ୍ରୀଜଗନ୍ନାଥଙ୍କ ନିକଟରେ ନୃତ୍ୟ ପରିବେଷଣ, ଏଇ ଦାୟିତ୍ୱ ସେମାନଙ୍କର । ଶ୍ରୀମନ୍ଦିରରେ ଅନେକ ସ୍ୱତନ୍ତ୍ର ଉତ୍ସବ ପାଳିତ । ଏଇ ଶ୍ରେଣୀର ଦେବଦାସୀଏ । ମା' ଲକ୍ଷ୍ମୀଙ୍କ ସମ୍ମୁଖରେ ବି ନୃତ୍ୟ ପରିବେଷଣ କରନ୍ତି । 'ଭିତର ଗାଆଣୀ' ସମ୍ପୂର୍ଣ୍ଣ ଭାବେ ଶ୍ରୀଜଗନ୍ନାଥଙ୍କର । କଳହଟ ଦ୍ୱାର ଯାଏ ଏମାନଙ୍କ ପ୍ରବେଶ । ଶ୍ରୀଜୀଉଙ୍କ ବଡ଼ଶିଙ୍ଗାର ବେଶ ଚାଲେ । ଏମାନେ ଦ୍ୱାର ନିକଟରେ ନୃତ୍ୟ ପରିବେଷଣ କରନ୍ତି । ଗୀତଗୋବିନ୍ଦ ଗାନ କରନ୍ତି ।

ଶ୍ରୀମନ୍ଦିରର ଏକ ଗୁରୁତ୍ୱପୂର୍ଣ୍ଣ ପୋଥି 'ମାଦଳାପାଞ୍ଜି' । ଏଥିରେ ଦେବଦାସୀ ପ୍ରସଙ୍ଗ ବର୍ଣ୍ଣିତ । ଜଗନ୍ନାଥଙ୍କ ମନ୍ଦିରର ନୃତ୍ୟ-ଲଳନାମାନେ, 'ନାଚୁଣୀ' ଅବା 'ମାହାରୀ' । ସୂର୍ଯ୍ୟବଂଶୀ ରାଜା କପିଳେନ୍ଦ୍ରଦେବ । ପ୍ରଚଳନ କଲେ 'ମାହାରୀ' ପ୍ରଥା ଶ୍ରୀଜଗନ୍ନାଥ ମନ୍ଦିରରେ । ତାଙ୍କର ଥିଲା ମହତ୍‌ଆକାଂକ୍ଷା । ନାରୀମାନଙ୍କୁ ମନ୍ଦିର ସେବାରେ ନିୟୋଜନ ସୁଯୋଗ ସୃଷ୍ଟି, ଏଇ ଲକ୍ଷ୍ୟରେ ଦେବଦାସୀ ସେବା ପ୍ରଚଳନ କଲେ । ଶ୍ରୀଜଗନ୍ନାଥ ମନ୍ଦିରର ମାହାରୀମାନଙ୍କ ଜୀବନ ଅତି ପବିତ୍ର । ସେମାନେ ଦେବତାଙ୍କୁ ସମର୍ପିତା, ଇନ୍ଦ୍ରିୟ

ସୁଖ ଲାଳସାଠାରୁ ବହୁ ଦୂରରେ। ସ୍ୱୟଂ ପ୍ରଭୁ ତାଙ୍କର ସ୍ୱାମୀ। ସେମାନେ ସୀମନ୍ତିନୀ ପରି ସିନ୍ଦୂର ପିନ୍ଧନ୍ତି। ଶ୍ରୀଜୀଉଙ୍କ ସକାଳଧୂପ ଚାଲେ। ଏମାନେ 'ଅଳସ ନୃତ୍ୟ ପରିବେଷଣ' କରନ୍ତି। ବଡ଼ଶିଙ୍ଗାର ବେଶ ବେଳେ କଳହଟ ଦ୍ୱାର ନିକଟରେ ଗୀତଗୋବିନ୍ଦ ଗାନ କରନ୍ତି। ଦେବଦାସୀମାନେ ବିଭିନ୍ନ ପ୍ରକାର ଓଡ଼ିଶୀ ଅଳଙ୍କାର ପରିଧାନ କରନ୍ତି। ସାତ୍ତ୍ୱିକ ଭାବ ଭାବନାରେ ଆର୍ଦ୍ର ଦେବଦାସୀଏ। ସଂସାର ପ୍ରତି ସଦା ନିର୍ଲିପ୍ତ; କ୍ରମେ ସ୍ଥିତି ବଦଳେ। କେତେକ କାମୁକ, କ୍ଷମତାଶାଳୀ, ମନ୍ଦିର ପୂଜକ - ଏମାନଙ୍କର ଅନୈତିକ ଆଚରଣ, ବିଧର୍ମୀ ମନୋଭାବ। ଦେବଦାସୀ ପ୍ରଥାକୁ କଳା କଳଙ୍କିତ। ବହୁ ଦେବଦାସୀ ଶୋଷଣର ଶିକାର ହେଲେ। ସମାଜ ସଂସ୍କାରକମାନେ ଦେବଦାସୀ ପ୍ରଥାର ଘୋର ବିରୋଧ କଲେ। ବନ୍ଦ କରିବାକୁ ଦୃଢ଼ ପଦକ୍ଷେପମାନ ନେଲେ। ଅଧୁନା ଏ ପ୍ରଥା ସମ୍ପୂର୍ଣ୍ଣ ବନ୍ଦ, ଏପରିକି ଶ୍ରୀମନ୍ଦିରରେ। 'ଭିତର ଗାଆଣୀ' କୋକିଳପ୍ରଭା ଦେବଦାସୀ, ତାଙ୍କର ଦେହାନ୍ତ ହେଲା (୧୯୯୩)। ସେଇଦିନ ଠାରୁ ଶ୍ରୀମନ୍ଦିରରେ ଦେବଦାସୀ ସେବା ବିଲୁପ୍ତ। ଶ୍ରୀମନ୍ଦିରର ଶେଷ ଦେବଦାସୀ ଶଶିକଳା। ନନ୍ଦୋତ୍ସବ ପାଳିତ ହୁଏ। ଶଶିକଳା ଯଶୋଦା ଭୂମିକାରେ ଅଂଶଗ୍ରହଣ କରୁଥିଲେ। ଦେବଦାସୀଙ୍କ ପାଇଁ ଭୂମିଖଞ୍ଜା ଯାଇଥିଲା। ଏହାର ପରିମାଣ ପ୍ରାୟ ୮୦ ଏକର। ଏଥିସହ ବାର୍ଷିକ ୯ ଟଙ୍କା ପ୍ରାପ୍ୟ ଦିଆଯାଉଥିଲା। ଏମାନେ ଶ୍ରୀମନ୍ଦିର 'ବୈଷ୍ଣବାଗ୍ନି' ଗ୍ରହଣ କରୁଥିଲେ। ନୃତ୍ୟ-ଲଳନାମାନଙ୍କର ନାଚିବା, ଗାଇବା ଦକ୍ଷତା ବଢ଼େ। ମନ୍ଦିର ତରଫରୁ ନିଯୁକ୍ତି ସ୍ୱରୂପ ସେମାନଙ୍କୁ 'ଶାଢ଼ି' ପ୍ରଦାନ କରାଯାଏ। ଶ୍ରୀମନ୍ଦିର ବ୍ୟତିରେକେ କେତେକ ସୂର୍ଯ୍ୟମନ୍ଦିର, ପ୍ରସିଦ୍ଧ ଶିବମନ୍ଦିର, ସେଗୁଡ଼ିକରେ ମଧ୍ୟ ଦେବଦାସୀ ପ୍ରଥା ଥିଲା। ଦେବଦାସୀମାନେ ନାଟ ମନ୍ଦିରରେ ନୃତ୍ୟ ପରିବେଷଣ କରନ୍ତି।

ରାଜା ଯଯାତି କେଶରୀଙ୍କ ରାଜତ୍ୱ। ସେଦିନର ଘଟଣା। ସଞ୍ଜ ନଇଁ ଆସିଛି। ପ୍ରଭୁ କୃତ୍ତିବାସଙ୍କ ସନ୍ଧ୍ୟା ଆଳତି। ବଂଶୀ, ବୀଣା, ମୃଦଙ୍ଗ, ଘଣ୍ଟାର ସଙ୍ଗୀତ, ମନ୍ଦିରର କୋଣ ଅନୁକୋଣ ମୁଖରିତ। ଉତ୍କଳ ସମ୍ରାଟ ଯଯାତି କେଶରୀଙ୍କ ଧ୍ୟାନ ନିମୀଳିତ ଚକ୍ଷୁ, ତାଙ୍କ ଚାରିପଟେ ମାନ୍ୟଗଣ୍ୟ ରାଜଦରବାର ବ୍ୟକ୍ତିବିଶେଷ। ଉପସ୍ଥିତ ଉତ୍କଳର ପାରିଷଦବର୍ଗ। ବ୍ରଜନାଥ ବଡ଼ପଣ୍ଡାଙ୍କ ସ୍ତୋତ୍ର ଆବୃତ୍ତି ସାଙ୍ଗକୁ ଆଳତି। ସମସ୍ତେ ଲିଙ୍ଗ ସମ୍ମୁଖରେ ପ୍ରାର୍ଥନା ମୁଦ୍ରାରେ। ମୁଖଶାଳାର ଚତ୍ୱର ଉପରେ ଦେବଦାସୀ ପୂର୍ଣ୍ଣିମା। ଚାଲିଛି ନୃତ୍ୟ, ସଙ୍ଗୀତର ତାଳେ ତାଳେ। ତରୁଣୀ ପୂର୍ଣ୍ଣିମାର କଟୀ, ଉରୁ, ବକ୍ଷ ସହିତ ବାହୁଦ୍ୱୟ ଲୀଳାୟିତ।

ଆବେଗରେ ଦେବତାର ପାଦ ତଳେ ତା'ର ଆତ୍ମନିବେଦନ। କୃତ୍ତିବାସଙ୍କ ମନ୍ଦିର ଅସମ୍ପୂର୍ଣ୍ଣ, ବହୁ ଶିଳ୍ପୀ କାର୍ଯ୍ୟରତ। ସେମାନଙ୍କ ମଧ୍ୟରେ ନଟବର। ଯୁବକ ନଟବର। ସୁଗଠିତ, ସୁଶ୍ରୀ, କମନୀୟ ରୂପକାନ୍ତି। ପିନ୍ଧା ଖଣ୍ଡେ ଗେରୁଆ ବସ୍ତ୍ର, ଅଣ୍ଟା ବେଷ୍ଟନ

କରିଛି ନୀଳରଙ୍ଗର ଖଣ୍ଡେ ଉତ୍ତରୀ। ଦୁଇ କଳା ମଚମଚ ବାହୁରେ ଦୁଇଟି ରୁପା କଙ୍କଣ। ଛାତିରେ ଦୁଇଟି ସୁଗଠିତ ମାଂସପେଶୀ। ତା' ଉପରେ ଝୁଲୁଛି କେରା କେରା ସୁନାହାର, କାନରେ କୁଣ୍ଡଳ, ମୁଣ୍ଡର ବାବୁରି ବାଳ କାନ୍ଧ ଉପରକୁ ଝୁଲି ଆସିଛି। ମୁଗ୍ଧ ଆଖିରେ ନଟବର ଚାହିଁଛି ଦେବଦାସୀ ପୂର୍ଣ୍ଣିମାକୁ। ପୂର୍ଣ୍ଣିମାର ଲୀଳାୟିତ ଅଙ୍ଗଭଙ୍ଗୀ, ବିଭୋର ନଟବର। ପୂର୍ଣ୍ଣିମାର ପାଦର ଛନ୍ଦ, ହଜିଗଲା ତାଳ ଲୟ, ଅଭିଭୂତା ପୂର୍ଣ୍ଣିମା। ମୁଗ୍ଧ ବିହ୍ୱଳା ନଟବର ରୂପକାନ୍ତିରେ। ପୂର୍ଣ୍ଣିମା ଦେବଦାସୀ, ତା'ର ମନ ବୋଲି କିଛି ନାହିଁ, ସେ ଦିଅଁଙ୍କୁ ସମର୍ପିତା, ଏଭଳି ସ୍ଖଳନ ପାପ, ମହାପାପ। ଏଇ ପାପପୁଣ୍ୟର ପରିଖା, ତା'ରି ଭିତରେ ଦେବଦାସୀ ପୂର୍ଣ୍ଣିମା। ସେ ନାରୀ, ତା'ର ଦେହ ଅଛି ଦାହ ବି। ପ୍ରବୃତ୍ତି ଉପରେ ନିବୃତ୍ତିର କଠୋର ଅଙ୍କୁଶ। ହେଲେ ଆଦିମ ପ୍ରବୃତ୍ତି, ଏଥିରୁ ମୁକ୍ତି ଅସମ୍ଭବ। ପରିବେଶ, ପାରିପାର୍ଶ୍ୱିକ ଅବସ୍ଥା, କାମ ପିପାସାକୁ ବହୁଗୁଣିତ କରେ। ସେଠି ଧର୍ମ ପାଲଟିଯାଏ ଗୌଣ। ନୀତି ନିୟମ ନିଗଡ଼ ବନ୍ଧା ସମାଜ। ଗତିରୋଧ କରିପାରେନା, ଦୁଇଟି ମିଳନାକାଂକ୍ଷୀ ପ୍ରାଣକୁ। ପୂର୍ଣ୍ଣିମା ଆଉ ନଟବର। କେଇଟି ମୁହୂର୍ତ୍ତ ମାତ୍ର, ପୂର୍ଣ୍ଣିମା ପାଇଛି ନଟବରର ସାନ୍ନିଧ୍ୟ। ସେଦିନର ଘଟଣାରେ ବଡ଼ପଣ୍ଡା କ୍ଷୁବ୍ଧ, ପୂର୍ଣ୍ଣିମାକୁ ଆକଟ କରିଛନ୍ତି। ଶେଷରେ ସେ ଅନୁଭବ କରିଛନ୍ତି, ଜୀବନକୁ ଛାଡ଼ି ଧର୍ମ ଅପୂର୍ଣ୍ଣ। ପ୍ରେମିକଟିଏ ହିଁ ଭଲ ଶିଳ୍ପୀଟିଏ। ପ୍ରଭୁ କୃତ୍ତିବାସଙ୍କ ମନ୍ଦିର ଗାତ୍ର, ଏବେବି ଧରି ରଖିଛି ନୃତ୍ୟ-ଲଳନା ପୂର୍ଣ୍ଣିମାର ଅବିକଳ ପ୍ରତିମୂର୍ତ୍ତି। ଚିରସୁନ୍ଦର, ଚିର ଆନନ୍ଦମୟ ରୂପ ଝଲସୁଛି ସେଇ ନାରୀ ମୂର୍ତ୍ତିରେ। ସୌନ୍ଦର୍ଯ୍ୟ ପାପ ନୁହେଁ, ଚିରନ୍ତନ। ଏଇ କଥାଟି ବ୍ୟକ୍ତ କରେ ସୁରେନ୍ଦ୍ର ମହାନ୍ତିଙ୍କ କ୍ଷୁଦ୍ରଗଳ୍ପ 'ନର୍ତ୍ତକୀ'।

ପ୍ରକୃତିର ନିୟମ ଚିରନ୍ତନ। ସାର୍ବକାଳିକ ବି। ସୂର୍ଯ୍ୟ ଉଦୟରେ ପଦ୍ମ ଫୁଟେ। ଦୂର ଗଗନରେ ଚାନ୍ଦ ହସେ। ସରସୀରେ ନୀଳ କଇଁର ପ୍ରତୀକ୍ଷା ଚାନ୍ଦ ପାଇଁ। ଋତୁରାଜଙ୍କ ଧରାବତରଣ। ମୃଦୁମନ୍ଦ ମଳୟ ବହେ, ଫୁଲ ଫୁଟେ। ନବକିଶଳୟ ବିକଶେ। ଅଶିଣ ଆସେ, ନଈ ପଠାରେ କାଶତଣ୍ଡି ଚଅଁର ବିଞ୍ଚେ। ନିଦାଘରେ ଖାଁ ଖାଁ ପୃଥିବୀ; ମୌସୁମୀରେ ସବୁଜମୟୀ। ସେମିତି ଋତୁଚକ୍ରର ଆବର୍ତ୍ତନ। ସୃଷ୍ଟିର ପ୍ରତିଟି ଘଟଣା ଧରାବନ୍ଧା। ଏଥିରେ ହୁଏତ ଆସିପାରେ ପରିବର୍ତ୍ତନ। ତାହା କ୍ଷଣିକ। ସ୍ରଷ୍ଟାଙ୍କ ସୃଷ୍ଟି ମଧୁମୟ, ମଙ୍ଗଳମୟ, ଅମୃତମୟ। ସୃଷ୍ଟିରେ ମଣିଷ ସର୍ବଶ୍ରେଷ୍ଠ। ତା'ର ବିଚାରଶକ୍ତି, ବୋଧଶକ୍ତି – ଏ ଦୁଇ ଗୁଣ ପାଇଁ ସେ ପଶୁଠାରୁ ସ୍ୱତନ୍ତ୍ର। ଶିଶୁଟି ବଢ଼େ, କୈଶୋର ପାରିହୁଏ। ଆସେ ଯୌବନର ପରଶ। ଦେହ ମନରେ ରଙ୍ଗ ଲାଗେ। ତା' ପରେ ଦେହ ଦାହର କଥା। ସମସ୍ତ ପ୍ରବୃତ୍ତି ମଧ୍ୟରୁ ଏଇଟି ଅଧିକ ସକ୍ରିୟ। ସେଇଥି ପାଇଁ ଯୌନ ପ୍ରବୃତ୍ତି ସହଜାତ। ଏଥିରୁ ନିସ୍ତାର ନାହିଁ। ଯୋଗୀ, ମୁନି, ଋଷିଏ, ସାଧନାରତ। ସେମାନଙ୍କର ଇନ୍ଦ୍ରିୟ ନିୟନ୍ତ୍ରଣାଧୀନ।

ମାତ୍ର ଅନ୍ୟମାନଙ୍କ ପକ୍ଷରେ ତାହା ସମ୍ଭବ ନୁହେଁ। ନୃତ୍ୟ-ଲଳନା ଦେବଦାସୀ। ଧର୍ମର ଅନୁଶାସନରେ ବନ୍ଧା। ସଂସାର ତା' ପାଇଁ ସ୍ୱପ୍ନ। ସାଥୀଟିଏ ଖୋଜିବା ମହାପାପ। ଏଇ ପାପ ପୁଣ୍ୟର କଥା। ଶାସ୍ତ୍ରକାରମାନେ ତିଆରି କରିଛନ୍ତି। ଟାଣି ଦେଇଛନ୍ତି ଲକ୍ଷ୍ମଣରେଖା। ସାମାଜିକ ବିଧି, ବିଧାନ ବ୍ୟବସ୍ଥା। ମାନି ଚଳିଲେ ପୁଣ୍ୟ, ବିଚ୍ୟୁତ ହେଲେ ପାପ। ମନ୍ଦିରରେ ଦେବଦାସୀଙ୍କ ପାଇଁ କଠୋର ଅନୁଶାସନ; ମାତ୍ର ପରିସ୍ଥିତି, ପାରିପାର୍ଶ୍ୱିକ ଅବସ୍ଥା। ତା'ର ଯୌନ କାମନାକୁ କରେ ବେଗଗାମୀ; କିନ୍ତୁ ସେ ଦେବାର୍ପିତା। ତା' ପାଇଁ ଦେହଭୋଗ, ଆକାଶ କଇଁଆ, ଚିଲିକା ମାଛ। ଦେହ ଦାହ, ପାପପୁଣ୍ୟର ତିଳ ତଣ୍ଡୁଳିତ ଛାୟା। ତା'ରି ଭିତରେ ପ୍ରବୃତ୍ତି ସହ ନିବୃତ୍ତିର ମିଳନ। ଏଇ କଥାଟି ସୂଚାଏ ସୁରେନ୍ଦ୍ର ମହାନ୍ତିଙ୍କ କ୍ଷୁଦ୍ରଗଳ୍ପ 'ନର୍ତ୍ତକୀ'।

ସାକ୍ଷୀ ପ୍ରଭୁ କୃତ୍ତିବାସ। ଅପଲକ ନୟନରେ ଚାହିଁଛି ଶିଳ୍ପୀ ନଟବର। ଚପଳଛନ୍ଦା ଦେବଦାସୀ ପୂର୍ଣ୍ଣିମା, କ୍ଷଣକ ପାଇଁ ହରାଇ ବସିଲା ତାଳ, ଲୟ। ରାଜା ଯଯାତିକେଶରୀ ପ୍ରଭୁଙ୍କ ସମ୍ମୁଖରେ ଧ୍ୟାନମଗ୍ନ। ଆଳତି କରୁଥାଆନ୍ତି ବଡ଼ପଣ୍ଡା। ଦୃଷ୍ଟି ପଡ଼ିଲା ପୂର୍ଣ୍ଣିମା ଉପରେ। ତାଙ୍କ କ୍ରୁଦ୍ଧ କଟାକ୍ଷ, କଟିଗଲା ପୂର୍ଣ୍ଣିମାର ଜଡ଼ତା। ପୁନଶ୍ଚ ନାଚିଲା। ନାଚି ନାଚି ମୂର୍ଚ୍ଛିତା, ଲୋଟି ପଡ଼ିଲା କୃତିବାସଙ୍କ ସମ୍ମୁଖରେ। ତା' କୋମଳ ନୃତ୍ୟ ଚପଳ ଦେହ, ସରୀସୃପ ପରି ଥରି ଉଠିଲା। ପାଷାଣ ଲିଙ୍ଗ ବୁଝିଲେନି ତା' ଅଶ୍ରୁର ଆବେଗ। ବଡ଼ପଣ୍ଡା ବୁଝିଲେନି; କିନ୍ତୁ ବୁଝିଲା ପୂର୍ଣ୍ଣିମା। ତା' ଦେହରେ ବେପଥୁ, ଅନାହତ ଆବେଗ। ତାହା ଶିଳ୍ପୀ ନଟବର ପାଇଁ। ପୂର୍ଣ୍ଣିମାର ସ୍ଖଳନ। ମନେ ମନେ ପ୍ରାର୍ଥନା କରୁଥିଲା - "ପ୍ରଭୁ ଲିଙ୍ଗରାଜ, ହୃଦୟର ଆକର୍ଷଣ ଯଦି ପାପ ହୁଏ, ତାହାଲେ ମତେ ସେ ପାପରୁ କ୍ଷମାକର ଦେବତା।"

ଆଳତି ଶେଷ। ରାଜା ଯଯାତି, ତାଙ୍କ ପାରିଷଦବର୍ଗ, ସମସ୍ତେ ପ୍ରସ୍ଥାନ କଲେ। ମନ୍ଦିର ପହଡ଼ ପଡ଼ିଲା। ମୁଖଶାଳାରେ ମୂର୍ଚ୍ଛିତା ନୃତ୍ୟ-ଲଳନା ପୂର୍ଣ୍ଣିମା, ବଡ଼ ପଣ୍ଡାଙ୍କ ଡାକରା। ପ୍ରକୃତିସ୍ଥ ହେଲା ପୂର୍ଣ୍ଣିମା। କୁଙ୍କୁମ ରେଖା ଟଣା ଦୁଇ ମୃଗ ଆଖି। ତଥାପି ଅଶ୍ରୁରେ ଛଳଛଳ। ପୂର୍ଣ୍ଣିମା ପ୍ରଭୁ ଲିଙ୍ଗରାଜଙ୍କ ଦେବଦାସୀ। ନଟବର ପ୍ରତି ଦୁର୍ବଳତା, ଏ ପାପ। ଏ ପଥରୁ ଓହରି ଯିବାକୁ ଆଦେଶ ଦେଲେ ବଡ଼ପଣ୍ଡା। ପୂର୍ଣ୍ଣିମା ହୋଇପାରେ ଦେବଦାସୀ। ତଥାପି ସେ ନାରୀ। ଯୌବନର ଉଚ୍ଛ୍ୱସିତ ଆବେଗ। ଏଥିରୁ କି ମୁକ୍ତି ଅଛି ? ଫୁଲର ଗନ୍ଧ ମାନେନା ପାଖୁଡ଼ାର ଅନୁଶାସନ। ଦୋଷ କାହାର ? ଗନ୍ଧର ନା ପାଖୁଡ଼ାର ? ଦୋଷ ତ ସେଇ ସ୍ରଷ୍ଟାର, କ'ଣ ପାଇଁ ଫୁଲ ଦେହେ ଦେଲେ ଏତେ ଗନ୍ଧ, ସୁବାସ ? ଦେବଦାସୀ ମୁହଁରେ ପାପପୁଣ୍ୟର ମୀମାଂସା। ବଡ଼ପଣ୍ଡା କ୍ଷୁବ୍ଧ, ପ୍ରଭୁ ଲିଙ୍ଗରାଜ ସବୁ ଦେଖିଛନ୍ତି। ତାକୁ ପ୍ରାୟଶ୍ଚିତ କରିବାକୁ ପଡ଼ିବ। ଏ ଥିଲା ବଡ଼ପଣ୍ଡାଙ୍କର କଠୋର

ଅନୁଶାସନ। ନଟବର ପ୍ରତି ସବୁ ମୋହ ତୁଟାଇବ, ଏଇ ହେବ ପୂର୍ଣ୍ଣିମା ପାଇଁ ବଡ଼ ପ୍ରାୟଶ୍ଚିତ।

ନଟବର ପ୍ରତି ପୂର୍ଣ୍ଣିମାର ଅନୁରାଗ, ସେ ଜାଣେନା ପାପ କି ପୁଣ୍ୟ, ଅନ୍ଧ ମୋହ କି ମାୟା, ତଥାପି ନଟବର ପାଇଁ ତା' ମନ ବ୍ୟାକୁଳିତ, ନୁହେଁ କାମୁକତା ଅବା ଦେହ ସୁଖ ଲାଳସା। ତା'ର ଆକର୍ଷଣ ପ୍ରଭାତର ଆଲୋକ ପରି ସତ୍ୟ, ସ୍ୱଚ୍ଛ, ପବିତ୍ର। ସୃଷ୍ଟିର ସତ୍ୟ ଆଦିମ। ନଟବରର ମୁଗ୍ଧ ଦୁଇ ଆଖି। ତା'ରି ଭିତରେ ପୂର୍ଣ୍ଣିମା ଦେଖିଛି ଜନ୍ମ ଜନ୍ମାନ୍ତର ସନ୍ଧାନ। ନଟବର ସହିତ ତା' ହୃଦୟ ଗ୍ରନ୍ଥି ଯେମିତି ଅତି ନିବିଡ଼, ଅତି ପୁରାତନ। ଦୁଇଟି ମନ, ଦି'ଟି ପ୍ରାଣର ଆବେଗ। ଶିଥିଳ କରିପାରେନା ପାପ ପୁଣ୍ୟର ବିଚାର। ସେଇଥି ପାଇଁ ଆଦାମ୍, ଇଭ୍ - ପ୍ରଥମ ପୁରୁଷ, ପ୍ରଥମ ନାରୀ। ତାଙ୍କ ଠାରୁ ମଣିଷର ସୃଷ୍ଟି। ହୃଦୟ ବନ୍ଧନ ତ ଅବିଚ୍ଛେଦ୍ୟ।

ପୂର୍ଣ୍ଣିମା ଦେବଦାସୀ। କଠିନ ବ୍ରହ୍ମଚର୍ଯ୍ୟ, ସଂଯମ। ଏଇଥିରେ ପିଷ୍ଟ ତା'ର ଆଲୋଡ଼ନ ହୀନ ଯୌବନ। ତଥାପି କ୍ଷଣେ କ୍ଷଣେ ଜାଗିଉଠେ କାମନାର କଲ୍ଲୋଳ। ପାପ ପୁଣ୍ୟ, ଧର୍ମ, ଅଧର୍ମର ବିଚାରର ଅଙ୍କୁଶ। ଦିନକ ପାଇଁ ସେ ପ୍ରଶ୍ରୟ ଦେଇନି ମନର ଦୁର୍ବଳତାକୁ। ଆଜି ଦୁରନ୍ତ, ପାଶମୁକ୍ତ ଯୌବନର ଅବସାନ। ହୃଦୟର ଏଇ ଆଦିମ ଆକର୍ଷଣ କ'ଣ ପାପ? ଏକ ଅର୍ଦ୍ଧ ସମାହିତ, ଅସମ୍ପୂର୍ଣ୍ଣ ସତ୍ୟ ଉପରେ ଅତୁଟ ଭରସା। ତା'ରି ଦ୍ୱାରା ଶାସିତ ବଡ଼ପଣ୍ଡା। ତିଳ ତିଳ କରି ହତ୍ୟା କରିପାରିବେନି ପୂର୍ଣ୍ଣିମାର ଯୌବନ। ସ୍ୱର୍ଗ ଯଦି ସତ୍ୟ, ପୃଥିବୀ ସ୍ୱର୍ଗଠୁ ଆହୁରି ବୃହତ୍ତର ସତ୍ୟ-ବାସ୍ତବ ଦେବତାର ସ୍ୱର୍ଗ, ଏଥି ପାଇଁ ମଣିଷର ପୃଥିବୀକୁ ଭୁଲିବାର ଯୁକ୍ତି କାହିଁକି? ଧୂଳିର ଏଇ ରମଣୀୟ ପୃଥିବୀ, ସମସ୍ତ ଦୁର୍ବଳତା, ପାପ, ଅନ୍ୟାୟ, ଆକର୍ଷଣ, ମୋହ, ମାୟା, ଅଶ୍ରୁ - ସବୁ ସୁନ୍ଦର, ସବୁ ରମଣୀୟ। ପୂର୍ଣ୍ଣିମା ପ୍ରତି ବଡ଼ପଣ୍ଡା କରିଛନ୍ତି ଅବିଚାର। ଅର୍ଦ୍ଧସତ୍ୟ ଏକ ଭ୍ରାନ୍ତ ଦର୍ଶନ। ଏହାରି ବଶ୍ୟତା ସ୍ୱୀକାର କରିଛନ୍ତି ଧର୍ମପ୍ରଚାରକମାନେ। କ'ଣ ପାଇଁ ପୂର୍ଣ୍ଣିମା ପୂର୍ଣ୍ଣଚ୍ଛେଦ ଟାଣିବ ତା' ପ୍ରେମରେ? ବଡ଼ପଣ୍ଡାଙ୍କ ମନ କହୁଥିଲା - ଯୌବନର ଆବେଗ ପାପ ନୁହେଁ, ତାହା ଏକ ଛନ୍ଦ, ଏକ ରାଗ। ଏଥିରେ ଅନୁରକ୍ତ ଦୁଇ ହୃଦୟର ଆକର୍ଷଣ। ତାହା ଅନ୍ୟାୟ ନୁହେଁ। ଏଇ ପଦୁଟିଏ କଥା। ବଡ଼ପଣ୍ଡାଙ୍କ ପାଟିରୁ ସ୍ଫୁରି ନ ଥିଲା। ପ୍ରଭୁ ଲିଙ୍ଗରାଜଙ୍କ ସେବାରେ ପୂର୍ଣ୍ଣିମାର ଯୌବନ ଉତ୍ସୃଷ୍ଟ। ସେ ଯୌବନର ଅବଶୋଷ କାହିଁ, ମଣିଷର କାମନା ଚରିତାର୍ଥ କରିବା ପାଇଁ?"

ରାତିର ସାନ୍ଦ୍ରତା। ବିନିଦ୍ର ପୂର୍ଣ୍ଣିମା। ବିଳୟମୁଖୀ ଚନ୍ଦ୍ରର ମ୍ଳାନ ଅସ୍ତରାଗ। କେଉଁ ବୃକ୍ଷ ଶାଖାରେ ନିଦ୍ରାହୀନ ପକ୍ଷୀ ଦମ୍ପତି। ଜ୍ୟୋତ୍ସ୍ନାର ଆଲୋକ ତଳେ ସେମାନଙ୍କର ମୁଗ୍ଧ କଳରବ। ଗବାକ୍ଷ ନିକଟରେ ନଟବର। ପୂର୍ଣ୍ଣିମାର କଣ୍ଠରେ ଅଶ୍ରୁ, ଆନନ୍ଦ ଆଉ ଆବେଗ।

ସେଦିନ ଦେଇଥିଲା ପୂର୍ଣ୍ଣିମା ସଙ୍କେତ ନଟବରକୁ। ମୁହୂର୍ତ୍ତର ଦୁର୍ବଳତା। ସେ ପାପ କରିଛି। ନଟବର ତୁମେ ଫେରି ଯାଅ - କାକୁତି ଭରା ମିନତି ପୂର୍ଣ୍ଣିମାର। ଶିଳ୍ପୀ ନଟବର। ପୂର୍ଣ୍ଣିମାର ସୌନ୍ଦର୍ଯ୍ୟରେ ବିମୁଗ୍ଧ। କ'ଣ ପାଇଁ ଆଜି ପୂର୍ଣ୍ଣିମାର ପ୍ରତ୍ୟାଖ୍ୟାନ? ପାପ କ'ଣ? ଗନ୍ଧ ଚାହେଁ ପବନ ସହ ମିଶିବାକୁ। ଛଳଗାମିନୀ ନଦୀର ସାର୍ଥକତା ସାଗର ସଙ୍ଗମରେ, ପ୍ରଭାତର ରକ୍ତିମ ଆଲୋକ ଖୋଲିଦିଏ କମଳର ଅବଗୁଣ୍ଠନ, ଆଦିମ ପ୍ରବୃତ୍ତି, ଆଦିମ ପୁରୁଷ ପାଖକୁ ପଠାଏ ଅଭିସାରର ସଙ୍କେତ। ତା' ଭିତରେ ପାପର ଛାୟା କେଉଁଠି? ନଟବରର ଏଇ ଯୁକ୍ତି ନିକଟରେ ପୂର୍ଣ୍ଣିମା ନିରବ। ଦେବତା ପ୍ରତି, ମଣିଷ ପ୍ରତି, ସତେ ଯେମିତି ପୂର୍ଣ୍ଣିମା ଭୁଲିଛି ତା' କର୍ତ୍ତବ୍ୟ, ଧର୍ମ ଭିତରେ ଭୁଲିଛି ମଣିଷ ସହ ମଣିଷର ସମ୍ବନ୍ଧ। ପାଗଲୀ ପ୍ରାୟ ପୂର୍ଣ୍ଣିମା ନଟବରର ପଶ୍ଚାତଧାବନ କରୁଛି। ଭୁଲି ଯାଇଛି ବଡ଼ପଣ୍ଡାଙ୍କ ଆକଟ, ଭୁଲି ଯାଇଛି ସେ ନୃତ୍ୟ-ଲଳନା ଦେବଦାସୀ। ବଗିଚାର ଦୂର୍ବାଦଳ ଶଯ୍ୟା। ରାତ୍ରିର ଶିଶିରରେ ହୋଇ ଉଠିଛି ଗନ୍ଧ ସ୍ନିଗ୍ଧ। ନଟବର କୋଳରେ ଦେହ ଢାଳି ଦେଇଛି ପୂର୍ଣ୍ଣିମା। ପୂର୍ବ ଆକାଶରେ ଶୁକ୍ର ତାରା ଜଳୁଛି ଦପ୍‌ଦପ। ତା'ରି ପାଂଶୁଳ ଆଲୋକ, ପୂର୍ଣ୍ଣିମାର କପାଳ ସାମାନ୍ୟ ଆଲୋକିତ। ରାତ୍ରି ଶେଷ। ପୂର୍ଣ୍ଣିମା ପ୍ରାଣରେ ଝଡ଼ର ତାଣ୍ଡବ। ଏପଟେ ମଣିଷ, ସେପଟେ ଦେବତା। କିଏ ବା ହାରିଲା? ତା' କ୍ଷୁଦ୍ରବୁଦ୍ଧି କରିପାରିନି ଆକଳନ। ତଥାପି ପାପ, ପୁଣ୍ୟର ଅନିଶ୍ଚିତତା। ପରାଜୟ ଲଭିଛି ପୂର୍ଣ୍ଣିମା। ବାରମ୍ବାର ତା' କାନରେ ପ୍ରତିଧ୍ୱନିତ ବଡ଼ପଣ୍ଡାଙ୍କ ନୀତିବାଣୀ - "ମଣିଷ ଜୀବନରେ ମୃତ୍ୟୁ ଶେଷ କଥା ନୁହେଁ ପୂର୍ଣ୍ଣିମା। ମୃତ୍ୟୁ ପରେ ଅଛି ଆଉରି ଏକ ଜୀବନ। ଯେଉଁଠି ହୁଏ ଗତ ଜୀବନର ସମାପ୍ତି, ପାପ ପୁଣ୍ୟର ବିଚାର।" କ୍ରୁଦ୍ଧ ପ୍ରଭୁ ଲିଙ୍ଗରାଜ, ହାତରେ ତ୍ରିଶୂଳ। ତା'ରି ଆଘାତରେ ପୂର୍ଣ୍ଣିମାର ଛାତି ଯେମିତି ଶତ ବିଦୀର୍ଣ୍ଣ। ସେ ଦେବଦାସୀ। ଦେହ ସୁଖ ତା' ପାଇଁ ମନା। ପୂର୍ଣ୍ଣିମା ନେଇଛି ଶେଷ ସିଦ୍ଧାନ୍ତ। ଆପଣା ହସ୍ତ ହୀରକ ମୁଦ୍ରିକା ଚୁମ୍ବନ; ଲମ୍ବ ହୋଇ ପଡ଼ିଛି ତା'ର ପ୍ରାଣହୀନ ଶରୀର। ନଟବର କୋଳରେ ତା' ଶବ। ଏଇ ଜୀବନର ଶେଷ ମିଳନ। ଯଦି ପୁନର୍ଜନ୍ମ ଥାଏ। ଆଉ ମଣିଷ ଜୀବନ ନୁହେଁ, ଲୋଡ଼ା ପଶୁପକ୍ଷୀର ଜୀବନ, ନଥିବ ଆକଟ, ସାଥୀ ସହ ସେ ଉଡୁଥିବ ମୁକ୍ତ ଆକାଶରେ। ପୂର୍ଣ୍ଣିମାର ଶେଷ କଥା ପଦକ, ବାରମ୍ବାର ପ୍ରତିଧ୍ୱନିତ ନଟବର କାନରେ। ଫେରିଲା ନଟବର। ତଳର ଦୂର୍ବାଶଯ୍ୟା, ଲୋଟି ପଡ଼ିଥିଲା ପୂର୍ଣ୍ଣିମାର ଶୀତଳ, ପାଂଶୁଳ ଦେହ।

ସେଦିନର ଘଟଣା। ମହାରାଜା ଯଯାତି, ତାଙ୍କ ସଭା ମଣ୍ଡନକାରୀ ପାତ୍ରମନ୍ତ୍ରୀଙ୍କ ସହ ବଡ଼ପଣ୍ଡା। ଠାଏ ରାଜାଙ୍କ ଆଖି ଲାଖି ରହିଲା ଯଯାତିଙ୍କର। ମନ୍ଦିର ଗାତ୍ରରେ ନର୍ତ୍ତକୀର କମନୀୟ ମୂର୍ତ୍ତି। ପ୍ରାଣହୀନ ପଥର ଦେହରେ ନର୍ତ୍ତକୀର ନୃତ୍ୟ ଚପଳ ଛନ୍ଦ।

ଗଭାରେ କୁସୁମର ଜୁଡ଼ା, ମରାଳ ଗ୍ରୀବା ଢଳି ପଡ଼ିଛି ନୃତ୍ୟର ଛନ୍ଦରେ। ଦୁଇ ସୁଗୋଲ ବାହୁ ଲତା, ଉପରକୁ ଉଠି ପଡ଼ିଛି ନୃତ୍ୟର ଚପଳତାରେ। ଅନାବୃତ୍ତ ଦୁଇ କମଳ କୋରକ ବକ୍ଷ, ଲୀଳାୟିତ ଚନ୍ଦ୍ରହାର ଶୋଭିତ ସିଂହକଟୀ ରମ୍ଭା ଉରୁ, ଝୀନଚିନାଂଶୁକ ଭେଦି ଯେପରି ଫୁଟି ଉଠିଚି ବାହାରକୁ। ମଞ୍ଜୀର ଶୋଭିତ ଦୁଇ ପାଦ। ଯଯାତି ମୁଗ୍ଧ, ବିସ୍ମୟାକୁଳ। ଅଦୂରରେ ନଟବର। ଅପଲକ ଦୃଷ୍ଟି ତା'ର ନିବଦ୍ଧ ପାଷାଣ ନର୍ତ୍ତକୀ ଉପରେ। ସେଇ କମନୀୟ ମୂର୍ତ୍ତିଟି ଦେବଦାସୀ ପୂର୍ଣ୍ଣିମାର। କାମନା, ଅସଂଯମ, ପାପର ଏଇ ମୂର୍ତ୍ତି; କାହା ନିର୍ଦ୍ଦେଶରେ ନଟବର ଆଙ୍କିଚ ? ପାପରୁ ଜନ୍ମ ନେଇ ପାରେନା ଏଇ ମୃତ୍ୟୁହୀନ ସୌନ୍ଦର୍ଯ୍ୟ, ମହାରାଜାଙ୍କୁ ଯାହା ମୁଗ୍ଧ କରିଛି - ନଟବରର ଏଇ ଉତ୍ତର। ସନ୍ତୁଷ୍ଟ କରିପାରିନି ମହାରାଜାଙ୍କୁ। ମୂର୍ତ୍ତିଟିର ସ୍ଥାନାନ୍ତର ପାଇଁ ବଡ଼ ପଣ୍ଡାଙ୍କୁ ନିର୍ଦ୍ଦେଶ। ମାତ୍ର ବଡ଼ପଣ୍ଡା ସମ୍ମତ ନ ଥିଲେ ଏ ପ୍ରସ୍ତାବରେ।

ଚିର ସୁନ୍ଦର, ଚିର ଆନନ୍ଦମୟ ଦେବତାଙ୍କ ପୂଜୋପାସନା ମନ୍ଦିରରେ। ତାଙ୍କରି ମୃତ୍ୟୁହୀନ ସୌନ୍ଦର୍ଯ୍ୟ ଆଉ ଆନନ୍ଦର ରୂପ। ତାହା ଆତ୍ମପ୍ରକାଶ କରିଛି ପାଷାଣ ନର୍ତ୍ତକୀ ଅଙ୍ଗେ ଅଙ୍ଗେ। ଧର୍ମ, ସଂଯମ, ଦେବତା- ଏହାରି ମଧ୍ୟରେ ମଣିଷ ସମାଜ ଭୁଲି ଯାଇଚି - ମାଟିର ଏଇ ପୃଥିବୀ, ଏହାର କୋଟି ନରନାରୀ। ସେମାନଙ୍କର ଦୁଃଖ, ଆନନ୍ଦ - ଏଇ ନାରୀ ମୂର୍ତ୍ତି ଶିକ୍ଷା ଦିଏ ଧର୍ମାନ୍ଧ ସମାଜକୁ। ବଞ୍ଚିବା ପାପ ନୁହେଁ, ସ୍ରଷ୍ଟାର ଅନନ୍ତ ସୌନ୍ଦର୍ଯ୍ୟ, ଅମଳିନ ଆନନ୍ଦ - ସ୍ଥାନିତ ମରଣଶୀଳ ନାରୀ ଦେହରେ। ପ୍ରକୃତି, ପୁରୁଷର ଅମଳିନ ଆକର୍ଷଣ, ଜନ୍ମ ନେଇଚି ଅଗଣିତ ସୌନ୍ଦର୍ଯ୍ୟ। ଆକର୍ଷଣ ହୃଦୟର ଆଦିମ ସ୍ପନ୍ଦନ; ତାହା ପାପ ନୁହେଁ। ଏଇ ନାରୀ ମୂର୍ତ୍ତି, ଅପରୂପା, ଲାବଣ୍ୟମୟୀ, ପାଷାଣରେ ବି ତା' ଅଙ୍ଗ ଭଙ୍ଗିମା- ମୋହ, ଦେବତା ନୁହେଁ ଏଇ ମୂର୍ତ୍ତି, ନୃତ୍ୟ-ଲଳନା ଦେବଦାସୀ ପୂର୍ଣ୍ଣିମାର ମୂର୍ତ୍ତି। ଅମର କରିବ ରାଜାରାଜୁଡ଼ାଙ୍କୁ, କାଳ କାଳକୁ। ଯଯାତି ଭାବ ବିହ୍ୱଳ, ପାଷାଣ ମୂର୍ତ୍ତିର ମଦଭରା ଦୁଇ ଆଖି, ଝଲସୁଥିଲା ଦେବତା ଆଉ ମଣିଷର ଦ୍ୱନ୍ଦ୍ୱ।

ଉତ୍କର୍ଷ କଳାର ଦେଶ ଉତ୍କଳ। ମନ୍ଦିର ମାଳିନୀ ଭୁବନେଶ୍ୱର, କୀର୍ତ୍ତି କିରୀଟିନୀ କୋଣାର୍କ, ପ୍ରାଚୁର୍ଯ୍ୟମୟ ଶ୍ରୀମନ୍ଦିର ଅବା ଅନ୍ୟାନ୍ୟ ମନ୍ଦିର ଗାତ୍ରରେ ନୃତ୍ୟଲଳନା ଦେବଦାସୀଙ୍କ ଛବି। ମୁଗ୍ଧବିହ୍ୱଳ ଶିଳ୍ପୀ ନଟବର କିମ୍ବା ବିଶୁ ମହାରଣା, ତାଙ୍କ ସାଥୀ ବାରଶ' ବଢ଼େଇ - ପାଷାଣ ଗାତ୍ରରେ ଆଙ୍କି ଦେଇଛନ୍ତି ଦେବଦାସୀ ପୂର୍ଣ୍ଣିମା ଅବା ଆଉ କେଉଁ ନୃତ୍ୟ-ଲଳନାଙ୍କ ଛବି। ମନ୍ଦିରର ପାଷାଣ ଗାତ୍ର ହୋଇ ଯାଇଛି ରସ-ସିକ୍ତ। ପ୍ରେମ ନାହିଁ ତ କଳା କାହିଁ ? ପ୍ରେମିକ-ଶିଳ୍ପୀ ବିନା କାଳଜୟୀ କଳା କି ସମ୍ଭବ ?

ନୀଳଜ୍ୟୋସ୍ନାରେ ଭିଜା ଭିଜା ସ୍ୱପ୍ନ

ଜହ୍ନ ଆଉ ଜୀବନ । ଢ଼େର୍ ଦୂର ଗୋଟେ ଠାରୁ ଆରଟି । ନୀଳ ଜୋଛନା ଭିଜା ଶୀତୁଆ ରାତି । ପ୍ରକୃତିରାଣୀ ଶିହରିତା, ଅପରୂପା, ଆନନ୍ଦ ଦାତ୍ରୀ । ଜହ୍ନର ଜୁଆର । ପ୍ରେମିକ ପ୍ରେମିକାର ଭିଜାଭିଜା ସପନ, ପ୍ରୀତିର ଅଭିସାର । ପ୍ରତୀକ୍ଷା, ପାର୍କର କେଉଁ ସହକାର ବୃକ୍ଷ ତଳେ ଅବା ନିରୋଳା ସମୁଦ୍ର ଝାଉଁ ବଣରେ । ଫେନିଳ ସାଗର, ଆକାଶରେ ପୁନେଇଁ ଚାନ୍ଦ । ପ୍ରତୀକ୍ଷା ପରେ ପ୍ରତୀକ୍ଷା । ପ୍ରତିଟି ମିନିଟ୍ ଗୋଟାଯୁଗ । ହେଲେ ସଂଯମପଣ ଲୋଡ଼ା । ଭାଷାର ସଂଯମରେ ସାହିତ୍ୟ, ଲେଖାର ସଂଯମରେ ଚିତ୍ର । ଭଙ୍ଗୀ ସଂଯମରେ ମୁଦ୍ରା । ଶକ୍ତି ସଂଯମରେ ଶୌର୍ଯ୍ୟ, ଅନୁରୂପ ଭାବେ କାମନାର ସଂଯମରେ ପ୍ରେମ । ଏସବୁ ସଂଜ୍ଞାର ସଂକୀର୍ଣ୍ଣତା, ଏଥିରେ ନାହିଁ ଜୀବନର ପରିଚୟ । ଜୀବନର ପ୍ରକାଶକୁ ଅନୁଶାସନ ଶାସନ କରି ନ ପାରେ । ଠିକ୍ ସେହିପରି ଜାନ୍ତବ କ୍ଷୁଧା, ଉଗ୍ରକାମନାର ଅନ୍ଧ ଉଚ୍ଛୃଙ୍ଖଳତା, ଏ ତ ପାପ । ସମାଜ ଆଖିରେ କଳଙ୍କ । ଦେହରେ ଅବଦମିତ କ୍ଷୁଧା । ତାହା ଆତ୍ମାର ବାଧକ । ସେଇ କ୍ଷୁଧା ପ୍ରେମ ନୁହେଁ, କାମ । ମନୁଷ୍ୟର ଆଦିମ ଅରଣା ପ୍ରକୃତି । ଅନେକ ସମୟରେ ସୀମା ଲଙ୍ଘେ । ଆଦର୍ଶବାଦର ପ୍ରଚ୍ଛଦଟିରେ ଏସବୁ ଢଙ୍କା । ଯୌନ ଆକର୍ଷଣ, ସୀମାହୀନ ଆକାଙ୍କ୍ଷା । ତାହା ପ୍ରେମର ଆଭିଜାତ୍ୟ, ମହତ୍ତ୍ୱ ଦ୍ୱାରା ସମ୍ମାନାସ୍ପଦ । ଦେହର ତୁଚ୍ଛା କ୍ଷୁଧା ପ୍ରେମ ନୁହେଁ । ଦେହ ଦେହାତୀତ, କାମନା କାମନାତୀତରେ ପ୍ରେମର ଅସଲ ପରିଚୟ । ବିଶ୍ୱଶାନ୍ତି ପରି ପ୍ରେମ ବି ଏକ ପ୍ରବଞ୍ଚନା । ଏମିତି ନାନାଦି ଆଦର୍ଶ, ତତ୍ତ୍ୱ, ତଥ୍ୟ ପ୍ରେମ ଆଉ କାମକୁ ନେଇ । ଏ ପରିପ୍ରେକ୍ଷୀରେ ମହାନ୍ ସ୍ରଷ୍ଟା ସୁରେନ୍ଦ୍ର ମହାନ୍ତିଙ୍କ ଗଳ୍ପଟିଏ 'ନୀଳଜ୍ୟୋସ୍ନା' । ଶାଶ୍ୱତ ପ୍ରେମର ଉଡ଼ିଛି ବିଜୟ ବୈଜୟନ୍ତୀ । ଅନାବିଳ ଭଲ ପାଇବା, ପ୍ରତ୍ୟାଶାହୀନ ଆକର୍ଷଣ - ଏହାରି ଉପରେ ଗପଟି ପର୍ଯ୍ୟବସିତ ।

ପ୍ରେମ ମାନେନା ବାଧା । ପୀରତିର ସ୍ୱାଦ ଅତି ମଧୁର । ଅନଳ ନୁହଁଇ, ଭୀଷଣ ଏହାର ଦାହିକା ଶକ୍ତି । ଅସ୍ତ୍ର ନୁହେଁ ମର୍ମଭେଦ କରେ । ଜଳ ନୁହେଁ ବୁଡ଼ାଏ କୂଳ । ମାଦକ

ନୁହେଁ କରେ ବିହ୍ୱଳ। ବଡ଼ଶୀ ନୁହେଁ- ବଳେ ମନ ମୀନ ନିଏ ଆକର୍ଷି। ଏମିତି ପ୍ରେମିକଟିଏ। ନିତି ପ୍ରତୀକ୍ଷା, କଫି ହାଉସରେ। କଫି ପିଇବା କେବଳ ବାହାନା। ରାତି ଦଶରେ ଆସେ ବସ୍। ଭୀଷଣ ଗର୍ଜନ କରି ଠିଆ ହୋଇଯାଏ। ଶୀତ ଶେଷରେ ଲଘୁଛନ୍ଦା ରାତିର କାଉଁରୀ କିମିଆ। ପତଳା କୁହୁଡ଼ି, ଜ୍ୟୋତ୍ସ୍ନା। ନିଅନ୍ ଆଲୁଅ, ନୀଳ ଶାଢ଼ି ପରିହିତା ପ୍ରେମିକା, ବିଦୀଶା ନଗରୀର ରାଜପଥ। ମନ୍ଦ ମନ୍ଦ ରାଜହଂସୀ ଚାଲି। ଆସେ ପ୍ରିୟକାଂକ୍ଷିଣୀ ନୀଳାମ୍ବରୀ। ତା' ପରେ ପାର୍କରେ। ଉଭୟ ଗୋଟେ ସିମେଣ୍ଟ ବେଞ୍ଚ୍ ଉପରେ, ପରସ୍ପରଙ୍କ ମଧ୍ୟରେ ସାମାନ୍ୟ ଦୂରତା। କଥୋପକଥନ,କେବେ ନିରବତା, କେବେ ସ୍ମିତହାସ୍ୟ। ସେମାନଙ୍କ ଉପରେ ଅନ୍ୟମାନଙ୍କର ଈର୍ଷାର ଆଖି। ବଡ଼ ନିଷ୍ଠୁର ତଥା କ୍ରୂର ଦୃଷ୍ଟିଭଙ୍ଗୀ ଅନେକଙ୍କର। ଏମାନେ ଆଣବିକ ଅସ୍ତ୍ରସଜ୍ଜିତ। ଆନ୍ତର୍ଜାତିକ ନରହତ୍ୟାରେ ଜଡ଼ିତ। ଦୁର୍ବଳର ପୀଡ଼ନ, ଶୋଷଣ, ଲୁଣ୍ଠନ, ଅପମାନ - ଏମିତି ଶତଶତ ପାପ। ଏଥିରେ ସେମାନଙ୍କର ଅତ୍ୟନ୍ତ ଶ୍ରଦ୍ଧା। ଜଣେ ବିବାହିତା ନାରୀ ଆଉ ଜଣେ ଅବିବାହିତ ପୁରୁଷ। ଉଭୟଙ୍କ ମଧ୍ୟରେ ଶ୍ରଦ୍ଧାନ୍ୱିତ ସମ୍ପର୍କ ପରି ଏକ କ୍ଷୁଦ୍ର ସ୍ଖଳନ। ଏମାନଙ୍କ ଆଖିରେ ଅତ୍ୟନ୍ତ ଘୃଣ୍ୟ। ତଣ୍ଟିକଟା ଡକାୟତ। ଏମାନେ ଉଦର ଜ୍ୱାଳାଗ୍ରସ୍ତ ଭାତ ଚୋରକୁ ଘୃଣା କରନ୍ତି। ଠିକ୍ ସେମିତି ଏ ନରପିଶାଚମାନେ। କାହୁଁ ବା ବୁଝିବେ ସ୍ୱର୍ଗୀୟ ସମ୍ପର୍କର ମାନ ମହତ ? ପ୍ରେମୀ ଯୁଗଳଙ୍କର ସ୍ୱୈରାଚାର, ବ୍ୟଭିଚାର। ଏ ଯେମିତି ସମାଜର ନୈତିକ ମେରୁଦଣ୍ଡ ଉପରେ ପଦାଘାତ ! ଏଇ ଧାରଣା କେବଳ ସେମାନଙ୍କର ନୁହେଁ, ଅନେକଙ୍କର।

ଦିନକର ଘଟଣା। ଜଣେ ଅନ୍ତରଙ୍ଗ ବନ୍ଧୁ। ପ୍ରେମିକ ଜଣକୁ ଦେଲେ ହିତୋପଦେଶ। ପ୍ରେମିକା ବିବାହିତା, ଅନ୍ୟ ଜଣଙ୍କ ସନ୍ତାନର ଜନନୀ। ତାଙ୍କ ସହ ଅବୈଧ ସମ୍ପର୍କ। ପୁନଶ୍ଚ ନିତିଦିନ ରାତି ଦଶଟାରେ, ନିରୋଳା ପାର୍କରେ। ପ୍ରେମିକାର ଦୁଇହାତ ପ୍ରେମିକ ଧରିବସିବା। ଏଇଟି ଏକାନ୍ତ ନୀତି ବିଗର୍ହିତ। ନିନ୍ଦନୀୟ ଆଚରଣ ମଧ୍ୟ। ଏ ପ୍ରକାର ଉଚ୍ଛୃଙ୍ଖଳ, ସଂଯମହୀନ ଆଚରଣ, ଏଥିରେ ସାମାଜିକ ଶୃଙ୍ଖଳା ହେବ ଶିଥିଳ। ଅବିବାହିତ ରହି, ଅନ୍ୟର ପରିଣୀତା ସ୍ତ୍ରୀ ସହ ଅବୈଧ ପ୍ରଣୟ। ତାହା କେବଳ କୁତ୍ସିତ ନୁହେଁ, ବୀଭତ୍ସ ମଧ୍ୟ। ଏମିତି ଅନେକ ଟୀକା ଟିପ୍‌ପଣୀ। ହେଲେ ନାହିଁ ଭ୍ରୂକ୍ଷେପ। ନିତି ରାତି ଦଶ। ଉଭୟଙ୍କର ଦେଖାସାକ୍ଷାତ, ତାହା ସୀମିତ ଭଲ ପାଇବାରେ। ଆତ୍ମା ସହ, ଆତ୍ମାର ମିଳନ। ଗୌଣ ଶାରୀରିକ ସମ୍ପର୍କର ପ୍ରଶ୍ନ କାହିଁ ? ଏମିତି ଶତ ସଫେଇ ସେମାନଙ୍କ ପାଇଁ ମୂଲ୍ୟହୀନ। ଥରେ ସମାଜ ଆଖିରେ ଧରା ପଡ଼ିଲେ, ସନ୍ଦେହ ବଢ଼େ। ଜନେ ତିଳକୁ ତାଳ କରନ୍ତି। ପ୍ରତିଶୋଧ ନେବେ, ନିନ୍ଦିତ କରିବେ। ଶେଷରେ ଲୋକହସା ହେବା ସାର ଯାହା !

ସେଦିନର କଥା। ପ୍ରେମୀ ଯୁଗଳ ପାର୍କରେ। ସାଇପ୍ରେସ୍ ଗଛ ଶାଖାରେ ରାତି

ପବନର ଦୀର୍ଘଶ୍ୱାସ। ରାତି ଏଗାରଟା। ଆଉ ଦଣ୍ଡଟିଏ ନୁହେଁ। ସ୍ୱାମୀ ଫେରିବେ କ୍ଲବ୍‌ରୁ। ବହୁ ନାରୀ ସହ ତାଙ୍କର ସମ୍ପର୍କ। ତାଙ୍କୁ ସାତ ଖୁଣ୍ ମାପ। ସେ ପୁରୁଷ। ସମାଜର ଛତ୍ରଛାୟା ତାଙ୍କରି ମୁଣ୍ଡ ଉପରେ। ନାରୀଟି ଅବଳା, ଦୁର୍ବଳା। ଅନ୍ୟ ପୁରୁଷକୁ ଆଡ଼ ଆଖିରେ ଚାହିଁବା ପାପ। ସତୀତ୍ୱରେ ଆଞ୍ଚ ଆସିବ। ନିନ୍ଦାର ନାଗରା ବାଜିବ। ସବୁ ନାରୀଙ୍କର ଏଥିକି ଭୀତି। ହେଲେ ସ୍ୱାମୀ ଟଳି ଟଳି ଆସିବେ। ରୁମାଲରେ ପୋଛିବା ସତ୍ତ୍ୱେ ଗାଲରେ ଲିପ୍‌ଷ୍ଟିକ୍‌ର ଚିହ୍ନ। ସ୍ତ୍ରୀ ପଚାରି ପାରିବନି କାରଣ। ମାତ୍ର ସ୍ତ୍ରୀ ଆଖି ତଳେ କଜ୍ଜଳ ରେଖା ସାମାନ୍ୟ ବିତ୍ରସ୍ତ ଅବା କବରୀର କେଶବନ୍ଧନ ସାମାନ୍ୟ ଇତସ୍ତତ – ଏଥି ପାଇଁ ସମ୍ମୁଖୀନ ହେବାକୁ ପଡ଼ିବ ବହୁ ଅପ୍ରୀତିକର ପ୍ରଶ୍ନଗୁଡ଼ିକୁ। ଏଇତ ପ୍ରେମିକା କଲ୍ୟାଣର ଭାଗ୍ୟ !

ପ୍ରେମ ବିନା ଜୀବନ ମରୁଭୂମି। ବଞ୍ଚିବା ଦୁର୍ବିସହ। ଜୀବନ ନୁହଇଁ ଜୀବନ୍ତ ମରଣ। ପୁରୁଷର ଭଲ ପାଇବା, ଆପଣାର ପଣ, ଜୀବନକୁ କରେ ମଧୁମୟ। ମାତ୍ର ଅବିଶ୍ୱାସ, ସନ୍ଦେହରେ ପ୍ରେମ ହୁଏ ପଙ୍କିଳ। ପ୍ରେମକୁ ଖଟୁଲିରେ ଥାପି ପୂଜାକଲେ ହୁଏ ଅମୃତ ପ୍ରସବା। ଜୀବନ ହୁଏ ପବିତ୍ର। ଅନାବିଳ ବି। ଜ୍ୟୋସ୍ନାର ପ୍ରତିଫଳନ ଶିଶିର ବିନ୍ଦୁରେ ଅତୀବ ରମଣୀୟ। ନର୍ଦ୍ଦମାରେ ବି ଅନୁରୂପ ଶୋଭାମୟ, ପୁଣ୍ୟ ଭିତରେ ଜୀବନ ଶୁଭ୍ର ସୁନ୍ଦର। ପାପ ମଧ୍ୟରେ ଜୀବନର ବି ପୁଣ୍ୟମୟ ଉପଲବ୍ଧି। ଜୀବନ ପ୍ରତି ବିତୃଷ୍ଣ ନହେବା ବିଧେୟ। ସେଦିନ ଏଇ କଥା ନାୟକ କହିଥିଲା ପ୍ରେମିକା କଲ୍ୟାଣୀକୁ। ଦେହ ବିନେ ପ୍ରେମ ନାହିଁ। ଫୁଲ ପାଖୁଡ଼ାକୁ ବାଦ୍ ଦେଲେ ସୌରଭ କଳ୍ପନାତୀତ। କଲ୍ୟାଣୀ ମୁହଁରେ ଫିକାଫିକା ହସର ଜୁଆର। ଦେହରେ ଅସମ୍ଭବ କ୍ଳାନ୍ତି। ଦୁହେଁ ନିରବ। ମିଳନର ଭାଷା ସବୁବେଳେ ନିରବ। ସେଥିରେ ଥାଏ ହୃଦୟର ଅକୁହା ଅଭିବ୍ୟକ୍ତି। ମିଳନର ପ୍ରକାଶ ସବୁବେଳେ ଅସମାପ୍ତ। ଶତ ମିଳନ, ତଥାପି ମୁହୂର୍ତ୍ତେ ସୁଦ୍ଧା ସମ୍ପୂର୍ଣ୍ଣ ନୁହେଁ।

ପ୍ରେମିକା କଲ୍ୟାଣୀ। ହା ହୁତାଶମୟ ଜୀବନ। ସେ ଜନନୀ। ତଥାପି ମାତୃତ୍ୱ ମଧ୍ୟରେ ତା'ର ବିକଳ ନାରୀତ୍ୱ। ସ୍ୱାମୀ ସ୍ତ୍ରୀର ସମ୍ପର୍କ, କେବଳ ଯୌନ କ୍ଷୁଧା ପ୍ରଶମନରେ ନୁହେଁ ସୀମିତ। ଭଲ ପାଇବାରେ ଶାଶ୍ୱତ ପ୍ରେମ ଉର୍ଦ୍ଧ୍ୱଗାମୀ। ମାତ୍ର କଲ୍ୟାଣୀଙ୍କ କ୍ଷେତ୍ରରେ ସମ୍ପୂର୍ଣ୍ଣ ବିପରୀତ। ବିବାହ କଲେ। ସ୍ୱାମୀଙ୍କ ସନ୍ତାନର ଜନନୀ ହେଲେ। ତଥାପି ତାଙ୍କର ଅବଶୋଷ। ସ୍ୱାମୀ ଉପଭୋଗ ସର୍ବସ୍ୱ। ଭଲପାଇବାର ସାମାନ୍ୟତମ ଲକ୍ଷଣ। ଏଥିରୁ ସେ ବହୁ ଦୂରରେ। ତା' ଜୀବନର ବ୍ୟଥା ବେଦନା, କଲ୍ୟାଣୀ ଗପିଚାଲିଥାଏ। ବିବାହ ସୃଷ୍ଟି ହୋଇଥିଲା ସନ୍ତାନ ଜନ୍ମ ପାଇଁ। ବଂଶରକ୍ଷା ଏହାର ଅସଲ ଉଦ୍ଦେଶ୍ୟ। ଏଥିରେ କେବଳ ଦେହର ସମ୍ପର୍କ। ଏକଦା ବଂଶରକ୍ଷା ବିବାହର ଉଦ୍ଦେଶ୍ୟ ଥିଲା। ସେଦିନ

ଗର୍ଭଧାରିଣୀର ସତୀତ୍ୱ ସମାଜରେ ଏକ ସମ୍ମାନିତ ଆଦର୍ଶ। ବଂଶଧାରାର ନିର୍ମଳତା ରକ୍ଷା, ଏଥି ପାଇଁ ଲୋଡ଼ା ପୁରୁଷ ସ୍ତ୍ରୀଙ୍କ ମଧ୍ୟରେ ଦୈହିକ ବିଶ୍ୱସ୍ତତା ଆଉ ସାମାଜିକ ଜୀବନର ଭିତ୍ତି। ଯୁଗ ବଦଳିଲା। ତା' ସହ ରୁଚି ବି। ଏବେ ଜନ୍ମ ନିରୋଧ ଯୁଗ। ବଂଶରକ୍ଷା ଗୌଣ, ଆତ୍ମରକ୍ଷା ହିଁ ଏକ ବୃହତ୍ତର ସ୍ୱପ୍ନ। ଏଇଥି ପାଇଁ ବିବାହ ଏକ ଉଦ୍ଦେଶ୍ୟହୀନ ଦାୟିତ୍ୱ। ଏଥିରେ ମାତୃତ୍ୱ କ୍ଷୁଧାହୁଏ ଶାନ୍ତ; ମାତ୍ର ମନ ତୃଷାର୍ତ୍ତ, ନାରୀତ୍ୱ କ୍ଷୁଧାର୍ତ୍ତ - ନିସଙ୍କୋଚରେ କହି ଚାଲିଥିଲା କଲ୍ୟାଣୀ। ଜୀବନର ରୁଦ୍ର ବୈଶାଖୀ ଝଡ଼, କଲ୍ୟାଣୀ ତା' ସ୍ୱାମୀ ଦୁଇଟି ଶୁଖିଲା ପତ୍ର। ଉଡ଼ି ଚାଲିଛନ୍ତି ଲକ୍ଷ୍ୟହୀନ ଭାବେ। ଜୀବନ ଦେବତାଙ୍କ ପାଦତଳେ ସେମାନେ ଦୁଇଟି ନିବେଦିତ କୁସୁମ। ଜିଜ୍ଞାସା ଅପେକ୍ଷା ଉପଲବ୍ଧି ଅଧିକ। ଏଇ କଥାକୁ ନେଇ ତାଙ୍କର ପରିଚୟ। ନିରୋଳା ଦାର୍ଶନିକାଟିଏ ପାଲଟି ଯାଇଥିଲା କଲ୍ୟାଣୀ।

ସୁଖର ଦିନ ଚାଲିଯାଏ ଘୋଡ଼ାପିଠିରେ। ଦୁଃଖ ଆସେ, ଯାତନାଦିଏ। ଗଧ ପିଠିରେ ବି ଯାଏନି। ଜୀବନର ଦୁଃଖ ପାଖ ପଡ଼ୋଶୀ। ଭଲ ପାଇବାରେ ମାଦକତା, ପ୍ରେମର ସାନ୍ଦ୍ରତା, ମିଳନର ଅଭିପ୍ସା - କେବେ ସାକାର ତ କେବେ ବିରହ ବ୍ୟର୍ଥତା, ଅନ୍ତହୀନ ଅବସାଦ। ସେମିତି ଦିନଟିଏ, ଚିର ଅଭୁଲା। ରୁକ୍ଷ ମଣିଷଟେ ହଠାତ୍ ଗଳ୍ପ ନାୟକ ପାଖରେ। ଖଣ୍ଡେ ଲଫାପା ବଢ଼େଇ ଦେଲା। ତନ୍ମଧ୍ୟରେ କଲ୍ୟାଣୀ ସହ ନାୟକର ଗୋଟେ ଫଟୋ। ପାର୍କର ଶ୍ୟାମଳ ତୃଣ ଶଯ୍ୟା। ତା' ଉପରେ ଦେହଢ଼ାଳି ଶୋଇଛି କଲ୍ୟାଣୀ। ଗୋଟେ ପାପୁଲି ପ୍ରେମିକ ଓଠ ପାଖରେ। କେଉଁ ଅସତର୍କ ମୁହୂର୍ତ୍ତ, ନୀଚ ସୁଯୋଗର କଳଙ୍କିତ ଚିତ୍ର। ଉତ୍ତୋଳନ କରିଛି ପାପିଷ୍ଠ। ତାଗିଦ୍ କରି ଦେଇଗଲା। ସର୍ବସାଧାରଣ ସ୍ଥାନରେ ଏ ନାଟକ ଅଭିନୟ ଅନୁଚିତ। ଆପଣଙ୍କ ବାନ୍ଧବୀ ବିବାହିତା, ତାଙ୍କ ସ୍ୱାମୀ ଅଛନ୍ତି। ଏ କଥା କହି ଚାଲିଗଲା। ତାଙ୍କ ପ୍ରେମ ପ୍ରସଙ୍ଗଟି ଅତି ସାଧାରଣ। ନିର୍ଦ୍ଦୋଷ ଆନନ୍ଦର ଅନ୍ୱେଷଣ। ସମାଜ ଆଖିରେ ଦୂଷଣୀୟ କାହିଁକି ? ଏହାର ଉତ୍ତର ପାଇନଥିଲେ ପ୍ରେମିକ ଜଣକ। କ'ଣ ପାଇଁ ତା'ର ଏଇ ବ୍ୟାକୁଳତା। କେବଳ ସାକ୍ଷାତ, କିଛି ଆଳାପ ? ତା'ର କ'ଣ ବିଶେଷ ମୂଲ୍ୟ ଅଛି ? ଅତି ସଂକ୍ଷିପ୍ତ କେଇଟି ମୁହୂର୍ତ୍ତ, ସେଇଥି ପାଇଁ ଆକୁଳତା। ମାନସିକ ଦୁର୍ବଳତା। ଦେହ ପାଇଁ ଆତ୍ମାକୁ ବିସର୍ଜନ ଦେବାର ଅପମାନ। କ'ଣ ପାଇଁ ଏ ଅନ୍ତହୀନ ପ୍ରତୀକ୍ଷା ? ଆଜି କଲ୍ୟାଣୀର ବ୍ୟତିକ୍ରମ। ରାତ୍ରି ଏଗାରଟା, ତଥାପି ଦେଖାନାହିଁ। ସବୁ ଆଶା ଆଶଙ୍କାର ପୂର୍ଣ୍ଣଚ୍ଛେଦ। ବୋଗନଭିଲାର ଲତା ଅନ୍ତରାଳ, ତା' ମଧ୍ୟରୁ ବାହାରି ଆସିଲେ କଲ୍ୟାଣୀ। ଏକ ଅବର୍ଣ୍ଣନୀୟ ଆବେଗ। ଉତ୍କଣ୍ଠାର ଚରମ ମୁହୂର୍ତ୍ତ, ହତବାକ ଗଳ୍ପ ନାୟକ। ଭାବ ବିହ୍ୱଳା କଲ୍ୟାଣୀ। ନାୟକ କପାଳ ଉପରେ କେଇକେରା ଅବିନ୍ୟସ୍ତ କେଶ। ଆସ୍ତେ ଉଠାଇ ଦେଲେ। ନୀଳଜ୍ୟୋସ୍ନା

ପରି ସେ ଆଜି ରହସ୍ୟମୟୀ। ଠିକ୍ ମହାନଗରୀର ରାତ୍ରି ପରି। ଉତ୍କଣ୍ଠିତ ଗଳ୍ପ ନାୟକ ବାହୁ ବନ୍ଧନରେ କଲ୍ୟାଣୀ। ତାଙ୍କ କମ୍ପିତ ବକ୍ଷ ଉପରେ ଶିଶୁଟି ପରି ମଥା ଥାପି ଦେଇଛନ୍ତି। ବହୁ ବାଧା, ଭୟ ଲଂଘିବାକୁ ପଡ଼ିଛି। ଆଖିରୁ ଝରି ପଡୁଛି ଅଶ୍ରୁ। କ୍ଷତ ବିକ୍ଷତ ଶ୍ରାବଣ ଯେମିତି ବରଷି ଯାଉଛି ଅଭିମାନରେ। ଶ୍ରାବଣୀ ଆଜି ଧିକ୍କାର କରୁଛି ନିଜକୁ, ତା' ନାରୀ ଜନ୍ମକୁ। ଶତ ଧିକ୍କାର କରୁଛି ପୁରୁଷ ପ୍ରଧାନ ସମାଜକୁ। ଯେଉଁ କାର୍ଯ୍ୟଟି ପୁରୁଷ ପାଇଁ ଗୌରବ ବିବେଚିତ, ତା'ର କାଣିଚା ନାରୀଟିକୁ କୁଳଟା ସଜେଇ ଦିଏ। ନଥିଲା ଦୈହିକ କାମନା ଅବା ବାସନା। ଟିକିଏ ଭଲପାଇବା, ଆପଣାର ପଣ, ସ୍ନେହ ଆଦର। ସେ ପାଇ ନ ଥିଲା ସ୍ୱାମୀ ଠାରୁ। ସେଇଥି ପାଇଁ ସେ ଗଳ୍ପନାୟକର ସାନ୍ନିଧ ଚାହିଁଥିଲା। ସେ ସମ୍ପର୍କ ଗଙ୍ଗା ଜଳ ପରି ପବିତ୍ର। ସମାଜ ସାଜିଲା ବାଧକ। ସେଦିନ ଥିଲା ଶେଷ ସାକ୍ଷାତ। ନାୟକ କପାଳରେ କୋମଳ ସ୍ପର୍ଶଟିଏ। ବାସ୍ ସେତିକି। ସେଇଦିନୁ ସାକ୍ଷାତର ଇତି। କାରଣଟି ଥିଲା ଦିବାଲୋକ ପରି ସ୍ପଷ୍ଟ। ଅନ୍ୟମାନଙ୍କ ସହ ତାଙ୍କ ସ୍ୱାମୀ ବି ଜାଣି ସାରିଥିଲେ ଏ ଗୋପନ ସାକ୍ଷାତ କଥା। ଏଇଥି ପାଇଁ ପ୍ରଣୟକୁ କଳଙ୍କିତ କରିହବନି। ତ୍ରସ୍ତ, ଚଞ୍ଚଳ ପାଦରେ ଚାଲିଗଲା କଲ୍ୟାଣୀ।

ନୀଳଜ୍ୟୋସ୍ନା ବିଧୌତା ରଜନୀ। କଲ୍ୟାଣୀ ଗଭା ମହକା ରଜନୀଗନ୍ଧାର ବାସ୍ନା, ମନ୍ଦ ପବନ ବାଣ୍ଟି ଚାଲିଥିଲା। କିଂକର୍ତ୍ତବ୍ୟବିମୂଢ଼ ନାୟକ। ଭାଙ୍ଗି ଯାଇଥିଲା ସ୍ୱପ୍ନର ତାଜମହଲ। ଯବନିକା ପଡ଼ିଥିଲା ଗୋଟେ ମହାନାଟକର। ଏଣିକି ଶାଶ୍ୱତ ପ୍ରେମର ସନ୍ଧାନ। ଦେହକୁ ବାଦ୍ ଦେଇ ବି ପ୍ରେମ ସମ୍ଭବ ! ଏଇ ପରୀକ୍ଷା ଆରମ୍ଭ ପ୍ରେମୀ ଯୁଗଳଙ୍କର। ଜୀବନ ତ ଗୋଟେ ପରୀକ୍ଷା। ତା'ର ମୂକ ସାକ୍ଷୀ ସେଇ ଜହ୍ନ, ସେଇ ରାତି, ନୀଳଜ୍ୟୋସ୍ନା। ଭିଜା ଭିଜା ସପନ। ତାକୁ ନେଇ ବଞ୍ଚିବାକୁ ହେବ। ଜ୍ୱାଳା, ଯନ୍ତ୍ରଣା, ଯାତନା – ତା'ରି ଭିତରେ ଉଡ଼ିବ ଅମର ପ୍ରେମର ଧ୍ୱଜା।

■

ବଂଶୀର କିମିଆ

ଆଦ୍ୟ ଆଷାଢ଼। ନୀଳ ନଭରେ ମାଳମାଳ ଜୀମୂତ। ଚପଳାର ଚପଳଛନ୍ଦା ଶିହରଣ। ମେଘଡମ୍ବରୁର ଡିବିଡିବି ନିନାଦ। ଯମୁନା କୂଳ, କଦମ୍ବ ମୂଳ। କିଆ କେତକୀର ମହମହ ମହକ। ପ୍ରସ୍ଫୁଟିତ କଦମ୍ବରେ ଶିହରଣ, ଶତ ରୋମାଞ୍ଚ। ମେଘ ଦୁଲୁକା, ଛାତି ଛମକା। ହିଆରେ ଘନଘନ ପୁଲକ। ଭାସିଆସୁଛି ଶ୍ୟାମ ବଂଶୀ ସ୍ୱନ। ରାଧା ସମେତ ଗୋପ କିଶୋରୀ। କେଶ, ବାସ, ବେଶ ଅସ୍ତବ୍ୟସ୍ତ। ସମସ୍ତେ ପ୍ରଧାବିତା ଯମୁନା କୂଳକୁ। ନାହିଁ କୁଳ ଲଜ୍ଜା। କାମ ଜ୍ୱାଳା ଜର୍ଜରିତା ଗୋପିକାମାନେ। କେଉଁ ଗୋପୀ ପ୍ରାଣ ଅଥୟ। ଉତ୍କଟ କାମପୀଡ଼ା-ଦହନ। କାହା କଣ୍ଠ ବାଷ୍ପାକୁଳ। ବିକଳରେ କହି ପକାଏ - "ଶ୍ୟାମ ବଜାନା ଆଉ ବାଂସୁରୀ।" ଏମିତି କାଳେ କାଳେ ବଂଶୀର ସ୍ୱନ ମଧୁର। ଗଭୀର ନିଶିଥରେ, କେଉଁ ଦୂର ନଈ ପଠା ଅବା ଗାଁ ମୁଣ୍ଡ ମୁଣ୍ଡିଆ। ତୁହାକୁ ତୁହା ପବନ ବାଣ୍ଟିଦିଏ ବଂଶୀସ୍ୱନ। ଚିତ୍ତ-ମନ-ପ୍ରାଣ ତପ୍ତ। ଯୁବା କିଶୋରୀ ଅବା ମୂର୍ଖ ପାଷଣ୍ଡ। ସମସ୍ତଙ୍କ ଚିତ୍ତ ଚହଲେଇ ଦିଏ ସୁମଧୁର ବଂଶୀ ସ୍ୱନ। କୋକିଳ ବଚନ ମଧୁର; ମାତ୍ର ବିଯୋଗୀ ମନ ବିଧୂର। ଅନୁରୂପ ଭାବେ ଅର୍ଥସର୍ବସ୍ୱମାନେ। ଶୟନେ, ସପନେ, ଜାଗରଣେ - ଖାଲି ଟଙ୍କା, ଟଙ୍କା ଆଉ ଟଙ୍କା। ଟଙ୍କାର ମାନ, ମହତ, ପ୍ରତିଷ୍ଠା। ଏହାରି ପଛରେ ପ୍ରଧାବିତ। କୋଠାଘର, ବ୍ୟାଙ୍କ୍ ବାଲାନ୍ସ, ସ୍ଥାବର, ଅସ୍ଥାବର ସମ୍ପତ୍ତି। ଏଥିରେ ସଦା ତାଙ୍କ ମତି। ଏମାନଙ୍କ ପାଇଁ ବଂଶୀର ସ୍ୱନ ଶ୍ରୁତିକଟୁ। ବଂଶୀବାଦକ ପ୍ରତି ନାହିଁ ନଥିବା ଈର୍ଷା। ତଳିତଳାନ୍ତ କରିଦେବାର କୂଟ ଚକ୍ରାନ୍ତ। ବଂଶୀବାଦକଟି ନିଦରବ, ନାହିଁ ଅର୍ଥ ରୋଜଗାର ପ୍ରଚେଷ୍ଟା। ବଂଶୀ ତା' ପାଇଁ ସ୍ୱର୍ଗ, ସେଇଥିରେ ତା'ର ଶାଶ୍ୱତ ଆନନ୍ଦ, ପରମ ତୃପ୍ତି। ଏମିତି ଜଣେ ବଂଶୀ ବଜାଳି ନୀଳମଣି। ତା'ରି ସ୍ୱପ୍ନ, ଭବିଷ୍ୟତ। ସବୁକୁ ଭୂଶାୟୀ କରିବାକୁ କୂଟ ଚକ୍ରାନ୍ତ। ଚକ୍ରାନ୍ତକାରୀ ପାଟପୁର ଗାଁର ସୋମନାଥ। ବିଚରା ବଂଶୀବଜାଳି ନୀଳମଣି ! ରାତି ପାହିଲେ ତା' ଘରଡିଅ

ଖଣ୍ଡକ ନିଲାମ ଉଠିବ। ମୁଣ୍ଡ ଗୁଞ୍ଜିବାକୁ ନ ଥିବ ଠା। ତଥାପି ସେ ବଂଶୀ ବଜାଇ ଚାଲିଛି। ନାହିଁ ଧନ ସମ୍ପତ୍ତି, ତଥାପି ସେ ଧନପତି, କୁବେର। ତା' ମିଠା ମିଠା ବଂଶୀସ୍ୱନ ପ୍ରାଣଉଲୁସା, ଚିତ୍ତ ଚହଲା। ଏଇ କଥାବସ୍ତୁ ଉପରେ ସୁରେନ୍ଦ୍ର ମହାନ୍ତିଙ୍କ ଗପ 'କୁବେରର କବିତା'।

ଶେଷ ଚଇତି, ଶୁକ୍ଳ ପକ୍ଷ ରାତି। ଦୂରରୁ ଭାସି ଆସୁଛି ବଂଶୀର ଏକଟଣା, ଲହରିଆ ମୂର୍ଚ୍ଛନା। ଫିକା ଫିକା ଜହ୍ନ ଆଲୁଅ। ନଡ଼ିଆ ଗଛର ପତ୍ରଗହଳି। ତା'ରି ଭିତର ଦେଇ ଆଞ୍ଜୁଳିଏ ତିଳଫୁଲ ପରି ବିଛେଇ ହୋଇପଡ଼ିଛି। ଆମ୍ବ ବଉଳର ମହକ। ରାତ୍ରିର କୁହୁଡ଼ିମିଶା ପବନ। ଜହ୍ନ, ଚଇତାଳି, ଝରା ବଉଳ। ଏସବୁ କବିର ଖୋରାକ। ହେଲେ ସୋମନାଥଙ୍କ ପରି ଅର୍ଥରଙ୍କା। ତାଙ୍କ ପାଇଁ ମୂଲ୍ୟହୀନ। କୈଶୋରରେ ପଠିତ ସାହିତ୍ୟ ପୁସ୍ତକ। ଏକଦା ସମ୍ପର୍କ ଥିଲା। ଏବେ ତାହା ବିସ୍ମୃତ ପ୍ରାୟ। ସେ କର୍ମବନ୍ତ ପୁରୁଷ। ସବୁ ଅବାନ୍ତର, ନିତାନ୍ତ ବାହୁଲ୍ୟ ଏଇ ଦୃଶ୍ୟ, ଦୃଶ୍ୟାବଳୀ। ଶେଷ ଚୈତ୍ର ରାତିର ଆମ୍ବବଉଳ ଗନ୍ଧମିଶା ରଜତ ଜ୍ୟୋତ୍ସ୍ନା। ସୋମନାଥଙ୍କ ପାଇଁ ଥିଲା ଅସହ୍ୟ। ସ୍ୱୈରିଣୀ, ବ୍ୟଭିଚାରିଣୀର ହସ ସମ ଆଜି ପ୍ରକୃତି ରାଣୀର ତାଙ୍କ ପ୍ରତି ପରିହାସ। ଉତ୍ତେଜନା ହୀନ, ଶୀତଳ ପୌରୁଷ ପ୍ରତି ବିଦ୍ରୂପ। ଏଥିରେ ବଂଶୀର କରୁଣ ରାଗିଣୀ। ସତେ ଯେମିତି କଟା ଘା'ରେ ଲୁଣ ଛିଟା। ଜ୍ୟୋତ୍ସ୍ନା, ଆମ୍ବ ବଉଳର ତୀବ୍ର ବଉଳିଆ ଗନ୍ଧ। ବଂଶୀର ନିର୍ଜନ ବିଳାପ। ସବୁର ଫେଣ୍ଟାଫେଣ୍ଟି ପ୍ରତିକ୍ରିୟା। ସୋମନାଥଙ୍କ ଉତ୍ତପ୍ତ ମସ୍ତିଷ୍କରେ ଶତ ବୃଶ୍ଚିକର ଦଂଶନ। ହିଂସ୍ର ଭାବେ ବିଛଣା ଛାଡ଼ିଲେ ସୋମନାଥ। ତଥାପି ବଂଶୀର ବିଳାପ। ଗଭୀର ଅନ୍ଧାର ଭିତରୁ ଭାସି ଆସୁଥିଲା। ସୋମନାଥଙ୍କ ଅହଙ୍କାରୀ ପ୍ରାଣ ଶତଧା କ୍ଷତବିକ୍ଷତ। ଖାଲି ପ୍ରତିଶୋଧ ଆଉ ପ୍ରତିଶୋଧ। ଜଳୁଥିଲେ ସୋମନାଥ। ସତେ ଯେମିତି ଜାଳିପୋଡ଼ି ଭସ୍ମ କରିଦେବେ ନିରୀହ ବଂଶୀବାଦକ ନୀଳମଣିକୁ !

ଅଦ୍ଭୁତ ସେ ବଂଶୀର କିମିଆ। ଦିନ ଆଉ ରାତି, ସବୁ କର୍ମ ଘର୍ମ, କଳହ, କୋଳାହଳ, ବାଦ, ବିସମ୍ବାଦ, ତର୍କ, ତିକ୍ତତା, ସଂଘର୍ଷ – ଏସବୁର ଶେଷ ହୁଏ। ରାତ୍ରି ଘନେଇ ଆସେ। ନିଦ୍ରାଦେବୀଙ୍କ କୋଳରେ ଟିକେ ବିଶ୍ରାମ। ତାରା ବିଞ୍ଚା ଆକାଶ, ଝରିଆସୁଥିବା ଅନ୍ଧକାର ଧାରା, ଆଉଟା ସୁନାରଙ୍ଗର ଚନ୍ଦ୍ରତାପ। ଏହାରି ତଳେ ପୃଥିବୀ ନିଦରେ ଘୁମେଇ ପଡ଼େ। ଏକ ତରଳ ତନ୍ଦ୍ରାଳସ, ଚେତନାର ପ୍ରତି ପରମାଣୁକୁ ଅଥର୍ବ କରିଦିଏ। ଠିକ୍ ସେତିକି ବେଳେ, ଘଟେ ଆଉ ଏକ ରୋମାଞ୍ଚକର ଘଟଣା। ନିଝୁମ ରାତିର ବକ୍ଷ ବହୁଧା ବିଭକ୍ତ। ତା'ରି ଭିତର ଦେଇ ଗୋଟିଏ ବଂଶୀର ବିଳାପ। ମର୍ମାନ୍ତିକ ଏକ ଗଭୀର ଦୀର୍ଘଶ୍ୱାସ। ଏସବୁ ସୁପ୍ତିର ପ୍ରଶାନ୍ତିକୁ ବିଦୀର୍ଣ୍ଣ କରିଦିଏ। ଆଜି

ଅନୁରୂପ ଘଟଣାଟିଏ। ଢେର୍ ଦିନ ନୀଳମଣିର ବଂଶୀ ନିରବ ଥିଲା। ହତଭାଗା ନୀଳମଣି ! ଗାଁକୁ ଫେରିଛି। ପାଟପୁର ଗାଁ, ଅନେକ ବିନିଦ୍ର। ନୀଳମଣି ବଂଶୀଧ୍ୱନିରେ ବିମୋହିତ।

ଗାଁ ନାଁ ପାଟପୁର। ସେଇ ଗାଁର ନୀଳମଣି। ସେ ଘରଛଡ଼ା, ଲକ୍ଷ୍ମୀଛଡ଼ା, ହତଭାଗା, ଅକର୍ମା - ଏ ପ୍ରକାର ଗାଁ ଲୋକଙ୍କ ଧାରଣା। ଯୋଜନାର ଯୁଗ। ଶହ ଶହ କଳ କାରଖାନା, ଅନେକ କୃଷି କ୍ଷେତ୍ର। କଳକାରଖାନା, ଛତୁ ଫୁଟିଥିବା ସରକାରୀ ଦପ୍ତରମାନ। ଲକ୍ଷ ଲକ୍ଷ ଭେଣ୍ଡିଆ। ନିଜ ନିଜ କର୍ମ ସଂସ୍ଥାନ କରିପାରିଛନ୍ତି ଅନାୟାସରେ। ଏ କ୍ଷେତ୍ରରେ ହତଭାଗା ନୀଳମଣି। ରାତିରେ ବଂଶୀ ଫୁଙ୍କେ। କର୍ମ ଶକ୍ତିର ଅପଚୟ, ଏଇଟି ଘୋର ଅକ୍ଷମଣୀୟ ଅପରାଧ। ଏହି ପ୍ରକାର ବେକାର। ସରକାର ସେମାନଙ୍କୁ ଫାଶି ଦଉନି କାହିଁକି ? ଏଥିପାଇଁ କାହିଁକି ନାହିଁ ଆଇନର ବ୍ୟବସ୍ଥା ? ସୋମନାଥ, ତାଙ୍କପରି ମଣିଷମାନଙ୍କର ଏଇ ଧାରଣା। ସୋମନାଥଙ୍କର ଆତ୍ମଗର୍ବ। କର୍ମଶକ୍ତିର ଅନୁପମ ପରାକାଷ୍ଠା ଦେଖେଇଛନ୍ତି। ମହାପାତ୍ର ବଂଶକୁ ଉଜ୍ଜ୍ୱଳ କରିଛନ୍ତି। ଏ ଅପାଣ୍ଡବା ପାଟପୁରା ଗାଁ। ତାଙ୍କ ହେତୁ ଆଜି ଚାରିଆଡ଼େ ପରିଚିତ। ଜୀବନ ସାରା ସତ୍ୟ, ଅସତ୍ୟ ଉପାୟମାନ ଅବଲମ୍ବନ। ପରତଣ୍ଟି ଚିପି ଟଙ୍କା କମେଇଛନ୍ତି। ସେ କି ବୁଝନ୍ତି କଳାର ମାନ ମହତ; ଆଉ କଳାକାଳର ଯଶ, କୀର୍ତ୍ତି, ଖ୍ୟାତି କଥା ? ଏଇ ନୀଳମଣିର ବଂଶୀ ବାଜୁଛି... ଏ ବଂଶୀ ନୁହେଁ, ଆକାଶ ପୃଥିବୀର ଏକ ଅବ୍ୟକ୍ତ ବେଦନା। ତାରା ବିଛା ରାତ୍ରିର ମର୍ମସ୍ଥଳ ଯେମିତି ବିଦୀର୍ଣ୍ଣ କରି ଚାଲିଛି। କଳାର ଚିହ୍ନରା ଗ୍ରାହକଟି। ସେ କେବଳ ବୁଝିବ ବଂଶୀର ମାଦକତାକୁ। ସତରେ ! ମିଠା ମିଠା ବଂଶୀ ସ୍ୱର, ମନ-ପ୍ରାଣ-ଆତ୍ମାକୁ ଏକ ଏକାକାର କରିଦିଏ। ବଂଶୀର ଏଇ ଅଦ୍ଭୁତ କିମିଆ।

ସୋମନାଥଙ୍କ କର୍କଶ ବାଣୀ, ନିଷ୍ଠୁର ସ୍ୱଭାବ। ଛୋଟରୁ ବଡ଼। ପ୍ରଥମେ ସାମାନ୍ୟ କିରାଣି ଚାକିରି। ତା' ପରେ ନାଜରାତି, ନାଜରାତିରୁ ପେସ୍କାରୀ, ପେସ୍କାରୀରୁ ହେଡ଼ କିରାଣି। ହେଡ଼ କିରାଣିରୁ ସବ୍-ଡେପୁଟି। ଏହି ପଦବୀରୁ ପ୍ରମୋସନ - ଡେପୁଟି ମାଜିଷ୍ଟ୍ରେଟ୍। ଉକ୍ତ ପାହିଆରେ ଆଠମାସ ଚାକିରି। ଏବେ ଅବସର। ମାସକୁ ମାସ ପେନ୍‌ସନ। ଅଜଣା, ଅଶୁଣା ତାଙ୍କ ଗାଁ ପାଟପୁର, ନାହିଁ ପାଠଶାଠ। ବଟବୃକ୍ଷ ନଥିଲେ ଗବଗଛ ମହାଦ୍ରୁମ। ଠିକ୍ ସେମିତି ସୋମନାଥ। ଦୋତାଲା କୋଠାଘର, ପୈତୃକ ଜମି ତିନିମାଣ। ଏବେ ତାହା ପଚିଶ ଏକର। ପାଞ୍ଚ ପୁଅ। ଗୁଣ, କର୍ମ ଅନୁଯାୟୀ ସେମାନେ ଚାକିରିରେ। ଗ୍ରାମସେବକ ଠାରୁ ବ୍ଲକ୍ ଡେଭଲପମେଣ୍ଟ ଅଫିସର। ଯୋଗ୍ୟତା ଅପେକ୍ଷା ବାପା ସୋମନାଥଙ୍କ ପାରିବା ପଣିଆ ଅଧିକ। ପିଲାଙ୍କୁ ଚାକିରିରେ ରଖିବାରେ

ସହାୟକ ହେଲା । ତିନି ଝିଅଙ୍କ ବିଭାଘର ଶେଷ । ଭଲ ଭଲ ଜ୍ୱାଇଁ । ଢେର୍ ପଇସା ଯୌତୁକ ଦେଲେ । ଅବଶ୍ୟ ଏ ସବୁ ଉପୁରି ମାଲ । ସରକାରୀ ଚାକିରି । ନେଇ ଆଣି ଥୋଇ ଜାଣିଲେ ଚୋରି ବିଦ୍ୟା ଭଲ । ଏକଥାଟି ସୋମନାଥଙ୍କୁ ଅଛପା ନ ଥିଲା । ଅବସର ପରେ ବି କର୍ମଚଞ୍ଚଳ । କୃଷିକର୍ମ ସହିତ ମହାଜନୀ କାରବାର । ସୁଧ ବାବଦକୁ ବେଶ୍ ଦି ପଇସା ମିଳେ । କଂସାବାସନ, ସୁନାରୁପା ବନ୍ଧକି । କିଏ ମୁକୁଳେଇ ପାରିଲାନି, ସବୁ ସୋମନାଥ ରଖିଦେଲେ । ଝିଅ ବାହାଘର ପାଇଁ ସୁନାଗହଣା, ପଇସାଟିକର କିଣାଯାଇ ନଥିଲା । ସୋମନାଥ ଜଣେ କର୍ମଠ, କରିତ୍‌କର୍ମା ମଣିଷ – ଏକଥା ଗାଁବାଲା କୁହାକୁହି । ତାଙ୍କ କୋଠାବାଡ଼ି, ଯାନ ଆସନ । ଦେଖିବା ଲୋକ ଆଖି ଲାଖିରହେ । ନିଶାର୍ଦ୍ଧ, କୁହୁଡ଼ିଆ ରାତି, ସାମାନ୍ୟ ଶୀତ । ତେଲ ଚିକିଟା ରେଜେଇ, ମୁଣ୍ଡରେ ମଫଲର । ତା'ରି ଭିତରେ ସୋମନାଥଙ୍କ ଲହରେଇ ଲହରେଇ କାଶ । ହତଭାଗା ନୀଳମଣି ବଂଶୀର ବିଳାପ ପ୍ରତି ଏହା ପ୍ରଚଣ୍ଡ ତାଚ୍ଛଲ୍ୟ !

ଯୋଜନାର ଏକ ବିରାଟ କୋଳାହଳ ମୁଖର କର୍ମ ପ୍ରବାହ । ଏହାରି ମଧ୍ୟରେ ନୀଳମଣି ଖଣ୍ଡେ ଅକର୍ମାଶିଳା, ଗାଁରେ ପଡ଼ିଛି । ନିଶୂନ ରାତିରେ ବଂଶୀ ବଜାଉଛି । ତେବେ ତା'ର କି ଉଦ୍ଦେଶ୍ୟ ? ଉଦ୍ଦେଶ୍ୟ ବିହୀନ କର୍ମ । ଏମିତି କିଛି ଅଛି ? ଏକଥା ସୋମନାଥଙ୍କ ବିଶ୍ୱାସ ବାହାରେ । ଚାକିରିରେ ଆଗକୁ ଯିବେ । ଜୀବନଯାକ ସଲାମ କରି କରି ଗ୍ରୀବାଗ୍ରନ୍ଥି ଶିଥିଳ, ଦୁଇ କରତଳ ଯୋଡ଼ି ବିଣ୍ଡି ହୋଇଯାଇଛି । ସୋମନାଥଙ୍କ କର୍ମ, ନଥିଲା ଉଦ୍ଦେଶ୍ୟ ବିହୀନ । ତେବେ ନୀଳମଣିଙ୍କ ଏ ବଂଶୀ ବାଦନ କାହାପାଇଁ ? ସେ ପୋଥି ପୁରାଣ ପଢ଼ିଛନ୍ତି । ବଡ଼ ହଟିଆ ସେ ନଟନାଗର । କେତେବେଳେ ବୁଢ଼ା ନାଉରୀ ତ; ଆଉ କେତେବେଳେ ପାଳଭୂତ । ଗୋପନାରୀଙ୍କ ସହ ମିଳାମିଶା, କାମକେଳି । କାଳିନ୍ଦୀ କୂଳିଆ, ନାରୀ ଚିତ୍ତଚୋର । ମୁଣ୍ଡରେ ମୟୂର ପୁଚ୍ଛ, ଗଳାରେ ବନଫୁଲମାଳ । ପୀତବସନ ପରିଧାନ, ତ୍ରିଭଙ୍ଗୀ ଠାଣିରେ ନୃତ୍ୟ । ହାତରେ ବଇଁଶୀ । ଗାଈ ଜଗେ, ଯମୁନା କୂଳରେ, କଦମ୍ବ ମୂଳରେ ବଇଁଶୀ ବଜାଏ । ପ୍ରୀତିବାଉଳା ଗୋପୀମାନେ ଧାଇଁ ଯାଆନ୍ତି, ତା' ପରେ ବୃନ୍ଦାବନରେ ରାସଲୀଳା । ଷୋଳସହସ୍ର ଗୋପନାରୀ, ତାଙ୍କୁ କୁଆଡ଼େ ତପରେ ବଶ କଲେ ? ସେଇଥି ପାଇଁ ସେମାନଙ୍କ କାମପୀଡ଼ା ହ୍ରାସ କରନ୍ତି । ଏ କଥା ଲେଖିଲେ ପ୍ରେମଭକ୍ତି ମାର୍ଗୀ । ଛି ! କି ଅଲାଜୁକ କଥା । ବ୍ୟଭିଚାର, ଘୋର ବ୍ୟଭିଚାର । ସଫେଇ ଦେଲେ, ଏ ପ୍ରେମ ଅପ୍ରାକୃତ । ଜୀବ ପରମର ମିଳନ । ଦେହ ମାଧ୍ୟମରେ ଦେହାତୀତ କଥା । ସୋମନାଥଙ୍କୁ ଏକଥା ଗୁଡ଼ାକ ନାପସନ୍ଦ । ତଥାପି ମନ ପାପ ଛୁଉଁଛି । ଘରେ ସୁନ୍ଦରୀ ବୋହୂ । ଚାକିରିଆ ପୁଅ ବାହାରେ । ସପ୍ତାହ, ଦି' ସପ୍ତାହରେ ଘରକୁ ଆସେ । ତାଙ୍କ ବୋହୂ କ'ଣ ନୀଳମଣି ପ୍ରେମରେ

ଭିଜିଛି ? ବଇଁଶୀ ବଜାଇ ଝିଅବୋହୂମାନଙ୍କୁ ମୋହି ନବାର ନଜିର କିଛି କମ୍ ନାହିଁ। ପାପ ସମ୍ପୃକ୍ତ ମନ ସର୍ବଦା ଭୟ ଆଉ ପ୍ରମାଦ ପୂର୍ଣ୍ଣ। ସହଜରେ କନକର କନକମୟୀ ମୂର୍ତ୍ତି। କଜ୍ଜଳ ଲଗା ଦୁଇଆଖିରେ ନୀଳ କଇଁର କରୁଣତା। ଦୁଧଅଲତା ରଙ୍ଗବୋଳା ଦେହ। ଏଥିରେ ଆଦ୍ୟ ଯୌବନର ଲହଡ଼ି। ରଙ୍ଗଣୀ ଫୁଲର ପାଖୁଡ଼ା ପରି ନାଲି ଟିକି ଟିକି ଓଠ। ଅଣ୍ଟାତଳେ ପିଚା ଉପରକୁ ଚାନ୍ଦମୁହାଁ ଗୋଠ। ବୋହୂର ରୂପଲାବଣ୍ୟ ଭାସମାନ ସୋମନାଥଙ୍କ ବିନିଦ୍ର ଆଖିରେ। ସେଦିନ ନୀଳମଣି ବଂଶୀର ରାଗିଣୀ ବିଦାୟୀ ପ୍ରେମିକ ପରି। ସ୍ରୋତରେ ଭାସି ଭାସି ଚାଲିଛି। ସୁଦୂର ଦିଗ୍‌ବଳୟର ମୂର୍ଚ୍ଛିତ ବେହେରଣ ତଳେ ଆସ୍ତେ ବିଲୀନ। ବଂଶୀର ଅକୁହା ବେଦନା। ରୂପସୀ କନକ ଉଦ୍ଦେଶ୍ୟରେ ନୁହେଁ ତ! ଅତି ସନ୍ତର୍ପଣରେ ସୋମନାଥ ବୋହୂର ଶୟନ କକ୍ଷ ଦ୍ୱାରମୁହଁରେ। କନକ ନିଘୋଡ଼ ନିଦରେ। ସୋମନାଥ ଏବେ ଆଶ୍ୱସ୍ତ। ପୁନଶ୍ଚ ଦୁଶ୍ଚିନ୍ତା। ଦୁର୍ଭିକ୍ଷ ଯୁଗ। ବେକାର ନୀଳମଣି ଚଳୁଛି କିପରି ? ଚୋରି, ଡକାୟତି, ରାହାଜାନୀ। ଏହା ବ୍ୟତୀତ ତା'ର ଆଉ ବା କି ବେଉସା ? ଡକାୟତ, ଖଣ୍ଟ, ସେମାନଙ୍କୁ ଏମିତି ବଂଶୀବଜାଇ ଇସାରା ଦିଆଯାଏ। ପୁଲିସ କେଶ୍ ଢେର୍। ସୋମନାଥ ନିଜେ ବିଚାର କରିଛନ୍ତି। ସୋମନାଥଙ୍କ ଶୋଇବା ଘରେ ଲୁହା ଆଲମାରି। ମହାଜନୀ ଟଙ୍କା, ଲକ୍ଷ ଲକ୍ଷ ଟଙ୍କାର ଗହଣା ଗଚ୍ଛିତ। ନୀଳମଣି କ'ଣ ଡକାୟତି ପାଇଁ ଇସାରା ଦଉଛି ? ନୀଳମଣିର ଉଜୁଡ଼ା ଘର, ଭଙ୍ଗା ଡିହ, ତା ଉପରେ ଚାଳ କଙ୍କାଳସାର ହାତୀପରି ଆଣ୍ଠେଇ ପଡ଼ିଛି। ବଡ଼ ଦୟନୀୟ ସ୍ଥିତି। ଚୋରି ବିନା ଆଉ କ'ଣ ବା ଅଛି ବଞ୍ଚିବାର ସାହାରା ? ବଇଁଶୀ ବଜାଇ କିଏ ପେଟ ପୋଷିଛି ? ପୁନଶ୍ଚ ପାଟପୁର ପରି ନିପଟ ମଫସଲରେ ?

ତଥାପି ବଂଶୀ ବାଜୁଛି। ଏଥର ଦୂରେ ବହୁ ଦୂରେ। ସମ୍ଭବତଃ ନଦୀପଠା ଉପରୁ। ନଦୀ କୂଳର କାଶତଣ୍ଡି ଜଙ୍ଗଲ। ତା'ରି ଭିତରେ ଡକାୟତ ଦଳର ଦେହଛପା। ନୀଳମଣି ସେଇମାନଙ୍କ ପାଖକୁ ଚାଲି ଯାଉଛି। ନତୁବା କେଉଁ ଅବଳା ସରଳ ଝିଅବୋହୂ। ନଦୀପଠାକୁ ଆସିବାକୁ ନୀଳମଣି ବଂଶୀର ଏ ଆମନ୍ତ୍ରଣ। ସୋମନାଥ କ୍ରୋଧରେ ଜରଜର। ତା' ବାପା ଦିନମଣି। କଣ୍ଟକବଲା ଲେଖିଦେଲେ। ଘରଡ଼ିହ ଖଣ୍ଡକ ବନ୍ଧକି। ଏଯାବତ କରଜ ସୁଝିନି। ରାତି ପାହିବ। ଦୁନିଆ ଦେଖିବ, ନୀଳମଣି ହେବ ତଳିତଳାନ୍ତ। ତା' ଘରଡିହ ଖଣ୍ଡକ। ତାରବାଡ଼ ବସେଇ, ଦଖଲକୁ ନିଆଯିବ। ଲୁହା ଆଲମାରିରେ ସାଇତା କଣ୍ଟ କବଲାଟି। ଖୋଜି ବାହାର କଲେ ସୋମନାଥ। ମୂଳୁ ମାଇଲେ ଯିବ ସରି, ଦେବଙ୍କ ସାଙ୍ଗେ କିମ୍ବା କଳି। ନୀଳମଣି ନା ଗାଁରେ ଥିବା ନା ଶୁଭିବ ବଇଁଶୀ ସୁର!

ଶୁକ୍ଳା ତିଥିର ଜହ୍ନ ଅସ୍ତାୟମାନ। ଏକ ଅବ୍ୟକ୍ତ-ବେଦନାସିକ୍ତ ବିଦାୟୀ ଚନ୍ଦ୍ରର ପୃଷ୍ଠଭୂମି। ଲହରେଇ ଲହରେଇ ଭାସି ଆସୁଥିଲା ବଂଶୀ -ବିଳାପ। ସବୁ ସାର୍ଥକତା ଭିତରେ ବନ୍ଧ୍ୟା ବିଫଳତା। ସବୁ ଐଶ୍ୱର୍ଯ୍ୟ ମଧ୍ୟରେ ଦୟନୀୟ ଦାରିଦ୍ର୍ୟର ହାହାକାର। ନଡ଼ିଆ ବାହୁଙ୍ଗାରେ ଅସ୍ତଚନ୍ଦ୍ରର ମଳିନ ଆଲୋକ ରେଖା। ସେ ଦିନ ଝୁଲୁଥିଲା ବିନ୍ଦୁ ବିନ୍ଦୁ ଲୁହପରି। ବଡ଼ କରୁଣ ସେ ଦୃଶ୍ୟ। ବଂଶୀବାଦକଟି କଳାର ପୂଜାରୀ। ସାଧାରଣରେ ଅସାଧାରଣ। ତା' ଆଗରେ ପାର୍ଥିବ ସୁଖ, ଇନ୍ଦ୍ରିୟ ଲାଳସା ଅତି ନ୍ୟୂନ। ନୀଳମଣିର ଘରଡିହ ନାହିଁ। ଅନେକଙ୍କ ଆଖିରେ ସେ ହତଭାଗା। ତଥାପି ସେ କୁବେର, ଧନରେ ନୁହେଁ ମାନରେ। ତା' ବଂଶୀସ୍ୱନ ରସ-ସରସ କବିତା, ଏଥିରୁ ଝରିପଡ଼େ ମକରନ୍ଦ। ସେ ମକରନ୍ଦ ପାନରେ ତୃପ୍ତ-ଭାବୁକ ପ୍ରେମିକର ମନ, ପ୍ରାଣ, ଆତ୍ମା। ସବୁ କିଛି।

■

ଇଜ୍‌ମାଲ୍ ସ୍ୱତ୍ୱ

ଓଡ଼ିଆ ପୁଅର ମାଟି ମୋହ। ସେବେଥିଲା ଏବେ ଅଛି; ମାତ୍ର କ୍ରମଶଃ ଭଟା ପଡ଼ିଛି। ସେ ଦିନର କଥା। ଗାଁରେ ଥିଲା ସଂସ୍କାର, ସଂସ୍କୃତି। ଜନଜୀବନ ଚଳଚଞ୍ଚଳ, ସଦା ଉତ୍ସବ ମୁଖର। କୃଷିଭିତ୍ତିକ ସଭ୍ୟତା। ମୁଣ୍ଡ ଟେକିଥିଲା ଏଇ ଗାଁରେ। ସବୁଜ ଶାଗୁଆ କ୍ଷେତବାଡ଼ି, ଚୋରା ଚଇତାଳି, ମୁଣ୍ଡିଆ ଶିଖର ଚରା ବରଷାରାଣୀ, କାକର ଭିଜା ସକାଳ, କାକଳିତ ସଞ୍ଜ, ଗାଁ ମୁଣ୍ଡ ଦେବୀ ମନ୍ଦିର ଘଣ୍ଟ ଘଣ୍ଟା, ମହୁରିର ଧ୍ୱନି। ରଜ-ସଜବାଜ-ମଉଜ, ରଙ୍ଗ ଫଗୁଣ, ଦୋଳ ମେଳଣ - ଏଥିସହ ବାର ଓଷା, ତେର ପର୍ବ, ଯାନିଯାତ୍ରା। ଗାଁ ମହକି ଯାଏ। ଫିରିଙ୍ଗି ଶାସନ ପୂର୍ବର କଥା। ଗାଁକୁ ଛୁଇଁ ନଥିଲା ସହରୀ ସଭ୍ୟତା। ଯାହା ସବୁ ସେଇ ଗାଁରେ। ଥାନା, କଚିରି - ଏଥି ପାଇଁ ସାମୟିକ ସହର ଯାତ୍ରା। କ୍ରମେ ସ୍ଥିତି ବଦଳିଲା। ପାଶ୍ଚାତ୍ୟ ସଭ୍ୟତାର ସର୍ବଗ୍ରାସୀ ଆଁ, ହଜିବାକୁ ଆରମ୍ଭ ହେଲା ଗ୍ରାମ୍ୟ ଜୀବନ। ଇଂରାଜୀ ଶିକ୍ଷା ପ୍ରତି ମୋହ ବଢ଼ିଲା। ଲର୍ଡ଼ ମ୍ୟାକଲେ, ତିଆରିକଲେ ଶିକ୍ଷା ଖସଡ଼ାଟେ। ତାଙ୍କ ମନ-ମତି-ଗତି ଭାରତ ବିରୋଧରେ। ଜନେ ଇଂରାଜୀ ପଢ଼ିଲେ। ଦେହ ଭାରତୀୟ, ମନ-ପ୍ରାଣ-ଆତ୍ମାରେ ବିଲାତି। ଠିକ୍ ସେମିତି ଓଡ଼ିଆଏ। ବିଲାତି ପାଠ ପଢ଼ିଲେ। ଚାକିରି କଲେ। କଞ୍ଚା ପଇସା ରୋଜଗାର। ରହଣି ସହରରେ। ଧୀରେ ଧୀରେ ଗାଁକୁ ଭୁଲିଲେ। ପିତୃପୁରୁଷ ଶ୍ରାଦ୍ଧ ଅବା ଗାଁ ଦୋଳମେଳଣ, କେବେ କେବେ ଗାଁକୁ ଫେରନ୍ତି। ସହରରେ ସେମାନଙ୍କ କୋଠାବାଡ଼ି। ଗାଁରେ ବି। କାହାରି କାହାରି ଗାଁ ଘର ପ୍ରତି ନିଘା ନାହିଁ। ବର୍ଷରେ ଥରେ ଘରଛାଉଣି ହୁଏ। ହେଲେ ଗାଁ ଘରଡିହ, ସାତ ପୁରୁଷର ଭିଟାମାଟି, ଏ ଯାଏ ଲୋଭ ତୁଟିନି। ଏ ପ୍ରକାର ମୋହ ଓଡ଼ିଆର ଅସ୍ଥି ମଜ୍ଜାଗତ। ଏମିତି ଏକ ସ୍ପର୍ଶକାତର ବିଷୟ। କାନଗୋଇ ପରିବାର, ଗାଁରେ ନାଁ ଡାକ, କେତେ ଜଣ ଭାଇ ବାହାରେ। ତାଙ୍କ ପରିବାର ସେମାନଙ୍କ ସାଥିରେ, ହେଲେ ସବୁ ସମ୍ପତ୍ତି ଇଜ୍‌ମାଲ୍। ଖାତା ଫାଡ଼ ହେଇନି। ସେଇଥି ପାଇଁ ନିତି କଳି ତକରାଳ। କାହା ଭାଗରେ କିଏ ବାଡ଼ ଘୁଞ୍ଚେଇ ବସେଇଚି ତ

କିଏ କା ବାଡ଼ିରୁ ଆମ୍ବ ପୁଞ୍ଜା, ପଣସ ଦି'ଟା ନେଇଗଲା। ଇଜ୍‌ମାଲ୍ ସମ୍ପତ୍ତି। ସ୍ୱତ୍ୱକୁ ନେଇ ନିତି ପ୍ରତି କଳି। ମହିଷ ଶିଙ୍ଗ ଫଟା, ଜୁଝିଲା ବେଳକୁ ଗୋଟା। ଭାଇ ଭାଇ ଦିନେ ମିଳନ୍ତି। ଏବେକା କଥା - ଯେତେ ଭାଇ ସେତେ ଘର। ଯୌଥ ପରିବାରରେ ଏବେ ଫାଟ। ଏଇ ପାଠ, ଏଇ ପାଠ, ଠିଆ କଲା ବିରାଟ ପାଚେରି। ଏ ପାଖେ ଗାଁ, ସେ ପାଖେ ସହର। ଦୁଇ ସମାନ୍ତରାଳ ସରଳରେଖା। ସମୟ ଗଡ଼ି ଚାଲିଚି। ଘଟଣାକ୍ରମେ ଭାଇ ଭାଇ ମିଶିଛନ୍ତି। ପୁନଃ ଫେରିଛି ସ୍ନେହ, ପ୍ରୀତି, ପ୍ରତ୍ୟୟ, ଆତ୍ମୀୟତା। ଏହାରି ଉପରେ ଆଧାରିତ ଗପଟେ 'ଇଜ୍‌ମାଲ୍'। ସ୍ରଷ୍ଟା କାଳଜୟୀ ସୁରେନ୍ଦ୍ର ମହାନ୍ତି।

ଗାଁ ନାଁ ହରିପୁର। ଷ୍ଟେସନରୁ ସାତମାଇଲି ଦୂର। ଖାଲଢିପ ରାସ୍ତା। ବର୍ଷାରେ କାଦୁଅ ପଚ ପଚ। ରାସ୍ତାର ଦୁଇ ପାଖ, ବିସ୍ତୀର୍ଣ୍ଣ ଧାନ କ୍ଷେତ। ସକାଳର ବର୍ଷା ଧୁଆ କିରଣ। ଝଲସୁଛି କ୍ଷେତବାଡ଼ି। ଚାଲିଛନ୍ତି ବ୍ରଜବନ୍ଧୁ। ଆଣ୍ଠୁ ଉପରକୁ ଲୁଗା। ଡାହାଣ କାଖ ତଳେ ହଳେ ଚପଲ। ବାଁ କାଖ ତଳେ ପୁଟୁଳିଟିଏ। ମାଷ୍ଟର ଚାକିରି ଝକ୍‌ମାରି। ଦଧୀଚି ପରି ଅସ୍ଥିଦାନ, ମାଷ୍ଟ୍ରେ ଗଢ଼ନ୍ତି ଭଲମଣିଷ। ଏଇ ଆଗରେ ସିଦ୍ଧିପୁର, ତାଳ ତମାଳ ବଣ। କାଳିଆ ଘୁମର ମେଘ ଖଣ୍ଡେ। ଶୋଇପଡ଼ିଛି ସେଇ ବଣ ଉପରେ। ବିଭୋର ବ୍ରଜବନ୍ଧୁ। ଢେର୍ ଦିନ ଗଲାଣି। ବାହାରେ ଚାକିରି। ପାଖରେ ପିଲାପିଲି। ଏକା ଫେରୁଛନ୍ତି। ଘରେ ବିଧବା ପିଉସୀ, ପାର ଅପା। ଅଶୀ ପୂରିଲା। ବୁଢ଼ୀ ନଇଁ ନଇଁ ଚାଲେ। ଭୂମିରେ ଭରା ଦେଇଉଠେ। ମୂଲିଆ ପାଣି ଦିଏ। ବୁଢ଼ୀର ଏକା ଜିଦ୍ ଗାଧେଇବନି। ରାତି ନ ପାହୁଣୁ କାଳୀ ପୋଖରୀକୁ ଯାଏ, ସ୍ନାନ ଶୌଚ ସାରେ। ପୁରୁଣାକାଳିଆ ବିଧି ବିଧାନ। ବିଧବା ନାରୀ, ଆଉ କିଏ ରାନ୍ଧିଲେ ଖାଏନି। ସୋମବାର ଖାଡ଼ା ଉପାସ, ଗୁରୁବାର ହବିଷ, ଆଉ ଆଉ କେତେ ବିଧି। ସବୁ ପାଳନ କରେ। ବ୍ରଜବନ୍ଧୁଙ୍କ ସ୍ତ୍ରୀ, ବୁଢ଼ୀ ପାଖରେ ରହିପାରିଲାନି। ଏବେ ସ୍ୱାମୀଙ୍କ ପାଖରେ। ବୁଢ଼ୀର ଗୋଟେ ବଡ଼ ଆଶା। ଅଶୀ ତ ଛୁଇଁଲା। ଆଉ ଅଧିକ ଦିନ ବଞ୍ଚିବ। ଏଇଟି ତା'ର ଅହେତୁକ ମୋହ, ଦୁର୍ବାର ବାସନା। ଏ ଯୁଗ କ୍ଲାନ୍ତି, ଅବସାଦ ତାକୁ ସାମାନ୍ୟ ସ୍ପର୍ଶ କରିପାରିନି। ବାଡ଼ିରେ ଜହ୍ନି, କାକୁଡ଼ି ଲଟା ଛନ୍ଦାଛନ୍ଦି। ଫଳ ଧରିଲାଣି। କିଏ ଗୋଟାଏ ଛିଡ଼ାଇଦିଏ। ଆଉ ସମ୍ଭାଳେ କିଏ। ବୁଢ଼ୀ ରାଉ ରାଉ କରେ, ଖଞ୍ଜା ଫଟେଇ ଦିଏ। କରଣ ପରିବାର, ମାଛି ପଡ଼ିଲେ ନବଖଣ୍ଡ। ଅନ୍ୟମାନେ ଯେଝା ବାଟରେ। ହେଲେ କରଣିଆ ଛାଞ୍ଚ, ଏବେବି ବୁଢ଼ୀ ଦେଦହରେ ନେଶି ହୋଇ ରହିଛି।

ବଢ଼ି ବଢ଼ି କରଣ, ଛିଣ୍ଡୁ ଛିଣ୍ଡୁ ଚଷା - ଏ ମହାବାକ୍ୟ। ଏହାର ଚାକ୍ଷୁଷ ପ୍ରମାଣ, ଆଉ କୋଉ ସାହି ନୁହେଁ, ହରିପୁର ଛାମୁକରଣ ସାହିର ପଦ୍ମନାଭ କାନୁନ୍‌ଗୋ କିଏ ? କାହାର ଛାମୁକରଣ ? ଏ ଇତିହାସ ସମ୍ପୂର୍ଣ୍ଣ ଅଜଣା। କୋଉଠୁ ଆସିଲେ, କେବେ ଘର କଲେ, କେହି ଜାଣନ୍ତିନି। କାନଗୋଇ ସାଇ, ପଶ୍ଚିମ ଆଡ଼େ ଘର ନାସ୍ତି। ଯାହା ପୂର୍ବ

ଆଡ଼କୁ। ପଦ୍ମନାଭ, ଜଗନ୍ନାଥ ଦୁଇଭାଇ। ଏକାଘର। ଘର ପରି ଘର। ଧୂଳିଆ ଖଞ୍ଜା। ହାତୀ ପରି ପାଚିରି କାନ୍ଥ। ଘର ଡିହ ଚାରିମାଣ। ସେ ଦିନ ଦି' ଅଂଶ, ଏବେ ମୋଟ ଏଗାର ଅଂଶୀଦାର। ଜ୍ୟେଷ୍ଠ ପଦ୍ମନାଭ। ତାଙ୍କର ଚାରିଜଣ ବଂଶଧର। ଘରଡିହ, ବାଡ଼ିରୁ ଦଶପଣ ସେମାନଙ୍କ ଭୋଗଦଖଲରେ। ଅବଶିଷ୍ଟ ଛ' ପଣ, ଜଗନ୍ନାଥଙ୍କ ସାତଜଣ ବଂଶଧର, ଏମାନେ ଦଖଲରେ। ବାଣ୍ଟକୁଣ୍ଟ ଛିଡ଼ିଛି। କାଗଜପତ୍ର କିନ୍ତୁ ଅଲଗା ହେଇନି। ସବୁ ଇଜ୍‌ମାଲ୍ ସମ୍ପତ୍ତି। ଖାତା ଫାଡ଼ ହୋଇନାହିଁ। ଏଇଟି କଳିର ମଞ୍ଜି। ଛାମୁକରଣ ସାଇରେ ନିତି କଳି। ବାଡ଼ ଅଧକଡ଼ି, କାହା ଆଡ଼କୁ ମଡ଼ାଇ ଦେଲା ତ କାହା ଓଳି ପାଣିରେ ହାତ ବନ୍ଧ ଧୋଇଗଲା। କାହା ବାଡ଼ିରୁ କିଏ କାନ୍ଦିଏ କଦଳୀ କାଟିନେଲା ତ କାହା ବାଉଁଶ ବୁଦାରୁ ଦି' ଖଣ୍ଡ କାଟିନେଲା। ଡିହ ବାଣ୍ଟି ଦେଲେ କଳି ଶେଷ। କେତେ ଭଲ ଲୋକ ଆସିଲେଣି, କେତେ ପଞ୍ଚାୟତ ବସିଲାଣି, ବାଣ୍ଟ ଛିଡୁନି। ଦିନ ଥିଲା, ଛାମୁ କରଣ ସାହିକୁ ଦୂରୁ ଜୁହାର। ଆଗରେ କିଏ କୁଂଚ ଦୋହଲେଇ, ମୁଣ୍ଡ ଉପରେ ଛତାଧରି ଚାଲିଯିବ – ଏ ସାହସ କିଏ ବା କରିବ? ସମୟ କେତେ ଆଗରେ ସତେ! ଅଛି ସେଇ ସାଇ, ନାହିଁ ସେଦିନର ରୋବାକ। କର୍ପୂର ଗଲାଣି, କନା ବି। ଖାଲି ସ୍ମୃତିଟି ଯାହା! ପୁରୁଣା କାଳିଆ ଲୋକ ମୁହଁରେ ସେଇ କଥା। ଏବେ ଦାଣ୍ଡରେ କୁକୁଡ଼ା ଚରନ୍ତି। କଳି କଜିଆରେ ଗାଁ ଫାଟିପଡ଼େ। ଛାମୁକରଣ ସାହିର ଏଇଟି ମାମୁଲି କଥା। କରଣ ଶବ୍ଦଟା ବି ଲୋକେ ବିସ୍ମୃତ। କେଇ ଘର ବାଉରି ପ୍ରଜା, ତାଙ୍କରି ମୁହଁରେ କରଣ ସାଆନ୍ତ। କଳିଗୋଳ ଲାଗେ। ସେମାନେ କହନ୍ତି – ଛାମୁକରଣ ସାହିରେ ସାମନ୍ତଙ୍କର ଭାଇଭାଗ କଳି। ଏମିତି ଥରେ ନୁହେଁ, ବହୁବାର। ଗଲା ଆଇଲା ଲୋକ, ସମସ୍ତଙ୍କର ଏକା କଥା। ଭାଇ, ଭାଇ, ଭାଇ ଖାଇବା ଯାହା ଗାଈ ଖାଇବା ସେୟା। କେହି ଟିକେ ସ୍ୱାର୍ଥ ଛାଡନ୍ତିନି? ତେଣିକି ସମାଧାନ ବାଟ ଫିଟନ୍ତା। ସମସ୍ତେ ନିଜ ନିଜ ଜିଦ୍‌ରେ ଅଟଳ। ବ୍ରଜବନ୍ଧୁ ଗାଁ ମେଳଣ ତୋଟା ଭିତରେ ପଶିଲେ। ଛାମୁକରଣ ସାହି ଆଉ ଡାକେ ବାଟ। ନିଧି କାନଗୋଇଙ୍କ କାନ ଅତଡ଼ାଛିଣ୍ଡା ପାଟି ଶୁଭୁଛି। ବ୍ରଜବନ୍ଧୁ ଅତିଷ୍ଠ। ଘୃଣା ଆଉ ବିରକ୍ତି। ମନଟା ତାଙ୍କର ବିଷାକ୍ତ। ଏଇଥିପାଇଁ ପରା ସେ ଗାଁ ଛାଡ଼ିଲେ। ଆଠବର୍ଷ ପାଖାପାଖି ହେଇଗଲାଣି। ମାନ ମହତ ସବୁ ଗଲା। କେବଳ ଅପାଟା ପାଇଁ ଯାହା! ନହେଲେ ସେ ହରିପୁର ମାଟି ମାଡ଼ନ୍ତେନି।

ମେଘ ଘୋଡ଼ିଆ ଆକାଶ। ବାହାରିଛନ୍ତି ବନ୍ଧୁ ସ୍ୱାଇଁ, ଝିଅ ଘର ଯିବେ। ନାତିଟେ ହେଇଚି। କାଖରେ ଛତା। ହାତରେ ଥଳିଟେ। ଝିଅ ଘର, ଖାଲି ହାତରେ କି ଯାଆନ୍ତେ? ବ୍ରଜବନ୍ଧୁଙ୍କ ସହ ଦେଖା ହେଇଗଲା। ମାଷ୍ଟ୍ରେ ନମସ୍କାର କଲେ। ଯା-ଯା, ତମେମାନେ ତ ଗାଁକୁ ଆସିଲ ନାହିଁ, ଆଡ଼ ଆଖିରେ ଚାହିଁଲ ନାହିଁ। ଏଣେ ନିଧି ତ ଏଠି ଦଳିତ ସାହିରେ ବିଲୁଆ ମହାବଳ ହୋଇଛି। ଏଇ ଶୁଣୁନ୍। ସକାଳୁ କେମିତି ପାଟି। ତମ ନାଥ

ବଡ଼ବାପା ଉପରେ ଚାଲିଚି – ଏ କଥାଟି କହିଲେ ବନ୍ଧୁ ମିଶ୍ରେ। ପାର ଅପା ବଞ୍ଚିବା ଆଶା କ୍ଷୀଣ। ଏକଥା ବି ଜଣାଇ ଦେଲେ। ଢେର୍ ବାଟ ଚାଲିଲେଣି। ଥକ୍‌କା ଲାଗୁଛି। ମନଟା କ୍ଲାନ୍ତ, ବ୍ରଜବନ୍ଧୁ ପହଞ୍ଚିଲେ ଛାମୁକରଣ ଦାଣ୍ଡରେ। ବଡ଼ ହିନିମାନିଆ ଦୃଶ୍ୟ। ସେଦିନ କାହିଁ ଗଲା ? କରଣ ସାହିବାଲା, ଦାଣ୍ଡରେ ଯାଆନ୍ତି, ଗର୍ଭବତୀ ବାଘୁଣୀ ବାଟ ଛାଡ଼ିଦିଏ। ଆଜି ସମ୍ପୂର୍ଣ୍ଣ ବିପରୀତ। ଖାଲି ନାରାୟଣଙ୍କ ଘର ଛପର ହେଇଛି, ଆଉ କାହା ଘର ଛପର ହେଇନି। ପାଉଁଶିଆ ଚାଳ, ଠାଏ ଠାଏ ଉଡ଼ିଗଲାଣି। ଆଗେ ଥିଲା ଇଜ୍‌ମାଲ୍ ଚଉରା ବେଦି, ଆଜି ସେଠି ନିଧିର ବାଇଗଣ କିଆରି। ବାଣ୍ଟ ଅନୁସାରେ ଜାଗାଟା ତାଙ୍କର। ବ୍ରଜବନ୍ଧୁଙ୍କ ପିଲାଦିନ କଥା। କାନଗୋଇ ସାହି ଦାଣ୍ଡପିଣ୍ଡା, ଏକା ଥରକେ ଧାଡ଼ିରେ ପାଁଶ ଲୋକ, ପତର ପକେଇ ପଙ୍ଗତରେ ବସନ୍ତି। ଆଜି ନାହିଁ ସେ ଦାଣ୍ଡପିଣ୍ଡା। ଖଣ୍ଡ ଖଣ୍ଡ ହଣା ହେଇଚି। ଘର ସବୁ ଭାଗବାଣ୍ଟ, ଛଡ଼ା, ଛଡ଼ା ସମସ୍ତଙ୍କ ଦାଣ୍ଡ ବାଡ଼ ବନ୍ଦି। ସିଝୁ ଆଉ ବାଇଗବା ଡାଳ ବାଡ଼। ଏବେ ଜୀଇଗଲାଣି। ସ୍ପଷ୍ଟ ସୂଚାଇ ଦଉଚି – କାନଗୋଇ ସାଇ ଏବେ ଟୁକୁରା ଟୁକୁରା। କାହା ସହିତ ନାହିଁ ଭାବ ଲାଭ, ଭାଇ ଭାଇର ସମ୍ପର୍କ। କଥାରେ ଅଛି – "ଯୁଦ୍ଧ ଯଦି କରି ବସିବ ସାଙ୍ଗରେ ଥିବ ଭାଇ।" ସେଇ ଭାଇ ଯଦି ଭଗାରି ହୁଏ, ପାଲଟେ ବଡ଼ ଶତ୍ରୁଟେ। ଏହାର ପ୍ରତ୍ୟକ୍ଷ ପ୍ରମାଣ ହରିପୁର କାନଗୋଇ ସାହିରେ। ମୂଳ କାରଣ ନିଧି କାନଗୋଇ। ପାଠ ଶାଠ ନାହିଁ। ବଡ଼ ଅବୁଝା।

ବିଦ୍ୟା ବିନୟୀ କରେ। ଅନ୍ଧକାର ଦୂରେଇ ଦିଏ। ମୁକ୍ତିର ଆଲୋକ ଦେଖାଏ। ମଣିଷ ପଣିଆ ଚହଟେଇ ଦିଏ। ବିଦ୍ୟା ବିହୀନ ବ୍ୟକ୍ତି, ଅନେକ 'କୁ', 'ସୁ' ବାରି ପାରନ୍ତିନି। ବିତଣ୍ଡା ଯୁକ୍ତିରେ ମାତନ୍ତି। ଏମିତି ଜଣେ ମଣିଷ ନିଧି କାନଗୋଇ। ବୟସ ପଇଁଚାଳିଶ ଧଇଲାଣି। ପିଲାଦିନରେ ବହୁ ପରିଶ୍ରମ, ବାପା ମା'ଙ୍କ ଆକଟ, ଅବଧାନଙ୍କ ବେତ୍ରାଘାତ – ସବୁ ନିଷ୍ଫଳ। କେବଳ ବର୍ଣ୍ଣ ପରିଚୟ ଯାହା, ସେଇଠୁ ପୋଥିରେ ଡୋରି। ଲୋକଟି ମାମଲାବାଜ୍। ଜମି ଚାରିମାଣ କେତେ ବିଶ୍ୱା ନିଜ ବାଣ୍ଟରେ, ମାଲି ମୋକଦମାରେ ଯାଇଛି। ସମ୍ପତ୍ତି ଭିତରେ ଘରେ କୁକୁଡ଼ା, ପନ୍ଦରଟା ଖଣ୍ଡେ ଛେଳି, ବାଡ଼ିରେ ପାଖାପାଖି ଶହେ ବୁଦା କଦଳୀ। ସ୍ତ୍ରୀ ବାଟ କାଟିଲେଣି କେଇ ବର୍ଷ ଆଗରୁ, ଦି'ଟା ପୁଅ, ଦଶବର୍ଷର ଝିଅଟେ। ଓଳି ଘେନି କୋଳି। ପୁଅମାନେ ଅବାଟରେ, ବିଡ଼ି ଟାଣନ୍ତି, ଆଉ ଆଉ ନିଶାରେ ଅଭ୍ୟସ୍ତ। କଦଳୀ ବାଡ଼ି ଜଗନ୍ତି। ବାପା କାହା ସଙ୍ଗେ କଳି କଲେ, ଟୋକାଙ୍କୁ ଦେଖେ କିଏ ? ବୀର ଦର୍ପରେ ବାହାରନ୍ତି। ହାତରେ ଠେଙ୍ଗା, ବାଡ଼ି, କଟୁରି ଯାହା ପଡ଼ିଲା। ବାପ ସଙ୍ଗେ କାନ୍ଧକୁ କାନ୍ଧ ମିଶେଇ ଲାଗି ଯାଆନ୍ତି। ନିଧିଙ୍କର ଆଉ ଗୋଟେ କଳା, ଟାଉଟରି ଧନ୍ଦା। ସହରରେ କେଇଜଣ ଓକିଲଙ୍କ ସେ ହାତବାରିସି। ସତ ମିଛ କହି ମହକିଲ ଯୋଗାଡ଼ କରନ୍ତି। ଟଙ୍କାଏ ମଖାଏ ପାଆନ୍ତି। ଜମି ବିକ୍ରି, କବଲା ରେଜିଷ୍ଟ୍ରି, ସବୁରେ ମଧ୍ୟସ୍ଥି, ମନ୍ଦ ରୋଜଗାର ନୁହେଁ।

କାନଗୋଇ ସାଇରେ ନାଥବାବୁ ଏକା ମୁରବି। ଆଉ ସବୁ ବାହାରେ, କଲିକତା, ଜାମସେଦ୍‌ପୁର, କଟକ ଆଦି ଜାଗା। ସେଠାରେ କୁଲି, କିରାନି, ମାଷ୍ଟର, ଚପରାସୀ। ଏଇ ସବୁ ଚାକିରିରେ, ପେଟ ପୋଷନ୍ତି। ଘରେ ଏକା ବିଧବା ବୁଢ଼ୀଟା। ନିଧି ନିଦକ। ପାଟିରେ ଦବେଇ, ଡରେଇ ମରେଇ ରଖିଛନ୍ତି। ସମସ୍ତଙ୍କୁ ନାଲି ଆଖି, ଇଜ୍‌ମାଲ୍ ସମ୍ପତ୍ତି - ସବୁ ଦଖଲରେ। ବୁଢ଼ୀମାନେ ବେଳବେଳେ କଳି ଲାଗନ୍ତି, କାନଗୋଇ ସାଇର କେଇଜଣ ଟୋକା ମିଶନ୍ତି, ଜମିବାଡ଼ି ବାଣ୍ଟପାଇଁ ହରିପୁର ଗାଁଟା ଉଠେ ପଡ଼େ।

ସିଂହାସନ ପାଇଁ ଭାଇ ଭାଇରେ କଳି, ଯୁଦ୍ଧ, କୁରୁକୁଳ ନାଶ। ଏହାର ଶ୍ରେଷ୍ଠ ନମୁନା ମହାକାବ୍ୟ ମହାଭାରତ। ସେଇ ସିଂହାସନ କଥା, ନାହିଁ ମୋହ, ଭାଇ ଭାଇଙ୍କ ମଧ୍ୟରେ ସଂପ୍ରୀତି, ସଦ୍‌ଭାବନା - ଏହାର ପ୍ରମାଣ, ମହାକାବ୍ୟ ରାମାୟଣ। କଳହ କଥା ବଢ଼ାଏ, ସମସ୍ୟା ବଢ଼େ। ଭିଟାମାଟି, ଘରଡିହ ପାଇଁ ଆକର୍ଷଣ। ଏ ତ ଓଡ଼ିଆଙ୍କ ପ୍ରାଣର କଥା ଆତ୍ମାର ଗାଥା। ତେବେ ଇଜମାଲ୍ ସମ୍ପତ୍ତି ପାଇଁ ଟଣା ଓଟରା, ଏଇଟି ସବୁ ସମୟର କଥା। ଏମିତି ଘଟଣା ଘଟେ, କଥା ତୁଟେ। ଫେରିଆସେ ଭ୍ରାତୃପ୍ରୀତି। ସବୁ ସେଇ ସମୟର ଖେଳ। ମଣିଷ ନିମିତ୍ତ ମାତ୍ର। କାନ୍‌ଗୋଇ ସାଇ ବା ବାଦ୍ ପଡ଼ନ୍ତା କେମିତି ?

କାହିଁ କେଉଁଠି ହଜିଯାଉଛି ହୃଦୟର ଆରଖଣ୍ଡକ। ସ୍ନେହ, ପ୍ରୀତି, ପ୍ରତ୍ୟୟ, ଆତ୍ମବିଶ୍ୱାସ, ଭ୍ରାତୃପ୍ରେମ, ଶ୍ରଦ୍ଧା, ସଦିଚ୍ଛା - ସବୁ ଭରପୂର ଥିଲା ସେଇ ଅଦେଖା କୋଠରୀରେ। ପାଶ୍ଚାତ୍ୟ ସଭ୍ୟତାର ଉଗ୍ରଗ୍ରାସୀ କ୍ଷୁଧା, ମଣିଷ ପାଲଟିଲା ତା'ର ନିତି ଦିନିଆ ଆହାର। ହୋଇଗଲା ବ୍ୟକ୍ତିକୈନ୍ଦ୍ରିକ। ଆପେ ବଞ୍ଚିଲେ ବାପର ନାଁ - ଏଇଟି ତା'ର ଚିନ୍ତାଧାରା। ସେ ଦିନକୁ ବାଘ ଖାଇଲା, ନୂଆ ପୁରୁଣା ଠା ନେଲା। ପରିବର୍ତ୍ତନ ଆସିଲା। ଗ୍ରାମ୍ୟ ସଂସ୍କାର, ସଂସ୍କୃତି - ଅନେକ କ୍ଷେତ୍ରରେ ଅବକ୍ଷୟ। ଭାଇ ଭାଇର ସମ୍ବନ୍ଧ ତୁଟିଲା। ସବୁଠି ସେଇ ସ୍ୱାର୍ଥ। ସେଦିନ ପଧାନପଡ଼ାର ପ୍ରଧାନ ବୁଢ଼ା, ଦି' ପୁଅ - ବରଜୁ, ଛକଡ଼ି। ବୁଢ଼ା ଦି'ଜଣଙ୍କୁ ବସେଇଲା - ଘରେ ଅଧା କାନ୍ଥି ଉଠିବନି, ବିଲରେ ହିଡ଼ ପଡ଼ିବନି, ଘରଡିହ ବାଣ୍ଟ ହେବନି। ଛକଡ଼ି, ସାନପୁଅ - ସ୍ତ୍ରୀ ଠାରୁ ମନ୍ତର ପାଇଲା। ଅଲଗା ହେବାକୁ ତା' ଜିଦ୍। ବଡ଼ ଭାଇ ବରଜୁ, ସବୁ ସଅଁପି ଦେଲା। ଚାଲିଗଲା ଆର ଗାଁକୁ। ଏହାରି ଉପରେ ଲିଖିତ କାଳଜୟୀ ଉପନ୍ୟାସ 'ମାଟିର ମଣିଷ'। ଯୌଥ ପରିବାରର ହସ-ଖୁସି-ଆନନ୍ଦ-ତ୍ୟାଗର କଥା। ଏସବୁ ବିଷୟ ଉପନ୍ୟାସଟିରେ ପ୍ରତିପାଦିତ। ମାତ୍ର ଦିନ ବଦଳିଲା। ସମ୍ପତ୍ତି ପାଇଁ ଭାଇ ଭାଇରେ କଳି। ଘରଡିହ ବାଣ୍ଟକୁଣ୍ଟ, ଏଥିନେଇ ନିତି କଜିଆ, ମାଡ଼ପିଟ୍। ଭାଇର ଠେଙ୍ଗା ଭାଇ ମୁଣ୍ଡରେ। ପୁତୁରା କଟୁରି ଦାଦି କାନ୍ଧରେ। ଉଭେଇ ଗଲା ଭ୍ରାତୃପ୍ରୀତି। ଏମିତି ଏକ ସ୍ପର୍ଶକାତର ଘଟଣା। ହରିପୁର ଗାଁର ନାଁ ଡାକ କରଣ ସାଇ। ଦିନେ ମାଛି ପଡ଼ିଲେ ନବଖଣ୍ଡ। ଘରଡିହ ଖଣ୍ଡକ ଇଜ୍‌ମାଲ୍ ସ୍ୱତ୍ୱ। ତା' ପାଇଁ କେଳଙ୍କରୀ।

ମାଷ୍ଟ୍ରେ ବ୍ରଜବନ୍ଧୁ। ଦୂରରେ ଚାକିରି। ଘରେ ଅଶୀବର୍ଷର ବୁଢ଼ୀ 'ପାରଅପା'। ତା'ରି ପାଇଁ ଯାହା ଲୋଭ। ଭାଇମାନେ ରଖେଇ ଦେଲେନି। ନିତି ଧମକ ଚମକ, ସହଜେତ ମାଷ୍ଟର। ଭଲ ମନ୍ଦ ବିଚାରନ୍ତି, ମାନସମ୍ମାନ ଅଛି। ଅତିଷ୍ଠ ହେଇ ଘର ଛାଡ଼ିଲେ। ଏବେ ଅପା ଦିହ ଖରାପ। ତାକୁ ଟିକେ ଦେଖିବେ, ଶେଷବେଳ ତା'ର। ହିନ୍ଦୁ ଧର୍ମ, ଗୀତା ଅଧ୍ୟାଏ, ଭାଗବତ ଦି' ଅଧ୍ୟାୟ ଶୁଣେଇବେ। ଢେର୍ ଦିନ, ସବୁ ନୀତି ନିୟମ ସେ ପାଳିଛି। ବ୍ରଜମାଷ୍ଟ୍ରେ ଘରେ ପଶିଲେ। ବଡ଼ ଭାଇ ନିଧିର ବଡ଼ପୁଅ ଜଗୁଆ। ବୁଢ଼ୀ ମୁଣ୍ଡ ପାଖରେ ଭାଗବତ ପଢୁଛି। ଖଟୁଲି ଉପରେ ମୟୂର ଚନ୍ଦ୍ରିକା ଖୋସା। ଏକାଦଶ ସ୍କନ୍ଧ ଭାଗବତ। ବ୍ରଜବନ୍ଧୁଙ୍କ ପାଟି ବାରିଲା ବୁଢ଼ୀ। ବୋହୂ ପିଲାପିଲି ଆସିବା କଥା ପଚାରିଲା। ଅପରାଧୀ ପରି ବ୍ରଜବନ୍ଧୁ,"ହଁ ସେମାନେ ଆସିଥାଆନ୍ତେ, ତେଣେ ଭୀଷଣ ବର୍ଷା। ଆସିପାରିଲେନି।" ଏଇ ସଫେଇ ଦେଲେ। ହେଲେ କାରଣଟା ଅଲଗା। ବ୍ରଜ ଘରପୁଅ, ମାନ, ଅପମାନ ସବୁ ସହିବେ, ବୋହୂ ପରଝିଅ, ରକ୍ତ ଅଲଗା, ସହନ୍ତା ବା କେମିତି ? ବୁଢ଼ୀର ବଞ୍ଚିବା ଆଶା ଏବେ ଅତି କ୍ଷୀଣ।

ପାଞ୍ଚ ପୁରୁଷୀ କରଣ ସାଇ, ପୁରୁଣା ଘର। ଅତୀତ ଏଠି ଅଳନ୍ଧୁ ପରି ଘରସାରା କାମୁଡ଼ି ଭିଡ଼ି ପଡ଼ିଛି। ଏଇ ପାର ଅପା, ଅତୀତର ମୂକସାକ୍ଷୀ, ଶେଷ ପ୍ରତିନିଧି। ବ୍ରଜବନ୍ଧୁଙ୍କ ବାପାଙ୍କର କାଳ ହେଲା ୫୮ ବର୍ଷ ବୟସରେ। ଅପା ତାଙ୍କଠାରୁ ୨୩ ବର୍ଷ ବଡ଼। ବିବାହର ସପ୍ତ ମଙ୍ଗୁଳା ଯାଇନି, ଅପା ବିଧବା ହେଲା। ଏଇ ଘରେ ବସି ପଡ଼ିଲା। ତା' ଠାରୁ ଆଉ କେହି ବଡ଼ ନାହାନ୍ତି। ଗାଁଟା ସାରା, ସମସ୍ତଙ୍କର ସେ 'ପାର ଅପା'। ନ'ଅଙ୍କ ବେଳର କଥା। ୧୮୬୬ ମସିହା, ରାଜା ଦିବ୍ୟସିଂହଦେବଙ୍କ ୯ ଅଙ୍କ। ଭୟାନକ ଦୁର୍ଭିକ୍ଷ ପଡ଼ିଲା। ନ' ଅଙ୍କ ଦୁର୍ଭିକ୍ଷ। ହଜାର ହଜାର ନର ନାରୀ, ଭିଟାମାଟି ଛାଡ଼ିଲେ। କିଏ କେଉଁଠି ମଲେ, ତା'ର ହିସାବ ନାହିଁ। ତେନ୍ତୁଳି ଗଛରେ ଚଢ଼ି ମାଙ୍କଡ଼ ପରି ପତ୍ର ଚୋବାଇଲେ। ଗାଁଟା ଶ୍ମଶାନ ହେଇଗଲା। ଏକଥା ପାର ଅପା ଆଖିରେ ଦେଖିଛି। ବର୍ଗୀ, ମରହଟ୍ଟାଙ୍କ ଆତଙ୍କ, ଲୁଣ୍ଠନ କାହାଣୀ। ସେମାନେ ଅତି ନୃଶଂସ। ଜନ ଜୀବନର ଆତଙ୍କ। ହେଇ ବର୍ଗୀ ଅଇଲା – ଖବର ଚହଟି ଯାଏ। ଗାଁରେ ତାଟି କବାଟ ପଡ଼ିଯାଏ। ସେ ସବୁ ଲୋମହର୍ଷଣକାରୀ କାହାଣୀ। ପାର ଅପା ଶୁଣାଏ। କରଣ ସାଇର ବ୍ରଜବନ୍ଧୁ ପରି ତାଙ୍କ ଭାଇମାନେ, ସମସ୍ତେ ଚୁପ୍‌ଚାପ୍। ନିଦ ମାଉସୀ କୋଳରେ ଆସ୍ତେ ଶୋଇ ଯାଆନ୍ତି। ଏ ସବୁ କଥା ବ୍ରଜବନ୍ଧୁ ପାସୋରି ନାହାନ୍ତି।

ସମୟ ଚାଣ୍ଡେ ଚାଣ୍ଡେ ପାହୁଲ ପକାଏ। ଦିଏ କିଛି, ନିଏ ଅନେକ। କି ଥିଲା ସେ କରଣ ସାଇ, କି ହୋଇଛି ଆଜ ? ବ୍ରଜବନ୍ଧୁ ତଟସ୍ଥ। ଛାଇ ଲେଉଟାଣି ବେଳ। ଗାଁଟା ଉଠୁଚି ପଡୁଚି। ଛାମୁକରଣ ସାଇରେ ରାମ ରାବଣ ଯୁଦ୍ଧ। ନିଧି କାନଗୋଇ,

ବ୍ରଜଙ୍କର ବଡ଼ଭାଇ । ରାଗରେ ନିଆଁବାଣ । ଅଣ୍ଟାରେ ଗାମୁଛାଟେ ଗୁଡ଼ିଆ, କାନ୍ଧରେ ଫାର୍ଶା । ଯେମିତି କାଳିଶି ନାଚୁଚି । ତା' ପାଟିରେ ଗାଁ କମ୍ପୁଛି – "ଶଳା, ମତେ ଏଠି ଭୂତ ପାଇଛନ୍ତି ପରା ! କେଳାପରି ବିଦେଶରେ ପର ଗୋଲାମି କରି ଅଇଁଠା ଚଟା କୁକୁର ପରି ବୁଲୁଥିବେ । ଆମେ ଏଣେ ଆଙ୍କ ଡିହ ଜଗି ପଡିଥିଲୁ ବୋଲି, ଆମର ଗଛଟିଏ, ଫଳଟିଏ ଉପରେ ଆଙ୍କର ଆଖି !" ଆଉ କ'ଣ କ'ଣ ଅଶ୍ଳୀଳ ଶବ୍ଦ, ପାଟିରେ ବାଡ଼ବତା ନାହିଁ । ବଡ଼ ବାପା ଜଗନ୍ନାଥ । ଗଛରୁ ଦି'ଟା ପଣସ ଛିଣ୍ଡେଇଛନ୍ତି । ଏଇ ତାଙ୍କର ଅପରାଧ । ନିଧି ଅସମ୍ଭାଳ । ବାପାଙ୍କୁ ସମ୍ମାନ ତ ନାହିଁ, ଗଞ୍ଜୋଡ଼, ଅଫିମିଆ, ଏମିତି କେତେ ଶବ୍ଦ ବାଣ । ଜଗନ୍ନାଥ ଟିକେ ବଡ଼ବୋଲା । ନିଧି ଶୋଧେ । ନ ଶୁଣିଲା ପରି ଅଭିନୟ । ନିହାତି ଅସହ୍ୟ ହେଲେ, ପଦେ ଦି'ପଦ ପାଟିରୁ ବାହାରେ ।

ନାଥ କାନଗୋଇ ଘରକୁ ଏକା । ପୁଅ ତିନିଜଣ ବାହାରେ । ମାସକୁ ସମସ୍ତେ ମିଶି ୩୦ ଟଙ୍କା ପଠାନ୍ତି । ଘରେ ବିଧବା ଝିଆରୀ । ଭାତ ଦି'ଟା ଫୁଟେଇ ଦିଏ । ମାସକୁ ପେନ୍‌ସନ୍ ପାଆନ୍ତି ୧୨ଟଙ୍କା । ଟିକେ ଅଫିମ ଅଭ୍ୟାସ । ପଇସା ଟାଣଟୁଣ । ଡିହରୁ ଦି'ଟା ପଣସ କାଟିନେଲେ । ଏଇଥି ପାଇଁ କଳି । ନିଧିଆଟା ବଦ୍‌ରାଗି । ତା' ସାଥେ ସେ ବଢ଼ନ୍ତିନି । ତେଣେ ପାଟିତୁଣ୍ଡ । ନାଥଙ୍କ ହାତରେ ପନ୍ଦର ଦିନ ତଳର ପୁରୁଣା ଖବର କାଗଜ । ଖବର ଉପରେ ଆଖି ପକାଉଥାନ୍ତି । କାଗଜରେ ଚହଲା ଖବରଟେ । ଷୋଳ ବର୍ଷର ଝିଅ ପୁଅ ହେଇଗଲା । ଏ କି କଳିକାଳ, ଏହାକି ସମ୍ଭବ ? ନାଥଙ୍କ ପାଟିରୁ କଥା ସରିନି । ନିଧିର ତେଣେ ଗର୍ଜନ – "ଶଳା କର୍ମକୋଢ଼ି । ବସି ବସି ଏଇଆ ପଢୁଛି । ମାଇ କୋଉଠି ଅଣ୍ଡିରା ପାଲଟିଲାଣି ? ମୋ ତିନିଟା ପଣସ ପଇସା ଦେଇଦେ ।" ଜାଗନ୍ନାଥ କାନଗୋଇଙ୍କର ଡିହ ଆଡ଼କୁ ନିଧି ବାଡ଼ ମଡ଼େଇ ଦେଇଚି । ଗଛଟି ତା'ର ବୋଲି ଦାବି କରୁଚି । ବ୍ରଜବନ୍ଧୁ ତ ମାଷ୍ଟ୍ରେ । ଭାରି ସହନଶୀଳ । ଅଗତ୍ୟା ମୁହଁ ଖୋଲିଲେ- ହାଡ଼ି, ପାଣଙ୍କ ଭଳି କାହିଁ ହଉଚ ? ଏକଥା କହିଲେ । ଅଗ୍ନି ଘୃତ ସଂସ୍ପର୍ଶରେ ଆସେ । ତେଜ ବଢ଼ିଯାଏ । ନିଆଁ ହୁ ହୁ ଜଳେ । ଠିକ୍ ସେମିତି ନିଧି । ଫାର୍ଶାଟା ବୁଲାଉଚି । ଏଣେ ଚିତ୍କାର – "ମୁଁ ହାଡ଼ି, ପାଣ ? ଆଜି ତୋ ମୁଣ୍ଡ ଦିଗଡ଼ କରିବି । କୋଉ ବୋପା ପିଠିରେ ପଡ଼ିବ ? ସହିବାର ସୀମା ଟପିଲା । ବାଡ଼ରୁ ଖଣ୍ଡେ ବାଉଁଶ, ମାଷ୍ଟ୍ରେ ଟାଣି ଆଣିଲେ । ନିଧିପୁଅ ହାଜର । ହାତରେ କଟୁରି । ପାଟି ତୁଣ୍ଡ ଚରମସୀମାରେ । କାନଗୋଇ ସାଇର କେଇଜଣ ଭେଣ୍ଡିଆ, ଆଉ କେଇଜଣ ବୁଢ଼ୀ । ଦଳେ ନିଧି ପକ୍ଷରେ, ଆଉ ଦଳେ ବ୍ରଜମାଷ୍ଟ୍ରେଙ୍କ ସମର୍ଥକ । ଇଜ୍‌ମାଲ୍ ସ୍ୱତ୍ୱ, ଭାଗବଣ୍ଟା ହେଇନି । ତୋର କି ପଣସ ? ନାଥ କାନଗୋଇଙ୍କ ପାଟିରୁ କଥା ସରିନି । ନିଧି ଫାର୍ଶା ବୁଲେଇ, ବୁଲେଇ ବକିଲା – "କି ଇଜ୍‌ମାଲ୍ ବେ । ସବୁ ମୋର । ଗଛ ସବୁ ମୋ ବାଣ୍ଟରେ । ଅମିନ ଡାକି ମାପିପକା । ଶଳା

ମୋ ପଣସ ଆଣ, ନଇଲେ ଆଜି ତୋର ଦିନକୁ ମୋର ଦିନେ?" ରାମ ରାବଣ ଯୁଦ୍ଧ ଚରମ ସୀମାରେ। ଭଦ୍ରଲୋକ ଆସିଲେ, ସମସ୍ତେ କୋଡ଼ିଏ ହାତ ଦୂରରେ। ହାଁ, ହାଁ କରୁଛନ୍ତି। ନିଧି ବେଲୁଆଟେ ବ୍ରଜବନ୍ଧୁ ଉପରକୁ ଫିଙ୍ଗିଦେଲା। କଙ୍କାଳରେ ବାଜିଲା। ଭୀଷଣ ଯନ୍ତ୍ରଣା। କ୍ରିୟାର ସମାନ ପ୍ରତିକ୍ରିୟା। ରାଗ ବ୍ରହ୍ମ ଚଣ୍ଡାଳ। ହିତାହିତ ଜ୍ଞାନ ରହେନି। ବ୍ରଜବନ୍ଧୁ ସେଇ ବାଉଁଶରେ ଦେଲେ ପାହାରେ। ନିଧି ମୁଣ୍ଡରୁ ଧାର ଧାର ଲହୁ ବହୁଛି। ନିଧି ଉଞ୍ଚେଇଚି ଫାର୍ଶା। ତା' ପୁଅ କଟୁରିରେ ଆକ୍ରମଣ କରିବାକୁ ଉଦ୍ୟତ। ନାରାୟଣର ଦଶବର୍ଷର ଝିଅ କମଳା। ପାଟି ଖନି ବାଜି ଯାଉଚି – "ଦାଦି ଦଉଡ଼ି ଆସ। ପାର ଅପାର କ'ଣ ହେଇ ଯାଉଚି।" ସବୁ ଥପ୍। ବ୍ରଜବନ୍ଧୁ ଦଉଡ଼ିଲେ ଖଞ୍ଜା ଭିତରକୁ। ସେତେବେଳକୁ ପାର ଅପା ଆରପାରିରେ। ଏ ଅଘଟଣ। ଘଟଣାର ମୋଡ଼ ବଦଳିଗଲା; ନଚେତ୍ କାନଗୋଇ ସାଇର ଦି' ତିନିଟା ମୁଣ୍ଡ ସେଦିନ ଗଡ଼ି ଥାଆନ୍ତା, ଏଇ ଇଜ୍‌ମାଲ୍ ସ୍ୱତ୍ୱ ପାଇଁ।

ସେଦିନ ସଞ୍ଜ। ପ୍ରକୃତିର ରୋଷ। କଳାଘୁମର ମେଘ, ଆସ୍ତେ ଝୁଲି ପଡୁଚି। ଆକାଶଟା ଭାଙ୍ଗିପଡ଼ିବ କି? ବାଉଁଶ ବୁଦାରେ ସାଁ-ସାଁ କଟ୍ କଟ୍ ଶବ୍ଦ। ପବନର ଗର୍ଜନ, ବିଜୁଳି ଆଲୁଅ। ବାରି ହେଇପଡୁଚି। ଗଛଗୁଡ଼ା ମଥା ପିଟୁଛନ୍ତି। ଗମ୍ଭୀରାରେ ଲଣ୍ଠନଟା ମିଞ୍ଜିମିଞ୍ଜି ଜଳୁଚି। ଖଟ ଉପରେ ପାର ଅପାର ମଡା। ଖଣ୍ଡେ ଧଳା ଚାଦର ଢଙ୍କା। ବ୍ରଜବନ୍ଧୁ ମୁଣ୍ଡରେ ହାତ ଦେଇଛନ୍ତି। ନାଥ ବାବୁ, ମୁଣ୍ଡରେ ଖଣ୍ଡେ ତେଲ ଚିକିଟା ମଫଲର। ଚୁପ୍ ହେଇ ବସିଛନ୍ତି। ସମସ୍ତେ ନିରବ। ନିଧି, ତା' ପିଲା ଆସିବେନି। ମଶାଣିରେ ଆଣ୍ଠୁଏ ପାଣି। ଗୋଲାମ ସାହିଆ ମଡାଭାଇ। କାନଗୋଇ ସାଇର ନିମନ୍ତ ହୁଏ। ଭଣ୍ଡାରି ତାଙ୍କ ପତ୍ର ଉଠାଇବାକୁ ଅମଙ୍ଗ। ସେମାନେ ଅଡ଼ି ବସିଛନ୍ତି। ଆସିବେନି। ଏଣେ ସାଇରେ ଦଙ୍ଗା। ମଡାଭାଇ ସମ୍ପର୍କ କଟିଗଲାଣି। ସମସ୍ତେ ଚିନ୍ତାରେ। ଅଚାନକ ନିଧି ହାଜର। ମୁଣ୍ଡରେ ଖଣ୍ଡେ କନା ଗୁଡ଼େଇଚି। ରକତ ଦାଗ ଲିଭିନି। ଆରେ ବରଜୁ! କ'ଣ ବାସି ମଡା କରିବୁ? ଆମେ ପରା ଏକା ନାହି, ସାତ ଖଣ୍ଡ। ନିଧିର ସେଇ ଅଶ୍ଳୀଳ ଚେହେରା, ଜାନ୍ତବ ଆଖି, ରୁକ୍ଷ ଦେହ, ତାରି ଭିତରେ ମାନବିକତାର ଏକ ଅଦ୍ଭୁତ ସ୍ପର୍ଶ; ଆଜି ହୋଇ ଉଠିଛି ରସୋତ୍ତୀର୍ଣ୍ଣ। ମଡାଭାଇ, ସେମାନଙ୍କର ଅଭିମାନ। ନିମନ୍ତ ପରବ, ସେମାନେ ହାତରେ ପତର ଉଠାଉଛନ୍ତି। ଏ କି ସମ୍ପର୍କ, ସଦ୍‌ଭାବନା? ସେମାନେ ଆସିବେନି। ନିଧି ଅଣ୍ଟା ଭିଡ଼ିଲେ। ମଡାଭାଇ ନ ଆସିଲେ ନାହିଁ। ସେ ଏକା ମଡା ନେଇଯିବ। ବ୍ରଜବନ୍ଧୁ ସାହସ ପାଇଲେ। ମେଘଟା ଥମିଗଲାଣି, ତଥାପି ପବନ ଗର୍ଜୁଛି। ଗୋଲାମ ସାଇର ଦି' ଜଣ, ପୁରୁଖା ଲୋକ ଆସି ହାଜର। ପିଲାଙ୍କ ଟୋକା ଟାକଳିଆ କଥା, କ'ଣ ଟିକେ ଅଡ଼ି ବସିଲେ। ଏ ବେଳେ କ'ଣ ସେଇ ସବୁ କଥା? ଏକଥା ବି

କହିଲେ। ମଡା ଉଠାଇବା ପାଇଁ ଯୋଗାଡ଼ ଯନ୍ତ୍ର ଚାଲିଲା। ଝଡ଼ିହେଉ, ରାତି ହେଉ, ନିଧିର ଏକା ଜିଦ୍, ଅପାର ବାସି ମଡା ହେବନି।

ଲେଉଟିଲା ଅତୀତର ସ୍ମୃତି, ଭ୍ରାତୃତ୍ୱର ଉଦ୍‌ବୋଧନ, ଆବେଦନର ଉନ୍ମେଷ। ସବୁ କଳହ, ସବୁ ବାଦ, ବିସମ୍ବାଦ ପାଣିପରି ବହିଗଲା। ଚହଟିଲା ଏକାନ୍ନବର୍ତ୍ତୀ ପରିବାରର ମହକ। ନିଧି, ବ୍ରଜ କୋଳାକୋଳି। ବ୍ରଜର ଅଣ୍ଟା ଜଖମ, ଭରା ଦେଇ ଉଠିଲେ। ନିଧି, ମଫସଲିଆ ହୁଣ୍ଡା, ହୁର୍ଦ୍ଧୁମା। ମୁଣ୍ଡରେ କନା ଗୁଡ଼ିଆ। ଆବେଗରେ କହିଲା - "ଏଇଥି ପାଇଁ ପରା ମୁଁ ତମକୁ କହେ ମାଇଚିଆ। ତୋ ଠେଙ୍ଗାରେ ମୋ ମୁଣ୍ଡ ଦି' ଫାଳ ହେଇଛି। ଆଉ କିଏ ହେଇଥିଲେ କତରା ଛାଡ଼ନ୍ତା ନାହିଁ। ସେଇଆକୁ ଧରିବସିଲେ ଚଳିବ କେଉଁଠି ?" କେଇଟି ମୁହୂର୍ତ୍ତ ଭିତରେ ସବୁ ଶାନ୍ତ, ଫେରିଲା ସଦ୍‌ଭାବନା। ଗୋଲାମ ସାହିର ସମସ୍ତେ ଆସିଲେ। କାନଗୋଇ ସାହିଙ୍କର ପିଲାପିଲି ବି। ଖଞ୍ଜା ଭିତରେ ଖୁନ୍ଦି ହେଇଗଲେ। ବାଡ଼ିପଟେ ଇଜ୍‌ମାଲ୍ ଆମ୍ବତୋଟା, ନିଧିର କୁରାଢ଼ି ପାହାର, ଠକ୍ ଠକ୍ ଶବ୍ଦ ଭାସି ଆସୁଥାଏ। ଅଥଚ ସେଇ ଆମ୍ବ ତୋଟାର କଷିଟାଏ, କିଏ ଛିଣ୍ଡାଇ ଦେଲେ, ନିଧି ଉଛନ୍ନ କରିଦିଏ। ମଡ଼ ମଡ଼ ହେଇ କେଇ ଖଣ୍ଡ ଡାଳ ଭାଙ୍ଗି ପଡ଼ିଲା। ତା' ପରେ ବାଉଁଶ ଝାଡ଼ରେ କୁରାଢ଼ି ଚୋଟ। ଏକା ନାହି ସାତଖଣ୍ଡ, ଏକାଡିହ ସାତଭାଗ। ପାର ଅପା ମଡା ବାସି ହବନି - ନିଧି ବଡ଼ ପାଟିରେ ନିଜକୁ ନିଜେ କହୁଥାଏ।

ସହରୀ ସଭ୍ୟତା, କାଳିମାଗ୍ରସ୍ତ ଗ୍ରାମ୍ୟ ଜୀବନ। ଗାଁ ମଣିଷ ସହରୀ ହେଲା। ଭୁଲିଲା ଆପଣା ବିଚାର, ବିବେକ। ଗାଁକୁ ଅଣଦେଖା କଲା। ତଥାପି ମାଟିର ମୋହ, ଓଡ଼ିଆ ପୁଅର ଅସ୍ଥି ମଜ୍ଜାଗତ। ପୁନଶ୍ଚ ଇଜ୍‌ମାଲ୍ ସମ୍ପତ୍ତି, ସେଇଥି ପାଇଁ ନାନା ନାଟ, କଳହ, ମାଡ଼ପିଟ୍ - ସେବେ ଥିଲା। ଏବେ ହାତ ହତିଆର ନୁହେଁ, ଖାତା ଫାଡ଼ ପାଇଁ ଦେଓ୍ୱାନୀ ଅଦାଲତରେ ଦ୍ୱାରସ୍ଥ। ଚାଲିଛି ଶହ ଶହ ମାମଲା। ଇଜ୍‌ମାଲ୍ ଡିହକୁ ନେଇ ଭାଇ ଭାଇରେ କଳହ। ସମୟ ବଡ଼ ବଳବାନ। କେବେ ଛିଣ୍ଡାଏ, କେବେ ମିଶାଏ - ସବୁ ତା'ରି ଖେଳ। କାନଗୋଇ ସାଇର ବର୍ଷ ବର୍ଷର କଳହ, ପାଟିତୁଣ୍ଡ। ଇଜ୍‌ମାଲ୍ ସମ୍ପତ୍ତିକି ନେଇ। ସେଇ ଇଜ୍‌ମାଲ୍ ଆମ୍ବତୋଟା, ପଣସ ବଗିଚା। ଜଳୁଛି ପାର ଅପାର ଜୁଇ। କାଠ, ବାଉଁଶ ହଣାର ଠକ୍ ଠକ୍ ଶବ୍ଦ। କାନଗୋଇ ସାହିରେ ଫଟା ଇଜ୍‌ମାଲ୍। ସତେ ଯେମିତି ହାତୁଡ଼ିରେ ପିଟା ହେଇ ଗୋଟା ହେଇ ଯାଇଛି। ମା' ପେଟ, କୁମ୍ଭାର ଉହା। ସବୁ ପିଲେ ସମାନ ନୁହନ୍ତି। ପ୍ରକୃତି ଭିନ୍ନ ଭିନ୍ନ। ତଥାପି ରକ୍ତର ଆକର୍ଷଣ। ତାକୁ ବା କିଏ ଏଡ଼ାଇ ପାରିବ ନା ପାରିଛି ? ଏକା ନାହି ସାତଖଣ୍ଡି। ପାଣିରେ ଯେତେ ବାଡ଼େଇଲେ ବି ଦି' ଖଣ୍ଡ ହେବ ନାହିଁ। ଭାଇ ଭାଇ ସମ୍ପର୍କ। ମନାନ୍ତର, ମତାନ୍ତର ସତ୍ତ୍ୱେ; ସମ୍ପର୍କ ଅଜର, ଅମର। ସ୍ୱର୍ଗୀୟ ବି। ■

ପୁଷ୍ୟାଭିଷେକ

ଭାରତବର୍ଷର ଅନ୍ୟତମ ଶ୍ରେଷ୍ଠଧାମ ଶ୍ରୀକ୍ଷେତ୍ର । ଉତ୍କଳୀୟ ଧର୍ମ, ସଂସ୍କୃତିର ମହାନ ପୀଠ ଶ୍ରୀମନ୍ଦିର । ବିଜେ ନୀଳାଦ୍ରିନାଥ ଶ୍ରୀଜଗନ୍ନାଥ । ତାଙ୍କ ସହ ଅଗ୍ରଜ ବଳଭଦ୍ର, ଭଗିନୀ ସୁଭଦ୍ରା, ଆୟୁଧ ସୁଦର୍ଶନ । ଚତୁର୍ଦ୍ଧା ମୂର୍ତ୍ତିଙ୍କର ରୀତିନୀତି, ପୂଜାର୍ଚ୍ଚନା ବିଧି । ଏସବୁ ମହାଡ଼ମ୍ବରରେ ସମାପନ ହୁଏ । ଏଥି ସହ ବାରମାସରେ ତେରଯାତ । ତନ୍ମଧ୍ୟରେ ପୁଷ୍ୟାଭିଷେକ / ରାମାଭିଷେକ / ଦେବାଭିଷେକ ଅନ୍ୟତମ । ପବିତ୍ର ପୌଷପୂର୍ଣ୍ଣିମାରେ ମହାପ୍ରଭୁଙ୍କ ଏଇ ଯାତ୍ରା । ଏଦିନ ନୀତିକାନ୍ତିର ସ୍ୱତନ୍ତ୍ର ବିଧି । ଶ୍ରୀଜୀଉମାନଙ୍କୁ ଧୂପ, ଦୀପ, ନୈବେଦ୍ୟ ଲାଗିହୁଏ । ମହାଲକ୍ଷ୍ମୀଙ୍କ ନିକଟକୁ ଆଜ୍ଞାମାଳ ପ୍ରେରିତ ହୁଏ । ତା' ପରେ ଠାକୁରାଣୀଙ୍କର ପାଲିଙ୍କି ବିଜେ । ପ୍ରବେଶ କରନ୍ତି ଶ୍ରୀମନ୍ଦିରରେ । ପରେ ପରେ ଜଗନ୍ନାଥଙ୍କ ଅଭିଷେକ ବେଶ । ଲକ୍ଷ୍ମଣ ରୂପେ ଜଣେ ସେବକ । ହାତରେ ତାଙ୍କର ଦଣ୍ଡଛତ୍ର । ହନୁମାନ ରୂପେ ଅନ୍ୟ ଜଣେ ସେବକ ଧରନ୍ତି, ସେଇ ଛତ୍ରର ମଧ୍ୟଭାଗକୁ । ତତ୍‌ପରେ ଷୋଡ଼ଶ ଉପଚାରରେ ପୂଜାର୍ଚ୍ଚନା । ତିନି ବାଡ଼ରେ ବନ୍ଦାପନା ଶେଷ । ପରେ ପରେ ଫୁଲଶର, ଫୁଲ ଆୟୁଧ, ବିବିଧ ଅଳଙ୍କାର ଲାଗି କରାଯାଏ । ମହାଲକ୍ଷ୍ମୀଙ୍କ ଭଦ୍ରାସନ (କାଠ)ରେ ମହାସ୍ନାନ, ଭୋଗ, ବନ୍ଦାପନା ସମାପ୍ତ । ରଘୁନାଥଙ୍କ ବାହୁଡ଼ା ବିଜେ ଦକ୍ଷିଣ ଘରକୁ । ଏଇ ଅଭିଷେକ ଉତ୍ସବ ଅତି ପବିତ୍ର । ଏଇ ବେଶ ପ୍ରାୟତଃ ସୁନାବେଶ ସଦୃଶ । ଏହାର ମହାତ୍ମ୍ୟ ଅବର୍ଣ୍ଣନୀୟ । ପ୍ରଭୁଙ୍କ ରାମାଭିଷେକ ଦର୍ଶନ । ମିଳେ ଅଶେଷ ପୁଣ୍ୟ, ପାପ ନାଶ ହୁଏ । ବିଷ୍ଣୁଲୋକ ପ୍ରାପ୍ତ ହୁଏ । ଏ ଯାତ୍ରାର ପବିତ୍ରତା ସମ୍ପର୍କରେ 'ନୀଳାଦ୍ରି ମହୋଦୟ' କହେ – "ସର୍ବପାପ ବିନିର୍ମୁକ୍ତା ଭୁକ୍ତାଶର୍ମାଖିଳଂ ପରମମ୍ / ସର୍ବାନ୍ ପରଂ ଲବ୍ଧ୍ୱା ବିଷ୍ଣୁଲୋକଂ ବ୍ରଜନ୍ତିତେ ।" ତେତିଶକୋଟି ଦେବଦେବୀ । ଉକ୍ତ ଦୁର୍ଲଭ ବେଶ ଦର୍ଶନ କରିବେ; ଓହ୍ଲାଇ ଆସନ୍ତି ମର୍ତ୍ତ୍ୟ ବୈକୁଣ୍ଠକୁ ।

କେବଳ ଶ୍ରୀକ୍ଷେତ୍ର ନୁହେଁ । ଓଡ଼ିଶାର ଅନେକ ବୈଷ୍ଣବୀୟ ପୀଠ । ସେଠାରେ

ମଧ୍ୟ ଉକ୍ତ ଉତ୍ସବ ପାଳିତ। ଅନୁରୂପ ଭାବେ ସମ୍ଭ୍ରାନ୍ତ, ସାମନ୍ତ, ଜମିଦାର ପରିବାର। ସ୍ୱତନ୍ତ୍ର ଦେବମନ୍ଦିର ଅଛି। ଅନେକ ଜମିଦାର ବୈଷ୍ଣବ ଧର୍ମାବଲମ୍ବୀ। ପାଳନ କରନ୍ତି ପୁଷ୍ୟାଭିଷେକ, ଉତ୍ସବ ପୌଷ ପୂର୍ଣ୍ଣିମାରେ। ସେମିତି ଏକ ସମୁଦ୍ରକୂଳିଆ ଗାଁ ହଳଦୀଗାଁ। ସେଇ ଗାଁର ମେଦିନୀ ରାୟ ବଂଶ, ଜମିଦାର, ଉଆସ ସମ୍ମୁଖସ୍ଥ ଦାଣ୍ଡ। ଜୀର୍ଣ୍ଣ ଦେଉଳଟିଏ। ଏକଦା ତା'ରି ଭିତରେ ଥିଲେ ଶାକ୍ତ ମୂର୍ତ୍ତି ଉଗ୍ରତାରା। ତାଙ୍କୁ କାଢ଼ି ନିଆଗଲା। ଏବେ ସେଇ ସିଂହାସନରେ ରାଧାମାଧବଙ୍କର ଯୁଗଳ ମୂର୍ତ୍ତି। କଳାମୁଗୁନିର ଏଇ ଯୁଗଳ ପ୍ରତିମା। କେବେ ଏଇ ମୂର୍ତ୍ତିର ଥାପନା, କାହା ଦ୍ୱାରା ସ୍ଥାପିତ – ଇତିହାସ ତଥାପି ଅଜଣା। ଶହ ଶହ ବର୍ଷ ତଳର ଏଇ ଇତିହାସ। ଏବେ ସମ୍ପୂର୍ଣ୍ଣ କୁହେଳିକାଛନ୍ନ। ଦିନ ଥିଲା ଉଆସରେ ପୋଇଲି, ଚାକରଙ୍କ ଗହଳି। ଥିଲେ ନିଷ୍କର ଜାଗିର ଭୋଗୀ ସେବକମାନେ। ମେଦିନୀରାୟ ବଂଶ, ରାଜା ନହେଲେ କ'ଣ ହେବ ? ଏମାନେ ରାଜାଙ୍କ ଠାରୁ ଉପାଧିପ୍ରାପ୍ତ। ରାଜକୀୟ ମାନସିକତା। କ୍ରମେ ରାଜତନ୍ତ୍ରର ଅବସାନ। ନିଷ୍କର ଜାଗିରି, ତା' ବି ଉଚ୍ଛେଦ। ଏବେ ସେଇ ଅତୀତକୁ ନେଇ ଅହମିକା। ନାହିଁ ଅର୍ଥ, ଅଭାବ ଅନଟନ। ତା'ରି ଭିତରେ ପାଳନ ହେବ 'ପୁଷ୍ୟାଭିଷେକ'। ବର୍ଷସାରା ରାଧାମାଧବଙ୍କର ବିଭିନ୍ନ ଉତ୍ସବ। ତନ୍ମଧ୍ୟରେ ଏହାର ବେଶ୍ ଗୁରୁତ୍ୱ। ଏବେ ଉଆସ ଖାଁ ଖାଁ। ଅର୍ଥନାସ୍ତି। ଯାଇଛି ଅତୀତ, ତା' ସାଥିରେ ମେଦିନୀରାୟ ବଂଶର ଆଭିଜାତ୍ୟ। ହେଲେ ରହିଛି ସେଇ ମାନଧାତା ଅମଳର ମାନସିକତା। କର୍ପୂର ଯାଇଛି, ପଡ଼ିଛି କନା ଖଣ୍ଡିକ। ତା'ରି ମହକରେ ମହକିତ ମେଦିନୀରାୟ ବଂଶ। ଏ ସମସ୍ତର ମୂକସାକ୍ଷୀ ରାଧାମାଧବ। ରଙ୍ଗା ଅଧରରେ ରହସ୍ୟ ବିଜଡ଼ିତ ମନ୍ଦହାସ୍ୟ। ଉଆସ ପୁରୋହିତ ବ୍ରଜବନ୍ଧୁ ଶତପଥୀଏ। ନିତି ଚନ୍ଦନ ଘୋରନ୍ତି, ତା' ପରେ ମୂର୍ତ୍ତି ଉପରେ ପାଣି ସିଞ୍ଚନ, ତୁଳସୀପତ୍ର ଲାଗି। କଦଳୀଟାଏ, ବାଲ୍ୟଭୋଗ ମୁଠାଏ ନୈବେଦ୍ୟ। ପରେ ପରେ 'ଓଁ ନମୋ କୃଷ୍ଣାୟ ଗୋପୀ ବଲ୍ଲଭାୟ' ମନ୍ତ୍ର ଉଚ୍ଚାରଣ। ସେଇ ପ୍ରସାଦ ପାଇଁ। ସବୁଦିନେ ଦୁଇଚାରି କାଙ୍ଗାଳ ପିଲା, ଘଣ୍ଟ ପିଟନ୍ତି। ଉଆସର ଉଗ୍ରତାରା, ଆଜି ଗାଁ ମୁଣ୍ଡ ଗୋଟାଏ ବେଲବଣ ଭିତରେ। ହଳଦୀଗାଁର 'ମାଳିବଂଶ' ପୂଜକ। ଆଗକୁ ପୁଷ୍ ପୁନେଇଁ। ମୁଣ୍ଡରେ ବୋଝ। କେମିତି ପାଳିତ ହେବ 'ପୁଷ୍ୟାଭିଷେକ' ? ଅତୀତ ଇତିହାସର କରୁଣ ଅଧ୍ୟାୟ। ପଦପଦବୀଧାରୀ ଜମିଦାର, ପାଇକ ଦଳପତିମାନେ। ଏବେ ତଳିତଳାନ୍ତ। ସେଇମାନଙ୍କର କରୁଣ କାହାଣୀ। ଏହାରି ଉପରେ ପର୍ଯ୍ୟବସିତ ଗପଟିଏ – 'ପୁଷ୍ୟାଭିଷେକ'। ରଚୟିତା ସ୍ୱନାମଧନ୍ୟ କଥାକାର ସୁରେନ୍ଦ୍ର ମହାନ୍ତି।

କେତେ ଶତାବ୍ଦୀ ତଳ, ଓଡ଼ିଶାର ରାଜନୀତିକ ଇତିହାସ। ଘାତ, ପ୍ରତିଘାତ। ଗଜପତି ରାଜାମାନଙ୍କର ଉତ୍‌ଥାନ ପତନ। ଠିକ୍ ସେମିତି ତାଙ୍କ ଆଶୀର୍ବାଦପ୍ରାପ୍ତ

କ୍ଷମତାଧାରୀଏ। ସେଇ କରୁଣ ଇତିହାସର ମୂକସାକ୍ଷୀ ହଳଦୀଗାଁ। ମେଦିନୀରାୟ ଉଆସ ଆଜି ଜୀର୍ଣ୍ଣଶୀର୍ଣ୍ଣ। ହାତୀଶାଳ ପରି ଘରର ଭଗ୍ନାବସ୍ଥା। ବର୍ଷାଧୁଆ ପାଚିରୀ। ଖତରା, ନ' ଶେଣିଆ, ସାତ ଶେଣିଆ, ଫାଙ୍କ ଶେଣିଆ ଚାଳର ଓହଳା ଛପର। କୋଟୀକମ କରା, ଉଈଖିଆ କାଠଶେଣି। ପୁରୁଷେ ଉଚ୍ଚା ଦାଣ୍ଡପିଣ୍ଡା ଉପରେ ଭୁଷୁଡ଼ା କାନ୍ଥ। ମୁହଁମାଡ଼ି ପଡ଼ିଛି ଉଆସ। ଏହାର ଇତିହାସ ନିର୍ଣ୍ଣୟ ପ୍ରତ୍ନତତ୍ତ୍ୱର ଉର୍ଦ୍ଧ୍ୱରେ। ମାଟି ତାଡ଼ି, ପରସ୍ତ ପରସ୍ତ ଖୋଳି। ଭଙ୍ଗା ଖପରାସବୁ ମିଳାଇଯାଏ। ଏଥି ସହିତ ଯୁକ୍ତିର ମଶଲା ଆଉ କଳ୍ପନାର କାନ୍‌ଭାସ। ତା' ଉପରେ ଗବେଷଣା। ହୁଏତ ଲେଖା ଯାଇପାରେ ଶିଶୁପାଳଗଡ଼ର ଇତିହାସ, ଖାରବେଳଙ୍କ ରାଜଧାନୀର ସଠିକ୍ ସନ୍ଧାନ। ଏଇ ସିଦ୍ଧାନ୍ତରେ ଉପନୀତ ହୋଇପାରନ୍ତି ପ୍ରତ୍ନତତ୍ତ୍ୱବିଦ୍‌ମାନେ। ହେଲେ ହଳଦୀଗାଁର ଇତିହାସର ସନ୍ଧାନ ଅସମ୍ଭବ। ଖାଲି ମାଟି ଆଉ ମାଟି। ତାହା କାଳହୀନ, ଇତିହାସ ହୀନ, ଅର୍ଥହୀନ, ନିର୍ବୋଧ କଳା, ପାଉଁଶିଆ ମାଟି। ମାଟିର ଇତିହାସ ହିଁ ମାଟି। ଏହା ସାର୍ବକାଳିକ ସତ୍ୟ।

'ଉଆସ' ପଟୁଆରୀ ନିତୁ ମହାନ୍ତି। ତାଙ୍କ ଘରେ ହଳଦୀଗାଁ ଉଆସର ମାଦଳା, ତାହା ଏବେ ଉଈମାନଙ୍କର ଗର୍ଭରେ। ଓଡ଼ିଶାର ସମୁଦ୍ରକୂଳିଆ ତଳମାଳିଆ ହଳଦୀଗାଁ। ଶିଳା ନାହିଁ କି ଲିପି ନାହିଁ। ଇତିହାସ ବା କାହୁଁ ମିଳିବ? ଏଇ ଗାଁର ମେଦିନୀରାୟ ପରିବାର। ଏଇ ପୁରୁଷର ଜଗବନ୍ଧୁ ମହାପାତ୍ର ବଳିଆର ମତ୍ତଗଜ ମେଦିନୀରାୟ, ମହାପ୍ରତାପୀ। ଧନ ସିନା ନାହିଁ, ମାନ ତ କମ୍ ନୁହେଁ। ସେଦିନ ଜନସୁମାରି ଅଫିସର, ଫାରମରେ ନାଁ ଦରଜ କଲେ। ନାଁଟାକୁ ସଂକ୍ଷିପ୍ତ କରାଗଲା - ଜଗବନ୍ଧୁ ମହାପାତ୍ର। ମେଦିନୀରାୟ ରାଗରେ ନିଆଁବାଣ। ଲେଖିବା ଲୋକର ଗାଲରେ ବ୍ରହ୍ମଚାପୁଡ଼ାଏ ମାରିଲେ। ଏବେ ସେ ରୋଗଗ୍ରସ୍ତ। ଅନ୍ଧାରିଆ ଗମ୍ଭିରୀ। ସେଇଠୁ ଶୁଭେ ଖୁଁ ଖୁଁ କାଶ। ତଥାପି ଗୁଡାଖୁ ହୁକା ଟଣା। ବୈଦ୍ୟରାଜ ନିଧି ତିଆଡ଼ୀ। ପୂର୍ବପୁରୁଷଙ୍କ ଠାରୁ ମିଳିଥିଲା ଦି' ମାଣ ଜାଗିରି ଜମି। ସେଇ ଖାତିରରେ ଜଡ଼ିବୁଟିର ଚିକିତ୍ସା। ସେମିତି ବାଜିଆ ଭଣ୍ଡାରି। ସେ ବି ଜାଗିରିଭୋଗୀ। ନିତି ସାଆନ୍ତଙ୍କୁ ମୋଡ଼ାଘଷା। ଆଗେ ଗାଁ ଗଣ୍ଡାକୁ ଯାଉ ନ ଥିଲା। ଏତିକିରେ ପେଟ ପୂରୁନି। ଉଆସରୁ କିଛି ପାଇବାର ନାହିଁ। କ୍ଷୀର ଛଡ଼ା ଗାଈ। ଆଉ ଦୁହିଁଲେ ଲାଭ ନାହିଁ। ହାତରେ ମୁଠି, ଗାଁ ଗଣ୍ଡା କରେ। ତଥାପି ସାଆନ୍ତାଙ୍କର ସେବାରେ। ତା' ମୁହଁରେ ମେଦିନୀରାୟ ବଂଶ ବୀରତ୍ୱର ଇତିହାସ। ପାଇକ ସରଦାର ଜଗବନ୍ଧୁଙ୍କ ପୂର୍ବପୁରୁଷ। ବଡ଼ ସାହସୀ। ଦୁର୍ଦ୍ଦାନ୍ତ ବି। ଆକବର ବାଦଶାହାଙ୍କ ସେନାପତି ମାନସିଂହ। ସେ ନାକରେ ପାଣି ପିଇଲେ। ପାଇକମାନେ ରାଜପୁତ ଶକ୍ତିର ପ୍ରତିହତକାରୀ। ମରହଟ୍ଟା ସୁବାଦାର ଆଉ ସେନାପତି। ପାଞ୍ଚଣ ବାଡ଼ିରେ ହେଲେ ସାବାଡ଼। ଏସବୁ ପରାକ୍ରମ ମେଦିନୀରାୟ ପୂର୍ବ ପୁରୁଷଙ୍କର। ସତ୍ୟ, ଅସତ୍ୟର ଫେଣ୍ଟାଫେଣ୍ଟି ଏଇ ବୀରତ୍ୱବ୍ୟଞ୍ଜକ କାହାଣୀ।

ଓଡ଼ିଶାର ପାଇକକୁଳ। ଏକଦା ଗଜପତିଙ୍କ ମୁଖ୍ୟ ପଦାତିକ ବାହିନୀ। ଗଙ୍ଗାଠାରୁ ଗୋଦାବରୀ ଜିଣିଗଲେ। ଆଜି ସେଇ ବଂଶଧର। ଘରେ ଘରେ ଖଣ୍ଡାପୂଜା, ଏଥିରେ ଜଙ୍କ ଧରିଲାଣି। ଢାଲ, ବର୍ଚ୍ଛା - ସେଗୁଡ଼ିକର ସମଦଶା। ଘରକୋଣରେ ପଡ଼ିଛି, ଅଳନ୍ଧୁ ଲାଗିଗଲାଣି। ବାପଅଜା ଜମିଦାରୀ, ନିଷ୍କର ଜାଗିରି। ଏଥିରେ କୁଟୁମ୍ବ ପୋଷଣ ଅସମ୍ଭବ। ସାନ ଜେନାମଣି। ନ'ଟା ଯାଏ ପହୁଡ଼ ଭାଙ୍ଗେନା। ବଡ଼ ଜେନାମଣି ଜଗବନ୍ଧୁ। ତାଙ୍କ ଅନ୍ତେ ସାନଜେନାମଣିଙ୍କ ମୁଣ୍ଡରେ ଶିରିପା। ଏଥି ପ୍ରତି ନାହିଁ ମୋହ ମମତା। ସେ ଏବେ କଟକ ସହରରେ। ରହଣି ଗୋଟେ ସନ୍ତସନ୍ତିଆ ଗଳିରେ। ପୀତାମ୍ବର ମହାପାତ୍ର ବଡ଼ ଜେନାମଣି। ଏବେ ସରକାରୀ ଦପ୍ତରରେ ତଳିଆ ଅମଲା। ସକାଳ ଦଶଟା ବାଜେ। ନାକରେ କାନରେ ଦି'ଟା ପୂରେଇ ଅଫିସରେ ହାଜର। ଗାଁରେ ସିନା ସାଆନ୍ତ, ସରକାରୀ ଅଫିସ୍। ଏଠି ପଦବୀ ଅନୁଯାୟୀ ମର୍ଯ୍ୟାଦା। ଡେରିହେଲେ ନାଲିଛକି। ସାନଜେନାମଣି। ତାସ, ପଶା, ପାଲା, ସୁଆଙ୍ଗ, ଥିଏଟରରେ ତାଙ୍କର ମତି। ପାଖ ଗାଁରେ ନାଟକ ଅଭିନୟ। ଏଇଥି ପାଇଁ ରିହର୍ସାଲ। ଘର ଲେଉଟାଣି ଢେର୍ ରାତିରେ। ପାଠ ଘରେ ଶୂନ। ସାତଥର ମେଟ୍ରିକ୍ ଫେଲ। ପାଶ୍ ନୋହିଲା। ଏବେ ଗାଁରେ। ହଳଦୀଗାଁ ଦଳିତମାନଙ୍କର ସେ ନେତା। ତାଙ୍କର ସାମାନ୍ୟ ଇଶାରା, ପାଣଦଳ ପୃଥିବୀ ଜିଣିଯିବେ। ଖୁନୀ ଠାରୁ ରାହାଜାନୀ,କ'ଣ ବା ସେ ନ କରିପାରିବେ ? ସେମାନଙ୍କ ମଧ୍ୟରେ ଗୋଟିଏ ଗୋଟିଏ ମେଦିନୀରାୟ ଦାଣ୍ଡକୁ ଏବେ ଗଡ଼ିବେ। ଏଇ ପ୍ରକାର ଦୁରବସ୍ଥା।

ହାତୀଶାଳପରି ଖଞ୍ଜାସବୁ, ଆସ୍ତେ ଭୂଶାୟୀ। ଭିତର ଖଞ୍ଜାରେ ଚାରିଟା ବୁଢ଼ୀନାନୀ। ତାଙ୍କ ସହ ଆଉ କେଇଜଣ ପୋଇଲି। ପାଇକରାପୁର ସାଆନ୍ତଙ୍କ ଘର। ଏମାନେ ସେଠାରୁ ଆସିଥିଲେ, ପୋଇଲି ହେଇ ସାଆନ୍ତାଣୀଙ୍କ ସାଥିରେ। ସାଆନ୍ତାଣୀ ଏବେ ସ୍ୱର୍ଗରେ। ଅହ୍ୟରାଣୀ। ଅହ୍ୟଡେଙ୍ଗୁରା ବାଜିଲା। ହାତରେ ଶଙ୍ଖା, ମୁଣ୍ଡରେ ସିନ୍ଦୂର, ସ୍ୱର୍ଗକୁ ଗଲେ। ସଧବା ନାରୀର ବିଦାୟ। ଏଇଟି ସାମାଜିକ ପରଂପରା। ଏବେ ବି ଉଜ୍ଜୀବିତ। ସ୍ୱାମୀ ଆଗରେ ସ୍ତ୍ରୀର ବାଟ କାଟିବା, ଭାଗ୍ୟର କଥା। ସାଆନ୍ତାଣୀ, ସତୀ ସାବିତ୍ରୀ। ଲୋକେ ଏକଥା କହିଲେ, ଧନ୍ୟ ଧନ୍ୟ କଲେ। ସେ ଦିନ କାହିଁ ଗଲା ? ମେଦିନୀରାୟ ପରିବାର କ୍ଷୀର ସରରେ ଭାସୁଥିଲେ। ଏବେ ହାଣ୍ଡିରେ ମୁଠେ ପଖାଳ। ତା' ବି ଦିନେ ଦିନେ ସାତ ସପନ। ଶୁଖୁଆ ପୋଡ଼ା, ପଖାଳ - ଏଇଥିରେ ଦିନ ବିତେ। ପୋଇଲିମାନଙ୍କ ମୁହଁରେ ପାଇକରାପୁର ଉଆସର ଢେର୍ ବଡ଼େଇ। ପାଇକାରାପୁର ସିଂହଦ୍ୱାର। ପିତ୍ତଳର ଜାଉଁଳି କବାଟ। ଏଇ ବୁଢ଼ୀମାନଙ୍କର ଟୋକୀକାଳେ, ପାଇକରାପୁର ଉଆସରେ ପୋଇଲିଭାବେ ନିଯୋଗ ଖଟୁଥିଲେ।

ମେଦିନୀରାୟ ପରିବାରର ସାନ ଜେମାଦେଈ। ଉଆସ ପଛରେ

ବେଣ୍ଟପୋଖରୀ। ସେଇଠି ତାଙ୍କର ମାଜଣା। ଏକଦା ନୀଳକଇଁ, ପଦୁଅଁ ଚହଟା ଏଇ ପୋଖରୀ। ପୋଖରୀ ମଧ୍ୟରେ ଚଉତରା। ଚନ୍ଦନଯାତ୍ରା ହୁଏ। ଦିଅଁ ଚାପ ଖେଳନ୍ତି। ଆଉ ହେଉନି ସେ ଯାତ୍ରା। ପୋଖରୀସାରା ଦଳ। ଜେମାଦେଈଙ୍କ ବୟସ କୋଡ଼ିଏ ବର୍ଷ। ଏ କଥାଟି ପୋଇଲିଙ୍କ ମୁହଁରେ। ହେଲେ ଏହାଠାରୁ ଢେର୍ ଅଧିକ। ସାଆନ୍ତଙ୍କ ଘରମାନଙ୍କରୁ ଆସେ ବଡ଼ ବଡ଼ ପ୍ରସ୍ତାବ। ଏଥି ସହିତ ଯୌତୁକଦାବି। ଜଗବନ୍ଧୁ ମହାପାତ୍ରଙ୍କ ତାହା ସାମର୍ଥ୍ୟ ବାହାରେ। ଖଜୁରୀପଦା 'ଚମ୍ପେଇତି' (ଚମ୍ପତିରାୟ)। ତାଙ୍କ ମଝିଆଁ ଜ୍ୱାଇଁଙ୍କ ପାଇଁ ପ୍ରସ୍ତାବ ଆସିଲା। ସ୍ୱୀକାର, ମହାପ୍ରସାଦ ଆସିବ ସୁନା ଥାଳିଆରେ। ଏଥି ପାଇଁ ମେଦିନୀରାୟଙ୍କ ବଳ କାହିଁ? ବଡ଼ଜେମା ହେମମାଳୀ। ତାଙ୍କ ବିବାହ, ପାଖରେ ନ ଥିଲା ପଇସା। ଜମିବାଡ଼ି ଅଧେ ଯାଇଛି। ଏବେ ଉଆସ ତଳି ଜମି କୋଡ଼ିଏ ମାଣ। ତାହା ଦେବୋତ୍ତର ସମ୍ପତ୍ତି। ସେଥିରେ ହାତ ଦେଇହେବନି। ଶେଷରେ ପ୍ରସ୍ତାବଟି ଭାଙ୍ଗିଲା।

ବଢ଼ିଲା ଝିଅ, ଜ୍ୱାଇଁ କିଣିବାକୁ ନାହିଁ ପଇସା। ଅସହାୟା ସାନଜେନାମଣି ରତ୍ନମାଳୀ। ବେଣ୍ଟପୋଖରୀରେ ସ୍ନାନ। ଭିଜା ବସନ, ସୂର୍ଯ୍ୟଙ୍କ ଉଦ୍ଦେଶ୍ୟରେ ପାଣି ଆଞ୍ଜୁଳା ଟେକୁଛନ୍ତି। ଦେହର ଶ୍ୟାମକାନ୍ତି, ନୀଳକଇଁର ସ୍ନିଗ୍ଧତାରେ ଉକୁଟି ଉଠୁଛି। ନିର୍ଜନ, ଜରାଜୀର୍ଣ୍ଣ, ମହାନିଦ୍ରାଗ୍ରସ୍ତ, ନିର୍ବେଦ ମେଦିନୀରାୟ ଉଆସ। ଏବେବି ମୂକସାକ୍ଷୀ ମେଦିନୀରାୟ ବଂଶ ଆଭିଜାତ୍ୟର। ସବୁ ଅଭାବ, ସବୁ ଦୈନ୍ୟ ସତ୍ତ୍ୱେ; ପାଳିତ ହେବ ପୁଷ୍ୟାଭିଷେକ। ତଥାପି ବଞ୍ଚିଛି ଓଡ଼ିଆ ସଂସ୍କାର, ସଂସ୍କୃତି, ଯାନିଯାତ୍ରା, ପର୍ବପର୍ବାଣି।

ପିଢ଼ିଏ ନୁହେଁ କି ଦି' ପିଢ଼ି। ଦୀର୍ଘ ଏଗାର ପିଢ଼ିର ଏ ଉପାଧି 'ବଳୀୟାର ମତ୍ତଗଜ ମେଦିନୀରାୟ'। ଏବେ ତାହା କଳଙ୍କି ଲଗା, ଘୁଣଖିଆ। ନାହାନ୍ତି ସେଇ ରାଜା, ନାହିଁ ଅଚଳାଚଳ ନିଷ୍କର ଜାଗିରି। ପାଇକମାନଙ୍କର ରଣକ୍ଷେତ୍ରରେ ଆଉ ନାହିଁ ଲୋଡ଼ା। ଖାଲି ଉପାଧିଟା, ସେଇଟାକୁ ନେଇ ଯାହା କିଛି ମାନ ସମ୍ମାନ, ସ୍ୱାଭିମାନ। ହଳଦୀଗାଁର ଏଇ ମହାପାତ୍ର ବଂଶ। ଏକଦା ମାଛି ପଡ଼ିଲେ ନବଖଣ୍ଡ। ଛାମୁଙ୍କ ଆଗରେ ଚାଲିଯିବାର ଯୁ ନାହିଁ। ସମସ୍ତେ ତ୍ରସ୍ତ। ଉଆସରେ ବାର ଓଷା ତେର ପର୍ବ ପାଳନ। ଏବେ କପର୍ଦ୍ଦକ ଶୂନ୍ୟ। ସବୁ ଖାଁ ଖାଁ, ନିଅଣ୍ଟିଆ ସଂସାର। ଏଥିରେପୁଣି ପର୍ବପର୍ବାଣି? ନାନା ବିଧି। ସେବାକାରୀଙ୍କ ପାଉଣା। ବାଜାବାଲା, ମାଳି, ବାରିକ, ସମସ୍ତଙ୍କ ମନ ନେବାକୁ ହେବ। ଏହା ବାଦ୍ ଖିଆପିଆ, ଦିଆନିଆ, ଢେର୍ ଖର୍ଚ୍ଚ। ସଂସାର ଚଳିବାକୁ ନଘଟ। ବଡ଼ ଜେନାମଣି, ମାନ ମହତ ଗଲା। ଏବେ କଟକରେ ଛୋଟ ଚାକିରି। ସେଇଥିରେ ତାଙ୍କ କୁଟୁମ୍ବ ଚଳେ। କ'ଣ ମିଳିବ ବା ସେ ଉପାଧିରୁ? ଗଡ଼ାଣିଆ ବୟସ, ସାନଜେମା ଦେଈ ବରଖୋଜା ଚାଲିଛି। ଖାନ୍‌ଦାନୀ ସହ ଖାନ୍‌ଦାନୀ, ଉପାଧି ସହ ଉପାଧି, ବନ୍ଧୁ ସମ୍ବନ୍ଧ – ଏସବୁ ଅନିବାର୍ଯ୍ୟ। ଏ ପ୍ରସ୍ତାବ ଆଙ୍ଗୁଠି ଗଣତି। ଜେମାମଣିଙ୍କ ରୂପ, ଲାବଣ୍ୟ।

ଗୋଟେ ଚାଉଳରେ ଗଢ଼ା, କାହାରି କହିବାର ନୁହେଁ। ବାଧକ ଯୌତୁକ। ଏତେ ଟଙ୍କା କାହୁଁ ଆସିବ ? ପ୍ରସ୍ତାବ ଭାଙ୍ଗି ଯାଉଛି। ସାନ ଜେମାମଣି। ଉଆସ କଥାରେ ତାଙ୍କରି ମୁଣ୍ଡ। ଆଗକୁ ପୁଷ୍ ପୁନେଇଁ-ପୁଷ୍ୟାଭିଷେକ। ଦୀର୍ଘଦିନର ପରମ୍ପରା। ପାଳନ କରିବାକୁ ହେବ। ତାହା ନହେଲେ ଯାହାଟିକେ ଅଛି, ମେଦିନୀରାୟ ପରିବାରର ଗୌରବ, ଗରିମା। ଶେଷରେ ମାଟିରେ ମିଶିଯିବ।

ଓଡ଼ିଶା ଇତିହାସର ପ୍ରାୟ ଚାରି ଶତାବ୍ଦୀ, ଏଇ ପରିବାରର ଫଣଫଣିଆ ମୂଷାମାଟି। ତା' ସହିତ ଭଙ୍ଗା କାନ୍ଥ। ତା'ରି ଭିତରେ ଅଣନିଃଶ୍ୱାସ। ଶେଷରେ ହେଇଯିବ ମହାସମାଧି। ସ୍ମୃତି ଆଜି ବିଲୟ ଆଉ ବାଲିଚରର ତଳେ। ଏକ ସୂକ୍ଷ୍ମ ଫଲ୍‌ଗୁଧାରା। ତଥାପତି ପ୍ରବହମାନ। ତା'ରି ଭିତରେ ପୁଷ୍ୟାଭିଷେକ ପାଳନ। ଏକ ମହାନ ସାଂସ୍କୃତିକ ପରମ୍ପରା, ଅତୁଟ ରହିବ। ହେଲେ "ପାଖରେ ନାହିଁ ଧନ, ପୁଅ ବାହ କରିବାକୁ ମନ।" ତଥାପି ଉଦ୍ୟମ ଥିଲେ ସଫଳତା ହାତ ପାହାନ୍ତାରେ। ସବୁ ବାଧା, ବନ୍ଧନ, ପ୍ରତିରୋଧ ଟଳିବ। ପୁଷ୍ ପୁନେଇଁର ମହକ ଚହଟିବ। ରାଧାକୃଷ୍ଣଙ୍କ ମନ୍ଦିରରେ ହେବ ପୁଷ୍ୟାଭିଷେକ, ଶହ ଶହ ବର୍ଷର ସାଂସ୍କୃତିକ ଜୀବନଧାରା ଅତୁଟ ରହିବ। ସାନ ଜେନାମଣି ନୀଳାମ୍ବର, ବଦ୍‌ରାଗୀ। କଥା କଥାକେ ସିଁ ସିଁ। ସାନଜେମାମଣି ରତ୍ନମାଳୀ। ସେଦିନ ସାହସ ସଞ୍ଚୟ କଲେ, କଥାଟା ଆରମ୍ଭ କଲେ। ତେଣେ ନୀଳାମ୍ବର ତରତର। ମକରରେ ଗାଁରେ ଡ୍ରାମା ହେବ। ନୀଳାମ୍ବର ନିର୍ଦ୍ଦେଶକ। ସେ ନ ରହିଲେ ଗାଁଟା ମାଟି ହେଇଯିବ। ତରତର ହେଇ ବାହାରିଛନ୍ତି। ଗୋଟିଏ ଦିନ ମାତ୍ର ବାକି, ତା' ପରଦିନ ପୁଷ୍ୟାଭିଷେକ। ଜେମାମଣିଠାରୁ କଥାଟା ଶୁଣି ଚିହିଙ୍କି ଉଠିଲେ ନୀଳାମ୍ବର। ନିଜର ଜମି ଚେନାଏ ନାହିଁ, ସେ ପୁଣି କି ସାଆନ୍ତ ? ତା'ର କି ପୁଷ୍ୟାଭିଷେକ ? ଦେବୋତ୍ତର ସମ୍ପତ୍ତି, ତା'ରି ଉପରେ ନିର୍ଭର। ସେଇଥିରୁ ଦାନା ମୁଠାକ। ଫମ୍ପା ସାମନ୍ତବାଦର ଚଳଣି। ଭୁଷୁଡ଼ା ବେଦିରେ ବସି ଅଭିଷିକ୍ତ ହେବା ଜିଦ୍। ତାହା ଏକ ପାଗଳାମୀ। ଏଇ ଉତ୍ତର ଥିଲା ସାନଜେନାମଣିଙ୍କର। ସେ ଗଜପତି ନାହାନ୍ତି, ସେ ସାମନ୍ତମାନେ ନାହାନ୍ତି। ଜମିଦାରୀ ଗଲାଣି। ଆଉ ଜାଗିରି ଭୋଗୀମାନେ। ସାମନ୍ତଙ୍କ ଠାରୁ ଢେର୍ ଭଲରେ ଅଛନ୍ତି। ଅଭାବ, ଅନଟନ ମଧ୍ୟରେ ଏ ଅଭିଷେକ, ପାଗଳାମି, ଏକ ପ୍ରହସନ। ଏମିତି କଥାମାନ କହିଲେ ସାନ ଜେନାମଣି। ମୁଣ୍ଡ ପୂରା କାଢ଼ିଦେଲେ। ଆଉ ରହିଲେ ବାପା ଜଗବନ୍ଧୁ ମହାପାତ୍ରେ। ଓଡ଼ିଶା ଇତିହାସର ଷୋଡ଼ଶ ଶତାବ୍ଦୀର ଶେଷ ରଶ୍ମି। ମୁଣ୍ଡରେ ଛିଣ୍ଡା ମଫଲର, ଦେହରେ ଖଣ୍ଡେ ଫିକା ହଳଦିଆ ରଙ୍ଗର ଶାଲ, ପାକୁଆପାଟି, ସେମଟା ଦେହ। ନିର୍ବୋଧ, ପାଣିଚିଆ, ଅସହାୟ ଆଖି। ବଳୀୟାର ମତ୍ତଗଜ ମେଦିନୀରାୟ ଉପାଧି। ଏଟା ତାଙ୍କ ପାଇଁ କିଛି ମାମୁଲି କଥା ନୁହେଁ। କର୍ପୂର ସିନା ଗଲାଣି, କନାର ମହକ ନ ରହିଛି ? ସେଇ ଅହଂକାର, ସେଇ

ଜମିଦାରୀ ମାନସିକତା, ସେଇ ଚୌପାଢ଼ି। ନୀତି ଦିନିଆ ଆସର। ସମସ୍ତ ବୃତ୍ତିଭୋଗୀ, ଏକାଠି ଜମନ୍ତି। ଚଟାଣରେ ବିଛା ବହୁଦିନର ସତରଞ୍ଜି। ଠା ଠା ସ୍ୟାହିଜଡ଼ା, ଅନେକତ୍ର ଛିଣ୍ଡା। ଏଇଟା ମେଦିନୀରାୟ ଉଆସର ଦରବାରୀ ଆସନ। ନବ୍ୟସାମନ୍ତମାନଙ୍କର ଏଇ ଅହମିକା। ବଣିକତନ୍ତ୍ର, ହାକିମୀତନ୍ତ୍ରର ଏଇଟା ସର୍ବଶେଷ ସ୍ମାରକୀ। ଆଜି ବହୁ ଘୃଣିତ ସାମନ୍ତବାଦର ଏଇ ତ ଭବ୍ୟ ଆସନ !

ଚଉପାଢ଼ିରେ ଆସର। ଅନ୍ୟମାନେ ଉପସ୍ଥିତ। ପହଞ୍ଚିଲେ ଗ୍ରହ ବିପ୍ର। ଦେହରେ ଖଣ୍ଡେ କାଣ୍ଟିଆ, ପାଞ୍ଜିଖଣ୍ଡକ କାଖରେ। ତାଙ୍କ ଅନୁନାସିକ ଶ୍ଳୋକର ଆବୃତ୍ତି – "ମଙ୍ଗଳଂ ଭଗବାନ ବିଷ୍ଣୁଃ, ମଙ୍ଗଳଂ ଗରୁଡ଼ଧ୍ୱଜଃ, ମଙ୍ଗଳଂ ପୁଣ୍ଡରୀକାକ୍ଷଃ, ମଙ୍ଗଳଂ ମଧୁସୂଦନଃ।" ପ୍ରତିଦିନ ଆସନ୍ତି ଗ୍ରହବିପ୍ର କେଲୁ ନାହାକେ। ସାଆନ୍ତଙ୍କ ଆଗରେ ନିତି ପାଞ୍ଜିପାଠ। ତାଙ୍କ ପାଇଁ ଖଞ୍ଜା ତିନିମାଣ ଜମି ଜାଗିରି। ପୁରୁଷାନୁକ୍ରମେ ଭୋଗ ଦଖଲରେ ଅଛନ୍ତି। ନାହାକେ ପାଞ୍ଜି ପଢ଼ି ଶୁଣାଇଲେ – "ଧନୁ ଦି୨୧ନ ପୌଷ ୧୪, ଶନିବାରରେ ଯୋଗିନୀ ପଶ୍ଚିମେ, ରାତ୍ର ଘ ୩-୩୮ ଗତେ"- ଇତ୍ୟାଦି। ତା' ପର୍ବ ଶେଷ। ପୁଣି କହିଲେ – ପୌଷ ୧୫ ଦିନ, ପଅରଦିନ ପୁଷ୍ୟାଭିଷେକ, ମଙ୍ଗଳବାର। ଏ ସନ କ'ଣ ଆୟୋଜନ ପଟଓ୍ୱାରିଏ! ଯୁଗ ବଦଳିଗଲା। କେତେ କେତେ ସାମନ୍ତ, ସେମାନଙ୍କ ଘରେ ଆଉ ପୁଷ୍ୟାଭିଷେକ ନାହିଁ। ମିରିଗଡିଆଁ ଗାଁର ରାୟସାମନ୍ତ। ତାଙ୍କ ଘରେ ରାଜାଭିଷେକ ନାହିଁ, ଖାଲି ଦେବାଭିଷେକ ବିଧି ରକ୍ଷା। ଏଥି ପାଇଁ ଦେବୋତ୍ତର ସମ୍ପତ୍ତି ଅଛି। ସେଇଥିପାଇଁ ଯେନତେନ ପ୍ରକାରେ ଚଳୁଛି, ନଚେତ ସବୁ ବନ୍ଦ। ଏ ଥିଲା ପଟ୍ଟଓ୍ୱାରୀଙ୍କ ସଫେଇ। ମେଦିନୀରାୟଙ୍କ ଗର୍ଜନ। ମିରିଗଡିଆଁ ଗାଁର ସେ କି ସାମନ୍ତ ? ବାଇଶ ମହାଲିଆ ରାଉତ, ତିନି ଚାରିପୁରୁଷ ତଳୁ ହେଲେ ରାୟ। ସେ କି ତାଙ୍କ ସହ ସମାନ ? ତାଙ୍କ ଉଆସରେ ପୁଷ୍ୟାଭିଷେକ ବନ୍ଦ, ତା' ବୋଲି ମେଦିନୀରାୟ ବଂଶରେ ବନ୍ଦ ହେବ ? ଆଉ ସବୁ ଉପସ୍ଥିତ ପଞ୍ଚପେଲାଏ। ତାଙ୍କ କଥାରେ ପାଳି ଧରିଲେ। ପୁରୁଷ ପୁରୁଷର ବିଧି। ଦେବାଭିଷେକ ସାଥେ ସାଥେ ରାଜାଭିଷେକ। ଗୋଲକ ପୁତ୍ରମାନଙ୍କ ମଧ୍ୟରୁ ନରସିଂହ ମହାପାତ୍ରେ, ଅଭିଷେକ ବେଳେ ଚାମର ଧରି ଠିଆ ହୁଅନ୍ତି। ଉତ୍ସବରେ କେତେ କେତେ ବିଧି। ବ୍ରାହ୍ମଣ, ନାହାକ ଆସିବେ। ଗଉଡ଼, ମହୁରିଆ, ଢୋଲିଆ ବି। ତାଙ୍କ ପାଇଁ ମୁଠାଏ ମୁଠାଏ ଅନ୍ନ ବ୍ୟବସ୍ଥା। ଏତଦ୍‌ଭିନ୍ନ ନୂଆ ଲୁଗାପଟା। ଯାହାର ସଖ୍ୟ ସେ ଦେଲା, ନ ହେଲେ ନାହିଁ। ଏକଥା ଥିଲା ମହାପାତ୍ରେଙ୍କର। ସମସ୍ତେ ତ ଜାଗିରି ଭୋଗୀ, ବିଧି ଛାଡ଼ିବା ଅନୀତି। ଏମିତି ବିଚାର, ବିମର୍ଷ। ନାନା ମୁନି, ନାନା ମତ। ଯେଝା ଯେଝା କଥା କହିଲେ।

ଯୁଗକୁ ଯୁଗ ଆନଗତି, ବଦଳା ପ୍ରଥା, ପରମ୍ପରା। ଏଥି ସହ ନୂତନତାର

ଆଗମନ। ପୁରୁଣା କଥା। ଅନେକଙ୍କ ପାଇଁ କୁସଂସ୍କାର। ଏହା ପଛରେ କିଛି ସତ୍ୟାସତ୍ୟ ବି ନିହିତ ସାମାଜିକ ସୁବ୍ୟବସ୍ଥା, ସାଂସ୍କୃତିକ ଅବବୋଧ - କାଳେ କାଳେ ଏହାର ଅତୁଟ ମୂଲ୍ୟବୋଧ। ହେଲେ ଅନ୍ଧବିଶ୍ୱାସ, ସମାଜର କଳଙ୍କ। ବେଠି, ବେଗାରି, ମାଗଣ, ଏ ସବୁ ମାନଧାତା ଅମଳର କୁବ୍ୟବସ୍ଥା। ଅତ୍ୟାଚାରୀ ରାଜାରାଜୁଡ଼ା। ସାଧାରଣ ଲୋକଙ୍କୁ ଧମକ ଚମକ ଦେଲେ। ନାନା ଭାବରେ ଚାଲିଲା ଆର୍ଥିକ ଶୋଷଣ। ଏବେ ଜନତା ଶିକ୍ଷିତ। ଦୂରଦୃଷ୍ଟି ବଦଳିଲା। ଭଲମନ୍ଦ ବିଚାର, ସମାଜ ସଚେତନତା ବଢ଼ିଲା। ଆଗକାଳିଆ କଥା। ସାଆନ୍ତଙ୍କର ପାଲିଙ୍କି ବିଜେ। ଗଉଡ଼ମାନେ କାନ୍ଧେଇବେ। ଏବେ ସେମାନେ ଛତି ଧରିବାକୁ ନାରାଜ। ଛତି ଧରିବା, ସୁଆରି କାନ୍ଧେଇବା ତାଙ୍କ ପାଇଁ ମନା। ଜାତିଆଣ ଅଟକ, ସାମାଜିକ ବାସନ୍ଦ, ନିଆଁପାଣି ବନ୍ଦ। ସେମାନେ ଆଉ କାନ୍ଧେଇବେନି। ତେଣେ ମଦନରାୟ ରାଗରେ ନିଆଁବାଣ। "କିଏ କାନ୍ଧେଇବନି, ଧରିଆଣ ତାକୁ, ଏଡ଼ିକି ବହପ।" ମାହାନ୍ତି ସାଆନ୍ତଙ୍କ ରାଗ ଶାନ୍ତ କଲେ। ସେ ଗଉଡ଼ମାନଙ୍କୁ ମଙ୍ଗେଇଛନ୍ତି। ଦାଣ୍ଡଘରେ ବସିବେ, କଂସାରେ ଖାଇବେ। ଜଣପିଛା ବିଦାକି ଚାରିଅଣା। ବାଜିଆ ଭଣ୍ଡାରି। ତା'ର ବି ସ୍ୱାଭିମାନ ଅଛି। ଗଉଡ଼ମାନେ କଂସାରେ ଖାଇବେ, ତାଙ୍କ ଶଙ୍କୁଡ଼ି ବାସନ, ସେ ଧୋଇବେ। ବାରିକ ଧୋଇବେ କାହିଁକି? ତାଙ୍କର ଜାତି ଅଛି, ଏମାନଙ୍କର କି ଜାତି ନାହିଁ? ସମାଜ ନାହିଁ? ସାମାଜିକ ଅଟକ ନାହିଁ? କଥାରେ ପଡ଼ିଲା ପୂର୍ଣ୍ଣଚ୍ଛେଦ। ମେଦିନୀରାୟ ଘୋଷଣା କଲେ। ବର୍ଷ ବର୍ଷ ଧରି ଯେମିତି ହେଉଥିଲା। ଠିକ୍ ସେଇ ଢଙ୍ଗ, ସେଇ ଚଳଣି। ପୁଷ୍ୟାଭିଷେକ ହେବ। ସବୁ ଆଶଙ୍କା ତୁଟିଲା। ଏଣିକି ପ୍ରସ୍ତୁତି ପର୍ବ।

ଜଗବନ୍ଧୁ ମେଦିନୀରାୟ, ତାଙ୍କୁ ବୟସ ପାଖାପାଖି ଅଶୀବର୍ଷ। ତାଙ୍କ ବାପ କୃପାସିନ୍ଧୁ ମେଦିନୀରାୟ। ଜଗବନ୍ଧୁଙ୍କ ପୁଷ୍ୟାଭିଷେକ ଦିନ କେତେ କ'ଣ ଉତ୍ସବ। କୃପାସିନ୍ଧୁଙ୍କ ଶବ ପଡ଼ିଛି। ଏଣେ ଅଭିଷେକ ବେଦିରେ ଜଗବନ୍ଧୁ। ଚାରିଆଡ଼େ ଶୋକର ଛାୟା। ତା'ରି ଭିତରେ ଶଙ୍ଖଧ୍ୱନି, ହୁଳହୁଳି ଆଉ ତିନିଖଣ୍ଡିଆ କାହାଳି ବାଜଣା। ବୋଉ ଆଖିରୁ ଲୁହ ପୋଛୁଥାଆନ୍ତି। ତଥାପି ଶାଢ଼ି କାନିରୁ ଧଡ଼ି ଛିଣ୍ଡାଇ ତାଙ୍କ ମୁଣ୍ଡରେ ବାନ୍ଧିଲେ - ମାତୃଶିରିପା। ତାଙ୍କ ଆଖିର ତତଲା ଲୁହ ଦି'ଟୋପା। ସେଦିନ ଟପ୍‌ଟପ୍ ଝଡ଼ି ପଡୁଥିଲା। ସେଇ ଲୁହରେ ହେଲା ତାଙ୍କ ଅଭିଷେକ। ଏବେ ତାହା ଅତୀତ, ତଥାପି ସଜାଗ। ମିରିଗଡ଼ିଆଁ ରାଉତରାୟ ସିନା ଛାଡ଼ିଲେ; ମେଦିନୀରାୟ ପରିବାର। ନିଶ୍ଚୟ ପାଳିବ ପୁଷ୍ୟାଭିଷେକ।

ଖଣ୍ଡିଆ, ଉଇଖିଆ, ବର୍ଷାଧୁଆ ମେଦିନୀରାୟ ଉଆସ। ଆଗରେ ପ୍ରଶସ୍ତ ଅଗଣା। ଶୁକ୍ଳ ଦ୍ୱାଦଶୀ ଜହ୍ନର ଜୁଆର। ଦିନେ ଝଲମଲ କରୁଥିଲା। ହସୁଥିଲା। ଜୀର୍ଣ୍ଣ ଉଆସ

ଆଢ଼େ ଆଜି ତା'ର ପରିହାସ। ସେଇ ମେଦିନୀରାୟ 'ଉଆସ'। ଅତୀତ ଶତାବ୍ଦୀର ଛିଣ୍ଡାକନ୍ଥା ତଳେ। ଆଜି ତା'ର ନିଦକ ଗୁମ୍‌ସୁମ୍ ତନ୍ଦ୍ରା। ନାହି କୋଳାହଳ, ବାଇଦବାଜଣା, ସବୁ ନିଥର, ନିଶୂନ। ବ୍ରଜବନ୍ଧୁ ଶତପଥୀ, ଦେଉଳ ଭିତରେ ତାଙ୍କ ପୁରାଣ ପାଠ ଶେଷ। ସାନ ଜେମାମଣି ରତ୍ନମାଳୀ, ଗମ୍ଭୀରା ପିଣ୍ଡାରେ। ନଡ଼ିଆ ବାଡ଼ିର ବାହୁଙ୍ଗା ଉପରେ ଚକ୍‌ଚକ୍ ଜହ୍ନ ଆଲୁଅ। ଶୂନ୍ୟରେ ତାଙ୍କ ଦୃଷ୍ଟି ନିବଦ୍ଧ। ଭାଇ ରିହର୍‌ସେଲରୁ ଫେରି ନାହାନ୍ତି। ଆସିଲେ ଖାଇବା ବାଢ଼ି ଦେବ। ବାପା ଶୋଇବେ, ତାଙ୍କ ପାଇଁ ହୁକା ସଜଡ଼ା। ଏ ତ ନିତିଦିନିଆ କାମ। ବିଶେଷ କରି ବୋଉ ଗଲା ପରେ। ରାତ୍ରି ଘନଉଛି। ଅଦୂରରେ ତାଳ ତମାଳ ଗହନ। ତା'ରି ଭିତରେ ଗୋଟିଏ ପ୍ରଣୟ କାଙ୍‌କ୍ଷିଣୀ ପକ୍ଷୀର ଆହ୍ୱାନ। ରତ୍ନମାଳୀ ଛାତିରେ ଅଲିଭା ତାତି। ଚାରିଆଡ଼େ ପତଳା କୁହୁଡ଼ି। ଆସ୍ତେ କଡ଼ ଲେଉଟେଉ ଥିଲା ଶୋଇଯିବା ପାଇଁ। ଗମ୍ଭିରାରେ ମୂଷାଙ୍କର ଧାଁ ଦଉଡ଼। ରତ୍ନମାଳୀ ହସ୍ତ ପାଳିତ ମାର୍ଜାର। ସେଇମାନଙ୍କ ସନ୍ଧାନରେ। ଭାତଖିଆ ପହର ବୋଧେ ଡେଇଁ ଗଲାଣି। ଜଗବନ୍ଧୁଙ୍କ କୋଠରୀ। ବାଜିଆ ଭଣ୍ଡାରି ସାଆନ୍ତଙ୍କ ପାଖରେ। ସେମାନଙ୍କ କଥାବାର୍ତ୍ତା। ରତ୍ନମାଳୀ କାନ ପାତିଲା। ମନ୍ତ୍ରୀ ଆସିଲେ ସୁନ୍ଦରପଦା ଗାଁକୁ। ତୋରଣ ସଜା, ସଭିଙ୍କ ଦୁଆରେ ପୂର୍ଣ୍ଣ କଳସ। ମେଦିନୀରାୟଙ୍କ ମାନସ ପଟ, ଉଙ୍କିମାରିଲା କେତେ କେତେ ଅତୀତ ସ୍ମୃତି। ଦିନ ଥିଲା। ନିଜ ଇଲାକା ଜମିଦାର ଆସିବେ। ପ୍ରଜାମାନଙ୍କର ସେଇ ଏକ ସାଜସଜା। ତାଙ୍କ ଜେଜ, ଗୋସବାପା। ପାଲିଙ୍କି ଚଢ଼ି ବୁଲୁଥିଲେ ଇଲାକା। ଆହା ! କି ଭବ୍ୟ ସମ୍ବର୍ଦ୍ଧନା ! ଆଜି ସବୁ ସାତ ସପନ। ସେଦିନ ରାଜା, ଜମିଦାର ଗଲେ। ଆଜି ମନ୍ତ୍ରୀଙ୍କ ଶାସନ। ସମୟ କେଡ଼େ ବଳବାନ ସତେ ! ଜଗବନ୍ଧୁ ତଥାପି କହି ଚାଲିଥାଆନ୍ତି। ଗଜପତି ରାଜା, ସେମାନଙ୍କର ବି ସରି ନୁହନ୍ତି। ରାଜାଙ୍କ ନିମିତ୍ତ, ତାଙ୍କ ଘରେ ଗୁଆପଡ଼େ। ବାଜିଆ ଢୁଆ ଦେଲା। ସାଆନ୍ତଙ୍କର ମଙ୍ଗଳକୃତ୍ୟ, ବଡ଼ ସାଆନ୍ତେ ଗୁଆ ପଠାଇଲେ। ସେ ନିଜେ ନେଇ ଦେଲା ପୁରୀ ରାଜନଅରରେ। ଏତ କାଲିକା କଥା।

ଏବେ ନୂଆ ଠେକି, ପୁରୁଣା, ରହଣିଆ ଘିଅ। ହଳଦୀଗାଁ ଉଆସର ଭଙ୍ଗାକୁଡ଼। ତା'ରି ଭିତରେ ପୁରୁଣା ଠେକି। ଏବେ ସବୁ ଭାଙ୍ଗି ମାଟିରେ ମିଶିଗଲାଣି। ନୂଆ ଘିଅ ନାହିଁ, ତା' ସାଥେ ସମ୍ବଳ ବି। ଗଜପତିଙ୍କ ସାଆନ୍ତେ ସମସ୍ତେ ଗଲେ। ତାଙ୍କ ଜାଗାରେ ବଣିକ ତନ୍ତ୍ର, ଶାସନ ତନ୍ତ୍ରର ନବ୍ୟ-ସାମନ୍ତମାନେ। ରାତି ପାହିଲେ ପୁଷ୍ୟାଭିଷେକ। ଟଙ୍କା ନାହିଁ, ସବୁ ଭାଙ୍ଗିଯିବ, ଉଡ଼ିଯିବ, ଏଗାର ପିଢ଼ିର ମାନମହତ ଧୂଳିସାତ୍ ହେବ। ପାଖରେ ଝିଅ ରତ୍ନମାଳୀ। ଜଗବନ୍ଧୁଙ୍କ ଅଫିମ ଖିଆ ପାଇଁ ଟଙ୍କା କେଇଟା। ବଡ଼ପୁଅ ମାସକୁ ମାସ ପଠାଏ। ଝିଅ ହାତକୁ ବଢ଼େଇ ଦେଲେ। ଅଫିମ ନିଶା, ଛାଡ଼ିବା କଷ୍ଟ। ଅଫିମ ବିନା ବାପା ବଞ୍ଚିପାରିବେନି। ବାପାଙ୍କୁ ଟଙ୍କା ଫେରେଇ ଦେଲେ। ସେଇ ଟଙ୍କା

ପୁଷ୍ୟାଭିଷେକ ପାଇଁ। ପ୍ରସ୍ତୁତି ଶେଷ। ସାନ ଜେମାମଣି ବେକର ସୁନାମାଳା। ସମସ୍ତଙ୍କ ଅଲକ୍ଷ୍ୟରେ ବନ୍ଧକି ପଡ଼ିଲା। କେତେଟା ଉଧାର ଟଙ୍କା, ସେଇଥିରେ ରହିଗଲା ମେଦିନୀରାୟ ପରିବାରର ମାନ, ମର୍ଯ୍ୟାଦା।

ଏଇଠି ମେଦିନୀରାୟ ପରିବାର ଇତିହାସରେ ଯବନିକା। ଏଗାର ପୁରୁଷ ବ୍ୟାପୀ, ପ୍ରାୟ ଚାରି ଶତାବ୍ଦୀର ପୋକଲଗା କାହାଣୀ। ଇତିହାସ ଲୋପ ପାଇଲା, ତା' ସହ ଐତିହାସିକମାନେ ବି। ଇତିହାସ କେଉଁଠି ସତ କେଉଁଠି ମନଗଢ଼ା କାହାଣୀର ମିଶ୍ରଣ। ତାହାହିଁ ମେଦିନୀରାୟ ଖାନଦାନୀର ଇତିହାସ। ସବୁ ଇତିହାସ ସେଇଆ ନୁହେଁ କି ? ଇତିହାସର ଜୀର୍ଣ୍ଣ ପୃଷ୍ଠା। ତା'ରି ମଧ୍ୟରେ ଏକ ବର୍ଣ୍ଣାଢ଼୍ୟ ଉତ୍ସବ 'ପୁଷ୍ୟାଭିଷେକ'। ଅଭାବ, ଦୈନ୍ୟ ସତ୍ତ୍ୱେ, ପାଳିତ ହେଲା। ଅତୁଟ ରହିଲା ଏକ ମହାନ ସାଂସ୍କୃତିକ ପରମ୍ପରା।

ମାଫିକାର୍ଡ଼

ବିଚିତ୍ର ଏ ସୃଷ୍ଟି । ଆହୁରି ବିଚିତ୍ର ସାମାଜିକ, ନୀତିନିୟମ, ବିଧିବିଧାନ । ଏହାଠାରୁ ବଳୀ ଆର୍ଥନିତିକ ଦୁର୍ବିସହ ଚିତ୍ର । କାହା ପାଟିରେ ସୁନା ଚାମୁଚା । ଆଉ କିଏ ଶୀତ, କାକର, ଖରାତରାରେ, ଗଛତଳେ, ଫୁଟ୍‌ପାଥରେ । ଶିଶୁ ପାଟିରେ କ୍ଷୀରଟିକେ ଦେବ, ମା' ପାଖରେ ନାହିଁ ଶାମୁକାଟିଏ । କାହାର ଘିଅ ମହୁର ସଂସାର, ଆଉ କାହା ପାଇଁ ନାହିଁ ଜାଉଟିକେ । ଏମିତି ଆର୍ଥିକ ଅବସ୍ଥାର ଫାଙ୍କ ଫରକ ସେବେ ଥିଲା, ଏବେ ଅଛି । ଯଦିଓ ମାତ୍ରାରେ ଦ୍ରୁତହ୍ରାସ । ଏ ସବୁ ସମୟର ଖେଳ । ଅରକ୍ଷିତକୁ ଦଇବ ସାହା, ଯାହାର କେହି ନାହିଁ, ତା'ର ଭଗବାନ ଅଛନ୍ତି - ଏଇଟି ଲୋକକଥା । ଏବେ ସ୍ଥିତି ଭିନ୍ନ । ଜନମଙ୍ଗଳକାରୀ ରାଷ୍ଟ୍ର । ପ୍ରଜାଙ୍କ ହିତ କଳ୍ପେ ଶାସନ ତତ୍ପର । ବହୁ ପ୍ରକାର ସାହାଯ୍ୟ ବ୍ୟବସ୍ଥା । ପକ୍‌କା ଘରଠାରୁ ଭତ୍ତା, ତା' ସଙ୍ଗେ ମାଫିକାର୍ଡ଼ । ନିଦରବମାନଙ୍କ ପାଇଁ ଦାନା ଗଣ୍ଡାକ, ଶସ୍ତା ଅବା ବିନା ମୂଲ୍ୟରେ ମିଳେ । ଏଭଳି ସାହାଯ୍ୟ ପ୍ରାପ୍ତି, ଅଛି ନିର୍ଦ୍ଧିଷ୍ଟ ମାନଦଣ୍ଡ । ହେଲେ ଅନେକତ୍ର ତାହା ବାଟବଣା । ଧୋବ ଧାଉଳିଆ, ଗନ୍ତାଯୋଡ଼ିଆ, କଦରରେ, ଚଞ୍ଚକରେ ମାରିନିଅନ୍ତି ସୁବିଧା । ବିଚରା ଗାଉଁଲିଟି । ବ୍ଲକ୍ ଅଫିସରୁ, ଉଚ୍ଚ ପଦାଧିକାରୀ । ଢେର୍ ଧାଁ ଦଉଡ଼ । ହେଲେ ଫଳ ନାସ୍ତି । କାହାର ଲୋଡ଼ା ହାତଗୁଞ୍ଜା, ଆଉ କାହା ଆଖିରେ ସେ ମୂର୍ଖ ମଳିମୁଣ୍ଡିଆ । ତାଙ୍କୁ ପଚାରେ କିଏ ? ଏଇ ଅସହାୟମାନେ, ପେଟ ବିକଳିଆମାନେ । ଖାଆନ୍ତି ଅଖାଦ୍ୟ - ପାଣିସାରୁ, ଅବା ପିତାଳି । ପେଟରୋଗ, କାଳହୁଏ । ତାଙ୍କୁ ନେଇ ରାଜନୀତି, ବିଧାନସଭା ହୁଲସ୍ଥୁଲ । ଅନାହାର ମୃତ୍ୟୁ । ସରକାରଙ୍କ ସଫେଇ, ବିରୋଧୀଙ୍କ ପ୍ରତିବାଦ । ଶେଷରେ ସବୁ ନିଥର, ନିରବ । ସତରେ ! କାହାର ପାଲିଙ୍କି ଉପରେ ପାଟଛତା, ଆଉ କାହାର ବେଢ଼ି ଉପରେ କୋରଡ଼ା । ଗରିବର ଗତି ରସାତଳକୁ । ଗୋଟେ ମାଫିକାର୍ଡ଼ (ସରକାରୀ ସାହାଯ୍ୟ ପାଇଁ କାଗଜାତ) । ପଦ୍ମ ଘୁଞ୍ଚି ଘୁଞ୍ଚି ଯାଏ । ଶେଷରେ ଅସହାୟଟିର

ବିକଳ, ହୃଦୟ ବିଦାରକ କରୁଣ ପରିଣତି। ଏମିତି ମାଫିକାର୍ଡ଼ - ଏହାକୁ ନେଇ ଚମତ୍କାର ଗପଟିଏ - "ମୃତ୍ୟୁ : ଗାଷ୍ଟ୍ରୋଏଣ୍ଟ୍ରାୟିଟିସ୍"- ଅର୍ଥ ପେଟ ବେମାରିରେ ମୃତ୍ୟୁ। ଗଳ୍ପଟିର ସ୍ରଷ୍ଟା ସୁରେନ୍ଦ୍ର ମହାନ୍ତି। ଗପଟିର ଅନ୍ତଃସ୍ୱର କରୁଣାର୍ଦ୍ର।

ମଙ୍ଗଳପୁର ଗାଁର ଅଖ୍ୟାତ, ଅଜ୍ଞାତ କେଲୁଚରଣ। ହଠାତ୍ ପ୍ରଖ୍ୟାତ। ନାମୀଦାମୀ ଖବରକାଗଜ, ପୂରା ତିନି ସ୍ତମ୍ଭର ଖବର। ରାଜ୍ୟ ହୁଲସ୍ଥୁଲ। ବିଧାନସଭାରେ ତୁମୁଳ ବାକ୍ ଯୁଦ୍ଧ। ଏବେ କେଲୁଚରଣ ବିରୋଧୀ ପକ୍ଷର ଇଷ୍ଟନାମ - ସାମ୍ପ୍ରତିକ ରାଜନୀତିକ ସଂଘର୍ଷର କେନ୍ଦ୍ରବିନ୍ଦୁ। ଖାଦ୍ୟମନ୍ତ୍ରୀ ଗଳଦ୍‌ଘର୍ମ। ଖବରକାଗଜରେ କେଲୁଚରଣର ଫଟୋ। କଙ୍କାଳସାର ମଣିଷଟା, ପାଟି ଆଁ, ପେଟଟା ଫୁଟ୍‌ବଲ ପରି ଫୁଲିଯାଇଛି। ସେଦିନର ଦୃଶ୍ୟ। ମଙ୍ଗଳପୁର ବ୍ଲକ୍ ସାମନା। ବୁଲୁଥିଲେ ଅନେକ କଙ୍କାଳସାର, ଗୋଟେ ହାତରେ ସିଲ୍‌ଭର ବାଟି, ଆର ହାତରେ ଯଷ୍ଟି। ଛାତି ହାଡ଼ ପଞ୍ଜରା ଲୁଚା ଚିରା ଗାମୁଛା। ଯେମିତି ନ'ଅଙ୍କ ଦୁର୍ଭିକ୍ଷ ଫେରନ୍ତା ! ଆଖିରେ ଆଖିଏ ସ୍ୱପ୍ନ। ବି.ଡ଼ି.ଓ. ବାବୁଙ୍କର କୃପା, ମିଳିଯିବ ମାଫିକାର୍ଡ଼ ଖଣ୍ଡେ। ସବୁ ଦିନେ ତ ନଥିବ ବଢ଼ି, ମରୁଡ଼ି। କୃଷି ଅଫିସର କହିଛନ୍ତି। ବିଲର ଲୁଣା କାଟିବା, ଏ ବା କେଉଁ କାମଟା ଯେ? ସବୁ ଠିକ୍ ହୋଇଯିବ। ସ୍ଥିତି ବଦଳିବ, କ୍ଷେତରେ ସୁନା ଫଳିବ। ନଥିବ ଦୁଃଖ ଅବା ହାତ ପତା, ମାଫିକାର୍ଡ଼ ଖଣ୍ଡିକ, ବାଆକୁ ବତା। କେଲୁଚରଣ ବେଶୀ ପାଠ ପଢ଼ିନି, ବୁଝିଛି - "ଜୀବନ ଥିଲେ ଭାଇ ପାତିବା ନାହିଁ ହାତ, ମଣିଷ ପରି ଦିନେ ମଣିଷ ହୋଇବା ତ।" ତା'ର ପୂର୍ବପୁରୁଷ, ଦୁର୍ଭିକ୍ଷର ସର୍ବଗ୍ରାସୀ ଆଁ। ଜୀବନ ହାରିଲେ ଶହଶହ, ଗାଁରେ ବିଲୁଆ ଡେଇଁଲେ। ତଥାପି ଗଲେନି ସାହାଯ୍ୟ କେନ୍ଦ୍ରକୁ। ଏତେବଡ଼ ମହାନ ଜାତିଟା, ଭିଖାରୀ କାହିଁକି ହେବ? ବଡ଼ବଡ଼ିଆଙ୍କର ଏଇ ଆଦର୍ଶ। ଏଥିରୁ କାଣିଚାଏ କେଲୁଚରଣ ପାଖରେ। ସେ ଲଢ଼ିବ, ଜୀବନ ଯୁଦ୍ଧରେ ଜିତିବ। ଏବେ ଲୋଡ଼ା ଖଣ୍ଡେ ମାଫିକାର୍ଡ଼। ହଜୁର! ଧର୍ମାବତାର, ବ୍ଲକ୍‌ବାବୁ। ମାଫିକାର୍ଡ଼ ମିଳିବ ନିଶ୍ଚୟ!

ପାଞ୍ଚଟଙ୍କା ଅଣ୍ଟାଗୁଞ୍ଜା। ନାହିଁ ତ ମାଫିକାର୍ଡ଼ "ଆକାଶ କଇଁଆ ଚିଲିକା ମାଛ।" ଘରେ ପାଞ୍ଚବସ୍ତା, ଦଶବସ୍ତା ଧାନ, ସମ୍ପତ୍ତିବାଡ଼ି, ଦେଲେ ଅଣ୍ଟାଗୁଞ୍ଜା, ପାଇଲେ ମାଫିକାର୍ଡ଼। ଏଣିକି ଚାଉଳ, ଗହମ ମାଗଣା। ଉଠେଇଲେ, ବିକିଲେ ସେଇଠି। ପାଞ୍ଚ ଟଙ୍କାର ୫ ଗୁଣ, ୧୦ ଗୁଣ ମୁନାଫା। ସେମାନଙ୍କ ପାଇଁ କ୍ଷୁଧା, ଅନାହାର - ହୋଇପାରେ ଏକ ଲାଭପ୍ରଦ ବ୍ୟବସାୟ।

କେତେ ଆଶା, କେତେ ଭରସା। କେଲୁଚରଣ ବ୍ଲକ୍‌ରେ। ମୁଣ୍ଡ ନୁଆଁଇ, ଭୂମିରେ ମଥାଲଗା ପ୍ରଣାମ। ମାଫିକାର୍ଡ଼ଟି ପାଇଁ ଆକୁଳ ପ୍ରାର୍ଥନା। ପଚରାଗଲା ନାଁ, ଗାଁ, ଠିକଣା। ସବୁ ରୋକଠୋକ କହିଦେଲା। ହଠାତ୍ ବି.ଡ଼ି.ଓ. ରାଗରେ ନିଆଁବାଣ।

ଗ୍ରାମସେବକର ରିପୋର୍ଟ – ୬୦ ଭାଗ ବୃଷ୍ଟିପାତ, ଚାଷବାସ ପାଇଁ ମନ୍ଦ ନୁହେଁ। ପଞ୍ଚାୟତରେ ଢେର୍ ରିଲିଫ୍ ଦିଆଯାଇଛି – ଯାଅ ଖଟିକରି ଖାଅ, ଉତ୍ପାଦନ ବୃଦ୍ଧିକର, ମାଫିକାର୍ଡ଼ କ'ଣ ? ଦେଶଟାକୁ ଏଗୁଡ଼ାକ ମାଗିଖିଆ କରିଦେଲେ। ବି.ଡ଼ି.ଓ. ସାହେବଙ୍କ ଦେଶାତ୍ମବୋଧର ବିସ୍ଫୋରଣ। ମାଫିକାର୍ଡ଼ ଏବେ ଦିବାସ୍ୱପ୍ନ କେଲୁଚରଣ ପାଇଁ। ଏଥିରେ କେଲୁଚରଣ ବ୍ୟଥିତ; ମାତ୍ର ମର୍ମାହତ ନୁହେଁ। ତାକୁ ମାଗିଖିଆ କୁହାଗଲା। ତା' ଅସ୍ମିତା ଉପରେ ଘୋର ଆଘାତ। ତେଣେ ଚପରାସୀର ଅସ୍ଫୁଟ ଗୁଞ୍ଜରଣ- "ପାଞ୍ଚ ଟଙ୍କା ନ ଦେଇ ମାଫିକାର୍ଡ଼ ପାଇଁ ପଶିଯାଇଥିଲୁ ଯେ, ହ୍ୟାପଃ ! ମାଗିଖିଆ।" କେଲୁଚରଣ ମନକୁ ବୁଝେଇଦେଲା – ନ ମିଳୁ ପଛେ ମାଫିକାର୍ଡ଼, ସେ ବଞ୍ଚିପାରିବ। ଯିଏ ଜନମ ଦେଇଛି ସିଏ ଦେବ ଆଧାର। ଏଣିକି ଖୋଜା କଇଁନଡ଼ା, ପିତୁଳି କନ୍ଦ। ସେଇଥିରେ ସେ ବଞ୍ଚିଯିବ ଯେ!"

ସାମନାରେ କେଲୁଣୀ ଯୋର, ଡେଇଁଗଲେ ଦେଖାଯାଏ ମଙ୍ଗଳପୁର ଗାଁ ଆଉ ସରପଞ୍ଚ ହରି ଚଉଧୁରୀଙ୍କ ଡେଙ୍ଗା ନଡ଼ିଆଗଛ। ଶ୍ରାବଣରେ ଯୋରରେ ପ୍ରଖର ସୁଅ। ଏସନ ବର୍ଷା ନାହିଁ, ମରୁଡ଼ି। ଯୋରଟା ଶୁଖି ଯାଇଛି, ପଡ଼ିଛି ମଲା ସାପ ପରି। ଠାଏ ଠାଏ କେଉଁଠି ମୁନ୍ଦାଏ ପାଣି। ତା'ରି ଭିତରେ ଐଶ୍ୱର୍ଯ୍ୟ – କଇଁ ମୁଣ୍ଡା ଏବେ ଶେଷ। ପେଟ ବିକଳରେ କେଲୁଚରଣ ଗାଁ ଛାଡ଼ିଲା। ସୁନ୍ଦରୀ ସ୍ତ୍ରୀ ଚନ୍ଦା, ଝିଅ କୁସୁମୀ। ଗାଁ ଲୋକ କୁହାକୁହି। ସେଇ ଷ୍ଟେଟ୍ ରିଲିଫ୍ ଠିକାଦାର ଗୁମାସ୍ତା। ତା'ରି ସାଙ୍ଗରେ ଚାଲିଗଲା। ସାରୁନଡ଼ା ସିଝା, ତା' ପୁଣି ଅଧେ ଦିନ ମିଳେନା। ପେଟର ଦାଉ। ଏଠି ସତୀତ୍ୱର ବା କି ମାନେ ? ଚନ୍ଦା ଚାଲିଯାଇଛି, ଠିକ୍ କରିଛି। କେଲୁଚରଣ ଏବେ ଏକା, ସଂଗ୍ରାମ ଜାରିରଖିବ। ମାଫିକାର୍ଡ଼ ନ ହେଉ, ସେ ବଞ୍ଚିବ, ଯେମିତି ଶହଶହ ବଞ୍ଚିଥିଲେ ବଢ଼ି, ମରୁଡ଼ି, ଦୁର୍ଭିକ୍ଷ ସମୟରେ।

ସକାଳ ସୂର୍ଯ୍ୟ, ଏବେ ମଥାନ ଉପରେ। ଗାଁ ରାସ୍ତାକଡ଼େକଡ଼େ ବାଉଁଶ ବଣ। ଚାଲିଛି କେଲୁଚରଣ, ଠିକ୍ ଜଣେ ଭୂତତ୍ତ୍ୱବିଦ୍ ପରି। କ'ଣ ଗୋଟାଏ ଆବିଷ୍କାର କରିବ। ସେ ଆବିଷ୍କାର ପୁରାତନ କୀର୍ତ୍ତିର ଭଗ୍ନାବଶେଷ ନୁହେଁ। ବଞ୍ଚିବାର ଆବିଷ୍କାର। କିଆ କନ୍ଦା ଖୋଜୁଛି। କିଆବୁଦାରେ ଲତା ଛନ୍ଦାଛନ୍ଦି। ପତ୍ର କଲରା ପତର ପରି। ଗୋଟିଏ ପତ୍ର ଦଳିଲା, ଶୁଙ୍ଘିଲା। ଆଶାର ଆଲୋକ ଝଲସି ଉଠିଲା, ଆଖି ଦି'ଟା ତା'ର ଉଜ୍ଜ୍ୱଳ। ଅନ୍ତରାତ୍ମା ଯେମିତି ଚିତ୍କାର କଲା – "ପିତାଳୁ ପିତାଳୁ।" ପିତାଳୁ ଢେର୍ ସିଝାଯାଏ, ତଥାପି ପିତା। ଚନ୍ଦା ଜାଣିଥଲା କାଇଦା। ଚଳାପାଣିରେ ଦି' ଚାରିଥର ଧୋଇଦିଏ। ତା' ପରେ ଖାଇବାକୁ ସୁସ୍ୱାଦୁ। କେଲୁଚରଣର ସ୍ତିମିତ ସ୍ନାୟୁକେନ୍ଦ୍ର, ହଠାତ୍ ଚଳଚଞ୍ଚଳ। ନିସ୍ତେଜ ମାଂସପେଶି, ତଥାପି ଶତସିଂହର ଆତ୍ମପ୍ରତ୍ୟୟ। ମୁଠୁଣିଏ ତଳେ ପିତାଳୁ ମୁଣ୍ଡା।

ଖୋଳିଲା, କାନ୍ଧରେ ବୁଜୁଲା, ହାତରେ ଶାବଳ। ଗାଁ ମୁଣ୍ଡ ପୋଖରୀ ତୁଠ। ବିଧିରକ୍ଷା ପାଇଁ ଧୋଇଦେଲା ଯାହା। ସିଝାଇବାକୁ ଧୈର୍ଯ୍ୟ ନାହିଁ। ଖରାବେଳ, ଉପର ତାତି। ତା' ଭିତରେ ପେଟ ଚାଖଣ୍ଡକ। ତା' ବି ତାତି ଯାଇଛି। କ୍ଷୁଧାର ଡହଡହ ଜ୍ୱାଳା। ଖଣ୍ଡ ଖଣ୍ଡ ପିତାଳୁ। ଆକଣ୍ଠ ଗିଳି ଚାଲିଲା କେଲୁଚରଣ। ଅଧମାଠିଆ ପାଣି ପିଇଲା। ପିଣ୍ଡାରେ ଗଡ଼ି ପଡ଼ିଲା। ଏବେ ବିଶ୍ରାମ ଲୋଡ଼ା।

ରାତି ଘନେଇଲା। କେଲୁଚରଣର ନିଶ୍ୱାସ ନେବାରେ କଷ୍ଟ। ପେଟଟା ଫାମ୍ପି ଦେଇଛି ନାଗରା ପରି। ପେଟ ଆହୁରି ଫୁଲିଲା, ପିଲାଙ୍କ ବେଲୁନ୍ ପରି। ପାଣି ମୁନ୍ଦାଏ ଲୋଡ଼ା, କିଏ ବା ଦବ ? ଖାଲି ଗାଁ ଗାଁ ଶବ୍ଦ। ଆହତ ବଣ୍ୟ ପଶୁପରି ଗାଁ ଗାଁ ଚିତ୍କାର। ତା' ପରେ ସବୁ ଶେଷ। ରାତି ପାହିଲା। କେଲୁଚରଣର ମୃତ୍ୟୁ ଖବର, ପବନ ବେଗରେ ଚହଟିଗଲା। ସରପଞ୍ଚ, ଗାଁ ୱାର୍ଡ଼ମେମ୍ବର, ଅନ୍ୟ ଗାଁ ମୁଖିଅମାନେ ହାଜର। ଅଞ୍ଚଳ ନେତା, ବିଧାନସଭାର ପ୍ରତିନିଧି ବି ହାଜର। କେଲୁଚରଣ ଲାଶ୍ ଶଙ୍କୁଳିବେ ପ୍ରତିନିଧି। ସରପଞ୍ଚ ଦଶଟଙ୍କା ପକେଟରୁ କାଢ଼ିଲେ। ଶବ ସତ୍କାରର ଯୋଗାଡ଼ ଚାଲିଲା। ପ୍ରମାଣ ନଷ୍ଟ କରିବାକୁ ହବ, ଅନାହାର ମୃତ୍ୟୁ । ସରପଞ୍ଚଙ୍କ ମୁଣ୍ଡରେ ବିଛା କାମୁଡୁଛି। ସେ ସରକାରୀ ପକ୍ଷର ଲୋକ, ସରକାର ବଦନାମ ହବ, ବିରୋଧୀ ଦଳ ଅକଳରେ ପକେଇବେ। ମୂଳୁ ମାଇଲେ ଯିବ ସରି, ଦେବଙ୍କ ସଙ୍ଗେ କିମ୍ପା କଳି। କିନ୍ତୁ ଘଟଣାଟିର ନୂଆ ମୋଡ଼। ଲୋକପ୍ରତିନିଧି, ବିରୋଧୀ ଦଳର। ତାଙ୍କର ଏକା ଜିଦ୍ - ବି.ଡ଼ି.ଓ ଆସନ୍ତୁ, ପୁଲିସ ଆସୁ, ତା'ପରେ ଶବସଂସ୍କାର। ଦେଖଣାହାରୀଙ୍କ ନାରାବାଜି - "ଏ ମୃତ୍ୟୁ ପାଇଁ ଦାୟୀ ସରକାର।" ପହଞ୍ଚିଲେ ବି.ଡ଼ି.ଓ., ପୁଲିସ ଇନସ୍‌ପେକ୍ଟର। ଶବ ପୋଷ୍ଟମର୍ଟମ ହବ। ଶବବୁହା ହେଲା ସଦର ମହକୁମା ଡାକ୍ତରଖାନାକୁ। ଦାଣ୍ଡ ଉଠୁଛି ପଡୁଛି। ବି.ଡ଼ି.ଓ.ଙ୍କ ମନ ପଡ଼ିଲା। ଏଇ ଲୋକଟା ମାଫିକାର୍ଡ଼ ପାଇଁ ଯାଇଥିଲା। ବାତ ମାରିଲା ପରି ପଡ଼ିଗଲା। ମୃତ୍ୟୁର କାରଣ ବାତରୋଗ, ଅନାହାର ମୃତ୍ୟୁ ନୁହେଁ। ପୁଲିସ ଇନ୍‌ସପେକ୍ଟର, ସନ୍ଦେହୀ; ବିଷପାନ ମୃତ୍ୟୁର କାରଣ ହୋଇ ଥାଇପାରେ। ଶବ ମାଇନା ହେବ। ଆଉ କିଏ ଜୁଆ ଧରିଲା - ହଁ, ସ୍ତ୍ରୀ ପଳେଇଲା କଣ୍ଟ୍ରାକ୍ଟର ସାଙ୍ଗରେ। ମାନସିକ ଅବସାଦ, ବିଷପାନର କାରଣ ହୋଇପାରେ। ଏମିତି ବିଲୁଆ ବିଚାର। ଶବ ମାଇନା ରିପୋର୍ଟ ଆସିଲା। ଖାଦ୍ୟନଳୀ, ଅନ୍ତନଳୀରେ ଖାଲି ଖାଦ୍ୟ, ଆଉ ଖାଦ୍ୟ। ଅତ୍ୟଧିକ ଖାଦ୍ୟ, ମୃତ୍ୟୁର କାରଣ, ବିଷପାନ ନୁହେଁ। ଏ କଥାଟି ବି ସ୍ପଷ୍ଟ ଫୋରେନ୍‌ସିକ୍ ରିପୋର୍ଟରେ। ଏ ମୃତ୍ୟୁ ଉଦରାମୟ - ଗାଷ୍ଟ୍ରୋଏଣ୍ଟ୍ରାୟିଟିସ୍।

ବିଧାନସଭା, ପୋଷ୍ଟମର୍ଟମ୍ ରିପୋର୍ଟ ଉପସ୍ଥାପିତ - "ଏ ମୃତ୍ୟୁକୁ ଅନାହାର ମୃତ୍ୟୁ ଆଖ୍ୟା ଦିଆଯିବା ରାଜନୈତିକ ଉଦ୍ଦେଶ୍ୟ ପ୍ରଣୋଦିତ... ଏ ମୃତ୍ୟୁ ଉଦାରମୟ

ଜନିତ।" ନିରୋଳା ଡାକ୍ତରୀ ଭାଷାରେ ପୋଷ୍ଟମର୍ଟମ୍ ରିପୋର୍ଟ। କେବଳ ଯୁକ୍ତି। ବିରୋଧୀଙ୍କର ଟେବୁଲ ବାଡ଼ିଆ, ରିପୋର୍ଟକୁ ଖଣ୍ଡନ କରିବ କିଏ ? ବିରୋଧୀ ବାଲା ଚୁପ୍‌ଚାପ୍ ହେଲେ ଲୁଚିଛି ନା ଗୋଡ଼ ଦି'ଟା ଦିଶୁଚି। ଏମିତି ଶହଶହ କେଲୁଚରଣ, ଡବଡବ ଆଖି, ଆକାଶଛୁଆଁ ଆଶା। ମାଫିକାର୍ଡ଼ ଖଣ୍ଡେ। ମିଳିବ ମାଗଣା ଗହମ, ଚାଉଳ। ଆଉ କଇଁ ମୁଣ୍ଡା ନୁହେଁ, ଶାଗ ପଖାଳରେ ପେଟ ପୂରିବ ହେଲେ ଆଶା ଆଶାରେ ରହେ। ସେଦିନ କବି ଯଦୁମଣି ଲେଖିଲେ - "ଛାମୁ ଯାହା ଦେଲେ ହରଷେ, ପାଉ ପାଉ ଗଲା ବରଷେ।" ରାଜା ଦେଲେ ତ ବିଳମ୍ବରେ। ଏବେ ସରକାରୀ ରାଜାମାନେ। କେବଳ ତେଲିଆ ମୁଣ୍ଡରେ ତେଲ ଢଳା ! ବିଚରା କେଲୁଚରଣମାନେ, ସଦା ଅବହେଳିତ। କାହାକୁ କହିବା ଶୁଣିବ ବା କିଏ ? ଅନାହାର ମୃତ୍ୟୁ। ତଥାପି କେଲୁଚରଣ ହେଇଗଲା ଅମର। ଅନ୍ତତଃ କେଇଦିନ ପାଇଁ।

■

ରାଜନୀତିର ଚକ୍ରବ୍ୟୂହ

"ବେଙ୍ଗ କହେ ବେଙ୍ଗୁଲି ଲୋ ! ପୃଥ୍ୱୀ କ୍ଷଣ କ୍ଷଣକେ ଆନ ।" ଆଜି କଥା କାଲିକି ନାହିଁ। ପୁରୁଣା ରହଣିଆ । ନୂଆ ଚକଚକିଆ, ଆଖି ଝଲସା । ପରିବର୍ତ୍ତନ ସୃଷ୍ଟିର ନିୟମ; ମାତ୍ର ସାଂସ୍କୃତିକ ଅବକ୍ଷୟ ଏକ ବିଲକ୍ଷଣ । ମୁକ୍ତିଯୁଦ୍ଧ କାଳୀନ ତ୍ୟାଗ, ତିତିକ୍ଷା, ଦେଶପ୍ରେମ । ସବୁ ସ୍ୱାଧୀନତା ପରେ ଭଙ୍ଗା ପଡ଼ିଲା । ତ୍ୟାଗର ଠା ନେଲା ଭୋଗ । କ୍ଷମତା, ବ୍ୟକ୍ତି ସ୍ୱାର୍ଥରେ ଅନେକ ଅନ୍ଧ । ଭୁଲିଲେ ସେଇ ସବୁ ମୁକ୍ତି ସଂଗ୍ରାମୀଙ୍କ କଥା, ସେମାନଙ୍କର ଆତ୍ମବଳି ଗାଥା । ଇତିହାସ ଆଉ ଉତ୍ତରପିଢ଼ିଙ୍କୁ ବାଟ ଦେଖାଇଲାନି । ଜାତିପ୍ରେମ, ଦେଶପ୍ରୀତି କାହାଣୀ । ଶ୍ରେଣୀ ଗୃହ ଶିକ୍ଷାଦାନରେ ଏବେ ସୀମିତ । ଦିନ ଯାଏ ଚିହ୍ନ ରହେ । ବ୍ରିଟିଶ୍ ଉପନିବେଶବାଦ, ଅଣନିଃଶ୍ୱାସ ଭାରତବାସୀ । ବୀରପ୍ରସବିନୀ ଭାରତ ମାତା, ଭାଗ୍ୟଦେବୀ ପ୍ରତିକୂଳ । ଭାରତ ଢେର୍ ବର୍ଷ ଫିରିଙ୍ଗି କବଳରେ ରହିଲା । ସ୍ୱାଧୀନତା ପ୍ରତ୍ୟେକଙ୍କର ଜନ୍ମଗତ ଅଧିକାର । କାଳେ କାଳେ ଏଥି ପାଇଁ ସଂଘର୍ଷ, ରକ୍ତପାତ । ସ୍ୱାଧୀନତା ଯଜ୍ଞବେଦିରେ ସଂଗ୍ରାମୀଙ୍କ ଆତ୍ମାହୁତି । ପୁଲିସର ଜୁଲମ, ଲାଠିମାଡ଼, କାରାକଷଣ – ମୁକ୍ତିଯୋଦ୍ଧାଟିର ନାହିଁ ଭ୍ରୂକ୍ଷେପ, କାରାଗାର ସେମାନଙ୍କ ପାଇଁ ତୀର୍ଥାଳୟ, ଫିରିଙ୍ଗି ଫଉଜଙ୍କ ଜୋତାମାଡ଼ ଫୁଲମାଳ । ହସି ହସି ସଂଗ୍ରାମୀଏ ଆଦରି ନେଲେ । ଦେଶ ହେଲା ସ୍ୱାଧୀନ । ଏ ପରିପ୍ରେକ୍ଷୀରେ ଭାରତୀୟ ଜାତୀୟ କଂଗ୍ରେସର ଗୁରୁତ୍ୱପୂର୍ଣ୍ଣ ଅବଦାନ । ଗାନ୍ଧିଜୀଙ୍କ ମୁକ୍ତିସଂଗ୍ରାମରେ ଯୋଗଦାନ । ତାଙ୍କରି ଦୃଢ଼ ନେତୃତ୍ୱ । ମୁକ୍ତି ସଂଗ୍ରାମ ପହଞ୍ଚିଲା ନିର୍ଣ୍ଣାୟକ ମୋଡ଼ରେ । ସଦାଚାରୀ ଗାନ୍ଧୀ । ଆତ୍ମସ୍ୱାର୍ଥର ନଥିଲା ସାମାନ୍ୟତମ ସ୍ପର୍ଶ । ଦେଲେ ଗୁରୁତ୍ୱପୂର୍ଣ୍ଣ ବାର୍ତ୍ତାଟେ । ଜାତୀୟ କଂଗ୍ରେସ କ୍ଷମତା ରାଜନୀତିଠାରୁ ଦୂରେଇ ରହିବ । ତାଙ୍କର ଏ କଥା ରହିଲା କଥାରେ । ନେତାଏ ଭୁଲାଇଲେ । ଜନତା ଭଳିଲେ । କଂଗ୍ରେସ କ୍ଷମତାକୁ ଜାବୁଡ଼ି ଧରିଲା । ଅନେକତ୍ର ଫଳ ହେଲା ବିଷମୟ । ପରସ୍ପରରେ କନ୍ଦଳ, ପ୍ରତିଶୋଧ ପରାୟଣ ଚିନ୍ତାଧାରା । ମାନବିକତାର କଣ୍ଠରୋଧ । ସୃଷ୍ଟିହେଲା ଏକ ଭୟାନକ

ସ୍ଥିତି। ଘଟଣାର ଘନଘନ ପରିବର୍ତ୍ତନ। ତଟସ୍ଥ ମୁକ୍ତିସଂଗ୍ରାମୀ, କବି, ଲେଖକମାନେ। ଆଙ୍କିଦେଲେ ସେଇ ବିକଳ ସ୍ଥିତିକୁ। ସେମାନଙ୍କ ମଧ୍ୟରେ ମହାନ ସ୍ରଷ୍ଟା ସୁରେନ୍ଦ୍ର ମହାନ୍ତି। ଲେଖିଲେ ଗପଟେ – 'ଗୃହଦାହ'। ପୋଡ଼ାଜଳା କାହାରି ବ୍ୟକ୍ତି ସମ୍ପତ୍ତି ନୁହେଁ, 'ଆଶ୍ରମ'ଟେ। ଗାନ୍ଧୀ ନୀତି-ଆଦର୍ଶ-ଦର୍ଶନରେ ପ୍ରତିଷ୍ଠିତ ରଥୀପୁର ଆଶ୍ରମ। ସ୍ୱରାଜ ଆଶ୍ରମ ଅବା ଗାନ୍ଧୀ ସେବାଶ୍ରମ। ସମାଜସେବାରେ ଏଗୁଡ଼ିକର ଭୂମିକା ଅତୀବ ଗୁରୁତ୍ୱପୂର୍ଣ୍ଣ। ସ୍ୱାଧୀନତା ପରର ଘଟଣା। କଂଗ୍ରେସର ଏକ ଗୋଷ୍ଠୀ। କ୍ଷମତା ଲୋଭରେ ମଶ୍‌ଗୁଲ। ଶେଷରେ ପୋଡ଼ିଦେଲେ। ରଥୀପୁର ଆଶ୍ରମଟି ବିଧ୍ୱସ୍ତ। ଅତୃପ୍ତ କ୍ଷମତାଭିଳାଷର ହିଂସ୍ର ପ୍ରଶ୍ୱାସ। ସେଦିନ ସକାଳର ଆଲୋକ, ହେଇ ଯାଇଥିଲା ବିଭୀଷିକାଗ୍ରସ୍ତ। ଢେର୍ ବର୍ଷର ସେବା-ତ୍ୟାଗ-ଆଦର୍ଶ, ଜଳି ପୋଡ଼ି ଛାରଖାର। ଗାନ୍ଧିଜୀଙ୍କ ଦର୍ଶନ ଯେମିତି ଗୁମୁରି ଗୁମୁରି କାନ୍ଦୁଥିଲା ସେଦିନ।

୧୮୮୫ ମସିହା। ଗଠିତ ହେଲା ଭାରତୀୟ ଜାତୀୟ କଂଗ୍ରେସ। ଜନ୍ମଦାତା ଆଲାନ୍ ଅକ୍ତାଭିଆନ ହ୍ୟୁମ୍। ତାଙ୍କ ସାଥିରେ ସୁରେନ୍ଦ୍ରନାଥ ବାନାର୍ଜୀ। 'ଜାତୀୟ କଂଗ୍ରେସ' ସାଧାରଣରେ କଂଗ୍ରେସ ଦଳ। ଏହା ଏକ ରାଜନୀତିକ ଅନୁଷ୍ଠାନ। ଅତି ସାଧାସିଧା କହିଲେ 'କଂଗ୍ରେସ'। ଚତୁର ଫିରିଙ୍ଗିଏ, ବୁଝିଥିଲେ, ଗନ୍ଧ ବାରିଥିଲେ। ଏଇ କଂଗ୍ରେସ। ଦିନେ ତାଙ୍କ ଶାସନର କଣ୍ଟାହେବ। ଛଡ଼ାଇ ନେବ ସ୍ୱାଧୀନତା। ତଥାପି ଅନୁଷ୍ଠାନଟି ତାଙ୍କରି ଆଶୀର୍ବାଦରେ। ଇଂରେଜମାନେ ଜନମତ ଜାଣିବା ପ୍ରୟାସ ଜାରି ରଖିଲେ। ନିଷେଧ ପରିବର୍ତ୍ତେ କଂଗ୍ରେସକୁ ବଢ଼ିବାକୁ ଦେଲେ।

ଗାନ୍ଧିଜୀଙ୍କ କଂଗ୍ରେସରେ ଯୋଗଦାନ। ସତ୍ୟାଗ୍ରହୀଙ୍କର ଅଭୂତପୂର୍ବ ଉତ୍ସାହ। ବାପୁଜୀଙ୍କ ଅହିଂସାମନ୍ତ୍ର, ସତ୍ୟ, ସଞ୍ଜମ, ସଦାଚାର, ସେବାପରାୟଣତା। ବହୁ ରୂପରେ ଆକର୍ଷିତ ଭାରତବାସୀ। ଜାତୀୟ ଶିକ୍ଷା, ବନ୍ୟା, ବାଡ଼ି, ମରୁଡ଼ି, ମଡ଼କ, ଜନତା ଜନାର୍ଦ୍ଦନଙ୍କ ବିପଦମୋଚନ – ଏ ସମସ୍ତ ପାଇଁ ଆଶ୍ରମମାନ ଗଢ଼ିଉଠିଲା। ୧୯୨୧ରୁ ୧୯୪୨ (ଅସହଯୋଗରୁ ଭାରତଛାଡ଼ ଆନ୍ଦୋଳନ) ପ୍ରତିଟି ପଦକ୍ଷେପରେ ଆଶ୍ରମର ଗୁରୁତ୍ୱପୂର୍ଣ୍ଣ ଭୂମିକା। ଏହା ଚିର ସ୍ମରଣୀୟ। ଏମିତି ଏକ ରଥୀପୁର ଆଶ୍ରମ, ପ୍ରତିଷ୍ଠାତା ମୁକ୍ତିଯୋଦ୍ଧା ଆନନ୍ଦ ବ୍ରହ୍ମଚାରୀ। ଦେଶପ୍ରେମ ଉଦ୍ରେକକାରୀ ଅନୁଷ୍ଠାନଟି। ଅତୀତରେ ଖୁବ୍ ନାଁ କମେଇଲା। ମୁକ୍ତିଯୁଦ୍ଧ ଚଳାଇବାରେ ସହାୟକ ହେଲା।

ବିରୂପା ନଈ କୂଳ। ରଥୀପୁର ଆଶ୍ରମ। ସେଦିନ ଅନ୍ତେବାସୀଙ୍କର ଗହଳଚହଳ। ଜାତୀୟ ଶିକ୍ଷାଦାନ, ଖଦୀ କାର୍ଯ୍ୟ- ଏମିତି ନାନାଦି ରଚନାତ୍ମକ କାର୍ଯ୍ୟକ୍ରମ। ଯୁବ ସତ୍ୟାଗ୍ରହୀମାନେ ବାନରସେନା। ସେମାନେ ଆଶ୍ରମରେ। ସେଦିନର ରଥୀପୁର ଆଶ୍ରମ। ଏବେ ଗୋଟେ ଭୂତିଆରି ବଣ। ଗାଢ଼ ସବୁଜ ଟାଆଁସିଆ କର୍କଶ ପତ୍ରବୃନ୍ତ। ତନ୍ମଧ୍ୟରେ

ବାଇଗଣି ଆଉ ଧଳାରଙ୍ଗ ଫୁଲର ସଜବାଜ – ଗୋଟିଏ ସ୍ତବକର ଘନ ଆସ୍ତରଣ। କେଇଟା ଝଙ୍କାଳିଆ ଲଙ୍କା ବାଦାମଗଛ, ସିମେଣ୍ଟ ଚଉତରା ବନ୍ଧା କୂଅଟିଏ, କୂଅ ଚଉତରା ଚାରିପାଖେ ଥୁଣ୍ଟା ଦି'ଟା କାଠଚମ୍ପା ଗଛ। ଏଇ ଅନାବୃତ, ବିସ୍ତୃତ ପରିତ୍ୟକ୍ତ ପୃଷ୍ଠଭୂମି। ତା'ରି ଉପରେ ମାଟିକାନ୍ଥର ଗୋଟାଏ କୁଦ। ଓଲରା ଚାଳର କେଇଟା ଅଧାଜଳା ରୁଅ ବାଉଁଶ - ରଥୀପୁର ଆଶ୍ରମର ଭଗ୍ନାବଶେଷ। ଏବେ ମୂକସାକ୍ଷୀ ଅତୀତର। ପାଳଭୂତ ସମ ସାକ୍ଷୀ ବର୍ତ୍ତମାନର। ଦେଖିଥିଲା ସତ୍ୟାଗ୍ରହୀଙ୍କ ରଣହୁଙ୍କାର। ଆର୍ଦ୍ର ପାଲଟିଲା ଜାତି-ପ୍ରେମ-ମନ୍ଦାକିନୀ ଧାରାରେ। ଏବେ ଦେଖୁଛି ମହାକାଳର ତାଣ୍ଡବ। କ୍ଷମତାଲୋଭୀଙ୍କ ଅପକୌଶଳ, ଗାନ୍ଧି ଆଦର୍ଶର ନିର୍ମମ ହତ୍ୟାକୁ।

ଆଶ୍ରମର ସ୍ୱେଚ୍ଛାସେବୀ ବାହିନୀ। ସାହାଯ୍ୟ, ସେବା, ସାନ୍ତ୍ୱନାର ଅଭୟବାଣୀ। ବାଣ୍ଟି ଚାଲିଲେ ଗାଁ ଗାଁରେ। ରଥୀପୁର ପ୍ରଜା ଆନ୍ଦୋଳନ। ପୁଲିସର ଘନଘନ ଚଢ଼ାଉ। ବିପ୍ଳବୀମାନଙ୍କର ଆତ୍ମଗୋପନ। ଆନନ୍ଦାଶ୍ରମ ପାଲଟିଲା ପ୍ରଜାପକ୍ଷର ଦୁର୍ଗ ! ସତ୍ୟାଗ୍ରହୀଙ୍କ ତୀର୍ଥଭୂମି। ୧୯୪୨ ମସିହା। ଗାନ୍ଧିଜୀଙ୍କ 'କର ବା ମର' ଡାକରା। ଭାରତଛାଡ଼ ଆନ୍ଦୋଳନ ତୀବ୍ରତର। ବ୍ରିଟିଶ୍ ଆସନ ଟଳମଳ। ଗାନ୍ଧୀ ସମେତ ତୁଙ୍ଗନେତାମାନେ ଗିରଫ। ଶହ ଶହ ସତ୍ୟାଗ୍ରହୀଏ ବି। ଆଶ୍ରମର ପ୍ରତିଷ୍ଠାତା ଆନନ୍ଦ ବ୍ରହ୍ମଚାରୀ। ପୁଲିସ ବାନ୍ଧି ନେଇଗଲେ। ଚାରିବର୍ଷ କଠୋର କାରାଦଣ୍ଡ। ଆଶ୍ରମରେ ତାଲା। ଖୋଲିଲା ଚାରିବର୍ଷ ପରେ - ୧୯୪୬ ସାଲରେ। ଇତି ମଧ୍ୟରେ ପୁଲିସର ଘନ ଘନ ଜୁଲମ। ଆଶ୍ରମର ଅନ୍ତେବାସୀଏ ସମସ୍ତେ ପଳାତକ। ଝଡ଼, ବତାସ, ବର୍ଷା। ରଥୀପୁର ଆଶ୍ରମ ଭୂଶାୟୀ। ଫେରିଲେ ଆନନ୍ଦ ବ୍ରହ୍ମଚାରୀ। ଆଶ୍ରମରେ ନବଜୀବନ ସଞ୍ଚାର। ଗାଁ ବାଲା ସମ୍ବଳ, ପାଣ୍ଠି ଧରି ଆସିଲେ। ଶ୍ରମ ଦେବାକୁ ପ୍ରସ୍ତୁତ। ବ୍ରହ୍ମଚାରୀ ସଭିଙ୍କୁ ଫେରାଇ ଦେଲେ। ଆଶ୍ରମ ଯୁଗ ଗଲା। ନଡ଼ା ଛପର ଘର, ତା' ଜାଗାରେ ପ୍ରସାଦ ମୁଣ୍ଡଟେକିବ। ନୂଆ ଲୋକ ଆସିବେ। ନୂଆ ଆଶ୍ରମ ଗଢ଼ିବେ। ସମୟ ବଦଳିଲା। ସବୁଥିରେ ପରିବର୍ତ୍ତନ। ଆରମ୍ଭ ହେବ ପ୍ରାସାଦ ଯୁଗ। ଆଶ୍ରମର ପୁନର୍ଜନ୍ମ, ନବୀନ ଚିନ୍ତା ଚେତନା। ଏଣିକି ପୁରୁଣାକୁ ବାଘ ଖାଇବ। ବ୍ରହ୍ମଚାରୀଙ୍କ ଏଇ ଉକ୍ତି ଅଭିମାନଭରା। ସମପରିମାଣରେ ଦର୍ଶନ ଭିତ୍ତିକ। ଗ୍ରାମବାସୀ ନିରାଶ। ରାତି ପାହିଲା, ଖବର ଚହଟିଲା। ଆଶ୍ରମ ଖାଲି, ନାହାନ୍ତି ବ୍ରହ୍ମଚାରୀ, ବିରୂପା ନଈ କୂଳର କେଉଁ ଗୋଟାଏ ପାହାଡ଼। ସେଇଠି ଆଶ୍ରମଟେ ତାଙ୍କର। ଏବେ ସମ୍ପୂର୍ଣ୍ଣ ମୌନ। ବ୍ରହ୍ମଚାରୀ ସଚ୍ଚା ମୁକ୍ତିସଂଗ୍ରାମୀ। ଗାନ୍ଧି-ଆଦର୍ଶ ଅବଗାହିତ। ନିରଳସ ଜୀବନଧାରା। ସେ ସ୍ୱାଧୀନତା ସଂଗ୍ରାମୀ – ଏ ଡିଣ୍ଡିମ ପିଟି ନାହାନ୍ତି, ଅବା ଭତ୍ତା ପାଇଁ ଫାରମ୍ ପୂରଣ କରିନାହାନ୍ତି। ତାଙ୍କର କେହି ବିଦଗ୍ଧ ଭକ୍ତ ନାହାନ୍ତି। ଏ କାମ ତାଙ୍କ ଅଲକ୍ଷ୍ୟରେ କରିଦେବ। ବ୍ରହ୍ମଚାରୀ ନିର୍ଲିପ୍ତ। ଏ ଦିଗରେ ନାହିଁ ଆସକ୍ତି ଅବା ଆଗ୍ରହ।

୧୯୩୦ ଲବଣ ସତ୍ୟାଗ୍ରହ। ବ୍ରହ୍ମଚାରୀ ବି ସାମିଲ ଥିଲେ। କିପରି, କେଉଁ ପରିସ୍ଥିତିରେ – ଏ ଇତିହାସ ବି ଅଜଣା। ଦୁଇବର୍ଷ ଜେଲ ଗଲେ। ଏଣେ ସଂସାର ଉଚ୍ଛନ୍ନ। ଘରବାଡ଼ି, କାଠ କବାଟ ସବୁ ନିଲାମରେ। ସ୍ତ୍ରୀ ସହ ଶିଶୁପୁତ୍ର। ସେମାନେ ଆରପାରିରେ। ବିସୂଚିକାରେ ଗଲେ। ଆନନ୍ଦଙ୍କର ପୈତୃକ ସମ୍ପତ୍ତି ତିନି ଏକର। ଗଢ଼ିଲେ ଆଶ୍ରମଟେ - ରଥୀପୁର ଆଶ୍ରମ। ଛ' ଫୁଟ ଉଚ୍ଚତା, ସୁଠାମ ଅଙ୍ଗ, ଗେରୁଆ, ଖଦଡ଼ ପରିହିତ। ମୁଣ୍ଡିତ ଭିକ୍ଷୁସମ ଆନନ୍ଦ ବ୍ରହ୍ମଚାରୀ। ଏବେ ବି ଅଞ୍ଚଳରେ ଶ୍ରଦ୍ଧାଶୀଳ ଉଚ୍ଚାରଣଟେ। ଇତିହାସର କୁତ୍ସିତ ପରିହାସ। ଏ ଅଞ୍ଚଳରେ କଂଗ୍ରେସର ଭିତ୍ତି, ଗଢ଼ିଥିଲେ। ରଥୀପୁର ଆଶ୍ରମ। ସେଇ ରଥୀପୁର। କଂଗ୍ରେସ ଭିତରେ ସଂଘର୍ଷ, ଅନୈକ୍ୟରେ ଆଜି ରଣାଙ୍ଗନ।

ପ୍ରତିଟି ରାଜନୀତିକ ଦଳ। କିଛି କିଛି ବିଭେଦ, ଅନୈକ୍ୟ, ଗୋଷ୍ଠୀ ଗଠନ। ଏଥିରୁ ବାଦ୍ ପଡ଼ିଲାନି, ଜାତୀୟ କଂଗ୍ରେସ। ଦେଶ ସ୍ୱାଧୀନ ହେବାରେ ଏହାର ମୁଖ୍ୟ ଭୂମିକା। ପ୍ରଦେଶ, କାଉନ୍‌ସିଲ ବର୍ଜନ, ସହଯୋଗ-ଅସହଯୋଗ, ହିଂସା-ଅହିଂସା, ଗାନ୍ଧୀବାଦର ଶ୍ରେଣୀ ସମନ୍ୱୟ, ମାର୍କ୍ସବାଦର ଶ୍ରେଣୀସଂଘର୍ଷ – ଏମିତି ବହୁବିଧ ପରସ୍ପର ବିରୋଧୀ ନୀତି। ଏଥି ସହିତ ବିଚାର ଆଉ କର୍ମ ଯୋଜନା। ଏ ସବୁକୁ କେନ୍ଦ୍ରକରି କଂଗ୍ରେସ ଦଳ ମଧ୍ୟରେ ତିକ୍ତତା, ସଂଘର୍ଷ। ଏହା ପଛରେ ନୀତିଗତ ବିଚାର, ଆଦର୍ଶଗତ ବିଭେଦ। ଅତୀତରେ କଂଗ୍ରେସକୁ ଦୁର୍ବଳ ନୁହେଁ, ସବଳ କଲା। କଂଗ୍ରେସର ହେଲା ଉତ୍ତରୋତ୍ତର ଉନ୍ନତି। ଦଳ ହେଲା ଶକ୍ତିଶାଳୀ। ଢେର୍ ବର୍ଷ ରହିଲା ଶାସନ ଗାଦିରେ। ଦିନ ଗଡ଼ି ଚାଲିଲା। ଆନନ୍ଦ ବ୍ରହ୍ମଚାରୀ ତଟସ୍ଥ। କଂଗ୍ରେସରେ ଅସନ୍ତୁଷ୍ଟ ଗୋଷ୍ଠୀର ଜନ୍ମ। ପୃଷ୍ଠଭୂମିରେ ନାହିଁ ନୀତିଗତ ଆଦର୍ଶ। ନା ଅଛି ସୁସ୍ଥ ବିଚାରଧାରା ଅବା ଉନ୍ନତ ମୂଲ୍ୟବୋଧ। ତା' ସ୍ଥାନରେ ଉଲ୍ଲଙ୍ଗ କ୍ଷମତା ପାଇଁ ବାଧିତ ଶ୍ୱାନ-ରଡ଼ି! ଅତୀତର ବିଭେଦ। ଥିଲା ମୂଲ୍ୟବୋଧ ଭିତ୍ତିକ। ଏହାର ସମୀଚୀନ, ସଂଯତ, ଶୃଂଖଳିତ ସମାଧାନ ବାଟ ଅତି ସହଜ। ଅଧୁନା ତାହା ସଂକୀର୍ଣ୍ଣତା, ବ୍ୟକ୍ତିଗତ ସ୍ୱାର୍ଥସିଦ୍ଧି ଉପରେ ପର୍ଯ୍ୟବସିତ। ନାହିଁ କୌଣସି ସମାଧାନ। କ୍ଷମତାଲିପ୍‌ସା ଉଗ୍ର। ଉତ୍କଟ ବ୍ୟକ୍ତିସ୍ୱାର୍ଥ। ବିଭେଦ ବି ସେତିକି ଭୟଙ୍କର। ଏତ ଉପର ସ୍ତରର କଥା। ଏହାର ପ୍ରଭାବ ଗାଁ ଗଣ୍ଡାରେ। ରଥୀପୁର ଗାଁର ନାରାୟଣ ମହାପାତ୍ର। ନକଲି ସ୍ୱାଧୀନତା ସଂଗ୍ରାମୀ। ଚିତାକଟା ଥିଲେ। ଏବେ ସୂତା କାଟନ୍ତି। ଖଦଡ଼ ପିନ୍ଧା, ରଥୀପୁର ଆଶ୍ରମକୁ ଦଖଲକୁ ନେବେ। ବୁଦ୍ଧି ଖଞ୍ଜିଲେ। ହାତେଇଲେ ସମଧର୍ମୀଙ୍କୁ। ଅଧର୍ମ ନିକଟରେ ଧର୍ମର। ଅସତ୍ୟର ଯଜ୍ଞକୁଣ୍ଡରେ ସତ୍ୟର ଆହୁତି। ବଳି ପଡ଼ିଲା ରଥୀପୁର ଆଶ୍ରମ। ଢେର୍ ଅଦିନିଆ ରାଜନୀତିକ ଝଡ଼। ଆଉ କେତେ ଦିନ ବା ଅଣ୍ଟା ସଳଖି ଥାଆନ୍ତା। ଶେଷରେ ବିଳୟ ଭଜିଲା।

ନାରାୟଣ ମହାପାତ୍ର। ନାଁକୁ ଜନତାର ସେବକ - ଲୋକପ୍ରତିନିଧି। କଂଗ୍ରେସ

ମନ୍ତ୍ରୀମଣ୍ଡଳ। ସ୍ଥାନ ପାଇଲେନି ନାରାୟଣ। ପାଠ ଅଷ୍ଟମଶ୍ରେଣୀ। ସେଥିରେ ଶିକ୍ଷାମନ୍ତ୍ରୀ ପାଇଁ ଲବି। ଆଶା ପାଣି ଫାଟିଗଲା। ନିରାଶ ନାରାୟଣ। ଏବେ ସରକାରଙ୍କ ଘୋର ବିରୋଧୀ। ତେଣେ ଶୃଙ୍ଖଳାଗତ କାର୍ଯ୍ୟାନୁଷ୍ଠାନ ଭୟ। ଗ୍ରାମ୍ୟ ନୀତିରେ ଅନୁଷ୍ଠାନ ବିରୋଧୀ ଅପପ୍ରଚାର। ଏଥିରେ ବୁଡ଼ି ରହିଲେ। ଶେଷରେ ଦଳ ଟିକେଟ ଦେଲାନି। ପ୍ରାର୍ଥୀ ହେଲେ ହରିହର ଶତପଥୀ। ନାରାୟଣ ଭିତରେ ଜଳିଲେ। ପ୍ରତିଶୋଧାଗ୍ନିର ଲେଲିହାନ ଶିଖା। ବାହାରେ ଚରମ ଅନାସକ୍ତି। କ୍ଷମତା ପ୍ରତି ନିସ୍ପୃହତା, ଗାନ୍ଧିଜୀଙ୍କ ପନ୍ଥାରେ ଜନସେବା କରିବେ – ଏଇ ସବୁ କଥାମାନ ଆପଣା ସପକ୍ଷରେ ରଖିଲେ। ଦୋମୁହାଁ ନୀତି। ଦଳ ନଥିପତ୍ରରେ ନାଁ। ନିର୍ବାଚନ ରଣାଙ୍ଗନ। କଂଗ୍ରେସକୁ ଭୁଲିଲେ। ଗାନ୍ଧି ଆଦର୍ଶକୁ ବି। ଏବେ ବିରୋଧୀ ଦଳର ପ୍ରଧାନ ବନ୍ଧୁ, ପରାମର୍ଶଦାତା ଆଉ ପଥପ୍ରଦର୍ଶକ। କଂଗ୍ରେସ ପ୍ରାର୍ଥୀ ହରି ଶତପଥୀ ନିର୍ବାଚନରେ ହାରିଲେ। ନାରାୟଣଙ୍କ କୁମ୍ଭୀର କାନ୍ଦଣା। ତାଙ୍କର ବାରଣ, ବାଧା ଜମା ମାନିଲାନି ଦଳ। ଲଭିଲା ପରାଭବ। ସେଇମାନଙ୍କ ଅବିମୃଶ୍ୟକାରିତା ଆଉ ଅହଙ୍କାରିତା। ସେଇଥି ପାଇଁ କଂଗ୍ରେସର ଦୁର୍ଗତି। ଏମିତି ତାଙ୍କର ବାହାସ୍ଫୋଟ, ଗାଲୁଗପ। ସତ କଂଗ୍ରେସ କର୍ମୀଏ। ରକ୍ତରେ ଗାନ୍ଧିଜୀଙ୍କ ନୀତି ଆଦର୍ଶ। ମୁହଁ ଖୋଲିଲେନି। ଖାଲି ମୁରୁକି ହସା, ପରସ୍ପରରେ ଠାରାଠାରି। ଆଖି ଥିଲେ ପୁଣି କ'ଣ ଦେଖା ନ ଯାଏ ?

ହରି ଶତପଥୀ, ନୀତିବାଦୀ ରାଜନୀତିଜ୍ଞ। ହାରଜିତରେ ନାହିଁ ବିଶ୍ୱାସ। ନିଜ ଦଳର କର୍ମୀଙ୍କ ବିଶ୍ୱାସଘାତକତା। ଆତତାୟୀ ପରି ପଶ୍ଚାତରୁ ଛୁରିକାଘାତ। ସେଇମାନେ ଦଳର ଦୁଷ୍ଟବ୍ରଣ। ସେମାନଙ୍କର ପତନ ଅନିବାର୍ଯ୍ୟ। ଅପର ପକ୍ଷରେ ତାଙ୍କ କର୍ମୀଏ ଶୃଙ୍ଖଳିତ, ଆତ୍ମଜ୍ଞାନ ସମ୍ପନ୍ନ। ଲଢୁଆ ସୈନିକ। ନିର୍ବାଚନରେ ସିନା ପରାଜୟ, ମାତ୍ର ଅସଲରେ ନୈତିକ ବିଜୟ। ତୁଚ୍ଛ ଉଦ୍ଦେଶ୍ୟ, ବିଶ୍ୱାସଘାତକତା, ମିଥ୍ୟାବାଦିତା, ପ୍ରବଞ୍ଚନା – ଯେଉଁମାନଙ୍କର ପ୍ରକୃତି, ସେଇମାନେ ପରାସ୍ତ। ଶିଷ୍ଟତା, ସାଧୁତା ଠାରୁ ସେମାନେ ଢେର୍ ଦୂରରେ। ଶୃଗାଳ ସୁଲଭ ଚତୁରତା, କୌଶଳରେ ରାଜନୀତିକ ବିଜୟ। ଜିତିଲେ ମଧ୍ୟ ସେମାନଙ୍କର ପରାଜୟ। ଇତିହାସର ବିଡ଼ମ୍ବନା। ଅତୀତର ମହାନ ପରମ୍ପରା ଏବେ ନଷ୍ଟଗାମୀ। ସ୍ୱାଧୀନତା ପରବର୍ତ୍ତୀ ଭାରତ। ତା'ର ଗରିମା, ଐତିହ୍ୟ ଫେରିବ - ଏ ବିଶ୍ୱାସ ଆନନ୍ଦ ବ୍ରହ୍ମଚାରୀ ପରି ମୁକ୍ତି ସଂଗ୍ରାମୀଙ୍କର। ଆର୍ଥନୀତିକ, ସାମାଜିକ ସ୍ୱାଧୀନତା – ଏଥି ନିମନ୍ତେ ଦ୍ୱିତୀୟ ପର୍ଯ୍ୟାୟ ଆନ୍ଦୋଳନ ଜରୁରୀ। ଜନପ୍ରାଣରେ ପୁନଃ ସଞ୍ଚରିଯିବ ଦେଶପ୍ରେମ – ଏଇ ତାଙ୍କର ଆଶା, ବିଶ୍ୱାସ। ଭରସା ବି। ଏବେ ହରି ଶତପଥୀଙ୍କ ଉପରେ ଉତ୍ତର ଦାୟିତ୍ୱ। ଆଶ୍ରମ ଠିଆ ହେବ। ବଣ ସଫା ହେଲା। ତାଙ୍କ କର୍ମୀବୃନ୍ଦ, ନିଜ ହାତରେ ଇଞ୍ଚ ଇଞ୍ଚ କରି କାଦୁଅ ଲଦିଲେ। ଭଙ୍ଗାକାନ୍ଥର ନୂଆରୂପ। ରଥୀପୁର ଆଶ୍ରମର ନବକଳେବର। ଏବେ ତାହା 'ଆନନ୍ଦାଶ୍ରମ'। ଜନେ ଧନ୍ୟ ଧନ୍ୟ କଲେ।

ଜୀଇଁଥିଲେ କିସ ପୁଣି ଦେଖା ନଯାଏ ? ଏ କଥା କୁହାକୁହି। ଗାନ୍ଧି ମହାତ୍ମା ଗଲେ, ଏବେ ବି ବଞ୍ଚିଛି ତାଙ୍କ ଆଦର୍ଶ। କର୍ପୂର ଯାଉ, କନାରେ ତ ମହକ ଅଛି ?

ନାହିଁ ଖଡ଼୍ଗ ଅବା ଢାଲ। ସାବରମତୀର ସନ୍ଥଙ୍କ କମାଲ। ଦେଇଦେଲେ ଆଜାଦି। ସ୍ୱାଧୀନତାର ଇତିହାସ ହେଲା ଗରିମାମୟ। ସ୍ୱାଧୀନତାର ମାତ୍ର କେଇଟା ବର୍ଷ ପରର କଥା। ଶାସନ ତନ୍ତ୍ରରେ ଅସଂଖ୍ୟ ଛିଦ୍ର। ସାଂସ୍କୃତିକ ଜୀବନଧାରା ଅବକ୍ଷୟ ମୁହାଁ। ଗାନ୍ଧିଜୀଙ୍କର ହେଲା ମହାପ୍ରୟାଣ। ତାଙ୍କ ନୀତି, ଆଦର୍ଶ, ଜୀବନ ଦର୍ଶନ, ଆର୍ଥନୀତିକ ଚିନ୍ତାଧାରା - ସବୁଥିରେ ଭଙ୍ଗା। ସେଦିନ ମୋହନ ଦାସ କିମିଆ କଲେ। ବିମୋହିତ ଭାରତବାସୀ। ସେମାନଙ୍କର ତ୍ୟାଗ, ତିତିକ୍ଷା, ଦେଶପ୍ରେମ। ମିଳିଲା ଅମୃତମୟ ଫଳ। ସାତସମୁଦ୍ର ତେର ନଈ ଆରପାରିର ଫିରିଙ୍ଗିଏ। ଦେଶ ଛାଡ଼ିଲେ। ଗାନ୍ଧିଜୀଙ୍କ ଚେତାବନୀ। କଂଗ୍ରେସ କ୍ଷମତା ରାଜନୀତିର ଦୂରରେ ରହିବ। ଜନତା ସେବା କରିବ; ମାତ୍ର ତାଙ୍କ କଥା କଥାରେ। ଫଳ ଓଲଟା। କ୍ଷମତାର ମୋହ, ଅର୍ଥ, ପ୍ରତିପତ୍ତି, ବିଳାସ, ବ୍ୟସନ, ପ୍ରାଚୁର୍ଯ୍ୟ - ଏ ସବୁରେ ଜନଜୀବନ ହଜି ମଜ୍ଜିଗଲା। ଜନତା ଭଳିଲେ। କ୍ଷମତା ଲୋଭୀମାନେ ଭୁଲେଇଲେ। ଚାଲିଲା ସିଂହାସନ ପାଇଁ ଲଢ଼େଇ। ଗାନ୍ଧିଜୀଙ୍କ ଆଦର୍ଶରେ ଆର୍ଦ୍ର ଅବା ମିଛ ଗାନ୍ଧୀବାଦୀଏ। ସମସ୍ତେ କ୍ଷମତା ପଛରେ। ଅସଲ ଗାନ୍ଧୀବାଲା। ନୀତି, ନୈତିକତାକୁ ପାଥେୟ କଲେ। ଆର ଗୋଷ୍ଠୀଟି ଲାଞ୍ଛୁଆ, ମିଛୁଆ, ଖଚୁଆ। କଳେବଳେ କ୍ଷମତା ହାତେଇଲେ। ଉଭୟ ଗୋଷ୍ଠୀ ପରସ୍ପର ବିରୋଧୀ। କାଦୁଅ ଫିଙ୍ଗା, ମନୋମାଳିନ୍ୟ, ମାରପିଟ - ଏମିତି ନାନାଦି ଅଘଟଣ। ସଚ୍ଚା ମୁକ୍ତିସଂଗ୍ରାମୀମାନେ ମୂକ। ସାଧାରଣ ଜନତା ମନମରା। କିଏ କହେ - ଆଖି ଥିଲେ କ'ଣ ଦେଖା ନଯାଏ। ଗାନ୍ଧିଜୀଙ୍କ ଆଦର୍ଶର ବିଲୟ। ଏହାର ମୂକସାକ୍ଷୀ ରଥୀପୁର 'ଆନନ୍ଦାଶ୍ରମ'। ନ୍ୟସ୍ତସ୍ୱାର୍ଥ ଏହାର ମୁଖ୍ୟ କାରଣ। ସାମନ୍ତବାଦୀ, ପୁଞ୍ଜିବାଦୀ, ଉପନିବେଶବାଦୀ - ଏମିତି ନାନାଦି ଆଦର୍ଶ, ଦର୍ଶନ। ଏଥିରେ ମଧ୍ୟ ନ୍ୟସ୍ତସ୍ୱାର୍ଥ। ମାତ୍ର କ୍ଷମତାର ନ୍ୟସ୍ତସ୍ୱାର୍ଥ ଅତି ଭୟଙ୍କର। ସର୍ବଗ୍ରାସୀ ମଧ୍ୟ। ପୁନଶ୍ଚ ଏହା ଅଶରୀର। ଏହାର ବିସ୍ତାର ଅତି ଗଭୀର। ମଣିଷର ପ୍ରାଣ, ହୃଦୟ, ଚିନ୍ତାର ଅନ୍ଧକାର କବର। ଏହାରି ମଧ୍ୟରେ ଏ ଚିନ୍ତାଧାରା। ବିଷମ ତା'ର ପରିଣତି। ମଣିଷକୁ ଅବାଟକୁ ନିଏ। ମାନବିକତା ବଳି ପଡ଼େ। ନ୍ୟସ୍ତସ୍ୱାର୍ଥ ଲୋକପରି ନ୍ୟସ୍ତସ୍ୱାର୍ଥ ବିରୋଧୀ ଗୋଷ୍ଠୀ ଆଉ ଗୋଟେ ଶ୍ରେଣୀ। ତିଆରି ହୁଏ ନୂତନ ଶ୍ରେଣୀ। ନୂତନ ନ୍ୟସ୍ତସ୍ୱାର୍ଥ - ଉଭୟର ସମ୍ମିଶ୍ରଣରେ କ୍ଷମତାର ନ୍ୟସ୍ତସ୍ୱାର୍ଥ। ଏଇଥିରେ ରଥୀପୁରର 'ଆନନ୍ଦାଶ୍ରମ' ବଳି ପଡ଼ିଲା। ସତ କଂଗ୍ରେସବାଲା, ସଚ୍ଚା ଗାନ୍ଧୀବାଦୀ - ଏମାନେ କ୍ଷମତା ପାଇଁ ରାଜନୀତିରେ। ମିଛ ସ୍ୱାଧୀନତା ସଂଗ୍ରାମୀ। ଅର୍ଥ ଆଉ କ୍ଷମତା ପାଇଁ। ସେମାନେ ବି ପାଗଳ। ଆଶ୍ରୟ ନେଲେ ମିଥ୍ୟାର। ନିର୍ବାଚନ ବୈତରଣୀ। ଚକ୍ଷକରେ ସହଜରେ ପାର ହେଲେ। ହରି

ଶତପଥୀ, କଂଗ୍ରେସ ପ୍ରାର୍ଥୀ । ଗାନ୍ଧିବାଦୀ । ଆଦର୍ଶର କଥା କହିଲେ । ଶେଷରେ ନିର୍ବାଚନରେ ପରାସ୍ତ । ନାରାୟଣ ମହାପାତ୍ର, ଟିକଟ ପାଇଲେନି । ଅସନ୍ତୁଷ୍ଟ ଗୋଷ୍ଠୀର ମଙ୍ଗୁଆଳ । ଏବେ ଆଖି 'ଆନନ୍ଦାଶ୍ରମ' ଉପରେ । କଳେ, ବଳେ, ଛଳେ, କଉଶଳେ - ଆଶ୍ରମ ହେବ ଧୂଳିସାତ । ହରି ଶତପଥୀଙ୍କର ଗାନ୍ଧି ଆଦର୍ଶ ମାଟିରେ ମିଶିବ । ଆରମ୍ଭ କଲେ କୂଟ ଚକ୍ରାନ୍ତ । ଆଶ୍ରମ ଧ୍ୱଂସ ହେଲା । ପାଉଁଶର ଧୂଆଁ କୁଣ୍ଡଳି । ତା'ରି ଭିତରେ ଅସ୍ତାୟମାନ ଗାନ୍ଧିବାଦ । ଆସ୍ତେ ଝାପ୍‌ସା ପାଲଟିଲା । ଆନନ୍ଦାଶ୍ରମ ଦେଖି ଥିଲା ଗାନ୍ଧିଯୁଗର ଅଭ୍ୟୁଦୟ । ଏବେ ସାକ୍ଷୀ ସେଇ ଯୁଗ ଅବସାନର ।

ଆନନ୍ଦାଶ୍ରମ ଓରଫ ରଥୀପୁର ଆଶ୍ରମ । ପ୍ରତିଷ୍ଠାତା ସ୍ୱାଧୀନତା ତପସ୍ୱୀ ଆନନ୍ଦ ବ୍ରହ୍ମଚାରୀ । ଏବେ ଆଶ୍ରମର ନୂଆ ରୂପ, ଭେକ । ତତ୍ତ୍ୱାବଧାରକ ହରି ଶତପଥୀ । ମୁକ୍ତିସଂଗ୍ରାମ କାଳୀନ ପୁଲିସର ଜୁଲମ । ଢେର୍ ଦିନ ଆଶ୍ରମରେ ତାଲା । ନଡ଼ାଛପର ମଥାନ ଦଣ୍ଡାୟମାନ । ମାଟିକାନ୍ଥ ଭୂଶାୟୀ । ଏବେ ଆଶ୍ରମର ପୁନଃ ପ୍ରତିଷ୍ଠା । ନା' ବି ବଦଳିଲା । ଆନନ୍ଦ ବ୍ରହ୍ମଚାରୀଙ୍କ ନାମାନୁସାରେ 'ଆନନ୍ଦାଶ୍ରମ' । ଆଶ୍ରମରେ ଗହଳ ଚହଳ । ସେବକାର୍ଯ୍ୟ ତ୍ୱରାନ୍ୱିତ । ଜନତାର ବାଃ ବା । ହରି ଶତପଥୀଙ୍କ ପତିଆରା ବଢ଼ିଲା । ରାଜନୀତିକ ଉତ୍‌ଥାନ ବି । ନାରାୟଣ ମହାପାତ୍ର । ରାଗ ଜରଜର । ବିଷବୃକ୍ଷର ମୂଳପୋଛ ଲୋଡ଼ା । ହାତ ହତିଆର ଯୋଗାଡ଼ । ତତ୍‌ସହିତ ନାନାଦି ଖଳବୁଦ୍ଧିର ପ୍ରୟୋଗ । ଆନନ୍ଦାଶ୍ରମ କେନ୍ଦ୍ରବିନ୍ଦୁ । କେଇ ଦଫା ଦେୱାନୀ, 'ଫୌଜଦାରୀ ମୋକଦମା ହେଲା । ସୂତ୍ରଧର ନାରାୟଣ । ପାଖ ଗାଁର ତାଙ୍କ ପରି ଆଉ ପାଁ ଜଣ । ଏମାନେ ଚାଷୀ । ତାଙ୍କୁ ହାତ କଲେ । ସେମାନଙ୍କର ଜମି ଆଶ୍ରମ ହତା ଭିତରେ । ଅଂଶ ସାବ୍ୟସ୍ତ ହେବ । ଚାଲିଲା ମାମଲା । ୧୯୪୨-୧୯୪୬ - ଦୀର୍ଘ ଚାରିବର୍ଷ । ଆଶ୍ରମଟି ହେଇଥିଲା ଅନ୍ତେବାସୀ ଶୂନ୍ୟ । କେଇଜଣ ପାଖଚାଷୀ । ନିଜ ଚାଷଜମି କଳେବର ବଢ଼ାଇଦେଲେ । ମାପଚୁପ, ଅମିନ ସାବ୍ୟସ୍ତ କରିଦେଲେ ଆଶ୍ରମ ସ୍ୱତ୍ୱ । ଏଥିରେ ବି ଖଳବୁଦ୍ଧି । ଚାଷୀଙ୍କୁ ଉଚ୍ଛେଦ କରାଯାଉଛି । ଏ ବାବଦରେ ପାଞ୍ଚ ଛ'ଅ କିତା ମୋକଦମା । ସେତିକିରେ କଥା ରହିଲାନି । ଏଇ ଆଶ୍ରମ, ଦିନେ ଅହିଂସା ମନ୍ତ୍ରର ସାହାନାଇ ବାଜିଥିଲା । ଆଜି ହିଂସା ଜାଗତିଆର । ଦଶ, କୋଡ଼ିଏ ଗୁଣ୍ଡା, ହାତରେ ଠେଙ୍ଗାବାଡ଼ି, କଟୁରି । ଆଶ୍ରମ ପଡ଼ିଆରେ ହଳ ବୁଲିବ । ଆଶ୍ରମ ଅନ୍ତେବାସୀଙ୍କ ସଂଖ୍ୟା ଢେର୍ । ଗଣ୍ଡଗୋଳ ଭଣ୍ଡୁର ହେଲା । ପୁନଶ୍ଚ ମୋକଦମା । ସବୁଥିରେ ହରି ଶତପଥୀଙ୍କ ବିଜୟ । ଆଶ୍ରମର ସ୍ୱତ୍ୱ ସରକାରଙ୍କ ଦ୍ୱାରା ସାବ୍ୟସ୍ତ । ଅଳସୁଆର ମୁଣ୍ଡ, ସଇତାନୀ ପ୍ରବୃତ୍ତିର ବସାଘର । ନାରଣ ମହାପାତ୍ର, ଟାଉଟର, ଧପାବାଜ୍, ଗାନ୍ଧି ଟୋପି ପିନ୍ଧା ନକଲି ସ୍ୱାଧୀନତା ସଂଗ୍ରାମୀ । ପୁନଶ୍ଚ ଦୁର୍ବୁଦ୍ଧି । ଆନନ୍ଦ ବ୍ରହ୍ମଚାରୀ ତିନିହଜାର ଋଣ ନେଇଥିଲେ । ଏଥି ପାଇଁ କଷ୍ଟ କବଲା । ଅନାଦେୟ ଆଶ୍ରମ ଚାଳରୁ

ତଳିପା ନିଲାମ। ଏଇ ଡିଗ୍ରି ଆଣି ଜଣେ ଆସି ହାଜର। ପୁଣି ମାମଲା। ଢେର୍ ଦଉଡ଼ ଧାପଡ଼ା । ଶେଷରେ ସତ୍ୟର ବିଜୟ। କଣ୍ଟ କବଲାଟି ନକଲି। ଏବେ ଆଶ୍ରମ ନିଷ୍କଣ୍ଟକ। ଅବଶ୍ୟ ଆଇନ ଦୃଷ୍ଟିରୁ। ବିଶ୍ୱାସ ଘାତକ ଶତ୍ରୁ ଠାରୁ ଅଧିକ ଭୟଙ୍କର। ସେ ପଛରୁ ଛୁରି ମାରେ। ଏ ମାନସିକତା ଶତ୍ରୁର ନ ଥାଏ। ନାରାୟଣ ମହାପାତ୍ର। ଚକ୍ରାନ୍ତ ତାଙ୍କର ବ୍ରହ୍ମା ବିରଞ୍ଚିଙ୍କୁ ଅଗୋଚର। ପୁନଶ୍ଚ ଫନ୍ଦି। ବାଉଁଶ ରହିଲେ ବଇଁଶୀ, ଗୋବିନ୍ଦ ଥିଲେ ଦୋଳଯାତ୍ରା। ଆଶ୍ରମକୁ ଧ୍ୱଂସ କରିବାକୁ ହେବ। ହରି ଶତପଥୀଙ୍କ ପତିଆରା ତୁଟି ଯିବ। ଚିନ୍ତା ସାଗରରେ ମନ-ମୀନ ତାଙ୍କର ବୁଡ଼ିବ। ଈର୍ଷାରେ ଜଳୁଥିଲେ ନାରାୟଣ ମହାପାତ୍ର।

କୀଟ ବସ୍ତୁକୁ ଖିନ୍‌ଭିନ୍ କରି ଖାଏ। ଠିକ୍ ସେମିତି ଈର୍ଷା ମାନବିକତାର ବାଧକ। ଏ ପ୍ରକାର ମହାବ୍ୟାଧି। ମୁକ୍ତ ନ ଥିଲେ ନାରାୟଣ ମହାପାତ୍ର। ଘଟଣାର କ୍ରମ ପରିବର୍ତ୍ତନ। ହଠାତ୍ ଜଣେ ହାଜର। ଆନନ୍ଦ ବ୍ରହ୍ମଚାରୀଙ୍କର ସେ ଉତ୍ତରାଧିକାରୀ। ଆଶ୍ରମ ହିଁ ତାଙ୍କର। ଏ ଦାବି ରଖିଲେ। ଆନନ୍ଦାଶ୍ରମର ସମ୍ପତ୍ତି ଆନନ୍ଦ ବ୍ରହ୍ମଚାରୀଙ୍କ ଦାନ। ଏ ସମ୍ପର୍କିତ କାଗଜାତ। କଚେରିରେ ଉପସ୍ଥାପିତ ହେଲା। ସରକାରୀ ନଥିପତ୍ର। ଆନନ୍ଦାଶ୍ରମ ସମ୍ପତ୍ତି ସ୍ଥିରୀକୃତ। ଏବେ ନାରାୟଣ ନାଚାର। ହରି ଶତପଥୀଙ୍କ ପ୍ରତି ରାଗ, ଘୃଣା ବଢ଼ିଲା। ତାଙ୍କ ରାଜନୀତିକ ପତିଆରା ହ୍ରାସ। ଏଥି ସହିତ ଆର୍ଥିକ ଲାଭ ବି। ପୁଣି ଚକ୍ରାନ୍ତ। ବିରୂପା ନଈରେ ପଠାଟିଏ। ବଟେଶ୍ୱର ଚଢ଼ା, ଜମିର ଆୟତନ ପ୍ରାୟ ଏକ ଏକର। ପଠା ତଳକୁ କଳାମୁଖୀ ଗଣ୍ଡ। ଦୁଇ ତିନିଟି ଅଞ୍ଚଳର ଗ୍ରାମବାସୀ। ଏଥିରେ ଚଳନ୍ତି। ପଠାରେ ବିସ୍ତୃତ ଚରାଭୂଇଁ। ଗାଈ ମଇଁଷି ଆଠକାଳୀ ବାରମାସ ସେଠାରେ। ପଠାରେ ଶୀତଦିନିଆ ଫସଲ। ଗଣ୍ଡରେ ଜାତି ଜାତିକା ମାଛ। ଅଞ୍ଚଳ ବାସୀଙ୍କ ପାଇଁ ତାହା ପ୍ରାକୃତିକ ସମ୍ପଦ। ନାରାୟଣଙ୍କ ଅପକୌଶଳ। ନିଜ ସ୍ତ୍ରୀଙ୍କ ନାଁରେ ଜାଗା କରାଇନେଲେ। ବନ୍ୟାଞ୍ଚଳ ବାସିନ୍ଦା। ନାହିଁ ଅର୍ଥବଳ। ମୋକଦମା ଲଢ଼ିବେ, ତାହା ସମ୍ଭବ ନ ଥିଲା। ଆନନ୍ଦାଶ୍ରମ ଅଣ୍ଟା ଭିଡ଼ିଲା। ସତ୍ୟାଗ୍ରହ ମାଧ୍ୟମରେ ପ୍ରତିବାଦ। ଶହ ଶହ ଜନତା ସାମିଲ। ତ୍ରସ୍ତ ନାରାୟଣ ମହାପାତ୍ର। ଏଣିକି ବୁଝିବାକୁ ତାଙ୍କର ବାକି ନାହିଁ। ଆନନ୍ଦାଶ୍ରମର ସତ୍ତା ଲୋପ, ନଚେତ ତାଙ୍କର ଅସ୍ତିତ୍ୱ ବିଲୋପ। ତାହା ସହିତ ଆର୍ଥନୀତିକ ସତ୍ତା ବି। ଅସାମାଜିକଙ୍କୁ ଏକଜୁଟ୍ କଲେ। ଏଣିକି ଆଶ୍ରମ ଧ୍ୱଂସ ଅନିବାର୍ଯ୍ୟ। ଏଇ ଅପକୌଶଳ ମହାପାତ୍ରଙ୍କର।

ନାରାୟଣଙ୍କ କାନ୍ଧରେ ଗାନ୍ଧି ଝୁଲା। ଢେର୍ ଆଦର୍ଶକଥା। ଭିତରେ କୂଟନୀତି। ସତ୍ୟର ଦ୍ୱାହି; ମାତ୍ର ମିଥ୍ୟାରେ ଅବଗାହିତ। ଦେଖଣାହାରୀଙ୍କ ମୁରୁକି ହସା। କିଏ କହେ ଏଇଟା କମ୍ୟୁନିଷ୍ଟ ଥିଲା କି କ'ଣ ? ବାରଜାତି ତେର ଗୋଳା, ବୈଷ୍ଣବ ହେଲେ ସବୁ ଗଲା। ଏବେ ଖଦଡ଼ ଭିତରେ ପଶି ଯାଇଛି। ଗରିବଗୁଡ଼ାକୁ ଜମିରୁ ଉଚ୍ଛେଦ କରିଛି,

ଏବେ ସଚ୍ଚା କଂଗ୍ରେସ ବାଲା ବୋଲାଉଛି । କିହୋ କଂଗ୍ରେସ ଗଢ଼ିଲା କିଏ ? ଦେଶରେ କଂଗ୍ରେସ ମଞ୍ଜି ପୋତିଲା କିଏ ? ପାଣି ଦେଲା କିଏ ? ଫଳ ଖାଇଲା କିଏ ? ଏବେ କଂଗ୍ରେସର ବାନା, ବଇରଖ । ଯେମିତି ଗୋଟାପଣ କଂଗ୍ରେସିଆ । ଗାନ୍ଧୀଙ୍କର ପରା ଏ ଧରମପୁଅ ! ଏମିତି ଜନେ କୁହାକୁହି, ଠରାଠରି । ଗାନ୍ଧୀ ମହାତ୍ମା ନିଶା ନିବାରଣ କଥା କହିଲେ । ଆନ୍ଦୋଳନ ଜାରି ରହିଲା । ନିଶା ରାକ୍ଷସ ତ ଗଲାନି । ଏବେ ସର୍ବତ୍ର ମଦର ଜୁଆର । ଗାନ୍ଧୀଙ୍କ ନାମ ଧରି ବହୁ ଅପକର୍ମ । ନାରାୟଣ ମହାପାତ୍ରଙ୍କ ପରି ଶତ ସହସ୍ର । ଏମନ୍ତ କୁକର୍ମର ଜଣେ ଜଣେ ମହାନାୟକ । ଦିନରେ ଦର୍ଶନ, ରାତିରେ ଶୁଣ୍ଢିଘରେ ଖଟି । ସକାଳ ହେଲେ ଚା' ଦୋକାନରେ । ହାତରେ ଖବରକାଗଜ ଖଣ୍ଡେ । କେବଳ ଗାଲୁଗପ । ଆକାଶରୁ ତୋଳି ଆଣି ଗପନ୍ତି । ଯେମିତି ଶୀତ ଆସିଛି । ସରକାର ପରମାଣୁ ବୋମା ଫୁଟଉଛି । ସେଇଥି ପାଇଁ ଶୀତଟା କାଠୁରିଆ । ସରକାରର ଧନ ଜୀବନକୁ ପରବାୟ ନାହିଁ । ଲୋକେ ଶୀତ କାକରରେ ମରୁଛନ୍ତି । ତାଙ୍କର କି ଯାଏ ଆସେ ? ପୁଣି ଡାହାମିଛ ଗପନ୍ତି । ସେ ଜେଲ ଯାଇଛନ୍ତି । ପାଞ୍ଚବର୍ଷର ଲଢୁଆ ଅନୁଭୂତି । ଆମେରିକା, ଋଷରେ ବୋମା ଫୁଟୁଛି । କିଏ ମନା କରୁଛି ? ହେଲେ ଆମ ଦେଶରେ ଯେଉଁ ଶୀତ । ସେଥିପାଇଁ ସରକାରଙ୍କ ବୋମାଫୁଟା ଦାୟୀ । ନେତା, ମନ୍ତ୍ରୀ, ନିର୍ବାଚିତ ପ୍ରତିନିଧି । ଲୋକମାନଙ୍କ ପ୍ରତି ନା ତାଙ୍କର ସମ୍ମାନ ନା ସୁଖ ଦୁଃଖ ବୁଝନ୍ତି ? ଏମିତି ନାରାୟଣଙ୍କ ଟାଉଟରି, ଗୁଲିଖଟି ଗପ । ତାଙ୍କ ସହ ଆଉ କେଇଜଣ । ଶୁଣ୍ଢିର ସାକ୍ଷୀ ମାତାଲ । ସମସ୍ତଙ୍କ ଗୁପ୍ତ ମନ୍ତ୍ରଣା, ଆନନ୍ଦ ଆଶ୍ରମ ଉପରେ ଆଖି । ଆଖିରେ ଆଖିରେ ଇସାରା । ଏଥର କୋଉ ହରି ରଖିବେ ରଖନ୍ତୁ ତ !

ଆସନ୍ନ ସନ୍ଧ୍ୟାର ଅନ୍ଧକାର, ପ୍ରଚଣ୍ଡ ଶୀତ । ରାସ୍ତା ନିର୍ଜନ । ରାସ୍ତା ସେ ପାଖରେ ହରି ଶତପଥୀଙ୍କ ଦଳ । ସମସ୍ତେ ଘରବାହୁଡ଼ା । ନାରାୟଣ ଅତି ସନ୍ତର୍ପଣରେ ଜିପ୍‌ରୁ ଓହ୍ଲାଇ ପଡ଼ିଲେ । ସାଥିରେ ଆଉ କେଇଜଣ । ଘନ ଅନ୍ଧାର । ସମସ୍ତେ ଗୋଟେ ଆମ୍ବତୋଟାରେ । ମନ୍ତ୍ରଣା ଶେଷ । ରାତି ପାହିଲେ ସାଧାରଣତନ୍ତ୍ର ଦିବସ । ଆନନ୍ଦାଶ୍ରମରେ ବିପୁଳ ଆୟୋଜନ । ଅନ୍ତେବାସୀମାନଙ୍କର ଢେର୍ ଶ୍ରମ । ସମସ୍ତେ ନିଦ୍ରାଦେବୀଙ୍କ କୋଳରେ । ହଠାତ୍ ଚାରିଆଡ଼େ ଚିତ୍କାର- "ନିଆଁ, ନିଆଁ" । ଆର୍ତ୍ତନାଦର କରୁଣ ସ୍ୱର । ହେମାଳିଆ ଉତ୍ତରା ପବନର ତାଣ୍ଡବ ରୂପ । ବତାସ ପରି ବହିଲା । ନିଆଁର ଲହଲହ ପ୍ରଲମ୍ବିତ ଶିଖା । ଶେଷରେ ପାଲଟିଲା କ୍ଷୁଧାର୍ତ୍ତ ସରୀସୃପଟେ । ବାଉଁଶ ଗଣ୍ଠିର ଠୋ ଠା ଶବ୍ଦ । ଗଭୀର ନିଶୁତିର ଶତ ଆର୍ତ୍ତନାଦ । ପାଖରେ ପାଣି ନାହିଁ । ନିଆଁ ଅଣାୟତ୍ତ । ଲିଭିବାର ନାଁ ନାହିଁ । ସମସ୍ତ ଆଶ୍ରମବାସୀ କିଂକର୍ତ୍ତବ୍ୟବିମୂଢ଼ । ସମ୍ମୋହିତ ବି । ଦେଖୁଥିଲେ ଗୃହଦାହର ନିଆଁ ଫୁଲକି । ଅଗ୍ନିଦେବତାଙ୍କ ଲେଲିହାନ ଶିଖା । ପାଉଁଶ କରି ଚାଲିଥିଲା ଏକ ସମୃଦ୍ଧ ଅତୀତକୁ ।

ବିଧି ବାମ। ଦେଶ ସଜବାଜ। ପାଳିବ ସାଧାରଣତନ୍ତ୍ର ଦିବସ। ଉଡ଼ିବ ତ୍ରିରଙ୍ଗା। ହସ, ଖୁସି, ଆନନ୍ଦ। ଅତିଥିଙ୍କ ମିଠାଇ ବାଣ୍ଟ। ମହାମାନ୍ୟ ରାଷ୍ଟ୍ରପତିଙ୍କ ପୁରସ୍କାର ବିତରଣ। ଗାନ୍ଧିଜୀଙ୍କ ଆଦର୍ଶାନୁମୋଦିତ ଜନଜୀବନ। ସକାଳୁ ସକାଳୁ ନାମ ସଂକୀର୍ତ୍ତନ, ବସ୍ତିସଫେଇ, ହାସ୍‌ପାତାଳରେ ରୋଗୀଙ୍କୁ ଫଳ ବଣ୍ଟା। ହେଲେ ଆନନ୍ଦ ଆଶ୍ରମ ଆଜି ଭସ୍ମସ୍ତୂପ। ଅତୃପ୍ତ କ୍ଷମତାଭିଳାଷର ହିଂସ୍ର ପ୍ରଶ୍ୱାସ। ପାଉଁଶ ଗଦାରେ ଶତ ଶତ ଧୂମକୁଣ୍ଡଳୀ। ସକାଳର ସୁନେଲୀ ଆଲୋକ ବିଭୀଷିକାଗ୍ରସ୍ତ। ଧ୍ୱସ୍ତ ବିଧ୍ୱସ୍ତ ପୃଷ୍ଠଭୂମି। ତା'ରି ଉପରେ ଆନନ୍ଦାଶ୍ରମର ପୋଡ଼ା କାଠଖୁଣ୍ଟ। ସୃଷ୍ଟି କରୁଥିଲା ଅଜସ୍ର ପ୍ରଶ୍ନବାଚୀ। ଆଶ୍ରମର ଧ୍ୱଂସ ସ୍ତୂପ ମଧ୍ୟରେ ଗାନ୍ଧି-ଆଦର୍ଶର ଆର୍ତ୍ତନାଦ। ଶହ ଶହ ଗାଁ ବାଲା, ସମସ୍ତେ ସ୍ତବ୍ଧ। କାହିଁ ଗଲେ ଗାନ୍ଧିଜୀ ? ସତ୍ୟ, ସତ୍ୟାଗ୍ରହ, ଅହିଂସା - ଗୁମୁରି ଗୁମୁରି ସେଦିନ କାନ୍ଦୁଥିବ। ସତରେ ! ଆଖି ଥିଲେ କ'ଣ ଦେଖା ନ ଯାଏ।

■

ଦର୍ଶନରେ ଏକମାତ୍ର ପରୀକ୍ଷା - ଜୀବନ

ଦର୍ଶନ ସତ୍ୟ ନୁହେଁ; ସତ୍ୟର ଅନୁସନ୍ଧାନ। ଜୀବନ, ଜଗତକୁ ଦେଖିବାର ତାହା ଏକ ମନନଶୀଳ ଅନୁସନ୍ଧାନ। ଦାର୍ଶନିକଟି ଚିନ୍ତାଶୀଳ, ଗଭୀର ମନନଶୀଳ, ପଣ୍ଡିତ ବି। ସ୍ରଷ୍ଟା ସୃଷ୍ଟିର ବିଚିତ୍ରତା। ଏଥିରେ ବିଭୋର ଦାର୍ଶନିକଟି। ଖୋଜି ବସେ ବିଶ୍ୱନିୟନ୍ତାଙ୍କୁ। ଅନୁଧ୍ୟାନ କରେ ତା'ର ବିଚିତ୍ର ଜଗତକୁ। ଏହି ତତ୍ତ୍ୱ ଆଉ ତଥ୍ୟ। ତା'ରି ମଧ୍ୟରୁ ସଂଜାତ ନିଷ୍କର୍ଷ। ତାହା ଦର୍ଶନତତ୍ତ୍ୱ। ଏସବୁ ଲିଖିତ ଗ୍ରନ୍ଥ ଦର୍ଶନ ଶାସ୍ତ୍ର ବା ଅଧ୍ୟାତ୍ମ ସାଧନଶାସ୍ତ୍ର। ସାଂଖ୍ୟ ବେଦାନ୍ତାଦି ଷଟ୍ ଦର୍ଶନ - ସାଂଖ୍ୟ, ଯୋଗ, ନ୍ୟାୟ, ବୈଶେଷିକ, ମୀମାଂସା, ବେଦାନ୍ତ। ଏ ସମସ୍ତ ଗ୍ରନ୍ଥର ପ୍ରଣେତା ଯଥାକ୍ରମେ କପିଳ, ପତଞ୍ଜଳି, ଗୌତମ, କଣାଦ, ଜୈମିନି, ବ୍ୟାସ ପ୍ରଭୃତି ଦାର୍ଶନିକ। ଏତଦ୍‌ଭିନ୍ନ ଚାର୍ବାକ୍, ବୌଦ୍ଧ, ଜୈନାଦି ଦର୍ଶନ। ମୁଖ୍ୟତଃ ଦର୍ଶନର ଦୁଇଟି ବିଶିଷ୍ଟ ଦିଗ - ପ୍ରାଚ୍ୟ, ପାଶ୍ଚାତ୍ୟ। ପାଶ୍ଚାତ୍ୟ ଦର୍ଶନ ଲକ୍ଷ୍ୟ ମାର୍ଜିତ ବୁଦ୍ଧି। ଭାରତୀୟ ଦର୍ଶନର ଲକ୍ଷ୍ୟ ସମାହିତ ଆତ୍ମା। ଦର୍ଶନ ପରୀକ୍ଷାରେ ଉତ୍ତୀର୍ଣ୍ଣ ଛାତ୍ର ଦାର୍ଶନିକ ନୁହେଁ। ପ୍ରତିଯୋଗିତାର ଆସକ୍ତି। ଏଥିରେ ନାହିଁ ଦିବ୍ୟଦର୍ଶନର ଅନାସକ୍ତି। ଏ ଦେଶର ରାସ୍ତା, ଘାଟରେ ବହୁ ନିରକ୍ଷର, ସେମାନଙ୍କ ଭିତରେ ଦର୍ଶନର ପରିପ୍ରକାଶ। ତାହା ସାଧାରଣ କଥା ଆଉ ଚଳଣିରେ ଅଭିବ୍ୟକ୍ତ। ଏ କଥା ବଡ଼ ବଡ଼ ଦାର୍ଶନିକମାନେ ଅବଗତ ନୁହନ୍ତି। ଜୀବନ; ଏହାର ସଫଳତା, ବିଫଳତା, ତୃଷ୍ଣା, ବିତୃଷ୍ଣା। ଏସବୁର ବହୁ କଥା ସ୍ଥାନିତ ଦର୍ଶନରେ। ଦର୍ଶନରେ ଏକମାତ୍ର ପରୀକ୍ଷା – ଜୀବନ।

ଜୀବନର ଅନ୍ୟନାମ ସଂଘର୍ଷ। କେବେ ସଫଳତାର ପ୍ରାଚୁର୍ଯ୍ୟ। କେବେ ବିଫଳତାର ବିତୃଷ୍ଣା। ଚାଲିଛି ଜୀବନ ଗଡ୍‌ଡାଳିକା ଧାରାରେ। ଅତୀତର ଜୀବନ, ବହୁ ଅସଫଳତା ପୀଡ଼ିତ। ବହୁ ଅତୃପ୍ତ ବାସନା ବିଡ଼ମ୍ବିତ ବର୍ଷ ସମ। ଘୂର୍ମନ୍ତ ଆକାଶରେ ନିଶାର୍ଦ୍ଧର କାକଜ୍ୟୋସ୍ନା। ଧୀରେ, ଅତି ଧୀରେ ନିମୀଳିତ ହେଇ ଆସୁଛି। ଦିଗନ୍ତ ରେଖାର ଧୂସର ପଟ୍ଟଭୂମି। ଅଦୂର ଦେବଦାରୁ ଶ୍ରେଣୀ। ମତେ ଯେମିତି ଆଳିଙ୍ଗି ହେଇଯାଉଛି

ବିସ୍ମୟବାଚକ ଚିହ୍ନପରି ! ଉନ୍ମୁକ୍ତ ବାତାୟନ ଦେଇ ଚେନାଏ ଜହ୍ନ ଆଲୁଅ । ଚଟାଣ ସାରା ଜୋଛନାର ଜୁଆର । ବିନିଦ୍ର ଦର୍ପନାରାୟଣ । ଶୈଶବରେ ତାଙ୍କର ଈର୍ଷାକାତର ତୃଷ୍ଣା । ଯୌବନରେ ପରାଜିତ ବିତୃଷ୍ଣା, ବାର୍ଦ୍ଧକ୍ୟରେ ଅସହାୟତା । ଦର୍ଶନ ଶାସ୍ତ୍ରରେ ଏମ୍.ଏ. ପାଶ୍ । ହେଲେ ଜୀବନ ସାରା ବୁଝି ପାରିଲେନି ଜୀବନ-ଦର୍ଶନ କଥା । ନା ପାଲଟିଲେ ସଫଳ ଦାର୍ଶନିକଟେ, ନା ଜିତିଥିଲେ ଜୀବନ ଯୁଦ୍ଧରେ । କ୍ଳାନ୍ତ, ଶ୍ରାନ୍ତ ଏକ ନିଃସଙ୍ଗ ପଥିକଟିଏ । ରାତିରେ ଖୋଜୁଥିଲେ ସୁଖନିଦ୍ରା । ତୃଷ୍ଣା ଆଉ ବିତୃଷ୍ଣାର ଦାବ ଦହନ । କାହୁଁ ମିଳିବ ଅବା ସୁଖ, ଶାନ୍ତି ? ଖାଲି ଜୀବନ ଯନ୍ତ୍ରଣାର ଦଂଶନ । ଅହଂକାର ସିଂହାସନାରୂଢ଼ ଦର୍ପନାରାୟଣ । ତାଙ୍କ ପୁରୁଷାକାର, ଦମ୍ଭ, ଅହମିକା ଆଜି ଚୂର୍ଣ୍ଣବିଚୂର୍ଣ୍ଣ । ତାଙ୍କରି ଜୀବନର କରୁଣ କଥା-ଗାଥା । ଏହାରି ଉପରେ ଆଧାରିତ ଗପଟେ "ତୃଷ୍ଣା ଓ ବିତୃଷ୍ଣା" । ଜଣେ ନିଃସଙ୍ଗ ପଦାତିକର କରୁଣ କାହାଣୀ । ଗପଟି ହେଇଯାଇଛି ରସୋତ୍ତୀର୍ଣ୍ଣ । ଲେଖକ କାଳଜୟୀ ସୁରେନ୍ଦ୍ର ମହାନ୍ତି ।

ମଧ୍ୟ ରାତି ଅତିକ୍ରାନ୍ତ, ତଥାପି ନିଦ୍ରାଦେବୀଙ୍କ କରୁଣା ଊଣା । ଦର୍ପନାରାୟଣଙ୍କ ଅଥୟ ପ୍ରାଣ । ଏବେ ସେ ଇନ୍‌ସୋମନିଆ ପୀଡ଼ିତ । ରାତ୍ରିର ସୁପ୍ତିରେ ଅଖଣ୍ଡ ନିରବତା । ଚିତ୍କାର କରିବାକୁ ଇଚ୍ଛା; ମାତ୍ର ରାତ୍ରିର ନିରବତା ଭଙ୍ଗ ସ୍ପୃହଣୀୟ ନୁହେଁ । ବୟସର ବୋଝ । ଏଣେ ଉଦରପୀଡ଼ା, ପଥ୍ୟ ନିୟନ୍ତ୍ରଣ, ଅନାହାର, ଉପବାସ, କ୍ଷୁଧାର୍ତ୍ତ ମୁହଁ । ଦୁଇ କୋଟରଗତ ଆଖି । ମୁଣ୍ଡର କେଶ ପାଚି ଝୋଟ । ଦାଢ଼ି ଲମ୍ବିଗଲାଣି ଛାତି ପର୍ଯ୍ୟନ୍ତ । ଏଥି ପ୍ରତି ନିଘା ନାହିଁ । ରାତି ପାହିବାକୁ ଆହୁରି ଡେରି । ଦର୍ପନାରାୟଣ ବାହାରକୁ ଆସିଲେ । ପ୍ରାସାଦୋପମ ଅଟ୍ଟାଳିକା ଗଭୀର ନିଦ୍ରାରେ ଅଚେତ । ଆକାଶରେ ଦପ୍‌ଦପ କରୁଥିବା ଅଗଣିତ ତାରକା । ଅତୃପ୍ତ ଆକାଂକ୍ଷା, ଅଭିଳାଷ ପରି ଆଗ୍ନେୟ ଅସ୍ଥିରତାରେ ସ୍ପନ୍ଦିତ । ଆକାଶ ଦେହରେ ଖଣ୍ଡଖଣ୍ଡିଆ ମାଛକାତିଆ ଧଳାମେଘ । ପ୍ରାକ୍ ଐତିହାସିକ ସରୀସୃପର ନିର୍ମୋକ ପରି ଖସିପଡ଼ିଛି ଆକାଶ ଛାତିରେ । ମାତ୍ର ଦର୍ପନାରାୟଣଙ୍କୁ ବହୁ ଅତୃପ୍ତ କାମନାର ଅହିରାଜ- ନିର୍ମୋକ ଛାଡ଼ି ନାହିଁ । ରତିକ୍ଳାନ୍ତ ଶ୍ୟାମାଙ୍ଗୀପରି କାକଜ୍ୟୋତ୍ସ୍ନା ମଳିନା ଏ ରାତ୍ରି । ସୁସୁପ୍ତିର ତୂଳିତଳ୍ପ ଶଯ୍ୟା । ତା'ରି ଉପରେ ରାତ୍ରିର ଅଭିସାରିକା ମୁଦ୍ରା । ଦର୍ପନାରାୟଣଙ୍କ ବହୁ ଅତୃପ୍ତିର ତୃଷାପୀଡ଼ିତ ଅହିରାଜ । ସେଇ ଶ୍ୟାମାଙ୍ଗୀକୁ ସତେ ଯେମିତି ହତ୍ୟା କରୁଛି ! ତାଙ୍କ ମାନସ ପଟରେ ଉଦ୍‌ଭାସିତ ବିଗତ ଶୈଶବ, ଯୌବନ ଆଉ ବାର୍ଦ୍ଧକ୍ୟ । ତୃଷ୍ଣା ପଛରେ ପ୍ରଧାବିତ, ମିଳିଲା ଦୁଃଖ, ବିଷାଦ । କାମିନୀ, କାଞ୍ଚନର ମୋହ ଦେଲା ପରାଭବ । ଜୀବନ ସାରା ପୌରୁଷର ଦର୍ପ । ଏବେ ଅପୌରୁଷେୟ ଉପରେ ଅଖଣ୍ଡ ବିଶ୍ୱାସ । ବଡ଼ ଆକୁଳରେ, ବିକଳରେ ତାଙ୍କରି ପ୍ରାର୍ଥନା, "ମୋତେ ସୁନିଦ୍ରା ଦିଅ ଭଗବାନ ! ତୁମ କରୁଣାର ସ୍ନିଗ୍ଧ

ସ୍ପର୍ଶ, ନିଦ୍ରାରୂପରେ ମୋ ଜୀବନର ସବୁ ଉତ୍ତାପ, ଅସଫଳତାର ସବୁ ଗ୍ଲାନି ଦୂର କରିଦିଅ।"

ଦର୍ପନାରାୟଣଙ୍କ ଜୀବନ ସାରା ଖାଲି ପ୍ରତିଦ୍ୱନ୍ଦ୍ୱିତା ଆଉ ପ୍ରତିଦ୍ୱନ୍ଦ୍ୱିତା। ଶୈଶବର ଟିକିଏ ସ୍ନେହ, ଟିକିଏ ଶ୍ରଦ୍ଧା ପାଇଁ, ଯୌବନରେ ନାରୀ ଆଉ ସଫଳତା ପାଇଁ। ପୌଢ଼ାବସ୍ଥାରେ କ୍ଷମତା ଶକ୍ତି ବୃଦ୍ଧି ପାଇଁ। ସବୁଥିରେ ପ୍ରତିଯୋଗିତା, ସଂଘର୍ଷ। ତାଙ୍କ ସ୍ମୃତିପଟରେ ଉଙ୍କି ମାରୁଥିଲା ଗୋଟାଏ ସୁକୋମଳ ବାଳକ ଶୁଭନାରାୟଣ, ତାଙ୍କ ଅନୁଜ। ମା'ଙ୍କର ତାଙ୍କ ପ୍ରତି ଅଧିକ ସ୍ନେହ। ସହି ପାରୁ ନଥିଲେ ବାଳକ ଦର୍ପନାରାୟଣ। ତାଙ୍କର ବହୁ ଅନୁଚ୍ଚାରିତ ଅତ୍ୟାଚାର। ତଥାପି ଶୁଭନାରାୟଣଙ୍କର ସମ୍ଭ୍ରମଶୀଳ ଆନୁଗତ୍ୟ। ସେ ଅତ୍ୟନ୍ତ ନିରୀହ ପ୍ରକୃତିର। ଦର୍ପନାରାୟଣଙ୍କ ସମସ୍ତ ଦର୍ପ, ନଥିଲା ତା'ର ପ୍ରତିବାଦ ଅବା ପ୍ରତିକ୍ରିୟା। ତଥାପି ଅସନ୍ତୁଷ୍ଟ ଦର୍ପନାରାୟଣ। ଈର୍ଷାରେ ଜଳୁଥିଲେ। ଭଗବାନଙ୍କ ପାଖରେ ଶୁଭନାରାୟଣର ଅକାଳ ମୃତ୍ୟୁପାଇଁ ପ୍ରାର୍ଥନା। ପିତାମାତାଙ୍କ ବାଳଗୋପାଳ ମନ୍ତ୍ର ସ୍ମରଣ, ସମସ୍ତ ବ୍ରତ, ଆରାଧନା ବିଫଳ। ଶେଷରେ ଶୁଭନାରାୟଣ ବାଟ କାଟିଲେ। ଏବେ ପରିଣତ ବୟସ। ନିଜ ପାଖରେ ଦର୍ପନାରାୟଣ ଜଣେ ଭ୍ରାତୃହନ୍ତା, ନରହନ୍ତା, ଅପରାଧୀ। ସେଇ ଗ୍ଲାନିରେ ସେ ମର୍ମାହତ। ସାନଭାଇର ନିର୍ମଳ, ନିରୀହ, କୋମଳ ଆଖି। ଠିକ୍ ସେମିତି ଆକାଶରେ ତାରାମାନେ। ଆଜି ବିଦ୍ରୂପ କରୁଛନ୍ତି ଦର୍ପନାରାୟଣଙ୍କୁ। ଶୁଭ ଜିତିଗଲା। ଦର୍ପନାରାୟଣ ପ୍ରତିଦ୍ୱନ୍ଦ୍ୱିତାରେ ପରାଜିତ।

ଛାତ୍ର ଜୀବନ। ଦର୍ପନାରାୟଣ ଦର୍ଶନର ଛାତ୍ର। ତାଙ୍କର ପ୍ରତିଦ୍ୱନ୍ଦ୍ୱୀ ସମରେନ୍ଦ୍ର। ସମରେନ୍ଦ୍ରଙ୍କୁ ଟପିଗଲେ ତାଙ୍କର ଅପୂର୍ବ ସାର୍ଥକତା। ଦର୍ଶନ ଅଧ୍ୟାପକ ବୃଦ୍ଧ ଗୋପାଳ ବାବୁ। ଦୋହରାଇଥିଲେ ସେଇ କଥାକୁ। ଦର୍ଶନ ପରୀକ୍ଷାରେ ଉତ୍ତୀର୍ଣ୍ଣ ଛାତ୍ର ଦାର୍ଶନିକ ନୁହେଁ। ଦର୍ଶନରେ ଏକମାତ୍ର ପରୀକ୍ଷା – ଜୀବନ। ସେଦିନ ଉତ୍‌କ୍ଷିପ୍ତ ଦର୍ପନାରାୟଣ। ସମରେନ୍ଦ୍ରଙ୍କ ପ୍ରତି ଅଧ୍ୟାପକଙ୍କ ପକ୍ଷପାତିତା, ତଥାପି ସେ ପ୍ରଥମ ହେବେ। ଏଇ ଆସ୍ଫାଳନ; ମାତ୍ର ଫଳ ବିପରୀତ। ପରୀକ୍ଷା ପୂର୍ବରୁ ମ୍ୟାଲେରିଆ ଜ୍ୱର ପୀଡ଼ିତ ଦର୍ପନାରାୟଣ। ପରୀକ୍ଷା ଦେଲେ। ତାଙ୍କୁ ଉତ୍ତୀର୍ଣ୍ଣ ହୋଇଗଲା ସମରେନ୍ଦ୍ର। ଦର୍ପନାରାୟଣଙ୍କ ସବୁ ଆତ୍ମଶ୍ଳାଘା। ଶେଷରେ ପାଲଟିଗଲା ଆତ୍ମଗ୍ଲାନି। ଜୀବନ ଯାକ ଜଳିବା ସାର ହେଲା। ସମରେନ୍ଦ୍ର ଏବେ ଡାଇରେକ୍ଟର। କୃଷି ବିଭାଗର ପଦସ୍ଥ କର୍ମଚାରୀ। ଦର୍ଶନରେ ଡିଗ୍ରି; କିନ୍ତୁ ଫର୍ଟିଲାଇଜର ଅଫିସର। ଶିକ୍ଷାର ଏ ପ୍ରକାର ବିଚିତ୍ର ପରିହାସ। ଭାରତୀୟ ବିଶ୍ୱବିଦ୍ୟାଳୟ, ଭାରତୀୟ ଶାସନ ବ୍ୟବସ୍ଥାରେ ଏହାହିଁ ସମ୍ଭବ। ଦର୍ଶନ ଶାସ୍ତ୍ରରେ ଉତ୍ତୀର୍ଣ୍ଣ କେହି ଦାର୍ଶନିକ ହୁଏନି। ଏବେ ଆଉ ଅବୁଝା ନାହିଁ ଦର୍ପନାରାୟଣଙ୍କର – ଜୀବନ ହିଁ ଦର୍ଶନ, ବଞ୍ଚିବାରେ ଏହାର ଅସଲ ପରୀକ୍ଷା।

ଦର୍ପନାରାୟଣଙ୍କ ଦୟନୀୟ ସ୍ଥିତି। ମୁଣ୍ଡରେ ଚିନ୍ତାର ଶତବୃଶ୍ଚିକ ଦଂଶନ। ଦେବାଳିଆ ଖାତକ, ଦୁଆରେ ମହାଜନ। ରକ୍ତ ଚକ୍ଷୁ ଜରଜର ନଜର। ହେଲେ ଅସଫଳତା। ଜ୍ୱାଳାମୟ ସ୍ମୃତି। ମନେ ପଡ଼ିଯାଏ ମୈତ୍ରେୟୀର କଥା, ବାହାରେ ରଜନୀଗନ୍ଧାର ମହମହ ମହକ, ଠିକ୍ ସେମିତି ମୈତ୍ରେୟୀ। ରଜନୀଗନ୍ଧାର ସ୍ତବକ ପରି ଦୀର୍ଘାଙ୍ଗୀ। ଦର୍ପନାରାୟଣଙ୍କର ଆଦ୍ୟ ଯୌବନ, ମୈତ୍ରେୟୀ ପରି ରୂପସୀର ପାଦତଳେ ଅର୍ପଣ କରିବେ। ଅହର୍ନିଶ ବ୍ୟାକୁଳ। ସମାଜ ମର୍ଯ୍ୟାଦା, ଅର୍ଥ, ପ୍ରତିଷ୍ଠା - ଏ ସବୁର ମାନଦଣ୍ଡରେ ମୈତ୍ରେୟୀ ଢେର୍ ନ୍ୟୁନ। ଜଣେ ସାମାନ୍ୟ ବ୍ୟକ୍ତିର ସେ କନ୍ୟା। ତଥାପି ମୈତ୍ରେୟୀଙ୍କୁ ନେଇ ଘର ବସେଇବେ। ତା'ର ଟଣାଟଣା ଆଖି, ଢଳଢଳ ଯୌବନ। ଏକ ପ୍ରକାର ବିଭୋର ଦର୍ପନାରାୟଣ। ପ୍ରତିଯୋଗିତାର ମଇଦାନ। ଉଭା ଆଉ ଜଣେ ପ୍ରତିଦ୍ୱନ୍ଦ୍ୱୀ - କାଙ୍ଗାଳ ଶୁଭେନ୍ଦୁ। ନଥିଲା ବଂଶ ମର୍ଯ୍ୟାଦାର ଆଭିଜାତ୍ୟ। ଧନର ମାନ ନାସ୍ତି। ନଥିଲା ବିଶ୍ୱବିଦ୍ୟାଳୟ ଗୌରବ। କ୍ରିକେଟ ଆଉ ସଂଗୀତ। ଏଥିରେ ମଶଗୁଲ ଶୁଭେନ୍ଦୁ। ସେତିକି ତା'ର ସମାଜରେ ପ୍ରତିଷ୍ଠାର ସମ୍ବଳ। ଧନାଢ଼୍ୟ ଦର୍ପନାରାୟଣ। ତାଙ୍କ ସହ କାଙ୍ଗାଳ ଶୁଭେନ୍ଦୁ। କେବଳ ଉପହାସନୀୟ ବ୍ୟାପାର। ମାତ୍ର ସ୍ଥିତି ବଦଳିଲା। ପ୍ରତିଯୋଗିତାରେ ଶୁଭେନ୍ଦୁଙ୍କ ବିଜୟ ଉଜ୍ଜ୍ୱଳ। ମ୍ରିୟମାଣ ଦର୍ପନାରାୟଣ। ମର୍ଯ୍ୟାଦା, ଅଭିମାନ ସବୁ ଭୁଲିଗଲେ। ଶୁଭେନ୍ଦୁଙ୍କୁ ପ୍ରତିଦ୍ୱନ୍ଦ୍ୱୀ ଭାବେ ଗ୍ରହଣ କରିବା, ନିଜ ପ୍ରତି ପରିହାସ। ଏକଥା କହିଦେଲେ ମୈତ୍ରେୟୀଙ୍କୁ। ସେଦିନ ହାସ୍ୟମୟୀ, ରହସ୍ୟମୟୀ ମୈତ୍ରେୟୀର ନିଷ୍ଠୁର ଉତ୍ତର - "ନାରୀ ପାଖରେ ବଂଶ ମର୍ଯ୍ୟାଦା, ବିଶ୍ୱବିଦ୍ୟାଳୟ ଶିକ୍ଷାର ଦର୍ପ, ଏକମାତ୍ର ସତ୍ୟ ନୁହେଁ।" ଶେଷରେ ମୈତ୍ରେୟୀର ପ୍ରତ୍ୟାଖ୍ୟାନ। ଦର୍ପନାରାୟଣଙ୍କ ଯୌବନ ପ୍ରତି ଏକ ନିଷ୍ଠୁର ପରିହାସ। ସେଇଦିନୁ ବ୍ରହ୍ମଚାରୀର ଜୀବନ। ବହୁ ନାରୀଙ୍କର ଆତ୍ମନିବେଦନର ଅର୍ଘ୍ୟ। ସବୁ ତୁଚ୍ଛ ଦର୍ପନାରାୟଣଙ୍କ ପାଇଁ। ଶେଷରେ ଆସିଲେ ମାଧବୀ। ପୁରୁଷାକାର ଗର୍ବ ଅହମିକାରେ ଅନ୍ଧ ଦର୍ପନାରାୟଣ।

ମାଧବୀର ପ୍ରୀତି ନିବେଦନ। ନାରୀର ଦେହ ପୁରୁଷ ପାଖରେ ଏକମାତ୍ର ସତ୍ୟ ନୁହେଁ। ସେ କାମାର୍ତ୍ତ ହୋଇପାରେ; ମାତ୍ର ଦାରାସକ୍ତ ନୁହେଁ। ଏଇ ଦର୍ଶନ ଦର୍ପନାରାୟଣଙ୍କର। ଶେଷରେ ମାଧବୀର ଆତ୍ମହତ୍ୟା। ମ୍ଳାନମୁଖୀ, ବଞ୍ଚିତା ମାଧବୀ। ତା'ର ଦୀର୍ଘଶ୍ୱାସରେ ରାତ୍ରିର ବାତାବରଣ ଭାରାକ୍ରାନ୍ତ। ଜୀବନରେ ବହୁ ନାରୀ ସଂସ୍ପର୍ଶରେ ଆସିଲେ। ନାରୀ ପାଇଁ ପ୍ରତିଦ୍ୱନ୍ଦ୍ୱିତା ପୁରୁଷ ପ୍ରତି ଚରମ ଅପମାନ। ଦର୍ପନାରାୟଣଙ୍କର ଶେଷରେ ଏଇ ସିଦ୍ଧାନ୍ତ। ଏମିତି ଅତୀତ ସ୍ମୃତିମାନ। ଧସେଇ ପଶୁଥିଲେ ସ୍ମୃତି ରାଇଜରେ। ରାତ୍ରିର ଅବସାନ। ଉଷାର ପ୍ରଥମ ପାଂଶୁଳ ଆଲୋକ। କାମନା ବାସନାର ସବୁ ନିର୍ମୋକ ଫିଙ୍ଗି ଦେଇଛି। ହେମାନଳର ରକ୍ତିମ ଶିଖା ତ୍ୟାଗ କରିଛନ୍ତି ତରୁଣ ସୂର୍ଯ୍ୟ। ପରିଧାନ

ଗୈରିକ ବସନ। ରକ୍ତିମ ପୂର୍ବ ଦିଗ୍‌ବଳୟ। ଏବେ କାମନା, ବ୍ୟର୍ଥତାର ସବୁ ଗ୍ଲାନି ଅବସାଦ ବିସ୍ମୃତ ପ୍ରାୟ। ଦର୍ପନାରାୟଣ କାମଜୟୀ, କାମନାଜୟୀ ଉଦାର ସନ୍ନ୍ୟାସୀ। ତାଙ୍କ ପ୍ରାଣ, ସତତ ଉଦ୍‌ବେଳିତ। ଜୀବନଟା ସାରା ଲାଭ କ୍ଷତିର ଅଙ୍କକଷା। ଏଥିରେ କେବଳ ହାର ବିପର୍ଯ୍ୟୟ, ହତାଶା ଆଉ ରାଶି ରାଶି ପୁଞ୍ଜିଭୂତ ଅସନ୍ତୋଷ। ତଥାପି ମନ ମାନିନି। ପ୍ରଚେଷ୍ଟା ପରେ ପ୍ରଚେଷ୍ଟା। ଏଣିକି ଶେଷ ଅବଲମ୍ବନ ରାଜନୀତି।

ସବୁ କାମନାର ନିର୍ମୋକ ତଥାପି ଖସି ନାହିଁ। ଜୀବନରେ ସବୁମିଥ୍ୟା ହୋଇପାରେ। ଆଜି ତାଙ୍କ ପାଇଁ ଏକମାତ୍ର ସତ୍ୟ - ଶକ୍ତି, ରାଜନୈତିକ ଶକ୍ତି। ଏଥିରେବି ବହୁ ପ୍ରତିଦ୍ୱନ୍ଦ୍ୱିତାର ଘର୍ମ। ଦର୍ପନାରାୟଣଙ୍କ ଜୀବନରେ ତାହା ଶୀତଳ ଗୋଧୂଳି। ତାହା ମଧ୍ୟ ରୁଦ୍ଧଶ୍ୱାସ ତଥା ଘର୍ମାକ୍ତ। ଆଦ୍ୟ ଯୌବନର କରାଳ କଟାକ୍ଷମୟୀ ମୈତ୍ରେୟୀ, ଏକଦା ପ୍ରଲୁବ୍ଧ କରିଥିଲା। ଏବେ ରାଜନୈତିକ ପ୍ରତିଦ୍ୱନ୍ଦ୍ୱିତା। ତାହା ପୁଣି ଏକ ବିରାଟ ଆହ୍ୱାନ। ଏଥିରେ ମଧ୍ୟ ପରାଜୟ।

ଶୀତୁଆ ସକାଳ। ମନଜିଣା ପ୍ରକୃତି। ଦର୍ପ ନାରାୟଣ ହତଚକିତ। ଫାଟକରେ ଟୁଲ ଖଣ୍ଡେ। ନେପାଳି ଜଗୁଆଳି ନିଘୋଡ଼ ନିଦରେ। ରାସ୍ତାକଡ଼ର ଗଛତଳେ, ଫୁଟ୍‌ପାଥ ଉପରେ ଅସୁମାରି ମଣିଷ। ଆପାଦମସ୍ତକ ଢଙ୍କା ଅଖାଠାରୁ କନ୍ଥା ପର୍ଯ୍ୟନ୍ତ। ସମସ୍ତେ ସୁଖ ନିଦ୍ରାରେ। ଆଉ ଜଣେ ଦେବଦାରୁ ବୃକ୍ଷ ତଳେ। ଫୁଙ୍ଗୁଳା ଦେହ। ଚାରିପାଖେ ବୁଲା କୁକୁରଙ୍କ କୁଣ୍ଡଳୀ। ସେମାନଙ୍କର ମୁହଁଲଦା ଲୋକଟି ଉପରେ। ଲୋକଟିର ମୁହଁ ରୁକ୍ଷ, ପାଂଶୁଳ, ରକ୍ତହୀନ, ପ୍ରାଣହୀନ। ତଥାପି ସେ ସୁନିଦ୍ରାରେ। ସେଇମାନଙ୍କ ଆଡ଼େ ଦର୍ପନାରାୟଣଙ୍କ ଜିଜ୍ଞାସୁ ଦୃଷ୍ଟି। ସତରେ, ଜୀବନ ବଡ଼ ବିଚିତ୍ର, ନାମହୀନ, ପରିଚୟହୀନ, ଗୃହହୀନ, ଆଶ୍ରୟହୀନ, ସେମାନେ ସୁଖ ନିଦ୍ରାରେ। ଆଉ ନିଜେ ଧନର ପାହାଡ଼ ଉପରେ, ତଥାପି ନିଦ୍ରାହୀନ। ପୁନଶ୍ଚ ପ୍ରଶ୍ନ ମନରେ, କେଉଁ ତୃଷ୍ଣା ବଞ୍ଚେଇ ରଖିଛି ଏମାନଙ୍କୁ? କାହିଁକି ବଞ୍ଚିଛନ୍ତି ସେ ନିଜେ? ଜୀବନର ସ୍ୱାଦ ତ ବାରିପାରିଲେନି। ଏହାର କାରଣ ତୃଷ୍ଣା ଆଉ ବିତୃଷ୍ଣା। ସକାଳ କୁହୁଡ଼ିରେ ଆଜି ତୀବ୍ର ଆସକ୍ତି। ମାଡ଼ି ଆସୁଛି ଚାରିଆଡୁ ନିରନ୍ଧ୍ର ହୋଇ।

ଜୀବନଟା ଗୋଟେ ପାନ୍ଥଶାଳା। କେତେ କେତେ ସ୍ମୃତି ବିସ୍ମୃତି। ପାନ୍ଥଶାଳା କି ରଖେ ତା'ର ହିସାବ କିତାବ? ଅସମାପ୍ତ ତୃଷ୍ଣା, ସୀମାହୀନ ବିତୃଷ୍ଣା। ଏହାରି ଫେଣ୍ଟା ଫେଣ୍ଟି ରୂପ 'ଜୀବନ'। ମନେପଡ଼ି ଯାଉଥିଲା ଦର୍ଶନ ଅଧ୍ୟାପକଙ୍କ ସେଦିନର କଥା - "ଦର୍ଶନରେ ଏକମାତ୍ର ପରୀକ୍ଷା - ଜୀବନ।" ଏ ପରୀକ୍ଷାରେ ଉତ୍ତୀର୍ଣ୍ଣ ମାନେ। ତାଙ୍କରି କପାଳରେ ହିଁ ସୁଖ, ଶାନ୍ତି, ପ୍ରଶାନ୍ତି। ସୁଖନିଦ୍ରା ବି।

ବରଜୁ ଷେଣ୍ଟେ ଘାଇ

କଳନାଦିନୀ କରାଳୀ। ବହି ଚାଲିଛି ଆଗକୁ ଆଗକୁ କେଉଁ ଆବହମାନ କାଳରୁ। କେବେ ସେ ହସେ ତ କେବେ ରୁଷେ। ପଉଷ ସଞ୍ଜ, କାକର ଭିଜା ସକାଳ, କରାଳୀ ତଟରେ ସୋରିଷ ଫୁଲର ହାଟ, ଅଶିଣରେ କାଶତଣ୍ଡିର ମେଳା, ବଇଶାଖରେ କରାଳୀ ଗୁଣୁଗୁଣୁ ଗୀତ ଗାଏ, ଝୁରେ ଝରା ଆଷାଢ଼କୁ। ବାଦଲଫଟା ବର୍ଷା ବରଷି ଯାଏ। କରାଳୀ କରାଳ ରୂପ ଧରେ; ନଈକୂଳିଆ ଗାଁବାଲାଙ୍କ ଛନକା ପଶେ। ବନ୍ଧ ଭାଙ୍ଗିଲେ କଥା ଅସମ୍ଭାଳ, କେତେକେତେ ନଡ଼ାଛପର ଘର, ଗୋରୁ, ଗାଈ, ମେଣ୍ଢା ସାଙ୍ଗରେ ନିରୀହ ମଣିଷ ଗୁଡ଼ାକ ହଜିଯାଆନ୍ତି। କରାଳୀ ବନ୍ଧରେ ଜାଗା ଜାଗା ଘାଇ। ଘାଇ ମୁହଁରେ କେତେ ଗାଁ ଗଣ୍ଡା ସତ୍ତା ହରାଇଛି। ମାଟିକାନ୍ଥ ଗୁଡ଼ାକର ଅସ୍ତିତ୍ୱ ନାହିଁ। ଅନେକ ଜନପଦ ଏବେ ଶ୍ମଶାନିତ। ସମୁଦ୍ର କୂଳବର୍ତ୍ତୀ ତ୍ରିକୋଣଭୂମିରେ କ୍ରୁଦ୍ଧ କରାଳୀର ଆତଙ୍କରାଜ। କାଦୁଅ ପିଣ୍ଡୁଳାରେ ଗଢ଼ା ମଣିଷ ଗୁଡ଼ାକ ସେଠି ଭାରି ଅସହାୟ। ସର୍ବନାଶୀ କରାଳୀର ଉଦ୍ୟତ ଖଡ଼୍‌ଗ ତଳେ ପ୍ରାଣଭିକ୍ଷା ପାଇଁ ସେମାନଙ୍କର ଆର୍ତ୍ତନାଦ। ସେଇଆକୁ ନେଇ ଧର୍ମ, ସାହିତ୍ୟ, ରାଜନୀତି, ଦର୍ଶନ – ଏସବୁ କାଳେ କାଳେ ଉଷ୍ମ।

ସେଦିନ ବରୁଜୁ ଷେଣ୍ଟେ ଘାଇ ଭାଙ୍ଗିଲା। ଅଭୂତପୂର୍ବ, ଅଶ୍ରୁତପୂର୍ବ, ଅଦୃଷ୍ଟପୂର୍ବ ପ୍ଲାବନରେ ଅସଂଖ୍ୟ ଗ୍ରାମ ବିପନ୍ନ। ବନ୍ୟା ଦୁର୍ଗତ ମାନଙ୍କୁ ସାହାଯ୍ୟ ତ ଦୂରର କଥା, ତାକୁ ନେଇ ରାଜନୀତି ଚାଲିଲା। ନୀଳପତାକା, ରକ୍ତ ପତାକା, ସପ୍ତରଙ୍ଗୀ ପତାକା ଦଳ ବିରୋଧୀ ଦଳ ଭୂମିକାରେ। ତ୍ରିରଙ୍ଗୀ ପତାକା ଦଳ ଶାସକ ବାଲା; ଚାଲିଲା ରାଜନୀତି। ରିଲିଫ୍ ବଣ୍ଟା, କୃଷିରଣ ଛାଡ଼; ତଗାବି ରଣକୁ ନେଇ। ଖବର କାଗଜରେ ଲମ୍ବା ଲମ୍ବା ସ୍ତମ୍ଭ ବାହାରିଲା, କାହା ନାଁ ଉଚ୍ଚକୁ ଗଲା – କିଏ ତଳି ତଳାନ୍ତ ହେଲେ ବିଭିନ୍ନ ଲେଖାରେ, ଅନେକ ମିଛସତ ବର୍ଣ୍ଣିବାରେ। ସରଗରମ ସ୍ଥିତି। ଏଇଟା କେବଳ କରାଳୀର ନଦୀ ବନ୍ୟାକୁ ନେଇ ନୁହେଁ; ମାତ୍ର ନଦୀନାଳ ଘେରା ଓଡ଼ିଶା। କାହିଁ ନା କାହିଁ ବନ୍ଧ ଭାଙ୍ଗିଲେ

ଏମିତି ଘଟଣାମାନ ଘଟେ । ଏଥିରେ ନିତ୍ୟ ନୂତନତା କିଛି ନାହିଁ । ପ୍ରତାରଣାପୂର୍ଣ୍ଣ ଆଶ୍ୱାସନା, ରିଲିଫ୍‌ର ମୁଷ୍ଟିଭିକ୍ଷା, ବାଣ୍ଟକୁଣ୍ଟ ରାଜନୀତିର ଭିତ୍ତିଭୂମି ନିର୍ମାଣ କରେ । ତା'ରି ଚୋରାବାଲି ଉପରେ ଅନେକ ନେତାଙ୍କ ପ୍ରତିଷ୍ଠା, କେତେକଙ୍କର ବିନାଶ ମଧ୍ୟ । ବିଭିନ୍ନ ରାଜନେତାମାନେ ନିଜ ସମ୍ପର୍କରେ ଲେଖାମାନ ଲେଖେଇ ନିଅନ୍ତି, ଦଳର ସଫଳତା ସମ୍ପର୍କରେ ହେଉ ପଛେ ମିଛିମିଛିକା, ଲୋକଙ୍କୁ ଭୁଆଁ ବୁଲାଇବାରେ ସେମାନେ ସଫଳ ହୁଅନ୍ତି । ହେଲେ ପ୍ରକୃତ ସେବକମାନଙ୍କୁ ନାଁ ନେତା ଚିହ୍ନିଲେ, ନାଁ ଲୋକେ ଆଦର କଲେ । ଗାଁକୁ ଭଲ ପାଉଥିବା, ଗାଁ ବାଲାଙ୍କୁ ଆଦର କରୁଥିବା ମଣିଷଟିଏ, ନାଁ ବରଜୁ ଷେଣ୍ଢ । ଆପଣାକୁ ବଳି ଦେଇଦେଲା ଗାଁ ଲୋକଙ୍କ ପାଇଁ । ତା' ପାଇଁ କରାଳୀରେ ସେଦିନ ଘାଇ ବନ୍ଦ ହୋଇଗଲା, ଶହଶହ ଜୀବନ, ଗୋ ସମ୍ପଦ ରକ୍ଷା ପାଇଲା । ସେଇଦିନୁ କରାଳୀ ବନ୍ଧର ନାଁ 'ବରଜୁ ଷେଣ୍ଢ ଘାଇ' । ଆଉ ଜଣେ ସମାଜସେବୀ ହୀରାଧରପୁର ନି.ପ୍ରା. ବିଦ୍ୟାଳୟର ହରିମାଷ୍ଟ୍ରେ; ପ୍ରାକୃତିକ ଦୁର୍ବିପାକ ପଡ଼ିଲେ ଆଖିକୁ ନିଦ ନାହିଁ । ଦିନରାତି ଦୁର୍ଗତଙ୍କ ଚିନ୍ତା, ସେବାରେ ଲାଗିଥାଆନ୍ତି । ତାଙ୍କୁ ଲୋକେ କହନ୍ତି 'କ୍ରାକ୍', ପାଗଳ, ବାହାପିଆ । ଆଉ ଆଉ ଗୁଣବାଚକ ବିଶେଷଣରେ ଅଭିହିତ କରନ୍ତି । ତା' ସହ ଥଟ୍ଟାମଜା, ଏଥିପ୍ରତି ମାଷ୍ଟ୍ରେଙ୍କର ନିଘା ନାହିଁ । ଆପଣା କର୍ମରେ ଲାଗିଥାଆନ୍ତି । ଲୋକ ତ ବୁଝିଲେନି । ଗାନ୍ଧି ଗୋପବନ୍ଧୁ ଥିଲେ, ହୁଏତ ବୁଝିଥାଆନ୍ତେ ! ଏବେ ସବୁ ନକଲି, ଲୋକ ଦେଖାଣିଆ କଥା, ସତମଣିଷଙ୍କୁ ବା ଚିହ୍ନୁଛି କିଏ ? ଏକ ଅବ୍ୟବସ୍ଥିତ ସାମାଜିକ ସ୍ଥିତି, ବଦଳି ଯାଇଥିବା ବିଧିବିଧାନ ବ୍ୟବସ୍ଥା - ଏହାର ଏକ ସାର୍ଥକ ଚିତ୍ରାୟନ କରିଛନ୍ତି ଗାଳ୍ପିକ ସୁରେନ୍ଦ୍ର ମହାନ୍ତି । ଗପଟିର ନାଁ 'ବରଜୁଷେଣ୍ଢ ଘାଇ' ।

ବରଜୁ ଷେଣ୍ଢ ଘାଇ କେଉଁଠି ? ଏ ବରଜୁ ଷେଣ୍ଢ କିଏ ? ଏ କଥାଟିର ସଠିକ୍ ଉତ୍ତର ନାହିଁ ଇତିହାସରେ, ସରକାରୀ ପୂର୍ତ୍ତବିଭାଗ ନଥିପତ୍ର ବି ନିରବ । ଏମିତିକା ଇତିହାସ ହୀନ ମଣିଷ ବରଜୁ ଷେଣ୍ଢ । ମାତ୍ର କରାଳୀ ଉପତ୍ୟକାର ଏକ ବିସ୍ତୀର୍ଣ୍ଣ ଅଞ୍ଚଳରେ ଏଇ ନାଁଟି ପ୍ରାତଃ ସ୍ମରଣୀୟ । କରାଳୀ ମାତିଲେ ବରଜୁ ଷେଣ୍ଢ ଚର୍ଚ୍ଚାକୁ ଆସନ୍ତି । ପ୍ରାମାଣିକ ଇତିହାସ ତ ନାହିଁ, ଜନଶ୍ରୁତି, କିମ୍ବଦନ୍ତୀ ବରଜୁ ଷେଣ୍ଢଙ୍କ ଇତିହାସକୁ ନିର୍ଣ୍ଣିତ କରେ ।

ବରଜୁ ଷେଣ୍ଢ ଘାଇ ସ୍ମରଣାତୀତ ମରହଟ୍ଟା ଅମଳର । ସେତେବେଳେ ଶାସନ ଥିଲା କର ଆଦାୟର ଗୋଟାଏ ଯନ୍ତ୍ର । ବଞ୍ଚିବାଟା ଆୟୁଷର ବଳ । କରାଳୀର ବନ୍ୟା ଅପଦେବତାର ଅଭିଶାପ, ଏଥିରୁ ଆତ୍ମରକ୍ଷା କରିବାର ଗୋଟିଏ ମାତ୍ର ଉପାୟ; ସେହି ଅପଦେବତାଙ୍କର ସନ୍ତୋଷ ବିଧାନ । ବନ୍ୟାରେ ବନ୍ଧ ବାନ୍ଧିବା ପାଇଁ ନ ଥିଲା ପୂର୍ତ୍ତ ବିଭାଗ, ବନ୍ୟା ଦଳିତଙ୍କୁ ରିଲିଫ୍ ବଣ୍ଟାଯାଉ ନଥିଲା କି ଶବଭୁକ୍ ଗୃଧ୍ରପଲ ପରି ରାଜନେତାମାନେ ରିଲିଫ୍ ବାଣ୍ଟିବାକୁ ପ୍ରତିଯୋଗିତା କରୁନଥିଲେ । ଭାଗ୍ୟ, ଭଗବାନଙ୍କୁ

ଭରସା କରି ଦିନକାଟିବାକୁ ପଡୁଥିଲା। ଇତିହାସର ସେଇ ଅନ୍ଧାରୀ ଯୁଗ। ବରଜୁ ଷେଣ୍ଢ ମୁଣ୍ଡରେ ମାଟି ବୋହି ନ ଥିଲେ କି ବନ୍ଧ ପକାଇ ନଥିଲେ। କିନ୍ତୁ ଏଇ ଉପକଥାର ସାକ୍ଷୀ ବନ୍ଧତଳର ଭାତଖିଆ ବରଗଛ। ବରଜୁ ଷେଣ୍ଢ ଘର ଭୁଆସୁଣୀମାନେ ଏଇ ଗଛମୂଳରେ ବନ୍ଧ ତିଆରି କରୁଥିବା ମଣିଷଙ୍କୁ ଖାଇବାକୁ ଦେଇଛନ୍ତି। ଦିନେ ଦି ଦିନ ନୁହେଁ, ବେଶ୍ କେତେ ଦିନ ହଣ୍ଡା ହଣ୍ଡା ଭାତ ପରସିଛନ୍ତି। ବନ୍ଧକାମ ଶେଷ ହେଲା କିନ୍ତୁ ବଳି ଦିଆ ଗଲାନି। ଅପଦେବତାଙ୍କ ତୁଷ୍ଟି କେମିତି ହେବ? ଏତ ଅନ୍ଧବିଶ୍ୱାସ, ଯାହା ହେଲେ ବି ନରବଳି ଦେବାକୁ ହେବ। ହେଲେ ତାହା ମିଳୁଛି କେଉଁଠୁ?

ବରଜୁ ଷେଣ୍ଢ ଓଡ଼ଚଷା, ତାଙ୍କ ପୂର୍ବପୁରୁଷ ଲଢୁଆ ବୀର ଥିଲେ, ଓଡ଼ିଆ ରାଜାଙ୍କ ସୈନ୍ୟବାହିନୀକୁ ଚଳାଉଥିଲେ। ବରଜୁ ଏକଥା ଶୁଣିଥିଲେ, ଦେଖି ନ ଥିଲେ। ହେଲେ ତାଙ୍କ ମୁଖରେ ପୂର୍ବପୁରୁଷଙ୍କର ଦୃପ୍ତ ଆହ୍ୱାନ ସଦା ଗର୍ଜନ କରୁଥିଲା; ନଥିଲା ଭୟ। ସାହସ, ଧୈର୍ଯ୍ୟର ସେ ଏକ ଜ୍ୱଳନ୍ତ ନମୁନା। ଗାଁ ବାଲା ତାଙ୍କୁ ମାନନ୍ତି, ସେମାନଙ୍କ ସୁଖଦୁଃଖରେ ଥାଆନ୍ତି ବରଜୁ ଷେଣ୍ଢ।

ଚିତାଲାଗି ଅମାବାସ୍ୟା, ଏକ କାଳରାତ୍ରି, ନିଶା ଗରଜୁଛି; ସାଇଁ ସାଇଁ ପବନ, ତୁହାକୁ ତୁହା ବରଷା, କରାଳୀ ଛାତି ଫୁଲିଫୁଲି ଯାଉଛି। ଗୋଟେ ଅତୃପ୍ତା ଦେବୀପରି ଜିହ୍ୱା ଲହଲହ କରି ଗ୍ରାସ କରିବାକୁ କରାଳୀ ସଜବାଜ। ଫେଣମିଶା ବଢ଼ି ବନ୍ଧଉପରକୁ ମାଡ଼ି ଆସୁଛି। ଗାଁ ଯାକ ହାଲହୁରି ପଡ଼ିଯାଇଛି, ବନ୍ଧ ପ୍ରତିଷ୍ଠା ହୋଇନି, କରାଳୀ ତୋଡ଼କୁ କେମିତି ସମ୍ଭାଳିବ? ପିଲାଛୁଆ, ମାଇପେ ଯେଝାଜୀବନ ଭୟରେ ଗାଁ ଛାଡ଼ି ପଳାଇଲେ। ପୁରୁଷମାନେ ବନ୍ଧ ଜଗିଛନ୍ତି, ହାତରେ ଗୋଟାଏ ଗୋଟାଏ ମଶାଲ, ବର୍ଷାମିଶା ପବନର ଝପଟା ଲୋକଙ୍କ ହାତର ମଶାଲକୁ ନିଭେଇ ଦେଲା। ପରାଜିତ ମଣିଷର ଅସହାୟତା, ହା-ହୁତାଶ, ଅନ୍ଧକାରର ରାଜତ୍ୱ, ପୈଶାଚିକ ନିରବତା। ତା'ରି ମଧ୍ୟରେ ଖାଲି ଶୁଭୁଛି ଗୋରୁ ଗାଈଙ୍କର ହମ୍ବାରଡ଼ି, ଶୁଭୁଛି କରାଳୀର କ୍ରୁଦ୍ଧ ଗର୍ଜନ। ବରଜୁ ଷେଣ୍ଢ ପୂରା ନିର୍ଭୟ। ହାତରେ ମଶାଲଟାଏ, ଏପଟ ସେପଟ ହେଉଛନ୍ତି। ଏଠି ଘଳିଆ ପଡ଼ିଲା, ସେଠି ବାଲିବସ୍ତା ପକାଅ, ସେଠି ମାଟିବୋଝେ ଦିଅ - ଏମିତି ତାଙ୍କ ନିର୍ଦ୍ଦେଶ। ବନ୍ଧ ଉପରେ ଥିବା ଜଗୁଆଳିମାନେ ଏକଥା ଶୁଣୁଛନ୍ତି। ପୁତ୍ତଳି ପରି ସେହି ଅନୁସାରେ କାମ କରୁଛନ୍ତି। ଏବେ ନଦୀବନ୍ଧ କଡ଼ରେ ଠିଆ ହୋଇଛି ଅର୍ଜ୍ଜୁନ ଗଛଟା। ତାରି ମୂଳରେ ଘଳିଆଟାଏ ହେଲା, ପାଣିସୁଅର ଭଉଁରି ବଢ଼ିଲା। ସମସ୍ତଙ୍କ ମୁହଁରେ ଗୋଟାଏ କଥା, ବନ୍ଧ ଭାଙ୍ଗିଲା, ବନ୍ଧ ଭାଙ୍ଗିଲା, ଲୋକେ ହାଉଳି ଖାଇଲେ। ବରଜୁ ଷେଣ୍ଢ କିନ୍ତୁ ଚିତ୍କାର କରୁଥିଲେ- "ପଳାଅ ନାହିଁ, ପଳାଅ ନାହିଁ, ଏଠି ମାଟି ପକାଅ। ପଥର ପକାଅ, ସୁଅ ଏଠି ତୋଡ଼ ପଡ଼ିଲାଣି।" ମୁହୂର୍ତ୍ତଟାଏ ବି ବିଳମ୍ବ କଲେନି। ବରଜୁ ଷେଣ୍ଢ ମଶାଲଟାକୁ ଦୂରକୁ ଫିଙ୍ଗିଦେଲେ। ନିଜେ

ଘଳିଆ ମୁହଁରେ ପିଠି ଭରାଦେଇ ବସିପଡ଼ିଲେ। ପାଟିରୁ ଖାଲି ଗୋଟିଏ କଥା ବାହାରୁଥାଏ, "ମାଟି ପକାଅ, ବାଲିବସ୍ତା ପକାଅ, ଇଟା ପଥର ପକାଅ, ଯାହା ପାରୁଛ ପକାଅ।" ବନ୍ଧ ଉପରେ ଗଦା ହୋଇଥିଲା ମାଟି, ଇଟା, ବାଲିବସ୍ତା, କାଠ ଇତ୍ୟାଦି, ସବୁ ମେଘ ଅସରା ପରି ଘଳିଆ ଉପରେ ଗଦା ହୋଇପଡ଼ିଲା। ଆହୁରି ପକାଅ, ଆହୁରି ପକାଅ - ଚିତ୍କାର କରୁଥିଲେ ବରଜୁ ଷେଣ୍ଢ, ଶେଷକୁ ଆଉ ତାଙ୍କ ପାଟି ଶୁଭିଲାନି। ରାତି ପାହିଲା, ମେଘ ଥମି ଯାଇଥିଲା, ଝଡ଼ ବି ନିରବ। ଲୋକଙ୍କ ଉତ୍ସାହ ଦ୍ୱିଗୁଣିତ। ମାଟି, ବାଲି, ଇଟା ପକାଉଛନ୍ତି। ହେଲେ ବରଜୁଷେଣ୍ଢ କାହାନ୍ତି ? ପରସ୍ପର ମୁହଁ ଚାହାଁଚୁହିଁ ହେଲେ, ବରଜୁ ଷେଣ୍ଢ ସେତେବେଳକୁ ଘଳିଆ ମଝିରେ। ତାଙ୍କ ଉପରେ ପୁରୁଷେ ଉଚ୍ଚା ମାଟି। ଜୀବନ୍ତ ସମାଧି ନେଇ ସାରିଥିଲେ। ସମସ୍ତେ ଆହା ପଦ କଲେ, ତା' ପରେ ଚାଲିଲା ଚର୍ଚ୍ଚା। କିଏ କେତେ କଥା କହିଲେ, ବଳି ନଦେଇ ବନ୍ଧ ପକାଗଲା, ସେଇଥି ପାଇଁ କରାଳୀ ମାତିଲା, ପ୍ରତିଷ୍ଠା ନ ହୋଇଥିବାରୁ ବନ୍ଧରେ ଘଳିଆ ଫୁଟିଲା। ଏବେ ବରଜୁ ବଳି ପଡ଼ିଲେ, ଆଉ ବନ୍ଧ ଭାଙ୍ଗିବନି, ଲୋକେ ଆଶ୍ୱସ୍ତ ହେଲେ। ବନ୍ଧ ଉପରଟା ହରିବୋଲ ଧ୍ୱନିରେ ଫାଟି ପଡ଼ିଲା। ଏମିତିକି କରାଳୀର ଗର୍ଜନକୁ ସୁଦ୍ଧା ବୁଡ଼ାଇ ଦେଲା। ସେଇଦିନୁ ବରଜୁ ଷେଣ୍ଢ କିମ୍ବଦନ୍ତୀ ପୁରୁଷଟିଏ ପାଲଟିଗଲେ। ଲୋକବିଶ୍ୱାସ ଶେଷରେ ଅନ୍ଧବିଶ୍ୱାସରେ ପରିଣତ ହେଲା, ଫିସନ କରାଳୀ ମାତିଲା, ବନ୍ୟାଜଳ ନଦୀବନ୍ଧ ଡେଇଁଲା, ଜାଗାଜାଗା ଘାଇବି ହେଲା। ଅତୀତରେ ବରଜୁ ଷେଣ୍ଢ ଘାଇ ବହୁ ବନ୍ୟା ଆକ୍ରମଣରୁ ରକ୍ଷା କରି ଦେଇଥିଲା। ଏଥର କିନ୍ତୁ ଆଉ ହେଲାନି, ସେଇ ଘାଇ ଭାଙ୍ଗିଲା, ହଜାର ହଜାର ଏକର ବ୍ୟାପୀ ସବୁଜ ଶସ୍ୟକ୍ଷେତ ପ୍ଲାବିତ, ତା'ରି ମଧ୍ୟରେ ଅସଂଖ୍ୟ ବିପନ୍ନଙ୍କ ଆର୍ତ୍ତନାଦ।

ଗଦ୍ୟସମ୍ରାଟ ଫକୀର ମୋହନ ସେନାପତିଙ୍କ ଗଳ୍ପ 'ରାଣ୍ଡୀପୁଅ ଅନନ୍ତା'। ଅନନ୍ତାକୁ ଗାଳ୍ପିକ ମହାନାୟକଟିଏ କରିଦେଲେ। ଭାର୍ଗବୀ ନଈରେ ନାହିଁ ନଥିବା ବନ୍ୟା। ପାଣି ଉଛୁଳି ପଡୁଛି, ବିନୋଦରାୟପୁର ଗାଁ ଭିତରକୁ। ଅନନ୍ତା ଶୁଣିଲା ଗାଁଟା ଭାସିଯିବ। ବିନୋଦବିହାରୀ ସିଂହଦୁଆର କବାଟକୁ ସେ ସୁଅମୁହଁରେ ପିଠେଇ ଦେଲା, ପାର୍ବତୀ ମା'ର ଢିଙ୍କିଟାକୁ ଠିକ ଲଗାଇଦେଲା। ନିଜେ ପିଠିଦେଇ କବାଟକୁ ପେଲି ଧରିଲା। ତା'ପରେ ଡାକିଲା "ପକାଅ ମାଟି, ପକାଅ ମାଟି, ପକାଅ ମାଟି, ହରିବୋଲ ଦିଅ ପକାଅ ମାଟି।" ଅନନ୍ତା ବି ସେଦିନ ଜୀବନ୍ତ ସମାଧି ନେଲା, ଗାଁଟା ରକ୍ଷା ପାଇଗଲା। ଗାଳ୍ପିକ ସୁରେନ୍ଦ୍ର ମହାନ୍ତିଙ୍କ 'ବରଜୁ ଷେଣ୍ଢ ଘାଇ' ଗପ ଉପରେ ଫକୀରମୋହନଙ୍କ ପ୍ରଭାବ ଅତିସ୍ପଷ୍ଟ। ଫକୀରମୋହନ ଗୋଟାଏ ବେବାଗିଆ, ହୁର୍ଦ୍ଦୁମା, ଦଣ୍ଡାବାଲୁଙ୍ଗାକୁ ତ୍ୟାଗର ମୂର୍ତ୍ତିମନ୍ତ ପ୍ରତୀକ ସଜେଇ ଦେଇଛନ୍ତି। ସୁରେନ୍ଦ୍ର ମହାନ୍ତି ବରଜୁ ଷେଣ୍ଢଙ୍କ ତ୍ୟାଗ ମାଧ୍ୟମରେ ନିଚ୍ଛକ ସମକାଳୀନ ସାମାଜିକ ଚିତ୍ର ଦେବାରେ ତ୍ରୁଟି କରିନାହାନ୍ତି।

ବରଜୁ ଷେଣ୍ଢ ସେଦିନ ଆତ୍ମବଳି ଦେଲେ । ଦେଶ, ଜାତିର କଲ୍ୟାଣ ହିତେ ଅନେକ ବି ବଳି ପଡ଼ନ୍ତି, ସ୍ୱାଧୀନତା ସଂଗ୍ରାମ ଇତିହାସରେ ଏକଥାଟି ଅତି ପ୍ରାଞ୍ଜଳ । 'ବଳି'କୁ ବିଭିନ୍ନ ଅର୍ଥରେ ଗ୍ରହଣ କରାଯାଏ । ଦେବଦେବୀଙ୍କ ତୁଷ୍ଟି, ତନ୍ତ୍ର ସାଧନା ଇତ୍ୟାଦିରେ ବଳିପଡ଼େ । କେଉଁଠି ମାଛ ଆଉ କେଉଁଠି ମେଣ୍ଢା, ଛେଳି, ମଇଁଷି ବଳି । କନ୍ଧମାନେ ହଳଦୀ କିଆରୀରେ ନରବଳି ଦେଉଥିଲେ । ଏହି ଭୟଙ୍କର ପ୍ରଥାକୁ ଆଇନ ଦ୍ୱାରା ଅସିଦ୍ଧ ଘୋଷଣା କରାଗଲା । ଏବେ ବି ଜନତାର ମାନସିକତା ସମ୍ପୂର୍ଣ୍ଣ ବଦଳି ନାହିଁ । ମାନ୍ୟବର ଉଚ୍ଚ ନ୍ୟାୟାଳୟଙ୍କ ନିର୍ଦ୍ଦେଶ ସତ୍ତ୍ୱେ; ପଶୁବଳି ପ୍ରଥାକୁ ସମ୍ପୂର୍ଣ୍ଣ ବନ୍ଦ କରାଯାଇ ପାରିନି । ଏଥିପାଇଁ ଲୋଡ଼ା ଜନସଚେତନତା, ମାନସିକାତାରେ ପରିବର୍ତ୍ତନ । ପଶୁପକ୍ଷୀଙ୍କ ପ୍ରତି ସ୍ନେହ, ଶ୍ରଦ୍ଧା, ଆଦରପଣ ବଢ଼ିଲେ, ମଣିଷର ପଶୁ ପ୍ରବୃତ୍ତିରେ ନିଶ୍ଚୟ ପରିବର୍ତ୍ତନ ହେବ, ଏଥିରେ ସନ୍ଦେହ ନାହିଁ ।

ଗାଳ୍ପିକ ସୁରେନ୍ଦ୍ର ମହାନ୍ତି ବଳିର ଏକ ପ୍ରତୀକାତ୍ମକ ରୂପରେଖ ପ୍ରଦାନ କରିଛନ୍ତି । ବରଜୁ ଷେଣ୍ଢ ସେଦିନ ନିଜ ଜୀବନକୁ ବଳି ଦେଇଦେଲେ, ଗାଁର କଲ୍ୟାଣ ହେଲା, ଲୋକେ ଧନ୍ୟଧନ୍ୟ କଲେ । ବରଜୁ ବଞ୍ଚିଲେ କାଳକାଳକୁ । ବଳିଦାନ ଏକ କୁ-ସଂସ୍କାରଗ୍ରସ୍ତ ସମାଜର ଅନ୍ଧବିଶ୍ୱାସ ପୀଡ଼ିତ ଘୃଣିତ ଆଚାର । ସମୂହର କଲ୍ୟାଣ ସାଧନରେ ବ୍ୟକ୍ତିର ଅକୁଣ୍ଠ ଆତ୍ମଦାନର ଏହା ଏକ ସାର୍ବକାଳିକ ପ୍ରତିରୂପ । ମାନବ ଇତିହାସରେ ସମୂହ କଲ୍ୟାଣ ଅବା ଦ୍ରୁତ ପ୍ରଗତି 'ବଳି' ରୂପକ ମୂଲ୍ୟ ବା ଦୁର୍ମୂଲ୍ୟ ଦାବି କରିଆସିଛି । ଏହାର ଜ୍ୱଳନ୍ତ ଉଦାହରଣ ଫକୀରମୋହନଙ୍କ 'ରାଣ୍ଡୀପୁଅ ଅନନ୍ତା', ସୁରେନ୍ଦ୍ର ମହାନ୍ତିଙ୍କ 'ବରଜୁ ଷେଣ୍ଢ' । ସେଇ ତ୍ୟାଗୀ ମଣିଷଙ୍କ ନାଁରେ କରାଳୀ ନଦୀବନ୍ଧ ଏବେବି 'ବରଜୁ ଷେଣ୍ଢ ଘାଇ' ଭାବେ ଖ୍ୟାତ ।

ବରଜୁ ଷେଣ୍ଢ ଆତ୍ମବଳି ଦେଲେ । କରାଳୀ ବନ୍ଧ ନରବଳି ଖାଇଲା, ଏକଥା ବି ଲୋକେ କହିଲେ । ହେଲେ ଅପଦେବତା ସନ୍ତୁଷ୍ଟ ହେଲେନି, ପୁନଃ କରାଳୀ ମାତିଲା, ଘାଇ ବି ହେଲା । ଘାଇ ମୁହଁର ଗାଁ ଭାସିଗଲା । ଆଖପାଖ ଗାଁ କିଛି ପରିମାଣରେ ବର୍ତ୍ତିଲା; ଦଳିତ ସାହି ଘରଗୁଡ଼ାକ ସବୁ ନିଶ୍ଚିହ୍ନ । ସବର୍ଣ୍ଣ ସାଇର ଉଚ୍ଚା ଉଚ୍ଚା ମୂଳଦୁଆ, କାନ୍ଥ ଭୁଷୁଡ଼ି ପଡ଼ିଲା; ମାତ୍ର ଘର ସମ୍ପୂର୍ଣ୍ଣ ଧୋଇ ଯାଇ ନ ଥିଲା । ଘର ଛପର ଉପରେ ଲୋକମାନେ ବସିଛନ୍ତି, ବର୍ଷା ଢାଳୁଛି, ଅଖିଆ ଅପିଆ, ସାତ ଦିନ ସାତ ରାତି ଗଲାଣି, କୌଣସି ମତେ ଆତ୍ମରକ୍ଷା କଲେ । ଏହିସବୁ ଦୃଶ୍ୟର ମୂକସାକ୍ଷୀ କାରାଳୀ ଭାତଖିଆ ବରଗଛ । ବନ୍ୟା ଛାଡ଼ିଲା; ତଥାପି ଦୁର୍ଗତମାନଙ୍କ ନିକଟରେ ସରକାରୀ ସାହାଯ୍ୟ ପହଞ୍ଚିପାରିଲାନି । ଲୋକେ ବାରକଥା କୁହାକୁହି । ମୂଷା ଘଳିଆ କରିବାରୁ ଘାଇ ହେଲା, ଆଉ କିଏ କହିଲା ପାରା ପକେଇ ବନ୍ଧ ଭାଙ୍ଗିଦେଲେ, ସରକାରୀ ରିଲିଫ୍ ହଡ଼ପ କରିବେ, କଣ୍ଟ୍ରାକ୍ଟରମାନେ ବେଶ୍ ଦି ପଇସା କମେଇବେ - ଏଇଥି ପାଇଁ ଘାଇ ଭାଙ୍ଗି ଦିଆଗଲା ।

ପ୍ରକୃତ ସମାଜସେବୀ ମାନେ ଉଦ୍ଧାରକାର୍ଯ୍ୟରେ ଲାଗିଗଲେ। ବନ୍ୟାଜଳ ସୁଅ ଛୁଟିଛି, କେଉଁଠି ଅଣ୍ଟାଏ ତ କେଉଁଠି ପୁରୁଷେ, ଜୀବନ ପ୍ରତି ନିଘା ନାହିଁ, ବିପଦ ଆପଦକୁ ଖାତିର ନାହିଁ, ଲକ୍ଷ୍ୟ କେବଳ ଦୁର୍ଗତଙ୍କୁ ବଞ୍ଚାଇବା। ଏମିତି ଜଣେ ଉତ୍ସର୍ଗୀକୃତ ସମାଜସେବୀ ହରିମାଷ୍ଟର। ହୀରାଧରପୁର ଅଞ୍ଚଳରେ ସେ ଜଣେ ବ୍ୟକ୍ତି ନୁହନ୍ତି, ଗୋଟେ ଅନୁଷ୍ଠାନ। ଘରପୋଡ଼ି, ବନ୍ୟା, ମହାମାରୀ ଠାରୁ ଆରମ୍ଭ କରି ଗାଁର ସାଂସ୍କୃତିକ ଉତ୍ସବ, ସବୁଠି ଥାଆନ୍ତି ମାଷ୍ଟ୍ରେ। ନାଟ୍ୟାଭିନୟଠାରୁ ଆରମ୍ଭ କରି ପ୍ରତ୍ୟେକ ଉତ୍ସବ ମହୋତ୍ସବ, ସୁଦିନ ଦୁର୍ଦ୍ଦିନରେ ମାଷ୍ଟ୍ରେ ସଦାସର୍ବଦା ପୁରୋଭାଗରେ।

ହରିମାଷ୍ଟ୍ରେ, ସ୍ଥାନୀୟ ବାସିନ୍ଦା ନୁହନ୍ତି। ତାଙ୍କ ଠିକଣା କାହାକୁ ଜଣାନାହିଁ। ତାଙ୍କର ଆତ୍ମୀୟ କିଏ ଅଛନ୍ତି ବା ନାହାନ୍ତି, ସେକଥା କହିହେବନି। ପାଞ୍ଚବର୍ଷ ତଳେ ହଠାତ୍ ପହଞ୍ଚିଲେ। ନିହାତି ମଫସଲି ଗାଁ ହୀରାଧରପୁରେ। ଲୋକେ ଏହାକୁ ଅପାଣ୍ଡବା ଗାଁ କହନ୍ତି। ସେଇଠି ସ୍କୁଲଟିଏ ଆରମ୍ଭ କଲେ। ସେଇ ଦିନୁ ଗାଁ ଛାଡ଼ି ଯାଇନାହାନ୍ତି। ହରିମାଷ୍ଟର କେବଳ ଶିକ୍ଷକ ନୁହନ୍ତି, ହୋମିଓପ୍ୟାଥିକ ଡାକ୍ତର। ଖଣ୍ଡେ 'ସରଳ ମେଟେରିଆଲ୍ ମେଡ଼ିକା', ତା' ସହିତ ଖଣ୍ଡେ ଗୃହଚିକିତ୍ସା ହୋମିଓପାଥିକ ବାକ୍ସ, ଏଇଥିରେ ତାଙ୍କ ଚିକିତ୍ସାଜ୍ଞାନ ସୀମିତ। କେହି କେହି ରୋଗ ବାଧିକା ପଡ଼ି ତାଙ୍କ ପାଖକୁ ଆସନ୍ତି, ସେ ମଧ୍ୟ ବିନାମୂଲ୍ୟରେ ଔଷଧ ଦିଅନ୍ତି। କିଏ ଭଲ ହୋଇ ଯାଆନ୍ତି ତ ଆଉ କେତେକ ଅଭିଜ୍ଞ ଏଚ୍.ଏମ୍.ବି. (ହୋମିଓ), ଏମ୍.ଡ଼ି. (ହୋମିଓ)ଙ୍କ ପାଖକୁ ଯାଆନ୍ତି, ଏ ରୋଗୀଙ୍କର ମାଷ୍ଟ୍ରେଙ୍କ ଚିକିତ୍ସା ନୁହଁ ଡାକ୍ତରଙ୍କ ଡିଗ୍ରି ଉପରେ ଭରସା। ହରିମାଷ୍ଟ୍ରେ ତ ଜଣେ ସାଧାରଣ ପ୍ରାକ୍ଟିସନର। ଏଥିପାଇଁ ଲୋକେ ତାଙ୍କୁ 'କ୍ୱାକ୍' କହନ୍ତି। ସ୍କୁଲ୍‌ରେ ମାଷ୍ଟ୍ରେଙ୍କ ପରିଧାନ ଖଣ୍ଡେ ଆଣ୍ଠୁ ଲୁଚୁ ନଥିବା ଲୁଗା, ଦିହରେ ଫତେଇ ଖଣ୍ଡେ। ଅନ୍ୟ ସମୟରେ ଡାକ୍ତରୀ ଆଦବ କାଏଦା, ପୋଷାକ ବି। ପ୍ୟାଣ୍ଟ, କୋଟ୍ ପିନ୍ଧି, ବେକରେ ଗୋଟାଏ ଷ୍ଟେଥୋସ୍କୋପ୍ ଝୁଲାଇ ବୁଲୁଥାନ୍ତି। କେହି କେହି ତାଙ୍କୁ ପାଗଳ କହନ୍ତି; କିନ୍ତୁ ପାଗଳାମିର ନାଁ ଗନ୍ଧ ତାଙ୍କଠାରେ ନଥିଲା। କେବଳ କଥାବାର୍ତ୍ତା, ଆଚରଣରେ ଏକ ବିଶେଷ ଭଙ୍ଗୀ, ତାଙ୍କ ସହ କେହି କଥାବାର୍ତ୍ତା ନହେଲେ, ମାଷ୍ଟ୍ରେ ମନକୁ ମନ ବିଡ଼ିବିଡ଼ି ହୁଅନ୍ତି। ସ୍ୱାସ୍ଥ୍ୟ ତାଙ୍କର ଅତି ରୁଗ୍ଣ, ପତଳା, ହାଡ଼ଗିଳା ଚେହେରା। ଅନେକ ତାଙ୍କୁ ଆପୁଆ ଗଞ୍ଜୋଡ଼ କହନ୍ତି, ଯଦିଓ ମାଷ୍ଟ୍ରେ ଏହାଠାରୁ ଢେର୍ ଦୂରରେ।

ମାଷ୍ଟ୍ରେ ଭାରୀ ପରୋପକାରୀ। ସେଦିନ ମାଳୀପୁର ବ୍ରାହ୍ମଣ ଶାସନରେ ନିଆଁ ଲାଗିଲା, ସାଇକୁ ସାଇ ନିଆଁ ଡେଉଁଛି। ଦି' ସାରିଆ ଗାଁ, ନିଆଁ ତାତିରେ କେହି ଠିଆ ହେଇ ପାରୁନାହାନ୍ତି, ସମସ୍ତେ କିଂକର୍ତ୍ତବ୍ୟବିମୂଢ଼। ମାଷ୍ଟ୍ରେ ଆସି ପହଞ୍ଚିଗଲେ। ତାଙ୍କ ସଙ୍ଗରେ ଚିର ସହଚର ହୀରାଧରପୁରିଆ ଦଳିତମାନେ। ସାଙ୍ଗେସାଙ୍ଗେ ସେମାନେ କଦଳୀ

ଗଡ଼ ହାଣିପକାଇଲେ, ସେଗୁଡ଼ିକୁ ନିଆଁକୁ ପକାଇ ଚାଲିଲେ, ନିଆଁ ଲିଭିଲାନି; କିନ୍ତୁ ଥମିଗଲା। ସେଇ ରୁଗ୍ଣ ଲହଲହକା ଧଇଁଆ ଲୋକ ଦିହରେ ଏତେ ବୁଦ୍ଧି କେଉଁଠୁ ଆସିଲା ? ଦୁର୍ବଳ ଦେହରେ ଚିତ୍କାରକରି ଅନ୍ୟମାନଙ୍କୁ ନିର୍ଦ୍ଦେଶ ଦେଉଥିଲେ। ତାଙ୍କର ତେଜ ସମସ୍ତଙ୍କୁ ବିସ୍ମିତ କରିଦେଲା। ଶତ ସଙ୍କଟ ମଧ୍ୟରେ ମନୁଷ୍ୟର ଗୋଟେ ପ୍ରାଣଶକ୍ତି ତାକୁ ପ୍ରତିଷ୍ଠିତ କରିଦିଏ। ହରିମାଷ୍ଟ୍ରେ ତାହାର ଗୋଟେ ପ୍ରତିରୂପ।

କ୍ରମେ ମାଷ୍ଟ୍ରେଙ୍କ ଖ୍ୟାତି ବଢ଼ିଲା, ରାଜନୈତିକ ଦଳବାଲା ତାଙ୍କୁ ନିଜଆଡ଼କୁ ଟାଣିବାକୁ ଚେଷ୍ଟାକଲେ। ଚାଲିଲା ପ୍ରତିଯୋଗିତା; କିନ୍ତୁ ରାଜନେତାଙ୍କ ନାଁ ଶୁଣିଲେ ମାଷ୍ଟ୍ରେ ଚିହିଁକି ଉଠୁଥିଲେ। ତାଙ୍କ ଦେହ, ମନ ଏକ ତୀବ୍ର ବିରକ୍ତିରେ ଅସହିଷ୍ଣୁ ହୋଇପଡୁଥିଲା। ସେ ଭଲକରି ବୁଝିନେଉଥିଲେ ଏମାନଙ୍କ ଚାଲବାଜିକୁ। ଏଇ ନେତାଏ ଗାନ୍ଧି, ଗୋପବନ୍ଧୁଙ୍କ ନାଁ ନିଅନ୍ତି, ଦେଶ ସେବା କରିବାର ଅଭିନୟ କରନ୍ତି, କଳେ ବଳେ ଛଳେ ଅଣ୍ଟି ପୂରାନ୍ତି। ମାଷ୍ଟ୍ରେଙ୍କୁ ଏକଥା ଅଛପା ନଥିଲା। ଗାନ୍ଧିଜୀଙ୍କ ସଂସ୍ପର୍ଶରେ ସିନା ଆସି ନ ଥିଲେ; ହେଲେ ସେ ଗାନ୍ଧି-ଆଦର୍ଶ ଅବଗାହିତ। ନେତାଏ ଡାକିଲେ ହରିମାଷ୍ଟ୍ରେ ନିଜ ଦଳିତ ସହଚରଙ୍କୁ ମନକଥା କହନ୍ତି- "ଆରେ ସେକାଳ ଜମିଦାର ଗଲେଣି ସିନା; ଏମାନେ ଯେ ଏକାଳର ନୂଆ ଜମିଦାର, ଜମିଦାରମାନେ ଆଗେ ନେଉଥିଲେ ଟିକସ, ଏମାନେ ଏବେ ନେଉଛନ୍ତି ଭୋଟ। ଆଉ ଏ ଯୋଉ ଝୁଲାଧାରୀ କର୍ମୀମାନଙ୍କୁ ଦେଖୁଛ, ସେମାନେ ଏକାଳ ଜମିଦାରଙ୍କ ନୂଆ ଗୁମାସ୍ତା ଓ ପିଆଦା।" ଏମିତି ରୋକଠୋକ କଥା, ନିର୍ଭୀକ ଆଚରଣ ମାଷ୍ଟ୍ରେଙ୍କର। ସେଇଥିପାଇଁ ସମ୍ଭ୍ରାନ୍ତ ସମାଜ, ଆଭିଜାତ୍ୟ ପୂର୍ଣ୍ଣ ଗୋଷ୍ଠୀ ଦ୍ୱାରା ସେ ବର୍ଜିତ। ତାଙ୍କ ଚିର ସାଥୀ ସେଇ କେଇଜଣ ଦଳିତ। ବରଜୁ ଷେଣ୍ଢ ଘାଇ ଭାଙ୍ଗିଲା। ହରିମାଷ୍ଟ୍ରେ ସାଥିମାନଙ୍କୁ ଧରି ଦିନରାତି ଉଦ୍ଧାର କାର୍ଯ୍ୟରେ ଲାଗିପଡ଼ିଲେ, ତାଙ୍କର ହିମ୍ମତକୁ ନିନ୍ଦୁକମାନେ ବି ପ୍ରଶଂସା କଲେ।

କରାଳୀରେ ପ୍ଲାବନ, ଦୁର୍ଗତମାନଙ୍କର ହାହାକାର। ତେଣେ ରାଜନୀତିକମାନଙ୍କର ବିଚକ୍ଷଣତା ବଢ଼ିଲା। ତାହା ଅସହାୟ ମଣିଷକୁ ଏକ ଆତ୍ମପ୍ରତ୍ୟୟହୀନ ଭିକ୍ଷୁକ କରିଦେଲା। ଅତୀତରେ ପ୍ରକୃତିର ବହୁ ନିଷ୍ଠୁର ଆକ୍ରମଣ, ମନୁଷ୍ୟକୁ ଦୁର୍ଜେୟ, ଅପରାଜିତ ମନ୍ତ୍ରରେ ଦୀକ୍ଷିତ କରିଥିଲା। କରାଳୀର ଭୀଷଣ ରୂପ ସେଇ ଅଗଣିତ ଦୁର୍ଗତମାନଙ୍କ ପ୍ରାଣରେ 'ମାଭୈଃ' ଧ୍ୱନି ଉତ୍ତୋଳିତ କଲା। ମୃତ୍ୟୁ ଉପରେ ଜୀବନର ଶାଶ୍ୱତ ମହିମାକୁ ପ୍ରତିଷ୍ଠା କଲା ସୃଷ୍ଟିର ଦୁର୍ଜୟ ଅଭିମାନ। ସଂହାରଶୀଳା ପ୍ରକୃତିର ଶତ ଆକ୍ରମଣ ତୁଚ୍ଛ ମନେ ହେଲା, ଜୀଇଁ ରହିବାର ଦୁର୍ବାର ଅଭୀପ୍ସା ନୂଆ ସାହା ରାହା ଟିକକ ଯୋଗାଇଦେଲା। ଏହାରି ପୃଷ୍ଠଭୂମିରେ ହରିମାଷ୍ଟ୍ରେ ପାଇଲେ ଜୀବନକୁ ଆସ୍ୱାଦନ କରିବାର ପୂର୍ଣ୍ଣ ଅବକାଶ। ଖଣ୍ଡେ କଦଳୀ ଭେଳା, ସାଙ୍ଗରେ ଦି' ଜଣ ଦଳିତ,

ବନ୍ୟାବିପ୍ଳାତ ମଧ୍ୟରେ ଗାଁକୁ ଗାଁ, ଘରକୁ ଘର ବୁଲିଲେ। ଛାତ ଉପରେ ଆତ୍ମରକ୍ଷା କରିଥିବା ଅସହାୟମାନଙ୍କୁ ବଡ଼ପାଟିରେ କହୁଥିଲେ, "ପିଲାମାନଙ୍କୁ ଯେତେ ପାରୁଛ ଗୁଡ଼ ପାଣି ପିଆଅ, ଗୁଡ଼ରେ ସୁଗାର ଅଛି, ସୁଗାର ହେଲା ଶକ୍ତି, ପାଣି କାହିଁକି ପିଆଉଛ ? ଏ ଯେଉଁଠି ବସିଛ, ସେଇଠି ହାତ ବଢ଼େଇଲେ ପାଣି"। କାହାର କମ୍ପ ହେଉଛି, କାହା ମୁଣ୍ଡ ଝାଳଉଛି, ତା' ପାଇଁ ଔଷଧ, ଆକୋନାଇଟ୍, ପଲ୍‌ସେଟିକା, ମାଷ୍ଟ୍ରେ ବାଣ୍ଟି ଚାଲିଛନ୍ତି। କିଏ ପାଟି କରୁଛି ସାପ, ସାପ। ଚିତ୍କାର ଶୁଣି ମାଷ୍ଟ୍ରେ କହିଲେ, "ସାପମାନଙ୍କୁ କେହି ମାରିବ ନାହିଁରେ। ସେମାନେ କାହାର ଅନିଷ୍ଟ କରିବେ ନାହିଁ। ଏ ଧର୍ମ ଜଳ ଭିତରେ ଜୀବମାତ୍ରକେ ସମସ୍ତେ ସମାନ। ଏମିତି ଗୋଟାଏ ନଈ ବଢ଼ିରେ ଗୋଟାଏ କଳାନାଗ ଆଉ ମୁଁ। ଏକାଠି ଆମେ ଖଣ୍ଡେ କାଠଗଡ଼ ଉପରେ ଦୁଇଦିନ ଭାସି ରହିଥିଲୁ।" ଏପରି ହିତ କଥାମାନ କହିଲେ। ଉତ୍‌ଥାନ ପତନ ସୃଷ୍ଟିର ନିୟମ। ଆଜି ଧାନ ଫୁଲ ଉଡ଼େଇ ଆସିଥିଲା, ଏସନ ଧାନ ଫସଲରେ ଅମାର ଫାଟିଥାନ୍ତା, ଏଥି ପାଇଁ ଅନୁଶୋଚନା କିଆଁ ? ଏ କୂଳରେ ବାଲି ମାଡ଼ିଯାଇଛି, ଆର କୂଳରେ ସୁନାର ଫସଲ ଭରା ହେଇଯିବ। ଧାନ ଗଲା, ରବି ଫସଲରେ ସୁଧମୂଳ ଆଦାୟ ହୋଇଯିବ। ଏମିତି କେତେ ପ୍ରକାର ଆଶ୍ୱାସନା ଦେଉଥିଲେ ମାଷ୍ଟ୍ରେ ବନ୍ୟା ଦୁର୍ଗତମାନଙ୍କୁ।

ଖାଦ୍ୟାଭାବରେ ସମସ୍ତେ ଆଉଟୁ ପାଉଟୁ, ବନ୍ଧ ଉପରକୁ ଗଲେ ସେଠାରେ ଅନ୍ତତଃ ଖାଦ୍ୟର ବ୍ୟବସ୍ଥା ହୋଇ ପାରନ୍ତା। ତଳକୁ ଓହ୍ଲାଇଲେ ପାଟିରେ ପାଣି ପଶିବ, ହରିମାଷ୍ଟର ଅଭୟ ଦିଅନ୍ତି, "ଠିକ୍ ଅଛି, ଚାରିଜଣ କରି ଏ ଭେଳାକୁ ଓହ୍ଲାଇ ଆସ, ପ୍ରଥମେ ସ୍ତ୍ରୀ ଓ ଶିଶୁ, ତା'ପରେ ବୁଢ଼ା ଓ ରୋଗୀ।" ଏମିତି ଅବିଶ୍ରାନ୍ତ ସେବା କରିଚାଲିଲେ ମାଷ୍ଟ୍ରେ। ଥରକୁ ଥର ବିପନ୍ନମାନଙ୍କୁ ଆଣି ଛାଡ଼ିଲେ ନଦୀବନ୍ଧରେ।

ବଢ଼ି ଛାଡ଼ିଲା, ଲୋକେ ଗାଁକୁ ଫେରିଲେ। ଭୁଷୁଡ଼ା କାନ୍ଥରେ କାଦୁଅ ଛାଟିଲେ, ଝିଅବୋହୂମାନେ ପିଠଉରେ ଚିତା ଲେଖିଲେ ଭଙ୍ଗା କାନ୍ଥରେ। ଧ୍ୱଂସର ଶ୍ମଶାନ ଉପରେ ଶାଶ୍ୱତ ଜୀବନର ଜୟଟିକା ଝଲସି ଉଠିଲା। ଅନ୍ୟପଟରେ ଦୃଶ୍ୟମାନ ହେଲା ନିତାନ୍ତ ଅଭାବନୀୟ ଘଟଣାମାନ। ରିଲିଫ୍ ପାଇଁ କ୍ୟାମ୍ପକୁ ଦଉଡ଼ାଦଉଡ଼ି। ବନ୍ୟାପର ମହାମାରୀ, ବିସୂଚିକା, ଜ୍ୱର, ସନ୍ନିପାତର ତାଣ୍ଡବ। ହା-ଅନ୍ନ, ହା-ହୁତାଶ। ବାଲିଚରା କ୍ଷେତ, ପଟୁମାଟି ମଡ଼ା ଧାନକିଆରୀ, କାଦୁଅ ଦହ ଦାଣ୍ଡ। ଏହାରି ଉପରେ ଆଶ୍ୱିନର ଆକାଶରୁ ଆଉଟା ରଙ୍ଗ ଝରାଇ, ନଈ ପଠାରେ କାଶତଣ୍ଡି ଚାମର ତଥାପି ବଞ୍ଚି ଚାଲିଛି। କେଉଁ ଜହ୍ନିବାଡ଼ରେ ଜହ୍ନିଫୁଲ ଫୁଟାଇ, ଜୀବନଧାରା ଫେରିଆସିଲା। ହୀରାଧରପୁର ପୁଣି ହସିବାକୁ ଆରମ୍ଭ କଲା।

ସେଦିନର ଘଟଣାଟେ। ତ୍ରିରଙ୍ଗୀ ପତାକା ଦଳର ବଡ଼ନେତା ଆସିଲେ

ହୀରାଧରପୁର। ବଡ଼ ହାକିମଙ୍କ ଠାରୁ ଆରମ୍ଭ କରି ସାନ ବଡ଼ ନେତା ଧାଇଁଲେ। ମନ୍ତ୍ରୀଙ୍କ ଧାଡ଼ି ଛୁଟିଲା ଗାଁକୁ। ଗ୍ରାମଫୋନ୍‌ରେ ତ୍ରିରଙ୍ଗୀଦଳର ସୋମନାଥ ଗର୍ଜନ କରି ଭାଷଣ ଦେଲେ। ହଜାର ବର୍ଷ ପୂର୍ବେ କରାଳୀରେ ଏପରି ବନ୍ୟା ହୋଇ ନ ଥିଲା, ତଥାପି ଶାସକଦଳ ହେତୁ ଶହଶହ ଲୋକ ବଞ୍ଚିଗଲେ, ଭଙ୍ଗାଘର କୋଠା ହେଇଯିବ, ରିଲିଫ ପୁଣି ମିଳିବ, ଘର ତିଆରି ଋଣଠାରୁ ତଗାବି ଋଣଯାଏ, ସରକାର କିଛି ଅଭାବ ରଖିବେନି। ଏମିତି ନାନାକଥା କହିଲେ, ଯୋଗାଯୋଗ ବ୍ୟାହତ ହେଲା, ସେମାନେ ଠିକ୍ ସମୟରେ ବିପନ୍ନଙ୍କ ପାଖରେ ପହଞ୍ଚି ପାରିଲେନି, ଏଥି ପାଇଁ ଦୁଃଖ ବି କଲେ। ଏକଥା ଶୁଣୁଥିଲେ ହରିମାଷ୍ଟ୍ରେ। ଦେହରେ ଖଇଫୁଟୁଛି। ଜମା ତାପ କମୁନି। ତାଙ୍କ ସହଚର ଦଳିତ ଦି' ଚାରିଜଣ, ସେମାନେ ବି ଛାଡ଼ି ପଳେଇଛନ୍ତି। ଏବେ ନେତାଙ୍କ ସଭାରେ। ନେତାଙ୍କ କଥା ମାଷ୍ଟ୍ରେଙ୍କୁ ବିଟିକିଟିଆ ଲାଗୁଛି। ତାଙ୍କ ପାଦ ଆଣ୍ଠୁ କେମିତି ଝିମିଝିମି ହେଇ ଯାଉଛି, ପାଟି ଅଠାଅଠା, ମନରେ ଖାଲି ଭାବୁଛନ୍ତି କୁଆଡ଼େ ଆଜିଯାଏ ଥିଲେ ଏଇ ଧୋବଧାଉଳିଆମାନେ ? ନେତାଙ୍କ ଭାଷଣ ନୁହେଁ, ତାଙ୍କୁ କରାଳୀର କ୍ରୁଦ୍ଧ ଗର୍ଜନ କେବଳ ଶୁଭୁଥିଲା। ସେ ପ୍ରଳାପ କରୁଥିଲେ, "ଖବର୍ଦ୍ଦାର ଚାରି ଜଣରୁ ପାଞ୍ଚଜଣ ବସିଲେ ଭେଳା ବୁଡ଼ିବ। ପିଲାମାନଙ୍କୁ ଗୁଡ଼ପାଣି ପିଆଅ, ଗୁଡ଼ରେ ସୁଗାର ଅଛି।" ପାଞ୍ଚବର୍ଷ ତଳେ ମାଷ୍ଟ୍ରେ ନିଜେ ମାଟିବୋହି, କାନ୍ଥଛାଟି ସେଇ ଗାଁରେ ସ୍କୁଲଟି ତିଆରି କରିଥିଲେ। ଝାଟିମାଟି ଘରଟି ଏବେ ଶ୍ମଶାନପ୍ରାୟ। ବନ୍ୟାରେ ସବୁ ଧୋଇଯାଇଛି। ମାଷ୍ଟ୍ରେ ଦେଖୁଥିଲେ ବରଜୁ କ୍ଷେଣ୍ଟ ଘାଇ ଉପରେ ବର୍ଣ୍ଣାଢ଼୍ୟ ସୂର୍ଯ୍ୟାସ୍ତର ରଙ୍ଗ ହୋରୀ। ଭାତଖିଆ ବରଗଛ ଉପରେ ଆଉଟା ସୁନାରଙ୍ଗ ଆସ୍ତେ ଫିକା ପଡ଼ି ଆସୁଥିଲା। ପଶ୍ଚିମ ସୂର୍ଯ୍ୟାସ୍ତ ଆଡ଼େ ଝାପ୍‌ସା ଦୃଷ୍ଟିରେ ଚାହିଁ ରହିଥିଲେ ହରିମାଷ୍ଟର। ତାହାରି ମଧ୍ୟରେ ଦେଖୁଥିଲେ ବଞ୍ଚିବାର ସାହାରାହା ଟିକକ। ସବୁ ଶଠତା, ସଙ୍କଟର ଊର୍ଦ୍ଧ୍ୱରେ ଜୀବନର ଏଇ ଜୟଗୀତିକା। ତାଙ୍କ ଅଲୋଡ଼ା ଜୀବନର ନିନ୍ଦା ପ୍ରଶଂସା, ପାଇବା ନ ପାଇବାର ଆରମ୍ଭ, ଶେଷସଂଗ୍ରାମ ମଧ୍ୟ। ସବୁ ତାହାରି ମଧ୍ୟରେ ନିହିତ।

ଦୂରରୁ ଭାସିଆସୁଥିଲା, ଭଣ୍ଟାମିର ମେଞ୍ଚାମେଞ୍ଚା ପ୍ରତିଶ୍ରୁତି। ଲୋକେ ତାଳି ମାରୁଥିଲେ, ନେତାଙ୍କ ବେକରେ ଫୁଲମାଳ ଅଜାଡ଼ି ହୋଇ ପଡୁଥିଲା। କିନ୍ତୁ ହରିମାଷ୍ଟ୍ରେ ରହିଗଲେ ପୂରା ଅଣଦେଖା ହେଇ। ଉଡ଼ିଗଲା ତାଙ୍କ ପ୍ରାଣସତ୍ତା। ବରଜୁ କ୍ଷେଣ୍ଟ ଘାଇ ଆଜିଯାଏ ବଞ୍ଚେଇ ରଖିଛି ବରଜୁକ୍ଷେଣ୍ଟଙ୍କୁ। ଫିସନ କରାଳୀ ମାତିଲେ କିଛି କିଛି ମନେ ପଡ଼ନ୍ତି ହରିମାଷ୍ଟ୍ରେ। ତାଙ୍କ ତ୍ୟାଗ, ସେବା, ଆଦର୍ଶ ନିକଟରେ ତଥାକଥିତ କ୍ଷମତାଲିପ୍ସୁ, ସୁବିଧାବାଦୀ ମିଛ ସେବକମାନେ କେତେ ମ୍ଳାନ ସତେ !

■

ମହାନିର୍ବାଣ : ଅତଳ ଶୂନ୍ୟତାରେ ସତ୍ତାଲୋପ

ବୌଦ୍ଧଧର୍ମର ସାରନିର୍ଯ୍ୟାସ ନିର୍ବାଣ। ଜୀବର ଏ ଧରାଧାମକୁ ଆଉ ନାହିଁ ଲେଉଟାଣି। ବୌଦ୍ଧଙ୍କ ମତରେ ପୁନର୍ଜନ୍ମ ନାସ୍ତି। ନିର୍ବାଣ ଅନିର୍ବଚନୀୟ, ଅତଳ ଶୂନ୍ୟତା। ତା'ରି ଭିତରେ ସବୁ ସତ୍ତାର ବିଲୋପ। ସେଇ ଶୂନ୍ୟତା ମଧ୍ୟରେ ବହୁ ପୂର୍ଣ୍ଣତାର ପ୍ରାଚୁର୍ଯ୍ୟ ଚିର ଉଦ୍‌ଭାସିତ। ମହାନିର୍ବାଣ ପରମ ମୋକ୍ଷ, ବ୍ରହ୍ମ, ସାୟୁଜ୍ୟ। ଏଇଟି ଅଭିଧାନିକ ଅର୍ଥ। ମହାନିର୍ବାଣ ପରମମୁକ୍ତି। ତଥାଗତ ବୁଦ୍ଧ, ଜରା, ଶୋକ, ବ୍ୟାଧି, ମୃତ୍ୟୁ ରହିତ ଜୀବନ ଖୋଜିଲେ। ହେଲେ ସଂସାର ତ୍ୟାଗୀ। ସାଧନାରେ ମଜ୍ଜି ରହିଲେ। ଶେଷରେ ପାଇଲେ ସଫଳତା। ବାଣ୍ଟି ଚାଲିଲେ ନିର୍ବାଣର ବାର୍ତ୍ତା। ବୌଦ୍ଧ ଭିକ୍ଷୁଏ, ଲଣ୍ଡିତ ମସ୍ତକ। ଭିକ୍ଷାଅନ୍ନରେ ଉଦର ପୋଷଣ, ସଂଘୀୟ ଜୀବନ, ଆର୍ଯ୍ୟ ଅଷ୍ଟାଙ୍ଗ ମାର୍ଗ, ଅହିଂସା ଧର୍ମ ପାଳନ - ଏଇ ସବୁ ନୀତି ନିୟମ। ଏଥି ସହିତ କଠୋର ସାଧନା। ଆଜୀବକ ସଭାରେ ପ୍ରଥମ ଦୀକ୍ଷା ଗ୍ରହଣ। ରୂପ, ସ୍ପର୍ଶ, ଅନୁଭୂତି ଜୟ ଏକାନ୍ତ କାମ୍ୟ। ଏଥି ପାଇଁ ତପ୍ତ ଲୌହପିଣ୍ଡ ହସ୍ତରେ ଅଞ୍ଜଳିବଦ୍ଧ କରିବାକୁ ପଡ଼େ। ଦଗ୍ଧୀଭୂତ ପାପୁଲିର ମାଂସ, କେବଳ ଅସ୍ଥିଖଣ୍ଡମାନ। ସ୍ପର୍ଶାନୁଭୂତି ରହିତ। ଏଥି ସହ ଚତୁର୍ମାସ୍ୟା ବ୍ରତ ପାଳନ। ଆଉ 'ଶୁଦ୍ଧପାଣୟ ବ୍ରତ', ଭୂମିରେ ଶୟନ, ସମ୍ପୂର୍ଣ୍ଣ ଉପବାସ। ଏମିତି ନାନାଦି କଠୋର ସାଧନା। ଉତ୍ତୀର୍ଣ୍ଣ ହେଲେ ମିଳେ ବୌଦ୍ଧଭିକ୍ଷୁର ସଫଳ ମାନ୍ୟତା। ଆତ୍ମସଂଯମ, ଇନ୍ଦ୍ରିୟ ନିୟନ୍ତ୍ରଣ, କାମିନୀ, କାଞ୍ଚନ ଭୋଗ ରହିତ ଜୀବନ; ମାତ୍ର ତାହା ସମ୍ଭବ ହୋଇନପାରେ। ଦେହ ରହିଲେ ଦାହର କଥା, ଇନ୍ଦ୍ରିୟମାନଙ୍କର ଅବଦମିତ ଉପଭୋଗ ଲିପ୍‌ସା, ପ୍ରବୃତ୍ତିର ଅଜଗରୀ କ୍ଷୁଧା, ଏଥିରୁ କିଏ ବା ମୁକ୍ତି ପାଇଛି ? ଦେବ, ଦାନବ, ନର ଅବା କିନ୍ନର ? ବୁଦ୍ଧଦେବ ଏଇସବୁ ଦିଗକୁ ଅଣଦେଖା କଲେ।

କ୍ରମେ ଦେଖା ଦେଲା ସ୍ଖଳନ। ବୌଦ୍ଧଧର୍ମ ହେଲା ପତନାଭିମୁଖୀ। ଗାଳ୍ପିକ ସୁରେନ୍ଦ୍ର ମହାନ୍ତିଙ୍କ ବୌଦ୍ଧ ଧର୍ମଦର୍ଶନର ସଠିକ୍ ଆକଳନ। ଭିକ୍ଷୁମାନଙ୍କର ସ୍ଖଳନ କାରଣ ଖୋଜିଛନ୍ତି। ପହଞ୍ଚିଛନ୍ତି ଶେଷ ସିଦ୍ଧାନ୍ତରେ। ରୂପସୀ ପ୍ରକୃତି, କୋକିଳର ରତି ଭିକ୍ଷା, କାମିନୀର ହସ୍ତ ସ୍ପର୍ଶରେ ସୃଷ୍ଟ ଶିହରଣ - ସୃଷ୍ଟିକରେ ରୋମାଞ୍ଚ, ଦେହରେ ଶତକଦମ୍ବର ବେପଥୁ। ଆନମନା କରିଦିଏ ଯୋଗୀ, ଭୋଗୀ, ରୋଗୀ - ସଭିଙ୍କୁ। ତାହାହିଁ ଘଟିଛି ଶମଣ ଶ୍ରେଷ୍ଠ ନୀଳୋତ୍ପଳ କ୍ଷେତ୍ରରେ। ନୀଳଚେଳ ପରିହିତା ଅନିନ୍ଦ୍ୟ ସୁନ୍ଦରୀ ଶ୍ରେଷ୍ଠୀ ବଧୂ ମଧୁବ୍ରତା। ତା'ର କୋମଳ ପାପୁଲି ସ୍ପର୍ଶ, ଆନମନା ଶମଣ ନୀଳୋତ୍ପଳ। ଭୁଲିଛି ସବୁ ସାଧନାର ମାର୍ଗ, ଖୋଜିଛି ମଧୁବ୍ରତାର ଅଙ୍ଗ-ସ୍ପର୍ଶ-ସୁଖ। ସେଇଥିରେ ନିର୍ବାଣ, ଜୀବନର ପୂର୍ଣ୍ଣତା, ଜୀବସତ୍ତାର ବିଲୀନାବସ୍ଥା। ତାହା ହିଁ ସୁରେନ୍ଦ୍ରଙ୍କ ଭାଷାରେ 'ମହାନିର୍ବାଣ'। ଏହାର ଜ୍ୱଳନ୍ତ ନିଦର୍ଶନ କ୍ଷୁଦ୍ରଗଳ୍ପ 'ମହାନିର୍ବାଣ'।

ଗୃଧ୍ରକୂଟ - ବିହାର, ସମବେତ ଉପୋଷଥ - ବ୍ରତଧାରୀ ଭିକ୍ଷୁମାନେ, ସେମାନଙ୍କ ମୁଖରେ ଧାରଣୀ - ଆବୃତ୍ତିର ଅନୁନାସିକ ସଂଗୀତ - "ଓଁ ନମଃ ସମସ୍ତ ବୁଦ୍ଧାନାଂ ଅପ୍ରତିହତ ଶାସନାମ୍...।" ଗୃଧ୍ରକୂଟ - ବିହାର ଏକ ମଧୁଚକ୍ରର ଭ୍ରମ ସୃଷ୍ଟି କରୁଛି। ନବବସନ୍ତ ସମୟ, ଆମ୍ରକୁଞ୍ଜର କେଉଁ ମଂଜରିତ ଶାଖାରେ ଗୋଟେ କୋକିଳର ଅଶାନ୍ତ କୁହୁରାବ। ନୀଳୋତ୍ପଳ ଆତ୍ମବିସ୍ମୃତ। ମନରେ ତା'ର ଅଜସ୍ର ପ୍ରଶ୍ନବାଚୀ। କୋକିଳର ପ୍ରମତ୍ତ ରତିଭିକ୍ଷା, ବିଶ୍ୱର ଶ୍ରେଷ୍ଠ ସଂଗୀତ ରୂପେ ବିବେଚିତ। ତା' ସ୍ୱରର ମୂର୍ଚ୍ଛନା, ଏଥିରେ ବିଚିତ୍ର ନିର୍ବାଣାଲୋକ। ସେଦିନଟି ଥିଲା ଭିନ୍ନ। କୋକିଳର କୁହୁଧ୍ୱନି, ଛାୟାଘନ ଆମ୍ରକୁଞ୍ଜର ଗଭୀର ଅନ୍ତଃସ୍ଥଳ ମଥିତ। କାମନାର ପ୍ରମତ୍ତ ଆଲୋଡ଼ନ, ବାରମ୍ବାର ପ୍ରତିଧ୍ୱନିତ ହେଉଥିଲା। ଶମଣ ନୀଳୋତ୍ପଳ ଭୁଲିଥିଲେ ସବୁ ନୀତି ନିୟମ, ଭୁଲିଥିଲେ ଧାରଣୀ ଆବୃତ୍ତି। ତାଙ୍କ କକ୍ଷ ସମ୍ମୁଖରେ ଆମ୍ରକୁଞ୍ଜ, ଅତି ମନୋଲୋଭା ସେ ଦୃଶ୍ୟ ? ବିବସନା ନାରୀର ସୁତୀକ୍ଷ୍ଣ, ଶାଣିତ ଅଙ୍ଗରେଖା ପରି ଶୋଭିତ କୁଞ୍ଜର ଶାଖା ପ୍ରଶାଖା, ଗୃଧ୍ରକୂଟ - ବିହାରର ବାତାୟନହୀନ ସ୍ୱର୍ଣ୍ଣାଭ ଆକାଶର ପୃଷ୍ଠଭୂମିରେ ଉତ୍କୀର୍ଣ୍ଣ। ଏକଲକ୍ଷ ଆଠବାର ଧାରଣୀ ଆବୃତ୍ତି, ଗଣ୍ଡବ୍ୟୂହ ସୂତ୍ରପାଠର ସୁଫଳ ମିଳେ। କିନ୍ତୁ ନୀଳୋତ୍ପଳ ପକ୍ଷେ ତାହା ସମ୍ଭବ ନଥିଲା। ଶୟନେ, ସପନେ, ଜାଗରଣେ ଗୋଟେ ଚିନ୍ତା। ମଧୁବ୍ରତାର ରୂପ ମୋହରେ ବିବଶ ଶମଣ ନୀଳୋତ୍ପଳ।

ଗୃଧ୍ରକୂଟ ବିହାର ଚଳଚଞ୍ଚଳ। କେବଳ ଭିକ୍ଷୁ ନୁହନ୍ତି, ଶ୍ରଦ୍ଧାଳୁମାନଙ୍କର ଗହଳି। ଉପଷୋଥ ଦିବସ, ଭିକ୍ଷୁମାନଙ୍କ କଣ୍ଠରେ ଧାରଣୀର ଆବୃତ୍ତି, ଶ୍ରୋତାର ବି କାୟ, ମନ, ଆତ୍ମା ପବିତ୍ର। ଏଇଟି ବିଶ୍ୱାସ। ମୋକ୍ଷର ମୂଲ୍ୟ ସ୍ୱରୂପ ଭିକ୍ଷୁକଙ୍କ ସମ୍ମୁଖରେ ଜଳପୂର୍ଣ୍ଣ ପାତ୍ର। ସେଥିରେ କାର୍ଷାପଣମାନ ପକାଯାଏ। କକ୍ଷମାନଙ୍କରେ ପ୍ରାଚୀର

ଗହ୍ୱରରେ ବିଭିନ୍ନ ବୌଦ୍ଧ ପ୍ରତିମୂର୍ତ୍ତି – ଅବଲୋକିତେଶ୍ୱର, ପ୍ରଜ୍ଞାପାରମିତା, ଅମୋଘସିଦ୍ଧି ତାରା ଅବା ଅକ୍ଷୋବା, ଆଉ ଲୋଚନା। ବୌଦ୍ଧ ଦେବଦେବୀଙ୍କ ଯୁଗନ୍ନଦ୍ଧ ମୂର୍ତ୍ତି। ସେମାନଙ୍କ ସମ୍ମୁଖରେ ପ୍ରଦୀପଟି ମାନ ପ୍ରଜ୍ୱଳିତ। ଶ୍ରଦ୍ଧାଳୁମାନଙ୍କର କକ୍ଷରୁ କକ୍ଷାନ୍ତର, ସମଗ୍ର ବିହାର ପରିକ୍ରମା। ମୋକ୍ଷକାମୀ ଭକ୍ତଙ୍କ ପାଇଁ ଏଗୁଡ଼ିକ ଉପଷୋଥ ଦିବସର ବିଧିବିଧାନ। ଭକ୍ତମାନଙ୍କର ନୀଳୋତ୍ପଳଙ୍କ କକ୍ଷରୁ ପ୍ରସ୍ଥାନ। ଯାହାଙ୍କ ପାଇଁ ଶମଣର ପ୍ରତୀକ୍ଷା, ଏ ପର୍ଯ୍ୟନ୍ତ ସେ ଆସିନାହାନ୍ତି। ସେ ହେଉଛନ୍ତି ମଧୁବ୍ରତା। ତାଙ୍କରି ମଞ୍ଜିର ଧ୍ୱନି, କଙ୍କଣନାଦ ଶୁଣିବାକୁ ବ୍ୟାକୁଳ ନୀଳୋତ୍ପଳ। ଆସି ନାହାନ୍ତି ଶ୍ରେଷ୍ଠୀ ଶ୍ୱେତପର୍ଣ୍ଣର ମଧୁବ୍ରତା। ବିନିଦ୍ର ରାତ୍ରିର ଜ୍ୱାଳାମୟ ମୁହୂର୍ତ୍ତ। ଅନ୍ତହୀନ ବେଦନାର ନିଷ୍ଠୁର ଦଂଶନ, ଧାରଣୀ ଆବୃତ୍ତି ବିସ୍ମୃତ ଶମଣ ନୀଳୋତ୍ପଳ। କଣ୍ଠରେ କେବଳ ମଧୁବ୍ରତା ଆଉ ମଧୁବ୍ରତା !

ଗତ ଥରର ଉପଷୋଥ ଦିବସ। ମଧୁବ୍ରତା ବିହାରକୁ ଆସି ନଥିଲେ। ସେଦିନର କଥା। ଶ୍ୱେତପର୍ଣ୍ଣ ଶ୍ରେଷ୍ଠୀର ପ୍ରାସାଦ। ଦ୍ୱାରରେ ଉପସ୍ଥିତ ନୀଳୋତ୍ପଳ। ହାତରେ ଭିକ୍ଷାପାତ୍ର। ମଧୁବ୍ରତା ସ୍ୱହସ୍ତରେ ପ୍ରଦାନ କଲେ ଭିକ୍ଷାନ୍ନ। ଥରେ ଭିକ୍ଷା ଗ୍ରହଣ ପରେ ପୁନଃ ଭିକ୍ଷାଗ୍ରହଣ ପାଇଁ ନିର୍ଦ୍ଦିଷ୍ଟ ସମୟ ଧାର୍ଯ୍ୟ। ତାହାହିଁ ବାଧକ। ସେ ଲକ୍ଷ୍ମଣରେଖା ଡେଇଁବା ପ୍ରମାଦପୂର୍ଣ୍ଣ। ନୀଳୋତ୍ପଳର ମାନସପଟରେ ମଧୁବ୍ରତାର ସେଇ ରୂପ ଲାବଣ୍ୟ। ନିଥର ସରସୀ, ମୁଦ୍ରିତ କମଳ ସଦୃଶ ବେଦନା ବିଧୁର ଦୁଇଆଖି। ଦୂର୍ବାଦଳରେ ସଦ୍ୟ ଶିଶିର ବିନ୍ଦୁପରି ଏକ କରୁଣ ଉଜ୍ଜ୍ୱଳତା। ମଧୁବ୍ରତା ଅପରୂପା, ଆଭାମୟୀ, ଶୋଭାମୟୀ, ରୂପସୀ। ତେଣେ କୋକିଳର ଅଶାନ୍ତ, ପ୍ରମତ୍ତ ରତିଭିକ୍ଷା। ଧାରଣୀ ଆବୃତ୍ତିରୁ ନିବୃତ୍ତ କରିଦେଉଥିଲା। ନୀଳୋତ୍ପଳ ନାଚାର। ସବୁ ଧାରଣୀ, ସବୁ ଯୁକ୍ତି, ସବୁ ତ୍ରିପିଟକ ମୁଖସ୍ଥ ନିରବ ହୋଇଯାଏ। ନିର୍ବାଣହୀନ ଏହି ନିର୍ବୋଧ ପକ୍ଷୀଟିର ରତିଭିକ୍ଷା, ତଥାପି ଚିରନ୍ତନ, ଶାଶ୍ୱତ। ଏହା ଯଦି ସତ୍ୟ; ଆନନ୍ଦ, ସୌନ୍ଦର୍ଯ୍ୟ ପରିହାର, ଆତ୍ମନିଗ୍ରହ, ତିତିକ୍ଷା ମଧ୍ୟରେ ନିର୍ବାଣର ଏ ସାଧନା କ'ଣ ପାଇଁ? ନୀଳୋତ୍ପଳ ମସ୍ତିଷ୍କରେ ଶତ ବୃଶ୍ଚିକର ଦଂଶନ। ତାଙ୍କରି କକ୍ଷ। ଯୁଗନ୍ନଦ୍ଧ ଅବଲୋକିତେଶ୍ୱର, ପ୍ରଜ୍ଞାପାରମିତା ସ୍ଥାନିତ। ମୂର୍ତ୍ତିର ପାଦତଳେ ଅଶୋକ ମଞ୍ଜରୀର ଗୋଟେ ସ୍ଫୁରିତ ସ୍ତବକ। କେହି ଜଣେ ଭକ୍ତ ସମର୍ପି ଥିଲେ। ପ୍ରଜ୍ଞାପାରମିତାଙ୍କ ସୁତୀକ୍ଷ୍ଣ ସ୍ତନାଗ୍ର। ଅବଲୋକିତେଶ୍ୱରଙ୍କ ସୁକଠିନ ବକ୍ଷକୁ ଯେମିତି ପୀଡ଼ନ କରୁଥିଲା। ଅବଲୋକିତେଶ୍ୱରଙ୍କ ମୁଖମଣ୍ଡଳରେ ଆନନ୍ଦ, ପ୍ରଶାନ୍ତିର ସ୍ନିଗ୍ଧତା। ପ୍ରଜ୍ଞାଙ୍କ ମୁଖମଣ୍ଡଳ ରତି ତୃପ୍ତିରେ କୋମଳ। ଆଗକୁ ଚିନ୍ତାକରି ପାରିଲେନି ନୀଳୋତ୍ପଳ। ମଧୁବ୍ରତା ସ୍ୱପନରେ ସେ ବିଭୋର। ଭୁଲିଥିଲା ସଂଘୀୟ ନୀତି ନିୟମ।

ସେଦିନ ପ୍ରତି ମୋକ୍ଷ ଦିବସ। ରାତ୍ରି ନିସ୍ତବ୍ଧ। ବିହାରର ଅନ୍ତେବାସୀଙ୍କ ଠାରେ କ୍ଲାନ୍ତିର ସ୍ପଷ୍ଟ ଚିହ୍ନ। ଉପୋଷଥ ଦିବସର ପରିସମାପ୍ତି। ଭିକ୍ଷୁମାନେ ଆଚାର୍ଯ୍ୟ ଶାନ୍ତିଦେବଙ୍କ ସମ୍ମୁଖରେ ଉପସ୍ଥିତ। ସ୍ୱୀକାର କରିବେ ନିଜର ସ୍ଖଳନ। ତା'ପରେ ପ୍ରତି ମୋକ୍ଷର ବ୍ୟବସ୍ଥା। ନିର୍ମଳ ଚିତ୍ତ, ନିରୁପଦ୍ରବ ବିବେକ। ସମସ୍ତ ସ୍ୱୀକାର ପୂର୍ବକ ସର୍ବେ ନିଦ୍ରାଭିଭୂତ; ମାତ୍ର ନୀଳୋତ୍ପଳ ବିନିଦ୍ର। ଗୃଧ୍ରକୂଟ ବିହାରର ତ୍ରିତଳ ଶିଖର, ନିଜ ପ୍ରକୋଷ୍ଠ ସମ୍ମୁଖସ୍ଥ ଏକ ମୁକ୍ତ ଚତୁଷ୍କୋଣାକାର ଅଳିନ୍ଦରେ ଗୋଟେ ଉଚ୍ଚାସନ। ଆଚାର୍ଯ୍ୟ ଶାନ୍ତିଦେବ ତଥାପି ଧ୍ୟାନାସୀନ। ପୂର୍ଣ୍ଣିମା ତିଥି, ଜ୍ୟୋତ୍ସ୍ନାର ପ୍ଳାବନ। ଛାୟାଚ୍ଛନ୍ନ ଶାନ୍ତିଦେବ। ଏକ ନିଶ୍ଚଳ ଶିଳାମୂର୍ତ୍ତି ପରି ପ୍ରତୀୟମାନ। ରାତ୍ରିର ବିନିଦ୍ର ପ୍ରହର, ଆମ୍ର ବିଥିକାରେ ବୃକ୍ଷର ଛାୟା ସବୁ ରାତ୍ରିର ଶୀତଳ ସୁଷୁପ୍ତିକୁ ଭଗ୍ନ କରୁଥିଲା। ଶାନ୍ତିଦେବଙ୍କ ସମ୍ମୁଖରେ ନୀଳୋତ୍ପଳ। ସ୍ଖଳନର ସ୍ୱୀକୃତି ପାଇଁ ନୀଳୋତ୍ପଳ ଉପସ୍ଥିତ। ତାଙ୍କର କଣ୍ଠରୋଧ ହୋଇ ଯାଉଥିଲା। ଅତି ସନ୍ତର୍ପଣରେ ଆରମ୍ଭ କଲେ ନୀଳୋତ୍ପଳ ତାଙ୍କ ସ୍ଖଳନର କଥା।

ସେଦିନର କଥା। ଶ୍ରେଷ୍ଠୀ ଶ୍ୱେତପର୍ଣ୍ଣର କୁଳବଧୂ ମଧୁବ୍ରତା ପ୍ରୋଷିତଭର୍ତ୍ତୃକା। ଶ୍ରେଷ୍ଠୀପୁତ୍ର ସାଧବ ନଳିନାକ୍ଷ। ବିବାହର ମଧୁଯାମିନୀ ବିତିଲା। ପରଦିନ ପାଟଳିପୁତ୍ରର ଅନ୍ୟ ସାଧବଙ୍କୁ ନେଇ ବୋଇତଟେ ଗଙ୍ଗାରେ ଚାଲିଲା। ସାଧବଙ୍କ ଯାତ୍ରା ସମୁଦ୍ରକୁ ନୌବାଣିଜ୍ୟ ଉଦ୍ଦେଶ୍ୟରେ। ଏଇ ଘଟଣା କେତେବର୍ଷ ତଳର। ସେଇଦିନୁ ନଳିନାକ୍ଷ ନିରୁଦ୍ଦିଷ୍ଟ। ପାଟଳିପୁତ୍ରର କେହି କେହି ସାଧବ କୁହାକୁହି। ସୁନ୍ଦର ଏକ ଦ୍ୱୀପ, ସେଇଠି ନଳିନାକ୍ଷ, ସୁନ୍ଦରୀ ବିଦେଶିନୀର ପାଣିଗ୍ରହଣ କରିଛି। ହିନ୍ଦୁଧର୍ମର କ୍ରିୟା କର୍ମ ବିଧି, ଶ୍ୱେତପର୍ଣ୍ଣଙ୍କର ଏକ ନିର୍ଦ୍ଦିଷ୍ଟ କାଳ ଯାଏ ଅପେକ୍ଷା। ତା' ପରେ ନଳିନାକ୍ଷକୁ ମୃତ ଅବା ନଷ୍ଟ ଧରି ନିଆଗଲା। ପ୍ରେତକର୍ମ ବି ସମାପ୍ତ। ନଳିନାକ୍ଷର ପ୍ରତ୍ୟାବର୍ତ୍ତନ ଆଶା ବାସର ଗୃହର ପ୍ରଦୀପ ପରି ତଥାପି ମଧୁବ୍ରତା ପ୍ରାଣରେ ଅମଳିନ ଦ୍ୟୁତିରେ ନିଷ୍ପନ୍ଦ।

ସେଦିନ ଥାଏ ହେମନ୍ତର ଏକ କୋମଳ ରୌଦ୍ରତପ୍ତ ମଧ୍ୟାହ୍ନ। ନୀଳୋତ୍ପଳ ଧର୍ମୀୟ ରୀତି ଅନୁସରଣ କଲେ। ମଧ୍ୟାହ୍ନର ଛାୟା ଆଙ୍ଗୁଳି ପରିମିତ ଅପସୃତ ହେବାକୁ ଆହୁରି ସମୟ ଅଛି। ଶ୍ରେଷ୍ଠୀ ଶ୍ୱେତପର୍ଣ୍ଣର ଅନ୍ତଃପୁରରେ ଭିକ୍ଷୁ ନୀଳୋତ୍ପଳଙ୍କ ଭୋଜନ ସମାପ୍ତ। ଏବେ ବିଦାୟ ପର୍ବ। ଅନ୍ତଃପୁରର ଏକ ଗବାକ୍ଷର ନେପଥ୍ୟରୁ ଶୁଭିଲା ସୁମଧୁର ଅସ୍ଫୁଟ କଣ୍ଠସ୍ୱର। ମଧୁବ୍ରତା ଡାକିଲେ - 'ଭଦନ୍ତି', ସେହିଦିନଠାରୁ ନୀଳୋତ୍ପଳ ଆନମନା। ମଧୁବ୍ରତାର ସେଇ ଭୀରୁ ବ୍ରୀଡ଼ାକୁଣ୍ଠିତ ଆହ୍ୱାନର ପ୍ରତିଧ୍ୱନି। ନୀଳୋତ୍ପଳଙ୍କ ମର୍ମେ ମର୍ମେ ପ୍ରତିଧ୍ୱନିତ ଅନବରତ। ନୀଳଚେଳ ପରିହିତା ମଧୁବ୍ରତା। କୁସୁମିତା ଅପରାଜିତା ବ୍ରତତୀ ପରି, ଉଜ୍ଜ୍ୱଳ ଶ୍ୟାମବର୍ଣ୍ଣା, କୃଶାଙ୍ଗୀ ମଧୁବ୍ରତା। ଅଳକ୍ତକରଞ୍ଜିତ,

ମଞ୍ଜିର ବେଷ୍ଟିତ ଦୁଇ ଚରଣ। ସତେ ଯେମିତି ମିଳନ ସଙ୍ଗୀତରେ ମୂର୍ଚ୍ଛନାମୟ! କ୍ଷୀଣକଟୀ, ବର୍ତ୍ତୁଳ ଜଘନ, କାଞ୍ଚୁଳାର କଠୋର ବନ୍ଧନ ତଳେ ପୀନସ୍ତନ, ବିକ୍ଷୁବ୍ଧ ବକ୍ଷରେ ଲୀଳାୟିତ ରେଖା। ଯେମିତି ପୀଡ଼ନ ପାଇଁ ଉଦ୍‌ବେଳିତ! ଓଲଟ ପଦ୍ମପରି ଦୁଇ ଆୟତ ନେତ୍ର। ତନ୍ମଧ୍ୟରେ ଗୋଟେ ଛାୟାଛନ୍ନ ହ୍ରଦର କରୁଣ ଉଦାସୀନତା। ଆତ୍ମବିସ୍ମୃତ ନୀଳୋତ୍ପଳ। ଅନ୍ତଃପୁରର ପାରାବତ ପାଳିକାରେ, ପାରାବତମାନଙ୍କର କାମୋନ୍ମତ୍ତ କୂଜନ। ମଧୁବ୍ରତାର ସହ ନୀଳୋତ୍ପଳଙ୍କ ଚାରିଚକ୍ଷୁ ମିଳନ। ମଧୁବ୍ରତାଙ୍କ ଆଖିରେ କେଇ ବିନ୍ଦୁ ଅଶ୍ରୁ। ଏକ ଅମାପବିନ୍ଧ ସୁନ୍ଦରିମାରେ ମଧୁବ୍ରତାଙ୍କ ମୁଖମଣ୍ଡଳ ବିଧୌତ। ରାଗରଞ୍ଜିତ ଦୁଇ ଓଷ୍ଠର ଏକ ଅବ୍ୟକ୍ତ ପ୍ରଶ୍ନରେ କମ୍ପିତ। ସଲ୍ଲଜ ସଙ୍କୋଚନରେ ମଧୁବ୍ରତା, ରକ୍ତିମ ଶତଦଳ ପରି ଆରକ୍ତିମ ବାମକରତଳ ନୀଳୋତ୍ପଳଙ୍କ ଆଡ଼େ ବଢ଼ାଇ ଦେଲେ, ବ୍ରୀଡ଼ା କଣ୍ଠରେ କହିଲେ – କରଗଣନା କରି କହିପାରିବେ ଶମଣ। ସେଦିନ ମଧୁଯାମିନୀ ଶେଷ। ଗଙ୍ଗାବକ୍ଷରେ ଅସ୍ତ ଚନ୍ଦ୍ରର ପ୍ରତିଛବି। ବିଦାୟ ଦେଇଥିଲେ ତାଙ୍କ ପତିଙ୍କୁ। ସେ ପୁଣି ଫେରିବେ ତ ? ଏଇ ଥିଲା ମଧୁବ୍ରତାର ପ୍ରଶ୍ନ। ଏ ପ୍ରଶ୍ନର ଉତ୍ତର ନଥିଲା ନୀଳୋତ୍ପଳଙ୍କ ପାଖରେ। ମଧୁବ୍ରତାଙ୍କର ପେଲବ କରତଳକୁ ନିଜର ଦୁଇ ହାତରେ ତୋଳି ଧରିଲେ। ତାଙ୍କ ହସ୍ତଦ୍ୱୟରେ ଦଣ୍ଡ, ଚୀବର, ଅକ୍ଷମାଳାର ନିତ୍ୟସ୍ପର୍ଶ। ଏବେ କିନ୍ତୁ ନୂଆ ଅନୁଭବ। କ୍ଷୁଧିତ ସ୍ନାୟୁତନ୍ତ୍ରୀରେ ନବଜୀବନର ପୁଲକ। ଆତ୍ମବିସ୍ମୃତ ନୀଳୋତ୍ପଳ।

ଅତଳ ମହାଶୂନ୍ୟତା ମଧ୍ୟରେ ତାଙ୍କ ଭାବସତ୍ତା ବିଲୁପ୍ତ। ଶତ ସାଧନାରେ ସେ ପାଇନଥିଲେ ଅନିର୍ବଚନୀୟ, ଅଦ୍ୱୟ ଶୂନ୍ୟତାର ଅନୁଭବ, ଆଜି ତାହା ତାଙ୍କ ସତ୍ତାକୁ ଆଚ୍ଛନ୍ନ କରିଛି। ଏହି ତ ମହାସୁଖ, ମହାନିର୍ବାଣ। ତେବେ ଏତେ ସାଧନା କ'ଣ ପାଇଁ ? ନୀଳୋତ୍ପଳ ଭାବୁଥିଲେ – ନିର୍ବାଣ ଏକ ମରୀଚିକା, ଦେହ ସହ ଦେହ, ମନ ସହ ମନ, ଆତ୍ମା ସହ ଆତ୍ମାର ମିଳନ ହିଁ ମହାନିର୍ବାଣ।

ବୌଦ୍ଧ ଭିକ୍ଷୁଟି ପାଇଁ କଠୋର ସଂଯମର ବଳୟ। ବିଚ୍ୟୁତ ହେଲେ ସିଦ୍ଧି ଅସମ୍ଭବ। ନିର୍ବାଣ ପାଇଁ କଠୋର ସାଧନା। ଭିକ୍ଷୁମାନଙ୍କୁ ରୂପ, ସ୍ପର୍ଶ, ଅନୁଭୂତି ସମ୍ପୂର୍ଣ୍ଣ ବାରଣ। ମାତ୍ର ଇନ୍ଦ୍ରିୟ ନିୟନ୍ତ୍ରଣ ଅନେକ ସମୟରେ ଅସମ୍ଭବ। ପୁନଶ୍ଚ ପ୍ରବୃତ୍ତିର ତାଡ଼ନା, ଆଦିମ ପ୍ରବୃତ୍ତିର ଉଗ୍ରତା। ସମୟ ସୁବିଧା ପାଇଲେ କାମନାବାସନା ହୋଇଯାଏ ଉଗ୍ର। ଭିକ୍ଷୁଟି ନିୟନ୍ତ୍ରଣ ହରାଏ। ଏଇ କଥାଟି ଘଟିଛି ଶମଣ ନୀଳୋତ୍ପଳଙ୍କ କ୍ଷେତ୍ରରେ। ଶ୍ରେଷ୍ଠୀ ମଧୁବ୍ରତାର କରସ୍ପର୍ଶ, ଏକ ଅଦ୍ଭୁତ ଶିହରଣ, ଅନିର୍ବଚନୀୟ ଆନନ୍ଦ, ବିହ୍ୱଳ ନୀଳୋତ୍ପଳ। ମଧୁବ୍ରତାର ଭୁବନ ମୋହିନୀ ରୂପ। କିବା ସେ ମର୍ତ୍ତ୍ୟ ମଣ୍ଡଳେ ସ୍ୱର୍ଗ ଅପ୍‌ସରା! ମଧୁବ୍ରତା ଭିତରେ ଅନିର୍ବଚନୀୟ ମହାଶୂନ୍ୟର ସନ୍ଧାନ। ତା'ରି ଭିତରେ

ଦେହ, ଆତ୍ମା, ମାଂସ, ପ୍ରାଣ, ରୂପ, ଅରୂପ – ସବୁ ନିଶ୍ଚିହ୍ନ। ଦେହ ଭିତରେ ଦେହାତୀତ, ବିଦେହର ପରିଣତି। ତାହାହିଁ ନିର୍ବାଣ। ପ୍ରଜ୍ଞାଙ୍କର ପୀନସ୍ତନାଗ୍ରବିଦ୍ଧ ଅବଲୋକିତେଶ୍ୱରଙ୍କ ମୁଖମଣ୍ଡଳରେ ମୁଦିତ ଉପେକ୍ଷାର ବ୍ୟଞ୍ଜନା। ନୀଳୋତ୍ପଳ ନିଜର ମୁଖମଣ୍ଡଳ ସୁଦ୍ଧା ଅନୁଭବ କରିପାରୁଥିଲେ।

ସେଦିନ ନୀଳୋତ୍ପଳଙ୍କର ଗଭୀର, ଉଷ୍ଣ ପ୍ରଶ୍ୱାସର ଜ୍ୱଳା। ମଧୁବ୍ରତାର ପ୍ରସାରିତ କରତଳକୁ ଦଗ୍ଧୀଭୂତ କରିଦେଉଥିଲା। ମଧୁବ୍ରତାଙ୍କର ଦୁଇ ଆୟତ ନେତ୍ର। ମୁଦି ହୋଇଯାଉଥିଲା ଘନକଳା ପକ୍ଷ୍ମରେଖା ମଧ୍ୟରେ। ଆଚାର୍ଯ୍ୟ ଶାନ୍ତିଦେବ ସ୍ତବ୍ଧ। ନୀଳୋତ୍ପଳ ସ୍ୱୀକାର କଲେ। ସେଇଦିନୁ ସମସ୍ତ ସଂଯମ, ସାଧନାର ସମାଧି। ଦେହରେ ଅହେତୁକ କ୍ଷୁଧା, ଆତ୍ମାର ମିଳନ ଅଭୀପ୍ସା। ମଧୁବ୍ରତାର ରକ୍ତିମ ବାମ କରତଳପୀଡ଼ନ, ନୀଳୋତ୍ପଳ ଅନୁଭବ କରୁଥିଲେ ଏକ ଅନିର୍ବଚନୀୟ ମହାସୁଖ, ମୁହୂର୍ତ୍ତକ ପାଇଁ ଅନୁଭବ କରୁଥିଲେ ନିର୍ବାଣର ମହାଶୂନ୍ୟତା। ତଥାଗତ ଦୁଃଖର ନିଦାନ କହିଛନ୍ତି। ରୂପରୁ ତୃଷ୍ଣା, ତୃଷ୍ଣାରୁ ବେଦନା, ବେଦନାରୁ ଦୁଃଖ, ଦୁଃଖ ଜୟ ଏକାନ୍ତ ଜରୁରୀ। ଏଥି ପାଇଁ ରୂପ, ତୃଷ୍ଣା ଉପରେ ବିଜୟ ଅନିବାର୍ଯ୍ୟ। ଦୁଃଖର ଜୟ ହିଁ ନିର୍ବାଣ। ଜନ୍ମ, ପୁନର୍ଜନ୍ମର ନାଗବନ୍ଧନରୁ ମହାମୁକ୍ତି। ଏହା ଥିଲା ଶାନ୍ତିଦେବଙ୍କର ଉତ୍ତର। ରୂପ ତୃଷ୍ଣା କାତର ନୀଳୋତ୍ପଳ। ଏକଥାକୁ ସହଜରେ ଗ୍ରହଣ କରି ନ ଥିଲେ।

ଶୁକ୍ଲପକ୍ଷର ମୁକୁଳ ସ୍ନିଗ୍ଧ ଜ୍ୟୋତ୍ସ୍ନା ବିଚ୍ଛୁରିତ। ସେଇ ଜ୍ୟୋତ୍ସ୍ନାର ପ୍ଳାବନ ଭିତରେ ନୀଳୋତ୍ପଳ ଆତ୍ମବିଭୋର। ଦୁଃଖର ହେତୁ ରୂପ, ଏହା ନିର୍ବାଣର ପଥ ରୋଧକ। ଅଶରୀରୀ ଜ୍ୟୋତ୍ସ୍ନାର ଭୁବନମୋହିନୀ ରୂପ, ସୌନ୍ଦର୍ଯ୍ୟ ମଧ୍ୟରେ ଅନାହତ ଆନନ୍ଦର ଅନୁଭବ, ସବୁ ତୃଷ୍ଣାକୁ ପ୍ରଶମିତ କରୁଛି, ତନ୍ମଧ୍ୟରେ ବେଦନାର ସଞ୍ଚାର। ଦୁଃଖକୁ କରେ ଦୁଃଖାତୀତ। ନୀଳୋତ୍ପଳ ଏକଥା ସ୍ପଷ୍ଟ ଅନୁଭବ କରୁଥିଲେ। ମାତ୍ର ମଧୁବ୍ରତାର ସାନ୍ନିଧ ପାଇଁ ଏକ ଅନିର୍ବଚନୀୟ ବେଦନା। ଏ ତ ଶ୍ରମଣର ସ୍ଖଳନ? ଲୋଡ଼ା ଅଶୁଭ ଭାବନା ଅଭ୍ୟାସ। ଶାନ୍ତିଦେବଙ୍କ ଆଦେଶ, ନୀଳୋତ୍ପଳ କରିବେ ତିନି ସପ୍ତାହ ଶ୍ମଶାନରେ ଅଶୁଭ ଭାବନା ଅଭ୍ୟାସ। ନୀଳୋତ୍ପଳ ବିହାର ଶିଖରରୁ ଫେରିଲେ ନିଜ ପ୍ରକୋଷ୍ଠକୁ। ଅବଲୋକିତେଶ୍ୱର, ପ୍ରଜ୍ଞାଙ୍କ ପୀଠ ତଳେ ଦୀପ ନିର୍ବାପିତ। ଜ୍ୟୋତ୍ସ୍ନାର ଏକ ତୀର୍ଯ୍ୟକ କିରଣ କକ୍ଷର ଚଟାଣରେ ପଡ଼ିଥିଲା। ନୀଳୋତ୍ପଳଙ୍କ ସ୍ମୃତିକୁ ଆସିଯାଉଥାଏ ମହାନିର୍ବାଣ ତନ୍ତ୍ରର ଗୋଟିଏ ସୂତ୍ର – ସେଦିନ ପ୍ରବଜ୍ୟା ପଥରେ ପଥଶ୍ରାନ୍ତ, କ୍ଷୁଧାର୍ତ୍ତ ତଥାଗତ। କୁଶୀନଗର ଜନପଦର ଉପକଣ୍ଠସ୍ଥିତ ଶାଳବନରେ ଉପନୀତ। ନବବସନ୍ତର ଶୁଭାଗମନ, ରକ୍ତପୁଷ୍ପ ପଲ୍ଲବରେ ଶାଳବିଥିକା ଶାଖାରେ ଶାଖାରେ ମନଜିଣା ବନୋତ୍ସବ, ଶୁଭୁଥାଏ କୋକିଳର ଅଶାନ୍ତ କୂଜନ। ମଧୁଲୋଭୀ

ଭ୍ରମରମାନଙ୍କର ଅତୃପ୍ତ ଗୁଞ୍ଜନ। ସେହି ମୁହୂର୍ତ୍ତର କଥା। ଭିକ୍ଷୁ ଆନନ୍ଦଙ୍କ ପ୍ରାଣ ଆନ୍ଦୋଳିତ, ମନରେ ନାରୀର ଚିନ୍ତା। ଆନନ୍ଦଙ୍କର ଉତ୍ସୁକତା, ଭିକ୍ଷୁକଙ୍କର ନାରୀ ସହ କି ସମ୍ପର୍କ ରହିବ ? ନାରୀର ସାମୀପ୍ୟ ପରିହାର ପ୍ରତ୍ୟେକ ଭିକ୍ଷୁର କର୍ତ୍ତବ୍ୟ। ଏ ଥିଲା ତଥାଗତଙ୍କ ଉତ୍ତର। ସୁକେଶିନୀ, ସୁବେଶା ନାରୀ ସହିତ ଯଦି ହଠାତ୍ ସମ୍ପର୍କ ହୁଏ ? ଚିତ୍ତ ଚାଞ୍ଚଲ୍ୟ ଦମନ ସହ ନିଜକୁ ସଂଜତ ରଖିବା। ନାରୀ ସହିତ ଭିକ୍ଷୁର ବାକ୍ୟାଳାପ ନିଷିଦ୍ଧ। ସୁଭାଷିନୀ ନାରୀ କଥୋପକଥନ ଆରମ୍ଭ କଲେ, ନିରବରେ ଅଧୋମୁଖ ହୋଇ ପ୍ରତ୍ୟାବର୍ତ୍ତନ। ଏସବୁକୁ ଭିକ୍ଷୁକଟି ମାନିବା ବାଞ୍ଛନୀୟ। ଏହା ଥିଲା ତଥାଗତଙ୍କ ଉପଦେଶ। ଗୋଟିଗୋଟି ସ୍ମରଣ କରୁଥିଲେ ନୀଳୋତ୍ପଳ। ତଥାପି ଅଶାନ୍ତ ନୀଳୋତ୍ପଳ। ନିସ୍ତବ୍ଧ ନିଶାର୍ଦ୍ଧର ମର୍ମରିତ ପବନ। ମଧୁବ୍ରତାର ଦୀର୍ଘଶ୍ୱାସରେ ଯେପରି କ୍ଷୁଧିତ ହୋଇ ଉଠୁଥିଲା। ରାତି ପାହିଲେ ନୀଳୋତ୍ପଳଙ୍କର ଅଶୁଭ ଭାବନା ଅଭ୍ୟାସ।

ରାଜଗୃହର ଗୃଧ୍ରକୂଟ ଶିଖର ପାଦଦେଶ। ପ୍ରଲମ୍ବିତ ଏକ ବିସ୍ତୀର୍ଣ୍ଣ ଶ୍ମଶାନ। ସେହି ଶ୍ମଶାନରେ ନୀଳୋତ୍ପଳ ଏକ ପ୍ରମତ୍ତ କାପାଳିକ ସଦୃଶ। ଇତସ୍ତତଃ ବିକ୍ଷିପ୍ତ ନରକରୋଟୀ, ଅସ୍ଥି, କଙ୍କାଳ, ଛିନ୍ନ, ଜୀର୍ଣ୍ଣ ବସ୍ତ୍ର। ତନ୍ନତନ୍ନ କରି ପର୍ଯ୍ୟବେକ୍ଷଣ କରିଥିଲେ ନୀଳୋତ୍ପଳ। କ୍ଷୌର କର୍ମର ଅଭାବ। ମସ୍ତକରେ ବନ୍ୟ କେଶରାଶି। ଗଣ୍ଡଦେଶ ଶ୍ମଶ୍ରୁରେ କଣ୍ଟକିତ। ପ୍ରଶାନ୍ତ, କୋମଳ ମୁଖମଣ୍ଡଳ ଗଭୀର ରେଖାବଳୀରେ କୁଟୀଳ। ଦେହର ଚର୍ମ ଶୁଷ୍କ। ପରିଧାନ ଖଣ୍ଡେ ଗୈରିକ ପ୍ରେତବସ୍ତ୍ର। ଶ୍ମଶାନର ପରିତ୍ୟକ୍ତ ଆଉ ଖଣ୍ଡେ ପ୍ରେତବସ୍ତ୍ର ତାଙ୍କର ଅନ୍ତର୍ବାସ। ଶାନ୍ତିଦେବଙ୍କ ଆଦେଶ। ନୀଳୋତ୍ପଳ ଅଶୁଭ ଅଭ୍ୟାସ ଆରମ୍ଭ କଲେ। ଏଥିରେ କିଛି ନୂତନତ୍ୱ ନାହିଁ। ଶମଣମାନଙ୍କୁ ଶ୍ମଶାନରେ ଅଶୁଭ ଭାବନା ଅଭ୍ୟାସ କରିବାକୁ ପଡ଼େ। ମୃତ୍ୟୁପରେ ମଣିଷ। ତା' ଦେହ ପଞ୍ଚଭୂତରେ ବିଲୀନ। ଶ୍ମଶାନରେ ତାହାର ଦର୍ଶନ, ମନନ, ଚିନ୍ତନ। ତନ୍ମଧରେ ରୂପର ଭଙ୍ଗୁରତା। ଏହାର ଗଭୀର ଅନୁଭବ। ଏହା ହିଁ ଅଶୁଭ ଭାବନା ଯୋଗର ତତ୍ତ୍ୱ। ରୂପ, ତୃଷ୍ଣା, ବେଦନା ଜୟ, ଶମଣମାନେ ଏଇ ଅଭ୍ୟାସ କରନ୍ତି; କ୍ରମେ ଦେହ ମୋହ ତୁଟେ। ସାଧନାର ମାର୍ଗ ସରଳ ହୋଇଯାଏ। ନୀଳୋତ୍ପଳଙ୍କ ସ୍ଖଳନ, ଏହି ଅଭ୍ୟାସରେ କ୍ରମେ ଦୂର ହେବ! ଫେରି ପାଇବେ ଲୟ। ସାଧନା ପଥରେ ଆଗେଇ ଯିବେ। ଏ ଦୃଢ଼ ବିଶ୍ୱାସ ଆଚାର୍ଯ୍ୟ ଶାନ୍ତିଦେବଙ୍କର।

ସେଦିନ ମଧ୍ୟାହ୍ନରେ ତାପଦଗ୍ଧ ଉପତ୍ୟକା। ଚାରିଆଡ଼େ ପର୍ବତମାଳାର ଛାୟା ବିଚ୍ଛୁରିତ। ଗୋଟେ ବଜ୍ରଦଗ୍ଧ ଶାଲ୍ମଳୀର ଶାଖାରେ ପଲେ ଗୃଧ୍ର। ଶବର ଆଘ୍ରାଣ ତାଙ୍କୁ ପ୍ରଲୋଭିତ କରୁଥାଏ। ଉଡ଼ି ବୁଲୁଥାଆନ୍ତି। ଗୃଧ୍ର ପଲଙ୍କର କିଳିକିଳା ରଡ଼ି। ମାଟିରେ ଓହ୍ଲାଇ ଚଞ୍ଚୁ ଘଷିବା ଆରମ୍ଭ କରିଥାଆନ୍ତି। ଆଉ ଏକ ଶବ ଆସିବାର ସୂଚନା। ନୀଳୋତ୍ପଳ

ସେଇ ଆଡ଼େ ଧାଇଁଲେ। ତଥାପି ଗୃଧ୍ରପଲ ନିଶଙ୍କ। ଖଣ୍ଡେ ପଥର ଫିଙ୍ଗିଲେ ଜଣେ ଉନ୍ମାଦପରି। ଖଣ୍ଡେ ପଥର ଆବରଣ ତଳେ ମୃତ ଶିଶୁଟିଏ। କେଉଁ ହତଭାଗା ବାପାଟି। କୋମଳ ପଲ୍ଲବ ଶଯ୍ୟା, ତା'ରି ଉପରେ ଶୁଆଇ ଦେଇଥିଲା ଶିଶୁଟିକୁ। ପାଖରେ ରଖି ଦେଇଥିଲା ରଙ୍ଗୀନ ପିତ୍ତୁଳିଟେ- ଶିଶୁର କ୍ରୀଡ଼ା ସାଥୀ। ନାହିଁ ନଥିବା ବେଦନାରେ ନୀଳୋତ୍ପଳ ଛଟପଟ, ଚାହିଁଥିଲା ଶିଶୁକୁ କୋଳେଇ ନେବାକୁ। ପାଖରେ ବିଷଧର ସର୍ପଟେ। ପଛକୁ ହଟି ଆସିଲେ ନୀଳୋତ୍ପଳ। ଶିଶୁଟିର ଶବ ଉପରେ ନୀଳରଙ୍ଗର ଆସ୍ତରଣ, ଦୁଇ କୋମଳ ଓଷ୍ଠ କୃଷ୍ଣବର୍ଣ୍ଣ ଧାରଣ କରିଥିଲା। ଏଇ ତାହାଲେ ବିନୀଳକ। ଶରୀର ଦିନେ ନୀଳବର୍ଣ୍ଣ ଧାରଣ କରିବ। ତା' ପରେ ବପୁଭାକ୍, ପର୍ଯ୍ୟୁଷିତ। ତା' ପରେ ବିଛିଦକ - ଖଣ୍ଡଖଣ୍ଡ ହୋଇ ଛିଡ଼ି ପଡ଼ିବ। ପରବର୍ତ୍ତୀ ପର୍ଯ୍ୟାୟରେ ବିକ୍ଷେକ - ଶିବା, ଗୃଧ୍ରଙ୍କ ଆହାର୍ଯ୍ୟ। ତତ୍‌ପରେ ଗୁଲବନ, କୀଟାଣୁ ପୂର୍ଣ୍ଣ। ତା' ପର ସ୍ଥିତି ଅଥିକ - ଅସ୍ଥି ଖଣ୍ଡଖଣ୍ଡ, ଚୂର୍ଣ୍ଣୀଭୂତ। ଏଇ ବିବର୍ଣ୍ଣ ଅସ୍ଥି, ରୂପ ତୃଷ୍ଣାର ଏଇଠି ପରିସମାପ୍ତି। ତେବେ ଅସ୍ଥିଖଣ୍ଡର ନିର୍ବାଣ ଲୋଭରେ କି ପ୍ରୟୋଜନ ? ଅସ୍ଥିର ପୁନରାଗମନ ନାହିଁ, ପୁନର୍ଜନ୍ମ ନାହିଁ। ରୂପତୃଷ୍ଣାର ବେଦନା ନାହିଁ, ଅତୃପ୍ତି ନାହିଁ, ଦୁଃଖ ନାହିଁ, ଶେଷରେ କେବଳ ଅସ୍ଥି ! ଅସ୍ଥି ! ତା' ପରେ ତୁଷିତଲୋକର ମହାନିର୍ବାଣ, ଅନନ୍ତ ମହାସୁଖ, ଜନ୍ମ, ପୁନର୍ଜନ୍ମର ଆବର୍ତ୍ତନରୁ ମହାମୁକ୍ତି।

ଶ୍ମଶାନର ଆରପଟେ ଆଉ ଗୋଟେ ଶବବାହୀ ଦଳ। ଗୋଧୂଳିର ବିଷଣ୍ଣ ଆଲୋକ, ସେମାନେ ପ୍ରତ୍ୟାବର୍ତ୍ତନ କରୁଥିଲେ। ଅଶୁଭ ଭାବନାରେ ନୀଳୋତ୍ପଳଙ୍କର ସିଦ୍ଧି ସମ୍ପୂର୍ଣ୍ଣ, ନଶ୍ୱର ନାରୀ ଦେହ, ତୀକ୍ଷ୍ଣ କୋମଳ ରେଖା। ଆଉ ତାଙ୍କ ଚେତନାକୁ ଆନ୍ଦୋଳିତ କରିପାରିବନି। ଅବଚେତନ ଗହ୍ୱରରେ ନିଦ୍ରିତ କାମନା। ନୀଳୋତ୍ପଳଙ୍କୁ ଏକ ଆଦିମ ରାକ୍ଷସ ପରି ଅବର୍ଣ୍ଣନୀୟ କ୍ଷୁଧାରେ ଆଉ ଜାଗ୍ରତ କରିପାରିବନି। ରୂପ, ତୃଷ୍ଣାର ନାଗବନ୍ଧନରୁ ସେ ସମ୍ପୂର୍ଣ୍ଣ ମୁକ୍ତ। ପୁନଶ୍ଚ ଫେରିବେ ଗୃଧ୍ରକୂଟ - ବିହାର। ଆରମ୍ଭ କରିବେ ସ୍ୱକକ୍ଷରେ ସାଧନା।

ଫାଲ୍‌ଗୁନର ମୁକୁଳିତ ବିଲୋଳତା ଆଉ ନାହିଁ। ଶେଷ ବସନ୍ତର ଦଗ୍ଧମୁକୁଳ, ପଲ୍ଲବର ଭସ୍ମ ଶଯ୍ୟା, ରୁଦ୍ର ବୈଶାଖ କାୟା ମେଲିଲାଣି। ଆସିବେ ଆଚାର୍ଯ୍ୟ ଶାନ୍ତିଦେବ। ଶ୍ମଶାନରେ ନୀଳୋତ୍ପଳକୁ ଭିକ୍ଷୁକତ୍ୱର ଉପସମ୍ପଦରେ ଅଭିଷିକ୍ତ କରିବେ। ତା' ପରେ ନୀଳୋତ୍ପଳ ହେବେ କଲ୍ୟାଣମିତ୍ର ଆଚାର୍ଯ୍ୟ ନୀଳୋତ୍ପଳ। ଶବ ପାଖରେ ବସି ଆଉ ତାଙ୍କୁ ଅଶୁଭ ଭାବନା ଅଭ୍ୟାସ କରିବାକୁ ପଡ଼ିବନି। ତଥାପି ସେଇ ଶିଶୁଟିର ଶବ ଦେଖିବା ପାଇଁ ତାଙ୍କ ପ୍ରାଣ ବ୍ୟାକୁଳ। ଏକ ବନ୍ୟପଶୁ ପରି ଅତି ସନ୍ତର୍ପଣରେ, ଶବର ଗନ୍ଧ ଆଘ୍ରାଣ କରି ଆଗେଇଲେ। ଶ୍ମଶାନର ବେତଲତା ବେଷ୍ଟିତ ଏକ ନିଭୃତ କୋଣ। ତା'ରି ତଳେ ଗୋଟେ ସମାଧି ଗହ୍ୱର, ଉପରେ ଖଣ୍ଡେ ବଡ଼ ପଥର, ତା'ରି ତଳେ

ନୀଳବସ୍ତ୍ରାବୃତ ଶବପିଣ୍ଡଟେ। ଶବବାହୀମାନେ ଚାଲି ଯାଇଥିଲେ। ନୀଳୋତ୍ପଳ ପଥର ଖଣ୍ଡ କାଢ଼ିଦେଲେ। ଭୂମିରେ ଗୋଟେ ନାରୀର ଶବପିଣ୍ଡ। ମୁଖ ବ୍ୟତୀତ ସମଗ୍ର ଶରୀର ନୀଳବସ୍ତ୍ରରେ ଆବୃତ। ନାରୀ! ଏଇ ତ ଜ୍ୱାଳାମୟୀ ଅଗ୍ନିଶିଖା! ସମାଧି ଗହ୍ୱରର ଶୀତଳତା ମଧ୍ୟରେ ହିମାୟିତ ହୋଇ ଲୋଟି ପଡ଼ିଛି। ନୀଳୋତ୍ପଳ ସମାଧି ଗହ୍ୱରକୁ ନିରୀକ୍ଷଣ କଲେ। ଗଭୀର କ୍ଷତକୁ ଆକସ୍ମିକ ସ୍ପର୍ଶ ରହିତ କରିବା ପ୍ରଚେଷ୍ଟା, ତାହା ଅନେକ ସମୟରେ ସଫଳ ହୁଏନି, ଅଲକ୍ଷ୍ୟରେ କୌଣସି ଅଙ୍ଗ ଆଘାତ ପ୍ରାପ୍ତହୁଏ। କ୍ଷତର ଯନ୍ତ୍ରଣା ବହୁଗୁଣିତ ହୁଏ। ଅନୁରୂପ କଥା। ଯାହାର ରୂପାକର୍ଷଣ, ନୀଳୋତ୍ପଳ ହୋଇଯାଇଥିଲେ ଏକପ୍ରକାର ପାଗଳ। ଗୃଧ୍ରକୂଟ ବିହାର ସାଧନା କକ୍ଷରୁ ଶ୍ମଶାନରେ ଅଶୁଭ ଭାବନା ଅଭ୍ୟାସ, କେବଳ ସେଇ ରୂପସୀ ମଧୁବ୍ରତାଙ୍କୁ ଭୁଲିବା ପାଇଁ, କାମନାର ଅନନ୍ତ ଗ୍ରାସରୁ ମୁକ୍ତି ପାଇଁ। ଏ ଶବପିଣ୍ଡ ସେଇ ଶ୍ରେଷ୍ଠୀ ବଧୂ ମଧୁବ୍ରତାର। ମଳୟର ସୁରଭିତ ହିଲ୍ଲୋଳ, ସଞ୍ଚାର କରେ କାମନା ବାସନାର ମୋହ, ଅନୁରୂପ ଭାବେ, ସବୁ ସାଧନା, ସିଦ୍ଧି, ସଂଯମ ଗୋଟିଏ ଫୁତ୍କାରରେ କେଉଁ ଆଡ଼େ ଉଭେଇ ଗଲା।

ନୀଳଚେଳ ପରିହିତା ଅପରାଜିତା ବ୍ରତତୀ ପରି, କୃଶାଙ୍ଗୀ ମଧୁବ୍ରତା, ପଦ୍ମଦଳ ପରି ଦୁଇ ଆୟତ ଆଖିର ଘଞ୍ଚ, ମୁଦ୍ରିତ ପକ୍ଷ୍ମରେଖା, ବ୍ରୀଡ଼ାନତ ମୁଗ୍ଧ ଦୃଷ୍ଟିର ଭ୍ରମ ସୃଷ୍ଟି କରୁଥିଲା। ସ୍ଫୁରିତ ଓଷ୍ଠାଧର, ସତେ ଯେମିତି ପ୍ରୀତି ଚୁମ୍ବନ ପାଇଁ ଈଷତ୍ ବିସ୍ଫାରିତ। ନୀଳୋତ୍ପଳ ଆଜି ଏକ କ୍ଷୁଧିତ ହିଂସ୍ରପଶୁ । ଶବ ଦେହରେ ଆବୃତ୍ତ ଥିବା ନୀଳବସ୍ତ୍ର ଦୁଇ ହାତରେ କାଢ଼ି ଫିଙ୍ଗିଦେଲେ। ଅନାଘ୍ରାତ ପଦ୍ମକୋରକ ପରି ଅନାହତ ସ୍ତନଯୁଗ୍ମ। ପ୍ରଭାଯୁକ୍ତ ସୁବର୍ତ୍ତୁଳ ନିତମ୍ବ। ପାଷାଣ ପ୍ରତିମା ପରି ମଧୁବ୍ରତାର ଶୀତଳ ଉଲଙ୍ଗ ପିଣ୍ଡ। ଯୁଗନ୍ନଦ୍ଧ ଅବଲୋକିତେଶ୍ୱର, ପ୍ରଜ୍ଞାପାରମିତା ମୂର୍ତ୍ତିର ଭଙ୍ଗୀସମ। ମଧୁବ୍ରତାର ଶବ ସହ ନିଜକୁ ବିଲୀନ କରିଦେଲେ ନୀଳୋତ୍ପଳ। ମଧୁବ୍ରତାର ପ୍ରାଣହୀନ ପିଣ୍ଡକୁ ବାରମ୍ବାର ଚୁମ୍ବନ କରିବାକୁ ଲାଗିଲେ। ଆଚାର୍ଯ୍ୟ ଶାନ୍ତିଦେବ ଆସି ପହଞ୍ଚି ଯାଇଥିଲେ। ଆଚାର୍ଯ୍ୟ ଚିତ୍କାର କଲେ - ନୀଳୋତ୍ପଳ! ମଧୁବ୍ରତାର ଶିଥିଳ ପିଣ୍ଡ ନୀଳୋତ୍ପଳର ବକ୍ଷ ସଂଯୁକ୍ତ, ସେ ନିର୍ବିକାର, ନିର୍ବାକ, ବାକ୍‌ଶକ୍ତି ରହିତ। ଶାନ୍ତିଦେବଙ୍କ ଆକଟକୁ କର୍ଣ୍ଣପାତ କଲେନି ନୀଳୋତ୍ପଳ। ଏକ ବର୍ଣ୍ଣନାତୀତ ମହାନିର୍ବାଣ ମଧ୍ୟରେ, ସେ ସତ୍ତାହୀନ ଭାବେ ବିଲୁପ୍ତ ହୋଇ ପଡ଼ିଥିଲେ, ବିବସନା ମଧୁବ୍ରତାର ମୃତପିଣ୍ଡ ହାତରେ ଟେକି ଧରିଥିଲେ। ଅଦୃଶ୍ୟ ହୋଇ ଯାଇଥିଲେ ଶମଣ ନୀଳୋତ୍ପଳ। ଗୃଧ୍ରକୂଟ ବିହାର ପଶ୍ଚାତ, ଉଇଁ ଆସୁଥିଲା ଚାନ୍ଦ, ଶିଥିଳ ବେଦନାର ଜ୍ୱାଳାମୟ ପିଣ୍ଡ ପରି। ନୀଳୋତ୍ପଳ ଦୁଇ ବାହୁରେ ବିବସନା ମଧୁବ୍ରତାର ଶବ, ପୂର୍ଣ୍ଣମୀର ପ୍ରଥମ ଜ୍ୟୋସ୍ନା ସ୍ନାତ ସେଇ ଗିରିଶୃଙ୍ଗ, ନୀଳୋତ୍ପଳ ହୋଇ ଯାଇଥିଲେ ଅଦୃଶ୍ୟ।

ବୌଦ୍ଧଧର୍ମର କଠୋର ନୀତି ଆଦର୍ଶ, ଧର୍ମର ଶୃଙ୍ଖଳ, ନିର୍ବାଣ ସନ୍ଧାନର ପ୍ରୟାସ। କାମିନୀ କାଞ୍ଚନ ମୋହ ତ୍ୟାଗ; ମାତ୍ର ତାହା ସମ୍ଭବ ନଥିଲା। ଦେହ ରହିଲେ ଦାହ ରହିବ, ଆଦିମ ପ୍ରବୃତ୍ତି କାୟାବିସ୍ତାର କରିବ, ସେଥିରୁ ମୁକ୍ତି ନାହିଁ। ତାହାହିଁ ହେଲା। ଶମଣମାନେ ହେଲେ ପଥଭ୍ରଷ୍ଟ। ରୂପତୃଷ୍ଣାର ମୋହରେ ପଡ଼ିଲେ। ଆରମ୍ଭ ହେଲା ସ୍ଖଳନ। ରୂପର ଆକର୍ଷଣ, ଆତ୍ମା ସହ ଆତ୍ମାର ମିଳନରେ ଯଦି ଅନିର୍ବଚନୀୟ ମହାସୁଖ, ତେବେ ନିର୍ବାଣ ପାଇଁ କଠୋର ସାଧନାର କି ଲୋଡ଼ା ? ବୌଦ୍ଧ ଧର୍ମଦର୍ଶନର ଶୃଙ୍ଖଳା ଉପରେ ଆଦିମ ପ୍ରବୃତ୍ତିର ବିଜୟ, ଏହି ଧର୍ମ ପତନର ଅନ୍ୟତମ କାରଣ। ଶମଣ ଶ୍ରେଷ୍ଠ ନୀଳୋତ୍ପଳ ରୂପାକର୍ଷଣ ଭିତରେ ହଜି ମଜ୍ଜି ଯାଇଥିଲେ। ପାଇଥିଲେ ମହାନିର୍ବାଣର ମହାସୁଖ। ତେଣେ ଗୃଧ୍ରକୂଟ ବିହାରରୁ ଭାସି ଆସୁଥିଲା ଭିକ୍ଷୁକଙ୍କର ଧାରଣୀ ଆବୃତ୍ତି -

"ଓଁ ନମଃ ସମସ୍ତ ବୁଦ୍ଧାନାଂ ଅପ୍ରତିହତ ଶାସନାମ୍,
ଉତ୍ତମୋତ୍ତମ ଆଗତେ ଭବ କ୍ରୀଂ ଫଟ୍ ସ୍ୱାହା।"

■

ମୁଖାପିନ୍ଧା ମଣିଷମାନେ

ସଂସ୍କୃତିର ବିକାଶ ଧୀର, ମନ୍ଥର। ଅପର ପକ୍ଷରେ ଅପସଂସ୍କୃତି। ଦ୍ରୁତଗତିରେ ଜନଜୀବନକୁ ଗ୍ରାସକରେ। ସୃଷ୍ଟି ହୁଏ ଏକ ବିକଳ ସାମାଜିକ ସ୍ଥିତି। ଜାତିର ବହୁ ସୁଗୁଣାବଳୀ, କ୍ରମେ ମ୍ଳାନ ପଡ଼େ। ଏ ପ୍ରକାର ସାମାଜିକ ଅଧୋଗତି। ଆରମ୍ଭ ହେଲା ଇଂରେଜ ଶାସନ କାଳରେ। ଗୋଟେ ପଟେ ପାଶ୍ଚାତ୍ୟ ଶିକ୍ଷାର ମୋହ। ବିଦେଶୀ ଚାଲିଚଳଣି। ସହଜରେ ମୋହଗ୍ରସ୍ତ ଯୁବସମାଜ। ବିଲାତର ପରମ୍ପରା, ସାମାଜିକ ଜୀବନ ବ୍ୟବସ୍ଥା। ତାହା ବହୁ ଭାବରେ, ବହୁ ରୂପରେ ଭାରତୀୟ ସଂସ୍କୃତିର ପରିପନ୍ଥୀ। ବିଶେଷ କରି ସୁରାପାନ, ବହୁ ନାରୀବିଳାସ - ଏ ଦୁଇଟି ବିଲାତି ଚଳଣି। ଭାରତୀୟମାନେ ସହଜରେ ଆପଣେଇନେଲେ। ଭାରତ ଏକ ଗ୍ରୀଷ୍ମପ୍ରଧାନ ଦେଶ, ଏଠାରେ ମଦ୍ୟପାନ ସମ୍ପୂର୍ଣ୍ଣ ଅନାବଶ୍ୟକ। ଏକପତ୍ନୀ, ଏକ ପତି ବ୍ରତ। ଭାରତୀୟ ସଂସ୍କୃତିର ମହାର୍ଘ ପରମ୍ପରା। ଅନେକ ଏ କଥା ଭୁଲିଲେ। ସୁରାପାନ ବିଭବର ନିଦର୍ଶନ ହେଲା। ବାରନାରୀ ସମ୍ଭୋଗ ଲାଳସା। ଉଦ୍‌ଭ୍ରାନ୍ତ ଯୁବଗୋଷ୍ଠୀ। ହେଲେ ପଥଭ୍ରଷ୍ଟ। ବ୍ୟଭିଚାର କାୟା ମେଲିଲା, ଅପସଂସ୍କୃତିକୁ ଜନେ ସଂସ୍କୃତି ମଣିଲେ। ଆଚରଣ ଉଚ୍ଚାରଣରେ ଫାଙ୍କ ଫରକ। ମୁଖାପିନ୍ଧା ମଣିଷମାନେ। ଦିନରେ ଭଦ୍ରବ୍ୟକ୍ତି; ଇସ୍ତ୍ରୀକରା ଧୋତି ପଞ୍ଜାବୀ। ସଞ୍ଜ ନଇଁଲେ ଆଉ ଏକ ଭେକ। କେଉଁ କ୍ଲବ୍ ଅବା କଫି ହାଉସରେ। ସୁରାରେ ଚୁର, ବାଇ ନାଚ, ନଙ୍ଗୁଳୀ ଝିଅଙ୍କ ସହ ନୃତ୍ୟ। ଦିନରେ ବସନ୍ତ, ରାତିରେ ବାସନ୍ତୀ। ଅନେକ ସମାଜ ସଂସ୍କାରକ, ବୁଦ୍ଧିଜୀବୀ। ସମାଜକୁ ସଜାଡ଼ିବାରେ ସେମାନଙ୍କ ନିଘା। ଉଦ୍ୟମ ଜାରି ରହିଲା। ଫଳ ନାସ୍ତି। ଗାନ୍ଧିଜୀଙ୍କ ଠାରୁ ଆରମ୍ଭ କରି ଲେନିନ୍ ଯାଏ। ନିଶା ନିବାରଣ ଉପରେ ଜୋର୍ ଦେଲେ। ନିଶାପାନ ବନ୍ଦ ତ ଦୂରର କଥା, କ୍ରମେ ନିଶାଳି ବଢ଼ିଲେ। ତେଣେ କାମିନୀ, କାଞ୍ଚନ, ପଦପଦବୀର ମୋହ - ଏହାରି ପଶ୍ଚାତରେ ମୁଷ୍ଟିମେୟ ଜନତା। ଏତାଦୃଶ ବିକୃତ ମାନସିକତା, କ୍ଷିତି କି ବିପତ୍ତି। ଏକଥା ବୁଝିଲେ ବହୁସ୍ରଷ୍ଟା, ସାରସ୍ୱତ ସାଧକ।

ତଟସ୍ଥ ଭାବେ ଆଙ୍କିଦେଲେ ବାସ୍ତବଚିତ୍ର। ସେମାନଙ୍କ ମଧ୍ୟରେ ମହାନ ସାହିତ୍ୟିକ ସୁରେନ୍ଦ୍ର ମହାନ୍ତି। ଲେଖିଲେ ଗପଟେ - 'ମାଂସର କୋଣାର୍କ'। ଅବକ୍ଷୟମୁଖୀ ସମାଜ। ଏହାର ନଗ୍ନଚିତ୍ର ସମ୍ବହନ କରେ ଗପଟି।

ବିଗତ ଯୌବନା, ହୃତ ଯୌବନା ମାନମୟୀ କୋଣାର୍କ। କାହା ଲେଖନୀ ବଖାଣେ ତା'ର ରୂପର ନିର୍ଝର। କିଏ କହେ ସ୍ଥଳପଦ୍ମ। କାହା ପାଇଁ ସେ ପାଷାଣ କାବ୍ୟ। ହାସ୍ୟମୟୀ ଲାସ୍ୟମୟୀ ନଟୀର ନୃତ୍ୟ, ବାତ୍ସାୟନଙ୍କ କାମସୂତ୍ରର ନିଖୁଣ ଚିତ୍ର। ସର୍ବୋପରି ବାରଶହ ବଢ଼େଇଙ୍କର ବାରବର୍ଷର ଶ୍ରମ। ନିହାଣ ମୂନର ଅଦ୍ଭୁତ କଳା-ସ୍ଥାପତ୍ୟ, ଅଭିଭୂତ ଦର୍ଶକ, ଦର୍ଶିକା। ମନପ୍ରାଣ ଆତ୍ମ ପୁଲକିତ। ଭଗ୍ନ କୋଣାର୍କ, ସୌନ୍ଦର୍ଯ୍ୟର ଅପରୂପା ଐଶ୍ୱର୍ଯ୍ୟମୟୀ। ଠିକ୍ ସେମିତି ହାସ୍ୟମୟୀ, ଲାସ୍ୟମୟୀ, ପ୍ରୀତିପ୍ରଦା ନାରୀ। ତା' ପାଇଁ ଯୁଗେଯୁଗେ ଆକର୍ଷଣ। କେବେ ସେ ସ୍ୱର୍ଣ୍ଣପୁରୀ ଲଙ୍କା ଧ୍ୱଂସର କାରଣ, ଅବା ହେଲନ୍ ପାଇଁ ଟ୍ରୟ ଯୁଦ୍ଧ। ନାରୀ ପ୍ରାପ୍ତି ପ୍ରୟାସ। ଏଥିଲାଗି କେତେ କେତେ ଯୁଦ୍ଧ, ରକ୍ତପାତ, ହତ୍ୟା, ଷଡ଼ଯନ୍ତ୍ର। ଏବେ ସେଇ ନାରୀ ପାଲଟିଛି "ମାଂସର କୋଣାର୍କ", ତା' ଉପରେ କାମୁକର ଲୋଲୁପ ଦୃଷ୍ଟି। ଆଉ କିଏ ତା'ର ରୂପ ଯୌବନର ସୌଦାଗର। ଏମିତି ଏକ ସ୍ପର୍ଶକାତର ଘଟଣା। ପାଷାଣ କୋଣାର୍କ ଆଜି ମାଂସର କୋଣାର୍କ। ଏକ ପ୍ରତୀକାତ୍ମକ ପ୍ରୟୋଗ।

ନିଶାପାନ ଏକ ସାମାଜିକ ବ୍ୟାଧି। ସମ୍ପ୍ରତି ଏହାର ଭୟାନକ ସ୍ଥିତି। ଆଗ କାଳ କଥା। ନିଶା କହିଲେ ଖଜୁରୀ ତାଡ଼ି, ଗଞ୍ଜା, ଅଫିମ। ମଦର ନାଁ ଗନ୍ଧ ନଥିଲା। ଇଂରେଜ ଶାସନ ଅମଳ। ମଦର ପ୍ରାବଲ୍ୟ, ନିଶାଳିଙ୍କ ସଂଖ୍ୟା ବହୁ ମାତ୍ରାରେ ପରିବର୍ଦ୍ଧିତ। ଥାନ ଜ୍ଞାନ ନାହିଁ। ଦିନ ଦି' ପହରରେ। ପବ୍ଲିକ ସ୍ଥାନ ଅବା କ୍ଲବ, ହୋଟେଲ। ଚାଲିଲା ମଦ୍ୟପାନ। ଏହାର ପରିଣତି ଭୟାବହ। ନାନାଦି ସାମାଜିକ ଅପକର୍ମ ମୁଣ୍ଡ ଟେକିଲା। ତେଣେ ପରନାରୀ ଉପଭୋଗ ଲିପ୍ସା। ଅନେକ ସତୀ, ସାବିତ୍ରୀ, ସୀତା, ତାଙ୍କ ସଂସାର ଉଚ୍ଛନ୍ନ ହେଲା। ଦେଶ ସେବକ, ସଦାଚାରୀ, ସଂସ୍କାରବାଦୀଏ। ନିଶା ନିବାରଣ ଉପରେ ଗୁରୁତ୍ୱ ଦେଲେ। ପ୍ରାକ୍ ସ୍ୱାଧୀନତା କାଳରେ ଏଥି ପାଇଁ ଆଇନ ହେଲା। ନିବାରଣର ନାଁ ଗନ୍ଧ ନାହିଁ। ଚୋରାରେ ମାଦକଦ୍ରବ୍ୟ ବିକ୍ରି। ଅଧିକ ପଇସା ଗଣିଲେ ନିଶାଳି। ବେପାରୀମାନେ ଲାଲେଲାଲ। ସବୁ ଫେଲ୍ ମାରିଲା। ଏବେ ସେ ଆଇନ ନାହିଁ। ଗାଁ ଗହଳି, ଛକ, ବଜାର ସବୁଠି ମଦ ଦୋକାନ। ଠିପି ବନ୍ଦ ଅବା ଖୋଲା। ଆନ୍ଦୋଳନ ତେଜୁଛି। ହେଲେ ସ୍ଥିତି ଯଥା ପୂର୍ବମ୍ ତଥା ପରମ୍। ଗାନ୍ଧିଜୀଙ୍କ ଜନତା ଉପରେ ନାହିଁ ନଥିବା ପ୍ରଭାବ। ଭାରତୀୟମାନେ, ତାଙ୍କୁ ଦେବତା ମଣିଲେ। ହେଲେ ନିଶା ଛାଡ଼ିଲେନି। ଏସବୁ ପାଶ୍ଚାତ୍ୟ ସଭ୍ୟତାର ବିଷମୟ ଫଳ। ସତକଥା କହିଲେ ଅନେକ ନେତା, ବକ୍ତା,

ଜନତା - ସେମାନଙ୍କ ମତି ସୁରାପାନରେ। ଯାଦୁଆ ବିକୁଛି ଯାଦୁମଲମ, ମଦୁଆ କହୁଛି ନିଶା ନିବାରଣ। ଜଗତେ କେବଳ ଜନେ ହସିବେ, ଏହି ତହୁଁ ଫଳ।

ସାମାଜିକ ପର୍ବପର୍ବାଣି, ମହାପୁରୁଷଙ୍କ ଜନ୍ମ ଅବା କେଉଁ ବିଶେଷ ବିଶେଷ ଦିନ। ପ୍ରଶାସନ ଆଗୁଆ ସତର୍କ, ସେ ଦିନ ମାନଙ୍କରେ ମଦବିକ୍ରି ସମ୍ପୂର୍ଣ୍ଣ ବନ୍ଦ। ଏଇଟି ଡ୍ରାଏ-ଡେ। ଏହାର ପୂର୍ବଦିନ। 'ବ୍ଲୁ-ଫକ୍ସ ମଦ ଦୋକାନ' ସାମନାରେ ନାହିଁ ନଥିବା ଭିଡ଼। ଭିତର ଯାହା ହେଉ ପଛେ, ଭଦ୍ରତା ଦେଖାଇବାକୁ ହେବ। ଆଚାର ନିଷ୍ଠ, ସଚ୍ଚରିତ୍ର ହେବାକୁ ପଡ଼ିବ। ସବୁ ସାମାଜିକ ଆଚାର ଶୁଦ୍ଧି- ଡ୍ରାଇ-ଡ଼େ। ଭାରତୀୟ ଆତ୍ମପ୍ରବଞ୍ଚନା, ବୌଦ୍ଧିକ ଶଠତାର ପ୍ରତୀକ। ମଦଦୋକାନ ଆଗରେ ଲମ୍ବା ଲାଇନ୍। କେହି କେହି ଆପଣଙ୍କୁ ମୁହଁଛପା କରନ୍ତି। ଥ୍ରୀ-ପିସ୍-ସୁଟ୍ ପିନ୍ଧା କେଇଜଣ ପ୍ରୌଢ଼। ମୁଣ୍ଡରେ ଫେଲ୍ଟ ହ୍ୟାଟ୍ ଆବରଣ। ମୁଣ୍ଡ ତଳକୁ, ଚିହ୍ନି ହେଉନି। ସେମାନେ ପେରୀ ମାସନ୍ ଡିଟେକ୍ଟିଭ୍ ଉପନ୍ୟାସର ଏକ ଏକ ଚରିତ୍ରପରି। ହୋଇଥାଇ ପାରନ୍ତି କେଉଁ ପ୍ରହିବିସନ୍ କ୍ଲବ୍ର ପ୍ରେସିଡେଣ୍ଟ, ନଚେତ୍ କର୍ମକର୍ତ୍ତା ଅବା ଭଦ୍ରଲୋକ। ଘରେ ଗଙ୍ଗାଜଳ ପାନ। କାଖତଳେ ରମ୍ ହ୍ୱିସ୍କି। ଯାତ୍ରା କେଉଁ ବନ୍ଧୁ ଘରକୁ। ଏଇ ତ ଆଜିର ମଣିଷ। ଅନ୍ତର, ବାହ୍ୟ ଭିନ୍ନ। ଯାହା ଦେଖା ଯାଆନ୍ତି, ତେମନ୍ତ ନୁହନ୍ତି। ବାରମ୍ବାର ରଙ୍ଗ ବଦଳଉଥିବା ସପ୍ତରଙ୍ଗୀ ଏଣ୍ଡୁଅ ପରି।

ସମାଜରେ ଅଭାବନୀୟ ଦାରିଦ୍ର୍ୟ। ନାହିଁ ନଥିବା ବେକାରି। ଏ ସମସ୍ୟା ଆବହମାନ କାଳରୁ। ଏହାର ସମାଧାନ ହେବା ଜରୁରୀ; ମାତ୍ର ଏ ଦିଗରେ ସଂକଳ୍ପ ନଗଣ୍ୟ। ଚରିତ୍ରବାନ ହେବା ପାଇଁ ସଭିଙ୍କ ଉପଦେଶ। ସେଇଥିପାଇଁ ନିଶା ନିବାରଣ - ଡ୍ରାଇ ଡେ। ସେଦିନ ରୁଷ ବିପ୍ଳବର ଅନ୍ତ ହେଲା। ଲେଲିନ୍, ପ୍ରଖ୍ୟାତ୍ ସମାଜବାଦୀ। ତାଙ୍କର ମଧ୍ୟ ମଦ୍ୟ-ନିଷେଧ, ଭଦ୍କା ବନ୍ଦର ଆହ୍ୱାନ। ପ୍ରଲଟରିଏଟ୍ ଡିକ୍ଟେଟରସିପ୍। ସର୍ବହରାମାନଙ୍କର ଏକ ନାୟକତ୍ୱ। ସେ ଆଡ଼େ ବୃଦ୍ଧଆଙ୍ଗୁଳି ଦେଖାଇଦେଲା। ପୁଣି ଫେରି ଆସିଲା ଭଦ୍କା। ପର୍ବ ପାଇଁ ଏବେ ମଦବିକ୍ରି ନିଷେଧ। ଚାରିଦିନର ବ୍ୟବସାୟ ଏକଦିନରେ। ବ୍ୟବସାୟୀମାନେ ନୀତିବାଗିଶ ମାନଙ୍କର ଜୟଗାନ କରନ୍ତି। ଠିକ୍ ଛାଡ଼ଖାଇ ପରି। କାର୍ତ୍ତିକ ମାସଟା ହବିଷ। ମାଛ ବିକ୍ରି ମାନ୍ଦା। ଛାଡ଼ଖାଇରେ ମାସକର ମାଛ ବିକ୍ରି। ମୁଣ୍ଡରେ ରାମାନନ୍ଦୀ ଚିତା। ଆଖିରେ ଆମିଷର କ୍ଷୁଧା। ଠିକ୍ ସେମିତି ଡ୍ରାଇ-ଡେ ଏକ ହବିଷ। ମଦ୍ୟପ୍ରତି ଆସକ୍ତି ଶତଗୁଣିତ।

ସେଦିନର ଗୋଟେ କୌତୁକ ଘଟଣା। ସାମ୍ବାଦିକ ସମ୍ମିଳନୀ। ବହୁ ପଦସ୍ଥ ଅଫିସରଙ୍କର ଉପସ୍ଥିତି। ଜଣେ ପଚାରିଲେ ଜଟିଳ ପ୍ରଶ୍ନଟିଏ। ହ୍ୱିସ୍କି ଅପେକ୍ଷା ରାଜନୀତିରେ ଅଧିକ ନିଶା କ୍ଷମତା- ଅହଙ୍କାର। ମଣିଷ ଏଥିରେ ଅଧିକ ମାତ୍ରାରେ ମାତାଲ। ପଶୁ

ପ୍ରବୃତ୍ତି ବହୁଗୁଣିତ ହୁଏ। ଉପସ୍ଥିତ ଜଣେ ନେତା। ସଚ୍ଚା ପ୍ୟୁରିଟାନ। କଥାଟା ତାଙ୍କର ଅଧସ୍ୟ। ଭାବିନେଲେ ବିଦେଶୀ ସଂସ୍କୃତିରେ ପରିବର୍ଦ୍ଧିତ ମଣିଷମାନେ। ପୁଣ୍ୟଭୂମି ଏ ଭାରତ। ଏମାନେ ଏହି ମହାନ ପରମ୍ପରାକୁ ଧ୍ୱଂସ କରୁଛନ୍ତି। ଏ ଥିଲା ତାଙ୍କର ଉତ୍ତର। ସାମ୍ବାଦିକ ବି ଛାଡ଼ିବା ଲୋକ ନୁହଁନ୍ତି। ହ୍ୱିସ୍କିର ନିଶା। ତାହା ଆଲକହଲ୍, ତିରିଶ ଭାଗ ଲଣ୍ଡନ ପ୍ରୁଫ୍। ରାଜନୀତିକ କ୍ଷମତାରେ ନିଶା ସେଣ୍ଟ ପରସେଣ୍ଟ। ବିଶୁଦ୍ଧ ପାଣି ପିଉଥିବା ମଣିଷ, ରାଜନୀତିରେ ପ୍ରମତ୍ତ କାହିଁକି ? ଏତିକିରେ କଥା ସରିଲାନି। ଆର୍ଯ୍ୟଋଷିମାନେ ସୋମରସ ପିଉଥିଲେ, ଏକଥାଟି ପ୍ରକାଶ କଲେ। ନିଶାନିବାରଣ ସପକ୍ଷବାଦୀ ନେତା। ସାମ୍ବାଦିକଙ୍କ ଉତ୍ତର ତାଙ୍କ ପାଇଁ କ୍ରୁଶବିଦ୍ଧ ସଦୃଶ ଯନ୍ତ୍ରଣାଦାୟକ। ପ୍ରେସ୍ କନଫରେନ୍ସରୁ ଚାଲିଯିବାକୁ ତାଙ୍କର ନିର୍ଦ୍ଦେଶ। ସାମ୍ବାଦିକଙ୍କର ଖବରଟି ଛାପିବା ପାଇଁ ବହୁ ପ୍ରୟାସ; ମାତ୍ର ତାହା ହେଲା ନାହିଁ। ଏବେ ସେ ଦୃଢ଼ ନିଶ୍ଚିତ, "ଆତ୍ମ ପ୍ରତାରଣା ଉପରେ ରାଷ୍ଟ୍ର, ସମାଜ ପ୍ରତିଷ୍ଠିତ। ଖବରକାଗଜ ତା'ର ଚତୁର୍ଥ ଇଲାକା। ସେଥିରୁ ବାଦ୍ ପଡ଼ନ୍ତା କେମିତି ? ବସ୍ତୁତଃ ଖବରକାଗଜ ତ ସେଇ ଆତ୍ମପ୍ରତାରଣାର ପ୍ରଚାର ଯନ୍ତ୍ର। ସମ୍ବାଦପତ୍ରର ସ୍ୱାଧୀନତା 'ଡ୍ରାଇ-ଡ଼େ' ପରି ଆଉ ଏକ ମୁଖରୋଚକ ବୋଲି।" ନୀତି, ନୈତିକତା, ଆଦର୍ଶ - ଏ ସବୁ ଶବ୍ଦ ଏବେ ଅଭିଧାନରେ ବନ୍ଧା। ବାସ୍ତବ ଜୀବନରେ ଏହାର ନାହିଁ ପ୍ରତିଫଳନ।

ସମ୍ପ୍ରତି ରୋଟି ଆଉ ଶାଗ ପାଇଁ ଲଢ଼େଇ। କାହା ହାତରେ ଲଟେରୀ ଟିକଟ, ରାତାରାତି ଅମିର ବନିବାର ନିଶା। ରୀତିମତ ଜୁଆ। ଏକ ପ୍ରକାର ଏ ଜୁଆଡ଼ି ସଭ୍ୟତା। ନୀତିବାନ ମାନେ ଲଟେରୀ, ଇନ୍‌ସୁରାନ୍‌ସର ବିରୋଧୀ। ଅର୍ଥ ଉପାର୍ଜନ। ବାହୁବଳ, ବୁଦ୍ଧିବଳ ଏଥିପାଇଁ ଲୋଡ଼ା - ଲଟେରୀ ଗୁଳାରେ ନୁହେଁ। ମହୁମାଛି ମହୁ ସଞ୍ଚୟ କରେ, ଭୋଗ କରନ୍ତି ଅନ୍ୟମାନେ। ଇନ୍‌ସୁରାନ୍‌ସ ଠିକ୍ ସେଇପରି। ଟଙ୍କା ସଞ୍ଚୟ ଜୀବନସାରା। ଉପଭୋଗ କରିବେ ଆତ୍ମୀୟ ସ୍ୱଜନ - ଏ ନୀତି ଅନେକଙ୍କ ପାଇଁ ଗ୍ରହଣଯୋଗ୍ୟ ନୁହେଁ। ଜଣେ ଲଟେରୀ ଟିକଟ ବିକାଳିର ମିନତି। ଖଣ୍ଡେ ଟିକଟ ବିକିବ। ବିକଳରେ କହୁଥାଏ - "ହାମ୍‌କୁ ଭି ତୋ ରୋଟି ଖାନା ହୈ।" ଜଣକର ପେଟ ପାଇଁ ବିକଳ ପ୍ରଚେଷ୍ଟା, ତେଣେ ପାର୍ଟିରେ ମଦ ମାଂସର ଜୁଆର। ସତରେ ! ବିଚିତ୍ର ଏ ସୃଷ୍ଟି।

ସେଇଦିନର କଥା। ଗଞ୍ଜନାୟକ, ଲଟେରୀ ଟିକଟ ବିକାଳି। ପରସ୍ପର ମଧ୍ୟରେ ସ୍ୱ ସ୍ୱ ଆଦର୍ଶର ଅବତାରଣା। ନିଃସଙ୍ଗ ସନ୍ତସନ୍ତିଆ ସନ୍ଧ୍ୟା। ଆକାଶରେ ତାରାଗୁଡ଼ିକ ବି ନିଃସଙ୍ଗ, ଅସହାୟ। ଡଉଲୁ ଥିଲେ ଭଦ୍ରବ୍ୟକ୍ତି ଜଣକ। ଅରଣ୍ୟର ନିଃସଙ୍ଗତା, ଏଥିରେ ଭରି ରହିଛି ପ୍ରଶାନ୍ତି। ମହାନଗରୀରେ ନିଃସଙ୍ଗତାରେ ଶତବୃଶ୍ଚିକର ଦଂଶନ। ଅସହ୍ୟ ଜ୍ୱାଳା, ଚାରିଆଡ଼େ ଅଶରୀରୀ ଛାୟାମୂର୍ତ୍ତି। ଉଭୟ ଗୋଟିଏ ଫ୍ଲାଟ୍‌ରେ, ଶୟନ କକ୍ଷ। କାନ୍ଥରେ ଝୁଲୁଛି ଅର୍ଦ୍ଧନଗ୍ନ ନାରୀର ଫଟୋଟିଏ। କେଉଁ ଟେକ୍‌ସଟାଇଲର ବିଜ୍ଞାପନ।

ଆଶ୍ଚର୍ଯ୍ୟ ହୋଇ ନଥିଲା ଲଟେରୀବାଲା। କହି ଚାଲିଥିଲା, "ସାହିତ୍ୟ, ରାଜନୀତି, ବ୍ୟବସାୟ - ସବୁ ତ ସେଇ ଧନ୍ଦାର କଥା। ତାକତ୍‌ଲାଲ ଟେକ୍‌ସଟାଇଲ ପାଇଁ ଲୋଡ଼ା ଏପରି ଲଙ୍ଗୁଳୀ ଛବି। ସାହିତ୍ୟ କହିଲେ ସେଇ ଲଙ୍ଗୁଳୀମାନଙ୍କୁ ନେଇ 'ଗରମ କାହାନିୟାଁ'।" ନଗ୍ନ ଫଟୋ ଚିତ୍ର ବିକୁଥିବା ଲୋକଟିର ଅଜବ ଯୁକ୍ତି। ଲଟେରୀ ଟିକଟ ସହ ନଗ୍ନ ଫଟୋ ବିକ୍ରି। ଏ ବ୍ୟବସାୟ ବି ତା'ର। ଛିଣ୍ଡା ଫୋଲିଓ ବ୍ୟାଗ୍, କାଢ଼ିଲା କେଇଖଣ୍ଡ ପର୍ଣ୍ଣୋଗ୍ରାଫିକ୍ - ଯୌନ ସଙ୍ଗମର ଫଟୋଚିତ୍ର। କୌତୁହଳୀ ଗଳ୍ପନାୟକ। ଏ ଛବିରେ କିଏ ନାୟକ, ନାୟିକା। ସନ୍ଦେହ ମୋଚନ କରିଦେଲା ଲଟେରୀ ବାଲା। କେହି ପଦସ୍ଥ ବ୍ୟକ୍ତି ଅବା କଲ୍‌ଗାର୍ଲ। ଏମାନେ ନୁହନ୍ତି। ତା'ର ସ୍ତ୍ରୀ ଆଉ ସିଏ, ତାଙ୍କରି ଚିତ୍ର। ବେଶ୍ ଦି' ପଇସା ରୋଜଗାର। ଏଥିରୁ ଫଟୋ ଗ୍ରାଫରର ଷାଠିଏ ପରସେଣ୍ଟ। ଖଣ୍ଡେ ପିସ୍ ଦଶଟଙ୍କା। ଦୁଇ ତିନିଟି ବଢ଼େଇଦେଲା। ତକିଆ ତଳେ ରଖିବାକୁ କହିଲା। ମ୍ୟାନ୍ ଅଫ୍ ପ୍ରିନ୍‌ସପିଲର ନାୟକ। ପ୍ରତିବାଦ କରିବା ପାଇଁ ଉଦ୍ୟତ। ଲଟେରୀ ବାଲାର ଅକାଟ୍ୟ ଯୁକ୍ତି - ଆଜିର ମାଂସଳ ସମାଜ। ଦୁଇଟି ଜିନିଷର ଚାହିଦା ବେଶୀ- ସେକ୍‌ସ ଆଉ ସହଜ ଟଙ୍କା। ଏଥି ସହ ସୁରାପାନ। ତିନିଖଣ୍ଡ ଦଶଟଙ୍କିଆ ନୋଟ୍ ତା' ହାତରେ। କହି କହି ଯାଉଥାଏ - "ତୁମକୁ ଭଲ ନ ଲାଗିଲେ ଆଉ କାହାକୁ ଦେଇଦେବ। ଗ୍ରାହକ ବଢ଼ିବେ ତ!"

ସର୍ବତ୍ର ଅନେକ ପ୍ରତିଶ୍ରୁତି; ମାତ୍ର ଚାରିତ୍ରିକ ତ୍ରୁଟି। କିଏ ନିଶାଗ୍ରସ୍ତ, ଆଉ କିଏ ନାରୀ ମାଂସଲୋଭୀ ଜହ୍ଲାଦ। ଆଉ କିଏ କ୍ଷମତା ମୋହରେ ଅନ୍ଧ। କେହି କେହି ଅର୍ଥସର୍ବସ୍ୱ ମଣିଷ। କାହାର ବିଳାସ ବ୍ୟସନରେ ମନ ଆଉ କାହାର ରୋଟି ପାଇଁ ସଂଗ୍ରାମ। ସବୁର ଉର୍ଦ୍ଧ୍ୱରେ ଗୋଟିଏ ସତ୍ୟ। ପାଷାଣ କୋଣାର୍କ ଠାରୁ ଆଜି ମାଂସର କୋଣାର୍କର ଢେର୍ ଆଦର। ବଞ୍ଚିବାର ଅନ୍ୟତମ ସାହାରାହା। ଅପସଂସ୍କୃତି ହେଲେ ବି ବାସ୍ତବତା। ଏଥିରେ ଦ୍ୱିରୁକ୍ତି କାହିଁ?

■

ନିର୍ବାଣ ନୁହେଁ ଜୀବନ

ବୌଦ୍ଧ ଧର୍ମ ଦର୍ଶନ। ଏହାର ଶେଷ କଥା ନିର୍ବାଣ। ନିର୍ବାଣ ପାଇଁ ଲୋଡ଼ା କଠୋର ସଂଯମ। ଭିକ୍ଷୁକର ସାଧନା, କାମନା ବାସନା ନିୟନ୍ତ୍ରଣ, ସତ୍ ମାର୍ଗ, ସତ୍ ଆଚରଣ। ଶେଷରେ ସାଧନାରୁ ସିଦ୍ଧି। କଠୋର ଅନୁଶାସନ ମଧ୍ୟରେ ବନ୍ଧା ବୌଦ୍ଧ ଭିକ୍ଷୁମାନେ। ସଂସ୍କାରିତ ଜୀବନ ପ୍ରକ୍ରିୟା। ଏଥି ପ୍ରତି ବହୁ ଜନ ଆକୃଷ୍ଟ ହେଲେ। ବୌଦ୍ଧ ଧର୍ମର ହେଲା ଉତ୍‌ଥାନ। ଶେଷରେ ଗଣଧର୍ମରେ ପରିଣତ ହେଲା। ଏଇଟି କିଛି କମ୍ ସଫଳତା ନଥିଲା। ଗୋଟେ ପାଖେ ହିନ୍ଦୁଧର୍ମର କୁସଂସ୍କାର, ବ୍ରାହ୍ମଣ୍ୟ ଧର୍ମର କର୍ମକାଣ୍ଡ। ବିକଳ ଜନଜୀବନ। ସହଜରେ ଆପଣେଇ ନେଲା ବୌଦ୍ଧଧର୍ମ। ଆରମ୍ଭ ଯଦି ସତ୍ୟ, ଶେଷ କି ମିଥ୍ୟା ? ଏ ସୃଷ୍ଟିର ଚିରନ୍ତନ ନିୟମ। ଏଇ କଥାଟି ବି ବୌଦ୍ଧଧର୍ମ ପାଇଁ ପ୍ରଯୁଜ୍ୟ। ଏକଦା ଏହାର ଦ୍ରୁତ ପ୍ରସାର, ପୁନଶ୍ଚ କ୍ରମ ବିଲୟ। ଏହା ପଶ୍ଚାତରେ ଗୋଟେ ବଳିଷ୍ଠ କାରଣ। ଜୀବନକୁ ଏ ଧର୍ମରେ ପୂର୍ଣ୍ଣ ଅଣଦେଖା। କାମିନୀ, କାଞ୍ଚନ ମୋହ ତ୍ୟାଗ। ସଂସାର ଠାରୁ ବହୁ ଦୂରରେ ରହିବା। ଏଇଟି ଥିଲା ସମ୍ପୂର୍ଣ୍ଣ ଅସମ୍ଭବ। କ୍ରମେ ସାଂସାରିକ ଜୀବନ ଆଡ଼େ ମୋହ ବଢ଼ିଲା। ନାରୀ ବିଳାସ-ଲାଳସା ବି। ଆରମ୍ଭ ହେଲା ସ୍ଖଳନ। ବୌଦ୍ଧ ଭିକ୍ଷୁମାନେ, ପଛରେ ଛାଡ଼ି ଗଲେ ଅନ୍ତହୀନ ହାହାକାର, ଅକଳନ ଜ୍ୱାଳା ଯନ୍ତ୍ରଣା। ଭଉଣୀ ହରାଇଲା ଭାଇକୁ। ରୋଜଗାରିଆ ପୁଅ, ହାତକୁ ଚାହିଁ ରହିଥିବା ବାପ ମା', ତେଣେ ପୁଅ ମିଶିଲା ବୌଦ୍ଧ ସଂଘରେ। ବାପା, ମା'ର ସ୍ୱପ୍ନ ପାଣିଚିଆ। ସେମିତି ଏକ ମା' ରୂପଶ୍ରୀ। ଶୂଦ୍ର କୁଳ ସମ୍ଭୂତା। ତା' ପୁତ୍ର ସାରୀପୁତ୍ତ। ହଠାତ୍ ଘର ଛାଡ଼ିଲା। ପାଲଟିଲା ବୌଦ୍ଧ ଭିକ୍ଷୁ। ମା' ଚାହିଁଛି, ଫେରୁଚି ସାରୀପୁତ୍ତ। ସେ ବୁଦ୍ଧଙ୍କର ଶିଷ୍ୟ ଶିରୋମଣି। ଫେରି ଆସୁଛି ରୂପଶ୍ରୀର ଶୂନ୍ୟ କୁଟୀରକୁ। ଫେରିଛି ସିଦ୍ଧ ଶମଣ ସାରୀ, ଚିହ୍ନିପାରିନି ମା'। ଲଣ୍ଡିତ ମସ୍ତକ, କଙ୍କାଳସାର ବୃଦ୍ଧ ପ୍ରାୟ ଶରୀର ଜ୍ୟୋତିହୀନ। ମା' ଚିହ୍ନି ପାରିନି ପୁଅକୁ। ଏଇ ତ ବିଡ଼ମ୍ବନା। କ୍ରୋଧିତା ରୂପଶ୍ରୀ। ରୋକଠୋକ କହିଦେଲା – "ଫେରି

ଯାଅ ଭିକ୍ଷୁ। ମୁଁ ଚାହେଁ ଜୀବନ; ନିର୍ବାଣ ନୁହେଁ। କୋଟି କୋଟି ପ୍ରାଣରେ ଅଶାନ୍ତି, ଅଶାନ୍ତିର ଦାବାନଳ। ଜଳାଇଛି ଏଇ ସଂଘ। ସେ ସଂଘ ନିଶ୍ଚିହ୍ନ ହେବ।" ଏ ଥିଲା ମା'ର ଅଭିଶାପ। ସୁରେନ୍ଦ୍ର ମହାନ୍ତିଙ୍କ କ୍ଷୁଦ୍ରଗଳ୍ପ 'ସାରୀପୁତ୍ତ'। ଗପଟିର ଏହା ସାରବତ୍ତା। ଏଥି ସହିତ ଜାତିଆଣ ପ୍ରଥା, କୁସଂସ୍କାର, ବ୍ରାହ୍ମଣଙ୍କର ଅହଂକାର - ଏ ସବୁ ମଧ୍ୟ ଗପଟିରେ ସ୍ଥାନିତ। ନିର୍ବାଣ ନୁହେଁ, ଜୀବନର ପୂର୍ଣ୍ଣତାରେ ଚରମ ତୃପ୍ତି, ମିଳେ ଈପ୍‌ସିତ ଶାନ୍ତି। ଏଇ ଦର୍ଶନଟି ପ୍ରଖ୍ୟାତ ଗାଳ୍ପିକ ସୁରେନ୍ଦ୍ର ମହାନ୍ତିଙ୍କର।

ଅନେକ ଦିନ ତଳର କଥା। ନାଳନ୍ଦାରୁ ଆସିଲେ ଦଳେ ଅଭିନେତା। ବୁଲି ବୁଲି ଅଭିନୟ କଲେ 'ନିର୍ବାଣ' ନାଟକ। ସାରୀପୁତ୍ତର ଏକା ଜିଦ୍। ଅଭିନୟ ଦେଖିବାକୁ ଗଲା। ତା' ପରେ ସେ ଏକ ଭିନ୍ନ ମଣିଷ। ଖିଆପିଆ, ଗାଇ ଜଗା - ସବୁ ବନ୍ଦ। ତା' ବୋଉ କ'ଣ ମରିଯିବ? ନର, କିନ୍ନର, ଦେବତା - କିଏ ବା ଅମର? ଏ ଥିଲା ରୂପଶ୍ରୀର ଉତ୍ତର। ସାରୀର ମନ ଆନ୍ଦୋଳିତ, ସେ ତ ଦିନେ ମରିବ। କ'ଣ ପାଇଁ ଏ ଜୀବନ ଜଞ୍ଜାଳ? ଆଉଟୁ ପାଉଟୁ ହେବା ସାର। ଏକମୁହାଁ ହେଇ ବାହାରିଗଲା, ସେଇ ଅଙ୍କାବଙ୍କା ରାସ୍ତାରେ। ସନ୍ଧ୍ୟା ହେଲା, ଗୋରୁ ଗୋଠରୁ ଫେରିଲେ। ଆକାଶରେ ତାରା ଉଠିଲେ, ଜହ୍ନ ତରାସିଲା, ସାରୀ ଯେ ଗଲା ଆଉ ଫେରିଲାନି। ଚାହିଁ ଚାହିଁ ରୂପଶ୍ରୀର ଆଖିରୁ ପାଣି ମଲା। ଲୁମ୍ବିନୀରୁ ଆସିଲେ ବୌଦ୍ଧ ଭିକ୍ଷୁ ଜଣେ ସମ୍ବାଦ ଦେଲା। ଆସନ୍ତା ଫଗୁ ପୂର୍ଣ୍ଣିମା, ସେଦିନ ଫେରି ଆସିବ ସାରୀପୁତ୍ତ। ମା' ପ୍ରାଣ ଚହଲିଗଲା। ଚାହିଁ ରହିଲା ଆଗାମୀ ଜୋଛନା ଭିଜା ଫଗୁଣ ପୁନେଇଁ ରାତିକୁ।

ମା' ମନ ଛନଛନ। ରାତି ସାରା ଉଜାଗର। ସପନ ପରେ ସପନ, ପୁନର୍ଜନ୍ମର ଦୁଷ୍କୃତି। ପୁତ୍ର ଘର ଛାଡ଼ିଲା ସେଇଥି ପାଇଁ। ରାତି ପାହି ଆସୁଛି। ବ୍ରାହ୍ମଣକୁ ସ୍ୱର୍ଣ୍ଣଦାନ ଲୋଡ଼ା। ସବୁ ପାପରୁ ମୁକ୍ତି। ସାରୀପୁତ୍ତ ଫେରିବ ନିଶ୍ଚୟ। ସକାଳ ଆସିଲା। ରୂପଶ୍ରୀ ଧାଇଁଲା ବ୍ରାହ୍ମଣ ଶୁଭ୍ରଜ୍ୟୋତିଙ୍କ ଘରକୁ। ନୀଚ କୁଳରେ ରୂପଶ୍ରୀର ଜନ୍ମ। ଶୁଭ୍ରଜ୍ୟୋତି ବାହାରି ଥାଆନ୍ତି ମନ୍ଦିରକୁ। ସମ୍ମୁଖରେ ଶୂଦ୍ରାଣୀ ରୂପଶ୍ରୀ। ସମାଜ ନିଷ୍ଠୁର। ଶୂଦ୍ରର ଛାଇ ପଡ଼ିଲେ ବ୍ରାହ୍ମଣ ଅପବିତ୍ର। ଶୁଭ୍ରଜ୍ୟୋତିଙ୍କ କ୍ରୋଧ ଶୀର୍ଷରେ। ଛିନ୍ନ ପରିଧାନ, କାନିରେ ବନ୍ଧା ସଞ୍ଚିତ କେଇଟି ସ୍ୱର୍ଣ୍ଣମୁଦ୍ରା। ବଢ଼େଇ ଦେଲା ରୂପଶ୍ରୀ। ବ୍ରାହ୍ମଣର ଉଗ୍ରମୂର୍ତ୍ତି ଶାନ୍ତ। ଆଶୀର୍ବାଦ ମୁଦ୍ରା, ଅଭୟ ଦେଲେ। ସାରୀ ଫେରିବ, ନିଶ୍ଚୟ ଫେରିବ। ଏଥି ସହିତ ମନଭୁଲା ଗପଟେ ଶୁଣେଇଲେ। ମୃଗୁଣୀ, ତା'ର ସାବକ ସହ। ଅରଣ୍ୟର ଶାନ୍ତ ସ୍ନିଗ୍ଧ ପରିବେଶରେ ବୁଲୁଥାଏ। ବ୍ୟାଧର ଶରାଘାତ। ମୃଗୁଣୀର ଅଭିଶାପ, ଏ ଜନ୍ମରେ ରୂପଶ୍ରୀ ଭୋଗୁଛି ଶାସ୍ତି। ସେଥିପାଇଁ ପୁତ୍ର ବିଛେଦ। ବ୍ରାହ୍ମଣ ନଥିଲେ ସର୍ବଦ୍ରଷ୍ଟା। ହେଲେ ବହଲେଇବା ପାଇଁ ଏଇ ସବୁ ମନଗଢ଼ା କାହାଣୀ। ତତ୍‌କାଳୀନ ସାମାଜିକ ଅବସ୍ଥା।

ବ୍ରାହ୍ମଣଙ୍କ ଆଧିପତ୍ୟ। ଏଇଟି ତା'ର ସ୍ପଷ୍ଟ ଚିତ୍ର।

ପୁତ୍ର ବିରହ ଜ୍ୱାଳା ଜର୍ଜରିତା ରୂପଶ୍ରୀ। କେବେ କେବେ ଶୁଣିବାକୁ ମିଳେ ପୁତ୍ରର ପ୍ରଶଂସା। ପ୍ରଭୁ ବୁଦ୍ଧଙ୍କର ଶିଷ୍ୟ ଶିରୋମଣି ସାରୀପୁତ୍ତ। ତାଙ୍କରି ପ୍ରଭାବ। ସମଗ୍ର ଆର୍ଯ୍ୟାବର୍ତ୍ତ ଉଦ୍‌ଭାସିତ। ମହିମାରେ ମହିମାନ୍ୱିତ, କରୁଣାରେ ସ୍ନିଗ୍ଧ, ସାଧନାରେ ଉଜ୍ଜ୍ୱଳ। ଗାଁ ସାରା ପ୍ରଶଂସା। ହେଲେ ମା' ପ୍ରାଣ ଅଧିର। ମତିଭ୍ରମରୁ ଅବୋଧକୁ ରକ୍ଷାକର ପ୍ରଭୁ - ନିତି ରୂପଶ୍ରୀର ପ୍ରାର୍ଥନା। ବୌଦ୍ଧ ସନ୍ନ୍ୟାସୀଙ୍କର ଦେବତା ବ୍ରାହ୍ମଣଙ୍କୁ ନିନ୍ଦା। ଏ ତ ମନ୍ଦ କଥା। ମଣିଷ ଜନ୍ମ ମାତ୍ରେ ସମାନ। କୌଣସି ଧର୍ମର ବିରୋଧ ବୁଦ୍ଧିମତ୍ତା ନୁହେଁ। ବେଦକୁ ଅସ୍ୱୀକାର, ସପ୍ତ ନରକରେ ବାସ ନାହିଁ। ସବୁ ଦିଅଁ ଦେବତାଙ୍କୁ ମିନତି। ନୈବେଦ୍ୟ ମାନସିକ। ଏଥିରେ ରୂପଶ୍ରୀର ଊଣା ନାହିଁ। ସବୁ ସାରୀ ପାଇଁ। ସାରୀ ଫେରିଆସୁ। ବୌଦ୍ଧ ଭିକ୍ଷୁମାନେ, କେବେ କେବେ ହାଜର ରୂପଶ୍ରୀ କୁଟୀର ଦ୍ୱାରରେ। ଭିକ୍ଷାଂ ଦେହି ପ୍ରାର୍ଥନା। ରୂପଶ୍ରୀର ହାଡ଼ ଜଳିଯାଏ। ଏଗୁଡ଼ାକ ସମାଜଛଡ଼ା - ଘର ନାହିଁ, ଦ୍ୱାର ନାହିଁ, ମା' ନାହିଁ, ଝିଅ ନାହିଁ, ମାୟା ନାହିଁ, ମମତା ନାହିଁ। ଏମାନଙ୍କର ପୃଥିବୀକୁ ଆସିବାର ନଥିଲା। ଆସିଲେ, ପୃଥିବୀର ଦୁଃଖ ବଢ଼ାଇଲେ। ବୁଦ୍ଧ ମହାତ୍ମା, ସେ ବି ସେଇ ମାର୍ଗରେ। ସମଗ୍ର କପିଳବାସ୍ତୁ ସୁପ୍ତ। ନିସ୍ତବ୍ଧ ରାତ୍ରି। ଗୋପାଙ୍କ କୋଳରେ ଶିଶୁ ପୁତ୍ର ରାହୁଲ। କିଛି ବାନ୍ଧି ରଖି ପାରିଲାନି। ରାଜ୍ୟ ତ୍ୟାଗୀ ହେଲେ। ପଛରେ ବିରାଟ ଅଶାନ୍ତି। ଶେଷ ହୀନ ହା-ହାକାର, ତୃପ୍ତିହୀନ ତୃଷ୍ଣା।

ରୂପଶ୍ରୀ ଜଣେ ନାରୀ। ବୁଝିଛି ଆଉ ଜଣେ ନାରୀର ହାହାକାର। ରାଜରାଣୀ ଗୋପାଙ୍କ କଥା ମନେପଡ଼େ। ଆଖି ତା'ର ସଜଳ ହୋଇଯାଏ। ଶିଥିଳ, ରକ୍ତହୀନ ଦୁଇଗଣ୍ଡ ଉପରେ ଦୁଇଧାର ଅଶ୍ରୁ। ଚିହ୍ନ ଲିଭି ନ ଥାଏ। ଢେର୍ ସମୟ ଯାଏ। ଠିକ୍ ସେମିତି ସାରୀପୁତ୍ତ। ବିବାହ କରିବ। ବୋହୂ ଆସିବ। ଘର ହସିବ। ତା' ଶୁଭ କଙ୍କଣ ଧ୍ୱନି, ପୂର୍ଣ୍ଣ ହେଇଥାଆନ୍ତା ରୂପଶ୍ରୀର ରିକ୍ତ-ଶୂନ୍ୟ ଜୀବନ। ତା'ପରେ ଶିଶୁର କୋଳାହଳ। ରୂପଶ୍ରୀ ଜୀବନରେ ପୁନଃ ବସନ୍ତର ମହକ। ମହକିତ ହୋଇଥାଆନ୍ତା ତା' ସଂସାର। ଆଜି ସାରୀ ଆସିବ, ଏକ ନୂଆ ଜୀବନର ଶୁଭାରମ୍ଭ। ଚାଳ ଉପରେ କାଉଟିର, କା-କା ଡାକ, ଶୁଭ ସଙ୍କେତ। ମୁଠାଏ ଚାଉଳ ଦୁଆର ମଝିରେ ରଖିଦେଲା ରୂପଶ୍ରୀ। କାଉ ଅଣ୍ଟ ମାରିଲା। ଚାଳ ଉପରେ ପୁନଃ କା-କା। ଅଜି ଶୁଭ। ସାରୀ ଆସୁଥିବ ପରା !

ସେଦିନ ଫାଲ୍‌ଗୁନ ପୂର୍ଣ୍ଣିମା। ଦୂର ବନଶୀର୍ଷ ଉଢ଼ାଳ। ଚନ୍ଦ୍ରମା ଉଙ୍କିମାରୁଛି ରାଜଗୃହ ସୀମାନ୍ତରେ। ସାରୀ ଆସିବ। ଏଥର ତାକୁ ବିଭା କରାଇଦେବ ରୂପଶ୍ରୀ। ଶେଷ ହେବ ତା' ଭିକ୍ଷୁକର ଜୀବନ। ମନେ ମନେ ବୋହୂ ସ୍ଥିର। ଚମ୍ପାଗୋରୀ ଝିଅ ଉପାଳୀ। ତା' ଆଖିରେ କଜ୍ଜଳ ଗାରେ, ବାନ୍ଧି ରଖିବ ବାଙ୍କ ଚାହାଁଣିରେ। ଯୋଗୀର ଧ୍ୟାନ ଭଗ୍ନ

ହେବ। ଏଣିକି ଘରଛଡ଼ା ଭିକ୍ଷୁଦଳକୁ ସାରୀପୁତ୍ତର ନା। ହାରାନିଧି ହାତ ମୁଠାରେ ଧରାଦେବ, ଆଉ କେଇ ଘଣ୍ଟା ମାତ୍ର, ଏଥର ହାତଛଡ଼ା ହେବାକୁ ଦେବନି ରୂପଶ୍ରୀ। ଦିଗ୍‌ବଳୟର ଢେର୍ ଉପର, ପୁନେଇଁ ଜହ୍ନର ଆଢ଼ ରୁଷା। ଆଶା ଆଶଙ୍କା ସୀମାତିକ୍ରାନ୍ତ। ରୂପଶ୍ରୀର ଧୈର୍ଯ୍ୟ ଭଙ୍ଗ, କାହିଁ ସାରୀପୁତ୍ତ ? ଦୂରରୁ ଶୁଭିଲା – "ବୁଦ୍ଧଂ ଶରଣଂ ଗଚ୍ଛାମି।" ସେଇ ଚିହ୍ନା ଚିହ୍ନା ସ୍ୱର। ସାରୀପୁତ୍ତ ଆସିଗଲା ପରା ! କଣ୍ଠରେ ରୂପଶ୍ରୀର ଅଶାନ୍ତ ଚିତ୍କାର – ସାରୀ ! ସାରୀପୁତ୍ତ ! ଏ କି ଦୃଶ୍ୟ ଆଗରେ ? ଗୋଟେ ଶୀର୍ଣ୍ଣ, ଲଣ୍ଡିତ ମସ୍ତକ, ଜରାଜୀର୍ଣ୍ଣ ଭିକ୍ଷୁ। ପାଦ ସ୍ପର୍ଶକରି ପ୍ରଣିପାତ କଲା। କୁହ ଭିକ୍ଷୁ, ସାରୀପୁତ୍ତ କାହିଁ ? ଆଜି ପରା ଫଗୁଣ ପୁନେଇଁ। ଭିକ୍ଷୁ ଥିଲା ସ୍ୱୟଂ ସାରୀପୁତ୍ତ। ସମ୍ମୁଖରେ ଦଣ୍ଡାୟମାନ। ରୂପଶ୍ରୀ ନିଜକୁ ବିଶ୍ୱାସ କରିପାରୁନି। ଏ କ'ଣ ତା' ପୁଅ ସାରୀ ? ଯୁବକର ତେଜ, ଜ୍ୟୋତି କାହିଁ ? ଏ ତ ବୃଦ୍ଧ। ମୁହଁରେ ସେଇ ଅଲକ୍ଷଣା କଥା – "ବୁଦ୍ଧଂ ଶରଣଂ ଗଚ୍ଛାମି।" ରୂପଶ୍ରୀର ପାଦ ତଳୁ ମାଟି ଦବି ଦବି ଯାଉଛି, ଆକାଶଟା ସତେ ଯେମିତି ଅଜାଡ଼ି ହେଇ ପଡୁଛି। ଆଖିରେ ଶ୍ରାବଣର ବାରିଧାରା। ତା' ଭଙ୍ଗା ସଂସାରରେ ବିକଳ ଉପହାସ। ସବୁ ସ୍ୱପ୍ନର ସମାଧି। ଆକାଶରେ ପାଉଁଶିଆ ଚାନ୍ଦ। ଏକମାତ୍ର ସାକ୍ଷୀ, ଜଣେ ପୁତ୍ର ରଙ୍କୁଣୀ ମା'ର। ପଢୁଥିବ ତା'ର ହୃଦୟ ଯନ୍ତ୍ରଣାକୁ! କେତେ ଅସହାୟ ସେ ମା'ଟି ସତେ !

ରୂପଶ୍ରୀର କଠୋର ପ୍ରଶ୍ନ – "କୁହ ଭିକ୍ଷୁ, ତୁମେ ବୁଦ୍ଧଙ୍କର ଶିଷ୍ୟ ଶିରୋମଣି। ମୋ ଠାରେ ବା କି ପ୍ରୟୋଜନ ? ତୁମେ ସାଧକ ଶ୍ରେଷ୍ଠ ସାରୀପୁତ୍ତ !" ଆଉ ରୂପଶ୍ରୀ ଦୀନା, ହୀନା, ପୁତ୍ରହୀନା – ଏକ ଜନନୀ। ତା'ର ବା କ'ଣ ଅଛି ? କି ଭିକ୍ଷା ବା ସେ ଦେଇ ପାରିବ ? ବାଳିକା ସୁଲଭ ଅଭିମାନ, ରୂପଶ୍ରୀର କାତର କଣ୍ଠ। ଶବ୍ଦମାନେ ପଛକୁ ଫେରୁଥିଲେ। ଏବେ ସେ ନିର୍ବାକ, ମୂକ। ସାରୀପୁତ୍ତ ଉଦ୍ଦେଶ୍ୟ ଜ୍ଞାପନ କଲା। ଭିକ୍ଷାଟିଏ ଲୋଡ଼ା ତା'ର। ଗୌତମୀ ପ୍ରଜାପତି ସଂଘରେ ଯୋଗଦେବେ। ଏହା ପ୍ରଭୁ ବୁଦ୍ଧଙ୍କର ଆଜ୍ଞା। ତାଙ୍କର ସହକର୍ମିଣୀ ହେବେ ରୂପଶ୍ରୀ। ଏଇ ଭିକ୍ଷା ସାରୀପୁତ୍ତର। ରୂପଶ୍ରୀର ଶ୍ରୀହୀନା ତନୁ, ମଳିନ କୋଟରଗତ ଦୁଇ ଚକ୍ଷୁ, ତଥାପି ଚାହିଁ ରହିଥିଲା ପୂର୍ଣ୍ଣିମା ଚନ୍ଦ୍ର ଆଡ଼େ। ସାରୀପୁତ୍ତ କହିଲା – "କୁହ ମା' ! ବୁଦ୍ଧଂ ଶରଣଂ ଗଚ୍ଛାମି, ସଂଘଂ ଶରଣଂ ଗଚ୍ଛାମି।" ରୂପଶ୍ରୀ ହୋଇପାରେ ସାରୀପୁତ୍ତର ଜନନୀ; କିନ୍ତୁ ଭିକ୍ଷୁକ ସାରୀପୁତ୍ତର ନୁହେଁ। ରୂପଶ୍ରୀର ରୂଢ଼ କଣ୍ଠ ସ୍ୱର। ଫେରିଯାଅ ଭିକ୍ଷୁ। କୋଟି କୋଟି ପ୍ରାଣରେ ଦାବ ଦହନ, କୋଟି ପ୍ରାଣରେ ହା-ହୁତାଶନର କାରଣ ସେଇ ବୁଦ୍ଧ, ତାଙ୍କ ଧର୍ମ। ସେ ସଂଘ ରହିବ ନାହିଁ ଭିକ୍ଷୁ। ଏ ମା'ର ଅଭିଶାପ। ରୂପଶ୍ରୀର କଣ୍ଠ ବାଷ୍ପାକୁଳ। ବିବଶ, କିଂକର୍ତ୍ତବ୍ୟ ବିମୂଢ଼ ସାରୀପୁତ୍ତ। ଗୋଟେ ପଟେ ସଂଘ, ସେ ପଟେ ମା'– ଜୀବନ, ସଂସାର। ସଂସାରର ଅଳିକତା, ମାୟା ମୋହ ଜଞ୍ଜାଳ। ଶମଣର ଜୀବନ, ସାଧନାର ପଥ। ତଥାପି ତା' ପାଇଁ

ଭଲ, ଢେର୍ ଭଲ, ହେଇଥାଉ ପଛେ ପଥ ପିଚ୍ଛିଳ। ପୁନଃ ସେଇ କୋମଳ ଡାକ – ମା' ! ଭିକ୍ଷୁକର ପୁଣି ମା' ? ରୂପଶ୍ରୀ ଆଉ ନିଜ ଆୟତ୍ତରେ ନଥିଲା। ସେଇ ଧିକ୍କାର– "ଫେରିଯା, ଫେରିଯା ଭିକ୍ଷୁ, ମା' କୋଳରୁ ପୁଅକୁ ଛଡ଼ାଇ ନେଲା। ସେ ସଂଘର ପତନ ଅବଶ୍ୟମ୍ଭାବୀ। ସାରୀପୁତ୍ତର କାତର କଣ୍ଠ – ନିର୍ବାଣର ଏକ ମାତ୍ର ପଥ; ପ୍ରଭୁ ବୁଦ୍ଧଙ୍କର ଏହି ସଂଘ, ମା'। ନିର୍ବାଣ କ'ଣ ତୁମର ଅଭିପ୍ରେତ ନୁହେଁ ?"

ରୂପଶ୍ରୀର ଦରକାର ଜୀବନ, ନିର୍ବାଣ ତା' ପାଇଁ ଏକ ଦର୍ଶନ। ଏକ ମାୟା ମିରିଗ। ସେ ବୁଝିଛି ଏ ଜୀବନ ତା'ର କେତେ ଆପଣାର। ଜୀବନ ପାତ୍ର ଭରିଛି କେତେ ମତେ। ନ ଦେଲେ ବୋଲି କ'ଣ ପାଇଁ ବା ଅଭିଯୋଗ ? ଫୁଲର ମହକ, ଫଗୁଣର ଶିହରଣ, ଶିଶୁର ଦରୋଟି ହସ, ହସନ୍ତ ପ୍ରକୃତି, ଛଇ ଛବିଲି ସନ୍ଧ୍ୟାରାଣୀ। ସବୁଜ ଶାଗୁଆ ଧାନକ୍ଷେତ, ଶିରି ଶିରି ପୂବେଇ ବାଆ, ଚଇତାଳିର ଉତ୍ତାଳ ଜୁଆର। ଆମ୍ରକୁଞ୍ଜରେ କୋଇଲିର କୁହୁତାନ – ତା'ରି ଭିତରେ ହସ, ସପନ, ସୁଖ, ଦୁଃଖ, ଆନନ୍ଦ, ନିରାନନ୍ଦ। ଯାକୁ ବାଦ୍ ଦେଲେ ଆଉ ସବୁ ଅସାର। ଦର୍ଶନ ବୌଦ୍ଧିକତା ବୃଦ୍ଧି କରେ। ସୃଷ୍ଟି ସ୍ରଷ୍ଟାର ରହସ୍ୟ ଉନ୍ମୋଚନ କରେ। ଭାବ, ଭାବାନ୍ତର ସୃଷ୍ଟି ହୁଏ। ଏଥିରେ ଜୀଇବା ଧାରାଟି ଗୌଣ। ଏଇ ସଂସାର, ସବୁ ଅଳିକତା, ସବୁ ଜଞ୍ଜାଳ ଉର୍ଦ୍ଧ୍ୱରେ, ବଞ୍ଚିବାର ସାହାରା ଟିକକ। ମିଳେ ଭରପୂର ସୁଖ, ଶାନ୍ତି, ଆନନ୍ଦ। ନିର୍ବାଣ ଠାରୁ ସେ ସ୍ୱାଦ ଶତେଗୁଣ ଭଲ। ସେଦିନ ଫେରି ଯାଉଥିଲା ଭିକ୍ଷୁ ସାରୀପୁତ୍ତ। ରୂପଶ୍ରୀ ମୁହାଁଇଲା ତା' ଭଗ୍ନ କୁଡ଼ିଆ ଆଡ଼େ। ଆଗକୁ ଆଗକୁ ଚାଲିଛି ସାରୀପୁତ୍ତ, ଏକ ଅଶରୀର ଛାୟା ଆସ୍ତେ ଦୂରେଇ ଯାଉଥାଏ। ତା' କାନରେ ପ୍ରତିଧ୍ୱନିତ ହେଉଥାଏ – "ଜୀବନ ଚାହେଁ ନିର୍ବାଣ ନୁହେଁ, ସେ ସଂଘ ରହିବ ନାହିଁ, ସେ ସଂଘ ଭୂଶାୟୀ ହେବ।" ଜୀଇବା ଏଇଠି, ମରିବା ବି ଏଇଠି। ଯାକୁ ଛାଡ଼ି ଯିବା ବା କେଉଁଠିକି ? କୋଉ ସଂଘକୁ ? ରୂପଶ୍ରୀ ପାଇଁ ତା' ଶୂନ୍ୟକୁଟୀର ଖୁବ୍ ଭଲ, ଭାରି ସୁନ୍ଦର।

■

ନିତ୍ୟ ଖେଳେ ହଂସ ଯମୁନା ଜଳେ

ହଂସ, ଏହାର ଆଉ ଗୋଟିଏ ସୁନ୍ଦରିଆ ନାଁ 'ମରାଳ'। କିନ୍ତୁ ଜ୍ଞାନମାର୍ଗୀ ଯୋଗୀମାନେ ବହୁଳ ଭାବେ ହଂସ ଶବ୍ଦଟିକୁ ବ୍ୟବହାର କରିଛନ୍ତି। ଶୁକ୍ଳ ଯଜୁର୍ବେଦ ଅନୁଯାୟୀ ହଂସ ବା ସୂର୍ଯ୍ୟ ଜଳରୁ ବେଦ ରୂପକ କିରଣ ଦ୍ୱାରା ସୋମପାନ କରେ। ଋଗ୍‌ବେଦରେ ମଧ୍ୟ ଏହି ମର୍ମରେ ବର୍ଣ୍ଣନା ରହିଛି। ହଂସ ସୋମ ମିଶ୍ରିତ ଜଳରୁ କେବଳ ସୋମ ହିଁ ପାନ କରେ। ହଂସ କ୍ଷୀର, ନୀରକୁ ଅଲଗା କରେ। ଏକଥାଟି ପରବର୍ତ୍ତୀ କାଳରେ କବିମାନେ କହିଛନ୍ତି। ଏ ପ୍ରକାର ଚିନ୍ତନଟି ସେହି ବେଦରୁ ଆନୀତ। ହଂସ ଅଶ୍ୱିନୀ କୁମାର ଦୁଇଙ୍କର ବାହନ। ପୁରାଣକାରମାନେ ଏହାକୁ ବ୍ରହ୍ମାଙ୍କ ବାହନ ରୂପେ ବି ଚିତ୍ରଣ କରିଛନ୍ତି। ବର୍ଷାରମ୍ଭରେ ହଂସମାନେ ମାନସରୋବର ବିହାରାର୍ଥେ ଯାତ୍ରା କରନ୍ତି। ଏଇଟି କବି ପ୍ରସିଦ୍ଧି। ରହସ୍ୟବାଦୀ କବି ବୈକୁଣ୍ଠ ନାଥ ପଟ୍ଟନାୟକ। ସେ ବି ହଂସ କଥା ଲେଖିଛନ୍ତି। ଜୀବନ ସଙ୍ଗୀତ ଗାନରେ ବିହ୍ୱଳ ହୋଇଯାଇଛନ୍ତି-"ମାନସ ହଂସ ମୁଁ ମାନସେ ଯିବ ଉଡ଼ି"- ଏକଥା କହିଲାବେଳେ ନିତ୍ୟ ବୃନ୍ଦାବନରେ ନିତ୍ୟ ରାସ ଦେଖିବାର ମୋହକୁ କବି ସମ୍ବରଣ କରିପାରିନାହାନ୍ତି। ଯୋଗୀମାନଙ୍କ ପାଇଁ ହଂସ ଅଜପା ମନ୍ତ୍ର, ଯଥା- ସୋହମ୍, ଆତ୍ମରୂପ ହଂସ ସର୍ବଦା ଲୋଡ଼େ ପରମାତ୍ମାଙ୍କୁ। ହୋଇଯାଏ ଜୀବ ପରମର ମିଳନ। ମିଳିଯାଏ ମୋକ୍ଷ। ଏକଥାଟି ତତ୍ତ୍ୱାନ୍ୱେଷୀ ବୈଷ୍ଣବମାନେ ମଧ୍ୟ ସ୍ୱୀକାର କରିଛନ୍ତି। ଅନେକ ଜ୍ଞାନଯୋଗୀ ହଂସକୁ ନେଇ ରହସ୍ୟବାଦୀ କବିତାମାନ ରଚନା କରିଛନ୍ତି। କିଏ ଗାଇଛି- 'ବାଇମନ ହୋ ବସି ହଂସ ତୁ ଖେଳା, ହଂସ ଉଡ଼ିଗଲେ ବୁଡ଼ିବ ଭେଳା।' ଆଉ କେହି କେହି ଭକ୍ତିଭାବରେ ବିହ୍ୱଳ ହୋଇ ଲେଖିଛନ୍ତି - "ନୀଳ କନ୍ଦବଟ ମୂଳେ / ନିତ୍ୟ ଖେଳେ ହଂସ ଯମୁନା ଜଳେ ଲୋ / ଲେଉଟି ହଂସ ପିଉଛି ପାଣି / ଲାଞ୍ଜରେ ଅଣ୍ଟ ଦେଉଛି ହାଣି ଲୋ।" ଏମିତି ରାଶିରାଶି ରଚନାମାନ ପରିଦୃଷ୍ଟ ହଂସକୁ ନେଇ। ପିଣ୍ଡ ବ୍ରହ୍ମାଣ୍ଡବାଦୀ ବୈଷ୍ଣବମାନେ ଯୋଗ, ସାଧନା, ଧ୍ୟାନ, ଧାରଣା, ସମାଧି; ଇଡ଼ା, ପିଙ୍ଗଳା,

ସୁଷୁମ୍ନା ନାଡ଼ିରେ ବାୟୁସାଧନାଦି ମାର୍ଗର ଅନୁଗାମୀ। ଏହା ମାଧ୍ୟମରେ ସେମାନଙ୍କ ଆରାଧ୍ୟ ଦେବତା ପରମବ୍ରହ୍ମ ପରମାତ୍ମାଙ୍କ ସାନ୍ନିଧ୍ୟ ଲାଭ ପ୍ରଚେଷ୍ଟାଟି ପ୍ରଚ୍ଛନ୍ନ ଭାବେ ନିହିତ। ଏପ୍ରକାର ସାଧନା ଜ୍ଞାନମିଶ୍ରା ଭକ୍ତି ପର୍ଯ୍ୟାୟଭୁକ୍ତ। କ୍ରମେ ବୈଷ୍ଣବୀୟ ଭାକ୍ତିକ ଚେତନାରେ ବୈପ୍ଳବିକ ପରିବର୍ତ୍ତନ ଆସିଲା। ଶ୍ରୀଚୈତନ୍ୟଦେବ ନଦିଆ ନବଦ୍ୱୀପରୁ ଆସିଲେ ଓଡ଼ିଶା (୧୫୦୯-୧୫୧୦ ଖ୍ରୀ.ଅ)। ରାଗାନୁଗା ବା ପ୍ରେମଭକ୍ତିର ସ୍ରୋତ ପ୍ରବାହିତ ହେଲା ସାରା ରାଜ୍ୟରେ। ପାରମ୍ପରିକ ଆଧ୍ୟାତ୍ମିକ ଚେତନା ନୂତନ ଭକ୍ତି ଧର୍ମରେ ବିଧୌତ ହୋଇଗଲା। ଏହାର ପୃଷ୍ଠଭୂମିରେ ଗାଳ୍ପିକ ସୁରେନ୍ଦ୍ର ମହାନ୍ତି ରଚନା କଲେ 'ମରାଳର ମୃତ୍ୟୁ'। ଓଡ଼ିଶାର ଅଧ୍ୟାତ୍ମ ଜୀବନରେ ଘଟିଥିବା ଯୁଗାନ୍ତକାରୀ ପରିବର୍ତ୍ତନ କଥା ଗପଟିର ମୁଖ୍ୟ ଆଧାର। ବସ୍ତୁତାନ୍ତ୍ରିକ ଜୀବନବୋଧ ମଧ୍ୟରେ ଅଧ୍ୟାତ୍ମିକତା ହରାଇ ଚାଲିଲା ତା'ର ଅସ୍ତିତ୍ୱ। ସେହି କଥାକୁ ଏକ ଐଶ୍ୱର୍ଯ୍ୟମୟ ଶୈଳୀରେ ଗାଳ୍ପିକ ପାଠକ ଆଗରେ ବାଢ଼ିଛନ୍ତି। ତାହା ଅନନ୍ୟ, ଅସାଧାରଣ ମଧ୍ୟ।

ଶୁଦ୍ଧାଭକ୍ତି ରାଜଧର୍ମରେ ପରିଣତ ହେଲା। ଓଡ଼ିଶାର ମହାମନ୍ତ୍ରୀ ରାୟ ରାମାନନ୍ଦ, ଏପରିକି ଗଜପତି ମହାରାଜା ପ୍ରତାପରୁଦ୍ର ଦେବ ଶ୍ରୀଚୈତନ୍ୟଙ୍କ ଶିଷ୍ୟତ୍ୱ ଗ୍ରହଣ କଲେ। ସୃଷ୍ଟିହେଲା ଏକ ବିଡ଼ମ୍ବିତ ସ୍ଥିତି। ପାରମ୍ପରିକ ଯୋଗ ତଥା ଜ୍ଞାନମାର୍ଗୀଙ୍କୁ ବହୁ ନିର୍ଯ୍ୟାତନା ସହିବାକୁ ପଡ଼ିଲା। ଭକ୍ତି ନାମରେ ଆକୂତି, ଦୈନ୍ୟ, କାମନ୍ମୋତ୍ତତା ସୃଷ୍ଟି କଲା ଏକ ବିକଳ ପରିବେଶ। ଶୁଦ୍ଧାଭକ୍ତିକୁ ଢାଲ କରି ଅନେକ ବିପଥଗାମୀ ହେଲେ। ନିଜର ଅନର୍ଗଳ ପ୍ରବୃତ୍ତିର ଚରିତାର୍ଥ ପାଇଁ ଏକ ଅଧ୍ୟାତ୍ମିକ ପୃଷ୍ଠଭୂମି ମିଳିଗଲା। ପିଣ୍ଡବ୍ରହ୍ମାଣ୍ଡ ସାଧନାର ସଂଯମ ଶୃଙ୍ଖଳା ମଧ୍ୟରେ ନିଗୃହୀତ ଦେହ ଖୋଜୁଥିଲା ଦେହର ମର୍ମିଳ ସ୍ପର୍ଶ। ମସ୍ତିଷ୍କ, ହୃଦୟ ଖୋଜୁଥିଲା ନବନୀତ-କୋମଳ ଆବେଗର ଉତ୍ତେଜନା। ରାଧାକୃଷ୍ଣ ମିଳନର ଶୁଦ୍ଧାଭକ୍ତି ଜ୍ଞାନମିଶ୍ରା ଭକ୍ତିର ଶୁଷ୍କ ଅଧ୍ୟାତ୍ମିକତାକୁ ମୌସୁମୀର ଝଡ଼ପରି ଉଡ଼ାଇନେଲା। ଅଦ୍ୱୈତର ଅଶରୀରୀ ପ୍ରଶାନ୍ତ ନୁହେଁ; ଦ୍ୱୈତ ଲୀଳାର ଅନ୍ତର୍ନିହିତ ମାନବୀୟ ବେଦନା ସମାଜ-ଚିତ୍ତବୃତ୍ତିକୁ ବିଦଗ୍ଧ କରିଦେଲା। ସାରାଦେଶରେ ଭକ୍ତିନାମରେ "ମଦନାନଳର ଦହନଜ୍ୱାଳା ଜନିତ ଆର୍ତ୍ତନାଦ"। କବିକଣ୍ଠରୁ ସ୍ଫୁରିଲା- "ସଦର୍ପ ମଦନାନଲୋ ଦହତି ମମ ମାନସଂ, ଦେହି ମୁଖ - କମଳ ମଧୁପାନଂ" ଅଥବା ଅଧ ଅଚଳହାସି, ଆଧାବଦନେ ହାସି, ଆଧଇ ନୟନ ତରଙ୍ଗ, ଆଧ ଉରଜ ହେରି, ଆଧ ଆଚର ଭରି, ତବ ଧରି ଦଗଧେ ଅଙ୍ଗନ।" ଏମିତି କାମୋଦ୍ଦୀପକ ଗୀତମାନ, ବିହ୍ୱଳ ହୋଇ ପ୍ରେମଭକ୍ତି ମାର୍ଗୀମାନେ ଗାନ କଲେ। ଶ୍ରୀକୃଷ୍ଣ ଏକମାତ୍ର ପୁରୁଷ, ଆଉ ସମସ୍ତେ ନାରୀ। ରାଧାଭାବ ପୋଷଣ ମାଧ୍ୟମରେ ତାଙ୍କର ସାନ୍ନିଧ୍ୟ ମିଳିବ - ଏପ୍ରକାର ଚେତନା ଆଚ୍ଛନ୍ନ କଲା ସମାଜକୁ। ରାଜଦଣ୍ଡ, ଲୋକନିର୍ଯ୍ୟାତନା ସୀମା ଟପିଲା। କେହି ସନ୍ଥ

ମଠବାଡ଼ିର ପୃଷ୍ଠପୋଷକତା ଅବା ନିରାପତ୍ତା ପାଇଁ ଅନିଚ୍ଛା ସତ୍ତ୍ୱେ ଆଦରି ନେଲେ ପ୍ରେମଭକ୍ତି ମାର୍ଗ। ଆପଣାର ବିଚାରବୋଧ, ବ୍ୟକ୍ତିତ୍ୱକୁ କେତେକ ଜ୍ଞାନାଶ୍ରୟୀ ବୈଷ୍ଣବ ଜଳାଞ୍ଜଳି ଦେଲେ, ପ୍ରେମଭକ୍ତିକୁ ସ୍ୱୀକାର କଲେ। ଶ୍ରୀକୃଷ୍ଣ ବିଷ୍ଣୁଙ୍କର ପରିପୂର୍ଣ୍ଣ ଅବତାର, ତାଙ୍କ ଲୀଳାକ୍ଷେତ୍ର ନିତ୍ୟବୃନ୍ଦାବନ, ତାହାପୁଣି ଶ୍ରୀକ୍ଷେତ୍ରଠାରୁ ଉର୍ଦ୍ଧ୍ୱରେ ଏକଥାବି କହିଲେ। ରୂପାତୀତ ଶ୍ରୀଜଗନ୍ନାଥ ଆଦିବିଷ୍ଣୁ ମହାଶୂନ୍ୟ। ତାଙ୍କ ଶ୍ରେଷ୍ଠ ଲୀଳାଭୂମି ଶ୍ରୀକ୍ଷେତ୍ର। ସେ ଅବତାରୀ, ଷୋଳକଳାର ଉତ୍ସ। ବୃନ୍ଦାବନଚନ୍ଦ୍ର ଶ୍ରୀକୃଷ୍ଣ ତାଙ୍କର ଏକ କଳା, ଗୋଟିଏ ଅବତାର। ଏହା ଥିଲା ବୈଷ୍ଣବଙ୍କର ନାମ ତଥା ଧାମତତ୍ତ୍ୱ। କ୍ରମେ ଅନେକ ମତ ବଦଳାଇଲେ। ଶ୍ରୀକୃଷ୍ଣଙ୍କୁ ଅବତାରୀ ଭାବେ ଗ୍ରହଣ କଲେ। ଏହାସତ୍ତ୍ୱେ; ଗଣଭକ୍ତିର ଅନୁକୂଳ ସ୍ରୋତ ମଧ୍ୟରେ କେତେକ ନିଜର ସ୍ୱାଧୀନତାକୁ ବଜାୟ ରଖିଲେ। ସେମାନେ ନିଜର ବିଚାରବୋଧକୁ ଜଳାଞ୍ଜଳି ଦେଇ ନ ଥିଲେ। ଏଥିପାଇଁ ତାଙ୍କୁ କଡ଼ାମୂଲ୍ୟ ଦେବାକୁ ପଡ଼ିଲା। ଗୋଟେକଥାରେ କହିଲେ ଏକ ଐତିହ୍ୟସମ୍ପନ୍ନ ବୈଷ୍ଣବ ଧର୍ମ ଶେଷରେ ଦୁଇଖଣ୍ଡ ହେଲା। ଯେଉଁମାନେ ଜ୍ଞାନମାର୍ଗକୁ ଆଦରି ରହିଲେ ସେମାନେ ହେଲେ ଓଡ଼ିଶୀ ବୈଷ୍ଣବ। ରାଗାନୁଗା, ଶୁଦ୍ଧାଭକ୍ତିପନ୍ଥୀଏ ଗୌଡ଼ୀ ବୈଷ୍ଣବ ନାମରେ ଅଭିହିତ ହେଲେ। ଶୁଦ୍ଧାଭକ୍ତିର ବନ୍ୟାରେ ସାରାଦେଶ ଉବୁଟୁବୁ ହେଲା। ଏକଥାକୁ ସୁରେନ୍ଦ୍ର ମହାନ୍ତି ଏକ ଚମତ୍କାର ଢଙ୍ଗରେ ଲେଖିଲେ – "କମ୍ପନ ଓ ବେପଥୁର ବିଜୁଳି, କ୍ରନ୍ଦନ ଓ ନର୍ତ୍ତନର ମେଘ, ଆଲିଙ୍ଗନ ଓ ସିତ୍କାରର ଶିହରିତ କଦମ୍ବ, ସ୍ୱେଦ ଓ ଅଶ୍ରୁର ବାରିଧାରାରେ ଭକ୍ତିର ଭରା ଆଷାଢ଼, ସଂଯମ ଓ ଯୋଗସାଧନାର ତୃଷିତ ଚିତ୍ତଭୂମିକୁ ସଜଳ ଶ୍ୟାମଳିମାରେ ସବୁଜ କରିଦେଲା।" ଶୁଦ୍ଧାଭକ୍ତି ମାର୍ଗର ସାଧକମାନେ ଜୈବିକ ଉଦ୍‌ଗମନ ଭିତରେ ଭଗବତ୍ ପ୍ରାପ୍ତିର କଥା କହିଲେ। ସାମୀପ୍ୟ, ସାଯୁଜ୍ୟ, ସାରୁପ୍ୟ ମୁକ୍ତିଲାଭର ବାର୍ତ୍ତା ବି ପ୍ରଦାନ କଲେ। ଏହାସତ୍ତ୍ୱେ; ପ୍ରେମଭକ୍ତି ନାମରେ ଭ୍ରଷ୍ଟାଚାର ବ୍ୟାପିଲା। ତାହା ପୁଣି ପ୍ରତ୍ୟକ୍ଷରେ। ବୌଦ୍ଧତାନ୍ତ୍ରିକମାନଙ୍କ ଗୁହ୍ୟକ ପୂଜାରେ କାମାର୍ଚ୍ଚନା ହେଉଥିଲା। ଏହା ଅତ୍ୟନ୍ତ ଗୋପନୀୟ ଥିଲା। ସେମାନଙ୍କ ଭ୍ରଷ୍ଟାଚାରରେ ଅନ୍ତତଃ ଆବ୍ରୁ ଥିଲା। ମାତ୍ର ଶୁଦ୍ଧାଭକ୍ତି ନାମରେ ସେ କଳଙ୍କ, ଅଧ୍ୟାତ୍ମିକ ଅଭୀପ୍ସା ସାଧନାର ପ୍ରତିଷ୍ଠା ଲାଭ କରିବସିଲା। ଯିଏ ଏହାର ବିରୋଧକଲେ ରାଜଦଣ୍ଡ ଭୟରେ ସେମାନେ ଶ୍ରୀକ୍ଷେତ୍ର ଛାଡ଼ିଲେ। ପ୍ରାଚୀନଦୀ ଠାରୁ ବୈତରଣୀ ନଦୀର ମଧ୍ୟବର୍ତ୍ତୀ ଭୂମିରେ ଆତ୍ମଗୋପନ କରି ରହିଲେ। ପଲ୍ଲୀପ୍ରାନ୍ତର, ବହୁବଟତଳ, ବହୁ ଦୁର୍ଗମ ଗୁମ୍ଫା – ଏସବୁ ସିଦ୍ଧସାଧକଙ୍କର ଆଶ୍ରୟସ୍ଥଳ ହେଲା।

ସେଦିନ ପ୍ରାୟ ତିନିଶହ ବର୍ଷ ତଳେ, ଭକ୍ତ ନିରଞ୍ଜନ ବିତାଡ଼ିତ ହେଲେ ନୀଳାଚଳ ଧାମରୁ। ମସ୍ତିଷ୍କ ଜଟାଜୁଟାବୃତ୍ତ, ହାତରେ କେବଳ ଖଞ୍ଜଣିଟିଏ, ପଳାଶକାଠର ବାଡ଼ି, ଲାଉତୁମ୍ବାର ଭିକ୍ଷାଥାଳ–ଏତିକି ମାତ୍ର ସମ୍ବଳ। ପହଞ୍ଚିଲେ କୋଇଲି ନଦୀ କୂଳରେ।

ଦିନେ ପ୍ରାଚୀନଦୀର ଏହା ଧାର ହୋଇ ବହିଯାଇଥିଲା ଆଗକୁ, ପୁନଃ ମିଶିଥିଲା ପ୍ରାଚୀରେ ଉତ୍ତରଶ୍ୱରୀଙ୍କଠାରେ। ଆଜି ସେଠାରେ କୃଷିକ୍ଷେତ୍ର, ପଲ୍ଲୀଗ୍ରାମ। ତାହାରି ମଧ୍ୟରେ ଗୋଟାଏ ପ୍ରକାଣ୍ଡ ବାଲିଚର। ଚର ମଝିରେ ବିରାଟ ବରଗଛଟିଏ। ପାଞ୍ଚମନ ପଚିଶି ପ୍ରକୃତି ପରି ଶାଖା ମେଲିଛି। ଓହଳମାନ ଲମ୍ବାଇ ଦେଇଛି। ଏହି କଳ୍ପବଟ ସତେ ଯେମିତି ଏକ ଅନନ୍ତ ଛାୟାସ୍ନିଗ୍ଧ ପ୍ରତୀକ୍ଷାରେ ଥିଲା ସନ୍ଥ ନିରଞ୍ଜନଙ୍କର ! ଶହଶହ ବର୍ଷର ଏହି ବଟବୃକ୍ଷ ଦେଖିଥିଲା ନଶ୍ୱର ନରର ଗାରିମାର ଲୀଳା। ସାକ୍ଷୀ ବି ଥିଲା ମୁନିଋଷି ସନ୍ଥମାନଙ୍କର ପବିତ୍ର ଲୀଳାକ୍ଷେତ୍ରର। ବରଗଛରୁ ଶହ ଶହ ଓହଳ ଲମ୍ବିଆସିଛି। ଏଗୁଡ଼ିକ ବାଲିଚରରେ ଅଣ୍ଟା ଛିଡ଼ାକରିଛି। ଲୋକମୁଖରେ ଏହି ବଟର ନାମ କଳ୍ପବଟ। ତାହାରି ତଳେ ନିରଞ୍ଜନଙ୍କ ଆଶ୍ରମ। ଗାଦିଟିଏ ବି ରହିଛି। ଶହଶହ ଭକ୍ତ ଆସନ୍ତି ସେଠାକୁ। ସେମାନଙ୍କର ମନସ୍କାମନା ପୂର୍ଣ୍ଣହୁଏ। ହଠାତ୍ ଦିନେ ନିରଞ୍ଜନ ଅଦୃଶ୍ୟ ହୋଇଗଲେ। ଲୋକମୁଖରେ କେତେକଥା ଶୁଣାଗଲା। କିଏ କହିଲା ଅନାଚାର ବ୍ୟାପିଲା, ଆଉ କେହି କେହି ନିରଞ୍ଜନ ସିଦ୍ଧପୁରୁଷ, ସେ ସ୍ୱଇଚ୍ଛାରେ ଅନ୍ତର୍ଦ୍ଧାନ ହୋଇଯିବା କଥା କହିଲେ। ତାଙ୍କ ପରେ ଜଣେ ଚେଲା ଗାଦି ଅଧିକାରୀ ହେଲେ। ନିର୍ବଂଶ ହେବାପାଇଁ ନିରଞ୍ଜନ ଅଲେଖ ପୁରୁଷଙ୍କ ଠାରୁ ବରପାଇଥିଲେ। ତାଙ୍କ ଅନ୍ତେ ଯିଏ ଚେଲା ହେଲେ କୁଷ୍ଠ ବ୍ୟାଧିରେ ଗଲେ। ଏକଥାଟି ପୁରୁଷ ପୁରୁଷରୁ ଶୁଣିବାକୁ ମିଳେ। ଏବେ ନିରଞ୍ଜନ ଆଉ ସେଠାରେ ନାହାନ୍ତି। ନୀଳକଳ୍ପବଟ ତଳେ ଗାଦିବି ଲୋପ ପାଇଛି। ଏସବୁ ଆଞ୍ଚଳିକ କିମ୍ବଦନ୍ତୀ। ଲୋକଶ୍ରୁତିରେ ଏମିତି ପରମ୍ପରାଟିଏ ଗଢ଼ିଆସିଛି। କଳିଯୁଗ ଶେଷ ହେଲେ ନୀଳକଳ୍ପବଟ ତଳୁ ନିରଞ୍ଜନଙ୍କ ଖଞ୍ଜଣି ବାହାରିବ, ସେଥିରେ ସତ୍ୟଯୁଗ ଘୋଷଣା ହେବ। ନୀଳାମ୍ବର ଦାସଙ୍କ ମାଳିକାର ଏହା ଭବିଷ୍ୟତବାଣୀ ଥିଲା। ଭକ୍ତବୃନ୍ଦ ଅନାହତ ବିଶ୍ୱାସରେ ସେଥିପାଇଁ ଅପେକ୍ଷା କରିରହିଥିଲେ। ମାଳିକାକଥା ସତ ହୋଇଛି। ନୀଳକଳ୍ପବଟ ତଳୁ ନିରଞ୍ଜନଙ୍କ ଖଞ୍ଜଣି ବାହାରିଲା। ଏବେ ହଜାର ହଜାର ଭକ୍ତଙ୍କ ଭିଡ଼। ହରିବୋଲ ହୁଳହୁଳି ନାଦରେ ଗଗନ କମ୍ପୁଛି। କ୍ଲାନ୍ତି ନାହିଁ, ବିରାମ ନାହିଁ, ବିଶ୍ରାମ ନାହିଁ, ସପ୍ତାହ ଧରି ଅହୋରାତ୍ର ଲୀଳା ଚାଲିଛି। ଏମିତି କେତେଦିନ ଚାଲିବ ତାହାବା କିଏ କହିବ ?

ସେଦିନ ଜି.ବି.ଆର୍ ଡିଭିଜନ୍ ରେଳପଥଟିଏ ତିଆରି କରୁଥିଲା। ଲମ୍ବିଥିଲା ନୂଆବନ୍ଦର ପର୍ଯ୍ୟନ୍ତ। ରାସ୍ତା ମଝିରେ ପଡ଼ିଲା ନୀଳକଳ୍ପବଟ। ଦିନେ ଏ ଗଛରେ କେହି ହାତ ଦେଉନଥିଲେ। ଏବେ ସରକାରଙ୍କ ନିର୍ଦ୍ଦେଶ, ଯାହାହେଲେ ବି ବଟବୃକ୍ଷ ହଟିବ। କିଛିଦିନ ତଳେ ସେହିବାଟ ଦେଇ ବିଜୁଳିତାର ଗଲା। ବଟବୃକ୍ଷର ଅଧାଅଧି ଶାଖା କାଟି ଦିଆଗଲା। ଟେଲିଫୋନ୍ ତାର ପାଇଁ ଆଉ ଅଧିକ ଗଲା। ଚିତା ତିଳକଧାରୀ ମରହଟିଆ ବୁଢ଼ାମାନେ ଏହାର ପ୍ରତିବାଦ କଲେ। ଏହାକୁ ଅଞ୍ଚଳର ପ୍ରଗତିକାମୀ ଯୁବକମାନେ

ଘୋରବିରୋଧ କଲେ । ଏକ ଉଚ୍ଛ୍ୱସିତ କୋଳାହଳ ମଧ୍ୟରେ ଗଛଟାର ଶ୍ରୀ ଚାଲିଗଲା । ନୀଳକଣ୍ଠ ଦିଶିଲା ଦାଢ଼ିଜଟାକଟା ସ୍ୱୟଂ ନିରଞ୍ଜନଙ୍କ ପରି । ଶେଷରେ ରେଳଲାଇନ୍ ଯୋଗୁ ଗଛଟି ସମ୍ପୂର୍ଣ୍ଣ ଗଲା । ବୁଲଡୋଜରର ଶକ୍ତ ଧକ୍କାରେ ବଟବୃକ୍ଷଟି ଭୂତଳଶାୟୀ ହେଲା । ତା' ତଳୁ ବାହାରିଲା ନିରଞ୍ଜନଙ୍କ ଖଞ୍ଜଣି । କଳିଯୁଗ ଶେଷହେଲା ଅବା ସତ୍ୟଯୁଗର ଆରମ୍ଭ ଏକଥା କିଏ ବା କହିବ ? ବର୍ଷବର୍ଷ ଧରି ଜନଚିତ୍ତରେ ଥିବା ଭଗବତ ବିଶ୍ୱାସ ମୂଳରେ କୁଠାରଘାତ ହେବାଟା ସାରହେଲା !

ସଂସାର ନିର୍ଲିପ୍ତ ଯୋଗୀ ନିରଞ୍ଜନ, ସେଦିନ ଶ୍ରୀକ୍ଷେତ୍ରରୁ ବିତାଡ଼ିତ ହେଲେ । ଆସ୍ଥାନ ବାନ୍ଧିଲେ ଆସି କୋଇଲି ନଦୀ ଅପନ୍ତରା ବାଲିଚରରେ । କଦମ୍ବଗଡ଼ ଚଉପାଢ଼ିର ଅଧିକାରୀ ନୀଳାଦ୍ରି ବିଶୋୟୀ ତାଙ୍କୁ ନିଜ ଗଡ଼କୁ ନିମନ୍ତ୍ରଣ କଲେ । ସେଠାରେ ମଠ ପ୍ରତିଷ୍ଠା ପାଇଁ ନିବେଦନ ରଖିଲେ । ଅତୀତର ରାଜଶକ୍ତିର ଅବିଚାର, ରାଜଦଣ୍ଡର ନିର୍ଯ୍ୟାତନା ନିରଞ୍ଜନଙ୍କ ସ୍ମୃତିରୁ ଯାଇ ନଥିଲା । ସିଦ୍ଧ ପରମ୍ପରା ମଧ୍ୟରେ ରାଜା, ରାଜଶକ୍ତିଧାରୀ ଏକପ୍ରକାର ଘୃଣିତ ଥିଲେ । ସବୁ ନଗରୀ ମଥୁରା, ସବୁ ରାଜା କଂସାସୁର - ଏକଥା ସନ୍ଥ ନିରଞ୍ଜନଙ୍କ ପାଇଁ ଆଉ ଅଜଣା ନଥିଲା । ରାଜଧାନୀ ତାଙ୍କ ପାଇଁ ଆଉ ନିରାପଦ ନଥିଲା । ସ୍ୱାଚ୍ଛନ୍ଦ୍ୟ ପାଇଁ ପ୍ରତି ମୁହୂର୍ତ୍ତରେ ସେଠି ବ୍ୟକ୍ତିତ୍ୱର ଜଳାଞ୍ଜଳି ଦେବାକୁ ହୁଏ । ଏଭଳି ଏକ ଦୟନୀୟ ଜୀବନ ଅପେକ୍ଷା, ବଟତଳର ସବୁଜ, ମୁକ୍ତ, ଛାୟାସ୍ନିଗ୍ଧ ପ୍ରଶାନ୍ତି; କାମଲୀଳା ପ୍ରବୃତ୍ତିର ଆର୍ତ୍ତ ରଡ଼ି ଠାରୁ ଢେର୍ ଭଲ, ଶହେଗୁଣ ସୁନ୍ଦର । ଶିହରିତ କଦମ୍ବର ଛାୟା ଯୋଗୀ ପାଇଁ ବିଷତୁଲ୍ୟ । କିନ୍ତୁ ଅନନ୍ତ ଜୀବନର ପ୍ରତିରୂପ ଏହି ବଟବୃକ୍ଷ । ପରମାତ୍ମା ସହିତ ଆତ୍ମାର ମିଳନ ପାଇଁ ପ୍ରକୃଷ୍ଟ କ୍ଷେତ୍ର । ନିରଞ୍ଜନଙ୍କ ପାଇଁ ଏହା ସ୍ୱର୍ଗ । ନୀଳାଦ୍ରି ବିଶୋୟୀଙ୍କ ତୁଳୀତଳ୍ପ ଶଯ୍ୟା, ଅଯାଚିତ ଅନୁଗ୍ରହ ଆଡ଼େ ତାଙ୍କର ତିଳେ ବି ଆକର୍ଷଣ ନଥିଲା । ନୀଳକଣ୍ଠ ବଟ ତଳେ ଆଶ୍ରମ କରିବାକୁ ଶ୍ରେୟ ମଣିଲେ ।

ନିରଞ୍ଜନଙ୍କ ଅଜ୍ଞାତବାସ ବହୁକାଳ ଅଜ୍ଞାତ ରହିପାରିଲାନି । ଯାତ୍ରୀଙ୍କ ଠାରୁ ଭକ୍ତ ପର୍ଯ୍ୟନ୍ତ, ସମସ୍ତଙ୍କ ଭିଡ଼ ଜମିଲା । ତତ୍ତ୍ୱଜ୍ଞାନ ଅଭିଳାଷୀ, ଜରାବ୍ୟାଧି ଜର୍ଜରିତ ରୋଗୀ ବି ରୁଣ୍ଡ ହେଲେ । ନୀଳକଣ୍ଠବଟ ତୀର୍ଥଟିଏ ପାଲଟିଗଲା । ନାନା ଅଲୌକିକ ଅତିରଞ୍ଜିତ କାହାଣୀ, ନିରଞ୍ଜନ ଜଣେ ଦୈବୀ ପୁରୁଷରେ ପରିଣତ ହୋଇଗଲେ । କିନ୍ତୁ ତାଙ୍କର ସାମାନ୍ୟତମ ଅଲୌକିକତାର ଅଭିନୟ ନଥିଲା । ଅନେକ ସେଠାକୁ ମାନସିକ ନେଇ ଆସୁଥିଲେ । ନିରଞ୍ଜନଙ୍କଠାରେ ଐନ୍ଦ୍ରଜାଲିକ କ୍ରିୟାରେ ବିଶ୍ୱାସୀ ଶ୍ରଦ୍ଧାଳୁମାନଙ୍କୁ ନିରାଶ ହେବାକୁ ପଡୁଥିଲା । ନିରଞ୍ଜନ ସେମାନଙ୍କୁ ହିତ କଥା, ନିହାତି ମାମୁଲି ଉପଦେଶ ଦେଉଥିଲେ । କେଉଁ ଭକ୍ତକୁ କହୁଥିଲେ- "କାଠରେ ନିଆଁ ପରି, ତୁମରି ପାଖରେ ବିଶ୍ୱଶକ୍ତି, ତମରି ପିଣ୍ଡରେ ରହିଛି । ନିଜକୁ ଚିହ୍ନି ଶିଖ, ତାହେଲେ ସବୁ ଅସାଧ୍ୟ ସାଧ

କରିପାରିବ। ସମସ୍ତଙ୍କୁ ଶ୍ରଦ୍ଧାକର, ସମସ୍ତଙ୍କୁ କଲ୍ୟାଣ କର, ଜୀବହିଂସା କରନାହିଁ, ଏଥି ସହିତ ଆହୁରି ମଧ୍ୟ କହୁଥିଲେ - "ପାଞ୍ଚମନ, ପଞ୍ଚ ଇନ୍ଦ୍ରିୟ ମେଳି, ଏଇ ଠିଆ ହୋଇଛି ପଞ୍ଚୁଶାଖୀବଟ, ପଚିଶ ପ୍ରକୃତି ପରି ଓହଳ ସବୁ ଝୁଲି ମାଟି ଛୁଇଁଛି। ଶାଖା ଦୋହଲୁଛି, ପବନରେ ପତ୍ର ହଲୁଛି, ଓହଳ ଝୁଲୁଛି, ପତ୍ର ଝରିଛି, ପୁଣି ନୂଆ ପତ୍ର କଅଁଳୁଛି, ଏସବୁ ମଝିରେ ପାଞ୍ଚ ମନ ପଚିଶ ପ୍ରକୃତି ରୁନ୍ଧି ପଞ୍ଚୁଶାଖୀ ବଟ ଠିଆ ହୋଇଛି ନିର୍ଲିପ୍ତ ଯୋଗୀଟିପରି।" ସେହି ବଟ ତାଙ୍କର ଏକମାତ୍ର ଗୁରୁ; ମାତ୍ର ଉଦ୍ଧବଙ୍କର ଚଉଷଠି ଗୁରୁ। ବଟଶାଖାରେ ପତ୍ର ଉହାଡ଼ରେ ବସି ପକ୍ଷୀଟିଏ ଫଳ ଖାଉଚି, ଆଉ ଗୋଟିଏ ପକ୍ଷୀ ତା' ଆଡ଼େ କେବଳ ଚାହିଁଛି। ଏଇ ପିଣ୍ଡ ବ୍ରହ୍ମାଣ୍ଡ, ଏଇ ବିନ୍ଦୁ ସିନ୍ଧୁ, ଏଇ ବଟବୃକ୍ଷ ବିଶ୍ୱ। ଭକ୍ତବୃନ୍ଦ ଏକଥା ବୁଝନ୍ତୁ ବା ନ ବୁଝନ୍ତୁ, ନିରଞ୍ଜନ ଏ ପ୍ରକାର ତତ୍ତ୍ୱ କଥା କୁହନ୍ତି। ପଞ୍ଚୁବଟ ତଳେ ଯିଏ ଯାହା ମନାସେ ସେମାନଙ୍କ ମନସ୍କାମନା ପୂର୍ଣ୍ଣ ହୁଏ। ସେଇଥି ପାଇଁ ପଞ୍ଚୁଶାଖୀ ବଟର ନାଁ ବଦଳିଗଲା। ଏବେ ତାହା କଳ୍ପବଟ। ମେଳା, ମଉଛବରେ ଅପନ୍ତରା କଳ୍ପବଟ ପ୍ରସିଦ୍ଧ ହୋଇଗଲା।

ଦିନେ କଦମ୍ବଗଡ଼ ଗୋବିନ୍ଦ ବିଶୋୟୀ ନିରଞ୍ଜନଙ୍କ ନିକଟକୁ ନିମନ୍ତ୍ରଣ ପଠାଇଲେ। ଗଡ଼ରେ ରାଧାକୃଷ୍ଣ ମୂର୍ତ୍ତି ପ୍ରତିଷ୍ଠା ହେବ ନିରଞ୍ଜନଙ୍କ ହାତରେ। କଦମ୍ବଗଡ଼ର ପୂର୍ବ ଅଧିକାରୀ ଥିଲେ ନିଳାଦ୍ରୀ ବିଶୋୟୀ। ସେ ଅଦ୍ୱୈତବାଦୀ ଶାକ୍ତ, ନିଜ ଇଷ୍ଟଦେବୀ ବ୍ରଜବିହାରୀଙ୍କ ପୂଜାର୍ଚ୍ଚନା ଗଡ଼ରେ ବ୍ୟବସ୍ଥା କରିଥିଲେ। ଆଉ କୌଣସି ପୂଜା ବା ଆଚାରକୁ ପ୍ରଶ୍ରୟ ଦେଉ ନ ଥିଲେ। ତାଙ୍କ ଅନ୍ତେ ଗୋବିନ୍ଦ ବିଶୋୟୀ ଗଡ଼ର ମାଲିକ ହେଲେ। ବୈଷ୍ଣବଦୀକ୍ଷା ଗ୍ରହଣ କଲେ, ଉଆସ ମନ୍ଦିରରୁ ବଜ୍ରବିହାରୀଙ୍କ ମୂର୍ତ୍ତି ସ୍ଥାନାନ୍ତର କରିଦେଲେ। ବରାହୀ ଚଉପାଢ଼ି ବାହାରେ ଗୋଟିଏ କୋଚିଲା ଗଛମୂଳେ ସ୍ଥାପିତ ହେଲା। ତାଙ୍କ ସ୍ଥାନ ଅଧିକାର କଲେ ରାଧାକୃଷ୍ଣ ଯୁଗଳ ମୂର୍ତ୍ତି। ଏହାକୁ ଗୋବିନ୍ଦ ବିଶୋୟୀ ବୃନ୍ଦାବନରୁ ଆଣିଥିଲେ। କଦମ୍ବଗଡ଼ର ପାରମ୍ପରିକ ଶାକ୍ତ ଧର୍ମର ସ୍ଥାନ ନେଲା ପ୍ରେମ ଭକ୍ତି ଧର୍ମ। କେବଳ କଦମ୍ବଗଡ଼ କାହିଁକି, ସାରା ରାଜ୍ୟରେ ଏମିତି ଧର୍ମୀୟ ହଟଚମଟ ସୃଷ୍ଟି ହେଲା।

ସେଦିନ ଫାଲଗୁନ ଶୁକ୍ଳାତିଥିର ପ୍ରତିପଦ, ମାଧବ ପକ୍ଷର ଆରମ୍ଭ। କଦମ୍ବଗଡ଼ ଉତ୍ସବମୁଖର। ଚଉପାଢ଼ିରେ ଚନ୍ଦନ, ଅଗୁରୁ, ଅବିରର ବର୍ଣ୍ଣାଢ଼୍ୟ ଉତ୍ସବ। ବୃନ୍ଦାବନରୁ ଆସିଥିବା ସେବାଦାସୀମାନଙ୍କ ଭକ୍ତିବିହ୍ୱଳିତ କୀର୍ତ୍ତନରେ ଭାବ ବିହ୍ୱଳ ପରିବେଶ। କୀର୍ତ୍ତନ ଶ୍ରବଣ ପାଇଁ ଶହଶହ ଜନତା ମନ୍ଦିର ସମ୍ମୁଖରେ ଦଣ୍ଡାୟମାନ। ମନ୍ଦିର ମଧ୍ୟରେ ମୃଦଙ୍ଗର ତାଳେ ତାଳେ ମନ୍ଦିରା ବାଦନରେ ନିମଜ୍ଜିତ ସେବାଦାସୀମାନେ। ମନ୍ଦିର ମଧ୍ୟରୁ ଭାସି ଆସୁଛି କୀର୍ତ୍ତନର ଗୁରୁ ଗମ୍ଭୀର ମଧୁର ମୂର୍ଚ୍ଛନା। କେଉଁ ସେବାଦାସୀ ଗାଉଛି - "ସଇ କେବା ଶୁନାଇଲ ଶ୍ୟାମ୍ ନାମ୍।" ବନାରସୀ ଶାଢ଼ି ପରିହିତା ଅବଗୁଣ୍ଠନବତୀ ଜଣେ

ନାରୀ ବେଦୀ ପଛରେ ଦଣ୍ଡାୟମାନା, ସେ ଚାମର ଦୋଳାଉଛି। ଗୋଟିଏ ସୁସଜ୍ଜିତ ବେଦି ଉପରେ ରାଧାକୃଷ୍ଣଙ୍କ ଯୁଗଳ ମୂର୍ତ୍ତି। ପୁଷ୍ପ, ଚନ୍ଦନ, ସ୍ୱର୍ଣ୍ଣାଭରଣରେ ମୂର୍ତ୍ତି ଦ୍ୱୟ ସଜ୍ଜିତ। ସେବାଦାସୀମାନେ ଅର୍ଦ୍ଧ ନିମୀଳିତ ନେତ୍ରରେ କୀର୍ତ୍ତନଗାନରେ ବିଭୋର। ବ୍ରଜଭୂମିରୁ ଆସିଥିବା ବୈଷ୍ଣବ-ଭକ୍ତ ମୃଦଙ୍ଗ, ମନ୍ଦିରା ବାଦନ କରୁଛନ୍ତି। ମାହେନ୍ଦ୍ର ମୁହୂର୍ତ୍ତ ଗଡ଼ି ଯାଉଛି, ଚଉପାଢ଼ିର ବେବର୍ତ୍ତୀ ନାରାୟଣ ପଟ୍ଟନାୟକ ମୂର୍ତ୍ତି ପ୍ରତିଷ୍ଠା ପାଇଁ ନିବେଦନ ରଖିଲେ; କିନ୍ତୁ ନିରଞ୍ଜନଙ୍କ ଉତ୍ତର ସମସ୍ତଙ୍କୁ ସ୍ତବ୍ଧ କରିଦେଲା। ଏ କାହାର ବିଗ୍ରହ? ଏହାର ପ୍ରତିଷ୍ଠା ପାଇଁ କାହିଁକି ତାଙ୍କୁ ଆମନ୍ତ୍ରଣ କରାଯାଇଛି? ନିରଞ୍ଜନଙ୍କର ଏ କିମ୍ଭୂତ ପ୍ରଶ୍ନରେ ସମସ୍ତେ ସ୍ତମ୍ଭୀଭୂତ। ମୃଦଙ୍ଗ, ମନ୍ଦିରା ବାଜିବା ବନ୍ଦ ହୋଇଗଲା। ଆଲଟ ଚାମର ପକାଉଥିବା ନାରୀ ହାତରୁ ଚାମର ଖସିପଡ଼ିଲା। ତାହା ସହ ନାରୀ ବେଶ ପ୍ରସାଧନ ମଧ୍ୟ। ସେ ନାରୀ ବେଶୀ ଥିଲେ ସ୍ୱୟଂ ଗୋବିନ୍ଦ ବିଶୋୟୀ, ନିରଞ୍ଜନଙ୍କ ଅଟ୍ଟହାସରେ ମନ୍ଦିର କମ୍ପୁଥିଲା। ସେ ଉତ୍ତେଜିତ ହୋଇ କହୁଥିଲେ- "ଏ ପିଣ୍ଡ ଭିତରେ, ତ୍ରିବେଣୀ ତଟରେ ରାଧାକୃଷ୍ଣଙ୍କର ନିତ୍ୟ ରାସଲୀଳା ଚାଲିଛି। ଏ ଶିଶୁ ସୁଲଭ ଅଭିନୟରେ ତାହାକୁ ଉପହାସ କରିବା ମୋର କର୍ମ ନୁହେଁ।" ଏଥିରେ ଉତ୍‌କ୍ଷିପ୍ତ ହେଲେ ଉପସ୍ଥିତ ବୈଷ୍ଣବ ବୃନ୍ଦ। ନିରଞ୍ଜନଙ୍କୁ ପ୍ରଚ୍ଛନ୍ନ ବୌଦ୍ଧ, ଅନାଚାରୀ ଦୁର୍ଜନ କହି ଭର୍ତ୍ସନା କଲେ। ଯୁଗଳ ବିଗ୍ରହ ସାକ୍ଷାତ ବିଷ୍ଣୁ, ତାଙ୍କର ଅଙ୍କଶାୟିତା ରାଧା ବୋଲି ସ୍ୱୀକାର କରିବାକୁ ତାଙ୍କୁ ବାଧକଲେ। ପ୍ରେମ ଲୀଳାର ଅବ୍ୟକ୍ତ ମାଧୁରୀ ନିରଞ୍ଜନଙ୍କ ପରି ମୂଢ଼ ଜାଣିବା ଅସମ୍ଭବ - ଏକଥା ବି କହିଲେ। ନିରଞ୍ଜନ ଏହାର ସରଳ ଉତ୍ତରଟିଏ ଦଲେ, "ଆରେ ପାଗଳ, ଦେବତାକୁ ମଣିଷ କରନାହିଁ, ମଣିଷକୁ ଦେବତା କର - ଏଇତ ଆମର ସାଧନା।" ପ୍ରେମ ଭକ୍ତିର ବିରୋଧ କରି ଦିନେ ନିରଞ୍ଜନ ପୁରୀ ଛାଡ଼ିଥିଲେ। ସେଇ ଘଟଣା ପରେ କଦମ୍ବଗଡ଼ରୁ ଅନ୍ତର୍ଦ୍ଧାନ ହୋଇଗଲେ। ଆଉ ଫେରିଲେନି। ଏବେ ତାଙ୍କରି ଖଞ୍ଜଣିକୁ ନେଇ ଚର୍ଚ୍ଚା। ସେଇଟି ନୀଳକଣ୍ଠବଟ ତଳୁ ବାହାରିଛି। ରେଳ ରାସ୍ତା ସେଇ ବାଟ ଦେଇ ଯାଇଛି।

ଗତ କେତେଦିନ ଧରି ସନ୍ଧ୍ୟାରେ ଖଞ୍ଜଣି ମାଡ଼, ଭଜନ ଚାଲିଛି, ରେଳରାସ୍ତା ତିଆରି କାମ ବନ୍ଦ। କେଉଁ ଯୁବ ଇଂଜିନିୟର, ଏ ଦୃଶ୍ୟ ଖୋଲା ଜିପ୍ ଭିତରୁ ଦେଖୁଛନ୍ତି, ଆଉ କିଏ ପାଖରେ ଛିଡ଼ା ହୋଇଛନ୍ତି। ନଦୀରେ ହଂସ ଓଲଟି ପହଁରୁଛି, ପୁଚ୍ଛରେ ଚଞ୍ଚୁ ଆଘାତ କରୁଛି, ପାଣି ପିଉଛି - ଏଥିରେ ବିହ୍ୱଳିତ ହେବା ପାଇଁ କେଉଁ ତତ୍ତ୍ୱ ବା ଅଛି? ପ୍ରମତ୍ତ ହେବା ପାଇଁ କି ତଥ୍ୟ ଅଛି? ଆତ୍ମବିସ୍ମୃତ ହେବାର ପାଇଁ କି ସତ୍ୟ ଅଛି - ଏସବୁ ବୁଝିବାକୁ ନିଜର ବୈଜ୍ଞାନିକ ବିଚାର ବିଶ୍ଳେଷଣ ଜାରି ରଖିଛନ୍ତି। କେହି ବୁଝିବା ସମ୍ଭବ ହେଲାନି, ସରିଆଲିଷ୍ଟ ଛବି ପରି ଏସବୁ ରୂପକ ନିତାନ୍ତ ଦୁର୍ବୋଧ୍ୟ। ଉପସ୍ଥିତ

ଇଂଜିନିୟରମାନେ ନାନାଯୁକ୍ତି ବାଢ଼ିଲେ, ସେମାନେ ମିସ୍ତ୍ରୀ, ମେସିନ୍‌ରେ କବ୍‌ଜା ଗଢ଼ିପାରନ୍ତି, ମଣିଷର ଆତ୍ମା କଥା ବା କଅଣ ବୁଝିବେ।

ଇଂଜିନିୟର ସୁବୋଧ ଚନ୍ଦ୍ର ଆମେରିକାରୁ ସଦ୍ୟ ପ୍ରତ୍ୟାଗତ। ସେ ଏକ ସ୍ୱତନ୍ତ୍ର ଟିପଣୀ ଦେଲେ। ଜନତା ଏବେ ବି ସେଇ ଯୁଗରେ ବଞ୍ଚିଛି। ହଂସ ସେ ଯୁଗରେ ଥିଲା ସବୁଠାରୁ ଦ୍ରୁତଗାମୀ। ସେଇ ଗତିକୁ ନେଇ ଏ ପଶ୍ଚାଦ ଗତିର ସଙ୍ଗୀତ। ଆଉ ଇଂଜିନିୟର ଜଣକ ବିକାଶ, ବିଟ୍‌ନିକ୍ ଶିଳ୍ପୀ ପରି ଚେହେରା, ଦେହରେ ପାଇଜାମା, ସାର୍ଟଟା ଅବିନ୍ୟସ୍ତ। ମୁହଁରେ କେତେ ଦିନର ଦାଢ଼ି, ହାତରେ ସିଗାରେଟ୍। ଭାବୁକଟିଏ ପରି ଅନ୍ଧାର ଭିତରକୁ ଚାହିଁ ରହିଥିଲେ। କେହି କେହି ତାଙ୍କୁ ଦାର୍ଶନିକ ବି କହନ୍ତି। ସେଦିନ ବିକାଶ ହଂସକୁ ନେଇ କେତେକ ଆଧ୍ୟାତ୍ମିକ ଚର୍ଚ୍ଚା ଆରମ୍ଭ କଲେ; ଅନ୍ୟମାନେ ତାଙ୍କୁ ମରହଟିଆ, ପୁରୁଣା କାଳିଆ କହିଲେ, ଥଟ୍ଟା ମଜାରେ ତାଙ୍କ କଥାଗୁଡ଼ାକ ଉଡ଼ାଇ ଦେଲେ। ତଥାପି ସେ ଭାବି ଚାଲିଥିଲେ ଆଗକୁ ଆଗକୁ।

ରାତି ଘନେଇ ଆସିଲା। ଇଂଜିନିୟର ସୁବୋଧର ଛାଇ ନିଦ ଲାଗିଛି, ସ୍ୱପ୍ନଟିଏ ଦେଖିଲେ - "ସ୍ନିଗ୍ଧ ଶୀତଳ ନିସ୍ତରଙ୍ଗ ଜଳ ପ୍ରବାହ, ଗୋଟିଏ ହଂସ ଆତ୍ମବିସ୍ମୃତ ହୋଇ ସେଥିରେ ସନ୍ତରଣ କରୁଥିଲା। ଲୀଳାୟିତ ବକ୍ରଗ୍ରୀବା ବୁଲାଇ ଚଞ୍ଚୁରେ ନିଜର ପକ୍ଷ ନିଜେ ଆଘାତ କରୁଥିଲା। ହଂସ ଓ ପାଣି ଉପରେ ଅପରାହ୍ଣର ଛାୟା ଢଙ୍କା ଆକାଶ, ପୁଣି ନଦୀ ଉପରେ ଝୁଙ୍କି ପଡ଼ିଥିବା ସବୁଜ କାଶତଣ୍ଡି, ସବୁ ଯେପରି ଅନିର୍ବଚନୀୟ ସତ୍ତା ମଧ୍ୟରେ ଏକୀଭୂତ ହୋଇଯାଇଥିଲା। ସଙ୍ଗୀତର ଅନାହତ ମୂର୍ଚ୍ଛନା ପରି ଐକ୍ୟ ମଧ୍ୟରେ ସଂଘର୍ଷ ନଥିଲା, ସଂଶୟ ନଥିଲା। ସଙ୍କଟ ନଥିଲା।" ସୁବୋଧ ସେଇ ହଂସକୁ ଲକ୍ଷ୍ୟକରି ବନ୍ଧୁକ ଫୁଟାଇଲେ, ନଦୀର ନିସ୍ତରଙ୍ଗ ବକ୍ଷ ଏକ ମର୍ମଭେଦୀ ଆଘାତରେ ତରଙ୍ଗାୟିତ ହୋଇଗଲା। କିନ୍ତୁ ହଂସର ସତ୍ତା ନଥିଲା, ତା' ସ୍ଥାନରେ ତାଙ୍କର ଆଦ୍ୟ ଯୌବନର ସ୍ୱପ୍ନସଙ୍ଗିନୀ ସୁଚିତ୍ରା। ନିର୍ଜନ, ନିଭୃତ ନଦୀ ତଟର ନୀଳ-ଜଳବେଣୀ ମଧ୍ୟରେ ବିବସନା ନାଗକନ୍ୟା ପରି ଲୀଳାମୟୀ ସୁଚିତ୍ରା, ସୁବୋଧ ଆଉ ଆୟତ୍ତରେ ନଥିଲେ, ପାଣି ଭିତରକୁ ଲମ୍ଫ ପ୍ରଦାନ କଲେ, ସୁଚିତ୍ରାକୁ ଆଲିଙ୍ଗନ କରିବା ପାଇଁ। ସୁଚିତ୍ରା ଅନ୍ତର୍ଦ୍ଧାନ। ସୁବୋଧ ଗୁଳିରେ ମଲା ହଂସ ପାଣି ଉପରେ ଭାସୁଥିଲା, ସୁବୋଧ ପ୍ରକୃତିସ୍ଥ ହେଲେ। ଝରକା ବାଟ ଦେଇ କୋଠରିରେ ପ୍ରବେଶ କରୁଥିଲା ନାଁ ଅଜଣା ଫୁଲର ତୀବ୍ର ସୁଗନ୍ଧ। କେଉଁ ବୃକ୍ଷ ଶାଖାରେ ପକ୍ଷୀଟିର ଚିତ୍‌କାରରେ ରାତ୍ରିର ମର୍ମସ୍ଥଳ ବାରମ୍ବାର ବିଦୀର୍ଣ୍ଣ ହେଉଥିଲା। ସୁବୋଧ ପାଇଁ ହଂସ ଥିଲା ଚିତ୍ର ପ୍ରତିମା ନାରୀଟିଏ। ସେ ହଂସର ଦେହ ଦେଖିଲେ, ଆତ୍ମା ଚିହ୍ନିଲେନି। ଯୁକ୍ତିବାଦୀ ମଣିଷ, ତା' ଆଖିରେ ହଂସ ପକ୍ଷୀଟିଏ, ତା'ର ଜୀବନ ଅଛି ମୃତ୍ୟୁ ବି। ମାତ୍ର ଅଧ୍ୟାତ୍ମବାଦୀଙ୍କ ଚିନ୍ତନ ଭିନ୍ନ। ସକଳ ପିଣ୍ଡରେ ଆତ୍ମାରୂପ ହଂସ

ବିଦ୍ୟମାନ। ସେ ପୁଣି ଅଜର, ଅମର, ଶାଶ୍ୱତ, ଚିରନ୍ତନ, ଅସ୍ତ୍ର ଏହାକୁ ଛେଦନ କରିପାରେ ନାହିଁ, ଅଗ୍ନି ବି ଭସ୍ମ କରିପାରେନି। ଆତ୍ମା ସତତ ବ୍ୟଗ୍ର ପରମାତ୍ମାଙ୍କ ସହ ମିଳିତ ହେବାକୁ। ସେ ଦିନ ନିରଞ୍ଜନ ବି କହୁଥିଲେ, "ନାରାୟଣ ତ ସକଳ ଘଟରେ ରହିଛନ୍ତି। ପରମ ବିନା ଜୀବନ କାହିଁ? ହଂସ ବିନା ପିଣ୍ଡ କାହିଁ?" କିନ୍ତୁ କାମ ସର୍ବସ୍ୱ ମଣିଷ ଦେହକୁ ଭଲପାଏ, ଭୋଗବାସନାରେ ଲିପ୍ତ ରହେ, ବିପଥଗାମୀ ହୁଏ। ବସ୍ତୁବାଦୀ ଇଂଜିନିୟରଙ୍କ, ହେତୁବାଦୀ ଚିନ୍ତନ ଭିତରେ ସଦା ଉକୁଟୁଛି ଉପଭୋଗ ତୃଷ୍ଣା। ତାଙ୍କ ବନ୍ଧୁକରେ ମରାଳ (ହଂସ)ର ମୃତ୍ୟୁ ସମ୍ଭବ, କିନ୍ତୁ ହଂସ (ଆତ୍ମା) ଚାଲିଯିବ ପରଂବ୍ରହ୍ମଙ୍କ ପାଖକୁ। ଏ ତ ଗୁରୁଘର ପାଠ, ତାହାକୁ ବୁଝିବାକୁ ପଡ଼ିବ, ସତ୍‌କର୍ମରେ ଜୀବନକୁ ନିୟୋଜିତ କରିବାକୁ ହେବ। ତା' ହେଲେ ଜୀବରୂପ ହଂସର ପରମ ସନ୍ଧାନ ବାଟ ଫିଟିଯିବ। ମନକୁ ସଂଯତ, ଇନ୍ଦ୍ରିୟକୁ ନିୟନ୍ତ୍ରଣ କଲେ ଜୀବର ମୋକ୍ଷ ବାଟ ସୁଗମ ହେବ। ସେଇଥିପାଇଁ ଚୈତନ୍ୟ ଚଗଲା ମନକୁ କହୁଛି, "ଚାଲରେ ଚାଲ ମନ ନିତ୍ୟ ବୃନ୍ଦାବନ, ଦେଖିବୁ ପ୍ରିୟ ରାସ, ଅଦୂର ଗୋଲକରେ।" ତା' ପରେ ମାନବ ଜୀବନ ସାର୍ଥକ ହେବ ହିଁ ହେବ।

ପିତା ବନାମ ପିତୃତ୍ୱ

ସମାଜରେ ପୁଅଟିର ଢେର୍ ଆଦର । ବାପା, ମା' କେତେ ଦିଅଁ ଦେବତା ପୂଜନ୍ତି । ଦାନ ଧରମ କରନ୍ତି । ଉଦ୍ଦେଶ୍ୟ ପୁଅଟେ ପ୍ରାପ୍ତି । ହିନ୍ଦୁ ସମାଜରେ ବିବାହିତ ପୁଅ ଭର୍ତ୍ତା, ବିବାହିତ ଝିଅ ଭାର୍ଯ୍ୟା । ପୁଅଟି ପିଣ୍ଡ ଦାନ କରେ । ତେଣୁ ସେ ଅର୍ହ ବିବେଚିତ । ପିତୃପୁରୁଷଙ୍କୁ ଶ୍ରାଦ୍ଧ ଦାନ, ଅନେକ ପୁଣ୍ୟ ମିଳେ । ପୁତ୍ ନାମକ ନରକରୁ ପିତା, ମାତା, ମୁକ୍ତି ପାଆନ୍ତି । ପରିବାରରେ ପୁଅଟେ ରୋଜଗାରିଆ ବିବେଚିତ । କୁଟୁମ୍ବ ଭରଣ ପୋଷଣ, ଏ ଦାୟିତ୍ୱ ପୁଅର । ବୃଦ୍ଧ ପିତା, ମାତାଙ୍କର ତାଙ୍କୁ ହିଁ ଆଶ୍ରା । ଆଗ କାଳିକା ରାଜାରାଜୁଡ଼ାଙ୍କ କଥା । ପୁତ୍ର ସନ୍ତାନଟି ହିଁ ଉତ୍ତରାଧିକାରୀ । ପିତାଙ୍କ ପରେ ସେ ସିଂହାସନ ଆରୋହଣ କରେ । ଏଥିପାଇଁ ପୁଅଟେ ଲୋଡ଼ା, ଜନ୍ମିତ ଅବା ପୋଷ୍ୟପୁତ୍ର । କ୍ଷମତା, ପ୍ରତିପତ୍ତିର ପ୍ରସଙ୍ଗ । ଅନେକତ୍ର ପୁତ୍ର ହୁଏ ପିତୃହନ୍ତା । ଏ ପ୍ରକାର ନଜିର ଇତିହାସରେ ବିରଳ ନୁହେଁ । ପୁଅଟି ଭୁଲିଯାଏ ତା' ଶୈଶବ କଥା, ପିମାତାଙ୍କ ସ୍ନେହ ଶରଧା । ରୋଗବାଧିକା ପଡ଼ିଲେ ବାପା ମା' ରାତି ରାତି ଅନିଦ୍ରା । ପୁଅ ଖାଇଲା, ନ ଖାଇଲା - ଏଇ ଚିନ୍ତା ମା'ର । କଥାରେ ଅଛି - "ବାପା ଥିଲା ପୁଅ ସଭାରେ ହାରେନା ।" ଠିକ୍ ସେମିତି ମା'ର ପଣତକାନି ତା'ର ଅଭୟ । ସମୟ ଆସେ । ପୁଅଟି ଭୁଲିଯାଏ ବାପା ମା'ଙ୍କୁ । ତାଙ୍କ ପ୍ରତି ହୋଇଯାଏ କଠୋର । ନାନାଦି ନିର୍ଯ୍ୟାତନା ଦିଏ । ପୁଅଟି ବିବାହ କରେ, ବାପା ହୁଏ । ସେତେବେଳେ ସେ ବୁଝେ, ବାପା ମା' କି ଦୁର୍ଲଭ ଚିଜ । ଗଡ଼ାଣିଆ ସମୟ ଗଡ଼ିଯାଏ । ବୟସ ଅତିକ୍ରାନ୍ତ । ବହି ଯାଇଥିବା ପାଣି, ଆଗେଇ ଚାଲିଥିବା ସମୟ - ଏସବୁର ପଛୁଆଣି ଅସମ୍ଭବ । ପୁତ୍ର ତା'ର କୃତ କର୍ମ ପାଇଁ ଅନୁତାପ କରେ । ମାତ୍ର ଫଳ ଶୂନ୍ୟ । ସମୟର ପାଚେରି । ଏପଟେ ପୁଅ, ସେପଟେ ବାପା । ପରସ୍ପର ମିଳନ ଅସମ୍ଭବ । ପିତା-ଜନ୍ମଦାତା । ପିତୃତ୍ୱ ଜନ୍ମଦାତାର ଗୁଣ । ଏହାରି ଉପରେ ପର୍ଯ୍ୟବସିତ ଗଳ୍ପଟିଏ । ନାଁ 'ପିତା ଓ ପୁତ୍ର' । ଗଳ୍ପଟିର କାଳଜୟୀ ସ୍ରଷ୍ଟା ସୁରେନ୍ଦ୍ର ମହାନ୍ତି । ମଗଧ ସମ୍ରାଟ ବିମ୍ବିସାର, ତାଙ୍କ ପୁତ୍ର

ଅଜାତଶତ୍ରୁ। ପୁତ୍ରର କ୍ରୂର ନିଷ୍ପତ୍ତି। ବିମ୍ବିସାର କାରାରୁଦ୍ଧ। ଅଜାତଶତ୍ରୁ ହୋଇଛନ୍ତି ପୁତ୍ର ସନ୍ତାନର ଜନକ। ତାଙ୍କ ପ୍ରାଣ ବିଗଳିତ। ଧାଇଁ ଯାଇଛନ୍ତି ପିତାଙ୍କୁ ମୁକ୍ତ କରିବେ। ସେତେବେଳକୁ ସବୁ ଶେଷ। ବିମ୍ବିସାରଙ୍କ ଶବ କୋଳରେ ଅଜାତଶତ୍ରୁ। କ୍ଷମାଭିକ୍ଷା ହିଁ ସାର ହେଲା। ସେଦିନ ପିତା ପାଇଲା ପିତୃତ୍ୱର ସନ୍ଧାନ। ପିତା, ପୁତ୍ରର ସମ୍ପର୍କ, ତିକ୍ତତା, ଆବିଳତା, ଅନ୍ଧବିଶ୍ୱାସ, ଶେଷରେ ପିତୃହତ୍ୟା - ଏହାରି ଉପରେ ଗପଟି ଗତିଶୀଳ।

ମଗଧ ସମ୍ରାଟ ବିମ୍ବିସାର। ଅମାପ କ୍ଷମତାଧାରୀ, ପ୍ରଚଣ୍ଡ ଅହଙ୍କାରୀ। କ୍ଷମତା ପାଗଳ ବି। ତାଙ୍କ ପୂର୍ବତନ ରାଜଧାନୀ କୁଶାଗ୍ରନଗର। ନିର୍ମାତା ସ୍ୱୟଂ ସମ୍ରାଟ। ଏକଦା ବ୍ୟାପିଲା ଭୀଷଣ ଅଗ୍ନିଭୟ। ସମଗ୍ର ରାଜଧାନୀ ହେବ ଭସ୍ମସ୍ତୂପ। ବିନ୍ଦୁସାରଙ୍କ କଠୋର ଆଦେଶ। ଯାହା ଘରୁ ଅଗ୍ନି ସଞ୍ଚାର ହେବ, ସେ ହେବ ନିର୍ବାସିତ! ମଣିଷ ବିଚାରେ ଆନ, ଦଇବ ବିଚାରେ ଆନ। ଅଦୃଷ୍ଟର ବିଚିତ୍ର ବିଧାନ। ବିମ୍ବିସାରଙ୍କ ପ୍ରାସାଦରେ ହେଲା ଅଗ୍ନି ସଞ୍ଚାର। ନେଲେ ସ୍ୱେଚ୍ଛାକୃତ ନିର୍ବାସନ। ଏକଦା ତାଙ୍କରି ନିର୍ଦ୍ଦେଶରେ ନିର୍ମିତ ରାଜଧାନୀ - ରାଜଗୃହ। ସର୍ପିଣୀ ନଦୀ ସେବିତା ଛାୟା ସ୍ନିଗ୍ଧ ବିପୁଳ ଗିରି। ଏଥି ସହ ବୈଭାରଗିରି ଆଉ ଗୃଧ୍ରକୂଟ ମେଖଳା ବେଷ୍ଟିତ ଶୀତଳବନ। ଦିନେ ମୁଗ୍ଧ କଲା ବିମ୍ବିସାରଙ୍କୁ। ସେଇଠାରେ ନିର୍ମିତ ହେଲା ରାଜଧାନୀ। ସେଇଠି ଆଜି ବନ୍ଦୀ ସମ୍ରାଟ ବିମ୍ବିସାର। ଏ ଶାସ୍ତି ଆଉ କେଉଁ ଶାସକଙ୍କ ଦ୍ୱାରା ନୁହେଁ। ତାଙ୍କରି ରକ୍ତର ଅଜାତଶତ୍ରୁ। ସିଂହାସନ ପାଇଁ ତାଙ୍କର ପିତୃହତ୍ୟା ଷଡ଼ଯନ୍ତ୍ର। ଏହା ପଛରେ ଜନଶ୍ରୁତିଟିଏ। ରାଜସିଂହାସନ ପାଇଁ ପୁତ୍ର ହେବ ପ୍ରତିଦ୍ୱନ୍ଦ୍ୱୀ। ପିତାଙ୍କୁ ନିଶ୍ଚୟ ହତ୍ୟା କରିବ - ଏଇଟି ଏକ ମିଥ୍ୟା ଜନରବ। ସମ୍ରାଟ ବିମ୍ବିସାର, ମହାରାଣୀ କୋଶଳାଦେବୀ। ଭ୍ରୁଣହତ୍ୟା ପାଇଁ କରିଥିଲେ ଅପଚେଷ୍ଟା। ଏ ମିଥ୍ୟା ସମ୍ବାଦଟି ପ୍ରସରିଗଲା। ଅଜାତଶତ୍ରୁ ନେଲେ ପ୍ରତିଶୋଧ। "ପିତା ଧର୍ମ, ପିତା ସ୍ୱର୍ଗ, ପିତା ହିଁ ପରମ ତପ" - ବୁଝିପାରିଲେନି ଅଜାତଶତ୍ରୁ। ସେ ପିତା ସର୍ବାଗ୍ରେ ପୂଜିତ। କ୍ଷମତା ଲୋଭରେ ଅନ୍ଧ ପାଲଟିଲେ ଅଜାତଶତ୍ରୁ। ବୁଝିଲା ବେଳକୁ ନେଡ଼ିଗୁଡ଼ କହୁଣିରେ।

ରାଜଗୃହ କାରାକକ୍ଷ। ଶିଖର ଉପରିଭାଗରେ ଏକ କ୍ଷୁଦ୍ର ଛିଦ୍ରପଥ। ପ୍ରଭାତର ଆଲୋକ ରଶ୍ମି, ସେଇ ଛିଦ୍ର ଦେଇ କୋଠରୀ ମଧ୍ୟରେ ବିଚ୍ଛୁରିତ। ବନ୍ଦୀ ବିମ୍ବିସାର କ୍ଷୁଧା, ତୃଷାରେ ଆତୁର। ଚାହିଁଛନ୍ତି ଛିଦ୍ର ପଥର ଆଲୋକ ଆଡ଼େ। ପ୍ରଭାତର ଶାନ୍ତ, ସ୍ନିଗ୍ଧ ଆଲୋକରେଖା। ଠିକ୍ ପ୍ରଭୁ ବୁଦ୍ଧଙ୍କର ଆଶୀର୍ବାଦ ପରି। ବାର୍ଦ୍ଧକ୍ୟ, ଅନଶନ, ଅତ୍ୟାଚାର। ବନ୍ଦୀ ବିମ୍ବିସାର ଶୀର୍ଣ୍ଣକାୟ ପ୍ରେତ ପରି ପ୍ରତୀୟମାନ। ଏକଦା ଥିଲା ବିପୁଳ ବକ୍ଷଦେଶ, ଏକ ରୁକ୍ଷ ଧୂସର ଶ୍ମଶ୍ରୁରେ ଆଚ୍ଛନ୍ନ। ଦେହରେ ଲୋଳିତ ଚର୍ମ। କ୍ଳାନ୍ତି, ଅବସାଦ, ଚକ୍ଷୁଦ୍ୱୟ ମୁଦ୍ରିତ। ଅନାହାରରେ ପ୍ରତି ଅଙ୍ଗ ପ୍ରତ୍ୟଙ୍ଗ ଅବଶ, ଜଡ଼। ତୃଷାସିକ୍ତ ଜିହ୍ୱା ଶୁଷ୍କ। ରୁଦ୍ଧ

କଣ୍ଠରେ ସମ୍ରାଟ ବିମ୍ବିସାରଙ୍କ ବିକଳ ଆର୍ତ୍ତନାଦ।

ସେ ଦିନର କଥା। ଅଜାତଶତ୍ରୁ ବିମ୍ବିସାରଙ୍କୁ କଲେ କାରାରୁଦ୍ଧ। ଶୋକାତୁରା, ଆଲୁଳାୟିତ କୁନ୍ତଳା, ଅଶ୍ରୁମୁଖୀ ରାଣୀ କୋଶଳାଦେବୀ। ପୁତ୍ର ଅଜାତଶତ୍ରୁ ନିକଟରେ ତାଙ୍କର ଗୋଟିଏ ମାତ୍ର ପ୍ରାର୍ଥନା। ରାଜାଙ୍କୁ ସ୍ୱହସ୍ତ ଖାଦ୍ୟ ନିତି ପ୍ରଦାନ କରିବେ। ପୁତ୍ରର ଅଟ୍ଟହାସ୍ୟ। ମାତାଙ୍କୁ କାଶୀ ରାଜନନ୍ଦିନୀ ସମ୍ବୋଧନ କଲେ। ମା' ସମ୍ବୋଧନ ପାଇଁ ତାଙ୍କର ପ୍ରଚଣ୍ଡ ଘୃଣା। ମା'ଙ୍କ ଗର୍ଭସ୍ଥ ସନ୍ତାନ, ଦିନେ ହେବ ପିତୃହନ୍ତା। ଏଇ ଆଶଙ୍କା ରାଜାରାଣୀଙ୍କର। ସେଇଥି ପାଇଁ ଗୋପନରେ, ସନ୍ତର୍ପଣରେ ଭ୍ରୂଣହତ୍ୟା ପାଇଁ କୁକ୍ଷିମର୍ଦ୍ଦନ। ସେଇ ନାରୀ କୋଶଳାଦେବୀ। ଅଜାତଶତ୍ରୁଙ୍କୁ ପୁତ୍ର ସମ୍ବୋଧନ କରିବେ, ଏ ଅଧିକାର କିଏ ଦେଲା ? ଏଇ ନିଷ୍ଠୁର ପ୍ରଶ୍ନ ଅଜାତଶତ୍ରୁଙ୍କର। କ୍ରୋଧ ମୁଣ୍ଡରେ ପଶେ। ମଣିଷ ହିତାହିତ ଜ୍ଞାନ ଭୁଲେ। 'କୁ', 'ସୁ'ର ବିଚାର କରିପାରେନା। ନ୍ୟାୟ ଅନ୍ୟାୟ ବିଚାର ରହିତ ହୁଏ। ରାଣୀଙ୍କର ସଫେଇ - ଭ୍ରୂଣହତ୍ୟା ଉଦ୍ୟମ ଏକ ମିଥ୍ୟା ଜନରବ। ମାତ୍ର ଅଜାତଶତ୍ରୁ ନଥିଲେ ନିଜ ଆୟତ୍ତରେ। ଘୃଣା ଆଉ ଘୃଣା। ସତ୍ୟତା ନ ଥିଲେ ଶ୍ରୁତି ଆସିବ କାହୁଁ ? ଏ ଆଲୋଚନା ଅନାବଶ୍ୟକ। ବିମ୍ବିସାରଙ୍କ କାରାମୁକ୍ତି ଅସମ୍ଭବ, କେବଳ ଗୋଟିଏ ଇଚ୍ଛା ରାଣୀଙ୍କର ପୂର୍ଣ୍ଣ ହେବ। ତାଙ୍କ ସ୍ୱହସ୍ତ ପ୍ରସ୍ତୁତ ଖାଦ୍ୟ, ନିତି କାରାଗାରକୁ ପ୍ରେରିତ ହେବ। ପିତୃରକ୍ତରେ ନିଜ ଅଭିଷେକର ମଙ୍ଗଳଘଟ ପୂର୍ଣ୍ଣ ହେବ। ଏଇ ତ ଅଜାତଶତ୍ରୁଙ୍କର କୁତ୍ସିତ ବାସନା। ପଶ୍ଚାତରେ ପ୍ରହରୀକୁ ଦେଲେ ନିର୍ଦ୍ଦେଶ। କୋଶଳାଦେବୀଙ୍କ ସବୁ ଖାଦ୍ୟ ବନ୍ଦୀ ପାଇଁ ନିଷିଦ୍ଧ।

ଜଳପାତ୍ର ଶୂନ୍ୟ। ବିମ୍ବିସାରଙ୍କ ଶିଥିଳ କମ୍ପିତ ହସ୍ତରେ ସେଇ ଶୂନ୍ୟ ଜଳପାତ୍ର। ମୁଖ ଲଗ୍ନ କରୁ କରୁ ପାତ୍ରଟି ଭୂପତିତ। ହେଲା ଖଣ୍ଡ ବିଖଣ୍ଡିତ। ପ୍ରଭାତ ରଶ୍ମି ଆଉ ନାହିଁ। ପୂତିଗନ୍ଧମୟ କାରାଗାର ଅନ୍ଧକାରାଚ୍ଛନ୍ନ। ବିମ୍ବିସାରଙ୍କ ପାଇଁ ନିରନ୍ଧ୍ର, ନିରାନନ୍ଦ, ନିଷ୍ଠୁର ମଧ। କ୍ଷୁଧାର ଅତ୍ୟାଚାର ଆଉ ନାହିଁ, ଅଛି କେବଳ ଅତୃପ୍ତ ଦେହର ତୃଷ୍ଣା। ତା'ପରେ ଏଥିରୁ ବି ମୁକ୍ତି। ତା' ପରେ ଶୂନ୍ୟ, ଶୂନ୍ୟ, ମହାଶୂନ୍ୟ। ବୌଦ୍ଧର ଧ୍ୟାନାଲୋକ ପରି ନିଷ୍କଳଙ୍କ, ସ୍ଥିର ଆଖିପତା, ବିମ୍ବିସାରଙ୍କ ଚାରିପଟେ ଶୂନ୍ୟ ବୃତ୍ତର ପରିଧି। ମହାଶୂନ୍ୟ ଆଡ଼େ ସତେ ଯେପରି ସେ ପ୍ରଧାବିତ। ମହାଶୂନ୍ୟର ପୃଷ୍ଠଭୂମି। ବିମ୍ବିସାରଙ୍କ କୁହେଳିକାବୃତ ଦୃଷ୍ଟିପଥ। ଭାସି ଉଠୁଛି ଧ୍ୟାନଗମ୍ଭୀର କାୟୋତ୍ସର୍ଗ - ମୁଦ୍ରାବଦ୍ଧ ପ୍ରଭୁ ବୁଦ୍ଧଙ୍କ ପ୍ରଶାନ୍ତ ମୂର୍ତ୍ତି। ଦୁଇ ଅର୍ଦ୍ଧ ନିମୀଳିତ ନୟନରେ ତାଙ୍କର ଶାନ୍ତିର ସ୍ୱସ୍ତ୍ୟୟନ। ତୃଷା, ଭୀଷଣ ତୃଷା। ଜିଭ, ଓଠ ଫାଟି ରକ୍ତାକ୍ତ, ଅଳ୍ପ ଅଳ୍ପ କଳାରଙ୍ଗର ରକ୍ତ କ୍ଷରଣ, ବିମ୍ବିସାରଙ୍କ ଶୁଷ୍କ କଣ୍ଠ ରସସିକ୍ତ। ରୁଦ୍ଧ କଣ୍ଠ, ଆହାତ ସିଂହ ପରି ଗର୍ଜନ କରୁଛନ୍ତି। ମାତ୍ର ସେ ଆଜି କାରାରୁଦ୍ଧ, ମୁକ୍ତି ଅସମ୍ଭବ।

ସୁଖଦିନ ଚାଲିଯାଏ ଘୋଡ଼ା ପିଠିରେ, ଦୁଃଖ ଦିନ ଗଧପିଠିରେ ବି ଯାଏନା। ଅତୀତ ଆଜି କାଳର କରାଳ ଗର୍ଭରେ। ସେଦିନ ମଗଧର ସମ୍ରାଟ ବିମ୍ବିସାର। ଥିଲା ସିଂହାସନ, ସୈନ୍ୟସାମନ୍ତ। କ୍ଷମତା, ଐଶ୍ୱର୍ଯ୍ୟ। ଦାସଦାସୀ, ପ୍ରହରୀ, ପ୍ରମୋଦ ଉଦ୍ୟାନ, ବେଷ୍ଟ ପୋଖରୀ। ରାଜାଙ୍କ ପାରିଧି। ଥାଟପଟାଳି ସାଥିରେ। ବିଳାସ, ବ୍ୟସନ, ପ୍ରାଚୁର୍ଯ୍ୟ, ତୂଳିତଳ୍ପ ଶଯ୍ୟା। ଭାଟ ଭିକାରୀ। ନିତିପ୍ରତି ଦାନ, ଧର୍ମ – ଆଜି ସବୁ ସ୍ୱପ୍ନ। ଏଇ ନିରନ୍ଧ୍ର କାରାଗାର ବାସସ୍ଥାନ। କ୍ଷୁଧା, ତୃଷାରେ ଅଧିର ପ୍ରାଣ। ସେଦିନର ସ୍ମୃତି। ଗୋଟେ ପରେ ଆରେକ। ମାନସ ପଟରେ ଉଦ୍‌ଭାସିତ। ଧ୍ୟାନଗମ୍ଭୀର ବୁଦ୍ଧ ଗୃଧ୍ରକୂଟ ଶିଖରର ସପ୍ତପର୍ଣ୍ଣୀ ଗହ୍ୱରରେ ପାଳୁଛନ୍ତି ଚତୁର୍ମାସ୍ୟା ବ୍ରତ। ଲୋକ ମୁଖରେ ଏଇ ବାର୍ତ୍ତା। ବିନ୍ଦୁସାର ହତଚକିତ, ରାଜପୁତ୍ର ଗୌତମ। ତାଙ୍କର କ'ଣ ବା ଅପୂର୍ଣ୍ଣ ? ପ୍ରାଚୁର୍ଯ୍ୟକୁ ପରିହାର, ଭିକ୍ଷାବୃତ୍ତି ଗ୍ରହଣ – ଏ ପୁଣି କେଉଁ ଦର୍ଶନ ? କୌତୁହଳୀ ବିମ୍ବିସାର। ଗୌତମବୁଦ୍ଧଙ୍କୁ ସାକ୍ଷାତ କରିବେ। ଯାତ୍ରା ଆରମ୍ଭ କଲେ।

ସେଦିନ ମେଘହୀନ ଆକାଶ। ଉଦାସ ଗୋଧୂଳି। ବିମ୍ବିସାର ପାରିଷଦ ବେଷ୍ଟିତ। ପହଞ୍ଚିଲେ ଗୃଧ୍ରକୂଟ ଶିଖରରେ। ଗୌତମଙ୍କୁ ଦର୍ଶନ, ଏହା ତାଙ୍କର ଏକାନ୍ତ ଉଦ୍ଦେଶ୍ୟ। ସପ୍ତପର୍ଣ୍ଣୀର ଦକ୍ଷିଣ ଅଳିନ୍ଦ। ଗୌତମଙ୍କ ଅନୁଦତ୍ତ କଣ୍ଠ। ଚତୁଃପାର୍ଶ୍ୱରେ କେଇଜଣ ଭିକ୍ଷୁ। ପ୍ରବଜ୍ଜା ସୁତ୍ତ ବ୍ୟାଖ୍ୟା କରୁଛନ୍ତି ବୁଦ୍ଧ। ଗୃଧ୍ରକୂଟ ବିବାହର ପାଦଦେଶରେ ନିବାପ (ମୟୂର ଚରିବା ସ୍ଥାନ)। ଶିଖୀର କଳାପକୃତ୍ୟ, ଶିଖିନୀର ଆଦର୍ଶରେ ସତେ ଯେମିତି ଭଗ୍ନ ଛନ୍ଦ ! ଆଉ କେତେବେଳେ ବା ବିହ୍ୱଳ। କଳାପ ହୀନର ଚଞ୍ଚୁ ଚୁମ୍ବନରେ। ଅଦୂରରେ ମୃଗୋଦ୍ୟାନ, ଶ୍ୟାମଘନ ଦୂର୍ବାଶଯ୍ୟା। ମୃଗମାନେ ଆନନ୍ଦରେ ରୋମନ୍ଥନ କରୁଛନ୍ତି। ସମୀପବର୍ତ୍ତୀ ସୁମାଗଧୀ ପୁଷ୍କରିଣୀର କାଚକେନ୍ଦୁ ଜଳ। ଜଳରେ ପ୍ରତିବିମ୍ବିତ ଗୋଟେ ହରିଣୀର ପ୍ରତିବିମ୍ବ। ମୁଗ୍ଧା ହରିଣୀ ଚାହିଁଛି ଆପଣା ପ୍ରତିଛବି ଆଡ଼େ। ହୋଇ ଯାଇଛି ଆତ୍ମବିସ୍ମୃତା। ଶାନ୍ତସ୍ନିଗ୍ଧ ପରିବେଶ। ସାଧନା ମୁଦ୍ରାରେ ଗୌତମ। ଅର୍ଦ୍ଧ ନିମୀଳିତ ନୟନ ଯୁଗଳ। ସେଥିରେ ଗୋଧୂଳିର ଉଦାସ ଛାୟା ସ୍ପଷ୍ଟ। ହଂସୋସ୍ୟ ମୁଦ୍ରାବଦ୍ଧ କରପଲ୍ଲବରେ ଆଶୀର୍ବାଦ ମୁଦ୍ରା। ସାଦର ସମ୍ଭାଷଣାନ୍ତେ ବିମ୍ବିସାରଙ୍କ ପ୍ରଶ୍ନ – "କେଉଁ ଦୁଃଖରେ କୁମାର ଏ କୃଚ୍ଛ୍ରସାଧନା ? ରାଜପୁତ୍ର ଆଜି ସାମାନ୍ୟ ଭିକ୍ଷୁ ?" ନିଜ ଚକ୍ଷୁକୁ ବିଶ୍ୱାସ କରିପାରିଲେନି ବିମ୍ବିସାର। ଆପଣାକୁ ତଉଲିଲେ। ସେ ମଗଧ ସମ୍ରାଟ। ସଂସାରର ସବୁ ସୁଖ ଆଜି ତାଙ୍କ ହାତରେ। ଦୁଃଖ ପାଇଁ ଗୌତମ ସନ୍ନ୍ୟାସୀ ହେଇ ନ ଥିଲେ; ଖୋଜୁଥିଲେ ଦୁଃଖର ନିରାକରଣର ରାସ୍ତା। ଗୌତମବୁଦ୍ଧ ନିର୍ବିକାର। ଗୋଟେ ପରେ ଗୋଟେ ପ୍ରଶ୍ନ ବିନ୍ଦୁସାରଙ୍କର। ତା'ର ସଠିକ୍ ଉତ୍ତର ଦେଉଥିଲେ ବୁଦ୍ଧ। ସମ୍ରାଟଙ୍କ ମନ ତଥାପି ଅବୁଝା। ତାଙ୍କ ଆଖି ଆଗରେ ଦୁନିଆଟା ଖାଲି ସୁଖମୟ। ମାତ୍ର ସୁଖ, ଯାହା ଜନନେତ୍ରେ ଦିଶେ,

ହାତୁ ଆସି ହାତେ ପଡ଼ିଯାଏ। ବସ୍ତୁ ନୁହେଁ ଅଟଇ ସେ ଧୂମ। ଅନ୍ୟନାମ ତା'ର ଆକାଶ କୁସୁମ। ସୁଖ ଯଦି ସତ୍ୟ, ଦୁଃଖ କି ମିଥ୍ୟା? ଏ କଥା ସମ୍ରାଟ ବିମ୍ବିସାର ବୁଝିଲେ ବିଳମ୍ବରେ।

ଦୁଃଖକୁ ବିଳାସ ଯେ କରେ, ସେଇ ହିଁ ସୁଖୀ। ବନ୍ଦୀ ବିମ୍ବିସାର। ସେଦିନ ଅନୁଭବ କରୁଥିଲେ – ମୁକୁଟ ମଣ୍ଡିତ ରାଜସିଂହାସନ ନୁହଁଇ ଶାନ୍ତିର ଆସ୍ପଦ। ଶତ ଧିକ୍ ସେ ସିଂହାସନ ପ୍ରାପ୍ତି କାମନାକୁ। ନିଜକୁ ଭର୍ତ୍ସନା କରୁଥିଲେ। କ୍ଲାନ୍ତିରେ ତାଙ୍କ ଆଖି ମୁଦିହୋଇ ଆସୁଥିଲା।

ମହାପ୍ରତାପୀ ମଗଧ ସମ୍ରାଟ ବିମ୍ବିସାର। ରାଜଗୃହର ଉତ୍ସବଶାଳକୁ ବୁଦ୍ଧଦେବଙ୍କୁ ନିମନ୍ତ୍ରଣ କଲେ । ରୋମକର ଫେନିଳ ମଦ୍ୟ, ମାଗଧୀର ଚଟୁଳ ଲାସ୍ୟ। ମିଳିବ ଅପାର ଆନନ୍ଦ, ଖୋଜି ପାଇବେ ଦୁଃଖର ନିଦାନ। ବିମ୍ବିସାରଙ୍କ ସ୍ପର୍ଦ୍ଧିତ ଉଚ୍ଚାରଣ ସହିତ ଅଟ୍ଟହାସ୍ୟ। ନିର୍ଦ୍ଦୋଷ ଆନନ୍ଦରେ ଉତ୍‌ଫୁଲ୍ଲିତ ସମ୍ରାଟ। ଗୌତମଙ୍କର ଅର୍ଦ୍ଧ ନିମୀଳିତ ଦୁଇ ନୟନ। ସେଥିରେ ଗୋଧୂଳିର ଉଦାସ ଛାୟା ସ୍ପଷ୍ଟ। ସନ୍ଧ୍ୟାର ମୌନ ଅନ୍ଧାର ସମ ଗଭୀର, ଗମ୍ଭୀର ମୁଖମଣ୍ଡଳ। ଆଗକୁ ଚିନ୍ତା କରିପାରିଲେନି ବିମ୍ବିସାର। କାହିଁ ସେଦିନର ଆସ୍ପର୍ଦ୍ଧା? କାହିଁ ଗଲା ସୁଖ ସରସ ଦିନ? ମଗଧ ସିଂହାସନାଧୀଶ ଆଜି କରାରୁଦ୍ଧ। ତୃଷାରେ ଆତୁର। କଣ୍ଠନଳୀ କିଏ ଯେମି ଟାଣି ଛିଣ୍ଡାଇ ଦେଉଛି। କାମନାର ବାରିରେ ତୃଷ୍ଣା ନିବାରଣ ହୁଏନି, ରାଜନ୍! ବୁଦ୍ଧଙ୍କର ଏଇବାଣୀ। ସତେ ଯେମିତି ସମଗ୍ର କାରାକକ୍ଷ ମଧ୍ୟରେ ପ୍ରତିଧ୍ୱନିତ! ଆକୁଳ ବିକଳ ବିନ୍ଦୁସାର। ଅସହ୍ୟ ଉଦର ଜ୍ୱାଳା, ତୃଷାରେ ଆତୁର ପ୍ରାଣ। ସେଦିନର ଆମୋଦ ପ୍ରଦାନ। ଲାସ୍ୟରତା ସୁମାଗଧୀ। ତା'ର ଅଳକ୍ତକ ରଞ୍ଜିତ ଶିଞ୍ଜନ-ନିକ୍ୱଣ। ଆଜି ସବୁ ନିରବ, ନିସ୍ପନ୍ଦ। କଜ୍ଜ୍ୱଳ ସୀମାୟିତ ନୟନରେ ମରଣର ଭ୍ରୂକୁଟି। ରୋମକର ଫେନିଳ ପାନପାତ୍ରରେ ହଳାହଳର ବୁଦ୍‌ବୁଦ୍। ଦୂରରୁ ଶୁଭୁଛି ନୂପୁର – ଶିଞ୍ଜନ। ଆସୁଛନ୍ତି କୋଶଳଦେବୀ ମହାରାଣୀ! କାରାଗାରର ରକ୍ଷୀ ପରିବର୍ତ୍ତିତ। ଶୁଣିଲା ଲୌହ ସାଞ୍ଜୁର ଶବ୍ଦ। ଅସହ୍ୟ ତୃଷା, ଶରାହତ ବଣ୍ୟ ପଶୁ ପରି ବିନ୍ଦୁସାର। ନିଜର ଗୋଟେ ବାହୁ କାମୁଡ଼ି ପକାଇଲେ। ଉଡ଼ିଗଲା ପ୍ରାଣପକ୍ଷୀ।

ରାଜନଅରରେ ଆଉ ଏକ ଦୃଶ୍ୟ। ବାତାୟନ ଉନ୍ମୁକ୍ତ। ରାଜଗୃହର ଦିଗନ୍ତ ମେଖଳା ଗିରିମାନେ। ସେଠାରେ ଅଜାତଶତ୍ରୁଙ୍କ ଦୃଷ୍ଟି ସ୍ଥିର। ପଲଙ୍କରେ ଆସନ୍ନ ପ୍ରସବା ରାଣୀ ବଜ୍ରା। ଦେହଢ଼ାଳି ପଡ଼ିଛନ୍ତି ମରୁ ଗିରିମାଳା ପରି। ପାରାବତ ପାଳିକାର କୂଜନ। ଦଳଦଳ ପାରାବତ ଉଡୁଛନ୍ତି ମୁକ୍ତାକାଶରେ। ପୁନଶ୍ଚ ସେମାନେ ବସା ବାହୁଡ଼ା। ଉଦ୍ୟାନର ତାଳ ତମାଳ ତଳେ ଭବନଶିଖୀ। ଆରମ୍ଭ କରିଛି ନୃତ୍ୟର ଉଦ୍ୟମ। କ୍ରମେ ଶିଖା ବିସ୍ତାର କରୁଛି। ଭାବଗମ୍ଭୀର ଅଜାତଶତ୍ରୁ, ରାଣୀଙ୍କର କ୍ଷୀଣ ସ୍ୱର। ଡାକିଲେ ମହାରାଜାଙ୍କୁ।

ଅଜାତଶତ୍ରୁ ରାଣୀଙ୍କ ଶଯ୍ୟାପାର୍ଶ୍ୱରେ। ଧୀରେ ଧୀରେ ବଜ୍ରାଙ୍କ କପାଳ ଉପରେ କର ସଞ୍ଚାରଣ। ତାଙ୍କର ଗୋଟିଏ ହସ୍ତ ବଜ୍ରା ଧରିଥିଲେ - "କୁହନ୍ତୁ ତ ମହାରାଜ, ଏ ସନ୍ତାନ ପୁତ୍ର ହେବ ନା କନ୍ୟା ?" ଅଜାତଶତ୍ରୁ ବିଚଳିତ। ଅହେତୁକ ଆଶଙ୍କା, ସେ ହେବେନି ତ ପୁତ୍ର ସନ୍ତାନର ଜନକ ? ତା' ପରେ ତାଙ୍କର ସମଦଶା। ଠିକ୍ ବିମ୍ବିସାରଙ୍କ ପରି। ଅଜାତଶତ୍ରୁ ଆଉ ଆଗକୁ ଭାବି ପାରିଲେନି। ବାହୁଡ଼ି ଗଲେ ସ୍ୱ ଶୟନ କକ୍ଷକୁ। ତେଣେ ପ୍ରସବର ଅସହ୍ୟ ଯନ୍ତ୍ରଣା, ବଜ୍ରାଙ୍କର ଚିତ୍କାର। ପୁତ୍ର ! ପୁତ୍ର ! ଅଜାତଶତ୍ରୁଙ୍କ ବାଷ୍ପାୟିତ ଦୃଷ୍ଟିପଥରେ ପ୍ରତିବିମ୍ବିତ ରାଜଗୃହର ଅନ୍ଧକାର କାରାକକ୍ଷ। ହସ୍ତପଦ ବଦ୍ଧ, ଶୃଙ୍ଖଳିତ ଅଜାତଶତ୍ରୁ। ଅନାହାରରେ ଆର୍ତ୍ତନାଦ କରୁଛନ୍ତି। ଅସହ୍ୟ ସେ ଯନ୍ତ୍ରଣା। ଅଜାତଶତ୍ରୁ ସ୍ତବ୍ଧ। ଭାବିପାରୁ ନାହାନ୍ତି ଆଗକୁ ଆଗକୁ। ଅତି ନିଷ୍ଠୁର ସେ ଭବିଷ୍ୟତ ବାଣୀ। ବଜ୍ରାଙ୍କ ପ୍ରଥମ ଗର୍ଭଜାତ ପୁତ୍ର ହେବ ପିତୃହନ୍ତା। ଅଜାତଶତ୍ରୁଙ୍କ ମୁଖଭଙ୍ଗୀ କଠୋର ହୋଇଗଲା। ବନ୍ଦୀ କରିବେ କାରାଗାରରେ ବଜ୍ରାଙ୍କୁ। ଅତୀତ, ଭବିଷ୍ୟତ - ଉଭୟଙ୍କୁ ନିଜର ହାତରେ ନିଶ୍ଚିହ୍ନ କରିଦେବେ। ଏ କ'ଣ ବା ଦୁଃସାଧ୍ୟ ତାଙ୍କ ପକ୍ଷରେ ? ଅତୀତ ବିନ୍ଦୁସାର, ସେ ଆଜି କାରାଗାରରେ ଗତାୟୁ। ଆଉ ଭବିଷ୍ୟ ! କିନ୍ତୁ ଅତୀତ ଆଉ ଭବିଷ୍ୟତ୍‌ହୀନ ବର୍ତ୍ତମାନ ସର୍ବଦା ସ୍ଥିତିହୀନ। ଶୁଭିଲା ବଜ୍ରାଙ୍କ ପ୍ରସୂତି-ବେଦନାର କରୁଣ ମର୍ମଭେଦୀ ଆର୍ତ୍ତନାଦ। ସ୍ରଷ୍ଟାକୁ ଦଳିତ କରି, ମଥିତ କରି, ଜରାୟୁଛିନ୍ନ ବିଦୀର୍ଣ୍ଣ କରି, ସୃଷ୍ଟି ଲୋଡ଼ୁଛି ଆତ୍ମପ୍ରକାଶ।

ମନେପଡ଼ୁଛି ଅତୀତ। ବିମ୍ବିସାର ପିତା ହେଲେ। ଅଜାତଶତ୍ରୁ ଦେଖିଥିଲେ ପହିଲି ସୂର୍ଯ୍ୟାଲୋକ। ବିମ୍ବିସାରଙ୍କ ଆତ୍ମା ପୁଲକିତ। ବିରାଟ ଉତ୍ସବର ଆୟୋଜନ। ସାରା ରାଜ୍ୟରେ ହର୍ଷୋଲ୍ଲାସ। ମଗଧବାସୀ କ୍ଷୀରୀ ପୁରୀରେ ଭାସିଲେ। ବାଇଦ ବାଜଣା, ନୃତ୍ୟ-କାହିଁ କେତେ ଚାଲିଲା। ଦୁଃଖୀରଙ୍କୀଙ୍କ ଦାରିଦ୍ର୍ୟ ଦୂର ହେଲା। ଅଯାଚିତ ଚିତ୍ତ; ବିନ୍ଦୁସାର ଦାନ, ଧର୍ମରେ ଊଣା କଲେନି। ଏ କଥାଟି ଧାତ୍ରୀଠାରୁ ଶୁଣିଥିଲେ ଅଜାତଶତ୍ରୁ। ବଜ୍ରାଙ୍କର ଆର୍ତ୍ତନାଦ, ପ୍ରାସାଦ କୋଣ ଅନୁକୋଣ କ୍ରନ୍ଦିତ। ସୃଷ୍ଟି ନିଷ୍ଠୁର। ନିଜ ସୃଷ୍ଟିର ସ୍ରଷ୍ଟା କ୍ରୀତଦାସ। ସୃଷ୍ଟିର କରୁଣା ଭିକ୍ଷା, ନାହିଁ ସ୍ରଷ୍ଟାର ଗତ୍ୟନ୍ତର। ତଥାପି ସୃଷ୍ଟିର ବିପୁଳ ଆନନ୍ଦ, ଅହେତୁକ ଗର୍ବ। ପିତୃତ୍ୱର ଆନନ୍ଦ। ଅଲକ୍ଷ୍ୟରେ ଅଜାତଶତ୍ରୁ ପୁଲକିତ। ଉପସ୍ଥିତ କାରାଗାର ରକ୍ଷୀ। ପାଳନ କରିଛି ତାଙ୍କ ଆଦେଶ। ଗତ ତିନିଦିନ ଧରି ବିନ୍ଦୁସାରଙ୍କୁ ଜଳବିନ୍ଦୁ ସୁଦ୍ଧା ଦିଆଯାଇନି। ଏଇ କଥା ଜଣାଇ ଦେଲା କାରାରକ୍ଷକ ଚଣ୍ଡ। କଠୋର କଣ୍ଠରେ ପଚାରିଲେ ସମ୍ରାଟ ପରବର୍ତ୍ତୀ ଘଟଣାକ୍ରମ। କେବଳ ଶୁଭୁଥିଲା 'ହାୟ ପୁତ୍ର, ହାୟ ରାଜଗୃହ' ବୋଲି ଆର୍ତ୍ତଚିତ୍କାର। ଏ କଥା ବି କହିଲା ଚଣ୍ଡ।

ରାଣୀହଂସପୁର ମଧ୍ୟରୁ ଶୁଭିଲା ଶଙ୍ଖ, ହୁଳହୁଳି ଧ୍ୱନି। ବଜ୍ରାଙ୍କର ଚିତ୍କାର ନିରବ। ଧାତ୍ରୀ ବସୁମତୀ, ଅସ୍ତବ୍ୟସ୍ତ ପାଦ, ଧାଇଁଛି ସମ୍ରାଟଙ୍କ ପାଖକୁ। ଦେଲା ସୁସମ୍ବାଦ।

ମହାରାଜ ପୁତ୍ର ସନ୍ତାନର ଜନକ। ଶୀଘ୍ର ମହାମନ୍ତ୍ରୀଙ୍କୁ ଡାକନ୍ତୁ। ଉତ୍ସବର ଆୟୋଜନ ପାଇଁ ଦିଅନ୍ତୁ ନିର୍ଦ୍ଦେଶ। ପୁନଶ୍ଚ ଚଣ୍ଡର ପରବର୍ତ୍ତୀ ଆଦେଶକୁ ଅପେକ୍ଷା। ଅଜାତଶତ୍ରୁ ଥରେ ଚାହିଁଲେ ଚଣ୍ଡକୁ, ଚାହିଁଲେ ଧାତ୍ରୀ ବସୁମତୀ ଆଡ଼େ। ଅଙ୍ଗନ ପରେ ଅଙ୍ଗନ, ଅଳିନ୍ଦ ପରେ ଅଳିନ୍ଦ। ସୋପାନ ଶ୍ରେଣୀ ପରେ ସୋପାନ ଶ୍ରେଣୀ, ଧାଇଁଛନ୍ତି ଉନ୍ମାଦ ପରି ଅଜାତଶତ୍ରୁ। ଦ୍ୱାର ଖୋଲିଦେଲା ରକ୍ଷୀ। ଦୁଇ ଶକ୍ତ ଲୌହ କବାଟର ପ୍ରଚଣ୍ଡ ଶବ୍ଦ। ଭିତର ନିରନ୍ଧ୍ର ଅନ୍ଧାର। ଅନ୍ଧକାରାବୃତ ସୋପାନଶ୍ରେଣୀ। ଅତିକ୍ରମ କରିଗଲେ ଅଜାତଶତ୍ରୁ। ପ୍ରବେଶ କଲେ କାରାଗାର ମଧ୍ୟରେ। ଆସିଛି ଏକ ବିରାଟ ପରିବର୍ତ୍ତନ। ତାଙ୍କ କଠୋର ହୃଦୟରେ ପିତୃଭକ୍ତିର ମହାସ୍ରୋତ ପ୍ରବାହିତ। ଆକୁଳ ପ୍ରାଣ। ସାଶ୍ରୁ ନୟନ। ଅଜାତଶତ୍ରୁଙ୍କର ନିଆରା ହୃଦୟଙ୍ଗମ। ସ୍ରଷ୍ଟା ଚିରଦିନ ଉଦାର, କ୍ଷମାସ୍ନିଗ୍ଧ, କରୁଣାମୟ। ଅବୋଧ ଶିଶୁ ପରି ବିମ୍ବିସାରଙ୍କ କୋଳରେ। ମୁହଁ ଲୁଚାଇଲେ ଅଜାତଶତ୍ରୁ। କ୍ଷମାଭିକ୍ଷା କରୁଥିଲେ ବାରମ୍ବାର। ସେଦିନ ପିତା ପାଇଲା ପିତୃତ୍ୱର ସନ୍ଧାନ। ସେତେବେଳକୁ ସବୁ ଶେଷ। ବିମ୍ବିସାରଙ୍କର ପ୍ରାଣହୀନ ଶୀର୍ଣ୍ଣ ଶରୀର, ପଡ଼ିଥିଲା ପାଷାଣ ଚତ୍ୱର ଉପରେ। ଗୋଟିଏ ବାହୁ ହିଂସ୍ର କ୍ଷୁଧାରେ କାମୁଡ଼ି ପକାଇଛନ୍ତି। ଜୀବନର ଅନ୍ତିମ କ୍ଷଣରେ, ବ୍ୟାଧ ଶରାହତ ବନ୍ୟପଶୁ ପରି। କ୍ଷତ ସ୍ଥାନରୁ କେଇଧାର ରକ୍ତ ଝରି ଶୁଖି ଯାଇଛି। ରାଜପ୍ରାସାଦରେ ଶଙ୍ଖର ଉଚ୍ଚକିତ ଧ୍ୱନି। ସୂଚାଇ ଦେଉଥିଲା ନବଜାତ ସନ୍ତାନର ଜନ୍ମ ଘୋଷଣା।

ଯେ ଜନ ପାଞ୍ଚେ ପରମନ୍ଦ, ତା' ମନ୍ଦ ପାଞ୍ଚନ୍ତି ଗୋବିନ୍ଦ। କୃତକର୍ମର ଶାସ୍ତି ମିଳିବ ହିଁ ମିଳିବ। ଅଜାତଶତ୍ରୁ ପିତୃହନ୍ତା। ତାଙ୍କ ପୁତ୍ର ଉଦୟୀ। ତାଙ୍କର ପରବର୍ତ୍ତୀ ତିନିଜଣ ବଂଶଧର। ସେମାନେ ବି ହେଲେ ପିତୃହନ୍ତା। ମଗଧର ଉତ୍ତ୍ୟକ୍ତ ପ୍ରଜାମାନେ ବିଦ୍ରୋହ ଆରମ୍ଭ କଲେ। ଶେଷରେ କାଶୀରାଜା ଶିଶୁନାଗ। ତାଙ୍କୁ ମଗଧ ସିଂହାସନରେ ଅଭିଷିକ୍ତ କରାଗଲା। ବ୍ୟାଧି ଅଳ୍ପ ହେଇ ସଂଚରଇ, ହେଳା ମାତ୍ରକେ ପରାଣ ନାଶଇ। ଭସ୍ମକୁଢ଼ରେ ଅଗ୍ନିକଣା ଥାଇ, ମନ୍ଦପବନେ ବଳିଷ୍ଠ ହୁଅଇ। ଅନୁରୂପ ଭାବେ ମିଥ୍ୟା ଜନଶ୍ରୁତି ରୂପକ ଅଗ୍ନି କୁହେଳିକା। ପୋଡ଼ିଜାଳି ପାଉଁଶ କରିଦେଲା ପିତା ପୁତ୍ରର ପବିତ୍ର ସମ୍ପର୍କ। ମଗଧ ଇତିହାସରେ କଳଙ୍କ-କାଳିମା ବୋଲି ହୋଇଗଲା କାଳ କାଳକୁ।

ପ୍ରବୃତ୍ତିରୁ ନାହିଁ ନିବୃତ୍ତି

ପ୍ରବୃତ୍ତି ସହଜାତ। ଜୀବନର ତାହା ଏକ ସ୍ୱାଭାବିକ ଧର୍ମ। ପ୍ରବୃତ୍ତି ଦୁଇ ପ୍ରକାର (୧) ମୌଳିକ, (୨) ସହଜାତ। ଭୟ, କ୍ରୋଧ, ବିରକ୍ତି, ସ୍ନେହ, ଦୁଃଖ, କାମ, ବିସ୍ମୟ, କ୍ଷୁଧା, ନିସଙ୍ଗତା, ଏକାକୀତ୍ୱ, ଆତ୍ମଗରିମା, ଅହଙ୍କାର, ହୀନକର୍ମ, ସୃଜନାନନ୍ଦ, କୌତୁକ, କ୍ଳାନ୍ତି, ବିମୁଖତା, ଭ୍ରମଣ ସ୍ପୃହା - ଏଗୁଡ଼ିକ ମୌଳିକ ପ୍ରବୃତ୍ତି। ଅପର ପକ୍ଷେ ପଳାୟନ, ସଂଗ୍ରାମ, ବିତୃଷ୍ଣା, ବାତ୍ସଲ୍ୟ, ଅନୁନୟ, ଯୌନଲାଳସା, କୌତୁହଳ, ଖାଦ୍ୟ ଅନ୍ୱେଷଣ, ଯୁଦ୍ଧ ପିପାସା, ବଶ୍ୟତା, ସଂଗ୍ରହ, ସଂଗଠନ, ହତ୍ୟା, ବିଶ୍ରାମ, ଅନୁସନ୍ଧାନ - ଏ ସମସ୍ତ ସହଜାତ ପ୍ରବୃତ୍ତି ପର୍ଯ୍ୟାୟଭୁକ୍ତ। ପ୍ରବୃତ୍ତିରୁ ନିବୃତ୍ତି ନାହିଁ। ଯୋଗୀ, ମୁନିଋଷି, ସାଧକ, ଧର୍ମ ପ୍ରଚାରକ। ଏମାନେ କଠୋର ସାଧନାରେ ପ୍ରବୃତ୍ତିକୁ ନିୟନ୍ତ୍ରଣ କରନ୍ତି। ପ୍ରବୃତ୍ତିରୁ ନିବୃତ୍ତି ମହାଫଳଦାୟୀ। କାମ ଏକ ପ୍ରକାର ବିଷମ ପ୍ରବୃତ୍ତି। ଇନ୍ଦ୍ରିୟ ସଞ୍ଚରଣରୁ ତାହା ଜାତ। ଚୋରି, ମିଛ, ଲାଳସା ଆଦି ପ୍ରବୃତ୍ତି, ଏହାର ବଶ ଅନେକ। ପରିଣାମ ମଧ୍ୟ ଭୟାବହ। ଶାସ୍ତ୍ର, ପୁରାଣାଦି ରଚନା। ପ୍ରବୃତ୍ତିରୁ କ୍ଷାନ୍ତ ହେବା, ଏ ବିଷୟଟି ବିଶେଷ ଭାବରେ ଚିତ୍ରିତ। ଗୌତମ ବୁଦ୍ଧ, ମହାବୀର ଜୀନ, ସନ୍ଥ ରାମାନୁଜ, ରାମକୃଷ୍ଣ ପରମହଂସ, ସ୍ୱାମୀ ବିବେକାନନ୍ଦ - ସମସ୍ତେ ସନ୍ନ୍ୟାସୀ ପର୍ଯ୍ୟାୟାନ୍ତର୍ଗତ। ପ୍ରବୃତ୍ତି ଉପରେ ଅଙ୍କୁଶ। ଏଇ ପରାମର୍ଶଟି ସର୍ଭିଙ୍କର। ଏ ପରିପ୍ରେକ୍ଷୀରେ ଗୌତମବୁଦ୍ଧ ବହୁ ଆଗରେ। ରାଜପୁତ୍ର ସିଦ୍ଧାର୍ଥ, ଜନ୍ମ ତାଙ୍କର ନେପାଳ ଲୁମ୍ବିନୀଠାରେ। ମହାପ୍ରୟାଣ କୁଶିନଗରରେ। ପୂରା ନାଁ ତାଙ୍କର ସିଦ୍ଧାର୍ଥ ଗୌତମ। ସେ ଜଣେ ଅଧ୍ୟାତ୍ମବାଦୀ, ଧ୍ୟାନମୁଦ୍ରା ନିମଜ୍ଜିତ ସନ୍ନ୍ୟାସୀ, ବିଶିଷ୍ଟ ଧର୍ମ ପ୍ରଚାରକ। ସେ ବୌଦ୍ଧଧର୍ମର ପ୍ରତିଷ୍ଠାତା। କ୍ରମେ ବୌଦ୍ଧଧର୍ମ ସାରା ପୃଥିବୀରେ ପ୍ରସାରିତ ହେଲା। ରାଜପ୍ରାସାଦର ସମସ୍ତ ପ୍ରାଚୁର୍ଯ୍ୟ, ଅନିନ୍ଦ୍ୟ ସୁନ୍ଦରୀ ପତ୍ନୀ ଯଶୋଧାରା, ପୁତ୍ର ରାହୁଲ, କିଛି ବି ବାନ୍ଧି ପାରିଲାନି। ଶେଷରେ ସିଦ୍ଧାର୍ଥ ହେଲେ ସଂସାର ତ୍ୟାଗୀ। ସାଧନା କଲେ। ସିଦ୍ଧି ମିଳିଲା। ସଂସାର ବିମୁଖ ପଣ, ଶ୍ରମଣର

ଜୀବନ, ସଂଘୀୟ ଜୀବନରେ ବିଶ୍ୱାସ, କାମର ଅନ୍ତ, ଭିକ୍ଷୁକର ସରଳ ଆଚରଣ, ଆର୍ଯ୍ୟ ଅଷ୍ଟାଙ୍ଗ ମାର୍ଗ, ସର୍ବୋପରି ନିର୍ବାଣ ପ୍ରାପ୍ତିରେ ମନୋନିବେଶ - ଏସବୁ ବୌଦ୍ଧଧର୍ମ ଦର୍ଶନର ମୂଳକଥା।

ବୌଦ୍ଧଧର୍ମର ପ୍ରଚାରକ ସିଦ୍ଧାର୍ଥ ଗୌତମ। ସେ ଶାକ୍ୟମୁନି ଭାବେ ଅଭିହିତ। କାୟା ସାଧନା ଧର୍ମଟିର ମୂଳକଥା। ଏଥିରୁ ମିଳେ ମୋକ୍ଷ, ମୋକ୍ଷ ପ୍ରାପ୍ତିକୁ ଶୂନ୍ୟରେ ରୂପାନ୍ତର। ତାହା ହିଁ ନିର୍ବାଣ। ନିର୍ବାଣର ସ୍ୱରୂପ କଳ୍ପନା ଅସମ୍ଭବ। ତାହା ଅନୁଭବୀର ଅନୁଭବ୍ୟ। ନିର୍ବାଣର ନାହିଁ ଆକାର, ଅସ୍ତିତ୍ୱ, ଶୂନ୍ୟ ହିଁ ଶୂନ୍ୟ। ବୌଦ୍ଧ ଧର୍ମର ଶେଷ ଲକ୍ଷ୍ୟ ନିର୍ବାଣ। ତାହା ସାଧନାର ଚରମ ସୋପାନ। ଏଥି ପାଇଁ ପ୍ରବୃତ୍ତିରୁ ନିବୃତ୍ତି ଲୋଡ଼ା। ବଡ଼ କଠିନ ସେ ନିର୍ବାଣ ପ୍ରାପ୍ତି। କାମନା ଦୁଃଖର କାରଣ। କାମନାର ବିନାଶ, ଦୁଃଖର ବିନାଶ। ଏଇଟି ସହଜ କଥା ନୁହେଁ। କାମନା ଏକ ଆଦିମ ପ୍ରବୃତ୍ତି। ଏଥିରୁ ମୋଟେ ନିବୃତ୍ତି ନାହିଁ। ଦେହ-ଦାହ, କାମନା, ବାସନା - ସବୁ ମୌଳିକ ପ୍ରବୃତ୍ତି। ଏ ଦିଗ ଉପରେ ତଥାଗତ ଗୁରୁତ୍ୱ ଦେଲେନି। ଦ୍ରୁତ ପ୍ରସାରିତ ହେଲା ବୌଦ୍ଧଧର୍ମ। ବହୁ ଯୁବକ ଯୋଗ ଦେଲେ। ଲଣ୍ଡିତ ମସ୍ତକ, ଭିକ୍ଷାବୃତ୍ତିରେ ଜୀବନ ଧାରଣ; କାମିନୀ, କାଞ୍ଚନ ମୋହ ସର୍ବଦା ବର୍ଜନୀୟ। ଏଇ ଲକ୍ଷ୍ୟ ଭିକ୍ଷୁକଙ୍କର। କାଞ୍ଚନ ଆଡ଼େ ମନକୁ ସଂଯତ କରାଯାଇପାରେ। ହେଲେ କାମିନୀର ଅଙ୍ଗସଙ୍ଗ ଲାଭ ଲିପ୍‌ସା, ଏଥିରୁ ନିସ୍ତାର କାହିଁ? ଉଲଗ୍ନ ହୋଇ ସ୍ନାନ କଲେ, ବସନ ପାଲଟିବାକୁ ନଥାଏ। ଏହା ଭଗବତ ଗୀତାର ବାଣୀ। ସଂସାର କ'ଣ ନବୁଝି ସଂସାର ତ୍ୟାଗ କଥା। ଏହା ଅବାସ୍ତବ। ଶ୍ରମଣର ଜୀବନ। ସମୟ ବଦଳିଲା। ଧର୍ମୀୟ ଅନୁଶାସନ ଡେଇଁଲେ ଅନେକ ବୌଦ୍ଧଭିକ୍ଷୁ। ଶୃଙ୍ଖଳ ଛିଡ଼ାଇଲେ। ଆରମ୍ଭ ହେଲା ବିପର୍ଯ୍ୟୟ। ଦେହ ଦାହରେ ଜଳିଲେ ବହୁ ବୌଦ୍ଧ ସନ୍ନ୍ୟାସୀ। ବୌଦ୍ଧ ଧର୍ମର ପତନର ଏଇଟି ଅନ୍ୟତମ ବଳିଷ୍ଠ କାରଣ। ମହାନ ସ୍ରଷ୍ଟା ସୁରେନ୍ଦ୍ର ମହାନ୍ତି। ବୌଦ୍ଧ ଧର୍ମ ଦର୍ଶନକୁ ପୁଙ୍ଖାନୁପୁଙ୍ଖ ଅନୁଶୀଳନ କଲେ। ବୁଦ୍ଧ ନିର୍ବାଣର ବାର୍ତ୍ତା ବାଣ୍ଟିଲେ। ମାତ୍ର ଅନିର୍ବଚନୀୟ ଆନନ୍ଦ, ତାହା ସୌନ୍ଦର୍ଯ୍ୟ ପିପାସାରେ, ଉପଭୋଗରେ। ସେଇଥିରେ ତୃପ୍ତି, ପରମ ଆନନ୍ଦ। ତାହାହିଁ ମହାନିର୍ବାଣ - ଏ ଯୁକ୍ତି ସୁରେନ୍ଦ୍ରଙ୍କର। ସେଇ ବଳିଷ୍ଠ ଯୁକ୍ତିର ସ୍ମାରକୀ, ସୁରେନ୍ଦ୍ରଙ୍କ କ୍ଷୁଦ୍ରଗଳ୍ପ 'ଉଦ୍ର ରାମପୁତ୍ର'।

ନଦୀର ନାଁ ନିରଞ୍ଜନା। ତଟବର୍ତ୍ତୀ ସୁରମ୍ୟ ବନାନୀ ଗନ୍ଧହସ୍ତୀ। ଏକଦା ଶ୍ୱାପଦ ସଙ୍କୁଳ ଥିଲା। ପରବର୍ତ୍ତୀ ସମୟରେ ପାଲଟିଲା ପୁଣ୍ୟ ତପୋବନ। ଅତୀତର କଥା। ବୁଦ୍ଧ ଥରେ ହସ୍ତୀ ରୂପେ ଜନ୍ମଗ୍ରହଣ କଲେ ସେହି ଅଞ୍ଚଳରେ। ଶୀଳସାଧନାରେ ମୋକ୍ଷ ପ୍ରାପ୍ତ ହେଲେ। ବିବର୍ତ୍ତନର ରହସ୍ୟ। ଅରଣ୍ୟଟି ପାଇଲା ତପୋବନର ଆଖ୍ୟା। ଏହାର ପ୍ରତି ଧୂଳିକଣାରେ ଅତିମାନସର ଉତ୍ତରଣ, ଦେବତ୍ୱର ଅଭ୍ୟୁଦୟ। ବୌଦ୍ଧ ପରମ୍ପରାରେ

ସ୍ଥାନଟି ଅତି ପବିତ୍ର। ଅତୀତରେ ଆଉ ଚାରିଜଣ ବୁଦ୍ଧ, ସେମାନଙ୍କର ଆବିର୍ଭାବ, ମୋକ୍ଷଲାଭ – ସବୁର ସାକ୍ଷୀ ସେଇ ଗନ୍ଧହସ୍ତୀ ଅରଣ୍ୟ। କଳିଙ୍ଗର ରାଜପୁତ୍ର ଉଦ୍ର ରାମପୁତ୍ର। ତପସ୍ୟା ପାଇଁ ବାଛିଲେ ସ୍ଥାନଟି; ମାତ୍ର ତାହା ଅନୁକୂଳ ନଥିଲା। ଅରଣ୍ୟ ହଜାଇ ଥିଲା ସ୍ତବ୍ଧତା, ଦ୍ରୁମ ବିଶୋଭିତ ଅରଣ୍ୟାନୀ। ମୁଣ୍ଡଟେକିଲା ବୌଦ୍ଧ ସ୍ତୂପମାନ। ମୋକ୍ଷକାମୀ ଭିକ୍ଷୁ, ପୁଣ୍ୟ ଲୋଭୀ ତୀର୍ଥଯାତ୍ରୀ, ସମସ୍ତଙ୍କର ସେଠାରେ କୋଳାହଳ। ନିରବ ବନାନୀ ହେଲା ଜନାକୀର୍ଣ୍ଣ। ଉଦ୍ର ରାମପୁତ୍ରଙ୍କ ଲକ୍ଷ୍ୟ ଭିନ୍ନ। ତାଙ୍କର ଲୋଡ଼ା ଅପାପବିଦ୍ଧ ଭୂମି। ରୂପ, ତୃଷ୍ଣା, ବେଦନା ଏମାନଙ୍କର ଠା ନଥିବ। ସେଇ ସ୍ଥାନଟି ଆବଶ୍ୟକ ତପସ୍ୟା ପାଇଁ। ଗୋଟେ ପଟେ ବ୍ରାହ୍ମଣ୍ୟ କ୍ରିୟାକାଣ୍ଡ। ଆର ପାଖରେ ସହଜ ଭିକ୍ଷୁକଦ୍ୱ, ତାହା ପୁଣି ବୁଦ୍ଧଙ୍କ ପରବର୍ତ୍ତୀ କାଳରେ। ଏ ଦୁଇର ଘୋର ବିରୋଧୀ ରାମପୁତ୍ର। ତାଙ୍କର ସାଧନା ନିର୍ବାଣ ପାଇଁ; ମାତ୍ର ତାହା ନିର୍ବାତ ପ୍ରଦୀପର ନିର୍ବାଣ ନୁହେଁ। ନିର୍ବାତ ପ୍ରଦୀପରେ ନିର୍ବାଣର କିବା ପ୍ରୟୋଜନ ? ଜ୍ୱଳନ୍ତ ଶିଖାନଳ। ତା' ମଧ୍ୟରେ ନିର୍ବାଣ ଅସମ୍ଭବ। ଦେହ ଆଉ ଜୀବନରେ ନିର୍ବାତ ନିର୍ବାଣ। ସେଇଥି ପାଇଁ ତାଙ୍କର ସାଧନା, କଠୋର ତପସ୍ୟା। ଦେହର ସବୁ ଇନ୍ଦ୍ରିୟ ଗ୍ରାହ୍ୟ ଅନୁଭୂତି ପରିହାର, ରୂପ, ତୃଷ୍ଣା, ଚଞ୍ଚଳତା ଉପରେ ବିଜୟ। ସଂସାର ମୋହ, ମାୟା ଛିନ୍ନ। ଶେଷରେ ଶୂନ୍ୟ ମଧ୍ୟରେ ସତ୍ତାହୀନ ସନ୍ତରଣ। ଏସବୁ ପାଇଁ ରାଜପୁତ୍ରଙ୍କ ଘୋର ସାଧନା। ଏଥି ପାଇଁ ଗନ୍ଧହସ୍ତୀ ଅରଣ୍ୟ ନଥିଲା ଅନୁକୂଳ। ଶେଷରେ ବାଛିଲେ ନୂଆ ଜାଗାଟେ। ସେଇ ସ୍ଥାନଟି ମହାନଦୀ ତଟବର୍ତ୍ତୀ ଏକ ମହାକାନ୍ତାର। ଖ୍ରୀଷ୍ଟୀୟ ସପ୍ତମ ଶତାବ୍ଦୀ। ଚୀନ୍ ପରିବ୍ରାଜକ ହୁଏନ୍‌ସାଙ୍ଗଙ୍କ ବିବରଣୀ। ମହାନଦୀ ତଟବର୍ତ୍ତୀ ମହାକାନ୍ତାର, ଉଦ୍ର ରାମପୁତ୍ରଙ୍କର ସେଠାରେ ସାଧନା। ଏ ବିଷୟଟି ତାଙ୍କ ବିବରଣୀରେ ସ୍ପଷ୍ଟ ସୂଚିତ। ସେହିପରି ସାମୁୟେଲ ବିଲ୍‌ଙ୍କ 'ବୁଦ୍ଧିଷ୍ଟ ରେକର୍ଡ଼ସ୍ ଅଫ୍ ଦ ୱେଷ୍ଟର୍ଣ୍ଣ ୱାର୍ଲଡ଼' ପୁସ୍ତକ। ଏହାରି ଆଧାରରେ 'ଉଦ୍ର ରାମପୁତ୍ର' ଗଳ୍ପଟି ରଚିତ।

ସାଧନାରତ ଉଦ୍ର ରାମପୁତ୍ର, ଯୁଗ ଯୁଗ ଅତିକ୍ରାନ୍ତ। ସେଇ ଅନାଗ୍ନି ଅରଣ୍ୟ। ରାମପୁତ୍ରଙ୍କ ତପୋକ୍ଳିଷ୍ଟ ରୁଜୁ ତାମ୍ରମୂର୍ତ୍ତି। ସୃଷ୍ଟି କରୁଥିଲା ନିଷ୍କମ୍ପ ପ୍ରଦୀପ ଶିଖାର ଭ୍ରମ। ସାଧନାରେ ସବୁ ଗ୍ରନ୍ଥି ଛିନ୍ନ। ସାଧକଙ୍କର ମହାଶୂନ୍ୟରେ ଉତ୍ତରଣ। ବନସ୍ପତି ଛାୟାତଳେ ପତିତ ତାଙ୍କର ଦେହ। ଠିକ୍ ଜୀର୍ଣ୍ଣ ପତ୍ରଟେ ପରି। ହେଲେ ବିଦ୍ରୋହୀ ଆତ୍ମା। କେବେ ଆକାଶର ନୀଳିମାରେ ନିମଜ୍ଜିତ ଅବା ରଜତ ଧବଳ ମେଘଖଣ୍ଡରେ, ଆଉ କେତେବେଳେ ନବମାଳିକା ସୁରଭିତ ସମୀରଣରେ। ପ୍ରକୃତିର ସେ ଆଦିମ ସତ୍ତା ଆଉ ଶକ୍ତି। ତା'ରି ମଧ୍ୟରେ ଆଉ ଏକ ବିରାଟ ସତ୍ତା ଉଦ୍ର ରାମପୁତ୍ର। ଏବେ ସେ ମହାଶକ୍ତିରେ ପରିଣତ। ତଥାପି ସାଧନା ଅସମାପ୍ତ। ସବୁ ଜୟ କରି ସାରିଛନ୍ତି। କିନ୍ତୁ ଅସମ୍ପୂର୍ଣ୍ଣ। ଏବେ ବି ଦୁର୍ବାର ଅହଂତ୍ୱର ଅଭିମାନ ତାଙ୍କ ପାଇଁ ଅବିଜିତ। ବୁଦ୍ଧି ତାଙ୍କର ବଶ, କିନ୍ତୁ ଆଦିମ ମନ ତଥାପି

ସକ୍ରିୟ। ଏହାକୁ ନିୟନ୍ତ୍ରଣ କରିବାକୁ ପଡ଼ିବ। ଲୋଡ଼ା ଅଧିକରୁ ଅଧିକ ସାଧନା, ପରୀକ୍ଷା ନିରୀକ୍ଷା। ଚାଲିଛି ମହାଶୂନ୍ୟ ସାଧନା। ଗୋଟେ ଯୁଗ ଅତିକ୍ରାନ୍ତ। ସୂର୍ଯ୍ୟାସ୍ତର ଦୀପ୍ତିରେ ଦୀପ୍ତିମାନ ରାମପୁତ୍ର। ତାଙ୍କ ଠାରେ ଶତବଜ୍ରର ଶକ୍ତି। ମହାନଦୀ ତଟବର୍ତ୍ତୀ ମହାକାନ୍ତର। ପଡ଼ିଛି ରାମପୁତ୍ରଙ୍କ ଜରାଜୀର୍ଣ୍ଣ ଦେହ ଖଣ୍ଡକ। ଲୋଳିତ ଚର୍ମ, ଶୁଷ୍କ ଶିରା ପ୍ରଶିରା, ଅସ୍ଥିକଙ୍କାଳ ସାର ଶରୀର। ତା'ରି ଭିତରେ ଅହଂତ୍ୱର ରାଜତ୍ୱ, କାମନାର ଦାବାଗ୍ନି। ଏଗୁଡ଼ିକ ସାଧକଙ୍କ ପାଇଁ ମହାବିପତ୍ତି। ରାମପୁତ୍ର ବାରମ୍ବାର ଫେରୁଛନ୍ତି ସେଇ କଙ୍କାଳ ମଧ୍ୟକୁ। ସାଧନା ମୁଦ୍ରିତ ତାଙ୍କର ଦୁଇ କୋଟରଗତ ଚକ୍ଷୁ, ଉନ୍ମୀଳିତ ମୁଗ୍ଧ ପୁଲକରେ। ପୁନଃ ଇନ୍ଦ୍ରିୟମାନେ ଚଳଚଞ୍ଚଳ। ଉପଲବ୍ଧ ମର୍ତ୍ତ୍ୟଲୋକର ତିଳୋତ୍ତମା ଶୋଭା। ଦୂର ଦିଗନ୍ତରେ ମଳିନ ଚନ୍ଦ୍ର। କାକଜ୍ୟୋତ୍ସ୍ନାର ନେପଥ୍ୟରେ କ୍ରମେ ଅସ୍ତମିତ। ରାମପୁତ୍ର ମିଶିଯାଇଛନ୍ତି ଅସ୍ତମୁଖୀ ଚନ୍ଦ୍ରର ବିଦାୟୀ ବେଦନାରେ। ତାଙ୍କ ଅଙ୍ଗରୁ ଯୋଗୀର ତେଜ ନୁହେଁ, ବିଚ୍ଛୁରିତ ଶୀତଳ ଜ୍ୟୋତ୍ସ୍ନା। ମର୍ତ୍ତ୍ୟମାନବର ନାନାଦି ଉତ୍ତାପ, ସନ୍ତାପ - ସେଇ ଶୀତଳତାର ସ୍ପର୍ଶରେ ଅପନୋଦିତ। ଆଉ କେତେବେଳେ ଫେରିଛନ୍ତି ଉଦ୍ର ରାମପୁତ୍ର। ପୁନଶ୍ଚ ମର୍ତ୍ତ୍ୟର ଚିତ୍ତ ଚହଲା ଆଭାବିଭା। ଯୋଗୀ ମନୋହାରୀ ରୂପ ଲାବଣ୍ୟ। ଅର୍ଦ୍ଧ ନିମୀଳିତ ଚକ୍ଷୁ। ଉଦ୍ର ରାମପୁତ୍ରଙ୍କ ଆଖି ଆଗରେ ଗୋଟେ ପରେ ଗୋଟେ ଲାବଣ୍ୟମୟୀ ଦୃଶ୍ୟରାଜି। ଆଗରେ କେଉଁ ମୁକ୍ତବକ୍ଷା କିରାତ ରମଣୀ, ସେତେବେଳେ ଉଦ୍ର ରାମପୁତ୍ର ସତ୍ତାହୀନ। କିରାତ ରମଣୀର ବନ୍ଧନ ମୁକ୍ତ ସ୍ତନାଗ୍ର, ବନହରିଣୀ ସମ ଢଳ ଢଳ ଆଖି। ଯୋଗୀ ପ୍ରାଣ ପୁଲକିତ। ଶିରାରେ ଶିରାରେ ରୋମାଞ୍ଚ, ଦେହରେ ଉଷ୍ଣ ରକ୍ତର ପ୍ରବାହ। ମହାକାନ୍ତାର ଆଜି ଅଦିନ ବସନ୍ତ ସ୍ପର୍ଶରେ ପୁଲକିତ। ଅଲୌକିକ ଭାବ, ମଳୟ ସୁଗନ୍ଧିତ, ପୁଷ୍ପରାଜି ବିଶୋଭିତ। ସର୍ବତ୍ର ମଧୁବସନ୍ତ ମହକର ମହୁଆ ମୁହୂର୍ତ୍ତ। ଆଶ୍ରମବାସୀ ମୁନିଋଷି, ବନଜୀବୀ କିରାତ, ସମସ୍ତେ ବିସ୍ମିତ। ସବୁଆଡ଼େ ଅଲୌକିକ ବିଭୂତିର ସ୍ପର୍ଶ। ଏ ସବୁ ମହାଯୋଗୀ ଉଦ୍ର ରାମପୁତ୍ରଙ୍କ ଅମାନବୀୟ ମହିମା।

ସମୟ ଗଡ଼ି ଚାଲିଲା। ତାଙ୍କ ସାଧନାର ଖ୍ୟାତି ହେଲା ଚୌଦିଗ ପ୍ରସାରୀ। ଘଟିଲା ଆଉ ଏକ ଘଟଣା। ମଗଧର ସମ୍ରାଟ। ପଛରେ ତାଙ୍କର ସହସ୍ର ସହସ୍ର କଙ୍କାଳସାର ନରନାରୀ। ସେମାନଙ୍କର ସମଭିବ୍ୟାହାରରେ ଏକ ସ୍ୱର୍ଣ୍ଣରଥ। ମହାନଦୀର ମହାକାନ୍ତାରରେ ଉପଗତ। ଅତିଥି ହେବେ ବୌଦ୍ଧ ଶ୍ରମଣ, ମହାଯୋଗୀ ଉଦ୍ର ରାମପୁତ୍ର। ତାଙ୍କର ତପର କିମିଆ। ମଗଧରୁ ଦୂର ହେବ ଦୁର୍ଭିକ୍ଷ, ମଡ଼କ। ବର୍ଷା ବର୍ଷିବ, ସୃଷ୍ଟିହେବ ପ୍ରାଚୁର୍ଯ୍ୟମୟୀ ଋତୁ। ଘିଅ ମହୁ ସ୍ରବିବ। ଏଇ ବିଶ୍ୱାସ ନେଇ ମଗଧବାସୀ ଉପସ୍ଥିତ। ଉଦ୍ର ରାମପୁତ୍ରଙ୍କ ଠାରେ ସବିନୟ ପ୍ରାର୍ଥନା, କାକୁତି ମିନତି। ମହାଯୋଗୀ ରାମପୁତ୍ର, ସ୍ୱୀକାର କଲେ ମଗଧର ଆତିଥ୍ୟ। ଆସିଲା ଆଉ ଏକ ଚରମ ମୁହୂର୍ତ୍ତ। ମଗଧର ମର୍ତ୍ତ୍ୟ ମେନକା 'ସୁଲଭା'।

ତାଙ୍କରି ସାନ୍ନିଧ। ଏକ ଅନିର୍ବଚନୀୟ ଶୂନ୍ୟତା ମଧ୍ୟରେ ଅହଂତ୍ୱରୁ ସମ୍ପୂର୍ଣ୍ଣ ମୁକ୍ତି। ସୁଲଭାର ସମ୍ମୋହନ ଚିରସ୍ଥାୟୀ ହେଉ - ଏଇ କାମନା। ସେଇଠି ହେବ ରାମପୁତ୍ରଙ୍କ ସାଧନାର ସିଦ୍ଧି। ମାତ୍ର ତାହା ସମ୍ଭବ ନଥିଲା। ସାଧକର ପ୍ରାଣ ପୁନଶ୍ଚ ଅତୃପ୍ତ।

ଜୀବନ କେତେ ଆପଣାର ସତେ ! ଯେତେ ବୁଝିଲେ ବୁଝି ହୁଏନା, ଚାହିଁଲେ ଆକଳନ କରି ହୁଏନା। କାହିଁ କେତେ ପ୍ରକାର ଅନୁଭବ, ଅନୁଭୂତି। ଋତୁ ଚକ୍ରର ଆବର୍ତ୍ତନ। ଚଇତର ଚୋରା ଚଇତାଳି, ଆମ୍ର କାନନରେ କୋଇଲିର କୁହୁ ତାନ, ଫୁଲର ମହକ, ସର୍ବୋପରି ଚାରୁ ହାସମୟୀ ପ୍ରକୃତି ରାଣୀ। ଆନମନା କରିଦିଏ, ନବ ପୁଲକର ସଞ୍ଚାର, ଶତ କଦମ୍ବର ବେପଥୁ। ଏସବୁ ପାରିପାର୍ଶ୍ୱିକ ଅବସ୍ଥା, ଜୀବନକୁ କରେ ମଧୁମୟ। ତତ୍ ସହିତ ଆଦିମ ପ୍ରବୃତ୍ତିର ତାଡ଼ନା, ଏଥିରୁ ତ ମୋଟେ ନାହିଁ ନିବୃତ୍ତି। ସେ ଯୋଗୀ, ଅବା ଭୋଗୀ। ମନ ଗହିରରେ ରୁନ୍ଧିରଖା କାମନା, ବାସନା। ଆପେ ତା'ର ପରିପ୍ରକାଶ। ସେତେବେଳେ ସନ୍ନ୍ୟାସୀ ବି ଆନମନା। ଏ ପ୍ରକାର ନଜିର, ପୁରାଣରେ ବହୁ ରୂପରେ ବହୁ ଭାବରେ ସ୍ଥାନିତ। ଏ ପରିପ୍ରେକ୍ଷୀରେ ବୌଦ୍ଧଧର୍ମ। ସ୍ୱୟଂ ଧର୍ମ ପ୍ରଚାରକ ସିଦ୍ଧାର୍ଥ। ସଂସାରରଟା ରୋଗ, ଶୋକ, ଜରା, ବ୍ୟାଧି ପୂର୍ଣ୍ଣ। ସର୍ବଶେଷରେ ମୃତ୍ୟୁ। ହେଲେ ମ୍ରିୟମାଣ। ସଂସାର ମୂର୍ଚ୍ଛିଲେ। ପଛରେ ରହିଲେ ଅପରୂପା ପତ୍ନୀ ଯଶୋଧାରା ଆଉ ପୁତ୍ର ରାହୁଳ। ପ୍ରବୃତ୍ତି କ'ଣ ସେ ବୁଝିଲେ, ତା'ର ସ୍ୱାଦ ପାଇଲେ, ଖୋଜିଲେ ନିବୃତ୍ତିର ମାର୍ଗ। ମାତ୍ର ସଂସାର କରି ନଥିବା ବୌଦ୍ଧ ଭିକ୍ଷୁ। ସଂସାର ଯେ ଅଳିକ - ଏ ସମ୍ପର୍କିତ ଧାରଣା ସେମାନଙ୍କର ଶୂନ୍ୟ। ପରିବେଶ, ପରିସ୍ଥିତି ଆସିଲା। କାମିନୀଙ୍କର ସାନ୍ନିଧ ଲିପ୍ସା, ଅନେକ କବଳିତ ହେଲେ। ସେଥିରୁ ମିଳିଲା ଅନିର୍ବଚନୀୟ ଆନନ୍ଦ। ନିର୍ବାଣ ପାଇଁ କାୟା ସାଧନା, ମାର୍ଗ ଅତି କଠିନ। ଏ ପଥରୁ ଅନେକ ଭିକ୍ଷୁ ବିଚ୍ୟୁତ ହେଲେ। ବୌଦ୍ଧଧର୍ମର ପତନ ଆରମ୍ଭ ହେଲା। ସୁରେନ୍ଦ୍ର ମହାନ୍ତିଙ୍କ କେତେକ ଗଳ୍ପ। ସେଥିରେ ବୌଦ୍ଧ ଧର୍ମ ଲୋକପ୍ରିୟତା ହ୍ରାସର କାରଣ ମଧ୍ୟ ପ୍ରଦର୍ଶିତ। ସେମିତି ଏକ ଗପ 'ଉଦ୍ର ରାମପୁତ୍ର'। ଶ୍ରମଣ ଶ୍ରେଷ୍ଠ, ମହାନ ସାଧକ ରାମପୁତ୍ର। ଗୋଟେ ପଟେ ବ୍ରାହ୍ମଣ୍ୟ ଧର୍ମର କ୍ରିୟାକାଣ୍ଡ, ଅପର ପକ୍ଷେ ବୌଦ୍ଧ ଭିକ୍ଷୁକଙ୍କ ସହଜ ଭିକ୍ଷୁତ୍ୱ। ଏହାର ସେ ଘୋର ବିରୋଧୀ। ନିର୍ବାଣ ପ୍ରାପ୍ତି ତାଙ୍କ ଆୟତ ବାହାରେ ନଥିଲା। ମାତ୍ର ସେ ଚାହୁଁଥିଲେ ଶୂନ୍ୟତା ଭିତରୁ ଅହଂତ୍ୱରୁ ମୁକ୍ତି। ସେଇ ମୁକ୍ତି ପ୍ରବୃତ୍ତିର ନିବୃତ୍ତିରେ ନୁହେଁ; ବରଂ ପ୍ରବୃତ୍ତିର ଚରିତାର୍ଥରେ। ଏହାର ଏକ ସୁନ୍ଦର ମୀମାଂସା। 'ଉଦ୍ର ରାମପୁତ୍ର' ଗପରେ ପାଠକେ ତାହା ଦେଖି ଥାଆନ୍ତି।

ଯୋଗୀ ଉଦ୍ର ରାମପୁତ୍ର ହତଚକିତ। ସମ୍ମୁଖରେ ସ୍ୱର୍ଣ୍ଣ ରଥଟେ ଦଣ୍ଡାୟମାନ। ସହସ୍ର ସଂଖ୍ୟକ ମଗଧବାସୀ। ରାମପୁତ୍ରଙ୍କ ନିକଟରେ କରୁଣ ନିବେଦନ। ମଗଧରୁ

ମଡ଼କ, ଦୁର୍ଭିକ୍ଷ ଦୂର ପାଇଁ ପ୍ରାର୍ଥନା। ତାହା କେବଳ ସମ୍ଭବ ଶ୍ରମଣ ଶ୍ରେଷ୍ଠ ରାମପୁତ୍ରଙ୍କ ଦ୍ୱାରା। ତାଙ୍କ ପଦରଜର ସ୍ପର୍ଶ, ମଗଧ ହେଇଯିବ ଶସ୍ୟ ଶାଳିନୀ। ପୁନଃ ହସଖୁସି ଆନନ୍ଦ ଫେରି ଆସିବ। ଅନାବୃଷ୍ଟି, ମହାମାରୀ ହେବ ଅନ୍ତର୍ହିତ। ସେଇଥି ପାଇଁ ରାମପୁତ୍ରଙ୍କୁ ମଗଧବାସୀଙ୍କ ବ୍ୟାକୁଳ ଆମନ୍ତ୍ରଣ। ରାଜ ଚକ୍ରବର୍ତ୍ତୀ ସମ୍ରାଟଙ୍କର ସ୍ୱର୍ଣ୍ଣରଥ। ଏଥିରେ ଯୋଗୀର ବା କି ପ୍ରୟୋଜନ ? ଏଇ ପ୍ରଶ୍ନଟି ଥିଲା ମଗଧ ସମ୍ରାଟଙ୍କ ପାଇଁ। ଦୁର୍ଭିକ୍ଷ କ୍ଲିଷ୍ଟ ମଗଧ, ଆଶଙ୍କା ମଳିନ, କ୍ଷୁଧିତ ନରନାରୀ - ସମସ୍ତଙ୍କର ଏକ ସ୍ୱରରେ ପ୍ରାର୍ଥନା। ଶ୍ରମଣ ଶ୍ରେଷ୍ଠ ଉଦ୍ର ରାମପୁତ୍ର ଯୋଗୀ। ଐନ୍ଦ୍ରଜାଲିକ ନୁହନ୍ତି। ତାଙ୍କର ସାଧନା ଆତ୍ମ ସୁରକ୍ଷା, ମଗଧର କୃଷିକ୍ଷେତ୍ରରେ ଜଳସେଚନ ପାଇଁ ନୁହେଁ। ଏଇ ନିଷ୍ଠୁର ଉତ୍ତର ଯୋଗୀଙ୍କର। ପୁନଃ ମୁଦ୍ରିତ ଚକ୍ଷୁ, ମୁହୂର୍ତ୍ତକ ମଧ୍ୟର କଥା। ଜଳଭାରହୀନ, ମେଘହୀନ, ରୌଦ୍ରଦଗ୍ଧ ପ୍ରଖର ନିଦାଘ, ତନ୍ମଧ୍ୟରେ ହଜିଗଲା ଯୋଗୀର ସତ୍ତା। ଅସହ୍ୟ ଉତ୍ତାପ, କଙ୍କାଳସାର ମଗଧବାସୀ ଅସମ୍ଭବ ଉତ୍ତାପ ପୀଡ଼ିତ। ସମସ୍ତଙ୍କର ହାହାକାର ଆର୍ତ୍ତନାଦ। ବନଭୂମିରେ ପଶୁପକ୍ଷୀଙ୍କ ବିକଳ ଦୌଡ଼ାଦୌଡ଼ି। ତ୍ରାହି ତ୍ରାହି ଚିତ୍କାର। ଉଦ୍ର ରାମପୁତ୍ରଙ୍କ କରୁଣାନେତ୍ର ଉନ୍ମୀଳିତ। ଏକ ଅଦ୍ଭୁତ ଶୀତଳତାର ରାଜତ୍ୱର ଅୟମାରମ୍ଭ। ପରିସ୍ଥିତି ସ୍ୱାଭାବିକ, ମୃତ୍ୟୁ ଶଙ୍କାରେ ମଗଧ ବିପନ୍ନ। ଉଦ୍ର ରାମପୁତ୍ରଙ୍କ ପୂତ-ପାଦ-ସ୍ପର୍ଶ, ମଗଧ ହେବ ସଞ୍ଜୀବିତ। ତାହା ହେବ ଯୋଗୀ ଯୋଗର ଅମୃତମୟ ଦାନ। ଶେଷରେ ରାମପୁତ୍ର ଆତିଥ୍ୟ ସ୍ୱୀକାର କଲେ। ଆରୋହଣ କଲେ ସ୍ୱର୍ଣ୍ଣରଥ। ସ୍ୱର୍ଣ୍ଣରଥ, ଚାଲିଲା ମଗଧ ଆଡ଼େ। ପଛରେ ମଗଧବାସୀଙ୍କ ଜୟଜୟକାର।

ମଗଧ ସଜବାଜ। ଉଦ୍ର ରାମପୁତ୍ରଙ୍କ ଅଭ୍ୟର୍ଥନା, ରାଜ ପ୍ରାସାଦରେ ଭବ୍ୟ ଆୟୋଜନ। ଅନ୍ତଃପୁର ପ୍ରକୋଷ୍ଠରେ ଚାମରଧାରିଣୀ, ରୂପମଞ୍ଜୁଳା, ଅନ୍ତଃପୁର ସୁଲଭା, ସମୀର ଶିହରିତ ଅଶୋକସ୍ତବକ ପରି ଉଦ୍ର ରାମପୁତ୍ରଙ୍କ ପଦବନ୍ଦନାରେ ରତ। ଏକ ଅନାସ୍ୱାଦିତ ସୁଗନ୍ଧ, ରାମପୁତ୍ରଙ୍କ ତପୋକ୍ଲିଷ୍ଟ ତନୁରେ ନବକଦମ୍ବର ଶିହରଣ। ମଗଧର ନୀଳ ନଭ ବିମଣ୍ଡିତ। କଳାଘୁମର ମେଘରାଜି, ସର୍ବତ୍ର ଶୀତଳ ସ୍ନିଗ୍ଧ ଚନ୍ଦ୍ରିକା, ଯୋଗୀଙ୍କର ଜୟଜୟ ଗାନ। ଗଗନ ପବନ ମୁଖରିତ। ରାମପୁତ୍ରଙ୍କ ତପୋଭଗ୍ନ। ଉନ୍ମୀଳିତ ଦୁଇ ଚକ୍ଷୁ, ଦୃଷ୍ଟି ପଥରେ ବାରମ୍ବାର ଉଦ୍‌ଭାସିତ। ଏବେ ମହାନଦୀର ମହାକାନ୍ତାର। ବିଚିତ୍ର ବର୍ଣ୍ଣା ମାୟାବିନୀ ବନାନୀ। କିନ୍ତୁ ସମ୍ମୁଖରେ ଶିରିଷ କୋମଳାଙ୍ଗୀ, ଅପରୂପା ଲାବଣ୍ୟମୟୀ, ଯୋଗୀ ମନୋହାରୀ ସୁଲଭା। ହାରାବଳୀ ଶୋଭିତ ସ୍ତନବନ୍ଧନ ମୁକ୍ତ। ଅନାବୃତ ସ୍ତୋକନମ୍ର ସ୍ତନରେ ସ୍ତୂପୀକୃତ କାମନାର ଦାବ-ଦହନ, ବନ୍ଧୁଲି ପ୍ରସୂନ ରାଗରଞ୍ଜିତ ଦୁଇ ଓଷ୍ଠପୁଟରେ ଅନନ୍ତ ଯୁଗର ତୃଷ୍ଣା। ସୁଲଭାର ଚାରୁ କଟାକ୍ଷ, ତତ୍‌ସହ ପାଦ ଅଭ୍ୟର୍ଥନା ପାଇଁ ପ୍ରସ୍ତୁତି। ଦୀର୍ଘଦିନ ସାଧନାର ଦଗ୍ଧ ମଞ୍ଜରୀ ପରି ନିଭୃତ କାମନାମାନେ ସତେଜ। ରାମପୁତ୍ରଙ୍କ

ପ୍ରାଣରେ ନବ କଦମ୍ବପରି ବିକଶିତ। ତେଣେ ଆକାଶରେ ମେଘମାଳାର ଗୁରୁଗମ୍ଭୀର ଗର୍ଜନ। ଅନ୍ତଃପୁରରେ ମେଘମହ୍ଲାର ରାଗିଣୀ। ତାଳେ ତାଳେ ବୀଣାର ନିକ୍ୱଣ, ମୃଦଙ୍ଗ ଆଉ ମଞ୍ଜିରର ସୁମଧୁର ସ୍ୱନ। ଚାଲିଛି ମେଘର ଆବାହନୀ ଗୀତିକା। ଯୋଗୀର ମନରେ ପ୍ରଶ୍ନ ପରେ ପ୍ରଶ୍ନ। କିଏ ଏ ଦେବ ଅପ୍‌ସରୀ ସମା ରମା, ମେନକା, ରମ୍ଭା ପରି ସୁଲଭା ? ମନର ଦୁସ୍ତର ମହାକାନ୍ତାରର ବିଚିତ୍ର ମାୟାମୃଗ ? କିଏ କାହାର ନିକଟବର୍ତ୍ତୀ ? କିଏ ଆକର୍ଷିତ ଆଉ କିଏ ବିକର୍ଷିତା ? ବିବଶ ରାମପୁତ୍ର। ବିଦେହୀ ସତ୍ତାର ଶୂନ୍ୟଚାରୀ ସ୍ୱରୂପ। ତାହା ଆଉ ତାଙ୍କ ପାଇଁ ସମ୍ଭବ ନଥିଲା। ରାମପୁତ୍ର ସୁଲଭା ପ୍ରତି ଆସକ୍ତ। ପ୍ରବୃତ୍ତିର ବିଜୟ ନିବୃତ୍ତି ଉପରେ। ଯୋଗୀ ଏବେ ନାଚାର।

ମେଘ ମେଦୁରିତ ଆକାଶ। ନୀପ, ମଲ୍ଲିକା, ନବମାଳିକା ସୁରଭି ଆମୋଦିତ, ମେଘ-ମନ୍ଦ୍ରିତ, ଭେକ ମୁଖରିତ ରାତ୍ର। କାମୋଦ୍ଦୀପକ ପରିବେଶ। ଯୋଗୀ ରାମପୁତ୍ର। ଏସବୁ ବୈଚିତ୍ର୍ୟରେ ବିମୋହିତ। ସବୁ ସମ୍ବୋଧି ବିସ୍ମୃତ ପ୍ରାପ୍ତ। ବାହାରେ ଭୀଷଣ ବର୍ଷା, ମଗଧବାସୀ ଉଲ୍ଲସିତ। ଏଣେ ରାମପୁତ୍ରଙ୍କର କାମପୀଡ଼ା ବହୁ ଗୁଣିତ। ସିକ୍ତ ଜଳକଣାବାହୀ ସମୀରଣ। ପ୍ରକୋଷ୍ଠ ମଧ୍ୟରେ ନିଷ୍କମ୍ପ ପ୍ରଦୀପ୍ତ ଶିଖା। ନଗ୍ର ପ୍ରାଚୀର ସାରା ଗାଢ଼ ଅନ୍ଧାରର ଆଲିଙ୍ଗନ। ରାମପୁତ୍ରଙ୍କ ମନରେ ସେଇ ଏକା ପ୍ରଶ୍ନ। କିଏ ଏହି ଚିତ୍ରାଙ୍ଗଦା ସୁଲଭା ? ରାତ୍ରି ଦ୍ୱିତୀୟ ପ୍ରହର ଅତିକ୍ରାନ୍ତ। ରାମପୁତ୍ରଙ୍କ ପକୋଷ୍ଠର ନିରବତା ଭଙ୍ଗ। ନୀଳଚେଳ ପରିହିତା ଅନିନ୍ଦ୍ୟ ସୁନ୍ଦରୀ ସୁଲଭା। ଉପସ୍ଥିତ ରାମପୁତ୍ରଙ୍କ ଅଭ୍ୟର୍ଥନା କକ୍ଷରେ। କ୍ଷୀଣ କଟି ତଟରେ କାଞ୍ଚିମେଖଳା। ବାମକର ତଳ ନ୍ୟସ୍ତ କରି ସମ୍ମୁଖରେ ଉଭା ମର୍ତ୍ତ୍ୟ ମେନକା, ସୁଲଭା। ଯବା ଅଧରରେ ସ୍ମିତ ହାସ୍ୟ, ଲାସ୍ୟମୟୀ ଭଙ୍ଗିମା, ଆଖିରେ ବିଲୋଳ କଟାକ୍ଷ, ଉଦ୍ରରାମ ପୁତ୍ରଙ୍କର ଅସ୍ୱସ୍ତି। ଯୋଗୀ ପ୍ରାଣରେ ଏ କି ପୁଲକ ? କମ୍ପିତ କଣ୍ଠ। ନିସ୍ତବ୍ଧ ପ୍ରହର। ଯୋଗୀର ପ୍ରକୋଷ୍ଠରେ ସୁଲଭାର ପ୍ରବେଶ। କ'ଣ ତା'ର ଉଦ୍ଦେଶ୍ୟ ? ଏଇ ପ୍ରଶ୍ନର ସାଧା ଉତ୍ତରଟେ। ସୁଲଭା ଯୋଗୀଙ୍କ ଶରୀର ସନ୍ନିକଟରେ। ମୃଦୁ ଗଳାରେ ଦେଲେ ଉତ୍ତର – "ସୁରତରେ ଅତିଥିଙ୍କୁ ସନ୍ତୋଷ ଦାନ, ଆଜ ରାତ୍ରିରେ ଏଇ ତା'ର ଧର୍ମ।"

ବର୍ଷଣମୁଖର ରାତ୍ରି। ଦୀର୍ଘ ଦିନର ପାଣ୍ଡୁର ଭୂଇଁରୁ ଭିଜାମାଟିର ବାସ୍ନା। ସୁପତୋତ୍‌ଥିତ ଜଳକଣାର ମଧୁର ରାଗିଣୀ। ରାମପୁତ୍ରଙ୍କ ବାହୁ ବନ୍ଧନରେ ସୁଲଭା। କିଛି କ୍ଷଣ ପରେ ଅଙ୍ଗଲୀନା ସୁଲଭାର ସ୍ୱର ସ୍ୱେଦମଳିନ ଚିବୁକ। ତା' ଉପରେ ଯୋଗୀଙ୍କର ଚନ୍ଦନ ଚିତ୍ର କୌତୁହଳୀ ଶିଶୁ ପରି ବାରମ୍ବାର ମୃଦୁ ସ୍ପର୍ଶ। ଉଦ୍ର ରାମପୁତ୍ର ମୁଗ୍ଧ ବିହ୍ୱଳ। ମାରବାଣ ଆହତ ପ୍ରେମ ଭିକ୍ଷୁ ଆଜି ଶ୍ରମଣ ଶ୍ରେଷ୍ଠ ଉଦ୍ର ରାମପୁତ୍ର। ତାଙ୍କ ମଧ୍ୟରେ ଏକ ଅନିର୍ବଚନୀୟ ଶୂନ୍ୟତା, ସେଇଠି ସବୁ ଅହଂତ୍ୱର ସମାଧି। ଏକ ସମ୍ମୋହନ ଅବସ୍ଥା। ଯୋଗରେ ନିମଗ୍ନ ହେବା ଅପେକ୍ଷା ଏ ସମ୍ମୋହନ ଖୁବ୍ ଭଲ, ଶତ ଗୁଣେ ଭଲ। ତାହା

ଚିରସ୍ଥାୟୀ ହେଉ। ସ୍ମର ତରଳିତ କଟାକ୍ଷ। ସୁଲଭାର ଆବିଷ୍ଟ କଣ୍ଠ, ଶୁଣାଇଲେ ନାସ୍ତି ବାଣୀ- "ତାହା ସମ୍ଭବ ନୁହେଁ ଯୋଗୀ। ପ୍ରଥମ ପ୍ରମଥିନୀମାନେ ସୁଦ୍ଧା ସେଥିରେ ସକ୍ଷମ ହୋଇ ନାହାନ୍ତି। ମୁଁ ରାଜମହିଷୀ। ବାରବିଳାସିନୀ ନୁହେଁ। ଗ୍ରାର୍ହସ୍ଥ୍ୟ ଧର୍ମ ମୁଁ କେବଳ ଆଚରଣ କରିଛି ମାତ୍ର। ଆପଣ ମଧ୍ୟ ସ୍ୱଧର୍ମ ପାଳନ କରନ୍ତୁ ଯୋଗୀରାଜ।"

ପୁନଃ ଏକ କଦମ୍ବ-ଶିହରିତ, କେକା ମୁଖରିତ ରାତ୍ରି। ବର୍ଷା ପ୍ରାନ୍ତରରେ ଶ୍ୟାମ ଦୂର୍ବା, ନବବର୍ଷା, ଶିଶୁ ଧାନ୍ୟର ଉତ୍ସବ। ଏକ ଅକଥନୀୟ କ୍ଲେଦାକ୍ତତା। ଉଦ୍ର ରାମପୁତ୍ରଙ୍କ ଅପରିଚ୍ଛନ୍ନ ଅନୁଭବ, ସୁଲଭାର ମଞ୍ଜୀରୀ ଧ୍ୱନି ଶୁଣିବା ପାଇଁ ଉତ୍କର୍ଣ୍ଣ। ସେତେବେଳକୁ ସୁଲଭାର ଅତିଥି ସେବାରେ ଯବନିକା। ଏଣିକି ସେ ଅନ୍ତଃପୁର ବାସିନୀ, ରାଜମହିଷୀ ସୁଲଭା। ରାମପୁତ୍ରଙ୍କର ଶିରାରେ ଶିରାରେ ହୁତାଶନର ଜ୍ୱାଳା। ଏସବୁ ଛାଡ଼ି ଯାଇଛନ୍ତି ସୁଲଭା। କାମନାର ହୁତାଶନ। ପ୍ରବୃତ୍ତିର ଶତ ତାଡ଼ନା। ପୁନଶ୍ଚ ସୁଲଭାର ସାନ୍ନିଧ ଲାଭ ଲିପ୍ସା। କିନ୍ତୁ ତାହା ସମ୍ପୂର୍ଣ୍ଣ ଅସମ୍ଭବ। ସୁଲଭା ନୁହେଁ ବାରନାରୀ। ହୋଇଥିଲେ ହୁଏ ତ ପରିସ୍ଥିତି ଭିନ୍ନ ଥାଆନ୍ତା। ରାଜମହିଷୀ ଯୋଗୀମନ ବିମୋହିନୀ କଦାପି ହୋଇ ନପାରେ !

ପ୍ରାସାଦର ଅନ୍ତଃପୁର। ଏ ତ ଯୋଗୀର ସାଧନା ଭୂମି ନୁହେଁ। ମଗଧ ବାସୀଙ୍କର ଆଶା ପୂର୍ଣ୍ଣ। ବର୍ଷାର ନାହିଁ ନଥିବା ଉନ୍ମତ୍ତ ତାଣ୍ଡବ। ପରିବେଶ ଶୀତଳିତ। ହେଲେ ଉଦ୍ର ରାମପୁତ୍ର ମନ-ପ୍ରାଣ-ବ୍ୟାକୁଳିତ। ମଗଧରେ ଆଉ ନାହିଁ ପ୍ରୟୋଜନ। ପ୍ରାସାଦ ବାହାରେ ସ୍ୱର୍ଣ୍ଣରଥ ସଜ୍ଜିତ। ପ୍ରଭାତ ଆଉ କେତେ ଘଡ଼ି ବାକି। ପ୍ରତ୍ୟୁଷ ଆସିବ। ସକୃତଜ୍ଞ ମଗଧର ଜନତା, ଜୟନାଦରେ ମୁଖରିତ ହେବ ଗଗନ, ପବନ। ଉଦ୍ର ରାମପୁତ୍ର କକ୍ଷଚ୍ୟୁତ। ଏବେ କେଉଁ ଆଡ଼କୁ ଗତି ? ମଗଧରେ ନାହିଁ ସ୍ଥାନ, ସ୍ଥାନ ନାହିଁ ସାଧନା ପୀଠ ମହାନଦୀର ମହାକାନ୍ତରରେ। ରଥ ଅଗ୍ରସର। ପଥ ପ୍ରାନ୍ତରେ ସମ୍ମୋହିତ ଜନତା, ଯୋଗୀର ଯଶୋଗାନ। ମରୁପ୍ରାନ୍ତର ବାହୀ, ଜଳଭାର ହୀନ, କାଳବୈଶାଖୀର ଅଶାନ୍ତ କୋଳାହଳ। ଶ୍ରମଣ ପ୍ରାଣରେ ହାହାକାର। ଦୂରରୁ ଝାପ୍‌ସା ପ୍ରତୀୟମାନ ଅନ୍ତଃପୁରର ଏକ ଗବାକ୍ଷ ପଥ। ସେଇ ବାଟେ ପ୍ରଦୀପର ଆଲୋକ ରେଖା ବିଚ୍ଛୁରିତ, ତାହା ସୁଲଭାଙ୍କ କେଳୀ ମନ୍ଦିରର ନିଶି ପ୍ରଦୀପ। ଉଦ୍ର ରାମପୁତ୍ରଙ୍କର ଗୋଟେ ଦୀର୍ଘଶ୍ୱାସ। ଅସ୍ଥିର ପାଦ ଯୋଡ଼ିକ ଆଗକୁ ଯିବାକୁ ଅମଙ୍ଗ। ଯୋଗୀ ପ୍ରାଣ ଆତୁର; ମାତ୍ର ସୁଲଭା ତାଙ୍କ ପାଇଁ ଚିର ଅପହଞ୍ଚ। ସେଇ ତ ତାଙ୍କ ସାଧନାର ସିଦ୍ଧି। ନିର୍ବାଣ ନୁହେଁ ସୁଲଭା ସହ ମିଳନରେ ପ୍ରବୃତ୍ତିର ଚରିତାର୍ଥ। ତାହାହିଁ ମହାନିର୍ବାଣ। ପ୍ରବୃତ୍ତି ଏକ ଅରଣା ହସ୍ତୀ। ମତୁଆଲା ହେଲେ ସ୍ଥିତି ଅସମ୍ଭାଳ। କାମ ପ୍ରବଣତା ଯାଦୃଚ୍ଛା ପ୍ରସାରିତ। ସେଥିରୁ ନାହିଁ ନିସ୍ତାର। ନାହିଁ ପ୍ରବୃତ୍ତିରୁ ନିବୃତ୍ତି। ଏଇଟି ଅକାଟ୍ୟ ସତ୍ୟ। ହୋଇ ଥାଆନ୍ତୁ ପଛେ ଶ୍ରମଣ ଶ୍ରେଷ୍ଠ ଉଦ୍ର ରାମପୁତ୍ର।

■

ରାଜନୀତିର ଯଜ୍ଞକୁଣ୍ଡରେ ବିଶ୍ୱସ୍ତ, ବଶମ୍ବଦଙ୍କ ଆହୁତି

ଦୁଇ ମହାକାବ୍ୟ - ରାମାୟଣ, ମହାଭାରତ। ପ୍ରଥମଟିର ସ୍ରଷ୍ଟା ବାଲ୍ମୀକି, ଦ୍ୱିତୀୟଟିର ରଚୟିତା ବ୍ୟାସ। ରାମାୟଣ ଭ୍ରାତୃ ସ୍ନେହ, ମମତା, ତ୍ୟାଗର ନିଦର୍ଶନ। ପ୍ରଜାନୁରଞ୍ଜକ ରାଜାଙ୍କର ଅମଳିନ ଶାସନ କାହାଣୀ। ଏବେ ବି ଲୋକମୁଖରେ 'ରାମରାଜ୍ୟ' ପ୍ରସଙ୍ଗ; ମାତ୍ର ମହାଭାରତର କାହାଣୀ ଏହାର ସମ୍ପୂର୍ଣ୍ଣ ବିପରୀତ। ସଖା ନାଶ, ସୋଦର ନାଶ, କୁଳ ନାଶର କରୁଣ କାହାଣୀ, ରକ୍ତରଞ୍ଜିତ ଭ୍ରାତୃତ୍ୱ। ସିଂହାସନର ମୋହ, ବିନାଯୁଦ୍ଧେ ନ ଦେବାର ସୂଚ୍ୟଗ୍ରେ ମେଦିନୀ - ଏ କଠୋର ପଣ ହସ୍ତିନା କଟକ ନରେଶ ମାନଗୋବିନ୍ଦ ଦୁର୍ଯ୍ୟୋଧନଙ୍କର। ଅପରପକ୍ଷରେ ଅନ୍ୟାୟର ଅବସାନ, ପାପର ସମାପ୍ତି, ଧର୍ମ ସଂସ୍ଥାପନ ପାଇଁ ଚକ୍ରୀ ଶ୍ରୀକୃଷ୍ଣଙ୍କ ପ୍ରଚେଷ୍ଟା। ଏଥି ପାଇଁ ମାୟା, କୂଟନୀତି, ମିତ୍ରପକ୍ଷ, ଶତ୍ରୁପକ୍ଷଙ୍କୁ ନିର୍ମମ ହତ୍ୟା। ଅଠର ଦିନର ମହାଭାରତ ମହାସଂଗ୍ରାମ, ନା କୌରବ ଶହେଭାଇ ଅବା ପାଣ୍ଡବ ପାଞ୍ଚ ଭାଇଙ୍କର। ନେପଥ୍ୟରେ ଏ ଯୁଦ୍ଧର ମହାନାୟକ ସ୍ୱୟଂ ମାୟାବୀ ଶ୍ରୀକୃଷ୍ଣ। କେତେ କେତେ ରଥୀ, ମହାରଥୀ ଟଳି ପଡ଼ିଲେ। କୁରୁକ୍ଷେତ୍ରରେ ରକ୍ତନଦୀ। ଶତପୁତ୍ରର ଜନନୀ ଗାନ୍ଧାରୀ ଶୋକାକୁଳା। ଆଖିରେ ଅନ୍ଧପଟ୍ଟିକା, ସ୍ୱାମୀ ଧୃତରାଷ୍ଟ୍ର ସହଜେ ତ ଅନ୍ଧ। ନିଜ ସନ୍ତାନଙ୍କ କୁକର୍ମ, ତିଳେମାତ୍ର ତାଙ୍କର ନଥିଲା ଅନୁଶୋଚନା। ଥିଲା ପରୋକ୍ଷ ସମର୍ଥନ। କୁରୁକୁଳର ଶେଷ ସନ୍ତକ ଦୁର୍ଦ୍ଧର୍ଷ, ପାଣ୍ଡବଙ୍କର ଆଶ୍ରିତ। ତାଙ୍କୁ ମଧ୍ୟ ନିଧନ କରାଇ ଦେଲେ ଶ୍ରୀକୃଷ୍ଣ। ଅପରପକ୍ଷରେ ଧର୍ମରାଜ ଯୁଧିଷ୍ଠିରଙ୍କର ସ୍ୱର୍ଗାରୋହଣ। ଅବଶିଷ୍ଟ ଚାରିଭାଇ, ପତ୍ନୀ ଦ୍ରୌପଦୀ, ସେମାନେ ହିମାଳୟ ଶିଖରିରୁ ପତିତ, ଜଣେ ପରେ ଜଣେ ମୃତ୍ୟୁବରଣ କଲେ। ଉତ୍ତରାଙ୍କ ଗର୍ଭରେ ପରିକ୍ଷିତ, ଅଶ୍ୱତ୍ଥାମାର ବ୍ରହ୍ମାସ୍ତ୍ରରେ ହେଲେ ହତ। ଶ୍ରୀକୃଷ୍ଣ ଦେଲେ ଜୀବନ୍ୟାସ। ସେଇଥି ପାଇଁ ତାଙ୍କର ନାମ 'ପରିକ୍ଷିତ'। ସେ

ରାଜସିଂହାସନ ଆରୋହଣ କଲେ । ଅଧର୍ମର ନାଶ, ସୋମବଂଶ ବିନାଶ । ଧର୍ମର ଶାସନ ଆରମ୍ଭ ହେଲା । ସାଧୁଙ୍କର ପରିତ୍ରାଣ, ଦୁଷ୍ଟମାନଙ୍କର ବିନାଶ, ଉଡ଼ିଲା ଧର୍ମର ବୈଜୟନ୍ତୀ । ଏଇ ହେଲା ମହାଭାରତର କାହାଣୀ ।

କୌରବ ପକ୍ଷ ଶୋକାର୍ତ୍ତ, ବେଦନାର୍ତ୍ତ, ଦୁଃଖୀ, ତଥାପି ଅହଂକାରୀ । ତେଣେ ଗାନ୍ଧାରୀ, ଅନଶତ ପୁତ୍ରର ବିନାଶରେ ଶୋକାତୁରା । ଧୃତରାଷ୍ଟ୍ର ଭୀମକୁ କୋଳାଗ୍ରତ କରିବେ, ଭୀମ ନିହତ ହେବ- ଏଇ ଅପଚିନ୍ତା । ଅନ୍ୟପକ୍ଷେ ଗାନ୍ଧାରୀଙ୍କ ଅନ୍ଧ ପଟ୍ଟିକା ଉନ୍ମୋଚିତ ହେବ, ଦେଖିବେ ଯୁଧିଷ୍ଠିରଙ୍କୁ । ତେଜୋଦୀପ୍ତ ଅଗ୍ନି ନିର୍ଗତ ହେବ, ଭସ୍ମୀଭୂତ ହେବେ ଯୁଧିଷ୍ଠିର । ପ୍ରତିଶୋଧର ଅଗ୍ନି ନିର୍ବାପିତ ହେବ । ଦୁର୍ଯ୍ୟୋଧନ, ଦୁଃଶାସନ, ଦୁର୍ଜୟ, ଦୁରନ୍ତ, ଦୁର୍ଗମ, ଦୁର୍ଭର, ଦୁର୍ବାଲୋକ ପ୍ରମୁଖ ଶତପୁତ୍ରର ଜନନୀ ଗାନ୍ଧାରୀ । କର୍ପୂର ରେଣୁ ସିଞ୍ଚିତ ତୂଳି-ତଳ୍ପରେ ସୁଦ୍ଧା ନିଦ୍ରାସ୍ପର୍ଶ ରହିତ ତାଙ୍କ ପୁତ୍ରମାନେ । ଆଜି କୁରୁକ୍ଷେତ୍ର ରଣାଙ୍ଗନ କର୍ଦ୍ଦମରେ ମହାନିଦ୍ରାଗତ । ରକ୍ତମାଂସଧାରୀ କେଉଁ ଜନନୀ ବା ନ ହେବ ଧୈର୍ଯ୍ୟଚ୍ୟୁତା । ଅପର ପକ୍ଷରେ ଧୃତରାଷ୍ଟ୍ର, ତାଙ୍କ କୁଞ୍ଚିତ ରେଖାଙ୍କିତ ମୁଖ ମଣ୍ଡଳରେ ଶିଥିଳ ମାଂସପେଶୀ, ତଥାପି କାଠିନ୍ୟରେ ନିଷ୍ଠୁର । ସୁପ୍ତ ଆଗ୍ନେୟଗିରିର ଅନ୍ଧକାର ବିବର ସମ, ତାଙ୍କର ଦୁଇଟି ଦୃଷ୍ଟିହୀନ ଚକ୍ଷୁରେ ଅଗ୍ନ୍ୟୁଦ୍‌ଗାର ପରି ଉଲ୍ଲମ୍ଫନ । ଧୃତରାଷ୍ଟ୍ରମାନେ ତ କାଳେକାଳେ ଅନ୍ଧ । ସିଂହାସନର ସ୍ୱର୍ଣ୍ଣଦୀପ୍ତିରେ ବିବଶ । ଏ କଥାଟି ଅଜଣା ନ ଥିଲା ଚକ୍ରୀଙ୍କୁ । ପ୍ରତିଶୋଧର ଦାବାଗ୍ନିରେ ଆତ୍ମଦହନ, ଉଭୟ ଧୃତରାଷ୍ଟ୍ର, ଗାନ୍ଧାରୀଙ୍କର । ଶେଷରେ ହରାଇଲେ ତାଙ୍କ ପୁତ୍ର ଦୁର୍ଦ୍ଧକ୍ଷଙ୍କୁ । କୁରୁକୁଳ ନାଶ ହେଲା । ରାଜନୀତିର ଯଜ୍ଞ କୁଣ୍ଡରେ ଦୁର୍ଦ୍ଧକ୍ଷଙ୍କର ବଳି । ସେଠି ବିଶ୍ୱସ୍ତ, ବଶମ୍ବଦଙ୍କ ପାଇଁ ନାହିଁ ସମବେଦନା । ଏମିତି ଏକ ସ୍ପର୍ଶକାତର ବିଷୟ । ଦୁର୍ଦ୍ଧକ୍ଷର କପଟ-ନିଧନ ପ୍ରସଙ୍ଗ ବ୍ୟାସକୃତ ମହାଭାରତରେ ନାହିଁ । କବି ସାରଳା ଦାସଙ୍କ ମହାଭାରତର 'ନାରୀ ପର୍ବ' । ଏଥିରେ ପ୍ରସଙ୍ଗଟି ସୁନ୍ଦର ଭାବେ ଚିତ୍ରିତ । କୁରୁକୁଳ ବିନାଶ ପରେ ଶ୍ରୀକୃଷ୍ଣଙ୍କ କୁଟିଳ ହସ । ସେଇ ପ୍ରସଙ୍ଗକୁ ନେଇ ଗଳ୍ପ 'ଶ୍ରୀକୃଷ୍ଣଙ୍କ ଶେଷ ହସ' । ଗାଳ୍ପିକ ସୁରେନ୍ଦ୍ର ମହାନ୍ତି । ପୌରାଣିକ ପ୍ରସଙ୍ଗଟି, ଅତି ଚମତ୍କାର ଭାବେ ବର୍ଣ୍ଣନା କରିଛନ୍ତି ଗପଟିରେ ।

ମହାଭାରତ ଯୁଦ୍ଧର ବିୟୋଗାନ୍ତକ ନାଟକ । ଆରମ୍ଭ ହେଲା ଅନ୍ତିମ ଦୃଶ୍ୟ । ଇନ୍ଦ୍ରପ୍ରସ୍ଥର ଗିରିମାଳା ଅସ୍ତାଚଳ ପଥରେ ସର୍ବଦ୍ରଷ୍ଟା ଦିବାକର । ସତେ ଯେମିତି ଅରୁଣ ବାହିତ ରଥ ଦଣ୍ଡକ ପାଇଁ ସ୍ଥିର ! ଦେଖିବେ ସେଇ ଦୃଶ୍ୟକୁ । ମହାସମର ପରେ ପରିତ୍ୟକ୍ତ କୁରୁକ୍ଷେତ୍ର । ଧ୍ୱଜ, କଳସ ଶୋଭିତ, ମୁକ୍ତା-ମଣିଝରା ବିମଣ୍ଡିତ ଅନେକ ଭଗ୍ନରଥ କୌରବପକ୍ଷର । ତୂଣି, ଧନୁ, ନାରାଚ ଶୋଭିତ; ଏକାଦଶ ଅକ୍ଷୌହିଣୀ ଯୋଦ୍ଧୃବର୍ଗ, ସେମାନଙ୍କର ରାଶିରାଶି ଶବ ଭୂପତିତ, ଶୋଣିତ ମଧ୍ୟରେ ଇତସ୍ତତଃ ବିକ୍ଷିପ୍ତ ।

ମହାଶ୍ମଶାନର ଶବସ୍ତୂପ, ତାରି ମଧ୍ୟରେ ରୋରୁଦ୍ୟମାନା, ଅସଂବୃତ ବସନା, ଅବିନ୍ୟସ୍ତ କୁନ୍ତଳା ଦୁର୍ଯ୍ୟୋଧନ ମହିଷୀ ଭାନୁମତୀ, ଅନ୍ୟ କୌରବ-କୁଳ ନାରୀମାନେ। ନିଜ ନିଜର ପ୍ରିୟ ସ୍ୱଜନଙ୍କ ବୀଭତ୍ସ ନିଧନର ଦୃଶ୍ୟ। ଏକ ହୃଦୟ ବିଦାରକ ସ୍ଥିତି। ସେମାନଙ୍କ ଆକୁଳ କ୍ରନ୍ଦନ। ଶ୍ୱାନ, ଶିବା, ଶକୁନମାନଙ୍କର ନାରକୀୟ ରଡ଼ି। ଶତଶତ ଚିରାଳର ଦୃପ୍ତ ଚପଳତା। ମୃତ୍ୟୁର ଚଳଚଞ୍ଚଳ ଗାମ୍ଭୀର୍ଯ୍ୟରେ ପ୍ରଶମିତ। ଅଶ୍ୱମାନଙ୍କର ହ୍ରେଷାରବ, କ୍ଷୁବ୍ଧ ଦନ୍ତାବଳମାନଙ୍କର ବୃଂହିତ, ଯୋଦ୍ଧୃବର୍ଗଙ୍କର ପ୍ରମତ୍ତ-ଆସ୍ଫାଳନ। ମୃତ୍ୟୁର ପ୍ରଚଣ୍ଡ ଗଦାଘାତ। ଏବେ ସବୁ ନିରବ, ନିଥର, ଶାନ୍ତ। ଜନ୍ମାନ୍ଧ ଧୃତରାଷ୍ଟ୍ର। କୁରୁକ୍ଷେତ୍ରରେ ମହାଶ୍ମଶାନ, ମହାନିଦ୍ରାରେ ମାନଗୋବିନ୍ଦ ଦୁର୍ଯ୍ୟୋଧନ, ସମବେତ ଅନଶତ ପୁତ୍ର। ପୁନଶ୍ଚ କର୍ଣ୍ଣ, ଶଲ୍ୟ, ଦ୍ରୋଣ, ଭୂରିଶ୍ରବା ପ୍ରମୁଖ ସଖା, ସମସ୍ତେ ମହାନିଦ୍ରାରେ। ଗାନ୍ଧାରୀଙ୍କ ଶୋକ, ଦୀର୍ଘଶ୍ୱାସରେ କୌରବଙ୍କ ଛାୟାଛନ୍ନ ପ୍ରାସାଦ ଭିତ୍ତିପ୍ରସ୍ତର ଦେହରେ ପ୍ରତିଧ୍ୱନିତ। ସେ ଫିଙ୍ଗି ଦେବେ ଅନ୍ଧ-ପଟ୍ଟିକା। ଶତପୁତ୍ର ମାତୃତ୍ୱରେ ଗରବିଣୀ ସୋମବଂଶର ପୂଜନୀୟା ଗାନ୍ଧାରୀ। ଜୀବିତାବସ୍ଥାରେ ହେଲାନି, ଦେଖିବେ ପୁତ୍ରଙ୍କ ଶବପିଣ୍ଡକୁ। ଧୃତରାଷ୍ଟ୍ରଙ୍କ କ୍ରୋଧ, ଅହଂକାର ଜର୍ଜରିତ ବଡ଼ିମା। ପାଣ୍ଡବ ପଞ୍ଚଭ୍ରାତାଙ୍କୁ ସମୂଳେ ବିନାଶ କରିବା ପାଇଁ ନାନାଦି ଅପଚେଷ୍ଟା, ଭୟଙ୍କର ଷଡ଼ଯନ୍ତ୍ର। ଜତୁଗୃହ ଦାହ, ଭୀମକୁ ବିଷଲଡ୍ଡୁ ଖୁଆଇବା, ଦ୍ରୌପଦୀଙ୍କ ପଞ୍ଚପୁତ୍ରଙ୍କୁ ହତ୍ୟା, କୁରୁସଭା ତଳେ ଦ୍ରୌପଦୀଙ୍କୁ ବିବସନା କରିବାର ଲଜ୍ଜାଜନକ ପ୍ରକ୍ରିୟା। ଏସବୁ ଯେତିକି ନିନ୍ଦିତ, ତା' ଠାରୁ ଅଧିକ କୁତ୍ସିତ। ବିନା ଯୁଦ୍ଧରେ ସୂଚି ପରିମିତ ଭୂମି ନ ଦେବାର ଆସ୍ଫାଳନ - ଏଇ ସବୁ କୌରବଙ୍କ ପତନର କାରଣ। ତଥାପି ଅହମିକା ଶିଖରରେ ଧୃତରାଷ୍ଟ୍ର। ଏସବୁ ଅପକର୍ମ ସ୍ପୃହଣୀୟ ନୁହେଁ। ଏଇ ପରାମର୍ଶ ବିଦୁରଙ୍କର। ନିର୍ଯ୍ୟାତିତ, ନିଷ୍ପେଷିତ, ଆର୍ତ୍ତ, ବଞ୍ଚିତର ଦାବି, ଆପାତ ଦୃଷ୍ଟିରେ ହୁଏତ ଦୁର୍ବଳ। ମାତ୍ର ତ୍ରିପୁର ବିଜୟୀ ଯୋଦ୍ଧାଙ୍କର ଧନୁଷ୍ଟଙ୍କାର ତାକୁ ଅବଦମିତ କରିବା ଅସମ୍ଭବ। ଇନ୍ଦ୍ରପ୍ରସ୍ଥ ଆକାଶରେ କାଳ ବୈଶାଖୀର ଘୂର୍ଣ୍ଣି। ଧୃତରାଷ୍ଟ୍ରଙ୍କ ଚିତ୍କାର। ବିଦୁର କୌରବଙ୍କର ଅନ୍ନଭୋଜୀ, କୌରବଙ୍କର ଔଦାର୍ଯ୍ୟରେ, କରୁଣାରେ, ଦାକ୍ଷିଣ୍ୟରେ ଲାଳିତ, ପାଳିତ, ବର୍ଦ୍ଧିତ। ତଥାପି ସେ ଲଂଘି ନଥିଲେ ଧର୍ମର ମାର୍ଗ। ପଦେ ପଦେ ବାରଣ କରିଥିଲେ ଧୃତରାଷ୍ଟ୍ରଙ୍କୁ। ଅଧର୍ମର ବିନାଶ ଅନିବାର୍ଯ୍ୟ। ଧର୍ମମାର୍ଗୀ ବିଦୁରଙ୍କୁ ଏକଥାଟି ଅଜଣା ନ ଥିଲା। ସତ୍ୟ ଯେତେ କଠୋର ହେଉ, ତାକୁ ସମ୍ମୁଖୀନ ହେବାକୁ ସମସ୍ତେ ବାଧ୍ୟ। ଏଥିରୁ କୁରୁକୁଳ ବା ବାଦ୍ ଯିବେ କିପରି ?

କର୍ମଫଳ ଅଲଂଘନୀୟ। ହିତାହିତ ଜ୍ଞାନ ଭୁଲିଲେ ପତନ ହିଁ ପତନ। ହିଂସା କ୍ରୋଧକୁ ଦ୍ୱିଗୁଣିତ କରେ। ପତନର ପଥ ପରିଷ୍କାର ହୋଇଯାଏ। ଏ କଥାକୁ କୋପ ଜର୍ଜରିତମାନେ ଭୁଲି ଥାଆନ୍ତି। ଠିକ୍ ସେମିତି ଗାନ୍ଧାରୀ। ଦେଖିବେ ଯୁଧିଷ୍ଠିରଙ୍କୁ। ସେ

ହେବେ ଭସ୍ମସ୍ତୂପ। ଧୃତରାଷ୍ଟ୍ରଙ୍କୁ ଗାନ୍ଧାରୀଙ୍କ ଆକୁଳ ନିବେଦନ ଅନ୍ଧ-ପଟ୍ଟିକା ଖୋଲିଦେବାକୁ। ଦେଖିବେ ପୁତ୍ରମାନଙ୍କର ଶବ; ମାତ୍ର ଉଦ୍ଦେଶ୍ୟ ଭସ୍ମକରି ଦେବେ ଧର୍ମରାଜ ଯୁଧିଷ୍ଠିରଙ୍କୁ। ଶୋକ ସମ୍ବରଣ କରିବାକୁ ବିଦୁରଙ୍କ ପରାମର୍ଶ। ଅଗ୍ରପାଣ୍ଡବ ଯୁଧିଷ୍ଠିର। ତାଙ୍କରି ଆଶ୍ରୟରେ ଏବେବି ଜୀବିତ ଦୁର୍ଦ୍ଧର୍ଷ, ପୁନଶ୍ଚ ପଞ୍ଚୁପାଣ୍ଡବଙ୍କର ଗାନ୍ଧାରୀଙ୍କ ପ୍ରତି ଜନନୀ ତୁଲ୍ୟ ଭକ୍ତି। ଏ ଉପଦେଶ ଥିଲା ନିମିତ୍ତ ମାତ୍ର। ଆରମ୍ଭରୁ ଅନ୍ତ ଯାଏ। ଗାନ୍ଧାରୀଙ୍କ ଜୀବନରେ କ'ଣ ସବୁଦିନେ ଅମାବାସ୍ୟାର ଅମା ଅନ୍ଧାର? ନେବେ ପ୍ରତିଶୋଧ। ଯୁଧିଷ୍ଠିରଙ୍କୁ ଆଶୀର୍ବାଦ କରିବାର କେବଳ ବାହାନା। ଦୂତ ସମ୍ବାଦ ପହଞ୍ଚାଇଲା। ମାତା ଗାନ୍ଧାରୀ ତାଙ୍କୁ ସ୍ମରଣ କରୁଛନ୍ତି। ରଥ ପ୍ରସ୍ତୁତ। ଶ୍ରୀକୃଷ୍ଣଙ୍କର କୁଟିଳ ହସ - ମହାଭାରତର ଜୈତ୍ର ଯାତ୍ରା ପଥରେ ପାଣ୍ଡବଙ୍କ ବିଜୟରଥ। ଏଥିରେ କ'ଣ ଧର୍ମରାଜଙ୍କର ସନ୍ଦେହ? ଧର୍ମରାଜ ନିରବ। ଚକ୍ରୀ ତ ସବୁବେଳେ ପ୍ରହେଳିକାମୟ! ଯୁଧିଷ୍ଠିର ବା କେମିତି ବୁଝନ୍ତେ ତାଙ୍କ ମାୟା?

କୁରୁକ୍ଷେତ୍ର ମହାଶ୍ମଶାନରେ ଗାନ୍ଧାରୀ। ସଞ୍ଜୟ ଗୋଟିଗୋଟି କରି କହିଲେ - ଏ ମହାନିଦ୍ରାରେ ଅଚେତ ମହାବୀର ଭୀଷ୍ମ। ଦ୍ରୋଣ, ଶୈଲ୍ୟ ଆଦି ମହାରଥୀଙ୍କ ଶବ, ଦୁର୍ଯ୍ୟୋଧନ ସମେତ ଭାଇମାନଙ୍କର ଶବର ପରିଚୟ ପ୍ରଦାନ କରୁଥିଲେ ସଞ୍ଜୟ। ତ୍ରିପୁର ବିଜୟୀ ଭୀଷ୍ମ। ଇଚ୍ଛାମୃତ୍ୟୁ ବରଣ ପାଇଁ ତାଙ୍କର ପ୍ରତୀକ୍ଷା। ଏ ସମସ୍ତ ଗାନ୍ଧାରୀ ଅବଗତ; ମାତ୍ର ଅର୍ଜୁନ ଶରାଘାତରେ ଭୂତଳଶାୟୀ କର୍ଣ୍ଣ। ଭୀମଙ୍କର ଗଦାଘାତରେ ଭଗ୍ନଜାନୁ ଦୁଃଶାସନ ହତ। ଗାନ୍ଧାରୀ କ୍ରୋଧ ଜର୍ଜରିତା। ତାଙ୍କର ଆକୁଳ ନିବେଦନ ଅନ୍ଧ ପଟ୍ଟିକା ମୋଚନ ପାଇଁ। ସଞ୍ଜୟ ନିରବ, ଉପସ୍ଥିତ ହେଲେ ଯୁଧିଷ୍ଠିରଙ୍କ ସହ ଶ୍ରୀକୃଷ୍ଣ। ଯୁଧିଷ୍ଠିର ଆଗେଇଗଲେ। ଦିବ୍ୟଦ୍ରଷ୍ଟା ଶ୍ରୀକୃଷ୍ଣ। ସତର୍କ କରାଇଦେଲେ। କୁରୁକ୍ଷେତ୍ର ମହାଶ୍ମଶାନର ଶବସ୍ତୂପ ମଧ୍ୟରେ ଗାନ୍ଧାରୀ, ଦେଖିବେ ପୁତ୍ରଙ୍କର ଶବ, ଯୁଧିଷ୍ଠିର ଅନ୍ଧ ପଟ୍ଟିକା ଉନ୍ମୋଚନ କରିବେ। ଯୁଧିଷ୍ଠିର ପ୍ରସ୍ତୁତ। ଶତପୁତ୍ରର ଜନନୀ ଗାନ୍ଧାରୀ, ଆଜି ପୁତ୍ରହୀନା। ତୁଚ୍ଛ ସିଂହାସନ ପାଇଁ ଯୁଧିଷ୍ଠିରଙ୍କର ସର୍ବଗ୍ରାସୀ ଲୋଭ ଆଉ ଈର୍ଷା, ତାହା କୁରୁକୁଳ ନିଷ୍ପ୍ରଦୀପର କାରଣ। ଶୋକ ବହ୍ନିରେ ପ୍ରଜ୍ୱଳିତା ଗାନ୍ଧାରୀ। ଯୁଧିଷ୍ଠିର ନୁହେଁ, ଦୁର୍ଦ୍ଧର୍ଷ ମୋଚନ କରିବେ ଗାନ୍ଧାରୀଙ୍କ ଅନ୍ଧପଟ୍ଟିକା। କାରଣ ମଧ୍ୟ ବୁଝାଇ ଦେଲେ ଶ୍ରୀକୃଷ୍ଣ। ଯୁଧିଷ୍ଠିର ତମେ ଅନ୍ଧପଟ୍ଟିକାର ଉନ୍ମୋଚନ କରିବା ପରେ, ସେ ଯେତେବେଳେ ତୁମର ପାଦତଳେ ପ୍ରିୟପୁତ୍ର ଦୁଃଶାସନର ଭୂତଳଶାୟୀ ଶବ ଦେଖିବେ, ସେତେବେଳେ ଶାନ୍ତି ଓ ଆତ୍ମ ସାନ୍ତ୍ୱନା ନଥିବ। ତାଙ୍କ ପ୍ରାଣରେ ଶୋକବହ୍ନି ଶତଗୁଣରେ ପ୍ରଜ୍ୱଳିତ ହେବ ନାହିଁ କି? ସେଇ ଅଗ୍ନିର ସର୍ବଗ୍ରାସୀ ବୁଭୁକ୍ଷାରେ ନିଃଶେଷ ହେବେ ଯୁଧିଷ୍ଠିର।

ମହାନିଦ୍ରାରେ ମାନଗୋବିନ୍ଦ ସମେତ ଶତଭ୍ରାତ, ଆଉ ସବୁ ରଥୀ, ମହାରଥୀଙ୍କ

ସମଦଶା। ଶତପୁତ୍ରର ଜନନୀ ଗାନ୍ଧାରୀ, ସ୍ୱାମୀ ଜନ୍ମାନ୍ଧ ଧୃତରାଷ୍ଟ୍ର। ଗାନ୍ଧାରୀ ସତୀଧର୍ମ ରକ୍ଷାକଲେ। ଆଖିରେ ବାନ୍ଧିଦେଲେ ଅନ୍ଧପଟ୍ଟିକା। ବନ୍ଧନ ଦୁଚ୍ଛେଦ୍ୟ, ଗ୍ରନ୍ଥି ଦୁର୍ଭେଦ୍ୟ। ପୁତ୍ର ଶୋକ ଅଧିରା ଗାନ୍ଧାରୀ। ଜୀବିତାବସ୍ଥାରେ ଦେଖି ପାରିଲେନି, ଦେଖିବେ ମହାନିଦ୍ରାରେ ଶାୟିତ ପୁତ୍ରମାନଙ୍କ ମୃତପିଣ୍ଡ। ଧୃତରାଷ୍ଟ୍ର ବି ପ୍ରତିଶୋଧ ପରାୟଣ। ଧୃତରାଷ୍ଟ୍ରମାନେ ଚିରକାଳ ଅନ୍ଧ। ସିଂହାସନର ସ୍ୱର୍ଣ୍ଣଦୀପ୍ତିରେ କାଳେ କାଳେ ସେମାନେ ଅନ୍ଧ ହୋଇଛନ୍ତି। ଚକ୍ଷୁଷ୍ମତ୍ତା ଏକମାତ୍ର ଦୃଷ୍ଟି ନୁହେଁ। ଦୁର୍ଯ୍ୟୋଧନଙ୍କ ଆସ୍ଫାଳନ। ପୁରୋଦୃଷ୍ଟିରେ ଧୃତରାଷ୍ଟ୍ର ଏହାର ପରିଣତି କଳନା କରିବା ଉଚିତ ଥିଲା। ଆଜି ଅନୁଶୋଚନାରେ ତିଳେ ତିଳେ ସେ ଦଗ୍ଧ। କେବଳ ଧୃତରାଷ୍ଟ୍ର ନୁହନ୍ତି, ସବୁ ଧୃତରାଷ୍ଟ୍ର ତାଙ୍କ ପରି ଜନ୍ମାନ୍ଧ। ବିଦୁରଙ୍କ ହିତୋପଦେଶ ଧୃତରାଷ୍ଟ୍ରଙ୍କ ପାଇଁ ବିଷତୁଲ୍ୟ। କୌରବଙ୍କ ଅନ୍ନରେ ପ୍ରତିପାଳିତ ବିଦୁର। ଧୃତରାଷ୍ଟ୍ରଙ୍କର ତ୍ରୁଟିକୁ ବିରୋଧ କଲେ। ସେଥିପାଇଁ ହେଲେ ଭର୍ତ୍ସିତ। ସାମାନ୍ୟ ରାଜ୍ୟ ପାଇଁ ପାଣ୍ଡବମାନେ କୌରବକୁଳ ବିଧ୍ୱଂସ କରିଦେଲେ। ଏକଥାକୁ କ'ଣ ଭୁଲିପାରିବେ ଧୃତରାଷ୍ଟ୍ର। ସୋମବଂଶର ଦୀପଶିଖା ଗୋଟିଏ ପରେ ଆରେକ ନିର୍ବାପିତ। ଅନ୍ଧ ଧୃତରାଷ୍ଟ୍ରଙ୍କ ଅନ୍ଧ ତମିସ୍ରା ସଦୃଶ। ଏଣିକି ଅତୀତ, ବର୍ତ୍ତମାନ, ଭବିଷ୍ୟତ ସବୁ ନିରନ୍ଧ୍ର। ସୂଚୀଭେଦ୍ୟ, ନିଷ୍ଠୁର ଅନ୍ଧକାର। କର୍ମ ଫଳ ଅବଶ୍ୟ ମିଳିବ। ତାହାହିଁ ହେଲା, ଧୃତରାଷ୍ଟ୍ର କୁରୁକୁଳର ଅଗସ୍ତି ସମ। ଶେଷରେ କୌରବ -ସମୁଦ୍ର ନିଃଶେଷ କରିଦେଲେ। ପାଣ୍ଡବମାନେ ତ ଜୀର୍ଣ୍ଣ କୂପ ମାତ୍ର। ଅଧିକ କ୍ରୋଧରେ ପ୍ରଜ୍ୱଳିତ ହେବା ସ୍ପୃହଣୀୟ ନୁହେଁ। ସେଇ ଜୀର୍ଣ୍ଣ କୂପକୁ ନିଃଶେଷ କରିବା ପ୍ରଚେଷ୍ଟା ଅସଫଳ ରହିବ। ଏ କ୍ଷେତ୍ରରେ କ୍ରୋଧ ଶାନ୍ତି ଏକାନ୍ତ ବାଞ୍ଛନୀୟ। ଏ ଥିଲା ବିଦୁରଙ୍କ ଧୃତରାଷ୍ଟ୍ରଙ୍କୁ ପରାମର୍ଶ। ଅନ୍ଧ-ପଟ୍ଟିକାବୃତା, ଶୋକାକୁଳା ଗାନ୍ଧାରୀ। ଉନ୍ମାଦିନୀ ପରି ଧାଇଁ ଆସିଲେ। ଅନ୍ଧ-ପଟ୍ଟିକା ଦୁଶ୍ଛେଦ୍ୟ ଗ୍ରନ୍ଥି। ସ୍ୱହସ୍ତରେ ଛିନ୍ନ କରିବାକୁ ଧୃତରାଷ୍ଟ୍ରଙ୍କୁ ନିବେଦନ କଲେ। ଅନ୍ଧପଟ୍ଟିକା ଗ୍ରନ୍ଥି ଛିନ୍ନ କରିବାର ଗାନ୍ଧାରୀଙ୍କ ନିଷ୍ଫଳ ପ୍ରୟାସ। ଶିରାଳ ଆଙ୍ଗୁଳିରେ ଶତ ନଖାଘାତ। ନରକରୋଟୀ ପରି ପ୍ରତୀୟମାନ ତାଙ୍କ ଶୁଷ୍କ ଚର୍ମାବୃତ ମୁଖ। ହେଇଗଲା ରକ୍ତାକ୍ତ। ଲୋତକ ସହ ଶୋଣିତର ଧାରା, ଗାନ୍ଧାରୀଙ୍କ ମୁଖମଣ୍ଡଳ ଅତ୍ୟନ୍ତ ଭୟଙ୍କର। ପ୍ରତିଶୋଧର ଦାବ-ଦହନରେ ଦଗ୍ଧୀଭୂତ ତାଙ୍କ ଆତ୍ମା। ଦେଖିବେ ଅଗ୍ରପାଣ୍ଡବ ଯୁଧିଷ୍ଠିରଙ୍କୁ। ସେ ହେବେ ଭସ୍ମୀଭୂତ। ପ୍ରଶମିତ ହେବ ତାଙ୍କ ଶୋକ-ଦୁଃଖ। ପୁତ୍ରଶୋକ-ଆତୁର ପ୍ରାଣ ଶାନ୍ତି ଲଭିବ। ଏକଥାଟି ଜାଣିଥିଲେ ସର୍ବଦ୍ରଷ୍ଟା ଶ୍ରୀକୃଷ୍ଣ। ଆରମ୍ଭ କରିଦେଲେ ରାଜନୀତି।

ମହାଭାରତର ମହାନାୟକ ଶ୍ରୀକୃଷ୍ଣ। ସ୍ୱୟଂ ଅସ୍ତ୍ରଧାରଣ କରି ନ ଥିଲେ। ଥିଲେ ଅର୍ଜୁନଙ୍କ ରଥର ସାରଥି। କଳେ, ବଳେ, ଛଳେ, କୌଶଳେ ପାଣ୍ଡବଙ୍କୁ ଯୁଦ୍ଧ ଜିତାଇ ଦେଲେ। ଏହା ପଛରେ ଥିଲା ତାଙ୍କର ଚକ୍ରାନ୍ତ ଆଉ କୂଟନୀତି। ମହାସମରର ଅନ୍ତ।

ପାଞ୍ଚ ପାଣ୍ଡବଙ୍କ ମଧ୍ୟରେ କଳହ, କିଏ ହେବ ଶ୍ରେଷ୍ଠ ବୀର। ପାଇବ ବୀରଚକ୍ର ଉପାଧି। ଏଇ ଘଡ଼ିସନ୍ଧି ମୁହୂର୍ତ୍ତ। ପାଣ୍ଡବମାନେ ଦିନେ ଲଢ଼ିଥିଲେ କୌରବଙ୍କ ସହ। ଏବେ ପରସ୍ପରରେ ଲଢ଼ିବାକୁ ଉଦ୍ୟତ। ପହଞ୍ଚିଗଲେ ମାୟାବୀ ଶ୍ରୀକୃଷ୍ଣ। ସୁନ୍ଦର ପ୍ରସ୍ତାବଟେ ଦେଲେ। କୁରୁକ୍ଷେତ୍ରରେ ଏକ ସ୍ତମ୍ଭ ଉପରେ ବେଲାଲସେନର କଟାମୁଣ୍ଡ। ଶ୍ରୀକୃଷ୍ଣଙ୍କ ଠାରୁ ବେଲାଲ ପାଇଥିଲେ ବରଟିଏ, ଦେଖିବେ ମହାଭାରତ ଯୁଦ୍ଧ। ସେ ଭୀମଙ୍କର ପୁତ୍ର। ଭୀମ ଉତ୍‌ଫୁଲ୍ଲିତ। ତାଙ୍କ ପୁତ୍ର କହିବ ସେ ହିଁ ଶ୍ରେଷ୍ଠ ଯୋଦ୍ଧା। ସେ ଦୁଃଶାସନ, ଦୁର୍ଯ୍ୟୋଧନକୁ ବଧ କରିଥିଲେ। ଶ୍ରୀକୃଷ୍ଣଙ୍କ ସହ ପାଣ୍ଡବମାନେ କୁରୁକ୍ଷେତ୍ରରେ। ଶ୍ରୀକୃଷ୍ଣଙ୍କ ପ୍ରଶ୍ନର ଉତ୍ତର ଦେଲା ବେଲାଲସେନର କଟାମୁଣ୍ଡ। ସେ କିଛି ଦେଖିନି। କେବଳ ଏକ ଚକ୍ର। କୌରବପକ୍ଷ, ପାଣ୍ଡବପକ୍ଷ ଯୋଦ୍ଧୃବୃନ୍ଦ ନିଧନ କରୁଥିଲେ। ସମସ୍ତେ ନିରବ। ସେଇଥି ପାଇଁ ତ ମହାଭାରତ ଯୁଦ୍ଧ ଏକା ଚକ୍ରୀଙ୍କର। ଏବେବି କଥା କଥାକେ ଜନେ କହନ୍ତି। ଏମିତି ଏକ ସଖା ବାଛ, ଅସ୍ତ୍ର ଧରିବେନି; ମାତ୍ର ବିଜୟ ସୁନିଶ୍ଚିତ। ସେ ଶ୍ରୀକୃଷ୍ଣ। ଏମିତି ଏକ ବନ୍ଧୁ ସ୍ଥିର କର, ମୃତ୍ୟୁ, ପରାଜୟ ଜାଣି ବି ବନ୍ଧୁତାର ହାତ ଛାଡ଼ିବେନି। ସେ ହେଉଛନ୍ତି କର୍ଣ୍ଣ। କୁରୁକ୍ଷେତ୍ରରେ ଗାନ୍ଧାରୀ, ତାଙ୍କ କ୍ରୋଧ ବହୁଗୁଣିତ। ଅନ୍ଧପଟ୍ଟିକା ଖୋଲିବ, ଭସ୍ମକରି ଦେବ ଯୁଧିଷ୍ଠିରଙ୍କୁ। ହସ୍ତିନା କଟକ ରାଜସିଂହାସନ, ରହିଯିବ ଅପହଞ୍ଚ ପାଣ୍ଡବଙ୍କ ପାଇଁ।

ସଞ୍ଜୟ ପୁନଶ୍ଚ ଅନ୍ୟ ଶବମାନଙ୍କର ପରିଚୟ ଦେଉଥିଲେ। ରଥଚକ୍ର ତଳେ ନିଷ୍ପେସିତ ବାହ୍ଲୀକ ବୀର, ସୋମଦତ୍ତ, ମତ୍ତହସ୍ତୀ ଦନ୍ତାଘାତରେ ରକ୍ତାକ୍ତ ଭୂରିଶ୍ରବା। ଅର୍ଜୁନଙ୍କ ଶରାଘାତରେ ଭୂତଳଶାୟୀ କର୍ଣ୍ଣ। ବୈଦୁର୍ଯ୍ୟ ଖଚିତ ତାଙ୍କ ଲଲାଟ, ସୂର୍ଯ୍ୟଙ୍କର ଶେଷ କିରଣ ରେଖାରେ ଝଲସୁଛି। ପିତା ସୂର୍ଯ୍ୟ, ପୁତ୍ର କର୍ଣ୍ଣ। ଏବେ ବି କର୍ଣ୍ଣଙ୍କ ମସ୍ତକରେ ପିତାଙ୍କର - ଆଶୀର୍ବାଦ - ସ୍ନିଗ୍ଧ ସ୍ପର୍ଶ। ସେଇ ଦ୍ୟୁତି, କର୍ଣ୍ଣଙ୍କ ମୁଖ ମଣ୍ଡଳ ଶତଦଳର ସଦ୍ୟତାରେ ତଥାପି ଉଦ୍‌ଭାସିତ। ଶୋକାର୍ତ୍ତ ଗାନ୍ଧାରୀ। ଜନନୀର ବାତ୍ସଲ୍ୟ - ବଞ୍ଚିତ କୌନ୍ତେୟ, ଅଗ୍ରପାଣ୍ଡବ। ଦୁର୍ଯ୍ୟୋଧନର ମାନରକ୍ଷା ପାଇଁ ଅପରାଜେୟ କର୍ଣ୍ଣ ଆଜି ଭୂଲୁଣ୍ଠିତ। ସର୍ବଦ୍ରଷ୍ଟା ଦିବାକର, ସର୍ବଶକ୍ତିମାନ, ସହସ୍ରଶୀର୍ଷା ହିରଣ୍ୟଗର୍ଭ ଅଂଶୁମାଳି। କ୍ଷାତ୍ରଧର୍ମର ପ୍ରତିକୂଳାଚରଣ, ଅନ୍ୟାୟ ଯୁଦ୍ଧରେ ରଣବିଜୟୀ ପାଣ୍ଡବ। ହତ୍ୟା କରିଛନ୍ତି କର୍ଣ୍ଣଙ୍କୁ। ସେମାନଙ୍କ ପାଇଁ କ'ଣ ଶାସ୍ତି ନାହିଁ ? ଆକୁଳ ବିକଳରେ ଗାନ୍ଧାରୀ ସୂର୍ଯ୍ୟଦେବଙ୍କ କୃପାଭିକ୍ଷା କରୁଥିଲେ। ଜାନୁଭଗ୍ନ ଦୁର୍ଯ୍ୟୋଧନ, କରୋତ୍ପାଟିତ ଦୁଃଶାସନ - ଭୀମଙ୍କ ହାତରେ ଉଭୟ ନିହତ। ଗାନ୍ଧାରୀଙ୍କର ଆଉ ଶୁଣିବାକୁ ଧୈର୍ଯ୍ୟ ନଥିଲା। ପ୍ରତିଶୋଧାନଳରେ ଜଳୁଥିଲେ ଶତପୁତ୍ର ହରା ଗାନ୍ଧାରୀ।

ଗାନ୍ଧାରୀଙ୍କ ସମ୍ମୁଖରେ ଶ୍ରୀକୃଷ୍ଣଙ୍କ ରଥ। ଉତ୍ସାହିତ ଯୁଧିଷ୍ଠିର। ମାତା ଗାନ୍ଧାରୀଙ୍କ

ଅନ୍ଧ-ପଟ୍ଟିକା ଛିନ୍ନ କରିବେ। ପାଦତଳେ ଦୁଃଶାସନର ବୀଭତ୍ସ ଶବ ଦେଖିବେ। ସେତେବେଳେ ନ ଥିବ ଶାନ୍ତି, ସାନ୍ତ୍ୱନା, ଗାନ୍ଧାରୀଙ୍କ ପ୍ରାଣରେ ଶୋକବହ୍ନି ଶତଗୁଣେ ପ୍ରଜ୍ୱଳିତ ହେବ। ନିରୁପାୟ ଯୁଧିଷ୍ଠିର, ପୁତ୍ର ହୋଇ ମାତାଙ୍କ ଇଚ୍ଛା ପୂରଣ କରିବା ବିଧେୟ। କିଂକର୍ତ୍ତବ୍ୟ ବିମୂଢ଼ ଯୁଧିଷ୍ଠିର। ଶ୍ରୀକୃଷ୍ଣଙ୍କର ପରାମର୍ଶ ଲୋଡ଼ିଲେ। ଗାନ୍ଧାରୀଙ୍କ ଶତପୁତ୍ର ମଧ୍ୟରୁ ଦୁର୍ଦ୍ଧକ୍ଷ, ଏବେ ବି ଜୀବିତ। ତାଙ୍କୁ ଦେଖି ତାଙ୍କ ଶୋକାର୍ତ୍ତପ୍ରାଣ ଶାନ୍ତି ପାଇବ। ସେ ଖୋଲିବେ ଅନ୍ଧପଟ୍ଟିକା। ଅଦୂରରେ ଶ୍ରୀକୃଷ୍ଣ, ଆଉ ଯୁଧିଷ୍ଠିର। ଆସୁଛନ୍ତି ଗାନ୍ଧାରୀଙ୍କ ପଦ ବନ୍ଦନା ପାଇଁ, ଜଣାଇ ଦେଲେ ସଞ୍ଜୟ। ଉଦ୍‌ବେଳିତା ଗାନ୍ଧାରୀ। ଯୁଧିଷ୍ଠିରଙ୍କୁ ଆଲିଙ୍ଗନ କରିବେ। ଶୂନ୍ୟରେ ଦୁଇ କମ୍ପିତ ଶିରାଳ ବାହୁ ଟେକିଦେଲେ - "ଆସ, ଆସ ବାବୁ ବିଗଳିତ କରୁଣାର ପ୍ରତିରୂପ, ଅଗ୍ରପାଣ୍ଡବ ଯୁଧିଷ୍ଠିର। ଆଜି ତୁମେ ଅଗ୍ର କୌରବ ମଧ୍ୟ। ମୁଁ ପାପିନୀ। ମୋର କ୍ରୂର କର୍ମର ଫଳଭୋଗ କରୁଅଛି। ଏବେ ମୋର ଦୁଷ୍ଛେଦ୍ୟ ଅନ୍ଧ ପଟ୍ଟିକାର ଗ୍ରନ୍ଥି ଥରେ ଛିନ୍ନ କରିଦିଅ ପୁତ୍ର। ଯେଉଁ ଶତପୁତ୍ରଙ୍କୁ ଜନ୍ମଦେଇ ସୁଦ୍ଧା, ସ୍ୱଚକ୍ଷୁରେ ଦେଖି ହେବନାହିଁ, ଏବେ ସେମାନଙ୍କୁ ପ୍ରଥମ ଓ ଶେଷଥର ପାଇଁ ଦେଖି, ମୋର ଅତୃପ୍ତ ନୟନ ଜ୍ୱାଳା ପ୍ରଶମିତ କରିବି।" ଯୁଧିଷ୍ଠିର ଆଗେଇଲେ, ତାଙ୍କର ଗୋଟେ ବାହୁ ଧରି ପକାଇଲେ ଶ୍ରୀକୃଷ୍ଣ। ଅସ୍ପଷ୍ଟ ସ୍ୱରରେ ଦୁର୍ଦ୍ଧକ୍ଷଙ୍କୁ କହିଲେ - "ଦୁର୍ଦ୍ଧକ୍ଷ, ଜନନୀ ଗାନ୍ଧାରୀଙ୍କର ଅନ୍ଧ-ପଟ୍ଟିକା ଉନ୍ମୋଚନ କର। ପୁତ୍ର ହୀନା, ଶତପୁତ୍ରର ଜନନୀ ଗାନ୍ଧାରୀ, ତୁମକୁ ସଶରୀରେ ଜୀବିତ ଦେଖିଲେ ପୁତ୍ର ଶୋକ ବିସ୍ମୃତା ହେବେ।" ଶ୍ରୀକୃଷ୍ଣଙ୍କ ରଙ୍ଗାଧରରେ ରହସ୍ୟ ବିଜଡ଼ିତ ହସ। ଯୁଧିଷ୍ଠିରଙ୍କର ଚିର ଅନୁଗତ ଦୁର୍ଦ୍ଧକ୍ଷ। ଯୁଧିଷ୍ଠିର ଦେଲେ ନିର୍ଦ୍ଦେଶ। ମାନିଲେ ଦୁର୍ଦ୍ଧକ୍ଷ। ଅନ୍ଧ ପଟ୍ଟିକାର କୃଷ୍ଣାବତରଣ ତଳୁ ଭୟଙ୍କର ଅଗ୍ନ୍ୟୁଦ୍‌ଗାର। ସର୍ବନାଶୀ ଶିଖା ଉଲମ୍ଫନ କରି ଉଠିଲା। କରାଳ ଦୃଷ୍ଟିର ପୁଞ୍ଜୀଭୂତ ତେଜ, ମାତ୍ର ମୁହୂର୍ତ୍ତଟିଏ। ଦୁଃଶାସନର ଶବ ଉପରେ ଦୁର୍ଦ୍ଧକ୍ଷ ଭସ୍ମରାଶି ପରି ଝରି ପଡ଼ିଲା। ଯୁଧିଷ୍ଠିରଙ୍କ ଚିତ୍କାର - "ଏ ପୁଣି କି ଚକ୍ର ଚାଳନାକଲେ ଚକ୍ରୀ, ଦୁର୍ଦ୍ଧକ୍ଷ ଯେ ତାଙ୍କ ଅନୁଗତ।" ଅନୁଚ୍ଚ କଣ୍ଠରେ କହିଲେ ଶ୍ରୀକୃଷ୍ଣ - "ନିରବ ରୁହ ନିର୍ବୋଧ। ଆଜି ଗାନ୍ଧାରୀଙ୍କ ନୟନାନଳରେ ଦଗ୍ଧୀଭୂତ ହୋଇଥାଆନ୍ତ। ଆସନ୍ତାକାଲି ହସ୍ତିନା ରାଜସିଂହାସନାରୋହଣ କରିଥାଆନ୍ତ କିପରି ?"

ଯାହା ନାହିଁ ଭାରତେ ତାହା ନାହିଁ 'ଭାରତେ'। ମହାଭାରତ ଏକ କାଳଜୟୀ ମହାକାବ୍ୟ। ସମଗ୍ର ଆର୍ଯ୍ୟାବର୍ତ୍ତର ସାମାଜିକ ବିଧି ବିଧାନ - ବ୍ୟବସ୍ଥାର ଚିତ୍ର, ତତ୍ ସହିତ ସଂସ୍କାର, ସଂସ୍କୃତି, ଯୁଦ୍ଧ ବର୍ଣ୍ଣନା, ହିତୋପଦେଶ ଆଦି ନାନାଦି ଜନଜୀବନର ପ୍ରସଙ୍ଗ। ଏସବୁ ସଫଳ ଭାବେ ଚିତ୍ରିତ ମହାଭାରତରେ। ବ୍ୟାସଙ୍କ ଦ୍ୱାରା ରଚିତ ସଂସ୍କୃତ ମହାଭାରତ। କବି ସାରଳା ଦାସ ଲେଖିଲେ ଓଡ଼ିଆ ମହାଭାରତ। ମୂଳ ମହାଭାରତକୁ

ସାରଳା ଦାସ ଅନୁକରଣ କଲେ। କିନ୍ତୁ ଓଡ଼ିଆ ମହାଭାରତ ସଂସ୍କୃତ ମହାଭାରତର ଆକ୍ଷରିକ ଅନୁବାଦ ନୁହେଁ। ଏଥିରେ କବିଙ୍କ ନିଜସ୍ୱ ଚିନ୍ତାଧାରା ଅନେକତ୍ର ସ୍ଥାନିତ। ସଂସ୍କୃତ ମହାଭାରତର ଓଡ଼ିଶୀ ସଂସ୍କରଣ ସାରଳା ମହାଭାରତ। ତାହା ହିଁ ସାରଳା ଦାସଙ୍କ ବିଶେଷତ୍ୱ। ଦୁର୍ଦ୍ଦକ୍ଷ ଉପାଖ୍ୟାନ ଏହାର ଜ୍ୱଳନ୍ତ ଉଦାହରଣ।

ସଞ୍ଜୟଙ୍କ ବାଷ୍ପାକୁଳ କଣ୍ଠ। କୁରୁକୁଳର ଏକମାତ୍ର କ୍ଷୀଣ ପ୍ରଦୀପ ଦୁର୍ଦ୍ଦକ୍ଷ। ତାକୁ ବି ଗାନ୍ଧାରୀ ନିର୍ବାପିତ କରିଦେଲେ। ଶ୍ରୀକୃଷ୍ଣଙ୍କ ସମବେଦନା - ଜନନୀ, ସମସ୍ତେ ତମର ପୁତ୍ର, କୌରବ ଅବା ପାଣ୍ଡବ। ଗାନ୍ଧାରୀଙ୍କ ପାଦତଳେ ଦଗ୍ଧ ଆମ୍ର ମୁକୁଳ ପରି ଝଡ଼ି ପଡ଼ିଥିଲା ଦୁର୍ଦ୍ଦକ୍ଷଙ୍କ ଭସ୍ମରାଶି। ଉନ୍ମାଦିନୀ ଗାନ୍ଧାରୀ। ଅଭିଶାପ ଦେଲେ - "ବୁଝିଛି ଚକ୍ରୀ, ବୁଝିଛି ତମରି ଚକ୍ରାନ୍ତ, ସୁଦର୍ଶନ ଚକ୍ରର ଚକ୍ରାନ୍ତ। ଶକ୍ତିରେ କୌଣସି ସିଂହାସନ ରହିନାହିଁ, ରହି ନ ପାରେ। ପ୍ରତାରିତ, ନିପୀଡ଼ିତ ଆତ୍ମାର ଅଭିଶାପ ଅବଶ୍ୟ ଭୁଞ୍ଜିବାକୁ ହେବ। ଶ୍ରୀକୃଷ୍ଣ ତମର ବି ନିସ୍ତାର ନାହିଁ। ସ୍ୱଜନଦ୍ରୋହ ମଧ୍ୟରେ ସୋମବଂଶ ନିର୍ବଂଶ, ଦିନେ ଯଦୁବଂଶ ଧ୍ୱଂସ ହେବ। ଶ୍ରୀକୃଷ୍ଣଙ୍କ ପ୍ରିୟ ପୁତ୍ର ପ୍ରଦ୍ୟୁମ୍ନର ବି ନାହିଁ ନିସ୍ତାର।" ଉଚ୍ଛ୍ୱସିତ କ୍ରନ୍ଦନର କାରୁଣ୍ୟ, ବିଗଳିତ ମାତୃ ହୃଦୟର ବିଳାପ, ଥରି ଉଠିଥିଲା କୁରୁକ୍ଷେତ୍ର।

ଶ୍ରୀକୃଷ୍ଣଙ୍କର ରହସ୍ୟ ବିଜଡ଼ିତ ସ୍ମିତ ହାସ୍ୟରେଖା। ଦ୍ୱିତୀୟା ଚନ୍ଦ୍ର ଜୋଛନା ପରି ଆସ୍ତେ ମଳିନ ପଡ଼ି ଯାଇଥିଲା। ଯୁଧିଷ୍ଠିରଙ୍କ କାନରେ ପ୍ରତିଧ୍ୱନିତ ଶ୍ରୀକୃଷ୍ଣଙ୍କର ସେଇ କୂଟନୀତି ବିଜଡ଼ିତ କଥା ପଦକ - ଏହା ରାଜନୀତି... । ରାଜନୀତିର ଯଜ୍ଞକୁଣ୍ଡରେ ଏହିପରି ବହୁ ବିଶ୍ୱସ୍ତ ଓ ବଶମ୍ୱଦ ଦୁର୍ଦ୍ଦକ୍ଷଙ୍କର ଆହୁତି। ଏଥିରେ ଧିମାନ୍ ଯୁଧିଷ୍ଠିର ବିଚଳିତ ହେବା ଅନୁଚିତ।"

ସାରଳା ଦାସଙ୍କ ଦୁର୍ଦ୍ଦକ୍ଷ ଭସ୍ମୀଭୂତ ହେବା ଉପାଖ୍ୟାନଟି ଏକ ସାର୍ବକାଳିକ ସତ୍ୟ। ରାଜନୀତିରେ ସବୁ ସମ୍ଭବ। ବିଶ୍ୱସ୍ତ, ବଶମ୍ୱଦ ମାନେ ବହୁ ସମୟରେ ନ୍ୟାଯ୍ୟ ଅଧିକାରରୁ ବଞ୍ଚିତ - ଏକଥାଟି ଦିବାଲୋକ ପରି ସତ୍ୟ।

■

ପ୍ରାଣୀର ଭଲମନ୍ଦ ବାଣୀ...

ଭବ ରଙ୍ଗଭୂମି । ପ୍ରାଣୀର ଲୀଳାଖେଳା । କର୍ମ ଅନୁସାରେ ଫଳ । ସତ୍‌କର୍ମ ପାଇଁ ପ୍ରଶଂସା, କୁକର୍ମ, ଅପକର୍ମ ପାଇଁ ନିନ୍ଦା, ଘୃଣା । ଏଇ ତ ଦୁନିଆର ରୀତି, ନୀତି । କର୍ମ ଅବେଳ, ସୁନା ପାଲଟେ ବେଙ୍ଗି ପିତ୍ତଳ । ଆସେ ଘାତ, ପ୍ରତିଘାତ । ମାତ୍ର ଅଦିନ ବଉଦ, ଅଦିନ କୁହୁଡ଼ି ସମ । ଆସ୍ତେ ଅପସରିଯାଏ । ଅନାବଶ୍ୟକ, ଅରୁଚିର ସମାଲୋଚନା । ଏହା ପଛରେ ଈର୍ଷା, ପରଶ୍ରୀକାତରତା ଆଉ ଅସହିଷ୍ଣୁ ଭାବ । ତଥାପି ଦିନ ବଦଳେ, ଜୀବିତାବସ୍ଥାରେ ନ ହେଲେ, ମୃତ୍ୟୁ ପରେ ମିଳେ ନ୍ୟାୟ । ପ୍ରାଣୀର ଆଚରଣ, ଉଚ୍ଚାରଣରେ ଶୁଦ୍ଧତା, ମୃତ୍ୟୁ ପରେ ବିକଶି ଯାଏ । ସେଇଥି ପାଇଁ, "ପ୍ରାଣୀର ଭଲମନ୍ଦ ବାଣୀ, ମରଣ କାଳେ ତାହା ଜାଣି ।" ଏହା ଭାଗବତର ବାଣୀ । ଉକ୍ତିଟି ଶତ ପ୍ରତିଶତ ସତ ।

ମୃତ୍ୟୁ ଅତି ବିଚିତ୍ର । ଦେଇଥାଏ ଜୀବନର ଯଥାର୍ଥ ପରିଚୟ । ବଞ୍ଚିବାର ଧୂଳି-ଧୂସରିତ ଶଯ୍ୟା । ଜୀବନର ମଳିନ, ନିଷ୍ପ୍ରଭ ସ୍ୱର୍ଣ୍ଣରେଖା । ସବୁ ବାରି ହୋଇପଡ଼େ ମରଣର କଷଟିରେ । ଅମର ଦ୍ୟୁତିରେ ହୁଏ ଉଦ୍‌ଭାସିତ । ଜୀବନର ରାଜପଥ ବେଶ୍ ଲମ୍ବା । ଏଥିରେ ଅନେକ ଅନାଦୃତ, ଅପମାନିତ ଆଉ କ୍ଳାନ୍ତ ପଥିକମାନେ । ରହି ଯାଆନ୍ତି ଢେର୍ ପଛରେ । ହଜିଯାଆନ୍ତି, ଲୁଚି ଯାଆନ୍ତି । ମରଣ ଉନ୍ମୁକ୍ତ କରେ ସେମାନଙ୍କ ପାଇଁ ଅମରତ୍ୱର ସିଂହଦ୍ୱାର । ସଭ୍ୟତାର କ୍ରମ ବିକାଶ । ସହରୀ ଜୀବନର ଛଇ ଛଟକ । କୃତ୍ରିମତାର ଆବରଣ । ତା'ରି ଭିତରେ ବନ୍ଧା ମଣିଷ ପଣିଆ । ମଳିନ ମଫସଲୀ ଜୀବନଧାରା । ଏହା ସତ୍ତ୍ୱେ; ବହୁ କୃତବିଦ୍ୟ ଯଶସ୍ୱୀ କଳାକାର ମଫସଲରେ । ସେମାନଙ୍କର ଦେଶପ୍ରୀତି, ଉଚ୍ଚସ୍ତରର । ମାନବିକତା ସେମାନଙ୍କର ପ୍ରାଣର କଥା । କଳାକାର, କବି ଲେଖକ, ସେମାନଙ୍କ ସଂଖ୍ୟା ମଫସଲରେ କିଛି କମ୍ ନୁହେଁ । ଏମାନେ ବଣମଲ୍ଲୀ । ଆଷାଢ଼ର ମେଘ ହାତରେ ପ୍ରୀତିବୋଲା ପତର । ବଗୁଲିଆ ପବନ, ସେ ବି ନିଷ୍ଠୁର । ପହଞ୍ଚି ପାରେନି ବଣମଲ୍ଲୀ ମହକ ଦୂରଦୂରାନ୍ତରେ । ଠିକ୍ ସେମିତି ମଫସଲର ଜଣେ ଲେଖକ ଢେର୍

ଲେଖିଲେ । ତାଙ୍କ କବିତାରେ ଛଳଛଳ ଆବେଗର ଲହରୀ । ଚିତ୍ତ-ମନ-ପ୍ରାଣକୁ ସାଉଁଳେଇ ଦିଏ । ଠିକ୍ ସେମିତି ତାଙ୍କ ଉପନ୍ୟାସ । ଜନ ଜୀବନର ସୁଖ, ଦୁଃଖ, ହସକାନ୍ଦ, ବ୍ୟଥା, ବେଦନା - ସବୁ ପ୍ରାଞ୍ଜଳ ଭାବେ ସ୍ଥାନିତ । କଳାର ଚିତ୍ତଚହଲା ଚାତୁରୀ । ଉପନ୍ୟାସଗୁଡ଼ିକ ପାଠକର ମନ କିଣେ । ସହର କଥା ଭିନ୍ନ । ନିପଟ ମଫସଲ । ପ୍ରକାଶକଙ୍କ ଅଣଦେଖା, ପେଟ ପୋଷିବାର ନାହିଁ ଅନ୍ୟ ଉପାୟ । ଶେଷରେ ଅନାହାର । ରୋଗ ପାଇଁ ଚିକିତ୍ସା । ନାହିଁ ଅଣ୍ଟାରେ ବଳ । ଅକାଳରେ ବାଟ କାଟିଲେ । ତା' ପରେ ଚେଇଁଲା ସାହିତ୍ୟ ଜଗତ । ସ୍ମରଣିକା, ସ୍ମୃତିସଭା । ଢେର୍ ପ୍ରଶଂସା । ସତ ପ୍ରଶଂସକ, ମିଛ ପ୍ରଶଂସକ । ଉଭୟଙ୍କର ଗୋଟେ କଥା । ଖବର କାଗଜରେ ଶ୍ରୋତା, ବକ୍ତାଙ୍କ ନାଁ । ଥୋକେ ଆପଣାକୁ ବଡ଼ କରିଦେଲେ । ଢାଲ, ମଫସଲର ସେଇ ଅନାମା କବି 'ଗୋବର୍ଦ୍ଧନ' । ତାଙ୍କ ଜୀବନର କରୁଣ କଥା-ଗାଥା । ଏହାରି ଉପରେ ମହାନ ସ୍ରଷ୍ଟା ସୁରେନ୍ଦ୍ର ମହାନ୍ତିଙ୍କ ଗପ 'ଜୀଅନ୍ତା ଭୂତ' ।

କଥାଟି ଢେର୍ ବର୍ଷ ତଳର । ପାଖାପାଖି ଶହେ ବର୍ଷରୁ ଉର୍ଦ୍ଧ୍ୱ । ଗୋଟେ ଦୈନିକ ଖବରକାଗଜ । ଜଣା ନ ପଡ଼ିବା ପରି ଏକ ସଂକ୍ଷିପ୍ତ ଶୋକ ସମ୍ବାଦ । ତାହା କବି 'ଗୋବର୍ଦ୍ଧନ'ଙ୍କ ମୃତ୍ୟୁ ସମ୍ପର୍କରେ । ଆଧୁନିକ ଓଡ଼ିଆ ସାହିତ୍ୟର ଏକନିଷ୍ଠ ସାଧକ ଗୋବର୍ଦ୍ଧନ । ଏକାଧାରରେ ସେ କବି, ଔପନ୍ୟାସିକ, ପ୍ରାବନ୍ଧିକ ତଥା ସମାଲୋଚକ । ଗୋବର୍ଦ୍ଧନ ଦାସଙ୍କର ପରଲୋକପ୍ରାପ୍ତି । ମୃତ୍ୟୁ ପୂର୍ବରୁ ସେ ପେଟମରା ବ୍ୟାଧିଗ୍ରସ୍ତ । ଭୀଷଣ ଯନ୍ତ୍ରଣା, ଏଣେ ଉପାର୍ଜନ ଅକ୍ଷମ । ଅନ୍ୟମାନଙ୍କ ସାହାଯ୍ୟ ଉପରେ ନିର୍ଭରଶୀଳ । ଶେଷରେ ଅନାହାର, ଅର୍ଦ୍ଧାହାର, ଅନାଦର, ଲାଞ୍ଛନା - ଏହାରି ମଧ୍ୟରେ ଦିନାତିପାତ । ମୃତ୍ୟୁ ପୂର୍ବରୁ ଉପଯୁକ୍ତ ଚିକିତ୍ସା ମିଳିଲାନି । ଆବଶ୍ୟକ ପଥ୍ୟ ବି । ଗୋବର୍ଦ୍ଧନଙ୍କର ପୈତୃକ ସମ୍ପତ୍ତି ନାହିଁ । ଶ୍ୱଶୁରଘରେ ତାଙ୍କ ସ୍ତ୍ରୀ, ଆଠଟି ପିଲା ସହ ରହଣି । ଗ୍ରାମବାସୀମାନଙ୍କର ସହଯୋଗ । ଯଥାବିଧି ତାଙ୍କର ଶେଷକୃତ୍ୟ ସମ୍ପନ୍ନ ହେଲା । ସେଦିନ ଖବରକାଗଜରେ ପ୍ରକାଶ ପାଇଲା ଏଇ ଖବର । ଉତ୍କଳ ଖଣ୍ଡରେ ଗୋବର୍ଦ୍ଧନ ଏକା ନୁହଁନ୍ତି । ତାଙ୍କ ପରି ଆହୁରି ଅନେକ କଳାକାର । ହଟହଟା ତାଙ୍କ କପାଳ ଲିଖନ । ଦେଶୀ ସାହିତ୍ୟର ବଣିଜ । ଲାଭ ତ ଶୂନ୍ୟ । ମୂଳ ବି ବୁଡ଼େ । ପ୍ରଖ୍ୟାତ ସାହିତ୍ୟିକ ଫକୀର ମୋହନ ସେନାପତି । ତାଙ୍କର ଏଇ ପ୍ରକାର ଅନୁଭୂତି । ଏବେ ବି ସ୍ଥିତି ସେୟା ।

ଖବରଟି ଚହଳ ସୃଷ୍ଟି କଲା । ସାରା ଓଡ଼ିଶା ଚଳଚଞ୍ଚଳ । ବିଶେଷ କରି କଟକ ସହରର ସାହିତ୍ୟିକମାନେ । ଦୁଃଖ, ଖେଦ, ସମବେଦନାରେ ସେମାନେ ଭାରାକ୍ରାନ୍ତ । ଏପ୍ରକାର ସ୍ଥିତି ସବୁଆଡ଼େ । ଅଦିନ ମେଘୁଆ କୁହୁଡ଼ି ଚାରିଆଡ଼େ ଛାଇଗଲା । ସେବେକା କଥା । ଆଧୁନିକ ସାହିତ୍ୟ ସୃଷ୍ଟିର ମୂଳ ଉତ୍ସ କଟକ । ଏ ଧାରଣାଟି ଉଣା ଅଧିକେ

ସଭିଁଙ୍କର। ଆଧୁନିକ ସାହିତ୍ୟ କଟକ ସୀମା ଡେଇଁ ପାରିନି। ଏହା ମୂଳରେ ଏକ ବଳିଷ୍ଠ କାରଣ। ଓଡ଼ିଶା ଯେମିତି କଟକ ଭିତରେ ସୀମିତ ! ସାହିତ୍ୟ ଆସର, ସଭା ସମିତିର ଚମକ – ଅଧିକ କଟକରେ। ସମ୍ବଲପୁର, ହୀରାକୁଦ, ରାଉରକେଲା ଭଳି ବଡ଼ ସହର। ସେଠାରେ ଆଧୁନିକ ସାହିତ୍ୟର କ୍ଷୀଣ ଚର୍ଚ୍ଚା। ଗୋବର୍ଦ୍ଧନଙ୍କ କଥା ନିଆରା। ଜଣାଶୁଣା ସାହିତ୍ୟିକଙ୍କ ଖାତାରେ ତାଙ୍କ ନାଁ ନାହିଁ। ଚିହ୍ନିବ ବା କିଏ ? ତଥାପି ବିଭିନ୍ନ ସାହିତ୍ୟ ସଂସ୍ଥା ଜାଗତିଆର। ଭୁଲିଲେ ଆପଣା ଆପଣା ଭିତରର ଭେଦ ବିଚାର। ସମସ୍ତେ ଗୋବର୍ଦ୍ଧନଙ୍କ ପ୍ରଶଂସାରେ ଶତ ମୁଖର। ରହିଲାନି ଆଉ କୁରୁ ପାଣ୍ଡବ ଯୁଦ୍ଧ। ଢେର୍ ଶୋକ ସଭାର ଆୟୋଜନ। ଗୋବର୍ଦ୍ଧନ ଜଣେ ଉଚ୍ଚକୋଟୀର ସାହିତ୍ୟିକ। ଏକଥାଟି ଜଣାପଡ଼ିଲା ତାଙ୍କ ମୃତ୍ୟୁପରେ। ସ୍ମୃତିସଭା ପାଇଁ ନିମନ୍ତ୍ରଣ ପତ୍ର। ଏଥିରେ ଗୋବର୍ଦ୍ଧନଙ୍କ ସମ୍ବନ୍ଧରେ ସୀମିତ ଦି' ଧାଡ଼ି। ନିଜ ସପକ୍ଷରେ ଦଶଧାଡ଼ି। ଆତ୍ମପ୍ରଚାର ପାଇଁ ସାହିତ୍ୟିକମାନେ ବଳ ଖଟେଇଲେ। ତେବେ ନିପଟ ମଫସଲର କବି ଗୋବର୍ଦ୍ଧନ। ଆଜି ଏକ ଜାତୀୟ ଅନୁଷ୍ଠାନରେ ପରିଣତ ହୋଇଗଲେ।

ଅଖ୍ୟାତପଲ୍ଲୀ ମଧୁବନ। ଏଇ ଗାଁର ଗୋବର୍ଦ୍ଧନ। ହୁଡ଼ାମାଳ, ବିଲ, କିଆ ଗୋହିରି, ତାଳବଣି, ବାଉଁଶ ଝାଡ଼, ପାଉଁଶିଆ ଛଣର ଚାଳଘର, ଏପରିକି ଗାଁ ଶେଷ ମଶାଣିପଦା। ଏ ସବୁର ରସାଳ ବର୍ଣ୍ଣନା ଗୋବର୍ଦ୍ଧନଙ୍କ କବିତାରେ। ଗୋବର୍ଦ୍ଧନଙ୍କ ସହିତ, ମଧୁବନ ଗାଁ ଆଜି ବହୁ ଚର୍ଚ୍ଚାରେ। ଯେମିତି "କୁସୁମ ପରଶେ ପଟ ନିସ୍ତରେ।" ନିରୋଳା ସାହିତ୍ୟ ବିଚାର। ଏ ମାନଦଣ୍ଡରେ ଗୋବର୍ଦ୍ଧନ କବି ନୁହନ୍ତି – ଔପନ୍ୟାସିକ। ରସ ଜରଜର, ଭାବପୂର୍ଣ୍ଣ ତାଙ୍କ କବିତା ଆଙ୍ଗୁଠି ଗଣତି କେତୋଟି; ମାତ୍ର ଉପନ୍ୟାସ ଲିଖନ କଳାରେ ସେ ଅତି ନିପୁଣ। ଓଡ଼ିଶା ପ୍ରଦେଶରେ କବି ଯଶଟା ସୁଲଭ। ନାଟ୍ୟକାର, ଔପନ୍ୟାସିକ, ପ୍ରାବନ୍ଧିକ। ଅନେକଙ୍କ ଦୃଷ୍ଟିରେ ସେମାନେ କବି। ଏ କ୍ଷେତ୍ରରେ ଓଡ଼ିଆ ସମାଲୋଚକଙ୍କ ଭୂମିକା ମୁଖ୍ୟ। କାହା ବିଚାରରେ ଅକବି କବି। ପୁନଶ୍ଚ ତାଙ୍କ ଦୃଷ୍ଟିରେ 'ଔପନ୍ୟାସିକ' ବା 'ପ୍ରାବନ୍ଧିକ' ବି କବିଟେ। ଏ ପ୍ରକାର ବିଚାରଧାରା ଓଡ଼ିଆ ସମାଲୋଚନା ସାହିତ୍ୟରେ ଏକ ବିସ୍ମୟ। ଫକୀରମୋହନ ବ୍ୟାସକବି। କେବଳ ତାଙ୍କ ମହାଭାରତର ଓଡ଼ିଆ ଅନୁବାଦ ପାଇଁ; ମାତ୍ର ସେ ଉପନ୍ୟାସ ପାଇଁ ବିଶ୍ୱବିଦିତ। ଜୀର୍ଣ୍ଣ ପଲ୍ଲବର ଆଶୀର୍ବାଦ ବା ସେହିପରି ଆହୁରି, କେତେକ କବିତା। ଅନୁଭୂତିର ତୀକ୍ଷ୍ଣତା, ଭାବାବେଶର ଗଭୀରତା, ପ୍ରକାଶର ରସୋତ୍ତୀର୍ଣ୍ଣ ସାର୍ଥକତା, ସର୍ବୋପରି ଲିରିକ୍‌ଧର୍ମୀ ସୌକୁମାର୍ଯ୍ୟ – ଏସବୁ ଫକୀର ମୋହନଙ୍କ ଯଶସ୍ୱୀ କବିର ପରିଚୟ ଦେଇପାରିଥାନ୍ତା। ମାତ୍ର ତାଙ୍କ କବିତ୍ୱ ବିଚାର। ଏଥିରେ ଏଗୁଡ଼ିକର ସ୍ଥାନ ଗୌଣ, ମହାଭାରତର ଅନୁବାଦ ମୁଖ୍ୟ। ଏମିତି ବହୁ କବିଙ୍କର ଆକଳନ, ଅବଶ୍ୟ ସମାଲୋଚକଙ୍କ ଦୃଷ୍ଟିଭଙ୍ଗୀରେ। ଏ ନ୍ୟାୟରେ

ମଧୁବନର ଗୋବର୍ଦ୍ଧନ ଜଣେ ଯଶସ୍ୱୀ ଔପନ୍ୟାସିକ। ମାତ୍ର ସମସ୍ତଙ୍କ ନିକଟରେ ତାଙ୍କର କବି ପରିଚୟ। ଜୀବିତାବସ୍ଥାରେ ତାଙ୍କୁ ମିଳିଲାନି ଯଥୋଚିତ ସମ୍ମାନ। ମୃତ୍ୟୁ ପରେ ଆଜି ଓଡ଼ିଶା ସାହିତ୍ୟ ଜଗତ ଚଳଚଞ୍ଚଳ। ଉପଯୁକ୍ତ ସେବା, ସାହାଯ୍ୟ, ସମ୍ମାନ – ତାହା ଗୋବର୍ଦ୍ଧନଙ୍କ ପରି ନିଦରବ କବିଙ୍କ ଆୟୁ ବର୍ଦ୍ଧନ କରିଥାଆନ୍ତା। ସମ୍ଭବତଃ ଆଉ ଦଶବର୍ଷ ପରମାୟୁ। ଓଡ଼ିଆ ସାହିତ୍ୟ ପାଇଥାଆନ୍ତା ଆଉ ଦଶଖଣ୍ଡ ପୁସ୍ତକ। ସଂସାରର ବିଚିତ୍ର ନିୟମ। ଗୋବର୍ଦ୍ଧନର ସାହାରାହା। କେହି ଆଗେଇ ଆସିଲେନି। ସାହାଯ୍ୟର କଥା ତ ବହୁ ଦୂରରେ। ଆମ୍ଭ ଉତ୍କଳ ଖଣ୍ଡରେ ତାହା ହୋଇ ନ ଥାଏ। ଏଇଥି ପାଇଁ ଓଡ଼ିଆଏ ତୀବ୍ର ଭାବେ ହେଉଥାଆନ୍ତି ଇହଲୋକ ସର୍ବସ୍ୱ। ପରଲୋକ, ପରମାର୍ଥର ଚିନ୍ତା କାହାରି ମନକୁ ସ୍ପର୍ଶ କରୁ ନ ଥାଆନ୍ତା। ଭଗବାନଙ୍କ ଠାରୁ ଯେପରି ଭକ୍ତବଡ଼, ଠାକୁରଙ୍କ ଠାରୁ ପଣ୍ଡା ବଡ଼। ମହନ୍ତଙ୍କ ଠାରୁ ଚେଲା, ସହିଦଙ୍କ ଠାରୁ ରାଜନୀତିକ କର୍ମୀ ବଡ଼ – ଏଇ ମାନସିକତାରେ ଗୋବର୍ଦ୍ଧନଙ୍କ ଶ୍ରାଦ୍ଧକାରୀମାନେ। ନିଜ ହାତରେ ନିଜେ ଚଉଦ ପା'। ଗୋବର୍ଦ୍ଧନଙ୍କ ଠାରୁ ସେମାନେ ଢେର୍ ବଡ଼। ନିଜ ନିଜର ନାଁ ଖବର କାଗଜରେ ଛପେଇବା, ଫଟୋ ଉଠାଇବା- ଏଇଥିରେ ହଜି ମଜ୍ଜିଗଲେ। ଏଥିରେ ବିବ୍ରତ ବା ବିସ୍ମିତ ହେବାର ନାହିଁ। ତାହା ହିଁ ଯୁଗଧର୍ମ।

ଗୋବର୍ଦ୍ଧନଙ୍କର ପ୍ରଥମ ଶ୍ରାଦ୍ଧ ସଭା। ତାହା ଥିଲା ଗଭୀର ମର୍ମସ୍ପର୍ଶୀ। ସଭାରେ ମଞ୍ଚାସୀନ, ସଭାସୀନ ପ୍ରାୟ ସମସ୍ତେ ବକ୍ତା। ଗୋବର୍ଦ୍ଧନଙ୍କ ସାହିତ୍ୟ ସମ୍ଭାର ଆଉ ଅପଢ଼ା ହେଇ ରହିନି। ଏହାରି ମଧ୍ୟରେ ତନ୍ନ ତନ୍ନ କରି ପଢ଼ା ଯାଇଛି। ସବୁ ବକ୍ତାଙ୍କ ମୁହଁରେ ଏକା କଥା। ଭାରତ ତଥା ବିଶ୍ୱସ୍ତରରେ, ସର୍ବତ୍ର ଗୋବର୍ଦ୍ଧନଙ୍କ ସାହିତ୍ୟର ଉତ୍କର୍ଷ ପ୍ରମାଣ ଉଦ୍ୟମ। ଏଣେ ସଭାପତି ବିବ୍ରତ। ଅତିଷ୍ଠ ବି। ଦୀର୍ଘ ସମୟ ଧରି ଚଉକିରେ ବସିବା, ପୁନଶ୍ଚ ବିଳମ୍ବିତ ରାତ୍ରିରେ ଲଘୁ ଆହାର। ନିଦ୍ରା ନ ହେବାର ଆଶଙ୍କା, ପୀତ, ଅମ୍ଳ ବୃଦ୍ଧି କରିବ। ଏ ସବୁ ସଭାପତିଙ୍କୁ ଚିନ୍ତାରେ ପକେଇଲା। ବକ୍ତାମାନଙ୍କ ବକ୍ତବ୍ୟ, ଯଥାସାଧ ନାତିଦୀର୍ଘ କରିବେ। ଏ ଅନୁରୋଧ ବି ଜଣାଇଲେ। ଶ୍ରୋତାମାନେ ବକ୍ତା। ସଭା ପତଳା ହେବା ଅବା ଶ୍ରୋତାମାନଙ୍କର ଅଭାବ। ଏ ପ୍ରକାର ଭୟ ନାସ୍ତି। ବକ୍ତୃତାର ଦୀର୍ଘତା ଅନାବଶ୍ୟକ, ଗୋବର୍ଦ୍ଧନଙ୍କ କୃତିତ୍ୱ ସମ୍ପର୍କରେ କେତୋଟି ଶବ୍ଦ ମାତ୍ର। ବକ୍ତାଙ୍କର କଣ୍ଠ ବାଷ୍ପରୁଦ୍ଧ, ଗୋବର୍ଦ୍ଧନଙ୍କ ସହ ନିଜ ନିଜର ଘନିଷ୍ଠ ସମ୍ପର୍କ, ଅଭୁଲା ଘଟଣାମାନ, ବକ୍ତବ୍ୟର ମୁଖ୍ୟାଂଶ। ସମସ୍ତଙ୍କ ଆଖି ଲୋତକାପ୍ଲୁତ, ମନ-ପ୍ରାଣ-ହୃଦୟ ଆର୍ଦ୍ର। କେହି କେହି ବକ୍ତାଙ୍କ ନାନାଦି ଅଭିଯୋଗ। ପ୍ରକାଶକମାନେ ଲେଖକମାନଙ୍କୁ ରୟାଲଟି ଦେବାରେ କୃପଣ। ଲେଖକମାନେ ପରସ୍ପର କୁତ୍ସାରଟନା ଭୁଲିବା ବିଧେୟ। କିଏ କେଉଁଠି 'ଚୋରି' କଲେ। ଏ 'ଚଉକିଦାରୀ' ବୃତ୍ତିରୁ ସାହିତ୍ୟିକମାନେ ନିବୃତ୍ତ ରହିବା – ଏମିତି ନୀତି କଥାମାନ

କହିଲେ। ସଫଳତାବାଦୀ ସମାଜ। ଏହାର ପ୍ରଭାବଶାଳୀମାନେ, ଗୋବର୍ଦ୍ଧନଙ୍କ ପରି ଲେଖକଙ୍କର ଦୁର୍ଦ୍ଦିନ। ସେମାନେ ତାଙ୍କ ନିକଟରେ ଉପସ୍ଥିତ ହୋଇ ନାହାଁନ୍ତି। ଗୋବର୍ଦ୍ଧନ ଶ୍ରାଦ୍ଧବାର୍ଷିକୀରୁ ଏକଥା ସ୍ପଷ୍ଟ ହୋଇଗଲା ସେଦିନ। ଜଣେ ବିଶିଷ୍ଟ ସାହିତ୍ୟିକ, ଦୈନନ୍ଦିନ ଗତାନୁଗତିକତାରେ ଶାଣ ଦେବା ଆରମ୍ଭ କଲେ। ଆଲୋଚ୍ୟ ପ୍ରସଙ୍ଗ - ଆଧୁନିକ ସାହିତ୍ୟର ଦୁର୍ଦ୍ଦଶା। ଏହାର କାରଣ ସମାଲୋଚନାର ଘୋର ଅଭାବ। ଏଥି ପାଇଁ ଲେଖକମାନେ ନିରୁତ୍ସାହିତ। ସେମାନଙ୍କ ଉପରେ ନାହିଁ ଲଗାମ ଅବା ନିୟନ୍ତ୍ରଣ। ଲେଖକମାନଙ୍କର ଜନ୍ମତାରିଖ, ନାମକରଣ, ପିତାମାତାଙ୍କର ନାମ ସହ ବଂଶାବଳୀ। ଏହାରି ଉପରେ ସମାଲୋଚକଙ୍କ ବିଶେଷ ନିଘା। ଅବାନ୍ତର ଯୁକ୍ତି, ଅଯଥା ପ୍ରଶଂସା। ଏଥିରେ ସମାଲୋଚନା ସାହିତ୍ୟର ମାନ ହ୍ରାସ। ସାହିତ୍ୟ କୃତିର ଆଙ୍ଗିକ, ଆତ୍ମିକ ବିଭବ। ଏଥି ସମ୍ପର୍କରେ ନାହିଁ ଯୁକ୍ତିନିଷ୍ଠ ଉପସ୍ଥାପନା। ନୂତନ ସ୍ରଷ୍ଟା, ସେମାନଙ୍କୁ ତାହା ଉଚିତ୍ ମାର୍ଗ ଦେଖେଇ ପାରୁନି। ସମସାମୟିକ ସାହିତ୍ୟର ଦୁର୍ଗତି ଏଇଥି ପାଇଁ। ବକ୍ତା ଜଣକ ଏମିତି ଗପି ଚାଲିଲେ। ସେ ସଭାର ଆୟୋଜକ। ଚା' ପାନ, ଜଳଖିଆର ଆୟୋଜକ। କେତେଜଣ ଜଣାଶୁଣା ଲେଖକ, ସେଇଥି ପାଇଁ ତାଙ୍କ ବିରୁଦ୍ଧରେ ସ୍ୱର ଉଠାଇଲେନି। ସଭାରେ ଗୁଞ୍ଜରଣ। ନିଜ ଲେଖା ସମ୍ପର୍କରେ ସମାଲୋଚନା ପ୍ରକାଶ ପାଉ, ଏଇ କଥାପାଇଁ ଆବାହକଙ୍କର ଏ ବକ୍ତବ୍ୟ ପରା ! ଏ କଥାଟି ଉଠିଲା। ଆଉ ଜଣେ ବକ୍ତା। ତାଙ୍କ ମତ ଭିନ୍ନ। ଜୀବିତାବସ୍ଥାରେ କାହାରି ସମାଲୋଚନା ପ୍ରକାଶ ନ ପାଉ। ବିଶ୍ୱ ସାହିତ୍ୟ ସମାଲୋଚନା ପରମ୍ପରାରେ। ଏହି ନୀତିଟି ଅନୁସୃତ। ମିଷ୍ଟର କାଲଡନ୍, ମିଷ୍ଟର ଲାଙ୍ଗଲାଣ୍ଡ, ଅଧ୍ୟାପକ ପମ୍ପକିନ୍। ଏମାନେ ବିଶ୍ୱମାନ୍ୟତା ପ୍ରାପ୍ତ ସମାଲୋଚକ। ସ୍ୱଦେଶୀୟ କେତେକ ସମାଲୋଚକ। ସେମାନଙ୍କ ନାଁ ବି ଉଠେଇଲେ। ଆଉ ଆଗକୁ ବୁଦ୍ଧି ନାହିଁ। ଶୁଆପଢ଼ା ପାଠ, ସେତିକିରେ ସୀମିତ ରହିଲା।

ସୁସ୍ଥ ସମାଲୋଚନା ସାହିତ୍ୟକୁ ସଜାଡ଼େ। ଲେଖକକୁ ତା' ତ୍ରୁଟି ଦେଖାଏ। ସଫଳତା ମାର୍ଗ ନିର୍ଦ୍ଦେଶ କରେ। ରସିକ ଗ୍ରାହକ ବିନା କବିଶ୍ରମ ବୁଝିବା କଷ୍ଟ। ଠିକ୍ ସେହିପରି ବିଦଗ୍ଧ ସମାଲୋଚକଙ୍କ ଦାୟିତ୍ୱ। ଅନୁପମ କଳାକୃତିର ସମାଲୋଚନା ଜରୁରୀ। ତାହା ହୋଇଥିଲେ ବଣମଲ୍ଲୀ ପରି ମଉଳି ଯାଇ ନ ଥାଆନ୍ତେ ଗୋବର୍ଦ୍ଧନ। ତାଙ୍କ ହସିଲା ପୂରିଲା ସଂସାର, ସାହିତ୍ୟ ଦୁନିଆ ହୋଇ ନ ଥାଆନ୍ତା ଛାରଖାର। ଏବେ ସ୍ମୃତିଚାରଣ ସଭା। ମଲା ଗଛମୂଳେ ପାଣି ଢାଳିବା ସାର ଯାହା !

କଳା ଅମୂଲ ମୂଲ। କବି, ଲେଖକ, କଳାକାର - ଏମାନେ ସାଧାରଣରେ ଅସାଧାରଣ। ଅନ୍ୟମାନଙ୍କ ପରି ତା'ର ବି ତେଲ ଲୁଣର ସଂସାର। ହେଲେ ସେ ହଜି ମଜି ଯାଏ ଭାବାବେଶରେ। ତା'ର ଦୃଷ୍ଟି ପରିବ୍ୟାପ୍ତ ଭୂରୁ ଭୂମା ଯାଏ। ତା' ଚାରିପାଖର

ମଣିଷ; ସେମାନଙ୍କ ହସ, କାନ୍ଦ, ସୁଖ, ଦୁଃଖ, ସଂଗ୍ରାମ, ସଂଘର୍ଷ। ଏଗୁଡ଼ିକ ତାକୁ ଖୋରାକ ଯୋଗାଏ। ଚଳଚଞ୍ଚଳ ତା'ର କଲମ। ସେତେବେଳେ ସେ ସମ୍ପୂର୍ଣ୍ଣ ଭିନ୍ନ, କାଳିସୀ ଲାଗିବା ମଣିଷ। ଉତୁରି ଆସେ ଚିତ୍ତ ଚହଲା, ପ୍ରାଣ ଉଷୁମା ସୃଷ୍ଟି ସମ୍ଭାର। ପାଠକର ମନ କିଣିନିଏ। କଳା ହେଇଯାଏ କାଳଜୟୀ। କୋଟି ଜନ-ମନ-ପ୍ରାଣକୁ ଛୁଇଁଯାଏ।

କଳାକାର ଜୀବନ କଣ୍ଟକିତ। ଅନେକଙ୍କର ଆର୍ଥିକ ମାନଦଣ୍ଡ ଦୁର୍ବଳ। ଉପାର୍ଜନର ଅନ୍ୟ ପନ୍ଥା ନାସ୍ତି। କଳା ତା'ର ବେଉଷା। ଏଥିରେ ପେଟ ପୂରେନା। ଚିକିତ୍ସା ପାଇଁ ନାହିଁ ଧନ। ସାହାଯ୍ୟ କରିବାକୁ ଅନ୍ୟର ମନ ନାହିଁ। ଲେଖକଟିର ଶୋଚନୀୟ ଅବସ୍ଥା। ଏ କଥାଟି ଉତ୍କଳ ଖଣ୍ଡରେ; ମାତ୍ର ପଡ଼ୋଶୀ କେତେକ ରାଜ୍ୟ। ସେଠାରେ କଳାର ଢେର୍ ମାନ, ସମ୍ମାନ। ଆଦର ବି। ସେମାନଙ୍କ ଆର୍ଥିକ ଅବସ୍ଥା ସ୍ୱଚ୍ଛଳ। ଗୁଣୀ ପାଠକ ବିନା କଳାର ଉତ୍କର୍ଷ ପ୍ରକାଶ ଅସମ୍ଭବ। ପୁନଶ୍ଚ ପ୍ରକାଶିତ ପୁସ୍ତକଟେ କିଣିବା, ଏ ମାନସିକତା ବଳବତ୍ତର ରହିବା ବିଧେୟ। ବହୁ କ୍ଷେତ୍ରରେ ଏ ସବୁର ଊଣା। କଳାକାରଟି ହତାଶ। ରହିଯାଏ ଅଜଣା ହେଇ। ସହର କଥା ଭିନ୍ନ। ମଫସଲ କଥା - କହିଲେ କୁଳକୁଟୁମ୍ବକୁ ଲାଜ। ଢେର୍ ଲେଖକ, ଏମାନେ ଲୋକଲୋଚନ ଅନ୍ତରାଳେ। ତା' ଲେଖାର ବାସନା, ଜୀବିତାବସ୍ଥାରେ କେହି ବାରିପାରେନି। ମୃତ୍ୟୁପରେ ସାହିତ୍ୟ ସମାଜ, ସାରା ରାଜ୍ୟ ଜାଗତିଆର। ଚାଲେ ସ୍ମୃତିଚାରଣ ସଭା। ଦିବଂଗତ କଳାକାର, ଅଜସ୍ର ପ୍ରଶଂସା, ଅହେତୁକ ସ୍ନେହ, ଆଦର। ନିଜର ଫଟୋ ଛପାଇବା। ଏଇ ମାନସିକତାରେ ଅନେକ ସାହିତ୍ୟିକ। ସ୍ମୃତିସଭା ଏକ ଢାଲ ମାତ୍ର। ମଫସଲର ସେଇ ଅଜଣା, ଅଶୁଣା ଦୁସ୍ଥ କଳାକାର ଗୋବର୍ଦ୍ଧନ। ହା-ହୁତାଶମୟ ତାଙ୍କ ଜୀବନ। ଅକାଳରେ ବାହୁଡ଼ିଲେ। ପଛରେ କାନ୍ଦୁରା ସଂସାର। ବଞ୍ଚିଥିବା ବେଳେ ସେ ଅଖ୍ୟାତ। ଏବେ ସ୍ମୃତିଚାରଣ ସଭାରେ ଆନ୍ତର୍ଜାତୀୟ ଖ୍ୟାତି ସମ୍ପନ୍ନ। ଏଇତ ଏ ଦୁନିଆର ରୀତି। ସୁସ୍ଥ ସମାଲୋଚନା। ସାହିତ୍ୟର ମାନ ବର୍ଦ୍ଧନରେ ସହାୟକ। ଏହାର ଚାକ୍ଷୁସ ପ୍ରମାଣ ଔପନ୍ୟାସିକ ଗୋବର୍ଦ୍ଧନଙ୍କ ସ୍ମୃତି ସଭା। ମୃତ୍ୟୁପୂର୍ବରୁ ତାଙ୍କୁ ନା ଦୁନିଆ ଚିହ୍ନିଲା ନା ଜାଣିଥିଲା। ରହିଗଲେ ପରଦା ଅନ୍ତରାଳେ।

ଚାଲିଛି ଗୋବର୍ଦ୍ଧନଙ୍କ ସ୍ମୃତି ସଭା। ବକ୍ତାମାନଙ୍କର ପାଣ୍ଡିତ୍ୟ ପ୍ରଦର୍ଶନ। ଗୋବର୍ଦ୍ଧନଙ୍କ ସାହିତ୍ୟରେ ମାର୍କ୍ସବାଦର ବାସ୍ତବତା ସହିତ ଫ୍ରଏଡ଼ଙ୍କ ଯୌନ ତତ୍ତ୍ୱର ସନ୍ଧାନ। ଉଭୟ ପନ୍ଥୀଙ୍କ ମଧ୍ୟରେ ତୁମୁଳ ବିତଣ୍ଡା ଯୁକ୍ତି, ତର୍କ। ଶେଷରେ ଜଣେ ନିର୍ବିବାଦୀ। ତାଙ୍କ ମତ ନିଆରା। ଗୋବର୍ଦ୍ଧନ ଜଣେ ନିରୋଳା ସାହିତ୍ୟିକ। ତାଙ୍କ କଳାକୃତି କୌଣସି ବାଦ୍ ବା ଇଜିମ୍‌ର ଉର୍ଦ୍ଧ୍ୱରେ। ମାର୍କ୍ସବାଦରେ ଜୀବନର ଚରମ ଲକ୍ଷ୍ୟ କ୍ଷୁଧା ପରିସମାପ୍ତି।

ଫ୍ରଏଡ଼ବାଦରେ ପରମଚିନ୍ତା ଯୌନ ଲାଳସାର ପରିତୃପ୍ତି । ନିଗୃହୀତ ଯୌନକ୍ଷୁଧା ବିକାରଗ୍ରସ୍ତ କରେ । ଅନ୍ନକ୍ଷୁଧା ଜୀବନକୁ କରେ ଖର୍ବ ଆଉ ବିଡ଼ମ୍ବିତ । ମାର୍କ୍ସବାଦର ଧ୍ୱନି – "ଆହୁରି ଅନ୍ନ, ଆହୁରି ଗ୍ରାସ ।" ଫ୍ରଏଡ଼ବାଦର ଆହ୍ୱାନ "ଆହୁରି ଦେହ, ଆହୁରି ମାଂସ ।" ମାତ୍ର ଗୋବର୍ଦ୍ଧନ ଜଣେ ସଚ୍ଚା ସାହିତ୍ୟିକ । ସେ ଏ ଦୁଇ ଆଦିମ ଦର୍ଶନର ଉର୍ଦ୍ଧ୍ୱରେ । ପ୍ରତ୍ୟେକ ସାହିତ୍ୟିକ ଲେଖେ, ସୃଷ୍ଟି ତା'ର ସାବଲୀଳ । ସେଥିରେ ବାଦର ସ୍ଥାନ କାହିଁ । ସାହିତ୍ୟରେ ଦେହୋତ୍ତର ନିତ୍ୟତାର ମହାବାଣୀ । କେବଳ ଅନୁରଣିତ ଓଡ଼ିଆ କିମ୍ବା ଭାରତୀୟ ସାହିତ୍ୟରେ ନୁହେଁ, ବିଶ୍ୱସ୍ତରର ସାହିତ୍ୟରେ ବି । ସାହିତ୍ୟର ଏହା ଅମୂଲ୍ୟ ସମ୍ପଦ । ଗୋବର୍ଦ୍ଧନଙ୍କ ସାହିତ୍ୟ ଏଇ ଭାବରେ ରସାଣିତ । ବକ୍ତା ଜଣଙ୍କର ଏ ପ୍ରକାର ତାତ୍ତ୍ୱିକ ଆଲୋଚନା । କରତାଳି ଉପରେ କରତାଳି । ଅନ୍ୟମାନେ ସେମାନଙ୍କର ଅଜ୍ଞତା ପାଇଁ ଲଜ୍ଜିତ । ଆଉ ଜଣେ ବକ୍ତା । ତାଙ୍କ କହିବା ଧାରା ଅଲଗା । ସେ ଗୋବର୍ଦ୍ଧନଙ୍କୁ ଜାଣନ୍ତି । ଏଠାରେ ସମବେତ ପୁସ୍ତକ ବିକ୍ରେତା ସହ ପ୍ରକାଶକମାନେ । ସମସ୍ତେ ମୁନାଫାଖୋର । ଗୋବର୍ଦ୍ଧନଙ୍କ ବହି ଛାପିଲେ, ରୟାଲିଟି ଘରେ ଶୂନ । ସଭାରେ ଜଣେ କବି–ଦଣ୍ଡପାଟ । ଗୋବର୍ଦ୍ଧନଙ୍କ ଦାରିଦ୍ର୍ୟ ନିରାକରଣ । ଏଥି ପାଇଁ ସେ କଲମ ଛାଡ଼ିବେ । ମ୍ୟୁନିସିପାଲିଟି କିରାଣି ଚାକିରିଟେ ଲୋଡ଼ା । ଆବେଦନ କରିବା ପାଇଁ ପରାମର୍ଶ ଦେଲେ । ଅଧ୍ୟାପକ ଚମ୍ପତିରାୟ, ଗୋବର୍ଦ୍ଧନଙ୍କୁ ଦଶଟଙ୍କା ଦେବେ । କୋଡ଼ିଏ ଥର ଦଉଡ଼ାଇଲେ, ଏକୋଇଶ ଥର ହେଲା । ଘରେ ଥାଇ ଚାକରକୁ ପଠାଇଲେ । ବାବୁ ନାହାନ୍ତି – ଏ ବାର୍ତ୍ତାଟି ସେ ଦେଲେ । ଏଠାରେ ଉପସ୍ଥିତ ସମାଲୋଚକ ଦଳେଇ । ଗୋବର୍ଦ୍ଧନଙ୍କ ସାହିତ୍ୟ, ସବୁ ଚୋରିମାଲ, ଏକଥା ବି ଲେଖିଥିଲେ । ଏବେ ତାଙ୍କ ମୁହଁରେ ଗୋବର୍ଦ୍ଧନଙ୍କ ପ୍ରଶଂସା । ଦୋମୁହାଁ ନୀତି । ଏ ଆଚରଣ ସାହିତ୍ୟରେ ଚଳିବନି । ରୋକ ଠୋକ କହିଦେଲେ । ସଭାରେ ହୋ ହଲ୍ଲା । ସପକ୍ଷ ଆଉ ବିପକ୍ଷ । ପରସ୍ପରରେ କଳି । ଘଟିଲା ଚମକପ୍ରଦ ଘଟଣାଟେ । ସଭାରେ ଆଲୋଡ଼ନ । ସମସ୍ତଙ୍କ ମୁହଁ ମଳିନ । ସର୍ବେ ଭୟକାତର । ସଭା ମଧ୍ୟରେ ପାଗଳ ଜଣେ । କାଣ୍ଡଜ୍ଞାନହୀନ ମୂର୍ଖ ପାଗଳଟା, ତାକୁ କିଏ ଆଣିଲା ? ଚାରିଆଡ଼େ ଏଇ କଥାଟି ପ୍ରତିଧ୍ୱନିତ । ଲୋକଟା ମୁଣ୍ଡରେ ମଫଲର, ଖୁଁ ଖୁଁ କାଶ । ହଠାତ୍ ମଫଲରଟା ଫିଙ୍ଗିଦେଲା, ଭୂତପରି ନାଚିଲା, କୁଦିଲା – "ମୁଁ ଗୋବର୍ଦ୍ଧନ, କବି ଗୋବର୍ଦ୍ଧନ । ମୁଁ ମରିନାହିଁ, ତଥାପି ବଞ୍ଚିଛି ।"

ଗୋବର୍ଦ୍ଧନଙ୍କୁ ଅନେକ ପାଖରୁ ଦେଖିଥିଲେ । ସେଦିନ ଗୋବର୍ଦ୍ଧନ ଅନ୍ନପ୍ରାର୍ଥୀ, ସାହାଯ୍ୟପ୍ରାର୍ଥୀ ଥିଲେ । ସେ ଚେହେରା, ଏ ରୂପରେ ଯଥେଷ୍ଟ ସାମଞ୍ଜସ୍ୟ । ଏ ସନ ଗୋବର୍ଦ୍ଧନଙ୍କ ଦ୍ୱିତୀୟ ଶ୍ରାଦ୍ଧସଭା, ବେଶ୍ ସରଗରମ । ଗୋବର୍ଦ୍ଧନ ନିଜେ ଆବିର୍ଭୂତ ହୋଇ ପାରନ୍ତି – ଏ କଥାଟି ଅପରିକଳ୍ପନୀୟ । ଲୋକ ଗହଳି । କେହି ଜଣଙ୍କର ଚିତ୍କାର-

"ଏ ଗୋବର୍ଦ୍ଧନର ଭୂତ।" ପରିସ୍ଥିତି ଏବେ ଅସମ୍ଭାଳ। ଦଉଡ଼ା ଦଉଡ଼ି, କିଏ ଚଉକି ଝୁଣ୍ଟି, ଆଉ କିଏ ଅନ୍ୟକୁ କୁଦି କାନ୍ଥରେ ପିଟିହେଲା। ସମସ୍ତଙ୍କ ପାଟିରେ - "ଭୂତ, ଭୂତ।" ଉର୍ଦ୍ଧ୍ୱଶ୍ୱାସ ହୋଇ ସମସ୍ତଙ୍କର ଦଉଡ଼ା ଦଉଡ଼ି। ପଶ୍ଚାତ୍‌ଧାବନ କରୁଥିବା ବ୍ୟାଘ୍ର ଭୟରେ ଭୀତ ହରିଣୀ ସମ। ଅତର୍କରେ ଛତ୍ରଭଙ୍ଗ। ସଭାମଞ୍ଚ ଏକ ପ୍ରକାର ଶୂନ୍ୟ। ସେଇ ଲୋକଟି ନିର୍ବିକାର। ଦେଖୁଥିଲା ଏ ଅଭିନବ ଦୃଶ୍ୟକୁ। ଗୃହର ବିଚିତ୍ର ସ୍ଥିତି। ଚଟାଣ ଯାକ ଓଲଟା ଚଉକି। ପଟେ ପଟେ ଜୋତା ବା ଚଟି। କାହା ଚାଦର, ଅନ୍ୟ କାହାର ବାଡ଼ି। ଏ ସବୁ ବିଛେଇ ହୋଇ ପଡ଼ିଛି। ଏକ ଭୌତିକ ପରିବେଶ। ସେହି ଭୌତିକ ବିଶୃଙ୍ଖଳିତ ସ୍ଥିତି। ନିର୍ନିମେଷ ନୟନ। ଲୋକଟି ଚାହିଁଛି ଗୋବର୍ଦ୍ଧନଙ୍କ ଫଟୋଚିତ୍ରକୁ। ତା' ପରେ ତା'ର ପ୍ରଚଣ୍ଡ ଅଟ୍ଟହାସ୍ୟ। ନିରବ ସଭାଗୃହରେ ନାହିଁ ନଥିବା କମ୍ପନ। ସେ ଗୋବର୍ଦ୍ଧନର ଭୂତ। ଏଥିରେ ନ ଥିଲା ତିଳେ ମାତ୍ର ସନ୍ଦେହ। ତା' ପରଦିନ। ଦୈନିକ ଖବରକାଗଜ ପୃଷ୍ଠା ମଣ୍ଡନ କଲା ଏ ବିଚିତ୍ର ଦୃଶ୍ୟ। ଖବରର ମୁଖ୍ୟାଂଶ - "ଗୋବର୍ଦ୍ଧନଙ୍କ ଶ୍ରାଦ୍ଧସଭାରେ ଭୌତିକ ଉପଦ୍ରବ।" ଆଉ କେତେକ କୁହାକୁହି। ଗୋବର୍ଦ୍ଧନଙ୍କ ପ୍ରେତ। ଏବେ ଆସି ମର୍ତ୍ତ୍ୟମଣ୍ଡଳରେ। ଏଣିକି ରୁକୁଣା ରଥ ଅଣ ଲେଉଟା। ଗୋବର୍ଦ୍ଧନଙ୍କ ଭୂତ ଏବେ ଅଫେରା। କବି ଗୋବର୍ଦ୍ଧନ କି ମରିପାରେ? ସେ ମରି ବି ଅମର।

ଏ ଏକ ବିଚିତ୍ର ପ୍ରେତ! କେବେ ବସ୍ ଷ୍ଟାଣ୍ଡରେ, ଆଉ କେବେ ବହିଦୋକାନ ସାମନା ରାସ୍ତାକଡ଼ରେ। କେତେବେଳେ ହୋଟେଲ ପାଖରେ, ରାସ୍ତାକଡ଼ ପାଣି ପାଇପ୍ ତଳେ। ରାସ୍ତା ଜନାକୀର୍ଣ୍ଣ। ଚାଲିଥାଏ ଏ ଅଜବ ଲୋକଟି। ଶତଛିନ୍ନ, ମଳିନ ପରିଧାନ। ପାଦରେ ଛିଣ୍ଡାଚଟି, ପରାଜିତ ଜୀବନର ଅବସାଦଗ୍ରସ୍ତ ମୁହୂର୍ତ୍ତମାନ। ଏ ସବୁ ତା'ର ସନ୍ତକ। ଗୋଡ଼ ଘୋଷାଡ଼ି, ଘୋଷାଡ଼ି ଲୋକଟି ଚାଲେ। କାଖତଳେ କେତେ ଖଣ୍ଡ ପାଣ୍ଡୁଲିପି। ଆଉ ଗୋବର୍ଦ୍ଧନଙ୍କ ପ୍ରକାଶିତ ପୁସ୍ତକ। ଏ ଯେଉଁ ଚମଡଙ୍କା କଙ୍କାଳ ଚାଲିଛି। ଏ ମଣିଷ ନୁହେଁ ପ୍ରେତ। ଗୋବର୍ଦ୍ଧନ ପ୍ରେତଲୋକ ଭ୍ରଷ୍ଟ।

ସେଦିନ ପ୍ରେତଟି ଦେଖିଥିଲା ଗୋବର୍ଦ୍ଧନଙ୍କ ଦ୍ୱିତୀୟ ଶ୍ରାଦ୍ଧବାର୍ଷିକୀ। ସ୍ମରଣିକାଟି ଆତ୍ମପ୍ରକାଶ କରିବ। ଖବରକାଗଜରେ ଏଇ ସମ୍ବାଦ। ଲେଖକ, ଅଲେଖକ, ରାତାରାତି ଲେଖ - ସମସ୍ତେ ଚଳଚଞ୍ଚଳ। ଢେର୍ ଲେଖା ପହଞ୍ଚିଲା। ସମ୍ପାଦକ ନାକେଦମ୍। କାହାକୁ ଛାପିବେ। ଏଣେ ପ୍ରିୟାପ୍ରୀତି ତୋଷଣ। ଉନ୍ନତମାନର ଲେଖା ସ୍ମରଣିକା ପାଇଁ ଲୋଡ଼ା। ଏଥିରେ ଊଣା ହେଲେ, ସୁନାମ ଫସର ଫାଟିବ। ବିଶିଷ୍ଟ ଲେଖକମାନେ। ତାଙ୍କ ଲେଖା ନ ବାହାରିଲେ ପ୍ରଳମ୍ବ ଅଶୁଦ୍ଧ। ମୋହର ମରା ଯୁଗ। ସେମାନଙ୍କ ପାଖକୁ ବେଶ୍ ଦଉଡ଼ା ଦଉଡ଼ି। କେତୋଟି ଲେଖା ମିଳିଲା। ଯଥା ସମୟରେ ସ୍ମରଣିକା ସୂର୍ଯ୍ୟାଲୋକ ଦେଖିଲା।

ଏଥିରେ ବିଜ୍ଞାପନ କିଛି କମ୍ ନାହିଁ। 'ଅସଲି ପଞ୍ଚଗୁଣା ତୈଳ', 'କାମାର୍ଣ୍ଣବ' ମୋଦକ ବିଜ୍ଞାପନ। ତତ୍ ସହିତ ବହୁ ମାନ୍ୟଗଣ୍ୟ ବ୍ୟକ୍ତିଙ୍କ ଅଭିମତ। 'ଅସଲି ଖଡ଼ିରତ୍ନ ପଞ୍ଜିକା' ବା 'ଅରୁଣୋଦୟ ପଞ୍ଜିକା'। ଏ ଭ୍ରମଟି ସୃଷ୍ଟି କଲା ସ୍ମରଣିକାଟି। ସଭାରେ କବି ଗୋବର୍ଦ୍ଧନଙ୍କ ପ୍ରଶଂସା। ତନ୍ମଧ୍ୟରେ ନିଜ ସମ୍ପର୍କରେ ବେଶ୍ ଦି' ଧାଡ଼ି। ଏ କଥାଟି କେହି କେହି ରଖିଲେ। ସଭା ମଧ୍ୟରେ ସଂକଳକଙ୍କୁ ନାହିଁ ନଥିବା ସାଧୁବାଦ। ଅବିଶ୍ରାନ୍ତ ଶ୍ରମ, ନିଃସ୍ୱାର୍ଥପର ସାହିତ୍ୟ ସେବା। ଗୋବର୍ଦ୍ଧନ ସାହିତ୍ୟର ପ୍ରକାଶ-ବିକାଶରେ ତାହା ସହାୟକ ହେଲା। ଏମିତି ଶବ୍ଦରେ ସଂକଳକ ଗୋଟାପଣେ ଆର୍ଦ୍ର। ଆଉ କିଏ କହିଲା - ଆହା ! ଜୀଇଥିବା ବେଳେ ଗୋବର୍ଦ୍ଧନଙ୍କୁ ଏତିକି ମିଳିଥାଆନ୍ତା କି ? ସବୁ ପାଗଳଟି ଦେଖୁଥିଲା। ହସୁଥିଲା ବି।

ସଂକଳକ ମହୋଦୟ ପରମ କୌଶଳୀ। ସ୍ମରଣିକାରେ ସ୍ଥାନିତ ଲେଖାର ଲେଖକ। ସେମାନଙ୍କ ସହ ନିଜ ବନ୍ଧୁ, ପ୍ରଶଂସକ। ସେମାନଙ୍କୁ ଡାକିବାକୁ ଭୁଲି ନଥିଲେ। ସ୍ଥିତିରେ ବାରମ୍ବାର ଉନ୍ନତି। ଗୋବର୍ଦ୍ଧନଙ୍କ ସାହିତ୍ୟ ପ୍ରତିଭା। ସମସ୍ତଙ୍କ ମୁହଁରେ ଭୂରି ଭୂରି ପ୍ରଶଂସା। ଏବେ ଗୋବର୍ଦ୍ଧନ ସ୍ଥାନ, କାଳ, ପାତ୍ର ଉର୍ଦ୍ଧ୍ୱରେ। ସ୍କୁଲ ପିଲେ, କଲେଜ ଛାତ୍ର। ସେମାନେ ବି ଗୋବର୍ଦ୍ଧନ ପ୍ରେମୀ। ସମସ୍ତେ ସଭାରେ ହାଜର। ସଭାଗୃହଟି ଭରପୁର। କେଇଜଣ ଛାତ୍ରୀ, ସୁଲଳିତ ସ୍ୱର। ସୁଚାରୁ ରୂପେ ପ୍ରାରମ୍ଭିକ ସଙ୍ଗୀତର ସମାପନ। ମଞ୍ଚ ଆଉ ସଭା ବେଶ୍ ଘଞ୍ଚ। ଗୋଟେ 'ବିରାଟ ଜନସଭା'। ସଭା ମଞ୍ଚରେ ଗୋବର୍ଦ୍ଧନଙ୍କ ପରିବର୍ଦ୍ଧିତ ଗୋଟେ ଆଲୋକଚିତ୍ର। ଗୋବର୍ଦ୍ଧନଙ୍କ ବ୍ୟାଧିଗ୍ରସ୍ତର ପୂର୍ବାବସ୍ଥା। ସୁସ୍ଥ ସବଳ ଥିଲେ। ସିଲ୍‌କୀ ପଞ୍ଜାବି, ଦକ୍ଷିଣୀ ଚାଦର ପ୍ରତି ତାଙ୍କର ମୋହ। ସ୍ମରଣିକାରେ ଏକଥା ଉପରେ ବି ବେଶ୍ ଆଲୋକପାତ। ଜଣେ ପ୍ରକାଶକ କୁଆଡ଼େ ଅନୁରୋଧ କଲେ। ଗୋବର୍ଦ୍ଧନଙ୍କ ଏଇ ପରିଧାନରେ ଫଟୋ ଉଠାଇଥିଲେ। ଏବେ ଫଟୋଚିତ୍ରଟି ପରିବର୍ଦ୍ଧିତ। ଦେଖଣାହାରୀଙ୍କ ଆଖି ଲାଖିଯାଏ। ଉନ୍ନତ, ପ୍ରଶସ୍ତ କପାଳ, ଅବିନ୍ୟସ୍ତ କେଶଗୁଚ୍ଛ। ଲୋମଶ ଭ୍ରୂଲତା ତଳେ ଦୁଇ ପ୍ରଶାନ୍ତ ଆଖିରେ ଉଦାସ। ସୁଦୂର ପ୍ରସାରୀ ଦୃଷ୍ଟି। ଚିବୁକର ଦୁଇପାର୍ଶ୍ୱ। ଏଥିରେ ଦୁଇଟି କ୍ଷୀଣ ବଙ୍କିମ ଗଭୀର ରେଖା। ଓଷ୍ଠ ପ୍ରାନ୍ତରେ ସାମାନ୍ୟ ହାସ୍ୟରେଖା। ଚେହେରାରେ ସୌକୁମାର୍ଯ୍ୟ। ଏଥିରେ ଉଜ୍ଜ୍ୱଳ ବୈଶିଷ୍ଟ୍ୟର ସ୍ୱାକ୍ଷର। ଗୋବର୍ଦ୍ଧନଙ୍କ ସ୍ୱପ୍ନ, କଳ୍ପନା-ବିଳାସ, ରସୋତ୍ତୀର୍ଣ୍ଣ ପ୍ରକାଶଭଙ୍ଗୀ। ଏଥିରେ ସହସ୍ର ସହସ୍ର ପ୍ରାଣ ପୁଲକିତ। ଫଟୋଚିତ୍ରରେ ତାହା ପରିସ୍ଫୁଟ। ତା'ପରେ ସ୍ମରଣିକାର ଉନ୍ମୋଚନ। ସହାସ୍ୟ ବଦନ ସଂକଳକଙ୍କର। ଖଣ୍ଡେ ଫଟୋଚିତ୍ର ନିକଟରେ ନିବେଦନ କଲେ। ସଂଗୀତ ବିଦ୍ୟାଳୟର କେଇଜଣ ଛାତ୍ରୀ। ଗୋବର୍ଦ୍ଧନଙ୍କ କେତୋଟି କବିତା। ଆଧୁନିକ ସ୍ୱରରେ ଗାନ କରାଗଲା। ସଭାଗୃହର ଶେଷଭାଗ। ପାଗଳଟି ସବୁ ଦେଖୁଥିଲା। ତାଙ୍କ ଅଙ୍ଗଭଙ୍ଗୀ

ବିକୃତ, ମୁହଁଟି ନିଷ୍ଠୁର, କ୍ରୋଧ ଆଉ ଅସ୍ୱସ୍ତିରେ ତା'ର ଉତ୍କଟ ଚିତ୍କାର। ଉପସ୍ଥିତ ଜନତା, ତାଜୁବ। ସଭାଗୃହ ମଧ୍ୟରେ ସେଇ ଅଦ୍ଭୁତ କାଣ୍ଡ। ପାଗଳ ହସିଲା, କାନ୍ଦିଲା, କୁଦିଲା, ନାଚିଲା। ସତରେ 'ଗୋବର୍ଦ୍ଧନ'ର ସେ ଭୂତ। ଏ ଧାରଣାଟି ସାବ୍ୟସ୍ତ ହେଇଗଲା ସେଦିନ।

ସେଇଦିନୁ ପ୍ରେତ ଗୋବର୍ଦ୍ଧନ ଚାଲିଛି। କୌଣସି ପରିଚିତ ଲୋକ ଦେଖାହୁଏ। ପ୍ରେତଟି ବାଟଓଗାଳେ। ଚିତ୍କାର କରେ - "ମୁଁ ଗୋବର୍ଦ୍ଧନ, ମୁଁ ଏକ ନୂତନ ସତ୍ୟର ବାର୍ତ୍ତାବହ, ଏକ ନୂତନ ପଥର ପଥିକୃତ। ଶ୍ରାଦ୍ଧ ସଭାରେ ମୋର ପ୍ରାପ୍ୟ ବୋଲି ଯାହା ତୁମେ ସ୍ୱୀକାର କରିଛ, ମୋତେ ତାହା ହିଁ ଦିଅ। ମୁଁ ଅଧିକ ଚାହେଁ ନାହିଁ।" ଏକଥା କହିଲା ବେଳେ ଏହି ଜୀବନ୍ତ ପ୍ରେତର ବିଚିତ୍ର ଅବସ୍ଥା। ନର କରୋଟୀପରି ହାଡୁଆ ମୁହଁ। କୋଟରଗତ ଆଖି, ରଡ଼ନିଆଁ ପରି ଦପ୍‌ଦପ ଜଳିଉଠେ। କ୍ଷୁଧାର୍ତ୍ତ ଇଗଲ୍‌ର ପଞ୍ଝାପରି ତା'ର ଦୁଇ ଶିରାଳ, ଶୁଷ୍କ, ଚର୍ମ ପରିବୃତ ଅଞ୍ଜଳି। କ୍ରମେ ପ୍ରସାରିତ ହୋଇଆସେ। ସତେ ଯେମିତି କାହାକୁ ଗ୍ରାସ କରିବା ପାଇଁ ଉଦ୍ୟତ ! ଶୁଣିବା ଲୋକର ଗତ୍ୟନ୍ତର ନାହିଁ। ଜୀବନ ବଞ୍ଚାଇବ। ରୁଦ୍ଧଶ୍ୱାସ ହୋଇ ଦଉଡ଼ି ପଳାଏ।

ଗୋବର୍ଦ୍ଧନର ଜୀଅନ୍ତା ପ୍ରେତ। ପ୍ରତିନିଧିତ୍ୱ କରେ ନିଦରବ ସାହିତ୍ୟିକମାନଙ୍କର। ଉତ୍କଳ ଖଣ୍ଡରେ କଳାକାରଙ୍କ ଦୁର୍ଗତି। ଏମିତି ବୁଲୁଥିବେ, ଦାବି କରୁଥିବେ ହକ। ଜୀଇଁବାର ସାହାରାହା ଖୋଜୁଥିବେ। ଆଉ ଏ ସୁବିଧାବାଦୀ, ଆତ୍ମପ୍ରଚାର ସର୍ବସ୍ୱ ସ୍ତୁତିଚାରଣ କାରୀମାନେ। ସେମାନଙ୍କ ପାଇଁ ପାଳଟୁ ଥିବେ ଜୀଅନ୍ତା ଭୂତ। କାଖରେ ବହି, ହାତରେ ପାଣ୍ଡୁଲିପି - ବ୍ୟଙ୍ଗ ବିଦ୍ରୂପ କରୁଥିବେ ତଥାକଥିତ ଅର୍ଥସର୍ବସ୍ୱ ଭଦ୍ର ମୁଖାପିନ୍ଧା ମଣିଷମାନଙ୍କୁ ! ପରଲୋକ ଗତ ବିଚରା ଗୋବର୍ଦ୍ଧନ ! ତାଙ୍କ ପାଇଁ ଏ ମରଣୋତ୍ତର ଶ୍ରଦ୍ଧା, ସମ୍ମାନର ବା କି ମୂଲ୍ୟ ?

■

ପ୍ରବୃତ୍ତି ସହ ନିବୃତ୍ତିର ମହାମିଳନ

ପ୍ରବୃତ୍ତି, ନିବୃତ୍ତି - ଉଭୟ ଗୋଟେ ମୁଦ୍ରାର ଦୁଇ ପାର୍ଶ୍ୱ। ସ୍ୱ ସ୍ୱ ବିଷୟରେ ଇନ୍ଦ୍ରିୟ ସଞ୍ଚାର ହିଁ ପ୍ରବୃତ୍ତି। ପ୍ରବୃତ୍ତି ମୁଖ୍ୟତଃ ଦୁଇ ପ୍ରକାର - (୧) ମୌଳିକ, (୨) ସହଜାତ। ମୌଳିକ ପ୍ରବୃତ୍ତିର କ୍ରିୟା ପ୍ରତିକ୍ରିୟା ସହଜାତ ପ୍ରବୃତ୍ତି। ମୌଳିକ ପ୍ରବୃତ୍ତି ନାନାଦି ପ୍ରକାର। ଅପର ପକ୍ଷରେ ସଂଯମନ, ବିରତି, ଅପସାରଣ - ଏଇ ଅର୍ଥରେ ନିବୃତ୍ତି ବ୍ୟବହୃତ। ପ୍ରବୃତ୍ତିରୁ ନିବୃତ୍ତି ମହାଫଳଦାୟକ। ଇନ୍ଦ୍ରିୟଗ୍ରାହ୍ୟ ସୁଖ ଲାଳସା, ନେଇଯାଏ ଅବାଟକୁ। ମଣିଷ ପଣିଆ, ଦେବୋପମ ଗୁଣ ହ୍ରାସ ହୁଏ। ସେଇଥିପାଇଁ ମୁନି, ଋଷି, ଯୋଗୀମାନେ ଇନ୍ଦ୍ରିୟ ସୁଖରୁ ବହୁ ଦୂରରେ। ଯୌନ ପ୍ରବୃତ୍ତି ଅତି ଭୟଙ୍କର। ପରିଣାମ ବି ବିପଜ୍ଜନକ। ଏକଥାଟି ପୁରାଣ, ସାହିତ୍ୟ, ଇତିହାସ ପୃଷ୍ଠାରେ ସ୍ପଷ୍ଟ। ମହାପ୍ରତାପୀ ମହିଷାର ନିଧନ ଗୋଟେ ନାରୀ ହାତରେ। ରାବଣର କାମ ପ୍ରବୃତ୍ତି, ସତୀସାଧ୍ୱୀ ସୀତାଙ୍କୁ ଅପହରଣ, ଶେଷରେ ସ୍ୱର୍ଣ୍ଣମୟୀ ଲଙ୍କା ବିଧ୍ୱସ୍ତ। ସୁନ୍ଦରୀ ହେଲେନ୍ ଲାଗି ଟ୍ରୟ ଯୁଦ୍ଧ। ପୁରୁଷର କାମଲାଳସା ଏ ସମସ୍ତ କଳଙ୍କର ମୁଖ୍ୟ କାରଣ। ପ୍ରବୃତ୍ତିରୁ ନିବୃତ୍ତି, ମର୍ତ୍ତ୍ୟ ପାଲଟିଯାଏ ବୈକୁଣ୍ଠଧାମ। ସୁଖ, ଶାନ୍ତିର ମହୁ ବରଷେ, ଜୀବନ ହୋଇଯାଏ ମଧୁମୟ, ଛନ୍ଦାୟିତ।

ବୌଦ୍ଧ ଯୁଗୀୟ କଥା। ବୈଶାଳୀ, ଶାକ୍ୟ, କୋଲିୟ, ବିଦେହ, ମଲ୍ଲ, ପିପିଳୀବନର ମୋରୀୟ, କାଲାମ, ଉଗ - ଏସବୁ ସଂଘ ଶାସିତ ଦୁର୍ବଳ ରାଜ୍ୟ। ବିଚିତ୍ର ଏଗୁଡ଼ିକର ବିଧି, ବିଧାନ, ବ୍ୟବସ୍ଥା। ସଂଘର ନାରୀମାନଙ୍କ ପ୍ରତି କଠୋର ଆଭିମୁଖ୍ୟ। ନାରୀଟି ସ୍ରଷ୍ଟାଙ୍କ ଅନୁପମ ସୃଷ୍ଟି। ସେ ଜନନୀ, ଜାୟା, ଭଗିନୀ, ପ୍ରେମମୟୀ ପତ୍ନୀ, ସ୍ଥଳବିଶେଷରେ ରୁଦ୍ରମୂର୍ତ୍ତି ଧାରିଣୀ ଦେବୀ ଦୁର୍ଗା। ରୀତିଯୁଗରେ ନାରୀର ରୂପ ବର୍ଣ୍ଣନାରେ କବିଏ ଶତମୁଖର। କାହା ଲେଖନୀରେ ସେ ଗଜଗାମିନୀ, ଏଣି ନୟନା, ବିମ୍ବାଧରୀ, ପଦ୍ମମୁଖୀ; ଆଉ କାହା ସୃଷ୍ଟିରେ ନବନୀତ ପ୍ରତିମା। ବିଶ୍ୱସ୍ରଷ୍ଟା ବ୍ରହ୍ମା, ସଂସାରର ସାର କାନ୍ତି ପଦାର୍ଥ ଆଣିଲେ, ଅମୃତ ମିଶାଇ ଦାଟି ଛାଣିଲେ, ମର୍କତ ରସାଣରେ ରସାଣି

ଦେଲେ। ବାଦ୍ ପଡ଼ିଲା ଖାଦ, ସେଇଥିରେ ସୃଷ୍ଟିକଲେ ଅପରୂପା ନାରୀ। ହେଲେ ତା'ର ଲୋଡ଼ା ସୁରକ୍ଷା। ବିନା ଆଶ୍ରୟରେ କବିତା, ବନିତା, ଲତା - ଏମାନଙ୍କର ଅଭିବୃଦ୍ଧି ନାହିଁ। ଏକଥାଟି ସେଇ ରୀତି କବିଙ୍କର। ସମୟ ବଦଳି ଚାଲିଛି, ବଦଳୁଛି ନାରୀର ସ୍ଥିତାବସ୍ଥା। ତଥାପି ସେ ନୁହେଁ ପୂର୍ଣ୍ଣ ସୁରକ୍ଷିତା। ପୁରୁଷ ପ୍ରଧାନ ସମାଜ, ନାରୀଟି ପାଇନି ତା'ର ନ୍ୟାଯ୍ୟ ପ୍ରାପ୍ୟ, ସେବେ ଅବା ଏବେ। ନାରୀର ରୂପଲାବଣ୍ୟ, ଅନେକ ସମୟରେ ତା' ପାଇଁ ବିପଦ ସାଜେ, ଦୁର୍ଦ୍ଦଶା ଟାଣି ଆଣେ। ବୌଦ୍ଧଯୁଗୀୟ ସଂଘଶାସିତ ରାଜ୍ୟରେ ସେଇ ବ୍ୟବସ୍ଥା। ରାଜ୍ୟର ଅପରୂପା, ସୌନ୍ଦର୍ଯ୍ୟବତୀ। ଆକୃଷ୍ଟ ହୁଅନ୍ତି ପଡ଼ୋଶୀ ରାଜ୍ୟର ରାଜା ମହାରାଜା। ସେମାନଙ୍କ ଆକ୍ରମଣର ଆଶଙ୍କା। ଗଣସୁରକ୍ଷା ପାଇଁ ସୁନ୍ଦରୀଟିକୁ ଗଣଭୋଗ୍ୟା ଘୋଷଣା କରି ଦିଆଯାଏ। ଏମିତି ଏକ ହୀନ କପାଳୀ ଅମ୍ବାପଲ୍ଲୀ। ଲେଖିଛି ତା' ଜୀବନର ଆତ୍ମକାହାଣୀ ସମ୍ବଳିତ କବିତାଟେ। ସ୍ଥାନିତ 'ଥେରୀ ଗାଥା'ରେ। କବିତାଟିର ଅନ୍ତଃସ୍ୱର ଅତୀବ ଅଶ୍ଳୀଳ। ଅମ୍ବାପଲ୍ଲୀର ନାରୀତ୍ୱ, ମାତୃତ୍ୱର ଲୋଭନୀୟ ସମ୍ଭାବନା, ତା' କୁଆଁରୀ ମନର ଆଶା, ଆକାଂକ୍ଷା, ସେ ଦିନ ଧୂଳିସାତ୍ ହେଇଗଲା। ଲିଚ୍ଛବୀ-ସଂଘ ଶାସିତ ବୈଶାଳୀର 'ଗଣ ପରିଷଦ'। ତାକୁ ଘୋଷଣା କଲା ଗଣଭୋଗ୍ୟା ନଗରବଧୂ। ଏ ଥିଲା ବିଧିର ବିଡ଼ମ୍ବନା। ଅମ୍ବାପଲ୍ଲୀ ଜୀବନର କରୁଣ କାହାଣୀ। ତା'ରି ଉପରେ ଆଧାରିତ ମହାନ ସ୍ରଷ୍ଟା ସୁରେନ୍ଦ୍ର ମହାନ୍ତିଙ୍କ ଗଳ୍ପ 'ଅମ୍ବାପଲ୍ଲୀ'। ଅମ୍ବାପଲ୍ଲୀ ରୂପ ପ୍ରଲୁବ୍ଧ ଲମ୍ପଟ ବିମ୍ବିସାର। ତାଙ୍କରି ଆଶ୍ଳେଷର ଯୂପକାଠରେ ଅମ୍ବାପଲ୍ଲୀ ନିତି ଅଣନିଶ୍ୱାସ। ପ୍ରବୃତ୍ତିର ଉଗ୍ର ଲାଳସାରେ କ୍ଷତାକ୍ତ ତା'ର ଆତ୍ମା। ଆରପଟେ ଶାକ୍ୟସିଂହ ତଥାଗତ ଗୌତମବୁଦ୍ଧ। ତାଙ୍କ ଦ୍ୱାରା ପ୍ରଦର୍ଶିତ ନିବୃତ୍ତିର ମାର୍ଗ। ଅମ୍ବାପଲ୍ଲୀର ଜୀବନର ସାୟାହ୍ନ। ରାଜା ବିମ୍ବିସାର ତା'ର କେଳି କକ୍ଷରେ। ଆସିଛନ୍ତି ବୁଦ୍ଧ। ପାଗଳିନୀ ପରି ପ୍ରଧାବିତା ଅମ୍ବାପଲ୍ଲୀ। ଶରଣ ପଶିଛି ବୁଦ୍ଧଙ୍କ ନିକଟରେ। ଆଶୀର୍ବାଦ ଲୋଡ଼ିଛି। ପ୍ରବୃତ୍ତି ସହ ହେଲା ନିବୃତ୍ତିର ମହାମିଳନ। ଗଣିକା ଅମ୍ବାପଲ୍ଲୀ ହେଇଗଲା ଧନ୍ୟା।

ବୈଶାଳୀର ଲିଚ୍ଛବୀ - ସଂଘର ପରିଷଦ କକ୍ଷ। ତିଳଧାରଣ ପାଇଁ ସୁଦ୍ଧା ନଥିଲା ସ୍ଥାନ। ସାଧାରଣ ଜନତାଠାରୁ ଆରମ୍ଭ କରି ରାଜପୁରୁଷ, ରାଜକର୍ମଚାରୀ, ଶ୍ରେଷ୍ଠୀ, ବଣିକ - ସମସ୍ତଙ୍କର ଭିଡ଼। ଉତ୍ସୁକତା ବଢ଼ି ଚାଲିଛି। ବୈଶାଳୀ ଉଦ୍ୟାନର ରକ୍ଷକ କନ୍ୟା ଅମ୍ବାପଲ୍ଲୀ। ଅପରୂପା ସୌନ୍ଦର୍ଯ୍ୟମୟୀ, ତା'ରି ହେବ ବିଚାର। ଗଣଧର (ବାଚସ୍ପତି) ସଭାର ଉଦ୍ଦେଶ୍ୟ ଜ୍ଞାପନ କଲେ। ବିଧି ସଂଖ୍ୟା (କୋରମ୍)ର ଆବଶ୍ୟକତା ନଥିଲା। ଗଣପୂରକ ଦୀପଙ୍କର (ଦଳପତି)ଙ୍କୁ ନିବେଦନ କଲେ ପ୍ରସ୍ତାବ ଆଗତ ପାଇଁ। ପ୍ରସ୍ତାବ ଆଗତ ହେବ, ପ୍ରଥମେ ଉଦ୍ୟାନପାଳ ଅସିତବର୍ଣ୍ଣ ଶୁଣାଇଲେ ଅମ୍ବାପଲ୍ଲୀର ବୃତ୍ତାନ୍ତ। ଷୋଳବର୍ଷ ତଳର କଥା। ବୈଶାଳୀ ଉପକଣ୍ଠ ଆମ୍ର-ଉପବନର ରକ୍ଷକ ଅସିତବର୍ଣ୍ଣ।

ପକ୍ଷୀର କଳରବ, ସିନ୍ଦୂରା ଫାଟିଛି। ଶୁଣିଲେ ଗୋଟେ ଶିଶୁର ଚିତ୍କାର। ନିଃସନ୍ତାନ ଉଦ୍ୟାନପାଳ। ଗୋଟିଏ ଆମ୍ବଗଛ ତଳେ, ପଡ଼ିଛି ଅନିନ୍ଦ୍ୟ ସୁନ୍ଦର ଶିଶୁଟି। ନାହି ସୁଦ୍ଧା କଟା ଯାଇନି। କେଉଁ ଏକ ହତଭାଗିନୀ, ସମାଜ ଭୟରେ ଫିଙ୍ଗି ଦେଇଯାଇଛି ଶିଶୁଟିକୁ। ହେଉପଛେ ସେ କେଉଁ କୁଳଟାର କଳଙ୍କ, ଅବା ଅଭିଶାପ। ଦ୍ୱିଧା ନାହିଁ, ବିକାର ନାହିଁ, ଉଦ୍ୟାନପାଳ ଟୋଳିନେଲେ କୋଳକୁ। ଷୋଳବର୍ଷ ତଳର ସେଇ ଶିଶୁ ଆଜି ଅମ୍ବାପଲ୍ଲୀ। ଷୋଳବର୍ଷ ତଳେ କେଉଁ ବସନ୍ତ ରାତ୍ରର ବିସ୍ମୃତ-ଲଗ୍ନ ମୁହୂର୍ତ୍ତ। ଜନ୍ମିଥିଲା ଏଇ ବୈଶାଳୀର ଆତଙ୍କ। ତା'ରି ରୂପରେ ରାଜା ମହାରାଜା ପାଗଳ, ତାକୁ ପାଇବା ପାଇଁ ପରସ୍ପରରେ ପ୍ରତିଯୋଗିତା, ବୈଶାଳୀର ସାଧାରଣତନ୍ତ୍ର ସଙ୍କଟାପନ୍ନ। ପଡ଼ୋଶୀ ରାଜ୍ୟର ମଗଧ ସମ୍ରାଟ ଲମ୍ପଟ ବିମ୍ବିସାର। ତାଙ୍କ ସହ ବିଦେହ, ମଲ୍ଲ, କଲାମ ପ୍ରଭୃତି ରାଜ୍ୟର ରାଜାମାନେ, ସମସ୍ତେ ବୈଶାଳୀ ଆକ୍ରମଣ ପାଇଁ ଯୋଜନାବଦ୍ଧ। ଅମ୍ବାପଲ୍ଲୀର ପ୍ରାପ୍ତି ନିଶାରେ ମଦମତ୍ତ ସେଇ ରାଜାମାନେ। ସେମାନଙ୍କ ମଧ୍ୟରୁ ବିମ୍ବିସାର ଅତି ଭୟଙ୍କର। ବଳାତ୍କାରରେ ଅମ୍ବାପଲ୍ଲୀକୁ ନେଇଯିବାକୁ ପ୍ରସ୍ତୁତ। ବୈଶାଳୀ ସହ ରାଜଗୃହର ଯୁଦ୍ଧ ଅନିବାର୍ଯ୍ୟ। ମଗଧର ବିଶାଳ ସାମରିକ ବାହିନୀ। ଏ କ୍ଷେତ୍ରରେ ବୈଶାଳୀ ଅତି ନଗଣ୍ୟ, ଦଳପତିଙ୍କ ବକ୍ତବ୍ୟର ଏଇତକ ସାରାଂଶ। ଚିରାଚରିତ ପ୍ରଥାନୁସାରେ ଅଗତ କଲେ ପ୍ରସ୍ତାବଟେ - "ଅମ୍ବାପଲ୍ଲୀକୁ ଏଠାରେ ଗଣିକାଟିଏ ଘୋଷଣା କରାଯାଉ। ଅମ୍ବାପଲ୍ଲୀ ହେଉ ଗଣଭୋଗ୍ୟା।" ନଥିଲା ପ୍ରତିବାଦ ଅବା ପ୍ରତିରୋଧ। ବିନା ବିରୋଧରେ ପ୍ରସ୍ତାବଟି ଗୃହୀତ ହେଲା। ସଭାକକ୍ଷରେ ହର୍ଷଧ୍ୱନି, ବ୍ୟାଧଭୀତା ହରିଣୀ ପରି ଅମ୍ବାପଲ୍ଲୀ ଚାହିଁଲା ସଂଘର ସଦସ୍ୟଙ୍କ ଆଡ଼େ। ଦଳପତି ନିର୍ବିକାର। ଘୋଷଣା କଲେ - "ଅମ୍ବାପଲ୍ଲୀ ଆଜିଠାରୁ ଗଣଭୋଗ୍ୟା ଗଣିକା। ସୌନ୍ଦର୍ଯ୍ୟ ତା'ର ଅପରାଧ।"

ମୁହୂର୍ତ୍ତଟିଏ ମାତ୍ର। ଚୂର୍‌ମାର୍ ହେଇଗଲା ଅମ୍ବାପଲ୍ଲୀର ବିରାଟ ସମ୍ଭାବନା, ଭୂଲୁଣ୍ଠିତ ହେବାକୁ ଯାଉଛି ତା'ର ନାରୀତ୍ୱ। ତା' ମନରେ ଶତ ପ୍ରଶ୍ନ, ଏଇଥି ପାଇଁ କି ବିଧାତାଙ୍କ ଏ ଅନୁପମ ସୃଷ୍ଟି ? ଗଣ ପାଇଁ ଜଣର ବଳି ? ଶେଷରେ ପ୍ରସ୍ତାବରେ ସମ୍ମତି ଜଣାଇଲା। ପ୍ରବୃତ୍ତିର କଠୋର ବନ୍ଧନ, ନିତି ପ୍ରତି ସନ୍ତୁଳିତା ବୈଶାଳୀ ସୁନ୍ଦରୀ ଅମ୍ବାପଲ୍ଲୀ।

ଅପରୂପ ଲାବଣ୍ୟର ଅଧିକାରିଣୀ ଅମ୍ବାପଲ୍ଲୀ। କେଳିକକ୍ଷକୁ ଆସିବେ ମଗଧ ସମ୍ରାଟ ବିମ୍ବିସାର। ନୀଳାମ୍ବରୀ ଅମ୍ବାପଲ୍ଲୀ, ଲାକ୍ଷାରଞ୍ଜିତ ପାଦରେ ସ୍ୱର୍ଣ୍ଣ ଡାଳିମ୍ବ ମଞ୍ଜିରର, କ୍ଷୀଣକଟୀ ବେଷ୍ଟନ କରି ଗୁରୁ ନିତମ୍ବ ଚୁମ୍ବନ କରିଛି ମେଖଳା। ଦୁଇ ମୃଣାଳ ବାହୁରେ ସ୍ୱର୍ଣ୍ଣ କେୟୂରର ପଦ୍ମକଳିକା, ସ୍ପର୍ଶ କରିଛି ଉନ୍ନତ ବକ୍ଷକୋରକ। ବଙ୍କିମ ଦୁଇ ଭ୍ରୂଲତା। ମଦଭରା ଦୁଇ ମୃଗ ଆଖି, ସତେ ଯେମିତି ବଙ୍କିମ ପୁଷ୍ପଧନୁରେ ମଦନର ଟଙ୍କାର। ମୁନି ମନଜିଣା ଲୋଭନୀୟ ରୂପର ମଧୁରିମା, ନିଜକୁ ସଜେଇ ଦେଇଛି ଅମ୍ବାପଲ୍ଲୀ। ସେ

ପରା ଗଣଭୋଗ୍ୟା !

ସେକାଳର ଗଣିକା, ଯୌବନର ପଣ୍ୟ ଧରି କେବଳ କାଳାତିପାତ କରୁ ନଥିଲେ । କାବ୍ୟ, ସାହିତ୍ୟ, ସଂଗୀତ, ନୃତ୍ୟରେ ସେମାନଙ୍କର ଅପୂର୍ବ ଦକ୍ଷତା, ଅତୁଳନୀୟ କୁଶଳତା । ଏମିତି ଜଣେ ବିଦୁଷୀ ଅମ୍ବାପଲ୍ଲୀ, ସେମାନଙ୍କର ସମ୍ପଦ କୌଣସି ରାଜାର ସମ୍ପଦକୁ ସୁଦ୍ଧା ଉପହାସ କରୁଥିଲା । ବୌଦ୍ଧ ବିନୟ ପିଟ୍ଟକରେ ବର୍ଣ୍ଣିତ ବିଷୟଟେ । କାଶୀ ନଗରୀର ଗଣିକା 'ଅର୍ଦ୍ଧକାଶୀ' । ତା'ର ଗୋଟେ ରାତିର ଆୟ, କାଶୀରାଜାଙ୍କ ଦିନକର ରାଜସ୍ୱ ସହିତ ସମାନ । ଦୁର୍ମୂଲ୍ୟ ତା'ର ବ୍ୟବସାୟ । ଉପଯୁକ୍ତ ନାଗରର ଅଭାବ । ଶେଷରେ ସେ ନିଜ ରାତିକ ମୂଲ୍ୟକୁ ଅଧାକରି ଦେଲା । ସେଇଥି ପାଇଁ 'ଅର୍ଦ୍ଧକାଶୀ' ନାମେ ପରିଚିତା । ଅମ୍ବାପଲ୍ଲୀ ମଧ୍ୟ ବୈଶାଳୀର ଜଣେ ବିତ୍ତଶାଳିନୀ ଗଣିକା ।

ବୈଶାଳୀ ନଗରୀ, ଅମ୍ବାପଲ୍ଲୀର ପ୍ରାସାଦୋପମ ଅଟ୍ଟାଳିକା । ତନ୍ମଧ୍ୟରେ ତା'ର କେଳିକକ୍ଷ । ନିତି ସଂଗୀତ ଚର୍ଚ୍ଚା । ମଗଧ ସମ୍ରାଟଙ୍କ ଅବାଧ ପ୍ରବେଶ । ଶେଷରେ ଅମ୍ବାପଲ୍ଲୀ ଅନ୍ତଃସତ୍ତ୍ୱା । ଶୟନ କକ୍ଷରେ ପଲଙ୍କଟେ, ଅମ୍ବାପଲ୍ଲୀ ପ୍ରସୂତି ବେଦନାରେ ପଲଙ୍କ ଉପରେ ଅର୍ଦ୍ଧଚେତନ । ପରିଚାରିକା ଶିରୀମା । କୋଳରେ ନବଜାତ ଶିଶୁଟିଏ । ଅମ୍ବାପଲ୍ଲୀର କଠୋର ନିର୍ଦ୍ଦେଶ - "ଯା ଫିଙ୍ଗିଦେଇଆ ରାସ୍ତା କଡ଼ରେ, ଆଉ ଟିକକ ପରେ ରାତି ପାହିଯିବ ।" ଶିଶୁଟିର ଅନିନ୍ଦ୍ୟ ସୁନ୍ଦର ଚେହେରା, ଠିକ୍ ରାଜା ବିମ୍ବିସାରଙ୍କ ପରି । ଅମ୍ବାପଲ୍ଲୀର ନିର୍ଯ୍ୟାତିତ, ମଥିତ ମାତୃତ୍ୱ ଚେଇଁଉଠିଲା । କ୍ରୋଧ ଆଉ ପ୍ରତିଶୋଧର ଦାବଦହନରେ ଦଗ୍ଧୀଭୂତା ଅମ୍ବାପଲ୍ଲୀ । ଅତୀତଟା ଆସ୍ତେ ମାନସପଟରେ ଉଙ୍କିମାରିଲା । ଦଳିତା ସର୍ପିଣୀ ପରି ଅମ୍ବାପଲ୍ଲୀର ଗର୍ଜନ - "ନା ନା ସେ କଳଙ୍କ । ସେ ବନ୍ଧନ । ଏ ଜୀବନରେ ସେ ଅଭିଶାପ । ଏଇ ମୁହୂର୍ତ୍ତରେ ଫିଙ୍ଗି ଦେଇଆ ଶିରୀମା ।" ଆଖିରୁ ଝର ଝର ଝରିପଡୁଥିଲା ଅଶ୍ରୁ ବିନ୍ଦୁ । ତା'ରି ଭିତରେ ଅସ୍ପଷ୍ଟ ସେ ଦିନର ଦୃଶ୍ୟ, ସଂଘର ନିଷ୍ପତ୍ତି ଆଉ ବିମ୍ବିସାରଙ୍କ କାମୁକତା । ସବୁ ଗୋଟେ ପରେ ଗୋଟେ ପ୍ରତିଭାତ । ବିଦ୍ରୋହ କରୁଥିଲା ତା'ର ମାତୃତ୍ୱ । ଅମ୍ବାପଲ୍ଲୀ ଗଣିକା, ତା'ର ମା' ହେବାର ଅଧିକାର ନାହିଁ! ପ୍ରାଚୁର୍ଯ୍ୟ ଭିତରେ ତା' ଜୀବନ, ଜୀବନ ନୁହେଁ ଜୀବନ୍ତ ମରଣ । ଦୀର୍ଘଶ୍ୱାସ ଛାଡ଼ିଲା ଅମ୍ବାପଲ୍ଲୀ ।

ଚିର ରହସ୍ୟମୟ ଜୀବନ । ତାହା ପୁଣି ଏକ ଲମ୍ବାରାସ୍ତା, ଅତିକ୍ରମ କରିବାକୁ ହୁଏ ଗୋଟେ ପରେ ଗୋଟେ ମାଇଲଖୁଣ୍ଟ । କେତେକେତେ ଅନୁଭବ, ଅନୁଭୂତି, ସେ ସବୁ ଯଦି ସୁଖଦ, ହସ-ଖୁସି-ଆନନ୍ଦ ବରଷେ । ଜୀବନ ହୋଇଯାଏ ମଧୁମୟ; ଅପର ପକ୍ଷରେ ଦୁଃଖଦ ମୁହୂର୍ତ୍ତ, ବଡ଼ ଦୁର୍ବିସହ, ଜୀବନକୁ କରିଦିଏ କର୍ଦ୍ଦମାକ୍ତ, ଖାଲି ଯାତନା, ଯନ୍ତ୍ରଣା । ଜୀଇଁବା ଧାରା ପାଲଟେ ଅଶ୍ଳୀଳ, ଅତି କରୁଣ । ମଣିଷ ମାତ୍ରେ ପ୍ରାପ୍ତି ପ୍ରତ୍ୟାଶା ରହିବା ସ୍ୱାଭାବିକ । ଇଚ୍ଛାମାନେ ଫଳବତୀ ହୁଅନ୍ତି, ସ୍ୱର୍ଗ ସୁଖ ଆସି ହାତ ମୁଠାରେ ।

ହତାଶା, ଭଙ୍ଗାମନ ଜୀବନକୁ କରିଦିଏ ବିଷୟମୟ। ସଂସାର ଜଟିଳ, ଜ୍ୱାଳାମୟ - ଏକଥାଟି ଗୋଟେ ସାର୍ବକାଳିକ ସତ୍ୟ। ସେଇଥି ପାଇଁ ଅନେକ ସଂସାର ତ୍ୟାଗୀ। ଚିର ଇପ୍ସିତ ଶାନ୍ତି ଟିକକ, ମିଳେ ସାଧନାରେ। ତା' ପରେ ସିଦ୍ଧି। ଶାକ୍ୟ ମୁନି ଗୌତମ। ହେଲେ ସଂସାର ବିମୁଖ। ପଛରେ ପଡ଼ିରହିଲା ଅଚଳାଚଳ ବିଭବ, କପିଳବାସ୍ତୁର ରାଜସୁଖ। ପରିତ୍ୟାଗ କଲେ ସୁନ୍ଦରୀ ପତ୍ନୀ ଯଶୋଧାରା, ଶିଶୁପୁତ୍ର ରାହୁଳ। କିଛି ବି ଆକର୍ଷଣ କରିପାରିଲାନି। ଖୋଜିଲେ ଅନିର୍ବଚନୀୟ ଆନନ୍ଦ ଟିକକ। ଚାଲିଲା ପରୀକ୍ଷା ନିରୀକ୍ଷା। ଦୀର୍ଘ ୪୫ ବର୍ଷ ବର୍ଷର ସାଧନା। ଶେଷରେ ବୁଦ୍ଧତ୍ୱ ପ୍ରାପ୍ତ ହେଲେ। ବାଣ୍ଟିଲେ ଅହିଂସା, ନିର୍ବାଣର ବାର୍ତ୍ତା। ଶମଣ ଜୀବନ ହିଁ ଶ୍ରେଷ୍ଠ ଜୀବନ। ଅହିଂସା ହିଁ ପରମ ଧର୍ମ, ଆର୍ଯ୍ୟ ଅଷ୍ଟାଙ୍ଗ ମାର୍ଗ; ଏହା ଉପରେ ଗୁରୁତ୍ୱ ଦେଲେ। ମାତ୍ର ଉପେକ୍ଷା କଲେ ଜୀବନକୁ। ଦେହ ରହିଲେ, ଦାହ ରହିବ, ଇନ୍ଦ୍ରିୟ ରହିଲେ ବାସନା ଜାଗିବ। ଏସବୁ ପ୍ରବୃତ୍ତିର ତାଡ଼ନା। ଯୌନ ପିପାସା ସହଜାତ। ଏଥିରୁ ନିବୃତ୍ତି ସହଜ ନୁହେଁ; କିନ୍ତୁ ଅତି ବିଷମ। ଫଳ କେଭେଁ ଅମୃତମୟ ହୋଇ ନପାରେ। ପ୍ରବୃତ୍ତି ଆଉ କାମନା ମୋହରେ ବିବଶମାନେ, ଶେଷରେ ବୁଝନ୍ତି ଏହାର କୁପରିଣାମ। ଅନୁଭବ କରନ୍ତି ସଂସାରର ଅଳୀକତା, ଦୁଃଖ-ଯାତନା କଥା। ମନ ଚାହେଁ ନିବୃତ୍ତି। ପ୍ରବୃତ୍ତିରୁ ନିବୃତ୍ତି ପରମ ସୁଖ ଦାୟକ। ଗଣଭୋଗ୍ୟା ଅମ୍ବାପଲ୍ଲୀ, ବିନ୍ଦୁସାରଙ୍କ କାମନା ଜୁଇରେ ଦଗ୍ଧୀଭୂତ ତା' ନାରୀତ୍ୱ। ଶେଷରେ ସେ ପାଇଛି ମୁକ୍ତିର ବାଟ। ତଥାଗତ ବୁଦ୍ଧଙ୍କ ଆଶ୍ରୟ ନେଇଛି। ହୋଇଯାଇଛି ବୌଦ୍ଧ ଭିକ୍ଷୁଣୀ। ଏଣିକି ପ୍ରବୃତ୍ତି ଉପରେ ନିବୃତ୍ତିର ବିଜୟ।

ଗଣିକା ଅମ୍ବାପଲ୍ଲୀର ଶୟନକକ୍ଷ। ପ୍ରସୂତି ବେଦନାରେ ସେ ଛଟପଟ। ଜନ୍ମନେଲା ଶିଶୁଟେ। କ୍ରନ୍ଦନରତ ଶିଶୁଟି ପରିଚାରିକା ଶିରୀମା କୋଳରେ। କ୍ଷତାକ୍ତ ବାଘୁଣୀ ପରି ଗର୍ଜି ଉଠିଲା ଅମ୍ବାପଲ୍ଲୀ - "ମୁହଁରେ ତା'ର ଲୁଗା ଚାପିଦେ ଶିରୀମା। ସର୍ବନାଶ, ଯା - ଅଲକ୍ଷଣୀ ଆଉ ଠିଆ ହୋଇ ରହିଲୁ କାହିଁକି।" ଲମ୍ପଟ ବିନ୍ଦୁସାରଙ୍କ ପ୍ରତି ତା'ର ଅହେତୁକ ଘୃଣା। ଗୋଟେ ଲମ୍ପଟ ପାଇ ନପାରେ ପିତୃତ୍ୱର ପରିଚୟ। ବହୁ ଦିନର ପୁଞ୍ଜିଭୂତ ଅସନ୍ତୋଷ। ଅମ୍ବାପଲ୍ଲୀ ନେଲା ପ୍ରତିଶୋଧ। ରାସ୍ତାକଡ଼ର ସେଦିନ କ୍ରନ୍ଦନରତ ଶିଶୁ, ଆଜି ଜୀବିତ, ବୈଦ୍ୟଶାସ୍ତ୍ରରେ ଧନ୍ୱନ୍ତରୀ, ଗୌତମବୁଦ୍ଧଙ୍କ ଶିଷ୍ୟ ଶିରୋମଣି। ବୈଶାଳୀର ପଥପାର୍ଶ୍ୱରୁ ମିଳିଥିବା ସେଦିନର ଶିଶୁଟି ଜୀବକ। ଏଇ ବୈଦ୍ୟରାଜ ଜୀବକଙ୍କ ସମ୍ପର୍କରେ ଧାରାବାହିକ ଇତିହାସ ଅସ୍ପଷ୍ଟ।

ବହୁବର୍ଷ ଅତିକ୍ରାନ୍ତ। ଅପରୂପା ଅମ୍ବାପଲ୍ଲୀ ଆଜି ବିଗତ ଯୌବନା। ତା' କେଳି ମନ୍ଦିର ଶୂନ୍ୟ। ଯୌବନ ବସନ୍ତର ନବପଲ୍ଲବିତ ବୃକ୍ଷଶାଖା। ଏକଦା ବିଳାସୀ ପକ୍ଷୀମାନଙ୍କର କଳରବରେ ମୁଖରିତ। ଏବେ ସେମାନେ ନୂତନ ବସନ୍ତ ସନ୍ଧାନରେ। ଏକ ଦାରୁଣ

ବ୍ୟାଧି ପୀଡ଼ିତା ଅମ୍ବାପଲ୍ଲୀ, ପଙ୍ଗୁ, ଚଳତ୍‌ଶକ୍ତି ରହିତା। ନୃତ୍ୟଚପଳ ପାଦ ଦୁଇଟିରେ ପାଷାଣର ନିର୍ଜୀବତା। ହେମ ଗୌର ଦେହରେ ମୃତ୍ୟୁର କାଳିମା। ବନ ହରିଣୀର ଦୁଇ ଆଖିରେ ମାଡ଼ି ଯାଇଛି ପରଳ। ପଦ୍ମାବତୀ ଏବେ ନୂଆ ନାୟିକା, ସମସ୍ତେ ତା' ରୂପର ପ୍ରଶଂସକ। ଅମ୍ବାପଲ୍ଲୀ ବିସ୍ମୃତା ପ୍ରାୟ। ଶଯ୍ୟାରେ ଲୋଟିଛି ତା'ର ବ୍ୟାଧିଗ୍ରସ୍ତ କୁତ୍ସିତ ଦେହ। ଶଯ୍ୟା ନିକଟରେ ଧନ୍ୱନ୍ତରୀ ଜୀବକ, ଆଖିରେ ଅଞ୍ଜନ ଲେପ ଦେଲେ। ଯୌବନ ଥରେ ଗଲେ ଅଣଲେଉଟା। ଅମ୍ବାପଲ୍ଲୀ ଚିକିତ୍ସା ଚାହେଁନା, ମାଗିଛି ଗରଳ ଟିକେ। ଲୁଣ୍ଠିତ ଦୃଷ୍ଟିଶକ୍ତି ଫେରିବନି। କ'ଣ ପାଇଁ ଜୀବକଙ୍କର ଏ ବୃଥା ପ୍ରୟାସ ? ଅମ୍ବାପଲ୍ଲୀର କଣ୍ଠ ବାଷ୍ପରୁଦ୍ଧ। ଜୀବକଙ୍କ ପ୍ରତିଶ୍ରୁତି - "ନିଶ୍ଚେ ଭଲ ହୋଇଯିବ ମା'।" ଧନ୍ୱନ୍ତରୀଙ୍କ ପ୍ରତିଶ୍ରୁତି ମିଥ୍ୟା ନୁହେଁ। ଏବେ ଅମ୍ବାପଲ୍ଲୀର ସମ୍ପୂର୍ଣ୍ଣ ସମର୍ପଣ ଜୀବକଙ୍କ ପାଖରେ। କିଏ ଏଇ ଜୀବକ ? କ'ଣ ପାଇଁ ତା' ସ୍ପର୍ଶରେ ଏ ପୁଲକିତ ଶୀତଳତା ? ଜୀବକଙ୍କ ସ୍ପର୍ଶରେ ଏ କି ଯାଦୁ ? ମା' ଶବ୍ଦ ଉଚ୍ଚାରଣରେ ଏ କି ମମତା ? ସେ ଦିନର ସେଇ ସଦ୍ୟଜାତ ଶିଶୁ ଜୀବକ ନୁହେଁ ତ ? ଅମ୍ବାପଲ୍ଲୀର ପ୍ରଶ୍ନ - "ତୁମେ କିଏ ଜୀବକ ?" ଜୀବକ ଜଣେ ଭିକ୍ଷୁ। ଏ କଥାଟି ଗୋଟେ ହତଭାଗିନୀ ଅମ୍ବାପଲ୍ଲୀକୁ ସନ୍ତୁଷ୍ଟ କରି ନଥିଲା। "ଭିକ୍ଷୁର ବା କି ପରିଚୟ ? ତା'ର ପିତା ନାହିଁ, ମାତା ନାହିଁ, ବନ୍ଧୁ ନାହିଁ, ପୁତ୍ର କନ୍ୟା ନାହିଁ, ସଂସାର ନାହିଁ। ସେ କେବଳ ଭିକ୍ଷୁ"-ଏ ଉତ୍ତର ଥିଲା ଜୀବକଙ୍କର। ଅମ୍ବାପଲ୍ଲୀର ଅବୁଝା ମା' ମନ। ଜୀବକ ଆଉ ତା'ର ସେଇ ପରିତ୍ୟକ୍ତ ଶିଶୁପୁତ୍ର ନୁହେଁ ତ ?

ଅମ୍ବାପଲ୍ଲୀର ରୋଗ ଉପଚାରରେ ଜୀବକ ନିବିଷ୍ଟ। କୋମଳ ସ୍ୱରରେ କହିଲେ - ଏଇ ତ ସତ୍ୟ ମା'- ଜରା, ବ୍ୟାଧି, ଦୁଃଖ। ଯୌବନ କ୍ଷଣସ୍ଥାୟୀ। ଭୋଗ ଜୀବନର ନାଗପାଶ। ଏଥିରୁ ମୁକ୍ତି ନାହିଁ, ତ୍ୟାଗ ଏକମାତ୍ର ମୁକ୍ତି। ସେଇଥି ପାଇଁ ରାଜପୁତ୍ର ଶାକ୍ୟସିଂହ ସର୍ବସ୍ୱ ତ୍ୟାଗୀ, ସଂସାର ଉଦାସୀ - ସନ୍ନ୍ୟାସୀ। ଅମ୍ବାପଲ୍ଲୀ କ୍ରମେ ସୁସ୍ଥ ହେଲା। ଆଖିର ଜ୍ୟୋତି ଫେରି ଆସିଲା। ଜୀବକଙ୍କୁ ପ୍ରଥମେ ଦେଖିଲା ଅମ୍ବାପଲ୍ଲୀ। କେଉଁ ଅଦୃଶ୍ୟ ବ୍ୟାଧ ଶରାଘାତ, ଛିନ୍ନ ଭିନ୍ନ ତା'ର ଛାତି। ଠିକ୍ ସେଇ ଚେହେରା, ସେଇ ପ୍ରଶସ୍ତ କପାଳ, ସେଇ ଆଖି, ସେଇ ଖଣ୍ଡାଧାର ନାକ ! ପୁନଶ୍ଚ ସଂଶୟ। ଜୀବକ କାହିଁକି ହେବ ପାପୀୟସୀ ଅମ୍ବାପଲ୍ଲୀର ଜାରଜ ? ସେ ଦେବତା ! ତଥାପି ଅମ୍ବାପଲ୍ଲୀର ପ୍ରାଣ ଅତୃପ୍ତ, ଏ କି କ୍ଷୁଧା ? ଏ କି କାମନା ? ଜୀବକଙ୍କୁ ଥରେ କୋଳରେ ଚାପି ଧରନ୍ତା କି ? ହେଇ ଯାଆନ୍ତା ଧନ୍ୟା। ମାତ୍ର ତାହା ସମ୍ଭବ ନଥିଲା। ସେ ପରା ଗଣିକା ଅମ୍ବାପଲ୍ଲୀ ! ଆଖିରୁ ଝରି ଯାଉଛି ଲୁହ ଧାରା, ନିଜକୁ ଧିକ୍‌କାର କରିଛି। ଅମ୍ବାପଲ୍ଲୀର କ'ଣ ନ ଥିଲା ସଫଳ ମାତୃତ୍ୱର ସ୍ୱପ୍ନ ? ଧୂଳିସାତ୍ କରି ଦେଇଛି ଏଇ ସଂଘ। ତା'ର ନିଜ ପୁତ୍ର ଜୀବକ, ଆଜି ସେ ସଂଘ ପାଇଁ ସବୁ ସମର୍ପି ଦେଇଛି। ସେ କାହାର ପୁତ୍ର ହୋଇ ନ ପାରନ୍ତି। ଆଖି ଲୁହ

ବସ୍ତ୍ରାଞ୍ଚଳରେ ପୋଛୁଥିଲା ଅମ୍ବାପଲ୍ଲୀ । ଜୀବକ ଆରମ୍ଭ କଲେ କପିଳବାସ୍ତୁ ଶାକ୍ୟସିଂହଙ୍କର କାହାଣୀ ।

ଲିଚ୍ଛବୀ ସଂଘ ଚଳ ଚଞ୍ଚଳ । ଆସୁଛନ୍ତି ବୁଦ୍ଧ ବୈଶାଳୀ ନଗରୀକୁ । ଯଥାଯୋଗ୍ୟ ରୀତିରେ ସେ ଆମନ୍ତ୍ରିତ । ସନ୍ନ୍ୟାସୀ ଗୌତମ, ତାଙ୍କର ଦର୍ଶନ ମିଳିବ । ନୟନ ମନ ପବିତ୍ର ହେବ । ବୈଶାଳୀର ନରନାରୀ ବ୍ୟସ୍ତ ଉତ୍କଣ୍ଠିତ । ଅମ୍ବାପଲ୍ଲୀ ସମ୍ପୂର୍ଣ୍ଣ ଆରୋଗ୍ୟା । ରାହୁମୁକ୍ତ ଚନ୍ଦ୍ର ସମ, ପୁନଃ ଫେରି ଆସିଛି ତା' ଯୌବନ । ମାତ୍ର ମାନସ ସ୍ୱଚ୍ଛ ଆଖି ଦୁଇଟି । ସତେ ଯେମିତି ନଇଁ ଆସିଛି କଳା ମେଘର ଛାଇ । ଏକ ଅବ୍ୟକ୍ତ ଦୁଃଖ । କଳାକମଳ ଆଖି ଦୁଇଟି ମଳିନ । ଜୀବକ ଶୁଣାଇ ଦେଲେ - "ପ୍ରଭୁ ବୁଦ୍ଧ ଆସିବେ ବୈଶାଳୀ ।" ଅମ୍ବାପଲ୍ଲୀ ଯେ ଗଣିକା । ଦେହ ତା'ର ପଣ୍ୟ, ସେ କି ହୋଇ ପାରିବ ବୁଦ୍ଧ-ଦର୍ଶନର ଯୋଗ୍ୟା ? ଜୀବକଙ୍କ ସ୍ମିତହାସ୍ୟ - ଗଣିକା କିଏ ନୁହେଁ ମା' ? ଦେହ କେବଳ ତମର ପଣ୍ୟ; ମାତ୍ର ପ୍ରାଣ ନୁହେଁ । କିନ୍ତୁ ଯେଉଁମାନେ ଦେହ, ପ୍ରାଣ ଉଭୟ ପଣ୍ୟ କରିଛନ୍ତି, ସେମାନେ ଯେ ତମଠାରୁ ଆହୁରି ନୀଚ ଆଉରି ହୀନ ମା' । ବୈଶାଳୀ ସଂଘର ଏଇ ଲିଚ୍ଛବୀମାନେ, ଗଣ ନାମରେ ପ୍ରାଣ ଏମାନଙ୍କର ପଣ୍ୟ ହୋଇନାହିଁ କି ? ସଂଘ ପାଇଁ ଏମାନେ ବିବେକ ବିକି ଦେଇ ନାହାନ୍ତି କି ?" ଅମ୍ବାପଲ୍ଲୀର ଆଖି ଦୁଇଟିରେ ରୁକ୍ଷ ବୈଶାଖର ଅଗ୍ନିଶିଖା । ଦୂତ ସମ୍ବାଦ ଦେଲା, ଆସିବେ ମହାରାଜା ବିମ୍ବିସାର, ଆସୁଛନ୍ତି ତଥାଗତ ବୁଦ୍ଧ । ଅମ୍ବାପଲ୍ଲୀର କେଳିକକ୍ଷ, ଜାତି ଜାତି କୁସୁମରେ ସଜ୍ଜା । ତା' ପ୍ରାଣ ପୁଲକିତ । ଆସୁଛନ୍ତି ତା'ର ଈପ୍‌ସିତ ଅତିଥି ।

ଫଗୁ ପୁନେଇଁର ମନୋରମ ସନ୍ଧ୍ୟା । ଆମ୍ର ମୁକୁଳ ଗନ୍ଧରେ ସୁଗନ୍ଧିତ ବୈଶାଳୀ ଉପକଣ୍ଠ ଅମ୍ବାପଲ୍ଲୀର ଆମ୍ରୋଦ୍ୟାନ । ବିଶ୍ୱମୋହିନୀ ବେଶରେ ସଜେଇ ହଉଛି ଅମ୍ବାପଲ୍ଲୀ । ପରିଚାରିକା ଚନ୍ଦ୍ରା, ପିନ୍ଧାଉଛି ସ୍ୱର୍ଣ୍ଣ ଡାଳିମ୍ବ ମଞ୍ଜରୀର ମଞ୍ଜୀର । ଶ୍ୟାମା କଟୀରେ ପିନ୍ଧାଇଚି ନିତମ୍ବଚୁମ୍ବୀ ମେଖଳା । ଛନ୍ଦା ପିନ୍ଧଉଛି ବାହୁରେ କେୟୂର । ଶିରିମା ଧୂପର ଧୂଆଁରେ ସୁରଭିତ କରୁଛି କୁନ୍ତଳ, ଅମ୍ବାପଲ୍ଲୀ ଦର୍ପଣ ଆଗରେ, ପିନ୍ଧୁଚି କୁଙ୍କୁମର ଟିପା । ନଗ୍ରରେ ଚହଳ, ଆସୁଛନ୍ତି ମଗଧ ସମ୍ରାଟ ବିମ୍ବିସାର, ଅମ୍ବାପଲ୍ଲୀ ପ୍ରାଣ ନାଚି ଉଠୁଛି, ଆସୁଛନ୍ତି ପରା ତା' ଇପ୍‌ସିତ ଅତିଥି ବୁଦ୍ଧଦେବ !

ଚହଳ ପଡ଼ିଛି ବୈଶାଳୀରେ, ଅମ୍ବାପଲ୍ଲୀ ଉତ୍‌କଣ୍ଠିତା । ଆଦେଶ ଦେଲା - "ଚନ୍ଦ୍ରା, ଶ୍ୟାମା, ଛନ୍ଦା, ଶିରୀମା, ଆଉ ବିଳମ୍ବ କରନା ସଖୀ । ଏଇ ଯେ ଉଇଁ ଆସିଲାଣି ପୂର୍ଣ୍ଣିମାର ଚାନ୍ଦ ।" ଉଭେଇ ଯିବ ଅନ୍ଧକାର, ଅମ୍ବାପଲ୍ଲୀର ମଳିନ ଆତ୍ମା, ହେଇଯିବ ପୂତ, ପବିତ୍ର । ଅମ୍ବାପଲ୍ଲୀର ବେଣୀରେ ଅଶୋକାର ଗଜରା । ରାଜ ପଥ କୋଳାହଳ ମୁଖର । ଗବାକ୍ଷ ଉନ୍ମୁକ୍ତ । ଅମ୍ବାପଲ୍ଲୀ ଚାହିଁ ରହିଛି ରାଜରାସ୍ତାକୁ । ତେଣୁ ଆସୁଛନ୍ତି ବିମ୍ବିସାର,

ଦୂତୀ ଦେଲା ସମ୍ବାଦ – "ମହାରାଜା ବିମ୍ବିସାର କେଳିକକ୍ଷରେ।" ଏଥିପ୍ରତି ତିଳେ ମାତ୍ର କର୍ଣ୍ଣପାତ ନାହିଁ। ଅମ୍ବାପଲ୍ଲୀର ପ୍ରାଣ ନାଚି ଉଠୁଛି। ଥାଉ ମୃଗମଦ କସ୍ତୁରୀ, ଥାଉ ଲୋଧ୍ରରେଣୁ, ପଡ଼ିଥାଉ କୁସୁମର ମାଳା। ଏଥିରେ ଆଉ କି ଲୋଡ଼ା ? ଅମ୍ବାପଲ୍ଲୀ ଉନ୍ମାଦିନୀ ପରି ଛୁଟି ଚାଲିଲା। ଅସମାପ୍ତ ବେଣୀ, ଝରି ପଡୁଥାଏ ରାଶି ରାଶି ଅଶୋକ। କବିର ବୀଣା ନିସ୍ପନ୍ଦ। ମହାରାଜା ବିମ୍ବିସାର ବିସ୍ମିତ। ଲିଚ୍ଛବୀ ସଂଘର ରାଜଶବ୍ଦୋପଜୀବୀମାନେ ହତବାକ୍। ଗଣିକା ଅମ୍ବାପଲ୍ଲୀର ନୃତ୍ୟ ମନ୍ଦିରେ ଗୌତମବୁଦ୍ଧ। ସ୍ୱୀକାର କଲେ ତା' ଆତିଥ୍ୟ। ଆବେଗରେ ଲୋଟି ପଡ଼ିଲା ଚରଣ ଯୁଗଳରେ ଅମ୍ବାପଲ୍ଲୀ। ବୁଦ୍ଧଙ୍କ ଧ୍ୟାନ ନିମୀଳିତ ଚକ୍ଷୁ। ସମସ୍ତେ ହତ୍‌ବାକ। ଗଣିକା ଅମ୍ବାପଲ୍ଲୀ, ତା' ଆଖିରୁ ବହି ଯାଉଛି ଆନନ୍ଦାଶ୍ରୁ। ସମବେତ ଭିକ୍ଷୁମଣ୍ଡଳୀଙ୍କ କଣ୍ଠରେ – "ବୁଦ୍ଧଂ ଶରଣଂ ଗଚ୍ଛାମି / ଧର୍ମଂ ଶରଣଂ ଗଚ୍ଛାମି / ସଂଘଂ ଶରଣଂ ଗଚ୍ଛାମି।" ଭଗ୍ନ ମନୋରଥ ବିମ୍ବିସାର। ଗଣିକାର ଆଜି ଶୁଭାଧିବାସ। ଦୀର୍ଘଦିନର ବନ୍ଧନ ମୁକ୍ତ ଅମ୍ବାପଲ୍ଲୀ। ଏଣିକି କେଳିକକ୍ଷ ନୁହେଁ, ସଂଘର ଆଶ୍ରୟ, ବୌଦ୍ଧ ଭିକ୍ଷୁଣୀର ଜୀବନ।

ଉଦାରବାଦୀ ବୌଦ୍ଧ ଧର୍ମ। ନାହିଁ ବାଛ ବିଚାର, ଜାତି ବର୍ଣ୍ଣ ଭେଦଭାବ। ସମସ୍ତଙ୍କର ଏ ଧର୍ମ ଗ୍ରହଣ କରିବାର ଅଧିକାର। ଧର୍ମରେ ନଥିଲା କ୍ଳିଷ୍ଟତା, କେବଳ ନିବୃତ୍ତିର ମାର୍ଗ। ନିର୍ବାଣର କଥା। ତଥା କଥିତ ଗଣିକା ଅମ୍ବାପଲ୍ଲୀ, ପାଇଲା ପୁନର୍ଜୀବନ, ହେଇଗଲା ପ୍ରବୃତ୍ତି ସହିତ ନିବୃତ୍ତିର, ମହାକାଳ ସହିତ ମୁହୂର୍ତ୍ତର, ଜୀବନ ସହିତ ନିର୍ବାଣର ଅପୂର୍ବ ମହାମିଳନ।

■

ଧର୍ମଭୀରୁ ଗଜପତି: ଭୂଲୁଣ୍ଠିତ ଉତ୍କଳର ଗୌରବ

ଉତ୍କଳର ନାଥ ସ୍ୱୟଂ ଜଗନ୍ନାଥ। ସେ ପ୍ରାଣୀର ହର୍ତ୍ତା, କର୍ତ୍ତା, ଭାଗ୍ୟ ବିଧାତା। ଉତ୍କଳର ଗଜପତିମାନେ ଊଣା ଅଧିକେ ସେଇ ମହାପ୍ରଭୁଙ୍କ ଠାରେ ସମର୍ପିତ। ନିଜକୁ ତାଙ୍କର ଦାସ ଜ୍ଞାନ କରିଛନ୍ତି। ଆରମ୍ଭ ହୁଏ ବିଶ୍ୱ ପ୍ରସିଦ୍ଧ ଘୋଷଯାତ୍ରା। ଠାକୁର ରାଜା ଛେରାପହଁରା କରନ୍ତି। ସେତେବେଳେ ସେ ଜଣେ ସାଧାରଣ ଝାଡୁଦାର। ସାରା ବିଶ୍ୱବାସୀ ସନ୍ଦର୍ଶନ କରନ୍ତି। ଗଜପତି ଜାଣନ୍ତି, ସେ ନିମିତ୍ତ ମାତ୍ର। ଉତ୍କଳର ମାନ, ସମ୍ମାନ, ଗର୍ବ, ଗୌରବ ହିଁ ଜଗନ୍ନାଥ। ସୂର୍ଯ୍ୟବଂଶୀ ରାଜା କପିଳେନ୍ଦ୍ର ଦେବ। ଦାକ୍ଷିଣାତ୍ୟ ବିଜୟ କଲେ। ଇଷ୍ଟଦେବ ଜଗନ୍ନାଥଙ୍କୁ 'ପୁଣ୍ଡରୀକ ଗୋପ ଶାଢ଼ି' ଉପହାର ଦେଲେ। ତାଙ୍କରି ସୁପୁତ୍ର ପୁରୁଷୋତ୍ତମ ଦେବ, ଜଗନ୍ନାଥଙ୍କର ପରମ ଭକ୍ତ। ତାଙ୍କ ନାମ ସହ 'କାଞ୍ଚିକାବେରୀ' କିମ୍ବଦନ୍ତୀ ବିଜଡ଼ିତ। ସ୍ୱୟଂ ଜଗନ୍ନାଥ, ବଳଭଦ୍ର କାଞ୍ଚି ଅଭିଯାନରେ ସାମିଲ ହେଲେ। ଗଜପତିଙ୍କର କାଞ୍ଚି ବିଜୟ ସମ୍ଭବ ହେଲା। ଧଳା, କଳା ଘୋଡ଼ା ଚଢ଼ି ଯାଇଥିଲେ ଜଗା ବଳିଆ। ମାଣିକ ଗଉଡୁଣୀ ହାତରୁ ଦହି ଖାଇଲେ। କଉଡ଼ି ବଦଳରେ ଦେଲେ ରତ୍ନ ମୁଦ୍ରିକା। ପୁରୁଷୋତ୍ତମ ଦେବ ଚିହ୍ନିଲେ ମୁଦ୍ରିକାଟିକୁ। ସ୍ୱୟଂ ପ୍ରଭୁ ତାଙ୍କ ପାଇଁ ଯୁଦ୍ଧକ୍ଷେତ୍ରରେ ଅବତୀର୍ଣ୍ଣ। ମାଣିକକୁ ଧନ୍ୟ ଧନ୍ୟ କଲେ। ଖଞ୍ଜା କରିଦେଲେ ଗାଁଟେ। ନାଁ ମାଣିକପାଟଣା। ଏବେବି ଚିଲିକା କୂଳରେ ସେଇ ଗାଁଟି। ମୂକସାକ୍ଷୀ କାଞ୍ଚିକାବେରୀ ଉପାଖ୍ୟାନ।

ଉତ୍କଳର ଏକ ଗରିମାମୟ ଇତିହାସ। ଏହାର ସିଂହାସନ ଭିତ୍ତି ହିଁ ତ୍ୟାଗ ଆଉ ବୈରାଗ୍ୟ। ଚେଦୀ ବଂଶର ଖାରବେଳ, ଉତ୍ତରାଖଣ୍ଡରୁ ବହୁ ଅଞ୍ଚଳ ଜୟ କଲେ, କଳିଙ୍ଗ ସାମ୍ରାଜ୍ୟ ହେଲା ସୁଦୂର ପ୍ରସାରୀ। ଶେଷରେ ସମ୍ରାଟ ସିଂହାସନ ତ୍ୟାଗ କଲେ,

ସନ୍ନ୍ୟାସୀ ହେଲେ। ଅନଙ୍ଗଭୀମ ଦେବ, ଅଭିଷିକ୍ତ ହେବାକୁ ମନାକଲେ। ଉତ୍କଳର ରାଜା ତ ନିଜେ ଜଗନ୍ନାଥ। ସେ କେବଳ ତାଙ୍କର ସେବକ। ଏହି କଥା କହିଲେ। କେଶରୀମାନଙ୍କର ଭୌମମାନଙ୍କ ଠାରୁ ଉତ୍କଳ ସିଂହାସନ ଅଧିକାର। ବିନ୍ଦୁଏ ମାତ୍ର ରକ୍ତକ୍ଷୟ ହୋଇନଥିଲା। ଭୌମମାନେ ଶ୍ରଦ୍ଧାଶୀଳ। କେଶରୀମାନଙ୍କ ହାତରେ ସିଂହାସନ ସଅଁପି ଦେଲେ, ପ୍ରବଜ୍ୟା ଅବଲମ୍ୱନ କଲେ। କେଶରୀ ବଂଶର ସ୍ୱେଚ୍ଛାକୃତ ସିଂହାସନ ପରିହାର, ଉତ୍କଳରେ ପ୍ରତିଷ୍ଠା ହେଲା ସାମ୍ରାଜ୍ୟବାଦୀ ଗଙ୍ଗ ରାଜତ୍ୱ। ଗଙ୍ଗବଂଶର ଭାଗ୍ୟରବି ଅସ୍ତ ହେଲା। ଆରମ୍ଭ ହେଲା ସୂର୍ଯ୍ୟବଂଶୀ ରାଜତ୍ୱ। ଭୌମମାନଙ୍କ ଠାରୁ ଗଙ୍ଗମାନଙ୍କ ପର୍ଯ୍ୟନ୍ତ। ସେମାନଙ୍କ ଭକ୍ତି, ନମ୍ରତା, ତ୍ୟାଗପୂତ ଚିତ୍ତ। କେବେ କଳଙ୍କିତ ହୋଇ ନ ଥିଲା ଉତ୍କଳ ସିଂହାସନ। ଉତ୍କଳ ଲକ୍ଷ୍ମୀଙ୍କ ଶ୍ରୀମନ୍ଦିର ସମ୍ରାଟମାନେ ଭରପୂର କରିଦେଲେ। କଳା, ସାହିତ୍ୟ, ଅଧ୍ୟାତ୍ମ ସାଧନାରେ ସମୁଜ୍ଜ୍ୱଳ ହେଲା ଉତ୍କଳ। ମାତ୍ର କେଶୋ ଦାସ ଉତ୍କଳ ଲୁଣ୍ଠନ କଲେ। ଘଟଣାଟି ଗଜପତି ପୁରୁଷୋତ୍ତମଙ୍କ ରାଜତ୍ୱ କାଳର। ନିଶ୍ଚିତ ଭାବେ ଇତିହାସରେ ତାହା ଏକ କଳଙ୍କିତ ଅଧ୍ୟାୟ।

ପ୍ରଭୁ ଶ୍ରୀଜଗନ୍ନାଥଙ୍କ କୋଠ ଭଣ୍ଡାର। ହୀରା, ନୀଳା, ମୋତି, ମାଣିକ୍ୟ, ସୁବର୍ଣ୍ଣର ଗନ୍ତାଘର। ଏ ଧାରଣା ଲୁଣ୍ଠନକାରୀମାନଙ୍କର। କେତେକ ମୋଗଲ ସମ୍ରାଟଙ୍କ ଧର୍ମବିଦ୍ୱେଷ ନୀତି। ସେମାନଙ୍କ ମଧ୍ୟରେ ମୌଳବାଦୀ ଜାହାଙ୍ଗୀର। ହିନ୍ଦୁ ଦେବଦେବୀ ମନ୍ଦିର ଲୁଣ୍ଠନ, ଲୁଟ୍। ମନ୍ଦିର ସ୍ଥାନରେ ମସଜିଦ୍ ନିର୍ମାଣ - ଏଇ ତାଙ୍କର କଠୋର ନିର୍ଦ୍ଦେଶ। ତକିଖାଁ ଠାରୁ ଆରମ୍ଭ କରି ଆଉ କେତେକ ବିଧର୍ମୀଙ୍କ ଶ୍ରୀଜଗନ୍ନାଥ ମନ୍ଦିର ଆକ୍ରମଣ। ଶ୍ରୀଜୀଉ ହେଲେ ସ୍ଥାନାନ୍ତରିତ, କେଇବାର ପାତାଳି ହେବାକୁ ପଡ଼ିଲା। ଏତ ଭିନ୍ନ ଏକ ଧର୍ମର ଲୁଣ୍ଠନକାରୀଙ୍କ ପ୍ରସଙ୍ଗ। ମୋଗଲ ଜାୟଗିରିଦାର କେଶୋ ଦାସ ଜଣେ ରାଜପୁତ। ସାଥିରେ କେଇ ହଜାର ଦସ୍ୟୁସୈନିକ। ପୁରୀ ମନ୍ଦିର ମଧ୍ୟରେ ପ୍ରବେଶ କଲେ। ସିଂହଦ୍ୱାର ବନ୍ଦ। ସମ୍ବାଦଟି ଚହଟି ଗଲା ବିଦ୍ୟୁତ ବେଗରେ। ଗଜପତି ପୁରୁଷୋତ୍ତମ ଦେବ ପାଇକମାନଙ୍କ ସହ ଅଠରନଳାରେ। ମେଘନାଦ ପାଚେରି ସେପଟେ କେଶୋ ଦାସ। ଏପଟେ ଦୁର୍ଦ୍ଧର୍ଷ ପାଇକକୁଳ। ହେଲେ ପାଚିରି ଭାଙ୍ଗିବା ମହାପାପ। ହିନ୍ଦୁ ହୋଇ ଶ୍ରୀଜଗନ୍ନାଥ ମନ୍ଦିରରେ ଆଞ୍ଚ ଆଣିବା - ଏ କଥାଟି ଅସମ୍ଭବ। ନିର୍ଦ୍ଧାରିତ ହେଲା ଆଉ ଏକ ପ୍ରସ୍ତାବ। କେଶୋ ଦାସ ସହ ସନ୍ଧି। ପୁରୁଷୋତ୍ତମ ଦେବଙ୍କ ସନ୍ଧିବିଗ୍ରହୀ ମୁକୁନ୍ଦ ରାୟଗୁରୁ। ମନ୍ଦିର ପ୍ରବେଶ କଲେ ସନ୍ଧି ପ୍ରସ୍ତାବ ନେଇ। କେଶୋ ଦାସର ସର୍ତ୍ତ ଥିଲା ଅତି କଠୋର। ବାଧ୍ୟ ହୋଇ ଶେଷରେ ପୁରୁଷୋତ୍ତମ ଆପଣେଇଲେ। ସବୁ ସେଇ ମହାପ୍ରଭୁଙ୍କ ମାନରକ୍ଷା ଲାଗି। ଏଇଭଳି ଏକ ଘଟଣା। ଇତିହାସର ସାମାନ୍ୟ ଉତ୍ସାହ। ତାହା 'ସନ୍ଧି ଓ ସର୍ତ୍ତ' ଗଳ୍ପଟିର ଭିତ୍ତି। ଏହାର ଲେଖକ

କାଳଜୟୀ ସ୍ରଷ୍ଟା ସୁରେନ୍ଦ୍ର ମହାନ୍ତି । ଜଗନ୍ନାଥଙ୍କୁ ସୁରକ୍ଷା, ଏଥି ପାଇଁ କେଇବାର ଯୁଦ୍ଧ, ସମଝୌତା, ସନ୍ଧି ଆଉ ସର୍ତ୍ତ । ଏହା ଦ୍ୱାରା ଉତ୍କଳ ସ୍ୱାଭିମାନ ଉପରେ ପ୍ରଚଣ୍ଡ ଆଘାତ । ଅସ୍ମିତାର ଦୟନୀୟ ସ୍ଥିତି । ସବୁ ସେଇ ଜଗନ୍ନାଥଙ୍କ ଇଚ୍ଛା । ଇଚ୍ଛାମୟଙ୍କ ଇଚ୍ଛା ପୂର୍ଣ୍ଣ ହେଉ । ଏଇ ଚିନ୍ତାଧାରା ଗଜପତି ପୁରୁଷୋତ୍ତମଦେବଙ୍କର । ସନ୍ଧି ପ୍ରସ୍ତାବାନୁଯାୟୀ ଶ୍ରୀମନ୍ଦିର ମୁକ୍ତ ହେଲା ।

ଉତ୍କଳ ଇତିହାସର ଏକ କୁକ୍ଷଣ । ଆବିର୍ଭାବ ହେଲା ଗୋବିନ୍ଦ ବିଦ୍ୟାଧରଙ୍କର । ସେ ଜଣେ ଆତତାୟୀ । ନୀଚ ବିଶ୍ୱାସଘାତକ ବି । ସୂର୍ଯ୍ୟବଂଶର ଶେଷ ଗଜପତିଙ୍କୁ ହତ୍ୟା କଲେ । ଆରମ୍ଭ ହେଲା ଇତିହାସର ଦୁର୍ଯୋଗ । ମାତ୍ର ଭୋଇବଂଶ ତିଷ୍ଠି ପାରିଲାନି । ବନ୍ଧୁହତ୍ୟା, ବିଶ୍ୱାସଘାତକତାରେ ସିଂହାସନ ଅଧିକାର । ରକ୍ତର ପ୍ଲାବନ, ବିଶ୍ୱାସଘାତକତାର ମହାଘୂର୍ଣ୍ଣି – କାଠି କୁଟା ପରି ଉଡ଼ିଗଲା ସିଂହାସନ । ଦିନେ ଉତ୍କଳ ସିଂହାସନ ଥିଲା ତ୍ୟାଗ, ବୈରାଗ୍ୟର ପ୍ରତୀକ । ଆଜି ସେଇ ସିଂହାସନ ପାଇଁ ପୁତ୍ର, ପିତୃହତ୍ୟା ପାଇଁ ପ୍ରସ୍ତୁତ । ପିତା ଚକ୍ରପ୍ରତାପଙ୍କୁ ହତ୍ୟା କଲେ ପୁତ୍ର ନରସିଂହ, ସେଇ ସିଂହାସନ ପାଇଁ । ପିତୃ ରକ୍ତସ୍ନାତ ନରସିଂହ ଜେନା, ତାଙ୍କ ଶାସନ ହେଲା କ୍ଷଣସ୍ଥାୟୀ । ତାଙ୍କ ଭାଇ ରଘୁନାଥ ଜେନା, ଆରମ୍ଭ ହେଲା ଭ୍ରାତୃକନ୍ଦଳ । ସୁଯୋଗ ନେଲେ ମୁକୁନ୍ଦଦେବ । ପୁନଶ୍ଚ ବିଶ୍ୱାସଘାତକତାରେ ଉତ୍କଳ ସିଂହାସନ ଅଧିକାର । ମୁକୁନ୍ଦଦେବଙ୍କ ନିଧନ (୧୫୬୮), ଉତ୍କଳ ହରାଇଲା ତା'ର ଶେଷ ଗଜପତିଙ୍କୁ । ଗୃହଶତ୍ରୁ ସାରଙ୍ଗଗଡ଼ର ସେନାପତି, ରାମଚନ୍ଦ୍ର ଭଞ୍ଜ । ବହିଃଶତ୍ରୁ ସୁଲେମାନ କରାଣି ନୁହନ୍ତି, ରାମଚନ୍ଦ୍ରଭଞ୍ଜ ତାଙ୍କୁ ହତ୍ୟା କଲେ । ବିଶ୍ୱାସଘାତକତା, ପିତୃହତ୍ୟା, ଭ୍ରାତୃହତ୍ୟା, ବନ୍ଧୁହତ୍ୟାର ନାରକୀୟ, ନୃଶଂସ ଅନ୍ଧକାର । ତା'ରି ଭିତରେ ଉତ୍କଳର ଭାଗ୍ୟରବି ଅସ୍ତମିତ ହୋଇ ଯାଇଥିଲା । ଏକଦା ତ୍ୟାଗପୂତ ସଲୀଳରେ ବିଧୌତା ଉତ୍କଳ । ଶେଷରେ ବିଶ୍ୱାସଘାତକତାରେ ରକ୍ତରଞ୍ଜିତ । କିନ୍ତୁ ସୂର୍ଯ୍ୟବଂଶୀମାନେ ଜଗନ୍ନାଥ ଭକ୍ତ । କାୟ-ମନୋ-ବାକ୍ୟରେ ସେମାନେ ଜଗନ୍ନାଥପ୍ରେମୀ । ତାଙ୍କରି ଦୟାରୁ ଏ ରାଜସିଂହାସନ । ଏ କଥା ବୁଝିଥିଲେ ପୁରୁଷୋତ୍ତମଦେବ, ବୁଝିଥିଲେ ତାଙ୍କ ଅମାତ୍ୟ ବୃଦ୍ଧ ସନାତନ ।

ସେଦିନ ଥାଏ ଏକାଦଶୀ । ସ୍ନାନ ପୂର୍ଣ୍ଣିମା ଆଉ ପାଞ୍ଚଦିନ ଦୂର । ଅନୁଷ୍ଠିତ ହେବ ଶ୍ରୀଜୀଉମାନଙ୍କର ସ୍ନାନଯାତ୍ରା । ସମଗ୍ର ପୃଥିବୀରୁ ଆସି ରୁଣ୍ଡ ହେବେ ଲକ୍ଷ ଲକ୍ଷ ଶ୍ରଦ୍ଧାଳୁ । ଦେଖିବେ ସ୍ନାନୋତ୍ସବ । ନୟନ-ମନ ପବିତ୍ର ହେବ । ଯାତ୍ରୀନିବାସ, ପାନ୍ଥଶାଳା, ଚଟିଘର ସବୁ ଲୋକାରଣ୍ୟ । ତିଳ ଧାରଣ କରିବାକୁ ସ୍ଥାନ ରହେନି । ମାତ୍ର ଏ ସନ ବଡ଼ଦାଣ୍ଡ ଶ୍ମଶାନିତ, ରାଜପୁତ ଜାୟଗିରିଦାର କେଶୋ ଦାସ । ଦୁଇ ସପ୍ତାହ ପୂର୍ବରୁ ଜଗନ୍ନାଥ ମନ୍ଦିର ଆକ୍ରମଣ କରିଛି । ଭିତରପଟୁ ସିଂହଦ୍ୱାର ବନ୍ଦ । ତା' ଲୋଲୁପ ଦୃଷ୍ଟି

ଶ୍ରୀଜୀଉଙ୍କ କୋଠଭଣ୍ଡାର ଉପରେ। ଏବେ ଶ୍ରୀମନ୍ଦିର ଗୋଟେ ଦୁର୍ଗରେ ପରିଣତ। ଖବରଟି ତୁଣ୍ଡରୁ ତୁଣ୍ଡ ବ୍ୟାପିଲା। ଖୋର୍ଦ୍ଧା 'ଗଜପତି' ପୁରୁଷୋତ୍ତମ ଦେବ। ସାଥୀରେ ଦଶହଜାର ଅଶ୍ୱାରୋହୀ, ତିନିଲକ୍ଷ ପଦାତିକ। ବହୁ ରଥୀ ମଧ୍ୟ। ଉପସ୍ଥିତ ପୁରୀ ଅଠର ନଳାଠାରେ। ଗଜପତିଙ୍କ ସେନା ଶିବିର, ଲମ୍ବିଛି ଅଠର ନଳାରୁ ଶ୍ରୀମନ୍ଦିର ଯାଏ। ପାଇକମାନେ ପାଚିରି ଡେଇଁ ପଶିବେ ମନ୍ଦିର ଭିତରେ। ଚାଲିଛି ଆପ୍ରାଣ ଉଦ୍ୟମ; ମାତ୍ର ସବୁ ବିଫଳ। ପାଚିରି ଡେଇଁଲେ କେଶୋ ଦାସ କବଳିତ ହେବ - ଏଥିରେ ତିଳେ ମାତ୍ର ଦ୍ୱିଧା ନାହିଁ। ମାତ୍ର ପାଇକକୁଳ ହିନ୍ଦୁ, ପୁଣି ଓଡ଼ିଆ। ମେଘନାଦ ପାଚେରି କେମିତି ଭାଙ୍ଗିବେ ? ଏକ ପକ୍ଷ ଧରି ଶ୍ରୀଜୀଉଙ୍କର ନୀତିକାନ୍ତି ସମ୍ପୂର୍ଣ୍ଣ ବନ୍ଦ। ଅଠର ନଳା ବାହାର ଦୃଶ୍ୟ। ବିଦେଶାଗତ ଲକ୍ଷ ଲକ୍ଷ ଭକ୍ତ। ସେମାନଙ୍କ ପଥ ଓଗାଳି ଦେଇଛନ୍ତି ପାଇକମାନେ। ଅନେକଙ୍କର ପ୍ରତୀକ୍ଷାର ଅନ୍ତ। ଫେରି ଯାଇଛନ୍ତି ସ୍ୱଦେଶ। ପୁରୀ ଶ୍ରୀକ୍ଷେତ୍ର ଏକ ପ୍ରକାର ସାମରିକ ରଣକ୍ଷେତ୍ର ପାଲଟିଛି। ବିବଶ ପୁରୁଷୋତ୍ତମଦେବ। ଏବେ କେଶୋ ଦାସ ସହ ସନ୍ଧି ଏକମାତ୍ର ବିକଳ୍ପ।

ସନ୍ଧିବିଗ୍ରହୀ ମୁକୁନ୍ଦ ରାୟଗୁରୁ। ଏବେ ମନ୍ଦିର ଭିତରେ। ଦୁଇ ଦିନ ବିତିଲାଣି। ନାହିଁ କିଛି ସନ୍ଦେଶ। ସମ୍ଭବତଃ ସନ୍ଧିବାର୍ତ୍ତାର ଆଲୋଚନା, ସିଦ୍ଧାନ୍ତ ତଥାପି ଅସ୍ପଷ୍ଟ। ମୁକୁନ୍ଦ ରାୟଗୁରୁ ଜୀବିତ ଅବା ମୃତ, ପୁରୁଷୋତ୍ତମ ଦେବ ଘୋର ସନ୍ଦେହରେ। ବିଦ୍ରୋହୀ ମୁସଲମାନମାନେ। ବାରମ୍ବାର ଉତ୍କଳ ଆକ୍ରମଣ କରିଛନ୍ତି। ସେମାନେ ଯାହା କରି ନଥିଲେ, ଏବେ ତାହା ହେବାକୁ ଯାଉଛି। ରାଜପୁତ କୁଳ କଳଙ୍କ କେଶୋ ଦାସ। ସେ ହିନ୍ଦୁ। ତା'ର ଶ୍ରୀଜଗନ୍ନାଥ ମନ୍ଦିର ଲୁଣ୍ଠନ ପ୍ରୟାସ ଯେତିକି ଘୃଣ୍ୟ, ସେତିକି ନିନ୍ଦନୀୟ। ଉତ୍କଳର ଇଷ୍ଟଦେବ ଜଗନ୍ନାଥ। ଗତ ପନ୍ଦରଦିନ ଧରି ଉପବାସ। ଆହତ ବ୍ୟାଘ୍ର ସମ ପୁରୁଷୋତ୍ତମଦେବ, ଶିବିର ଭିତରେ ଏପାଖ ସେପାଖ ହେଉଛନ୍ତି। ସେ ସମ୍ପୂର୍ଣ୍ଣ ଅସହାୟ। ସମ୍ମୁଖ ସମରରେ କେଶୋ ଦାସ କାହିଁକି, ତା'ଠାରୁ ବଳୀ ଲୁଣ୍ଠନକାରୀ। ଦୁର୍ଦ୍ଧର୍ଷ ପାଇକମାନେ ସେମାନଙ୍କୁ ଭୂଶାୟୀ କରିପାରିବେ। ମାତ୍ର ସୁଯୋଗ ନଥିଲା। କେଶୋ ଦାସ ଶ୍ରୀମନ୍ଦିର ଲୁଣ୍ଠନ କରିବ। ତା'ର ଅର୍ଥଲାଳସା ଚରିତାର୍ଥ ହେବ। ଆଉ ଗୋଟେ ବଡ଼ ମୁନାଫା ବି ହେବ। ସମ୍ରାଟ ଜାହାଙ୍ଗୀରଙ୍କ ଦରବାରରେ ତା'ର ପାହିଆ ବଢ଼ିଯିବ। ଏ ସୁଯୋଗ ହାତଛଡ଼ା କରିବାର ନୁହେଁ। ଏଇ କୁତ୍ସିତ ଭାବନା କେଶୋ ଦାସର।

ଜ୍ୟେଷ୍ଠ ମାସ, ରୌଦ୍ରଦଗ୍ଧ ମଧ୍ୟାହ୍ନ। ମହୋଦଧିର ଜଳସିକ୍ତ ସମୀରଣ, ଚନ୍ଦନ ପ୍ରଲେପ ତୁଲ୍ୟ ମନେ ହେଉଛି। ସନ୍ଧ୍ୟା କ୍ରମେ ବଡ଼ଦାଣ୍ଡକୁ ଆଚ୍ଛନ୍ନ କରିଛି। ନାହିଁ ସନ୍ଧ୍ୟା ଆରତି। ଘଣ୍ଟ-ଘଣ୍ଟା, ଭେରୀ, ତୂରୀ, କାହାଳୀ, ମାଦଳର ଧ୍ୱନି। କେଶୋ

ଦାସ ମନ୍ଦିର ଅଧିକାର କରିଛି । ସନ୍ଧ୍ୟା ଆରତି ବନ୍ଦ । ସବୁ ନୀରବ, ନିସ୍ପନ୍ଦ । ଛୁଞ୍ଚିଟିଏ ପଡ଼ିଲେ ବଡ଼ଦାଣ୍ଡରେ ଶବ୍ଦ ହେବ । ନିର୍ମେଘ ଆକାଶ । ଶୁକ୍ଳ ତିଥିର ଚନ୍ଦ୍ରମା ଉଇଁ ଆସିଲେଣି । ମୁକୁନ୍ଦ ରାୟଗୁରୁଙ୍କ ଅପେକ୍ଷାରେ ବୃଦ୍ଧମନ୍ତ୍ରୀ ସନାତନ ହରିଚନ୍ଦନ ମହାପାତ୍ର । ସିଂହଦ୍ୱାରରେ ଧାରଣା ଦେବା ପ୍ରାୟ ବସିଛନ୍ତି । ଏକାଦଶୀ ତିଥି । ମନ୍ଦିର ଭିତରକୁ ପ୍ରବେଶ ଅସମ୍ଭବ । କେତେକ ବିଧବା ବଡ଼ଦାଣ୍ଡରେ ଅଖଣ୍ଡଦୀପ ଜାଳିଛନ୍ତି । ମୃତ ସ୍ୱାମୀଙ୍କର ଶୁଭ ମନାସୁଛନ୍ତି । ରାତି ଅଧକୁ ମହାଦୀପ ଉଠେ । ତା' ପରେ ସେମାନେ ପ୍ରସ୍ଥାନ କରନ୍ତି । ଆଜି ଆଉ ଉଠିବନି ମହାଦୀପ । ସମସ୍ତେ ନିରାଶ । ବୃଦ୍ଧ ସନାତନ, ପାଷାଣ ମୂର୍ତ୍ତିପରି ନିଶ୍ଚଳ । ବିଧବାମାନଙ୍କ ଉଜ୍ଜ୍ୱଳିତ ଦୀପଶିଖା ଆଡ଼େ ତାଙ୍କର ଧ୍ୟାନ । ରୋମନ୍ଥନ କରୁଥିଲେ ଅତୀତ ଇତିହାସକୁ । ସେ ରୋମନ୍ଥନରେ ବର୍ତ୍ତମାନର ଉଦରଜ୍ୱାଳା ନିବାରଣ । ନାହିଁ ଗତ୍ୟନ୍ତର । ଅତୀତ ଇତିହାସ, ଗୋଟେ ପରେ ଆରେକ ଘଟଣା । ଉଙ୍କିମାରୁଛି ସନାତନଙ୍କ ମାନସ ପଟରେ ।

ନାହାନ୍ତି ଆଜି ନବକୋଟି କର୍ଣ୍ଣାଟ କଳବର୍ଗେଶ୍ୱର ଗୌଡ଼େଶ୍ୱର ଗଜପତିମାନେ । ଏବେ ଗଜପତି ଏକ ପଦବୀ । କାବେରୀରୁ ଗଙ୍ଗା ପର୍ଯ୍ୟନ୍ତ ବିସ୍ତୃତ ଉତ୍କଳ ସାମ୍ରାଜ୍ୟ । ଏହାର ଗଜପତି ଆଜି ମୋଗଲ ଦରବାରରେ ସାମାନ୍ୟ ଦରବାରୀ । ତିନି ହଜାର ଅଶ୍ୱାରୋହୀଙ୍କର ମନ୍‌ସୁବେଦାର । ଗଜପତି କପିଳେନ୍ଦ୍ରଦେବ । ଜଗନ୍ନାଥଙ୍କ ଅପାର କରୁଣା । ବାହମନି, ଗୋଲକୁଣ୍ଡାର ଯବନ ବାହିନୀ । ସେମାନଙ୍କୁ ପଦାନତ କଲେ କପିଳେନ୍ଦ୍ରଦେବ । ଦକ୍ଷିଣରେ ଉଡ଼ିଲା ବିଜୟ ଧ୍ୱଜା । ମହାପ୍ରଭୁ ପୁରୁଷୋତ୍ତମଦେବଙ୍କ ମାନ ରକ୍ଷା କଲେ । ସାମାନ୍ୟ ସୈନିକ ପରି କାଞ୍ଚିଯୁଦ୍ଧ ଲଢ଼ିଲେ । ହିନ୍ଦୁ ବିଦ୍ୱେଷୀ କଳାପାହାଡ଼ । ତା'ର ଘୋର ଉତ୍ପୀଡ଼ନ, ଜଗନ୍ନାଥ ହେଲେ ପାତାଳି । ଭାଗ୍ୟର ବିଡ଼ମ୍ବନା । ହିନ୍ଦୁ କେଶୋ ଦାସର ଅତ୍ୟାଚାର, ଶ୍ରୀଜଗନ୍ନାଥ ଆଜି ବନ୍ଦୀ । ଉତ୍କଳ ଭାଗ୍ୟରେ ଆଜି ଦାରୁଣ ବେତ୍ରାଘାତ । ସନାତନ ଆଖିରୁ ଝରିପଡୁଛି ଅଶ୍ରୁବିନ୍ଦୁ । କେଉଁ ପାପ ଫଳେ ଉତ୍କଳ ଆଜି ଲାଞ୍ଛିତ, ନୀପୀଡ଼ିତ ? ଏମିତି ଅନେକ ପ୍ରଶ୍ନ । ସନାତନର କେବଳ ଦୀର୍ଘଶ୍ୱାସ । ଜଗନ୍ନାଥଙ୍କୁ ଆକୁଳ ମିନତି – "ପ୍ରଭୁ! ତମେ ହିଁ ତମର ରକ୍ଷାକବଚ ।"

ଶ୍ରୀ ଶ୍ରୀ ବୀରାଧି ବୀରବର ନବକୋଟି କର୍ଣ୍ଣାଟ କଳବର୍ଗେଶ୍ୱର ଗୌଡ଼େଶ୍ୱର ଗଜପତି ପୁରୁଷୋତ୍ତମଦେବ । ପ୍ରଭୁ ଶ୍ରୀ ଜଗନ୍ନାଥଙ୍କ ପଦାରବିନ୍ଦରେ ସମର୍ପିତ । ସେ ବିରାଟ ସୈନ୍ୟବାହିନୀର ଅଧିକାରୀ । ଦୁର୍ଦ୍ଧର୍ଷ ପାଇକ ବାହିନୀ ସହ ଅଶ୍ୱାରୋହୀ, ଗଜାରୋହୀଙ୍କର ଅଭାବ ନାହିଁ । ହେଲେ ପରିସ୍ଥିତି ସମ୍ପୂର୍ଣ୍ଣ ଭିନ୍ନ । ରାଜପୁତ ଲୁଣ୍ଠନକାରୀ କେଶୋ ଦାସ, ସାଥିରେ ତା'ର କେଇ ହଜାର ଦସ୍ୟୁସୈନିକ । ଏମାନେ ଶ୍ରୀମନ୍ଦିରରେ

ପ୍ରବେଶ କଲେ। ସିଂହଦ୍ୱାର ବାହାର ପଟୁ ବନ୍ଦ। ମନ୍ଦିରର ମେଘନାଦ ପାଚେରୀ। ତା' ଉପରେ ଯମଦୂତ ପରି କେଶୋଦାସଙ୍କ ରାଜପୁତ ଦସ୍ୟୁମାନେ। ହାତରେ କମାଣ ଆଉ ନିଆଁ ହୁଲା। ପୁରୁଷୋତ୍ତମ ଦେବଙ୍କ ପାଇକମାନେ ନାନାଦି ଚେଷ୍ଟାରତ। ରଥାରୋହଣ କରି ପାଚେରୀ ଡେଇଁବାର ପ୍ରଚେଷ୍ଟା ସବୁ ପଣ୍ଡ ହେଲା। କେଶୋ ଦାସଙ୍କ ସୈନ୍ୟମାନଙ୍କ ହାତରେ ନିଆଁହୁଲା। ରଥ ସବୁ ପୋଡ଼ିଦେଲେ। ତୋପ, କମାଣ ମାଡ଼ ଚାଲିଲା। କେତେକ ରଥ ବିଧ୍ୱସ୍ତ। ସେଇ ରଥଗୁଡ଼ିକର ପୋଡ଼ାକାଠ, ବଡ଼ଦାଣ୍ଡରେ ଇତସ୍ତତ ବିକ୍ଷିପ୍ତ। ତେଣେ ଗୁଣ୍ଡିଚା ମନ୍ଦିର ବେଢ଼ା ନିକଟରେ ଆଉ ଏକ ଆକର୍ଷଣୀୟ ଦୃଶ୍ୟ। ଗୌଡ଼ରୁ ଆସିଛନ୍ତି ଦଳେ ଯାତ୍ରୀ। ଜ୍ୟୋସ୍ନାଲୋକ ବିଚ୍ଛୁରିତ ପରିବେଶ। ଚାଲିଛି ଏମାନଙ୍କର ଉଦ୍ଦଣ୍ଡ କୀର୍ତ୍ତନ। ମନ୍ଦିରା, ମୃଦଙ୍ଗର ମଧୁର ଧ୍ୱନି। ତାଳେ ତାଳେ ନର୍ତ୍ତକଙ୍କର ନୃତ୍ୟ ପରିବେଷଣ। ଅଠରନଳା ଠାରେ ହଜାର ହଜାର ଯାତ୍ରୀ ଅଟକିଛନ୍ତି। ମାତ୍ର ଚୈତନ୍ୟଙ୍କ ଲୀଳାଭୂମି ଗୌଡ଼ର ବୈଷ୍ଣବ - ଏଇ ପରିଚୟ ସେମାନେ ଦେଇଛନ୍ତି। ପାଇକମାନେ ସେମାନଙ୍କୁ ଛାଡ଼ି ଦେଇଛନ୍ତି। ଚାଲିଛି ନାମ ସଂକୀର୍ତ୍ତନ। ଦର୍ଶକଙ୍କର ଅସମ୍ଭବ ଭିଡ଼। ଜଣେ ମହନ୍ତ ଶ୍ରେଣୀର ପୃଥଳକାୟ ବୈଷ୍ଣବ ଭକ୍ତ। ନାରୀବେଶ ତାଙ୍କର। ସୁଲଳିତ କଣ୍ଠ। ଗାନ କରୁଛନ୍ତି ବୈଷ୍ଣବ ପଦାବଳୀ। ଦେଖଣାହାରୀଏ ବିଭୋର। ବିଭୁ ପ୍ରେମ ବିଧୌତ ମନ-ପ୍ରାଣ। ଆଖିରୁ ଝରି ପଡୁଛି ଝରଝର ଲୋତକ ଧାର। ଦର୍ଶକମାନଙ୍କ ମଧ୍ୟରେ ଅଧିକାଂଶ ପାଇକ, କେଶୋ ଦାସଙ୍କୁ ତଡ଼ିବା ପାଇଁ ଆସିଥିଲେ। କେଶୋ ଦାସ ସହ ଯୁଦ୍ଧର ଆଉ ସମ୍ଭାବନା ନାହିଁ। ଅନେକ ପାଇକ ନାମ ସଂକୀର୍ତ୍ତନରେ ମଜ୍ଜି ଯାଇଛନ୍ତି।

ଭିନ୍ନ ଏକ ପରିବେଶ। ହୋଇ ନାହିଁ ରକ୍ତପାତ। ମନ୍ଦିର ଭିତରେ କେଶୋ ଦାସ। ପାଇକମାନେ ମେଘନାଦ ପାଚେରୀ ଚାରିପଟେ। ପବନ ବାଣ୍ଟିଚାଲିଛି ଗୌଡ଼ଦେଶୀ ବୈଷ୍ଣବଙ୍କ ଅଶ୍ରୁକମ୍ପିତ କଣ୍ଠସ୍ୱର। ଜଣେ ଭକ୍ତ ଗାଉଛି - "କୁଟିଲ ପ୍ରେମା ଆଗେୟାନ / ନାହିଁ ଜାନେ ସ୍ଥାନାସ୍ଥାନ / ଭଲ-ମନ୍ଦ-ନାରେ ବିଚାରିତେ / କୂର-ଶଠେର ଗୁଣଡୋରେ / ହାଥେ-ଗଲେ ବାନ୍ଧି ମୋରେ / ରାଖି ଆଛେ ନାରି ଉକାଶିତେ / ସଖିହେ...।" ବିରହ ବିଧୁରା ରାଧା, ପ୍ରେମ ସ୍ୱଭାବରେ କୁଟିଳା ପୁଣି ଜଡ଼ବସ୍ତୁ ହେତୁ ଅଜ୍ଞାନ। ଭଲ ମନ୍ଦ ଜ୍ଞାନ ନାହିଁ। ଥିଲେ ଏ ଦୁର୍ଦ୍ଦଶା ହୋଇ ନ ଥାଆନ୍ତା। ସଖୀମାନେ ଶ୍ରୀକୃଷ୍ଣଙ୍କୁ ଭୁଲିଯିବାକୁ କହୁଛନ୍ତି। ରାଧାଙ୍କର ବା କ'ଣ ଚାରା ଅଛି ? ସେଇ ଶଠ ଚୂଡ଼ାମଣିଙ୍କ ରୂପଗୁଣ ଦଉଡ଼ିରେ ତାଙ୍କ ସର୍ବାଙ୍ଗ ବନ୍ଧା। ସେଥିରୁ ରାଧା ଫିଟି ପାରୁନାହାନ୍ତି - ଜଣେ ଉତ୍କଳୀୟ ଭକ୍ତ ସେଇ ପଦାବଳୀର ଏମନ୍ତ ତର୍ଜମା କଲେ। ବିହ୍ୱଳିତ ପରିବେଶ। ଭିଡ଼ ଭିତରୁ 'ପାଣି ପାଣି'ର ଚିତ୍କାର। ଶ୍ୟାମ ବିରହ

ଜ୍ୱାଳାରେ ଜର୍ଜରିତ ଜଣେ ଭକ୍ତ ଚେତନା ଶୂନ୍ୟ। ଶ୍ରୋତାମାନଙ୍କ ମଧ୍ୟରେ ସନାତନ ହରିଚନ୍ଦନ। ପୁରୁଷୋତ୍ତମ ଦେବଙ୍କ ଅମାତ୍ୟ, ତାଙ୍କ ପ୍ରାଣ ଆକୁଳିତ। ଶ୍ରୀଚୈତନ୍ୟ ଦେବଙ୍କ ପ୍ରେମଭକ୍ତି ଦର୍ଶନ। ଏହାର ତାତ୍ତ୍ୱିକ ମୂଲ୍ୟବୋଧ ଅଛି। ମାତ୍ର ଓଡ଼ିଆ ଜାତି ଆଜି ମାତିଛନ୍ତି। ଅନେକ ପ୍ରେମ ଧର୍ମରେ ଆର୍ଦ୍ର। ସମଗ୍ର ଉତ୍କଳ ପାଇଁ ଘୋର ସଂକଟ। ଜାତିଟା ଆଜି ତଳି ତଳାନ୍ତ। ଏଇ ଚିନ୍ତାରେ ସନାତନ। ରାଧା, କୃଷ୍ଣ-ଜୀବାତ୍ମା, ପରମାତ୍ମାର ସଙ୍କେତ। ତର୍କ ନୁହେଁ, ସଂଶୟରେ ନୁହେଁ, କେବଳ ବିଚାରରେ। ଏଥିରେ ଶ୍ରଦ୍ଧା, ବିଶ୍ୱାସ, ଆତ୍ମ ନିବେଦନ ନିହିତ। ରାଧା ସ୍ୱରୂପିଣୀ ଜୀବାତ୍ମା, କୃଷ୍ଣରୂପୀ ପରମାତ୍ମା। ସାମୀପ୍ୟ ସାଯୁଜ୍ୟ ପ୍ରାପ୍ତ ହୁଏ। ପ୍ରେମବାଦରେ ଏ ନୂତନ ସହଜିଆ ଧର୍ମ। ତାହାରି ମଧ୍ୟରେ ଯୁଗଯୁଗ ବ୍ୟାପି ନିଗୃହୀତ ଏକ ଉଗ୍ର କାମନା, ଦୈହିକ ବାସନା ଉଦ୍‌ଗତ। ମନୁଷ୍ୟର ସଂଯମ, ସାଧନାରେ ସହାୟକ ହେଲାନି, ହେଲା ଅଧୋଗାମୀ। ଗୋଟାଏ ଜାତିକୁ କଲା ବିକାରଗ୍ରସ୍ତ। ଉତ୍କଳର ସମର କୁହାଟ। ଏକଦା ଗଙ୍ଗାଠାରୁ ଗୋଦାବରୀ ଭୂଖଣ୍ଡ ପ୍ରକମ୍ପିତ କରିଥିଲା। ପାଇକ ପୁଅର ପୌରୁଷ, ପରାକ୍ରମ, ଯବନମାନଙ୍କର ଦର୍ପ ଚୂର୍ଣ୍ଣ। ଉତ୍କଳର ପ୍ରତି ଧୂଳିକଣା, ଉତ୍କଳୀୟଙ୍କ ପକ୍ଷରେ ପ୍ରେମ ତୀର୍ଥରେଣୁ। ସେଇ ଜାତିର ଆଜି ରସକଳି ଚିତା ପିନ୍ଧା କପାଳ। ନାମ ସଂକୀର୍ତ୍ତନ ଶୁଣୁଶୁଣୁ ମୂର୍ଚ୍ଛାଗ୍ରସ୍ତ। ଏହାଠାରୁ ବଳୀ ବିଡ଼ମ୍ବନା। ଗୋଟେ ଜାତିର ଜାତକରେ ଆଉ କ'ଣ ହୋଇପାରେ ? ଚିନ୍ତିତ ସନାତନ।

ମୂର୍ଚ୍ଛିତ ଭକ୍ତ, ତଥାପି ମୋହ ଭାଙ୍ଗିନାହିଁ। ଜଣେ ଗୌଡ଼ୀୟ ବୈଷ୍ଣବ ଭକ୍ତ ତାଙ୍କ ପାଖରେ। ତା' ଦେହରେ ହାତ ବୁଲାଇ ଆଣିଲେ। ଅନ୍ୟମାନଙ୍କୁ ପାଗଳ କହିଲେ। ତାଙ୍କ ମୂର୍ଚ୍ଛା ପାଣିରେ କଟିବନି। କେତେ କଳ୍ପ କଳ୍ପ ବିତିଛି। ସେ ତାଙ୍କୁ ଚିହ୍ନିଛି। ସେଇ ଭକ୍ତଟି ଅଷ୍ଟସଖୀମାନଙ୍କ ମଧ୍ୟରେ ସଖୀ-ବୃନ୍ଦା। ସେ ପରମ ଭାଗ୍ୟବତୀ। ଶ୍ୟାମ ନାମ ଶୁଣୁଶୁଣୁ ମୋହ ଗ୍ରସ୍ତ। ସେ ବିରହ ବିଧୁରା। ଉଶୀର ବ୍ୟଜନ, ନୀଳ ଯମୁନାନୀର, ଶ୍ୟାମ ବଂଶୀନାଦ। ପୁନଶ୍ଚ ଶ୍ରୀରାଧାଙ୍କ ଲୀଳା କମଳର ସ୍ପର୍ଶ ଲୋଡ଼ା। ଏହା ଦ୍ୱାରା ମୂର୍ଚ୍ଛିତଙ୍କ ସଂଜ୍ଞା ଫେରିବ। ସମସ୍ତେ କିଂକର୍ତ୍ତବ୍ୟବିମୂଢ଼। ତାଙ୍କ ପ୍ରାଣ ବଞ୍ଚାଇବା ପାଇଁ ଗୌଡ଼ୀୟ ବୈଷ୍ଣବଙ୍କୁ ନିବେଦନ। ବୈଷ୍ଣବ ଜଣକ ନିରବ, ଭକ୍ତଙ୍କ ଦେହରେ ପୂର୍ବପରି ହାତ ବୁଲାଉ ଥାଆନ୍ତି।

ମୂର୍ଚ୍ଛାଗ୍ରସ୍ତ ଜଣକ ଧୀରେ ଧୀରେ ଆଖି ଖୋଲିଲେ। ହରିବୋଲ ଧ୍ୱନିରେ ବଡ଼ଦାଣ୍ଡ ପ୍ରକମ୍ପିତ। ଏକକୁ ଆରେକ କୁହାକୁହି। ମୂର୍ଚ୍ଛା ଯାଇଥିବା ବ୍ୟକ୍ତି ଜଣକ ବୃନ୍ଦା। ଏହା ନିଃସନ୍ଦେହ। ଏଇ କଥାଟି ପ୍ରସରିଗଲା। ବୃନ୍ଦାଦାସୀ ଦଣ୍ଡାୟମାନ। ଗୌଡ଼ୀୟ ବୈଷ୍ଣବ ଜଣକ ତାଙ୍କୁ ଆଲିଙ୍ଗନ କଲେ। ନିଜକୁ ସଖୀ-ଲଳିତା କହିଲେ। ସେଇ

ବୈଷ୍ଣବଙ୍କ ବାହୁପାଶ ମଧ୍ୟରେ ବୃନ୍ଦାଦାସୀ। ଜ୍ୟୋସ୍ନାର ମଳିନ ଆସ୍ତରଣ। ବୃଦ୍ଧ ସନାତନଙ୍କର ନିଜ ଆଖିକୁ ଅବିଶ୍ୱାସ। ବୃନ୍ଦାଦାସୀ ଯେ ଖୋର୍ଦ୍ଧାର ଗୋବିନ୍ଦ ବାହୁବଳେନ୍ଦ୍ର ସିଂହ। ଖୋର୍ଦ୍ଧା ରାଜାଙ୍କର ଜଣେ ସେନାପତି। କେଶୋ ଦାସ ସହ ଲଢ଼ିବାକୁ ଆସିଥିଲେ ପୁରୀ। ସେ ଏକା ନୁହନ୍ତି। ଖୋର୍ଦ୍ଧାରୁ ଆସିଥିବା ଅଧିକାଂଶ ପାଇକ। ସମସ୍ତେ ପ୍ରେମ ଭକ୍ତି-ରସ ସିକ୍ତ। ନୀଳାମ୍ବର ଚମୂପତି, ବୈଷ୍ଣବ ମହାରାଜଙ୍କର ପାଦଧୂଳି ନେଇ ମୁଣ୍ଡରେ ମାରୁଛନ୍ତି। ଯୁଦ୍ଧ ବିଗ୍ରହରେ ଖୋର୍ଦ୍ଧାରାଜାଙ୍କର ସେ ଦକ୍ଷିଣ ହସ୍ତ। ଗୋଟେ ହାତରେ ଦିନେ ଶୋଭା ପାଉଥିଲା ଶତ୍ରୁହନ୍ତା ତରବାରି, ଆର ହାତରେ ଢାଲ, ସେଇ ହାତରେ ଆଜି ନାମାମାଳି। ଉତ୍କଳଲକ୍ଷ୍ମୀଙ୍କର ଏ କି ଦୁର୍ଯୋଗ ! ହତଚକିତ ଅମାତ୍ୟ ସନାତନ। ପ୍ରକାଶ ଥାଉକି ପୁରୁଷୋତ୍ତମ ଦେବଙ୍କ ଉତ୍ତରାଧିକାରୀ ପ୍ରତାପରୁଦ୍ରଦେବ ପ୍ରେମଧର୍ମରେ ଦୀକ୍ଷିତ ହେଲେ। ଶେଷରେ ଗୋଟେ ବୀର ଜାତିର ଅବକ୍ଷୟ ଆରମ୍ଭ ହେଲା।

ବହୁ ପ୍ରତୀକ୍ଷାର ଅନ୍ତ। ସନ୍ଧିବିଗ୍ରହୀ ମୁକୁନ୍ଦ ରାୟଗୁରୁ ଫେରିଛନ୍ତି। ସନ୍ଧିର ସର୍ତ୍ତ ଅତି କଠୋର। ବୀର ଓଡ଼ିଆ ଜାତି, ପୁଣି ଗଜପତି ପୁରୁଷୋତ୍ତମଦେବ। ତାଙ୍କୁ ଯେ ଏ ପ୍ରକାର ସନ୍ଧିପ୍ରସ୍ତାବ ଦିଆଯାଇପାରେ, ତାହା ଥିଲା କଳ୍ପନାତୀତ। କପାଳରେ କରନ୍ୟସ୍ତ ପୂର୍ବକ ପୁରୁଷୋତ୍ତମ ଦେବ ବେଦନାଗ୍ରସ୍ତ। ଅସହାୟ ଜର୍ଜରିତ ଦୀର୍ଘଶ୍ୱାସ। ମୁକୁନ୍ଦ ରାୟଗୁରୁ ଅଧୋମୁଖ, ଏକ ପ୍ରକାର ସ୍ଥାଣୁ ପାଲଟି ଯାଇଛନ୍ତି। ସନାତନ ହରିଚନ୍ଦନ ଅସ୍ଥିର। ଶିବିର ମଧ୍ୟରେ ଭାଳେଣି। ମୁଖିଆ ମୁଖିଆ ପାଇକ, ଦାଣ୍ଡା ଦାଣ୍ଡା ସେନାନାୟକମାନେ ଚିନ୍ତିତ। ନିସ୍ପୃହ ଭାବେ ବସିଛନ୍ତି। ଅନେକଙ୍କ ମୁଣ୍ଡରେ ରସକଳି ଚିତା। ବାହୁରେ ନାମାବଳୀ ଚନ୍ଦନର ଛାପ। ପୁରୁଷୋତ୍ତମଦେବଙ୍କ ଅସହାୟ ଦୃଷ୍ଟି। ଇତିହାସର ଏହି କିଂକର୍ତ୍ତବ୍ୟବିମୂଢ଼ତା ପୀଡ଼ିତ ଦାରୁଣ ସଂକଟ। କୌଣସି ସିଦ୍ଧାନ୍ତରେ ଉପନୀତ ହୋଇପାରୁ ନାହାନ୍ତି। କେଶୋ ଦାସ ହିନ୍ଦୁ, ଚଳନ୍ତି ବିଷ୍ଣୁ ଗଜପତି। ତାଙ୍କୁ ଏପରି ସର୍ତ୍ତ ଦେବା ଅସମୀଚୀନ। ମୁକୁନ୍ଦ ରାୟଗୁରୁ ସନ୍ଧି ପ୍ରତ୍ୟାଖ୍ୟାନ ସପକ୍ଷରେ। ସନାତନ ହରିଚନ୍ଦନଙ୍କର ବଜ୍ରଗମ୍ଭୀର ସ୍ୱର। ଯୁଦ୍ଧ ହେଉ, ଉତ୍କଳ ହେଉ ପଛେ ଶ୍ମଶାନ, ସନ୍ଧି ସର୍ତ୍ତ ଗ୍ରହଣ ପ୍ରଶ୍ନ ଉଠୁନାହିଁ। କେବଳ ପୁରୁଷୋତ୍ତମଦେବଙ୍କ ଆଦେଶକୁ ଅପେକ୍ଷା। ପାଇକମାନେ ମନ୍ଦିର ଭାଙ୍ଗି ଭିତରକୁ ପଶିବେ, କେଶୋ ଦାସକୁ ପିମ୍ପୁଡ଼ି ଦଳିଲାପରି ଦଳିମକଚି ଦେବେ ଅକ୍ଲେଶରେ - ଏକଥାଟି ଉଚ୍ଚସ୍ୱରରେ କହୁଥିଲେ। ମାଳୀପୁର ଗଡ଼ନାୟକ ବେଣୁ ଦଣ୍ଡସେନା। ତାଙ୍କର ଯୁକ୍ତି ଭିନ୍ନ। ସ୍ନାନଯାତ୍ରା ଆଉ ମାତ୍ର ଦୁଇଦିନ ପରେ। ପ୍ରଭୁଙ୍କ ଦର୍ଶନ ପାଇଁ ହଜାର ହଜାର ଭକ୍ତଙ୍କ ସମାଗମ। ପୁନଶ୍ଚ ସେମାନେ ଉତ୍କଳୀ। ହିନ୍ଦୁ ହେଇ ପ୍ରଭୁଙ୍କ ମନ୍ଦିର କେମିତି ଭାଙ୍ଗିବା ? କଳାପାହାଡ଼କୁ ଜନେ କାହିଁକି

ନିନ୍ଦିବେ ? ସେମାନେ ତ କଳାପାହାଡ଼କୁ ବଳିଯିବେ। ବେଣୁ ଦଣ୍ଡସେନାଙ୍କ ଏ ଯୁକ୍ତି ସହ ସାମିଲ ହେଲେ ଗୋବିନ୍ଦ ବାହୁବଳେନ୍ଦ୍ର ସିଂହ ଓରଫ ବୃନ୍ଦା ଦାସୀ। ପ୍ରଭୁଙ୍କ ମୁଖ ଦର୍ଶନ ହେଇପାରିନି। ବହୁ ଭକ୍ତ ଉପବାସ। ସେମାନେ ପ୍ରାଣ ହାରିବେ, ଗଜପତିଙ୍କୁ ପାତକ ଲାଗିବ। ଶୀଘ୍ର ମନ୍ଦିର ଖୋଲିବା ଦରକାର। ତାଙ୍କ ମୁହଁରୁ କଥା ସରିନି, ଆଉ ଦଳେ ତାଙ୍କୁ ସମର୍ଥନ କଲେ। ତେଣେ ସେନାପତିମାନେ ନିରବ। ପ୍ରେମ ଧର୍ମ ପାଗଳ। ନାହିଁ ସେମାନଙ୍କର ରଣ ହୁଙ୍କାର। ବୃନ୍ଦା ଦାସୀ କହିଲେ ସବୁ ସେଇ ଗୋବିନ୍ଦଙ୍କ ଇଚ୍ଛା। ସନ୍ଧି ବିଗ୍ରହୀ ମହାପାତ୍ରେ - ଆଶା ଆଶଙ୍କାରେ। ଶେଷରେ ପଡ଼ିଲା ପୂର୍ଣ୍ଣଚ୍ଛେଦ। କେଶୋ ଦାସଙ୍କ ସନ୍ଧି ପ୍ରସ୍ତାବକୁ ମାନିନେଲେ ପୁରୁଷୋତ୍ତମଦେବ। ସିଂହଦ୍ୱାର ଫିଟିଲା। ସର୍ତ୍ତ ପୂରଣ ହେବ। କେଶୋ ଦାସ ସୈନ୍ୟସାମନ୍ତ ସହ ଖୋର୍ଦ୍ଧା ଆସିଲେ।

କେଶୋ ଦାସଙ୍କ ସହାସ୍ୟ ବଦନ। ସନ୍ଧି-ସର୍ତ୍ତ ପୂରଣ ହେଲା। ବାହୁଡ଼ିଲେ କଟକ। ଲୁଣ୍ଠିତ ସମ୍ପତ୍ତି। ସୁବେଦାର ହାସିମ ଖାଁ ସହ ଭାଗବାଣ୍ଟ ହେବ। ଅବଶିଷ୍ଟ ସମ୍ପଦ ନେଇ ଆଗ୍ରା ଫେରିବେ। ଜାହାଙ୍ଗୀରଙ୍କୁ ଉପହାର ଦେବେ। କେତେ ହଜାର ଅଶ୍ୱାରୋହୀଙ୍କ ମନସୁବେଦାରୀ ମିଳିବ କେଶୋଦାସଙ୍କୁ! ଉତ୍‌ଫୁଲ୍ଲିତ କେଶୋଦାସ। ସଗର୍ବେ ଚାଲିଛନ୍ତି। ପୁରୋଭାଗରେ ରାଜପୁତ ପଦାତିକମାନେ। ବଳପୂର୍ବକ ପୁରୁଷୋତ୍ତମଦେବଙ୍କଠାରୁ ଆହୃତ ଛ'ଗୋଟି ହସ୍ତୀ ସାଥିରେ। ଗୋଟେ ହସ୍ତୀ ପୃଷ୍ଠରେ ଛଅଲକ୍ଷ ଟଙ୍କା ଭର୍ତ୍ତି କେଇଟି ଅଖା। ଗଜପତିଙ୍କ ଠାରୁ ମିଳିଛି। ଅନ୍ୟ ଏକ ହସ୍ତୀ ପୃଷ୍ଠରେ ସ୍ୱର୍ଣ୍ଣ ନିର୍ମିତ ଏକ ହାଉଦା। ତା'ରି ଭିତରେ ଜଣେ ଅବଗୁଣ୍ଠନବତୀ ନାରୀ ବନ୍ଦିନୀ। ପଛରେ ଆଉ ଏକ ହସ୍ତୀ ପୃଷ୍ଠରେ କେଶୋ ଦାସ। ଦୁଇ ପାଖରେ ଅଶ୍ୱାରୋହୀମାନେ। ହାତରେ ସେମାନଙ୍କର ବଲ୍ଲମ ଆଉ ଉତ୍ତୋଳିତ ଖଡ଼୍‌ଗ।

ଖୋର୍ଦ୍ଧାଗଡ଼ ସ୍ତବ୍ଧ। ପୌରୁଷ ବର୍ଜିତ କୌତୁହଳୀ ଜନତା। ପରସ୍ପରରେ ଗୋଟିଏ କଥା। କିଏ ସେଇ ଅବଗୁଣ୍ଠନବତୀ ବନ୍ଦିନୀ? ଏ ନିଷ୍ଠୁର ପ୍ରଶ୍ନର ଉପଚାର ବା କାହିଁ? ମୋଗଲ-ଐତିହାସିକ କୀଟଦଷ୍ଟ ଫରାସୀ ପାଣ୍ଡୁଲିପି। ତା'ରି ମଧ୍ୟରେ ଲିପିବଦ୍ଧ ସେଇ ବନ୍ଦିନୀର ପରିଚୟ। ଜାହାଙ୍ଗୀରଙ୍କ ଅନ୍ତପୁର ଯାତ୍ରିଣୀ ସେଇ ବନ୍ଦିନୀ। ତାଙ୍କ ପରିଚୟ ଜାଣିବା ଏକ ନିଷ୍ଠୁର ପ୍ରଶ୍ନ। ତା'ର ଉତ୍ତର ଅନାବଶ୍ୟକ। ଏଥିରେ ଉତ୍କଳ ଗଜପତିଙ୍କ ସମ୍ମାନ ହାନୀ ହେବା ସାର।

ବୃଦ୍ଧ ସନାତନ ହରିଚନ୍ଦନ। ଅଶ୍ରୁପୂର୍ଣ୍ଣ ଚକ୍ଷୁ, ଦେଖୁଥିଲେ ଜଗନ୍ନାଥ ମନ୍ଦିର ଲୁଣ୍ଠନକାରୀର ବିଜୟ ବାହୁଡ଼ା। ତାଙ୍କ ଦୃଷ୍ଟି ମହାକାଶରେ ବିଲୀନ। ସତେ ଯେପରି ରୌଦ୍ରଦୀପ୍ତ ମୌନ ମହାକାଶକୁ ପଚାରୁଥିଲେ - ଇତିହାସର ବହୁ ଉତ୍‌ଥାନ ପତନ ତମେ ଦେଖିଛ। ମନୁଷ୍ୟର ଅମନୁଷ୍ୟତା। ବହୁ ଦେଶ, ବହୁ ଜାତି ହୋଇଛି ନିର୍ଯ୍ୟାତିତ।

ଲାଞ୍ଛିତ ଅପମାନିତ, ତା' ମଧ୍ୟ ଦେଖିଛ। ମାତ୍ର ଉତ୍କଳର ପୌରୁଷ ବିଲୟ, ଚରମ ଅଧଃପତନର ଉଦାହରଣ ଅନ୍ୟ କେଉଁଠି ଦେଖିଛ କି ? ଶେଷରେ ଗଜପତି ଉତ୍କଳର ଆଉ କେତୋଟି ଅକୁହା ଉପଢ଼ୌକନ ଉପହାର ଦେଇଦେଲେ। ଆଗଙ୍ଗା ଗୋଦାବରୀ ବିସ୍ତୃତ ଖ୍ୟାତି, କୀର୍ତ୍ତିରେ ଲାଗିଲା କଳଙ୍କ। ବିବଶ ଅମାତ୍ୟ ସନାତନ। ସ୍ୱୟଂ ନୀଳାଚଳ ନିବାସୀ ଦାରୁବ୍ରହ୍ମ। ଥରି ଉଠିଥିବ ତାଙ୍କ ରତ୍ନ ସିଂହାସନ! ଅଶ୍ୱମାନଙ୍କ ଦୃପ୍ତପଦ ବିକ୍ଷେପ। ଧୂଳିର ଘୂର୍ଣ୍ଣି ଭିତରେ କେଶୋ ଦାସଙ୍କ ବାହିନୀ ଅଦୃଶ୍ୟ। ଉତ୍କଳର ସ୍ୱର୍ଣ୍ଣିମ ଇତିହାସ। ସେଇ ଧୂଳିର ଘୂର୍ଣ୍ଣି ଭିତରେ ତା'ର ଶେଷ ଯବନିକା। ଉତ୍କଳ ସିଂହାସନର ଭିତ୍ତି ତ୍ୟାଗ ଆଉ ବୈରାଗ୍ୟ - ଏହା ସତ୍ୟ। ସେବକ ଠାକୁର ରାଜା ପୁରୁଷୋତ୍ତମ ଦେବଙ୍କ କେଶୋ ଦାସ ନିକଟରେ ଆତ୍ମସମର୍ପଣ। ହୋଇପାରେ ଉତ୍କଳୀୟ ବୀରମାନଙ୍କ ପୌରୁଷହୀନତାର ନିଦର୍ଶନ। ସେଇ ପରଂବ୍ରହ୍ମ ଜଗନ୍ନାଥଙ୍କ ମାନରକ୍ଷା ପାଇଁ। ସବୁ ତାଙ୍କରି ଇଚ୍ଛା, ଇଚ୍ଛାମୟଙ୍କର ଇଚ୍ଛା। ଚଳନ୍ତି ବିଷ୍ଣୁ ନିମିତ୍ତ ମାତ୍ର।

■

ଭିଟା - ମାଟି - ମୋହ

ସେଇ ଦୂରିଆ ଦୂରିଆ ମଫସଲୀ ଗାଁ, ଭାରି ଭଲ, ଢେର୍ ଭଲ। ସେଠି କେତେ ପାଠ ଅଛି, ତାକୁ ପଢୁଛି ବା କିଏ ? ସେଇ ଗାଁରେ ମଲ୍ଲୀ ମହକେ, ଚମ୍ପା ଚହଟେ, ନଈ ଗୀତ ଗାଏ, ଡେଙ୍ଗା ନଡ଼ିଆଗଛ ବାହୁଙ୍ଗାରେ ଜହ୍ନ ଅଳସ ଭାଙ୍ଗେ। ଫଗୁଣ ଆସେ, ରଙ୍ଗେଇ ଦିଏ, ପଳାଶ ଓଠରେ ଗାଁଟି ହସେ ମୁରୁକି ମୁରୁକି। ମନ କିଣିନିଏ। ତା' ସାଙ୍ଗକୁ ପୁନେଇଁ, ପରବ, ରଜମଉଜ, କୁଆଁର ପୁନେଇଁ ରାତି, ପଉଷ ପାହାନ୍ତି, ପାତଳା କୁହୁଡ଼ିର ଖଣ୍ଡେ ଖଣ୍ଡେ ଓଢ଼ଣା, ଗହିର ଧାନ କ୍ଷେତ ଉପରେ ଏଠି ସେଠି ଲମ୍ବିଆସେ। ଗାଁକୁ ଗୋହିରି ରାସ୍ତା, ଦିକଡ଼ରେ ବୁଦିବୁଦି କିଆ ଜଙ୍ଗଲ, ତା' ପାଖକୁ କଂଟେଇ କୋଳି, ଭୂଇଁ ବରକୋଳି, ନାଗ ଅଇରୀ, ଆଉ ଅରଖ ବୁଦାର ନେସାନେସି ଅରମା, ଗାଁ ମୁଣ୍ଡରେ ଠାକୁରାଣୀ ମନ୍ଦିର, ଭାଗବତ ଟୁଙ୍ଗୀ, ଶେଷମୁଣ୍ଡରେ ଶିବ ମନ୍ଦିର, ମଶାଣିପଦା। ଡାକେ ଛଡ଼ାରେ ସିଦ୍ଧେଶ୍ୱର ହାଟ, ହପ୍ତାକୁ ଦି' ଥର ବସେ। ଜହ୍ନି, କଖାରୁ, ଲାଉ, ବାଇଗଣ - ଯାବତୀୟ ପନିପରିବା ଦୋକାନ ପଡ଼େ। ବାହାରୁ ଆମଦାନୀ ନୁହେଁ, ସବୁ ସେଇ ଗାଁରୁ। ଆଷାଢୁଆ ମେଘ ଗାଁ ମଥାନକୁ ଆସ୍ତେ ଓହ୍ଲାଇ ଆସେ, ମଇଳା ସଞ୍ଜୁଆ ଅନ୍ଧାର ବି ଆଣ୍ଟବାନ୍ଧେ, ହସୁଥାଏ ବାଡ଼ି ବଗିଚା। ରଞ୍ଜାରେ ଛନ୍ଦାଛନ୍ଦି ଜହ୍ନି, କାକୁଡ଼ି ଲଟା। ଜହ୍ନିଫୁଲର ଭୂରି ବାସନା, ଏଥିରେ ଭରିରହିଥାଏ କେତେ ସ୍ମୃତି, ବିସ୍ମୃତିର କଥା। ହଳଦୀ ଗୁରୁଗୁରୁ ଜହ୍ନିଫୁଲିଆ ସଞ୍ଜ, ସେଦିନ ଲୋକକବିଟିକୁ ବିଭୋର କଲା, ସେ ଗାଇଲା ମନ ଫୁଲାଣିଆ ଗୀତ ପଦେ - "ଜହ୍ନିଫୁଲ ଠୋ-ଠା, କାକୁଡ଼ି ଫୁଲ ଠୋ-ଠା, ନେଉଳ ଭାଇ କହିଯାଇଛି, ଚାଉଳ ମୁଠେ, କ୍ଷୀର ଟିକେ ଥୋଇଥା।" ନୂଆଣିଆ ବୟସରେ ବି ମନେ ପଡ଼େ ସେଇ ଗୀତ, ସ୍ମୃତିକୁ ଚହଲେଇ ଦିଏ ଗାଁର ରସ ସରସ ଜୀବନକଥା। ଏବେ ଅଛି ସେଇ ଗାଁ, ବାଡ଼ିରଞ୍ଜାରେ ଜହ୍ନି, କାକୁଡ଼ି ଲଟଉଛି। ଚାଳ ମଥାନରେ ଲାଉ, କଖାରୁ ଡଙ୍କ, କଦଳୀ ଗଛରେ ଟପ୍‌ଟପ୍ ବରଷା ରାଣୀର ରିମ୍‌ଝିମ୍ ଛନ୍ଦରେ ଅଳସୀ ନୃତ୍ୟ - କିଛି ସରି ନାହିଁ,

ହଜି ନାହିଁ - କିନ୍ତୁ ହଜେଇ ଦେଇଛନ୍ତି ସହରୀବାବୁମାନେ, ଏବେ ତାଙ୍କ ପାଇଁ ଗାଁଟା ଅଖୋଜା, ଅଲୋଡ଼ା । ଏକଦା ଲୋକେ ସହର କ'ଣ ଜାଣି ନଥିଲେ, କେବେ କେମିତି ଥାନା, କଚେରି - ଏଇଥି ପାଇଁ ସହରକୁ ଯିବାକୁ ପଡ଼େ । ବାକି ତକ ସମୟ ଗାଁରେ । ଫିରିଙ୍ଗି ଆସିଲେ, ସମସ୍ତେ ବିଲାତି ପାଠକୁ ଆଦର କଲେ, ଇଂରାଜୀ ପଢ଼ିଲେ, ଚାକିରି ପାଇଲେ, ବାକି ତକ ଜୀବନ ସହରରେ । ଏଇ ପାଠଟା ମଝିରେ ବିରାଟ ପାଚେରିଟାଏ ଠିଆ କରାଇ ଦେଲା । ଏପାଖେ ଗାଁ, ସେ ପାଖେ ସହର । ସହରୀ ଚାକଚକ୍ୟ, ଗାଡ଼ିମଟର, କଞ୍ଚାପଇସା; ସାତତାଳ ବରଷାରେ ବି ଗୋଡ଼ରେ କାଦୁଅ ଟିକେ ଲାଗେନି । ହେଲେ ଗାଁଟା ଧୂଳିଆ, ବେଙ୍ଗ ମୂତିଲେ ଦାଣ୍ଡ ବୁଡ଼ିଯାଏ, କାଦୁଅ ଚପର ଚପର, ଡିବିରି ଆଲୁଅ, ଚୁଲି ଫୁଙ୍କି ଫୁଙ୍କି ଆଖିରୁ ପାଣି ମରେ, ରୋଗ ବାଧିକାରେ ପଡ଼ିଲେ କଥା ସରେ, ଓଷଧ ଟିକେ ନାହିଁ, ଏତେ କଷ୍ଟ, ଅଭାବ ସତ୍ତ୍ୱେ; ସେଇ ଗାଁ ଭାରି ମଧୁର, ତା'ର ଆକର୍ଷଣ କ'ଣ ଭୁଲିହୁଏ ? ଯେମିତି ଭୁଲି ପାରିନାହାନ୍ତି ଚକ୍ରଧର ଦାସେ, ବୟସ ବେଳେ ଗାଁରେ; ସ୍କୁଲ ମାଷ୍ଟ୍ରେ, ଭଲ ପଢ଼ାନ୍ତି, ନାଁ ଡାକ । ଚାକିରି ଜୀବନ ଭିତରେ ଜାଗାଏ ଦି' ଜାଗା ବଦଳି, ଏବେ ଅବସର ନେଲେଣି, ରହନ୍ତି ସାନପୁଅ ପାଖରେ, ଫେରୁଛନ୍ତି ଗାଁକୁ ଘରଡ଼ିହ ଖଣ୍ଡକେ ବିକିବାକୁ । ଶୈଶବ, କୈଶୋର ସ୍ମୃତି ଗୁଡ଼ାକ ତାଙ୍କୁ କିଲିବିଲି କରୁଛନ୍ତି, ଜହ୍ନିଲଟା ପରି ଛନ୍ଦି ପକାଉଛନ୍ତି । ମନରେ ଅସରନ୍ତି ଦ୍ୱନ୍ଦ୍ୱ, ସତରେ କ'ଣ ସେ ବିକିଦେବେ ତାଙ୍କ ଭିଟାମାଟିକୁ ? ଛିଣ୍ଡେଇ ଦେବେ ନାଭିନାଡ଼ିର ସମ୍ପର୍କ ? ଗାଁମନସ୍କ ଚକ୍ରଧର ଦାସେ । ଦେଖିଥିଲେ ସ୍ୱର୍ଗ, ଏବେ ସହରୀ ନର୍କରେ ଅଣନିଃଶ୍ୱାସ । ଅଲୋଡ଼ା ଗାଁ, ସହରୀ ମୋହ ଫେଣ୍ଟାଫେଣ୍ଟି ଅନୁଭୂତି, ପ୍ରଥିତଯଶା ଗାଳ୍ପିକ ସୁରେନ୍ଦ୍ର ମହାନ୍ତି ଏହାର ସାର୍ଥକଚିତ୍ର ପ୍ରଦାନ କରିଛନ୍ତି । ଗପଟିର ନାଁ 'ଜହ୍ନିଲଟା' ।

ଚକ୍ରଧର ଦାସେ, ତାଙ୍କ ଗାଁ ଗୋଡ଼ିବାଣପୁର । ସେଇଠି ତାଙ୍କ ଅନ୍ତୁଡ଼ିଶାଳ, ଷଠିଘର । ଗାଁ ତାଙ୍କୁ ବାନ୍ଧି ରଖିଲା ଢେର୍ ଦିନ । ବୟସର ସଞ୍ଜ ନଇଁ ଆସିଲା, ଚାକିରି ତ ଆଉ ନାହିଁ, ପୁଅବୋହୂଙ୍କ କଥା ମାନିବାକୁ ପଡ଼େ, ସେମାନେ ପାଠୁଆ, ପାଠୋଇ, ବହୁତ ପଢ଼ିଛନ୍ତି, ସେ ତ ସାଧାରଣ ମାଷ୍ଟର ଜଣେ ! ତିନିତିନିଟା ପିଲା । ଏଇ ଗାଁରେ ମାଟି କାଦୁଅରେ ନସରପସର ହେଉଥିଲେ, କୋଳି ତୋଳୁଥିଲେ, ଦୋଳି ଖେଳୁଥିଲେ, ରଜମଉଜ କରୁଥିଲେ, ଗାଁ ପୋଖରୀରୁ କଇଁ ତୋଳୁଥିଲେ । ଚକାଚକା ଭଉଁରୀ, ଜହ୍ନି ଫୁଲ ଠୋ-ଠା... ଗୀତ ଗାଉଥିଲେ । ସମସ୍ତେ ଖୁବ୍ ଭଲ ପଢ଼ିଲେ, ବଡ଼ ଦି'ଟା ଇଞ୍ଜିନିୟର । ଜଣେ ଆମେରିକା, ଆଉ ଜଣେ ଜର୍ମାନୀରେ । ସାନଟା ସହରିଆ, ବଡ଼ ହାକିମ, କୋଠା କରିଛି, ବାପାଙ୍କୁ ପାଖରେ ନେଇ ରଖିଛି । ଚକ୍ରଧର ନିରୋଳାରେ ଭାବନ୍ତି, ପିଲାଗୁଡ଼ାକ ସିନା ପାଠ ପଢ଼ିଲେ, ବୁଦ୍ଧିଶୁଦ୍ଧି ନାହିଁ, ଗାଁରେ ଘରଡିହ ଖଣ୍ଡେ, ତାକୁ ବିକିବାକୁ ଜିଦ୍

କରୁଛି ସାନଟା, ସେଠି ଚଉଦ ପୁରୁଷର ସ୍ମୃତି, ଡିହଖଣ୍ଡକ ସେ ନିଜେ କିଣି ନାହାନ୍ତି। କୋଉ ବାପ, ଅଜା ଅମଳର ଡିହ। ତାକୁ ବିକି ଏ କି ଲାଭ ପାଇବେ ? ଯାହା ଜମିଥିଲା ସବୁ ଗଲା ତାଙ୍କ ପାଠ ପଢ଼ାରେ। ଏବେ ଡିହ ଖଣ୍ଡକ, ତା' ଦିହରେ ବି ଆଖି। କଥାଟା ଭାବିଲେ ତାଙ୍କ ମୁଣ୍ଡ ବୁଲେଇ ଦଉଛି। ସାନ ଗଦାଧର, ନୂଆକୋଠା ତିଆରି କରିଛି। କୋଠା ନୁହଁ, ସୌଖୀନ ବଙ୍ଗଳା, ଏତିକିରେ କଥା ଚଳିବନି। ପୁଅର ଲାଞ୍ଚ, ଘୁଷ୍, ଦରମାରୁ ସଞ୍ଚୟ ସବୁ ମିଶି ତଥାପି ନିଅଣ୍ଟ। ଏବେ ଲୋଡ଼ା ସୌଖୀନ ଆସବାବପତ୍ର – ରେଫ୍ରିଜେରେଟର, ରେଡ଼ିଓଗ୍ରାମ୍, କୁକିଙ୍ଗ୍ ରେଞ୍ଜ, ୱାସିଂ ମେସିନ୍, ନୂଆ ମଡ଼େଲର ମଟରଗାଡ଼ି, ଏୟାର କଣ୍ଡିସନର୍‌ଟା ବି ନିହାତି ଦରକାର। ଏଇଟି କିଣା ହେବ। ବୋହୂର ଏକାଜିଦ୍, ଗାଁର ଘରଡ଼ିହ ଖଣ୍ଡକ ବିକ୍ରି କର। ଗାଁରେ ପୋକଶୁଙ୍ଘା ଜଙ୍ଗଲ, ସେଇଟି ଡିହଟା ପଡ଼ିଆ ପଡ଼ିଛି। ଚକ୍ରଧରଙ୍କ ବିଧବା ଭଉଣୀଟା ତାକୁ ଆବୋରି ପଡ଼ିରହିଛି, ତା' ପାଇଁ ମାସକୁ କୋଡ଼ିଏ ଟଙ୍କା ଖର୍ଚ୍ଚ। ସେ ଡିହଟା ରହି କ'ଣ ହେବ ? ବୋହୂଟାକୁ ଗଦା ଡରେ, ତା'ରି କଥାକୁ ସମର୍ଥନ କଲା, ବାପାଙ୍କୁ ରୋକ୍‌ଠୋକ୍ କହିଲା – "ଆପଣଙ୍କର ଏ ସଂସାର ମାୟା କାହିଁକି ? ଏବେ ତ ଆପଣଙ୍କର ତୀର୍ଥବାସ କରିବା ବୟସ। ସୁମିତ୍ରା ଠିକ୍ କହିଲା, ଗୋଡ଼ିବାଣପୁର ସେଇଟା ପଡ଼ିରହି କ'ଣ ହେବ ଶୁଣେ ?" ଏ କଥାଗୁଡ଼ାକ ଚକ୍ରଧରଙ୍କୁ ବିଷ ତୁଲ୍ୟ ଲାଗିଲା। ଟିକେଟ୍ କାଟିଲେ ପୁରୀ। ଚକ୍ରତୀର୍ଥ ମଠରେ ପହଞ୍ଚିଲେ, ବାବାଙ୍କୁ ମନ କଥା କହିଲେ। ଆଖିରୁ ଲୁହ ଝରୁଛି, ଗଦାଧର କହିଲା ଘରଡିହ ବିକ୍ରି କରି ତୀର୍ଥକୁ ଚାଲିଯିବାକୁ, ଆଉ କୋହ ସମ୍ଭାଳି ପାରିଲେନି। ବାବା କହିଲେ, "ଆରେ ପାଗଳ, ଏ ଯୁଗ ତ ସେଇଆ ! ତୁ ସିନା ପିଣ୍ଡା ପାହାଚ, ସେମାନେ ଯେ ଉଡ଼ନ୍ତା ଚଢ଼େଇ ! ସେମାନେ ତୋ ପରି ସେଇ ଗାଁ ଡିହକୁ କାମୁଡ଼ି ପଡ଼ିରହିବେ କିପରି ?" ଚକ୍ରଧର ମନକୁ ବୁଝାଇ ଦେଲେ, କୋଉ ଏବେ ଡିହ ବିକିଟଙ୍କା ନେଇ ସେ ସ୍ୱର୍ଗକୁ ଯିବେ ? ତାଙ୍କର କେବଳ ଗୋଟିଏ ଅଭିଳାଷ, ବାଇଶି ପାବଚ୍ଛରେ ନାଁ ଲେଖା ଖଣ୍ଡେ ମାର୍ବଲ ପଥର ଢେର୍... ଚକ୍ରଧର ଦାସ, ଗୋଡ଼ିବାଣପୁର। ଅନ୍ତତଃ ଗାଁ ସ୍ମୃତିଟା ଚହଟିବ ଯୁଗଯୁଗକୁ ପୁରୁଷୋତ୍ତମ କ୍ଷେତ୍ରରେ !

ଚକ୍ରଧର ଗାଁରେ, ରେଜିଷ୍ଟ୍ରି କବଲା ଲେଖା ସରିଛି। ଜରସମନ ତିନିହଜାର ଟଙ୍କା, ହାକିମ ସଇ କଲେ, ଡିହ ବିକ୍ରି ଶେଷ। ସେଇ କବଲାଟା ତାଙ୍କ ପକେଟରେ, ଗୋଟେ ବିରାଟ ପାହାଡ଼ ପରି ଓଜନିଆ ହେଇ ଯାଇଛି। ପଛରେ ରହିଲାଣି ସିଦ୍ଧେଶ୍ୱର ହାଟ, ଦୂରରୁ କେଇଟା ବିସ୍ମୟବାଚକ ଚିହ୍ନ ପରି ଦିଶୁଛି। ଗୋଡ଼ିବାଣପୁର ଗାଁର ଠୁଙ୍ଗାଠୁଙ୍ଗା ତାଳ ଗଛ କେଇଟା, ଗାଁଟା ତାଙ୍କୁ ସହିଲାନି, ସାଇଭାଇଙ୍କ ସହ ତୁଚ୍ଛା କଳହ, ଈର୍ଷା; ବଢ଼ି, ମରୁଡ଼ି, ମେଲେରିଆର ଦାଉ, ନିତ୍ୟ ପ୍ରପୀଡ଼ିତ ଗୋଡ଼ିବାଣପୁର ଗାଁ, ତଥାପି ଗାଁ

ତାଙ୍କ ମା', ତାରି କୋଳରେ ଶେଷ ଆଶ୍ରୟ ଟିକକ ତାଙ୍କର ଆଶା, ହେଲେ ପାଠୁଆ ପୁଅଟା କରେଇ ଦବନି! ପୂର୍ବ ପୁରୁଷୀ ଡିହ ଖଣ୍ଡକ। ଗଦାଧର ତା' ପିଲାଏ ଭୋଗ କରିଥାନ୍ତେ। ବୋହୂକୁ ସେଦିନ କେତେ ବୁଝେଇଲେ - "ବୋହୂ ତମର ଏ ଜିନିଷଗୁଡ଼ାକ ବର୍ଷ କେଇଟାରେ ପୁରୁଣା ହେଇଯିବ। ସେତେବେଳେ ତୁମେ ଖୋଜିବ ବଦଳେଇବା ପାଇଁ। କିନ୍ତୁ ଏ ଡିହଟା ଯେ କେତେ ପୁରୁଷର। ତୁମରି ପରି କେତେ ପୁରୁଷର ବୋହୂ ସେ ଡିହ ଉପରେ ସଞ୍ଜଦୀପ ଜାଳିଛନ୍ତି। ତମେ କହୁଛ ତାକୁ ବିକ୍ରି କରିଦେବା ପାଇଁ?" ପୁରୁଣା କାଳିଆ ଗାଉଁଲି ସ୍କୁଲମାଷ୍ଟର ଚକ୍ରଧର, ତାଙ୍କ କଥା ବା ଶୁଣୁଛି କିଏ?

ଗୋଡ଼ିବାଣପୁର ଗାଁ, ପୂର୍ବପୁରୁଷୀ ଅରମା ଡିହଟା, ଗଲାସନ ବତାସରେ ନଇଁପଡ଼ିଛି, ମଲା ଓଟଟାଏ ପରି ପଡ଼ିରହିଛି। ଭିତରପଟ ଧାଉଡ଼ି ଅନ୍ଧାର। ବାହାର ପଟ ଧାଉଡ଼ିର ଭଙ୍ଗାକୁଡ଼, ତା'ରି ଭିତରେ ଚକ୍ରଧର ମୁଣ୍ଡନଇଁ ଅଗଣାକୁ ଆସିଲେ। ଆହା କି ସୁନ୍ଦର! ଓଳି ତଳେ ରଙ୍ଗଣୀ ଆଉ ହରଗଉରା ଫୁଲର ମେଳା। ଦୁଆର ମଝିରେ ଅଲରା ଜହ୍ନିରଞ୍ଜାଟାଏ। ଜହ୍ନି ଲଟାରେ ଫିକା ଫିକା ହଳଦିଆଫୁଲ, ସରଗ ତାରା ପରି ଫୁଟି ଉଠିଛନ୍ତି। ଜହ୍ନିଲଟାରେ ଛନ୍ଦି ହେଇଗଲେ ଚକ୍ରଧର, ବିଧବା ଭଉଣୀଟା ପାଣି ଢାଳେ ଧରିଛି। ଭାଇକୁ ଅରମା ବାଟେ ଆସିବାକୁ ବାରଣ କରିଛି। ଏଣେ ଜହ୍ନିଫୁଲ ଭିତରେ ଚକ୍ରଧର ମାଷ୍ଟ୍ରେ ଶୁଣୁଥିଲେ ଶୈଶବର ସଙ୍ଗୀତ, ଜହ୍ନିଫୁଲ ଠୋ-ଠା...। ଭଙ୍ଗା ଘର, ଡିହ ଉପରେ ବୃନ୍ଦାବତୀ, ଭଉଣୀ ସଞ୍ଜବତୀଟାଏ ଲଗେଇ ଦେଇ ଆସିଲା। ଯଖ ପରି ଏ ଅରମାଡିହ ଓଗାଳି ବସିବାର ଗୁରୁ ଦାୟିତ୍ୱରୁ ସେ ବି ମୁକ୍ତି ଚାହୁଁଥିଲା। ଡିହ ବିକ୍ରି ପରେ ସେ ଛୁଟି। ମେଘୁଆ ସଞ୍ଜଟା ନିବିଡ଼ ଭାବେ ଗାଁକୁ ଜାବୁଡ଼ି ଧରିଥିଲା। ବୃନ୍ଦାବତୀ ଚଉଁରା ତଳେ ପୋଡ଼ା ସଞ୍ଜ ସଳିତାରୁ ଧୂଆଁର କୁଣ୍ଡଳୀ ଉଠୁଥିଲା। ଅତୀତର ପୁରୁଷ ପୁରୁଷର ଦୀର୍ଘଶ୍ୱାସ ସେଥିରେ କୁହୁଳୁଥିଲା। ଚକ୍ରଧର ଆତ୍ମବିସ୍ମୃତ ହୋଇ ଯାଉଥିଲେ। ପାଣି ଢାଳେ ପାଖରେ ଥୋଇ ଦେଲା ବିଧବା ଭଉଣୀଟା। ପଚାରିଲା, "ଭାଇ! ଜରସମନ କେତେ ଛିଡ଼ିଲା?"

କବଲା ଖଣ୍ଡକ ଅନ୍ୟମନସ୍କ ଭାବେ ଚିରି ଟୁକୁରା ଟୁକୁରା କରିଦେଲେ ଚକ୍ରଧର। କହିଲେ - ଦୂର୍ ପାଗଳି! ଏ ଡିହ ଖଣ୍ଡକ ବିକ୍ରି କରିଦେଲେ ମୁଁ ରହିବି କେଉଁଠି? ମୁଁ ଫେରି ଆସିଲି, ଏଇଠି ରହିବି? ଏଇଟି ପରା ମୋ ବାପା, ଜେଜେବାପାଙ୍କ ସ୍ମୃତି, ମୋ ସ୍ମୃତି ଟିକକ କ'ଣ ରହିବନି। ଗାଁ ମୁଣ୍ଡ ମଶାଣିପଦା, ସେଇଠି ପରା ଜଳିବ ମୋ ଶେଷ ନିଆଁଟି!

ସୁଖୀ ପରଦେଶୀ ନିଜ ଦେଶେ। ମଣିଷ ପରିସ୍ଥିତର ଦାସ। ଇଂରେଜ ଶାସନ ଅମଳରେ ବିକଳ ସ୍ଥିତିଟିଏ ଉପୁଜିଲା। ସବୁ ପାଠୁଆ ଧାଇଁଲେ ସହର ଆଡ଼େ। କାନ୍ତ

କୋମଳ, ଶାନ୍ତ ଶୋଭାମୟ ପଲ୍ଲୀ ଜୀବନ ଅବହେଳିତ ହେଲା। ସହର ଡେଙ୍ଗା କୋଠା ଆରପଟେ ଆପଣାର ଅସ୍ତିତ୍ୱ ହରାଇଲା, ସବୁଜ ଶାଗୁଆ ଧାନକ୍ଷେତ। ସହରୀ ଜୀବନଟା ଭାରି ଅଲଗା,ଅଲଗା। ସେଠି ନାହିଁ ବନ୍ଧୁତା, ସଂପ୍ରୀତି, ଆଦରପଣ। ସମସ୍ତେ ନିଜ ବଙ୍ଗଳା ଭିତରେ ଏଣ୍ଡିପୋକଟିଏ। ଥରେ ଖୋଷାବାନ୍ଧିଲେ ଆଉ ବାହାରକୁ ବାହାରି ହୁଏନା। ସହରରେ ଖାଲି ମନଭୁଲା ସୁନେଲୀ ସ୍ୱପ୍ନ, ସୁନା ହରିଣୀର ମରୀଚିକା। ଟଙ୍କା ପଛରେ ଗୋଡ଼େଇ ଗୋଡ଼େଇ ମଣିଷ ନୟାନ୍ତ। ନାହିଁ ସୁଖ, ଶାନ୍ତି। ଗାଁରେ ସଂସ୍କାର ଅଛି, ବଞ୍ଚିଛି ସଂସ୍କୃତି। ରଜ ପରବରେ 'ବନସ୍ତେ ଡାକିଲା ଗଜ', କୁଆଁର ପୁନେଇଁ 'ଫୁଲ ବଉଲବେଣୀ ଗୀତ', ଚଇତି ଘୋଡ଼ା ନାଚର 'କଳା ଚାରିଜାତି କହରେ ନାଗର, ଧଳା ଚାରିଜାତି କହ' - ଏମିତି ଜାତି ଜାତି ମହକ, ଗାଁ ଜୀବନକୁ ହସେଇ, ରସେଇ ମଜେଇ ଦିଏ। ଗାଁଟି ପାଲଟିଯାଏ ମାଧୁର୍ଯ୍ୟମୟୀ, ଶୋକ ପାସେରା ଅପ୍‌ସରା ଭୁବନ, ସ୍ୱର୍ଗଶିରି ବିମଣ୍ଡିତା ଆଭାମୟୀ ରୂପସୀଟିଏ। ସେଇ ଗାଁ କାହାର ମନ ବା କିଣି ନ ନେଇଛି ? ସହରୀ ବାବୁଟିଏ ହେବାକୁ କାହାରିକି ବାରଣ ନାହିଁ; ହେଲେ ବରଷେ ଛ'ମାସରେ ହେଉପଛେ, ଗାଁକୁ ଫେରନ୍ତୁ; ହଜିମଜି ଯାଆନ୍ତୁ ଶୈଶବର ସେଇ ଅଭୁଲା ଗାଁରେ। ପାଠୁଆ ହୁଅନ୍ତୁ ପଛେ 'ଉଡ଼ା ଚଢ଼େଇ', ସାତପୁରୁଷ ଭିଟାମାଟିରେ 'ପିଣ୍ଡାପାହାଚ'ଟେ ହେଇ ପଡ଼ିରହିବାରେ ଅଛି ଅପୂର୍ବ ଆନନ୍ଦ। ଏକଥା ବୁଝିଥିଲେ ଗାଁ ମାଷ୍ଟ୍ରେ ଚକ୍ରଧର ଦାସେ। ଗଲାବେଳେ ଗାଡ଼ି ମଟର, ଧନ ଦଉଲତ, କୋଠାବାଡ଼ି କେହି ସାଥିରେ ନଥିବେ, ଥିବ 'ଘରଡିହ'ର ମାଟିମୁଠାକ ଯାହା !

■

ଅଞ୍ଜନଗଡ଼ର ଇତିହାସ ଓ କାହାଣୀ

ମହାବଳୀ ସମୟ । ସବୁକୁ ଆପଣାର କରିନିଏ । ଗର୍ଭସ୍ଥ ହୋଇଯାଏ ଅହମିକା, ନଭଶ୍ଚୁମ୍ବୀ ପ୍ରାସାଦ, ଭବ୍ୟ ମନ୍ଦିର, ଜନବସତି । ଏଥି ସହ ପ୍ରଥା ପରମ୍ପରା । ମାତ୍ର କୀର୍ତ୍ତି ସଦା ଅମଳିନ । ଠିକ୍ ସେମିତି ଖ୍ୟାତି । କାଳ କପାଳରେ ଲେଖି ହେଇଯାଏ । ରହିଯାଏ ଚିର ଜାଜ୍ୱଲ୍ୟମାନ । ଅନୁରୂପ ଭାବରେ ଇତିହାସ । ତାହା ବି କଡ଼ ଲେଉଟାଏ । ନୂଆ ପୁରୁଣା ହେଇଯାଏ, ଠା ନିଏ କେତେ କେତେ ଘଟଣା । ତଥାପି ଇତିହାସ ପୃଷ୍ଠା ମଣ୍ଡନ କରିଥିବା ଘଟଣାମାନ । ଉତ୍ତର ପିଢ଼ିକୁ ମାର୍ଗ ଦେଖାଏ, ଦିଗ୍‌ଦର୍ଶନ ଦିଏ । ସୃଷ୍ଟିକରେ ଦେଶପ୍ରେମ । ଜାତୀୟତାବାଦର ଉଷ୍ମ ପ୍ରସବଣ, ସଞ୍ଚରିଯାଏ ଧମନୀ, ଧମନୀରେ । ଏମିତି ବହୁ ପ୍ରାଚୀନ କୀର୍ତ୍ତି । ସମୟର ପ୍ରବାହରେ ପାଲଟିଯାଏ ଅଖୋଜା, ଅଲୋଡ଼ା । ଆଜି ଯେମିତି ଅଞ୍ଜନଗଡ଼ । ଗଡ଼ର 'ବିଶାଖା ମହଲ' ଆଉ 'ଚନ୍ଦ୍ରମହଲ', କଳା ଭାସ୍କର୍ଯ୍ୟର ଅନୁପମ ନିଦର୍ଶନ । ସମୟ କ୍ରମେ ମ୍ଳାନ । ଅଞ୍ଜନଗଡ଼ର ଶୋଭା, ଶିରି, ସୁଷମା । ଏହାର ମୂକସାକ୍ଷୀ କେଇଟା ଥୁଣ୍ଟାଗଛ ଆଉ ଅଧାକଟା କାଠଗଣ୍ଡି । ସେଇ ଅଞ୍ଜନଗଡ଼କୁ ଭିତ୍ତିକରି ଗପଟିଏ- "ଗୋଟିଏ ଆତ୍ମହତ୍ୟାର କାହାଣୀ" । ସ୍ରଷ୍ଟା ମହାନ କଥାକାର ସୁରେନ୍ଦ୍ର ମହାନ୍ତି । ଏଇଟି ଏକ ଐତିହାସିକ ଗପ । ଅଞ୍ଜନଗଡ଼ର ଶେଷ ମହାରାଜା ରିପୁଦମନ ଦେବରାୟ । ତାଙ୍କରି କୃତି, କୃତିତ୍ୱ ଗପଟିର ଆତ୍ମକଥା ।

ଐତିହାସିକ ସାହିତ୍ୟ; ଗପ, କବିତା ଅବା ଉପନ୍ୟାସ । ଏସବୁରୁ ସଠିକ ଇତିହାସ ଆକଳନ । ଏକଥାଟି ଅସମ୍ଭବ । ତଥାପି ଇତିହାସ, ସାହିତ୍ୟ ଉଭୟ ଯମଜ ଭଗିନୀ । ଇତିହାସରେ ସାହିତ୍ୟ ଛୁଆଁ, ହୋଇଯାଏ ସୁଖପାଠ୍ୟ । ଇତିହାସର ଛାଞ୍ଚ, କଳ୍ପନା ବିଳାସର ପୁଟ । ଏଥିରୁ ସୃଷ୍ଟିହୁଏ ଐତିହାସିକ ସାହିତ୍ୟ । ଲୋକକଥା, କିମ୍ବଦନ୍ତୀ ଏଗୁଡ଼ିକ ମଧ୍ୟ ଇତିହାସର ଅଂଶୀଦାର । ଅନେକ ସମୟରେ ବିଗତ ଇତିହାସ ସଂରଚନା । ଏଥିପାଇଁ ଏଇସବୁ ଉପାଦାନ, ପାଲଟେ ଭିତ୍ତିଭୂମି, ଯେମିତି କୀର୍ତ୍ତି କିରିଟିନୀ କୋଣାର୍କର ଆତ୍ମକଥା ।

ବାଦ୍ ଦିଆଯାଇ ନ ପାରେ ଶିବେଇ ସାଆନ୍ତରା ଅବା ଧର୍ମପଦ କିମ୍ବଦନ୍ତୀକୁ। ଠିକ୍ ସେମିତି ଐତିହାସିକ ସାହିତ୍ୟ। ଏଥିରୁ ମିଳେ ଅନେକ ଐତିହାସିକ ତଥ୍ୟ। ଯେମିତି ଅଞ୍ଜନଗଡ଼ର କଥା, କାହାଣୀ।

ଅଞ୍ଜନଗଡ଼। ଭାରତର ଏକ ପ୍ରସିଦ୍ଧ, ସମୃଦ୍ଧ ଦେଶୀୟ ରାଜ୍ୟ। ଅତୀତ ଇତିହାସ। ବ୍ରିଟିଶ ଇତିହାସ ପ୍ରସିଦ୍ଧ କାବେରୀ-ପତ୍ତନ ଯୁଦ୍ଧ। ଅଧିକୃତ ହେଲା ଅଞ୍ଜନଗଡ଼। କାବେରୀ ପତ୍ତନରୁ ରାଜଧାନୀ ଉଠିଲା। ଅଞ୍ଜନଗଡ଼ ହେଲା ରାଜଧାନୀ। କାୟାବିସ୍ତାର କଲା ନୂତନ ଅଞ୍ଜନଗଡ଼। ମୁଣ୍ଡଟେକିଲା 'ଚନ୍ଦ୍ରମହଲ' ପ୍ରାସାଦ। ଏହାର ଅନୁପମ ନିର୍ମାଣଶୈଳୀ। ଅଷ୍ଟାଦଶ ଶତାବ୍ଦୀର ୟୁରୋପୀୟ କଳା ସ୍ଥାପତ୍ୟ। ତାହା ପ୍ରାସାଦଟିର ବିଶେଷତ୍ୱ। ପ୍ରାସାଦର ଗମ୍ବୁଜ ଥିଲା ସମ୍ପୂର୍ଣ୍ଣ ଭିନ୍ନ। ଏଥିରେ ଭାରତୀୟ ଶିଳ୍ପ ଭାସ୍କର୍ଯ୍ୟର ମନଜିଣା ରୂପଲାବଣ୍ୟ। ସେଇ ସମୟର କଥା। ଦେବରାୟ ମାନେ ଅଭିଷିକ୍ତ ଅଞ୍ଜନଗଡ଼ ରାଜସିଂହାସନରେ। ସେଇମାନଙ୍କର ତୁଷ୍ଟୀକରଣ, ସୃଷ୍ଟିହେଲା ଅଞ୍ଜନଗଡ଼ କାଣ୍ଟନମେଣ୍ଟ। ଗଡ଼ର ମହାରାଜା ପ୍ରଗତିଶୀଳ, ପ୍ରଜାନୁରଞ୍ଜକ। ତାଙ୍କରି ପୃଷ୍ଠପୋଷକତାରେ ଅଞ୍ଜନଗଡ଼ର କୀର୍ତ୍ତି। ସାହିତ୍ୟ, ସଂଗୀତ, ନୃତ୍ୟ, ବିଜ୍ଞାନ ଚର୍ଚ୍ଚା। ଏସବୁରେ ଗଡ଼ ପାଲଟିଲା ପ୍ରାଣକେନ୍ଦ୍ର। କ୍ରମେ ଗଡ଼ଟି ଶ୍ରୀହୀନ ହେବାକୁ ଆରମ୍ଭ କଲା। ତାହା ଏକ କରୁଣ ଇତିହାସ।

ଇତିହାସ ବଡ଼ ନିର୍ମମ, ନିଷ୍ଠୁର ବି। ରାଜା ମହାରାଜା, କ୍ଷମତା ଗଲା, ପ୍ରତିପତ୍ତି ମାଟିରେ ମିଶିଲା। ମଥାରୁ ମୁକୁଟ ଖସିଲା। ସରକାରଙ୍କ ହାତଟେକା ପ୍ରିଭିପର୍ସ (ରାଜା ମହାରାଜାଙ୍କ ହାତପାଣ୍ଠି)। ତା' ବି ଉଚ୍ଛେଦ ହେଲା। ରାଜତନ୍ତ୍ରର ଏହା ଏକ ବିକଳ ଇତିହାସ। ଏ ପ୍ରକାର ସ୍ଥିତି ସ୍ୱାଧୀନତା ପୂର୍ବେ ଆଉ ପରର କଥା। ଇତିହାସର ଏକ ରୋଚକ ଅଧ୍ୟାୟ। ଭାରତ ସ୍ୱାଧୀନତା ପାଇବା ସମୟ। ୫୬୦ଟି ପ୍ରିନ୍ସଲି ଷ୍ଟେଟ୍ସ ଭାରତରେ। ଇଣ୍ଡିଆନ ଇଣ୍ଡିପେଣ୍ଡେନ୍ସ୍ ଆକ୍ଟ ୧୯୪୭। ଏହାରି ବ୍ୟବସ୍ଥା। ସ୍ୱାଧୀନ ଏଇସବୁ ରାଜ୍ୟ, ସ୍ୱଇଚ୍ଛାରେ ମିଶିବେ - ଭାରତ ଅବା ପାକିସ୍ଥାନ ସହ। ଏକ ପୂର୍ଣ୍ଣାଙ୍ଗ ଭାରତ ଗଠନ। ଏଥିପାଇଁ ଏ ସବୁ ରାଜ୍ୟ ମିଶ୍ରଣ ଅପରିହାର୍ଯ୍ୟ। ସେଇ ରାଜ୍ୟଗୁଡ଼ିକ ସହ ବିଶେଷ ବିଶେଷ ଚୁକ୍ତି। ତନ୍ମଧ୍ୟରେ ପ୍ରିଭିପର୍ସ ବ୍ୟବସ୍ଥା ଗୁରୁତ୍ୱପୂର୍ଣ୍ଣ। ଭାରତୀୟ ସମ୍ବିଧାନର ୨୯୧ ଧାରା। ଏହାରି ଉପରେ ସିଦ୍ଧାନ୍ତଟି ଗୃହୀତ। ପ୍ରିନ୍ସଲି ଷ୍ଟେଟ୍‌ର ଭାରତରେ ମିଶ୍ରଣ, ଶାସକ ପାଇଲେ 'ହାତପାଣ୍ଠି'। ମୁଖ୍ୟ ଭୂମିକାରେ ସର୍ଦ୍ଦାର ପଟେଲଙ୍କ ସହ ଭି.ପି. ମେନନ୍। ସ୍ୱାଧୀନତାର ଅବ୍ୟବହିତ ପୂର୍ବର କଥା। ଭୋପାଳ, ଯୋଧପୁର, ତ୍ରାଭାଙ୍କୋର - ଏଇ ରାଜ୍ୟ ତିନୋଟି ଭାରତରେ ମିଶିଲେ। ପରବର୍ତ୍ତୀ ପର୍ଯ୍ୟାୟର କଥା। ସମସ୍ତ ରାଜା ହେଲେ ମୁକୁଟରହିତ (୧୯୪୯ ମସିହା)। ସମ୍ବିଧାନର ୨୬ତମ ସଂଶୋଧନ (୧୯୭୧)। ତତ୍‌କାଳୀନ ପ୍ରଧାନମନ୍ତ୍ରୀ ଇନ୍ଦିରା ଗାନ୍ଧୀ। ତାଙ୍କର ଏହା ଥିଲା

ଏକ ଐତିହାସିକ କଠୋର ପଦକ୍ଷେପ। ଗଣତାନ୍ତ୍ରିକ ବ୍ୟବସ୍ଥା। ପ୍ରତ୍ୟେକ ନାଗରିକ, ଆଇନ ଆଖିରେ ସମାନ। ସମ୍ବିଧାନ ସଂଶୋଧନ ପରକଥା। ରାଜା ମହାରାଜାଙ୍କ ହାତପାଣ୍ଠି ଉଚ୍ଛେଦ – ଏ ଦିଗରେ ଦୁଇବର୍ଷର ପ୍ରତିରୋଧ, ଆଇନ ଯୁଦ୍ଧ। ଶେଷରେ ନିରବତା। ଏଣିକି ରାଜା ମହାରାଜା ସାଧାରଣ ନାଗରିକ। ପ୍ରିଭିପର୍ସ ଉଚ୍ଛେଦ। ବାଦ୍ ପଡ଼ିନଥିଲେ ଅଞ୍ଜନଗଡ଼ର ରାଜା ରିପୁଦମନ। ରାଜା ମହାରାଜା ସିନା ହରାଇଲେ ରାଜ୍ୟ, ହାତପାଣ୍ଠି। ହେଲେ ଅତୁଟ ରାଜକୀୟ ମାନସିକତା। ଅନେକ ଶ୍ରଦ୍ଧାଶୀଳ, ଦୟାଳୁ। ରାଜ୍ୟର ଶହଶହ ବେତନଭୋଗୀ। ସେମାନଙ୍କୁ ରାତାରାତି ବିତାଡ଼ିବ କରିବା, ତାହା ସମ୍ଭବ ନଥିଲା। ମହାରାଜା ରିପୁଦମନ। ଏକ ସ୍ୱତନ୍ତ୍ର ବ୍ୟକ୍ତିତ୍ୱ। ମଣିଷ ପରି ମଣିଷ। ଆପଣାର ଭୂସମ୍ପତ୍ତି କ୍ରମେ ବିକ୍ରିହେଲା। ନିଅଣ୍ଟ ପରିମାଣ ନିୟନ୍ତ୍ରଣ ବାହାରେ। ଅକଥନୀୟ ମାନସିକ ଅବସାଦ। ରିପୁଦମନଙ୍କର ଶେଷ ସିଦ୍ଧାନ୍ତ। ଜୀବନ ତାଙ୍କ ପାଇଁ ଏବେ ଅଲୋଡ଼ା।

ଅଞ୍ଜନଗଡ଼। ରୂପର ପସରା। ପହିଲି ସକାଳ, ନହୁଲି କିରଣ। ପୁନଶ୍ଚ ବର୍ଷାଧୁଆ, ପ୍ରକୃତିର ଆଭା ବିଭା। ଚହଟି ଉଠେ ଗଡ଼ ରୂପଲାବଣ୍ୟ। ସହର ବାହାରେ ବିଶାଳ ମହଲ। କୁମାରୀ ପାହାଡ଼ ଛାତିରେ ଲମ୍ବାରାସ୍ତା। ଆଖି ଝଲସାଇ ଦିଏ 'ଚନ୍ଦ୍ରମହଲ'। କୁମାରୀ ପର୍ବତ ଶିଖର, ସଗର୍ବେ ଦଣ୍ଡାୟମାନ ମହାମାୟା ମନ୍ଦିର। ବର୍ଷ ସାରା ଟୁରିଷ୍ଟଙ୍କର ଭିଡ଼। ଦେବରାୟ ବଂଶର ଇଷ୍ଟଦେବୀ 'ମହାମାୟା'। ପ୍ରକୃତରେ ମନ୍ଦିରଟି ବହୁ ପ୍ରାଚୀନ। ଏପରିକି ଦେବରାୟଙ୍କର ରାଜତ୍ୱ ପୂର୍ବରୁ।

ଅଞ୍ଜନ ଗଡ଼ର ଶେଷରାଜା ରିପୁଦମନ। ତାଙ୍କର ଏକମାତ୍ର ପୁତ୍ର କୀର୍ତ୍ତିଚୂଡ଼। ଏବେ ତାଙ୍କର ପରିଚୟ ଭିନ୍ନ। ମହାରାଜା ନୁହନ୍ତି, ଫିଲ୍ମ ନିର୍ମାତା। ହିନ୍ଦୀ ଫିଲ୍ମ ପ୍ରଡ୍ୟୁସର। ସେଦିନ ଆଉ ଆଜି। ସତରେ! କେତେ ତଫାତ୍। କର୍ପୂର ଥିଲା, କନାବି। ଗଡ଼ର ମହକ କିଛି କମ୍ ନ ଥିଲା। ଏବେ ନା ଅଛି କର୍ପୂର ନା ଅଛି କନା। ରହିଛି ସ୍ମୃତିରୁ ଖିଏ ଯାହା।

କୁମାରୀ ପର୍ବତମାଳାର ଚଢ଼ାଣି। ରାସ୍ତାର ଦୁଇପାଖ। ଛାୟାଘନ ବୃକ୍ଷ ବିଥିକା ବେଷ୍ଟିତ 'ବିଶାଖା ମହଲ'। ପରିଦୃଶ୍ୟମାନ ଏହାର ଗମ୍ବୁଜ। ଗମ୍ବୁଜଟି ମାର୍ବଲରେ ନିର୍ମିତ। ରାସ୍ତାକଡ଼ରେ ଗୋଟିଏ ସୁଉଚ୍ଚ ପ୍ରାଚୀର, ଆରପଟେ ଏକ ବିରାଟ ପରିସର, ମହାରାଜାଙ୍କ ଗ୍ୟାରେଜ। ଏଥିରେ ଶହେ ଲିମୋସିନ୍। ତନ୍ମଧ୍ୟରେ ରୋଲ୍‌ସ ରୟସ୍ ଥିଲା ଦଶଟା। ତାହା ଏବେ ସୁଦର୍ଶନ ଟ୍ରାନ୍‌ସପୋର୍ଟ। ମହାରାଜା ବିକ୍ରିକଲେ ଗ୍ୟାରେଜଟିକୁ। ଏଠି ଶହଶହ ଟ୍ରକ୍, ଯାଏ ବମ୍ବେ, ଦିଲ୍ଲୀ, କଲିକତା। 'ବିଶାଖା ମହଲର ଗୋଲାପ ବାଗ୍', ଦିନେ ଥିଲା ଅଞ୍ଜନଗଡ଼ରେ ମସୁର୍। ଏବେ ନାହାନ୍ତି ମାଳିମାନେ। ଗୋଲାପ ବା କାହୁଁ ଆସିବ? ରାଜା ବିକିଦେଲେ। ପାଲେସ୍‌ଟିକୁ କିଣିଲେ ସରକାର। ମହଲଟି ଗଡ଼ର ଅନନ୍ୟ ଆକର୍ଷଣ। ବର୍ଷସାରା ଟୁରିଷ୍ଟମାନଙ୍କର ଭିଡ। ଫରେନରଙ୍କ ସଂଖ୍ୟା ଢେର୍ ଅଧିକ। ଧ୍ରୁପଦୀ ଶୈଳୀରେ

ନିର୍ମିତ ବିଶାଖା ମହଲ। ବାରଣ୍ଡାର ଗୋଲେଇ ସ୍ତମ୍ଭ ରୋମାନ୍ ସ୍ଥାପତ୍ୟର ସ୍ମାରକୀ। ମହଲ ତଳେ ରିସେପ୍ସନ, ପରେ କାଉଣ୍ଟର। ଏବେ ହୋଟେଲଟିଏ। ଗୋଟାଏ କୋରିନ୍ଥିଆନ ଗୋଲାକାର ସ୍ତମ୍ଭ। ପୃଷ୍ଠଦେଶରେ ଫଳକଟିଏ। ଟୁରିଜମ୍ ମନ୍ତ୍ରଣାଳୟର ମାନ୍ୟବର ମନ୍ତ୍ରୀ ଉଦ୍‌ଘାଟକ। ନାମ ତଳକୁ ତାରିଖ-ସାଲ। ବିଶାଖା ମହଲର ସିଢ଼ି। ତା'ର ଗଠନ ଶୈଳୀ ସ୍ୱତନ୍ତ୍ର। ନିର୍ମାତା ଜଣେ ଫ୍ରେଞ୍ଚ ଆର୍କିଟେକ୍ଟ। ଏଇ ସିଢ଼ି ଭେନିସ୍‌ରୁ ଆସିଛି। ଯୋଡ଼ାଯୋଡ଼ି ମାର୍ବଲ ନୁହେଁ, ସିଢ଼ି ବାଡ଼ରେ ଲତା, ଫୁଲ, ପତ୍ର। ସେଇ ଖଣ୍ଡିଏ ମାର୍ବଲରେ ଖୋଦିତ। ଆମେରିକାର ଦୁଇଜଣ ଟୁରିଷ୍ଟ। ମହାରାଜାଙ୍କୁ ପ୍ରସ୍ତାବଦେଲେ। ବ୍ୟକ୍ତିଗତ ବ୍ୟୟରେ କିଣିନେବାକୁ ଚାହିଁଲେ। ମହାରାଜାଙ୍କର ଉତ୍କଟ ଅର୍ଥାଭାବ। ଏହାସତ୍ତ୍ୱେ; ଫେରାଇଦେଲେ।

ବିଶାଖା ମହଲର ଦରବାର ହଲ୍। ସୁନେଲି କୋଟି କାମକରା ଛାତ। ତଳକୁ ଝୁଲୁଛି ଗୁଡ଼ାଏ ସାଣ୍ଡେଲିଅର। କାନ୍ଥରେ ମନଲୋଭା ବ୍ଲାକ୍ ଆଣ୍ଡ ହ୍ୱାଇଟ୍ ପେଣ୍ଟିଂ। ସେଗୁଡ଼ିକ ୧୮ଶ-୧୯ଶ ଶତାବ୍ଦୀର। ଜାଁ ପାଁସୋ ମିଲେଟଙ୍କର ପ୍ରସିଦ୍ଧ ଛବି 'ଦି ସେ ଅର'। ଆଉ ଛବିଟି ହୁଇସଲରଙ୍କର - ଏ ସବୁ ପ୍ରାସାଦଟିର ଶୋଭାକାରକ। ଅର୍ଥାଭାବ ଏହାର ମୁଖ୍ୟ କାରଣ। ସେଦିନ ସ୍ୱପ୍ନିଳ ବିଶାଖା ମହଲ, ଏବେ ତାହା ବିସ୍ମୃତ ଅତୀତ। ସବୁଠାରୁ ଗୁରୁତ୍ୱପୂର୍ଣ୍ଣ କଥାଟିଏ। ମହାରାଜା ଗୋଟିଏ ଦିନ ବି ଏଥିରେ ରହି ନ ଥିଲେ। ତାହା ଥିଲା ଗେଷ୍ଟ ହାଉସ୍। ଭାଇସ୍‌ରାୟ, ଇଂରେଜ ଲେଖକ, ସାମ୍ବାଦିକ-ସେମାନଙ୍କର ସ୍ୱଚ୍ଛ ରହଣି ଏଇ ପ୍ରାସାଦରେ। ଭବ୍ୟ ପ୍ରାସାଦ। ଗରିବର ଲୁହ, ଲହୁ, ଶୋଷଣ, ଲୁଣ୍ଠନର ଏଇ କାରୁକାର୍ଯ୍ୟମୟ ପ୍ରାସାଦ - ଏକଥାଟି ଭାବିବା ସ୍ୱାଭାବିକ। ମାତ୍ର ରିପୁଦମନ ଥିଲେ କଳାପ୍ରିୟ। ପ୍ରଜା ଶୋଷଣ ନୁହେଁ ପୋଷଣ - ଏଇ ଦୀକ୍ଷା ତାଙ୍କର। ଅତୀତ ପାଇଁ ଆମର ଶ୍ରଦ୍ଧା, ଶୈଶବ ପରି। କାରଣ ତାହା ଅଫେରା। ହୁଏତ ଥାଇପାରେ କିଛି ଲୁହ, ଲହୁର କଥା। ବର୍ତ୍ତମାନ ତାହା ସୌନ୍ଦର୍ଯ୍ୟ। ସରକାର ପ୍ରାସାଦଟି କିଣିଲେ, ଦେଢ଼କୋଟି ଟଙ୍କାରେ।

ରାଜାଙ୍କର ପ୍ରିଭିପର୍ସ ବାର୍ଷିକ ବାରଲକ୍ଷ ଟଙ୍କା; ସହସ୍ର କର୍ମଚାରୀଙ୍କ ଦରମା। ଏ ବାବଦକୁ ସମୁଦ୍ରକୁ ଶଙ୍ଖେ। ଏଣିକି ଭରସା ଭୂସମ୍ପତ୍ତି। ବିଶାଖା ମହଲ ବିକ୍ରି ପ୍ରସ୍ତାବ। ଯୁବରାଜ କଣ୍ଟା ସାଜିଲେ। କୋର୍ଟର ଆଶ୍ରୟ ନେଲେ। ଅବଶ୍ୟ ତାହା ମହାରାଜାଙ୍କ ବ୍ୟକ୍ତିଗତ ସମ୍ପତ୍ତି। ଆଇନ ରିପୁଦମନଙ୍କ ସପକ୍ଷରେ। କେତୋଟି କଫି ପ୍ଲାଣ୍ଟେସନ। ବିକ୍ରି ଉପରେ କୋର୍ଟଙ୍କର ରହିତାଦେଶ। ରାତି ପାହିବ, ପିତା ପୁତ୍ରଙ୍କ ହେବ କୋର୍ଟରେ ଜବାବ ସୁଆଲ। ମାତ୍ର ସେଇ ରାତିଥିଲା ମହାରାଜାଙ୍କ ଶେଷରାତି। ଅତ୍ୟଧିକ ନିଦବଟିକା ସେବନ। ରିପୁଦମନଙ୍କର ମହାପ୍ରୟାଣର କାରଣ।

ନିସ୍ତବ୍ଧ ସକାଳ। ଗଭର୍ଣ୍ଣର, ମୁଖ୍ୟମନ୍ତ୍ରୀ, ବଡ଼ ବଡ଼ ସରକାରୀ ଅଫିସର।

ଚନ୍ଦ୍ରମହଲ ପାଲେସରେ ଢେର୍ ଆଲୋଚନା । ସରକାରଙ୍କ ନିର୍ଦ୍ଦେଶ ପୋଷ୍ଟମର୍ଟମ୍ ନୁହେଁ, ଶବ ସତ୍କାର । ହୋଇପାରେ ହାର୍ଟଆଟାକ୍ । ଶେଷରେ ଏକ ମହାନାଟକର ଯବନିକା । ନାହାନ୍ତି ମହାରାଜା ରିପୁଦମନ, ଅଛି କୁମାରୀ ପର୍ବତମାଳା । ତା' ସହିତ ମହାମାୟାଙ୍କ ମନ୍ଦିର । ଫିକାଫିକା ପାର୍ସିନେଲ ଆକାଶ । ଢେଉ ଢେଉକା, ଲୀଳାୟିତ କୁମାରୀ ପର୍ବତ - ମାଳାର ବିସ୍ତାର । ବିଶାଖା ମହଲ, ଚନ୍ଦ୍ରମହଲ ପ୍ୟାଲେସ ସବୁଠି ରିପୁଦମନଙ୍କର ସ୍ମୃତି । ପରିବର୍ତ୍ତନଶୀଳ କାଳର ଘୂର୍ଣ୍ଣି । ତା'ରି ଭିତରେ ଅପରିବର୍ତ୍ତନୀୟ ଶିଳାଖଣ୍ଡ । ତା'ରି ସଦୃଶ ମହାରାଜା ରିପୁଦମନ । ତାହା ଅକ୍ଷତ ରହନ୍ତା ବା କେମିତି ? ସେଦିନର ଅଞ୍ଜନଗଡ଼, ବର୍ଣ୍ଣାଢ୍ୟ ଇତିହାସ । ଏବେ କିମ୍ବଦନ୍ତୀ ମୁହାଁ । ସବୁ ସେଇ କାଳ, ମହାକାଳର ଖେଳ ।

■

ବିଶାଳ ଉତ୍କଳ : କାବେରୀରୁ ଗଙ୍ଗା

ଇତିହାସ କଡ଼ ଲେଉଟାଏ। ଉତ୍‌ଥାନ ପତନର କଥା କହେ। କେତେ କେତେ ଦିଗ୍‌ବିଜୟ, ରାଜ୍ୟଜୟର ରୋମାଞ୍ଚକର ଘଟଣା; ପୁନଶ୍ଚ ଲୁଣ୍ଠନ, ଅରାଜକତା, ବାହ୍ୟଶତ୍ରୁ ଆକ୍ରମଣ, ଅପଶାସନ ଆଦି ନାନାଦି କଥା ବ୍ୟଥା - ସବୁକୁ ନେଇ ଇତିହାସ ଗତିଶୀଳ। ଅତୀତ କଳିଙ୍ଗ/ଉତ୍କଳ/ଓଡ଼ିଶାର ବର୍ଣ୍ଣାଢ଼୍ୟ ଇତିହାସ ଅତୀବ ଗୌରବୋଜ୍ଜ୍ୱଳ। ଅନୁରୂପ ଭାବେ ସାମ୍ରାଜ୍ୟବାଦୀ ଗଙ୍ଗ ରାଜତ୍ୱ। ଗଙ୍ଗମାନେ ଉତ୍କଳ ଅଧିକାର କଲେ। ତା' ପୂର୍ବରୁ ସେମାନେ କେବଳ କଳିଙ୍ଗରେ ରାଜତ୍ୱ କରୁଥିଲେ। ସେମାନଙ୍କର ପୂର୍ବ ପୁରୁଷ ପ୍ରାଚ୍ୟ ଗଙ୍ଗ। ଦଶମ ଶତାବ୍ଦୀ। ପଞ୍ଚମ ବ୍ରଜହସ୍ତ ଗଙ୍ଗଙ୍କ ରାଜତ୍ୱ, କଳିଙ୍ଗ ସୀମା ପରିବର୍ଦ୍ଧିତ ହେଲା। କଳିଙ୍ଗ ହେଲା ସାମ୍ରାଜ୍ୟ, ଏଥିପାଁ ପରବର୍ତ୍ତୀ ଗଙ୍ଗମାନେ ସାମ୍ରାଜ୍ୟବାଦୀ ଗଙ୍ଗ ଆଖ୍ୟା ପାଇଲେ। ସେମାନଙ୍କର ଶାସନରେ ଓଡ଼ିଶାର ଭାଗ୍ୟ ବଦଳିଲା। ରାଜନୀତି, କଳା, ସାହିତ୍ୟ, ସଂସ୍କୃତି, ଅର୍ଥନୀତି - ସବୁ କ୍ଷେତ୍ରରେ ଅଗ୍ରଗତି। ଏକ ନବ ଯୁଗର ବାର୍ତ୍ତା ଦେଲା ସାମ୍ରାଜ୍ୟବାଦୀ ଗଙ୍ଗ ରାଜତ୍ୱ। ଓଡ଼ିଶା ଇତିହାସରେ ଏହି ଯୁଗ ସୁବର୍ଣ୍ଣଯୁଗ। ଗଙ୍ଗବଂଶର ଶେଷ ରାଜା ଚତୁର୍ଥ ଭାନୁଦେବ। ତାଙ୍କୁ ନେଇ କିମ୍ବଦନ୍ତୀଟେ। ସେ କୁଆଡ଼େ ମାନସିକ ବିକାରଗ୍ରସ୍ତ। ସେଇଥିପାଇଁ ତାଙ୍କ ନାମ ମତ୍ତଭାନୁ। ତାଙ୍କ ରାଜତ୍ୱ କାଳରେ ବିଶୃଙ୍ଖଳିତ ଓଡ଼ିଶା। ଜୈନପୁରର ସାରକି ସୁଲତାନମାନେ। ଉତ୍ତର ଦିଗରୁ ସେମାନଙ୍କର ବାରମ୍ବାର ଆକ୍ରମଣ। ଦକ୍ଷିଣରେ ରେଡ୍‌ଡ଼ୀଙ୍କ ସହିତ ଯୁଦ୍ଧରତ ଭାନୁଦେବ। ତାଙ୍କର ପରାକ୍ରମୀ ମନ୍ତ୍ରୀ କପିଳେଶ୍ୱର ରାଉତରାୟ। ରାଜାଙ୍କ ଅନୁପସ୍ଥିତି, କପିଳେଶ୍ୱର ସିଂହାସନ ଦଖଲ କଲେ। ଆରମ୍ଭ ହେଲା ଓଡ଼ିଶାରେ ସୂର୍ଯ୍ୟବଂଶୀ ଗଜପତି ଶାସନ। କପିଳେଶ୍ୱର ହେଲେ ଗଜପତି କପିଳେନ୍ଦ୍ର ଦେବ।

ପ୍ରାଚୀନ ଓଡ଼ିଶାର ପୂର୍ଣ୍ଣତାର ଇତିହାସ। ଅୟମାରମ୍ଭ ସୂର୍ଯ୍ୟବଂଶୀ ରାଜତ୍ୱ କାଳରେ (ଖ୍ରୀ. ୧୪୩୫-୧୫୩୩)। ୧୪୩୫ ଖ୍ରୀ.ଅ., ଜୁନ୍ ମାସ ୨୯ ତାରିଖ।

କପିଳେନ୍ଦ୍ରଦେବଙ୍କ ସିଂହାସନ ଆରୋହଣ। ତ୍ରେତାଯୁଗରେ ରାମାୟଣ ବର୍ଣ୍ଣିତ ଅଯୋଧ୍ୟା। ରାଜା ରାମଚନ୍ଦ୍ର ସୂର୍ଯ୍ୟବଂଶୀ। କପିଳେନ୍ଦ୍ରଦେବ ସେମାନଙ୍କ ବଂଶଜ। ଏ କଥାଟି ସେ ଘୋଷଣା କଲେ। 'ଗଜପତି' ତାଙ୍କର ବିରୁଦ ଥିଲା। ପରବର୍ତ୍ତୀ ରାଜାମାନେ ଗଜପତି ଭାବେ ପରିଚିତ। ସେମାନଙ୍କର ସାମରିକ ଶକ୍ତି ପର୍ଯ୍ୟବସିତ ଏକ ବିରାଟ ଗଜବାହିନୀ ଉପରେ। ପ୍ରାଚୀନ କାଳରେ ଓଡ଼ିଶାରେ ଥିଲେ ବିରାଟକାୟ ହାତୀମାନେ। କାଳିଦାସଙ୍କ 'ରଘୁବଂଶ'ରେ ଏହା ଲିଖିତ। ଶୋଭାଯାତ୍ରା, ଧର୍ମୋତ୍ସବରେ ହାତୀମାନଙ୍କ ପ୍ରଦର୍ଶନ, ତତ୍ ସହିତ ଯୁଦ୍ଧରେ ସେମାନଙ୍କର ନିୟୋଜନ। ସମ୍ରାଟ ଖାରବେଳଙ୍କ ଠାରୁ ଆରମ୍ଭ କରି, ସୂର୍ଯ୍ୟବଂଶୀ ଗଜପତି ରାଜତ୍ୱ ଯାଏ। ଗଜ ବାହିନୀ ରାଜାଙ୍କ ମୁଖ୍ୟ ସାମରିକ ବଳ। ସେଇଥି ପାଇଁ କପିଳେନ୍ଦ୍ର ଗଜପତି ବିରୁଦ - ଏହା ଯଥାର୍ଥ।

ସୂର୍ଯ୍ୟବଂଶୀ ରାଜା ତିନିଜଣ - (୧) କପିଳେନ୍ଦ୍ରଦେବ, (୨) ପୁରୁଷୋତ୍ତମ ଦେବ, (୩) ପ୍ରତାପରୁଦ୍ର ଦେବ। ଏମାନଙ୍କର ରାଜତ୍ୱ ପାଖାପାଖି ଶହେବର୍ଷ। ସୂର୍ଯ୍ୟବଂଶୀ ରାଜତ୍ୱକାଳର ରାଜନୀତି ଘନଘଟା ପୂର୍ଣ୍ଣ। ଗଜପତିଙ୍କ ସାମ୍ରାଜ୍ୟ ବିସ୍ତାର କ୍ରମେ ହ୍ରାସ ପାଇଲା। ମନ୍ଦିର ନିର୍ମାଣ ପରମ୍ପରା ବନ୍ଦ ହେଲା। ଆର୍ଥିକ ସ୍ଥିତି ଦୁର୍ବଳ ରହିଲା। ଏହାସତ୍ତ୍ୱେ; କପିଳେନ୍ଦ୍ରଦେବଙ୍କ ସୁଶାସନ ଘଟଣା ବହୁଳ। ବଙ୍ଗଳାର ନବାବ, ରାଜମହେନ୍ଦ୍ରୀର ରେଡ୍ଡ଼ୀମାନେ - ଏମାନେ ରାଜାଙ୍କର ପରମ ଶତ୍ରୁ। ଏଥି ସହିତ ରାଜ୍ୟ ମଧ୍ୟରେ ଅନେକ ଶତ୍ରୁ। ଏମାନଙ୍କୁ ଦମନ କରିବା ଥିଲା କପିଳେନ୍ଦ୍ରଦେବଙ୍କ ପ୍ରାଥମିକତା। ବିଶୃଙ୍ଖଳାକାରୀଙ୍କ ପାଇଁ କଠୋର ଶାସ୍ତି। ତାହା ଘୋଷିତ ହୁଏ ସ୍ୱୟଂ ଜଗନ୍ନାଥଙ୍କ ସମ୍ମୁଖରେ। ବିଜୟନଗର, ବାହମନୀ, ମାଲୱାର ରାଜାଙ୍କର ପ୍ରକାଶ୍ୟ ଶତ୍ରୁତା। ସେମାନଙ୍କ ଦମନ ଏକାନ୍ତ ଲୋଡ଼ା। ସେଇଥିପାଇଁ ନିଯୁକ୍ତ କଲେ ତାଙ୍କର ବିଶ୍ୱସ୍ତ ମନ୍ତ୍ରୀ ଗୋପୀନାଥ ମହାପାତ୍ରଙ୍କୁ। କନୌଜ ନବାବ ଅହମ୍ମଦଶାହା। ଗୋପୀନାଥ ତାଙ୍କୁ ଯୁଦ୍ଧରେ ପରାସ୍ତ କଲେ। ଦକ୍ଷିଣ ଦିଗର ବିଦ୍ରୋହ ଦମନ। ସ୍ୱୟଂ କପିଳେନ୍ଦ୍ରଦେବ ଏହାର ଦାୟିତ୍ୱ ନେଲେ। ଖିମିଡ଼ିର ଗଙ୍ଗ, ନନ୍ଦପୁରର ଶୀଳାବଂଶୀ, ଓଡ଼ାଡ଼ୀର ମତ୍ସ୍ୟବଂଶୀ, ପଞ୍ଚଧାରାର ବିଷ୍ଣୁକୁଣ୍ଡୀନ ଚକ୍ରବର୍ତ୍ତୀ - ଏମାନଙ୍କୁ ପରାସ୍ତ କଲେ କପିଳେନ୍ଦ୍ରଦେବ। ଓଡ଼ିଶାର ରାଜ୍ୟଶାସନ ଶୃଙ୍ଖଳିତ ହେଲା (୧୪୪୩)। ରାଜ୍ୟର ଦକ୍ଷିଣ ସୀମା ବିଜୟନଗର ଯାଏ ନିରାପଦ ରହିଲା। କପିଳେନ୍ଦ୍ରଙ୍କ ସେନାବାହିନୀ କୋଣ୍ଡାଭିଡୁ ଅଧିକାର କଲା (୧୪୫୧)। ଉଦୟଗିରି ବି ଅଧିକୃତ ହେଲା (ଖ୍ରୀ.ଅ. ୧୪୬୦)। ଦକ୍ଷିଣର ବାହାମନୀ ରାଜ୍ୟ ବଶ୍ୟତା ସ୍ୱୀକାର କଲା, ଉତ୍ତର ସୀମାନ୍ତରେ ଶାନ୍ତି ସ୍ଥାପିତ ହେଲା। ବାହମନୀ ଅଧିକାର କାଳରେ ହାପୁର, ବିଦର ଆଦି ରାଜ୍ୟ ଅଧିକୃତ ହେଲା। କପିଳେନ୍ଦ୍ର ଦେବଙ୍କ ସ୍ଥିତି କ୍ରମେ ଦୃଢ଼ୀଭୂତ ହେଲା। କପିଳେନ୍ଦ୍ର ଥିଲେ ଅଭିଜ୍ଞ, ରାଜ୍ୟ ସୁରକ୍ଷା ପାଇଁ ଆବଶ୍ୟକ ଏକ ସୁଦୃଢ଼

ସାମରିକ ବାହିନୀ। ଏଥିରେ ସେ ହେଳା କରି ନ ଥିଲେ। ଗଜପତି, ଗୌଡ଼େଶ୍ୱର, ନବକୋଟି କର୍ଣ୍ଣାଟ କଳବର୍ଗେଶ୍ୱର ଆଦି ଉପାଧି। କପିଳେନ୍ଦ୍ରଦେବଙ୍କ ପାଇଁ ସେସବୁ ଯଥାର୍ଥ। କପିଳେନ୍ଦ୍ରଦେବ ଜଗନ୍ନାଥଙ୍କ ମହାନ ଭକ୍ତ। ମନ୍ଦିର ସୁପରିଚାଳନା ପାଇଁ ବିପୁଳ ସମ୍ପତ୍ତି ଦାନ କଲେ। ଗୁଣୀ, ବିଦ୍ୱାନ ବ୍ରାହ୍ମଣମାନଙ୍କୁ ନିଯୁକ୍ତି ଦେଲେ। ସେମାନଙ୍କ ପାଇଁ ଭୂସମ୍ପତ୍ତି ଖଞ୍ଜାକଲେ। ଓଡ଼ିଆ ଭାଷା ସାହିତ୍ୟର ପ୍ରୋତ୍ସାହନ। ଏ ଦିଗରେ ସେ ବିଶେଷ ଯତ୍ନଶୀଳ ହେଲେ। ଓଡ଼ିଆ ଭାଷାକୁ ସରକାରୀ ସ୍ୱୀକୃତି ମିଳିଲା। ତାଙ୍କରି ସମସାମୟିକ ଶୂଦ୍ରମୁନି ସାରଳା ଦାସ, ପ୍ରାକୃତ ଭାଷାରେ ଲେଖିଲେ 'ମହାଭାରତ'। କପିଳେନ୍ଦ୍ରଦେବ ଜଣେ ସୁଶାସକ। ତାଙ୍କ ସମୟରେ ଓଡ଼ିଶାର ସାମାଜିକ, ସାଂସ୍କୃତିକ ମହନୀୟତା ପ୍ରକାଶ ପାଇଲା। ସେ 'କପିଳାବ୍ଦ' ଆରମ୍ଭ କଲେ। ଉତ୍ତରରେ ଗଙ୍ଗାଠାରୁ ଦକ୍ଷିଣରେ ଗୋଦାବରୀ କାବେରୀ। କପିଳେନ୍ଦ୍ରଦେବଙ୍କ ଏକ ବିଶାଳ ସାମ୍ରାଜ୍ୟ। ସମଗ୍ର ପୂର୍ବ ଉପକୂଳବର୍ତ୍ତୀ ରାଜ୍ୟ ତାଙ୍କ ସାମ୍ରାଜ୍ୟ ଅନ୍ତର୍ଭୁକ୍ତ। ଜୀବନର ସାୟାହ୍ନ। ସମଗ୍ର ରାଜ୍ୟ ଭ୍ରମଣ ଗଜପତିଙ୍କ ଶେଷ ଇଚ୍ଛା। ଯାତ୍ରା ପଥରେ ହେଲେ ଅଗ୍ରସର। କୃଷ୍ଣା ନଦୀ କୂଳରେ ଶିବିର। ଅସୁସ୍ଥ କପିଳେନ୍ଦ୍ରଦେବ, ପାଖରେ ପ୍ରଧାନ ଅମାତ୍ୟ ଗୋପୀନାଥ। ସେଦିନ କୃଷ୍ଣା ଦେଖିଲା ଯଶସ୍ୱୀ ରାଜାଙ୍କର ଶେଷଯାତ୍ରା (୧୪୬୮)। ସେଇ ଘଟଣାକୁ ନେଇ ସୁରେନ୍ଦ୍ର ମହାନ୍ତିଙ୍କ ଗପ 'କାବେରୀରୁ ଗଙ୍ଗା'। ଇତିହାସର ଉତ୍ସାହ, କିମ୍ବଦନ୍ତୀର ଅବତାରଣା - ଉଭୟର ସମନ୍ୱୟ। ଗପଟି ହୋଇଯାଇଛି ମର୍ମସ୍ପର୍ଶୀ।

କପିଳେନ୍ଦ୍ର ଦେବଙ୍କୁ ନେଇ ନାନାଦି ଉଦ୍ଭଟ ଚିନ୍ତା, ବିଚିତ୍ର କିମ୍ବଦନ୍ତୀ। ଶ୍ରୀମନ୍ଦିରର ଏକ ଗୁରୁତ୍ୱପୂର୍ଣ୍ଣ ଇତିହାସ ଭିତ୍ତିକ ନଥି ମାଦଳାପାଞ୍ଜି। ଏଥିରେ ଶ୍ରୀଜଗନ୍ନାଥ, ଜଗନ୍ନାଥ ମନ୍ଦିର ସମ୍ପର୍କିତ ବହୁ ତଥ୍ୟ ସ୍ଥାନିତ। ଏହାର ଐତିହାସିକ ମୂଲ୍ୟ ମଧ୍ୟ ଗୁରୁତ୍ୱପୂର୍ଣ୍ଣ। ଅନେକତ୍ର ଏଥିରେ ଅତିରଞ୍ଜନ, କପୋଳକଳ୍ପିତ, ବିଭ୍ରାନ୍ତିକର ତଥ୍ୟ ମଧ୍ୟ ସ୍ଥାନିତ। କପିଳେନ୍ଦ୍ରଦେବଙ୍କ ବାଲ୍ୟଜୀବନ କଥା। ସେ ଜଣେ ଚତୁର ଗୋପାଳକ ଆଉ ସୁବିଧାବାଦୀ। ଏଇ କଥାଟି କହେ ମାଦଳାପାଞ୍ଜି। ତାଙ୍କ ପାରିବାରିକ ଅମର୍ଯ୍ୟାଦା ମଧ୍ୟ ପାଞ୍ଜିରେ କରାଯାଇଛି। ଅପର ପକ୍ଷରେ ବାସୁଦେବ ରଥଙ୍କ 'ଗଙ୍ଗବଂଶ ଚରିତମ୍'। କପିଳେନ୍ଦ୍ର ଦେବ ସମ୍ଭ୍ରାନ୍ତ ବଂଶଜ, ଏକଥାଟି ଲେଖକ ରଥେ ଉଲ୍ଲେଖ କରିଛନ୍ତି। କପିଳେନ୍ଦ୍ରଦେବଙ୍କ ନାମ କପିଳେଶ୍ୱର ରାଉତରାୟ। ଗଙ୍ଗବଂଶର ଶେଷରାଜାଙ୍କର ସେ ମନ୍ତ୍ରୀ। ନିଜ କ୍ଷମତା ବଳରେ ସିଂହାସନ ଅଧିକାର କଲେ। ସେ କାହାର ଦୟାର ପାତ୍ର ନଥିଲେ। ଏହା ଇତିହାସ ସିଦ୍ଧ। ମାତ୍ର କିମ୍ବଦନ୍ତୀ ଭିନ୍ନ। ଗାଳ୍ପିକ ସୁରେନ୍ଦ୍ର ମହାନ୍ତି। ସୁନ୍ଦର ଭାବେ ବର୍ଣ୍ଣନା କରିଛନ୍ତି କିମ୍ବଦନ୍ତୀ ପ୍ରସଙ୍ଗଟିକୁ।

ଶ୍ରୀମନ୍ଦିର ବେଢ଼ା ଭିତରେ ବିମଳାଙ୍କ ମନ୍ଦିର। ସକାଳୁ ରାତ୍ରି ପହଡ଼ ଯାଏ।

ଜଣେ ଲୋକ ବସିଥିବାର ଦେଖାଯାଏ। କେବେ ମୁହଁ ତଳକୁ ତ ଆଉ କେତେବେଳେ ସୁଦର୍ଶନ ଚକ୍ର ଲାଞ୍ଛିତ ପତିତପାବନ ଆଡ଼େ। ଲୋକଟି ହୃଷ୍ଟପୁଷ୍ଟ, ସବଳକାୟ। ମୁଣ୍ଡରେ ବାବୁରୀ ବାଳ, ଲମ୍ବିଛି କାନ୍ଧଯାଏ। ସଦା ନିରବ। କେହି କେହି ଯାତ୍ରୀ ଦୟା କରନ୍ତି। ସେମାନଙ୍କ ପ୍ରଦତ୍ତ ଚିଜ, ଲୋକଟି ତାଙ୍କରି ମୁହଁକୁ ଫିଙ୍ଗିଦିଏ। ଲୋକଟି ମାନସିକରେ ବସିବା ପରି ପ୍ରତୀୟମାନ ହୁଏନି। କେହି କେହି ତାଙ୍କୁ କହନ୍ତି ପାଗଳଟାଏ। କିନ୍ତୁ ତା'ର ପାଗଳାମି କେହି ଦେଖିନାହାଁନ୍ତି। ସଦା ହସ ହସ ମୁହଁ। ଆଖି ଦୁଇଟି ବୁଦ୍ଧିଦୀପ୍ତ। ଅଭାବ କ'ଣ ଜାଣେନି। ବିମଳାଙ୍କ ପାହାଚ ତଳେ ପଡ଼ିଥାଏ ମହାପ୍ରସାଦ। ସେୟାକୁ ଖୁଣ୍ଟି ଖାଏ। କାହାରିକି ମୁହଁଖୋଲି କିଛି କହେନାହିଁ। ଦିନେ ଜଣା ପଡ଼ିଲା। ଲୋକଟିର ନାଁ କପିଳା। ଗାଁ ଖୋର୍ଦ୍ଧାର ହଳଦିଆପାଟଣା। ମା' ବାପ ଛେଉଣ୍ଡ। ଗାଁରେ ଗୋରୁ ଜଗେ। କିଏ କହିଲା ଚୋରି କରେ, ଗାଁରୁ ପୁରୀ ପଳେଇ ଆସିଚି। ତା' ନାଁ କପିଳ ରାଉତ। ମାତ୍ର ସେ ଚୋର ନୁହେଁ, ଭିକ୍ଷୁକ ନୁହେଁ, ପାଗଳ ନୁହେଁ, ଲାଉ କଖାରୁ ଚୋର ନୁହେଁ। ବେଳବେଳେ ଏମିତି କଥା କହେ। ଶୁଣିବା ଲୋକ ତାଟଙ୍ଗା, ତା' ଆଖିରୁ ଅନ୍ଧପୁଟୁଳି ଖୋଲିଯାଏ। ଦିନେ ଗଙ୍ଗବଂଶର ରାଜା ମତ୍ତଭାନୁଙ୍କ କଥା ଉଠିଲା। ସେ ଖାଲି ମତ୍ତଭାନୁ ନ ଥିଲେ, ମଧୁପଭାନୁ, ନିଃଶଙ୍କ ଭାନୁ। ସବୁବେଳେ ଉଆସ ଭିତରେ ମାହାରୀ ନାଚ, ରାଜା ମଶଗୁଲ। ଗୌଡ଼ରୁ ଆମଦାନୀ ହେଉଥିଲା ପାରସ୍ୟ ଦେଶର ସୁରା। ପାନ କରି ମତ୍ତଭାନୁ ନିଶାରେ ଚୁର। ଏଥି ସହିତ ନାନାଦି ବଦାଭ୍ୟାସ। ପଶା, ଗଞ୍ଜପା ଖେଳ, ତେଣେ ରାଜ୍ୟ ସୁରକ୍ଷା ପ୍ରତି ଘୋର ବିପଦ। ଉତ୍ତର ଆଡୁ ମୁସଲମାନମାନେ, ଦକ୍ଷିଣ ଆଡୁ ରେଡ୍‌ଡ଼ୀମାନେ, ଉତ୍କଳ ଉପରେ ସେମାନଙ୍କର ବାରମ୍ବାର ଆକ୍ରମଣ। ସେଥି ପ୍ରତି ମତ୍ତଭାନୁଙ୍କର ଚିନ୍ତା ନାହିଁ, ପୂରା ନିଦକ। ଉତ୍କଳର ଦୁର୍ଦ୍ଧର୍ଷ ପାଇକମାନେ। ସେମାନେ ରାଜ୍ୟକୁ ସୁରକ୍ଷା ଦେଉଥିଲେ। ମତ୍ତଭାନୁ ଅପୁତ୍ରକ। ଅତ୍ୟଧିକ ଇନ୍ଦ୍ରିୟାସକ୍ତି, ସେଇଥି ପାଇଁ ଅକାଳ ବାର୍ଦ୍ଧକ୍ୟ ପୀଡ଼ିତ। ଗଜପତିଙ୍କ ସିଂହାସନ ସଂକଟରେ। ଅମାତ୍ୟ, ସେନାପତିମାନେ ଚିନ୍ତିତ। ମାଳବର ସୁଲତାନ ହୁଶାଙ୍ଗ ଘୋରୀ, ଉତ୍କଳ ଆକ୍ରମଣ କଲେ। ତାଙ୍କର ପ୍ରାଣେ ଭୟ ପାଇକମାନଙ୍କୁ। ମତ୍ତଭାନୁ ତାଙ୍କୁ କିଛି ଉତ୍କୋଚ ଦେଲେ। ହୁଶାଙ୍ଗ ବାହୁଡ଼ିଲେ। ଚାଟୁକାରମାନେ ପ୍ରଚାରରେ ଲାଗିଗଲେ। ମତ୍ତଭାନୁ ଯୁଦ୍ଧକରି ପରାସ୍ତ କରିଛନ୍ତି ହୁଶାଙ୍ଗଙ୍କୁ -ଏଇ କଥାଟି ନଗ୍ରଜନେ କୁହାକୁହି। ମାତ୍ର ସତ୍ୟ ଥିଲା ଭିନ୍ନ।

କପିଳ ରାଉତ କାନରେ ଏକଥାଟି ପଡ଼ିଲା। ରୋକଠୋକ କହିଦେଲା - ପୋଷାପୁଅ ଗୁଞ୍ଜାରୁଆ। ଏ କି କାମରେ ଆସେ ? ଗଙ୍ଗମାନେ ଦକ୍ଷିଣରୁ ଆସି ରାଜୁତି କରୁଛନ୍ତି। ସେମାନେ କି ଏ ମାଟିର ପୁଅ ? ଦେଶ ଗଲେ କେତେ, ରହିଲେ କେତେ, ତାଙ୍କର ନିଘା ନାହିଁ। ଯଦି ଜଗନ୍ନାଥ ଇଚ୍ଛା କରିବେ, ଏ ମାଟିର ପୁଅ ଦିନେ ନିଦରୁ

ଉଠିବ, ସେ ଦିନ ସାରା ଭାରତ ଖଣ୍ଡରେ ଚହଳ ପଡ଼ିବ। ଏ ଥିଲା କପିଳଙ୍କର ରୋକ ଠୋକ କଥା। ତେଣେ ଗଜପତିଙ୍କ ନଅର ଉତ୍ସବ ମୁଖର। ଉତ୍କଳବାସୀ ଆଶ୍ୱସ୍ତ। ହୁଶାଙ୍ଗ ଘୋରୀ ପରାସ୍ତ। ସନ୍ଧ୍ୟାଧୂପ ସମାପ୍ତ। ଚାରିଆଡୁ ପ୍ରଶଂସାର ସୁଅ ଛୁଟିଛି, ହର୍ଷ, ଉଲ୍ଲାସ, ଆନନ୍ଦ। ସମସ୍ତେ ଗଜପତିଙ୍କ ନଅର ଆଡ଼େ ମୁହାଁଇଛନ୍ତି। କିଏ ଜଣେ ଏ ଖବରଟି ଦେଲା କପିଳଙ୍କୁ। ଗଜପତି ମତ୍ତଭାନୁ ମେଲ୍‌ଛା ହୁଶାଙ୍ଗଙ୍କୁ ହରାଇଛନ୍ତି। ସେଇଥିପାଇଁ ଉତ୍ସବ। କପିଳ ହସିବାକୁ ଆରମ୍ଭ କଲେ। ଗଜପତି ନୁହନ୍ତି ମତ୍ତଭାନୁ 'ଗଧପତି'। ଗଜପତି ହୁଶାଙ୍ଗ ଘୋରୀଙ୍କୁ ହାତୀ ଦେଲେ, ନିଜେ ଏବେ ଗଧପତି। ଶହ ଶହ ସ୍ତାବକ, ତୋଷାମଦକାରୀଙ୍କ ମଧ୍ୟରେ ଗଜପତି। ସଭିଙ୍କ ମୁହଁରେ ଜୟ ଜୟକାର। ମତ୍ତଭାନୁ ଉତ୍‌ଫୁଲ୍ଲିତ। ଭାରତ ଖଣ୍ଡରେ ସେ ସବୁଠୁଁ କ୍ଷମତାଶାଳୀ। ତାଙ୍କ ସମ ଆଉ କେହି ନାହାନ୍ତି। ଅହମିକାରେ ଛାତି ତାଙ୍କର କୁଣ୍ଢେମୋଟ। ଗଜପତିଙ୍କ ଠାରୁ କିଏ ବା ବଡ଼? ଜଣେ ଚାଟୁକାର ଏକଥା କହିଲା। ଭିଡ଼ ଭିତରୁ କପିଳ କହିଲେ, ଜଣେ ଅଛନ୍ତି ଛାମୁ। କପିଳ ମାଗିଖିଆ, ଛତରା, ତା' କଥା ଶୁଣିବା ଅନୁଚିତ। ଆଉ ଜଣେ ଛାମୁଙ୍କୁ ଜଣାଇଦେଲା। ଲୋକଟା ବିମଳାଙ୍କ ପାହାଚ ତଳେ ବସେ। ମହାପ୍ରସାଦ ସାଉଁଣ୍ଟି ଖାଏ। ସେ କହୁଛି ଛାମୁ ଗଜପତି ନୁହନ୍ତି, 'ଗଧପତି'। କିଏ କହିଲା ତାକୁ ଫାଶିଦିଅ, ଶୂଳିରେ ଚଢ଼ାଅ। ମତ୍ତଭାନୁ ନିରବ, ପ୍ରତିକ୍ରିୟାହୀନ। ଗଜପତିଙ୍କୁ ତିରସ୍କାର କରୁଛି। ଲୋକଟିର ଆତ୍ମବିଶ୍ୱାସ ହୁଏତ ଢେର୍! ତାଙ୍କୁ ଟିକେ ଦେଖିବେ। ଉତ୍ସୁକତା ବଢ଼ିଲା। ଜଣେ ଡାକୁଆ ଖବର ଦେଲା। କପିଳ ଆସିବାକୁ ଅମଙ୍ଗ। କିଏ କହିଲା ପାଇକ ପଠାଅ, ଘୋଷାରି ଘୋଷାରି ଆଣିବ। ମତ୍ତଭାନୁ ନିଜେ ଆଗେଇଲେ। ପହଞ୍ଚିଲେ କପିଳ ପାଖରେ। ଗଜପତିଙ୍କ ପ୍ରଶ୍ନର ଉତ୍ତର ନାହିଁ, ଖାଲି ଠୋ ଠୋ ହସ। ମତ୍ତଭାନୁ ପ୍ରସ୍ତାବ ରଖିଲେ। କିଛି ମାଗିନେବାକୁ କପିଳଙ୍କୁ କହିଲେ। ସେ ହୁଶାଙ୍ଗ ଘୋରୀ ନୁହେଁ, ଅର୍ଥଦେଇ ତାଙ୍କୁ ସନ୍ତୁଷ୍ଟ କରିବେ? ତାଙ୍କର ଲୋଡ଼ା ଉତ୍କଳର ଅଭ୍ୟୁଦୟ, ସେ ଚାହାନ୍ତି ସାମ୍ରାଜ୍ୟ, ଭାରତଖଣ୍ଡରେ ଉତ୍କଳର ପ୍ରତିଷ୍ଠା। ନିର୍ଭୀକ କପିଳ। ମତ୍ତଭାନୁ ତାଙ୍କୁ ଡାକି ନେଲେ। ବିମଳାଙ୍କ ପାହାଚ ତଳର କପିଳ। ସେ ଦିନୁ ହେଲେ କପିଳେନ୍ଦ୍ରଦେବ ଭ୍ରମରବର ମହାପାତ୍ର ବୀରାଧିବୀରବର ଶ୍ରୀ ଶ୍ରୀ କପିଳେନ୍ଦ୍ରଦେବ। ଏଇଟି ଲୋକକଥା, କିମ୍ବଦନ୍ତୀ। ଏଥିରେ ଐତିହାସିକ ସତ୍ୟତା ନାହିଁ। ସମ୍ପୂର୍ଣ୍ଣ କପୋଳକଳ୍ପିତ। କପିଳେନ୍ଦ୍ରଙ୍କ ସିଂହାସନାଧିକାର ପୂର୍ବ ବୃତ୍ତାନ୍ତ। ମତ୍ତଭାନୁଙ୍କ ମନ୍ତ୍ରୀ କପିଳେଶ୍ୱର ରାଉତରାୟ, ଉତ୍କଳ ସିଂହାସନ ଦଖଲ କଲେ। ଏଇଟି ହେଉଛି ଇତିହାସ।

କୃଷ୍ଣାବେଣୀ କୂଳରେ ବାହମନି-ରାଜଧାନୀ କଳବର୍ଗାର ଉପକଣ୍ଠ। ବୀର ଶ୍ରୀ ଗଜପତି ଗୌଡ଼େଶ୍ୱର-କର୍ଣ୍ଣାଟ କଳବର୍ଗେଶ୍ୱର ଶ୍ରୀ ଶ୍ରୀ ଶ୍ରୀ, କପିଳେନ୍ଦ୍ର ଦେବଙ୍କ ଶିବିର। ବାହାରିଛନ୍ତି ନିଜ ରାଜ୍ୟ ଭ୍ରମଣରେ। ବାର୍ଦ୍ଧକ୍ୟ ଛୁଇଁଚି। ଗଜପତି ଶେଷଲଛା

ପୂର୍ଣ୍ଣ କରିବେ । ତାଙ୍କ ରାଜ୍ୟ ପରିବ୍ୟାପ୍ତ ଉତ୍ତରରୁ ଗଙ୍ଗା, ଦକ୍ଷିଣରେ କାବେରୀ ଯାଏ । ସେଦିନ କୃଷ୍ଣାବେଣୀରେ ସନ୍ଧ୍ୟା, ଆକାଶରେ ମିଟିମିଟି ତାରା ପୁଞ୍ଜ, ଶିବିରରେ ପ୍ରଦୀପମାନ ପ୍ରଜ୍ଜ୍ୱଳିତ । ଗଜପତିଙ୍କ ସାଥିରେ ପାତ୍ର, ମନ୍ତ୍ରୀ, ପୁରୋହିତ, ସେନାପତି । ଶିବିର ପାର୍ଶ୍ୱରେ ସୈନ୍ୟଙ୍କ ଛାଉଣି । ସେଦିନ ଆଜି ଅତୀତ । ଏକଦା କୃଷ୍ଣାବେଣୀ କୂଳ, ପ୍ରତିଧ୍ୱନିତ ହୋଇଥିଲା ଗଜପତିଙ୍କ ରଣ ଦୁନ୍ଦୁଭିରେ । ଦାକ୍ଷିଣାତ୍ୟରେ ଦୁର୍ଦ୍ଧର୍ଷ ମୁସଲମାନ ଶକ୍ତି, ବାହମନି ସୁଲତାନ, ନିଜାମ ଶାହା – ସମସ୍ତେ ଉତ୍କଳ ସୈନ୍ୟବାହିନୀ ଦ୍ୱାରା ପରାସ୍ତ । ବାହାମନି ସୁଲତାନଙ୍କ ଅନ୍ତଃପୁର କ୍ରନ୍ଦନରେ ଆକୁଳିତ । ବେଗମମାନଙ୍କ ସୁର୍ମାଙ୍କିତ ଆଖି ଲୋତକ ରଞ୍ଜିତ, ଧାର ଧାର ଅଶ୍ରୁବିନ୍ଦୁ । ସତେ ଯେମିତି କୃଷ୍ଣାବେଣୀର ଜଳଧାରା କୃଷ୍ଣ ରଞ୍ଜିତ ! ସେ ସବୁ ରାଜ୍ୟ ଉତ୍କଳ ଅଧୀନରେ । ଗୌଡ଼, ମାଳବ ଆଜି କପିଳେନ୍ଦ୍ରଦେବଙ୍କ ପଦାନତ । ସାମ୍ରାଜ୍ୟ ନିଷ୍କଣ୍ଟକ । 'ନବକୋଟି'ର ବଲମକୋଣ୍ଡ, ବିନୁକୋଣ୍ଡ, କୋଣ୍ଡବିଡୁ, ନାଗାର୍ଜୁନ କୋଣ୍ଡ, ରାଜମହେନ୍ଦ୍ରୀ, ପେଡ଼ ପୁରମ, କୁଲୁଭଲପଲ୍ଲୀ, ଉଦାଡ଼ି, ପତନୁରୁ – ଏସବୁ ଦୁର୍ଗ ଉପରେ ସୁଦର୍ଶନ ଚକ୍ର ଲାଞ୍ଛିତ ଉତ୍କଳର ବିଜୟ କେତନ । ଗୋଦାବରୀ ଜଳ-ସିକ୍ତ ସମୀରଣ । ସଗର୍ବେ ଉଡ୍ଡୀୟମାନ ଉତ୍କଳର ବିଜୟ ବାନା । କର୍ଣ୍ଣାଟର ମଲ୍ଲିକାର୍ଜୁନ କପିଳେନ୍ଦ୍ରଦେବଙ୍କ ବଶ୍ୟତା ସ୍ୱୀକାର କରିଛି । କାବେରୀରୁ ଗଙ୍ଗା ଯାଏ ଗଜପତି କପିଳେନ୍ଦ୍ର ଦେବଙ୍କ ଜୟ ଜୟକାର । ବିଜୟ କ୍ଲାନ୍ତ ଗଜପତି । ନାହିଁ ଆଉ ରାଜ୍ୟଜୟ ପିପାସା । କେବଳ ରାଜ୍ୟ ପରିଭ୍ରମଣ । ସେଇଥି ପାଇଁ କୃଷ୍ଣାକୂଳରେ ଶିବିର । କପିଳେନ୍ଦ୍ର ଦେବ ସାମାନ୍ୟ ଅସୁସ୍ଥ । ଶିବିର ଉପରେ ସମଗ୍ର ଭାରତ ବର୍ଷର ଦୃଷ୍ଟି ନିବଦ୍ଧ ।

କପିଳେନ୍ଦ୍ରଦେବ ଅସୁସ୍ଥ, ଗୁପ୍ତଚରର ଏ ବାର୍ତ୍ତାଟି ବାଣ୍ଟିଦେଲା । କଳବର୍ଗ, ଗୌଡ଼, ଦିଲ୍ଲୀରେ ପୁନଃ ଆଶା ସଞ୍ଚାର । ଉତ୍କଳ ଦଖଲ କରିବାର ମୋହ । କପିଳେନ୍ଦ୍ରଙ୍କ ବୃଦ୍ଧ ଅମାତ୍ୟ ଗୋପୀନାଥ । ଗଜପତିଙ୍କ ସ୍ୱାସ୍ଥ୍ୟ ଆଶଙ୍କାପ୍ରଦ – ଏ ଧାରଣା ତାଙ୍କୁ ବିବଶ କଲା । ଗଜପତିଙ୍କ ଦୁଇପୁତ୍ର – ହମ୍ୱୀରଦେବ, ପୁରୁଷୋତ୍ତମଦେବ । ସେମାନଙ୍କ ନିକଟକୁ ବାର୍ତ୍ତା ପଠାଗଲା । ସେମାନଙ୍କର ଆସିବା ବିଳମ୍ବ ହେଲା । ହମ୍ୱୀରଙ୍କ ପୁତ୍ର ଦକ୍ଷିଣ କପିଳେଶ୍ୱର ମହାପାତ୍ର, ପିତାମହଙ୍କୁ ଦେଖିବା ପାଇଁ ଉପସ୍ଥିତ କୃଷ୍ଣାତୀରରେ । ଶରତର ସ୍ୱର୍ଣ୍ଣାଭ ଗୋଧୂଳି । କୃଷ୍ଣାବେଣୀରେ କୁଜ୍‌ଝଟିକାର ଏକ କ୍ଷୀଣ ଆସ୍ତରଣ । ଶିବିରର ଆଭ୍ୟନ୍ତରରେ ଅସ୍ୱାଭାବିକ ନିରବତା । କପିଳେନ୍ଦ୍ର ନିସ୍ତେଜ, ଶଯ୍ୟାରେ ଶାୟିତ, ଆଖି ଅର୍ଦ୍ଧମୁଦ୍ରିତ । ଅମାତ୍ୟ ଗୋପୀନାଥ ଚିନ୍ତିତ । ମାନସ ପଟରେ ଉଙ୍କି ମାରୁଛନ୍ତି, ଗୋଟେ ପରେ ଗୋଟେ ଅଭୁଲା ଦୃଶ୍ୟ । ଗଜପତିଙ୍କ ପୁତ୍ରଦ୍ୱୟ ହମ୍ୱୀର, ପୁରୁଷୋତ୍ତମ ଦେବ । ସମ୍ଭବତଃ ସିଂହାସନ ପାଇଁ ପୁରୀ ଧାଇଁଲେଣି । କପିଳେନ୍ଦ୍ରଦେବଙ୍କ କ୍ଷୀଣ ସ୍ୱର- "ମନେପଡୁଛି ଗୋପୀନାଥ, ଏଇ କୃଷ୍ଣାକୂଳରୁ ଫେରି ମୁଁ ଜଗନ୍ନାଥଙ୍କୁ 'ପୁଣ୍ଡରୀକ ଗୋପ

ଶାଢ଼ି' ଉପହାର ଦେଇଥିଲି।" ଜଗନ୍ନାଥଙ୍କ ପରମ ଭକ୍ତ କପିଳେନ୍ଦ୍ରଦେବ। ତାଙ୍କରି କୃପା ବରଷିବ। ଗଜପତି ସୁସ୍ଥ ହୋଇଯିବେ - ଏ ଭରସା ଥିଲା ଗୋପୀନାଥଙ୍କର। ମାତ୍ର କପିଳେନ୍ଦ୍ରଦେବ ଜାଣିଥିଲେ। ତାଙ୍କ ଜୀବନର ସାୟାହ୍ନ, ଏଇ କୃଷ୍ଣାକୂଳରେ ଆରମ୍ଭ ହେବ ଯାତ୍ରାରୁ ମହାଯାତ୍ରା।

ଉତ୍କଳ ଗଜପତିଙ୍କ ସେନା ଛାଉଣି ନିରବ, ନିସ୍ପନ୍ଦ। କେହି ଜଣେ ଭାଟ, ବାହାରେ ସ୍ତବ ପାଠ କରୁଥାଏ - "କର୍ଣ୍ଣାଟୋଚ୍ଛ୍ୱାସସିଂହଃ କଳବରଗ ଜୟୀ / ମାଳବ ଧ୍ୱଂସଶୀଳ ଜଂଘାଳୋ ଗୌଡ଼ମର୍ଦ୍ଦୀ ଭ୍ରମରବର ନୃପୋ / ଧ୍ୱସ୍ତ ଡିଲ୍ଲୀନ୍ଦ୍ର ଗର୍ବଃ / ସଂଗ୍ରାମେ ଦ୍ରଷ୍ଟୁମେନଂ ପ୍ରତିଭଟ ସୁଭଟାଃ / କେବଳନ୍ତେ ବଳନ୍ତେ / ଯେଷାଂ ସ୍ୟାନ୍ନାକନାରୀ କୁଚ କଳଶତଟୀ / କୁଙ୍କୁମା ସଙ୍ଗ ରଙ୍ଗ।" (କର୍ଣ୍ଣାଟ ଧ୍ୱଂସକ କଳବର୍ଗଜୟୀ, ମାଳବ ବିଧ୍ୱଂସୀ, ଦିଲ୍ଲୀଶ୍ୱର ଗର୍ବ ଖର୍ବକାରୀ, ଗୌଡ଼ମର୍ଦ୍ଦୀ, ଭ୍ରମରବର ନୃପ କପିଳେନ୍ଦ୍ର ଦେବ)। ଅଦୂରରେ ଆଉଜଣେ ଦୃଷ୍ଟିଶକ୍ତି ବାଧିତ ଗାଉଥିଲା - "ଚଣ୍ଡେ କୋଦଣ୍ଡ ଦଣ୍ଡେ ସକୃଦପି / ସମରେ ଯସ୍ୟ ସଂସକ୍ତ କାଣ୍ଡେ / ସଂବୃତ୍ତେ ସଂପ୍ରବୃତ୍ତେ ଗତବତି ବିଜୟଂ / ବୈରି ଜାଳେ କରାଳେ।" ବିଗତ ତିରିଶ ବର୍ଷର ଅଭୁଲା ଇତିହାସ। ପୁନଃ ମାନସପଟେ ଉଙ୍କି ମାରିଲା, ଆତ୍ମରକ୍ଷାର ଶତଦୈନ୍ୟ, ବୈରୀ ନିର୍ଯ୍ୟାତନାର ଶତପୀଡ଼ନ। ତା'ରି ମଧ୍ୟରୁ ନବଜାଗ୍ରତ ଉତ୍କଳର ଜୈତ୍ର ସଙ୍ଗୀତ ! ଅମାତ୍ୟ ଗୋପୀନାଥ, ସାଥିରେ ଗଜପତିଙ୍କ ପୌତ୍ର ଦକ୍ଷିଣ କପିଳେଶ୍ୱର। ଗୋପୀନାଥ ଶୁଣାଇଲେ କାହାଣୀଟେ। ଗଙ୍ଗବଂଶର ଶେଷ ରାଜା ମତ୍ତଭାନୁ। ସେଇ କାହାଣୀର ନାୟକ।

ଦୁର୍ବଳ ରାଜା ମତ୍ତଭାନୁ। ମଦ୍ୟ ପ୍ରତି ତାଙ୍କର ଅହେତୁକ ଆସକ୍ତି। ଇନ୍ଦ୍ରିୟଗ୍ରାହ୍ୟ ସୁଖ ପାଇଁ ପ୍ରମତ୍ତ। ତେଣେ ରାଜ୍ୟ ପ୍ରତି ଶତ୍ରୁ ଭୟ। ଉତ୍ତର ଆଡୁ ମୁସଲମାନ, ଦକ୍ଷିଣ ଆଡୁ ରେଡ଼୍ଡୀ; ଉତ୍କଳ ଉପରେ ସେମାନଙ୍କର ଲୋଲୁପ ଦୃଷ୍ଟି। ଏଥି ପ୍ରତି ରାଜାଙ୍କର ନିଘା ନାହିଁ। ପାଇକମାନେ ହିଁ ସାମ୍ରାଜ୍ୟର ରକ୍ଷାକର୍ତ୍ତା। ଘଟିଲା ଏକ ବଡ଼ ଅଘଟଣ। ମାଳବର ସୁଲତାନ ହୁଶାଙ୍ଗ ଘୋରୀ, ଉତ୍କଳ ଆକ୍ରମଣ ପାଇଁ ତାଙ୍କ ସମର ସଜ୍ଜା। ସେନାପତି, ଅମାତ୍ୟମାନେ ଚିନ୍ତିତ। ଯୁଦ୍ଧପାଇଁ ପ୍ରସ୍ତୁତ ହେଲେ। ମତ୍ତଭାନୁଙ୍କର ଟାଳଟୁଳ ନୀତି। ଆଜି, କାଲି କହି ଏମିତି ଦିନ ଗଡ଼େଇଲେ। ପାଇକମାନେ କୌଣସି ମତେ ଉତ୍ତର ସୀମା ଜଗି ରହିଲେ। ସେମାନେ ଦୁର୍ଦ୍ଧର୍ଷ, ରଣରଙ୍ଗା, ଶତ୍ରୁ ହୃତକମ୍ପ ସୃଷ୍ଟିକାରୀ। ସେମାନଙ୍କୁ ହୁଶାଙ୍ଗ ଘୋରୀଙ୍କ ପ୍ରାଣେଭୟ। ରାଜାଙ୍କର ଉତ୍ସାହ ନାହିଁ। ପାଇକମାନଙ୍କର ମନ ଦବିଗଲା। ସୀମା ଛାଡ଼ିବାକୁ ପ୍ରସ୍ତୁତ। ଅନନ୍ୟୋପାୟ ମତ୍ତଭାନୁ। ଯାତ୍ରା ଆରମ୍ଭ କଲେ। ସଙ୍ଗରେ ମାହାରୀ, ନର୍ତ୍ତକୀ, ଗାୟକ, ବାଦକ ଆଉ ପାରିଷଦବର୍ଗ। ସେନାପତିମାନେ ଆଗରେ। ବହୁ ଆଡ଼ମ୍ବରରେ ମତ୍ତଭାନୁ ପଛରେ ଚାଲିଲେ। ଯାତ୍ରା

ସୈନ୍ୟ ସାମନ୍ତଙ୍କ ସହ ଯାଜନଗ୍ର ଅଭିମୁଖେ। ତ୍ରସ୍ତ ହୁଶାଙ୍ଗ ଘୋରୀ, ମନେ ମନେ ଆତଙ୍କ ଗଣିଲେ। ପାଇକ ବାହିନୀର ଅପୂର୍ବ ବୀରତ୍ୱ। ଖଣ୍ଡେ ଖଣ୍ଡେ ପାଞ୍ଚଣ ବାଡ଼ି ହାତରେ। ଅନେକ ମୁସଲମାନ ବାହିନୀ ନାକରେ ପାଣି ପିଇଛନ୍ତି। ସ୍ୱୟଂ ଗଜପତିଙ୍କ ଆଗମନ, ତାଙ୍କର ପରାଜୟ ସୁନିଶ୍ଚିତ। ରାଜ୍ୟଜୟ ଅସମ୍ଭବ। ଲୁଟତରାଜରୁ ଯାହା ମିଳିବ ନେଇ ପଳେଇବେ – ଏମିତି ମସୁଧା। ବୀର ପ୍ରସବିନୀ ଉତ୍କଳ। ମୁସଲମାନ ମାନେ ସମଗ୍ର ଭାରତବର୍ଷ ଜିଣିପାରନ୍ତି; ମାତ୍ର ଉତ୍କଳ ଜୟ ଅସମ୍ଭବ। ହୁଶାଙ୍ଗ ଘୋରୀ ଏକଥା ଜାଣିଥିଲେ। କୂଟନୀତି ଆରମ୍ଭ କଲେ। କୌଶଳଟେ ଖଞ୍ଜିଲେ। ଘୋରୀଙ୍କ ସୈନ୍ୟବାହିନୀ, ବାହାରେ ଆତ୍ମଗୋପନ କଲେ।

ସନ୍ଧ୍ୟା ଉତ୍ତୀର୍ଣ୍ଣ। ମତ୍ତଭାନୁଙ୍କ ଶିବିର ସଙ୍ଗୀତ ମୁଖର। ଚାଲିଛି ମାହାରୀ ନୃତ୍ୟ, ବୀଣାକାରଙ୍କର ବୀଣା ବାଦନ। ନର୍ତ୍ତକୀଙ୍କର ନୂପୁରର ରୁଣୁଝୁଣୁ ସ୍ୱନ। ଗାୟକଙ୍କ ସୁଲଳିତ କଣ୍ଠସ୍ୱର। ପରିବେଶ ରସ-ସରସ। ଜୁଟିଗଲେ ଅନ୍ତରଙ୍ଗ ପାରିଷଦମାନେ। ସୁରା ନିଶାରେ ସମସ୍ତେ ମଶଗୁଲ। ମତ୍ତଭାନୁଙ୍କର ଶୌର୍ଯ୍ୟ, ବୀର୍ଯ୍ୟର ଭୂରି ଭୂରି ପ୍ରଶଂସା। ମତ୍ତଭାନୁ ଗଙ୍ଗବଂଶର ଗର୍ବ-ଗୌରବ। ଏଇ କଥା ଚାଟୁକାରମାନଙ୍କର ମୁଖରେ। ବୀଣାର ସ୍ୱର ଆଉ ଶୁଭୁନି। ହଠାତ୍ ଜଣେ ପାରିଷଦ ଖବରଟେ ଦେଲେ। ଗୌଡ଼ରୁ ଆସିଛନ୍ତି ଦଳେ ନର୍ତ୍ତକୀ। ଯାଜନଗର ଶିବିରରେ ନୃତ୍ୟ ପରିବେଷଣ କରିବେ। ଉଦ୍ଦେଶ୍ୟ ଗଜପତିଙ୍କ ମନୋରଞ୍ଜନ। ମତୁଆଲା ମତ୍ତଭାନୁ। ତୁରନ୍ତ ଡକାଇ ଆଣିବାକୁ ନିର୍ଦ୍ଦେଶ ଦେଲେ। ଆଉଜଣେ ଖୋସାମତିଆ। ସବୁଦିନେ ତ ମାହାରୀ ନାଚ, ଏବେ ଗୌଡ଼ ନର୍ତ୍ତକୀଙ୍କ ନୃତ୍ୟ ଦେଖାଯାଉ – ଏମିତି କହିଲା। ସଙ୍ଗେ ସଙ୍ଗେ ନର୍ତ୍ତକୀମାନଙ୍କ ଆଗମନ, ପଛେ ପଛେ ଜଣେ ଉଷ୍ଣୀଶଧାରୀ ପ୍ରୌଢ଼, ଦଳର ଓସ୍ତାଦ୍। ଉଚ୍ଚ ତାଳଗଛ ପରି ଚେହେରା, ଆଖି ଦୁଇଟି ଅସ୍ୱାଭାବିକ ଭାବେ ଉଜ୍ଜ୍ୱଳ। ପରିଧାନ, ପରିପାଟୀ, ପୂରା ମୁସଲମାନ ଢଙ୍ଗରଙ୍ଗ। ଓସ୍ତାଦ୍ ମୁଣ୍ଡ ଝୁଙ୍କାଇ, ଭୂମି ସ୍ପର୍ଶ କଲେ। ଅଣ୍ଟା, ମୁଣ୍ଡ ନୁଆଁଇ ମତ୍ତଭାନୁଙ୍କୁ ସାତଥର କୁର୍ଣ୍ଣୀଶ ଜଣାଇଲେ। ଦକ୍ଷିଣରେ ବାହାମନୀ, ଉତ୍ତରରେ ଦିଲ୍ଲୀ, ସବୁ ଦରବାରରେ ଗଜପତିଙ୍କ ନେକ୍ – ନାମ୍। ନୃତ୍ୟ ସଙ୍ଗୀତ ପ୍ରତି ଗଜପତିଙ୍କ ଦୀଲ୍ ଚଶ୍‌ବିର – ଏମିତି ଢେର୍ ଢେର୍ ପ୍ରଶଂସା। ଓସ୍ତାଦ୍ ଶୁଣିଛନ୍ତି। ଏକଥା କହିଲେ। ନୃତ୍ୟ ପରିବେଷଣ ପାଇଁ ଅନୁମତି ମାଗିଲେ। ପାରିଷଦମାନଙ୍କ କଣ୍ଠରେ 'ସାଧୁ-ସାଧୁ'। ବାଦକମାନଙ୍କ ସମବେତ ବାଦ୍ୟ। ନର୍ତ୍ତକୀମାନେ ଆରମ୍ଭ କଲେ ନୃତ୍ୟ ପରିବେଷଣ। ସମସ୍ତେ ନିଶା ଆଉ ନୃତ୍ୟରେ ବିଭୋର। ମତ୍ତଭାନୁ ବି ଆତ୍ମ ସମ୍ବରଣହୀନ। ସୁଯୋଗ ଉଣ୍ଟୁଥିଲେ ଓସ୍ତାଦ୍। ହଠାତ୍ ଲମ୍ଫ ପ୍ରଦାନ, ହାତରେ ତାଙ୍କର ଉଲଗ୍ନ ତରବାରି। ନର୍ତ୍ତକୀମାନଙ୍କ ମଝିରେ ଦଣ୍ଡାୟମାନ। ମତ୍ତଭାନୁ, ଅନ୍ୟ ପାରିଷଦମାନେ କିଂକର୍ତ୍ତବ୍ୟବିମୂଢ଼। ଐନ୍ଦ୍ରଜାଲିକ ଯାଦୁ ପରି ଘଟଣା।

ବାଦ୍ୟକାରମାନଙ୍କ ହାତରେ ଖଡ୍‌ଗ। ହଠାତ୍ ସେମନେ ଆତତାୟୀରେ ପରିଣତ ହେଇଗଲେ। ସମସ୍ତେ ଓସ୍ତାଦ୍‌ଙ୍କ ପଛରେ, ଓସ୍ତାଦ୍ ଥିଲେ ହୁଶାଙ୍ଗ ଘୋରୀ, ଗଜପତିଙ୍କୁ ବନ୍ଦୀ ଘୋଷଣା କଲେ।

ଅବିଚଳିତ ମତ୍ତଭାନୁ, ଆସନରୁ ଉଠିଲେ। ତାଙ୍କ ଆଖିରୁ ସତେ କି ଅଗ୍ନିସ୍ଫୁଲିଙ୍ଗ ନିର୍ଗତ। ଆତ୍ମସମ୍ବରଣ କରିନେଲେ। ହୁଶାଙ୍ଗ ଘୋରୀ ଉତ୍କଳର ଗଜପତିଙ୍କୁ ବନ୍ଦୀ କରିଛନ୍ତି, ହୀନ ଆତତାୟୀ ପରି ହତ୍ୟା କରିପାରନ୍ତି; ମାତ୍ର ଉତ୍କଳ ବିଜୟ ଅସମ୍ଭବ – ମତ୍ତଭାନୁଙ୍କର ନିର୍ଭୀକ ଉତ୍ତର। ଗଜପତି ଉତ୍କଳର ଏକ ସଙ୍କେତ ମାତ୍ର; ଉତ୍କଳର ପ୍ରାଣ ନୁହନ୍ତି। ଉତ୍କଳର ଯଥାର୍ଥ ପ୍ରାଣ ଏହାର ପାଇକ କୁଳ। ଉତ୍ତର ଦକ୍ଷିଣର ମୁସଲମାନମାନେ ପଦାନତ। ସେଇ ଭାଗ୍ୟ ହେବ ହୁଶାଙ୍ଗର। ଉତ୍କଳ ସାମ୍ରାଜ୍ୟ ତାଙ୍କ ପାଇଁ ସ୍ୱପ୍ନ ହେଇ ରହିଯିବ। ଉତ୍କଳ ଅଧିକାର କରିବାର ଧୃଷ୍ଟତା ପରିହାର ବିଜ୍ଞତା ହେବ। ଗଜପତିଙ୍କର ଆସ୍ପର୍ଦ୍ଧା । ହୁଶାଙ୍ଗ ଶଙ୍କିତ, ହେଲେ ବୁଦ୍ଧିମାନ। ଗଜପତିଙ୍କୁ ବନ୍ଦୀ ପାଇଁ ଛଳ, କୌଶଳ କଲେ, ଫନ୍ଦୀ ରଚିଲେ। ପାଇକ କୁଳର ପଦାନତ ଅସମ୍ଭବ। ତାଙ୍କ ଆଗରେ ହୁଶାଙ୍ଗ ତୁଳା ସମ, ମୁହୂର୍ତ୍ତକରେ ଉଡ଼ିଯିବେ। ଘରପୋଡ଼ିରୁ ଯାହା ମିଳିଲେ ଯଥେଷ୍ଟ। ଏଇ ନ୍ୟାୟରେ ହୁଶାଙ୍ଗ ବିଚାର କଲେ। ଉତ୍କଳ ଜୟ ତ ଅସମ୍ଭବ। ଯଦି କିଛି ଅର୍ଥ ମିଳିଯାଏ – ଏଥିରେ ଲାଭ ଅଛି। ଅର୍ଥ ବିନିମୟରେ ଗଜପତିଙ୍କ ମୁକ୍ତି – ଏ ପ୍ରସ୍ତାବ ରଖିଲେ। ସୁଲତାନ ହୁଶାଙ୍ଗ ସୁଦୂର ମାଳବରୁ ଆସିଛନ୍ତି। ଗଜପତିଙ୍କ ଦରବାରରେ ଖେମଟା ନାଚିଛନ୍ତି, ସେତେବେଳେ ବିନା ପାରିତୋଷିକରେ ଯିବେ ବା କେମିତି ? ମତ୍ତଭାନୁ ଏତିକି କେବଳ କହିଲେନି। କିଛି ହାତୀ ଉପହାର ଦେଲେ, ହୁଶାଙ୍ଗ ଖୁସ୍। ଉତ୍କଳ ସୀମାରୁ ବାହୁଡ଼ିଲେ। ଗଜପତି ଫେରିଲେ ପୁରୀ। ଚାରିଆଡ଼େ ତାଙ୍କର ପ୍ରଶଂସା। ହୁଶାଙ୍ଗ ଭଳି ଭୟଙ୍କର ଶତ୍ରୁ, ଗଜପତିଙ୍କ ଦ୍ୱାରା ପରାସ୍ତ। ଏ ବାର୍ତ୍ତାଟି ବ୍ୟାପିଗଲା। ସମସ୍ତଙ୍କ ମୁହଁରେ ତାଙ୍କର ପ୍ରଶଂସା। ମାତ୍ର ବିମଳା ମନ୍ଦିର ବେଢ଼ାରେ ନିତି ବସୁଥିବା କପିଳ ରାଉତ। ଗଜପତି ନୁହଁ ଗଧପତି। ସେ ଶତ୍ରୁହନ୍ତା ନୁହନ୍ତି, ଗଜ ଉପହାର ଦେଲେ, ହୁଶାଙ୍ଗ ଘୋରୀ କବଳରୁ ମୁକ୍ତି ପାଇଲେ। କପିଳଙ୍କ ଏହି ଦୃଢ଼ୋକ୍ତି। ତା'ର ସାହସିକତାରେ ମତ୍ତଭାନୁ ପ୍ରଭାବିତ ହେଲେ। ତାଙ୍କୁ ବସାଇଲେ ଉତ୍କଳ ସିଂହାସନରେ। ଏଇଟି କପିଳେନ୍ଦ୍ର ଦେବଙ୍କୁ ନେଇ ବହୁ ଚର୍ଚ୍ଚିତ କାହାଣୀ। କିନ୍ତୁ ଇତିହାସ ସମ୍ପୂର୍ଣ୍ଣ ଭିନ୍ନ। କାହାଣୀର କପିଳ ହିଁ କପିଳେଶ୍ୱର ରାଉତରାୟ। ମତ୍ତଭାନୁଙ୍କର ଦାକ୍ଷିଣାତ୍ୟରେ ରେଡ଼୍‌ଡ଼ୀଙ୍କ ସହ ଯୁଦ୍ଧ। ଏଇ ସୁଯୋଗରେ ସେ ଉତ୍କଳ ସିଂହାସନ ଆରୋହଣ କଲେ। ଶେଷ ହେଲା ଗଙ୍ଗ ରାଜତ୍ୱ। ଆରମ୍ଭ ହେଲା ସୂର୍ଯ୍ୟବଂଶୀ ଶାସନ।

କୃଷ୍ଣାବେଣୀ କୂଳରେ ସନ୍ଧ୍ୟା ଉପଗତ। କପିଳେନ୍ଦ୍ରଦେବଙ୍କ ଶିବିର ନିରବ।

ଜୀବନର ଅନ୍ତିମ କ୍ଷଣ, ଶଯ୍ୟା ଚାରିପଟେ ବେଢ଼ିଛନ୍ତି ବିଶ୍ୱସ୍ତ ମନ୍ତ୍ରୀ ଗୋପୀନାଥ, କୁମାର ପୁରୁଷୋତ୍ତମ, ଆଉ ସବୁ ସେନାପତିମାନେ। କପିଳେନ୍ଦ୍ର କ୍ଷୀଣ କଣ୍ଠରେ କହିଲେ - "ବିଦାୟ ଗୋପୀନାଥ, ପୁରୁଷୋତ୍ତମ ହେବେ ଉତ୍କଳ ସିଂହାସନର ଉତ୍ତରାଧିକାରୀ। ଉତ୍କଳର ଜୟ ହେଉ, ଜଗନ୍ନାଥଙ୍କ ଇଚ୍ଛା ପୂର୍ଣ୍ଣ ହେଉ।" କପିଳେନ୍ଦ୍ରଙ୍କ ଶେଷ ପ୍ରାଣବାୟୁ କୃଷ୍ଣାକୂଳରେ ବିଲୀନ। ପୁରୁଷୋତ୍ତମଙ୍କ ମସ୍ତକରେ ଗଜପତିଙ୍କ ସ୍ୱର୍ଣ୍ଣମୁକୁଟ। ଭାଟମାନଙ୍କର ଜୟଗାନ - "ଜୟ ଗଜପତି, ବୀର ଗୌଡ଼େଶ୍ୱର ନବକୋଟି କର୍ଣ୍ଣାଟ କଳବର୍ଗେଶ୍ୱର ବୀରାଧିବୀରବର ଶ୍ରୀ ଶ୍ରୀ ଶ୍ରୀ ପୁରୁଷୋତ୍ତମ ଦେବଙ୍କ ଜୟ।"

ଖ୍ରୀ.ଅ. ୧୪୬୮ରେ କପିଳେନ୍ଦ୍ରଦେବଙ୍କ ମୃତ୍ୟୁ। ଏହା ନିର୍ବିବାଦୀୟ ଐତିହାସିକ ସତ୍ୟ। ତାଙ୍କ ଜ୍ୟେଷ୍ଠପୁତ୍ର ହମ୍ବୀରଦେବ। ସେ ଜଣେ ଅଭିଜ୍ଞ ପ୍ରଶାସକ, ସମର କୁଶଳୀ ରାଜକୁମାର ବି। ତାଙ୍କୁ ଉପେକ୍ଷା କରାଗଲା। ଏହାର କାରଣ ଏଯାବତ୍ ମିଳି ନାହିଁ। ସୁଦୂର ଦାକ୍ଷିଣାତ୍ୟରେ ରହି ହମ୍ବୀର ବିଦ୍ରୋହ ଘୋଷଣା କଲେ। ତାହା ନିଷ୍ଫଳ ହେଲା। କୃଷ୍ଣାବେଣୀ ତଟ, ସେଇଠାରେ ପୁରୁଷୋତ୍ତମ ଦେବଙ୍କ ଅଭିଷେକ ଉତ୍ସବ। ସ୍ୱୟଂ କପିଳେନ୍ଦ୍ରଦେବ ଏହି ଉତ୍ସବ ସମାପନ କଲେ। ଏଇଟି ଇତିହାସ। କାବେରୀରୁ ଗଙ୍ଗା - ଏକ ବିଶାଳ ଉତ୍କଳ ସାମ୍ରାଜ୍ୟ। ପରବର୍ତ୍ତୀ ଶାସକ ହେଲେ ଗଜପତି ପୁରୁଷୋତ୍ତମ ଦେବ।

ସୁଖୀ ପରଦେଶୀ ନିଜ ଦେଶେ

ଜନ୍ମଭୂମି, ସହର, ମଫସଲ ଅବା କେଉଁ ଅଗନାଅଗନି ବନସ୍ତ। ମୁଣ୍ଡ ଗୁଞ୍ଜିବାକୁ ଖଣ୍ଡେ ବାସ। ଆଉ ଘର ଡିହ ଖଣ୍ଡକ। ସେଇ ଭିଟାମାଟି, ସାତ ପୁରୁଷର ଘର। ତା'ରି ଭିତରେ ସଂସ୍କାର, ସଂପ୍ରୀତି, ଭଲପାଇବା, ଶ୍ରଦ୍ଧା, ସ୍ନେହ - ସବୁକିଛି। ବୈକୁଣ୍ଠ ସମାନ ସେଇ ଘର, ସଭିଙ୍କର ଅତି ଆପଣାର। ଶୋଭାମୟୀ ଆଭାମୟୀ ସେଇ ଗାଁ। ମନ-ପ୍ରାଣ ଜିଣା ପ୍ରକୃତି ରାଣୀ। ଆଷାଢ଼ ଆସେ, ମେଘ ଗରଜେ। ଚପଳ ଛନ୍ଦା ବରଷାରାଣୀ। ମେଘମହ୍ଲାର ତାଳେ ତାଳେ ତା' ପାଦ ନୂପୁର। ସରସିଆସେ ଗୁଣୁଗୁଣୁ ଲଳିତ ମଧୁର ସ୍ୱର ଝଙ୍କାର। ଚଇତର ଚୋରା ଚଇତାଳି। ଚିତ୍ତ ଚହଲା ମୃଦୁମନ୍ଦ ମଳୟ। କୁଳୁକୁଳୁ ଗୀତ ଗାଉଥିବା ନଈ; ପଠାରେ ସୋରିଷ ଫୁଲିଆ ଗୀତ। ନିଦହଜା ଜୋଛନା ଭିଜା ରାତି। କେତେ କେତେ ପର୍ବପର୍ବାଣି। ହସ-ସରସ, ଆନନ୍ଦ ଉଲ୍ଲାସ। ପୁଲକିତ ପ୍ରାଣ। ମନ ହଜିଯାଏ ଆଉ ଏକ ଭାବ ଜଗତରେ। ସେଇ ଜନ୍ମମାଟି। ସେଠାରେ ଅଛି ଷଠିଘର, ଗାଁ ଶେଷ ମଶାଣିପଦା ଅବା କବରଖାନା। ସେଇଟିକକ ଶେଷ ସାହାରାହା। କିଏ ବା ମୂର୍ଚ୍ଛି ପାରିବ ସେଇ ମାଟି-ମମତାକୁ, ଛିଡ଼ାଇ ପାରିବ ନାଭିନାଡ଼ର ସମ୍ପର୍କକୁ? ସମୟ ବଦଳେ। ବଦଳି ଯାଏ ସବୁକିଛି। ବଦଳି ଯାଆନ୍ତି ଏଇ ମଣିଷମାନେ। ପଡ଼ୋଶୀଟି ପାଲଟେ ସାତପର। ବିଗିଡ଼ା ସାମାଜିକ ସ୍ଥିତି। ପାଦେ ପାଦେ ବିପଦ ଆଶଙ୍କା। ବଞ୍ଚିବା ଦୁର୍ବିସହ। ଶେଷରେ ଘରୁଆ ବେଘର। ପାଲଟେ ପଳାତକ। ପଛରେ ତା'ର ସେଇ ଚିର ପରିଚିତ ଜନ୍ମସ୍ଥାନ। ମୁଣ୍ଡ ଗୁଞ୍ଜିବାକୁ ଏବେ ଠା ନାହିଁ। ମୁଣ୍ଡ ଉପରେ ଖୋଲାମେଲା ସୁନୀଳ ଆକାଶ, ତଳେ ପୃଥିବୀ। ସେଇ ତା'ର ଶେଷ ଅବଲମ୍ବନ। ତଥାପି ଝୁରିହୁଏ ତା' ହଜିଲା ଅତୀତକୁ। ଭିଟାମାଟି କି। ସତରେ ! ସୁଖୀ ପରଦେଶୀ ନିଜ ଦେଶେ। ଏମିତି ଶହ ଶହ ବିସ୍ଥାପିତ ଅବା ବିତାଡ଼ିତ। ସେଇମାନଙ୍କ ପ୍ରାଣର ଅକୁହା କଥା-କାହାଣୀ। ମୂକସାକ୍ଷୀ ଆଗଚଲା ସମୟ। ଇତିହାସ

ଆଇନା। ଏଇସବୁ ଘଟଣା, ଅଘଟଣର କରୁଣ ଚିତ୍ର ପ୍ରତିବିମ୍ବିତ। ଏବେ ବି ଉଖାରି ଦିଏ ଘାଇଲା ଅତୀତକୁ। ଏମିତି ଏକ ସ୍ପର୍ଶକାତର ଘଟଣା। ସୁରେନ୍ଦ୍ର ମହାନ୍ତି ଲେଖିଲେ ଗପଟିଏ - "ଆକାଶ ତଥାପି ସୁନୀଳ।"

ଇତିହାସର ସେଇ ଲୋମହର୍ଷଣକାରୀ, ବୁକୁଥରା ଘଟଣା। ୧୯୪୭ ମସିହା ଅଗଷ୍ଟ ୧୪, ମଧ୍ୟରାତ୍ରି। ଆଗଙ୍ଗା ଗୋଦାବରୀ, ଆକୁମାରୀ ହିମାଚଳ। ଏଇ ବିଶାଳ ଅଖଣ୍ଡ ଭାରତ ହେଲା ଦି' ଖଣ୍ଡ। ଗଠିତ ହେଲା ଦୁଇ ସାର୍ବଭୌମ ରାଷ୍ଟ୍ର (୧) ଭାରତ, (୨) ପାକିସ୍ତାନ। ଏବେ ବିଭାଜିତ ଭାରତମାତାର କରୁଣ କାହାଣୀ। ବହୁ ଧର୍ମ, ବହୁ ଜାତି, ଉପଜାତି ତଥାପି ବିଭିନ୍ନତା ଭିତରେ ଏକତା, ଧର୍ମ ନିରପେକ୍ଷତା - ଏ ମାଟିର ମହାନ ସାଂସ୍କୃତିକ ବୈଶିଷ୍ଟ୍ୟ। ହିନ୍ଦୁ, ମୁସଲମାନ, ଖ୍ରୀଷ୍ଟିୟାନ, ବୌଦ୍ଧ, ଜୈନ - ସମସ୍ତେ ଭାରତ ମାତାର ସନ୍ତାନ। ପରସ୍ପର ମଧ୍ୟରେ ସ୍ନେହ, ସଦ୍‌ଭାବନା। ଆତ୍ମକୈନ୍ଦ୍ରିକ ଭୋଗ ବାସନା, କ୍ଷମତା ପ୍ରତିପତ୍ତିର ମୋହ। କେତେକ ପଥ ହୁଡ଼ିଲେ। ଆରମ୍ଭ ହେଲା କୂଟଚକ୍ରାନ୍ତ, ହୀନ ରାଜନୀତି। ଶହଶହ ବର୍ଷର ଏକତା, ସଦ୍‌ଭାବନାରେ ଆସିଲା ଭଟା। ଅତୀତରେ ବି ସେଇ ଆସନ ମୋହ। ନିଜ ନିଜ ଭିତରେ କନ୍ଦଳ, ବାହ୍ୟଶତ୍ରୁ ସୁଯୋଗ ନେଲେ। ସ୍ୱର୍ଣ୍ଣପ୍ରସୂ ଭାରତ ହେଲା ଲୁଣ୍ଠିତା। ସେ ସୁଲତାନ ମାମୁଦ ଅବା ମହମ୍ମଦ ଘୋରି। ଶେଷରେ ଇଷ୍ଟଇଣ୍ଡିଆ କମ୍ପାନୀ। ସମସ୍ତେ ଶୋଷକ। ବୀର ପ୍ରସବିନୀ ଭାରତମାତା। ଏ ଦେଶରେ ଯୋଦ୍ଧାମାନଙ୍କର ଶକ୍ତି ସାମର୍ଥ୍ୟ କିଛି କମ୍ ନଥିଲା; ମାତ୍ର ଊଣାଥିଲା ଶାସକଙ୍କ ସମର୍ପିତ ପଣ। ଫିରିଙ୍ଗି ଇଷ୍ଟ ଇଣ୍ଡିଆ କମ୍ପାନୀ, ଦିନେ ଟୋପିଟେ ଥାପିବାକୁ ଠା ନଥିଲା। ଶେଷରେ ଅକ୍ତିଆରରେ ଭାରତ ଉପମହାଦେଶ। ପଲାସୀ ଯୁଦ୍ଧ (୧୭୫୭)। ଆରମ୍ଭ ହେଲା ଭାରତର ପତନ। ଦୁର୍ବଳ ନବାବ ସିରାଜଉଦ୍ଦୌଲା ପରାଜିତ। ଫିରିଙ୍ଗି ବାହିନୀର ଭାରତ ବିଜୟ ଅୟମାରମ୍ଭ। ପରିସମାପ୍ତି ଓଡ଼ିଶା ଅଧିକାରରେ (୧୮୦୩)। ଅହେତୁକ ଭାବେ ଆଶାଟିଏ ସଞ୍ଚାର ହେଲା। ଆଗନ୍ତୁକ ଫିରିଙ୍ଗିଙ୍କ ପ୍ରଶାସନ। ଏକ ସୁସ୍ଥ ଶାସନ ପ୍ରଦାନ କରିବା ସମ୍ଭାବନା ସୃଷ୍ଟି ହେଲା। କିନ୍ତୁ ଇଂରେଜମାନେ ବଳୀ ଗଲେ ଆଫଗାନ୍, ମୋଗଲଙ୍କ ଠାରୁ। ଦେଶକୁ ଲୁଟିଲେ। ଜନଜୀବନ ଘୋର ସଙ୍କଟରେ, ମୁଣ୍ଡ ଟେକିଲା ବିଦ୍ରୋହ, ଫିରିଙ୍ଗି ହଟାଅ ଅବହାଓ୍ୱା। ଓଡ଼ିଶା ମାଟିରୁ ଆରମ୍ଭ ହେଲା ପ୍ରଥମ ମୁକ୍ତିସଂଗ୍ରାମ (୧୮୧୭)। ଜମିଜମା ସଂକ୍ରାନ୍ତୀୟ ଏକ କନ୍ଦଳ, ପାଇକ ବିଦ୍ରୋହ - ଇଂରେଜ ଐତିହାସିକ ଏୟା ଲେଖିଲେ। ମାତ୍ର ସହିଦର ରକ୍ତସ୍ନାତ ତ୍ୟାଗ ବିଫଳ ହୁଏନି। ପାଇକ ବିଦ୍ରୋହର ପରବର୍ତ୍ତୀ ସଶସ୍ତ୍ର ସଂଗ୍ରାମ ସିପାହୀ ବିଦ୍ରୋହ (୧୮୫୭)। ଚରମପନ୍ଥୀଙ୍କ ଫିରିଙ୍ଗି ହଟାଅ ଶପଥ, ନେତାଜୀଙ୍କ ଭଳି ଜଣେ ଦୁଃସାହସୀ ମୁକ୍ତିଯୋଦ୍ଧା। ମୁକ୍ତସଂଗ୍ରାମ ହେଲା ତ୍ୱରାନ୍ୱିତ। ଗାନ୍ଧିଜୀ ଭାରତୀୟ

ରାଜନୀତିରେ ଯୋଗଦେଲେ। ଆରମ୍ଭ ହେଲା ଅହିଂସା ଆନ୍ଦୋଳନ। ଅସହଯୋଗ ଆନ୍ଦୋଳନ (୧୯୨୦-୨୧), ଆଇନ ଅମାନ୍ୟ ଆନ୍ଦୋଳନ (୧୯୩୦), ଭାରତଛାଡ଼ ଆନ୍ଦୋଳନ (୧୯୪୨)। ଆଗଧାଡ଼ିରେ ଗାନ୍ଧିଜୀ। ଭାରତୀୟ ଜାତୀୟ କଂଗ୍ରେସ (୧୮୮୫)ର ସମସ୍ତ ସିଦ୍ଧାନ୍ତ କାର୍ଯ୍ୟକାରୀ ହେଲା। । ସଫଳ ହେଲା ମୁକ୍ତି ସଂଗ୍ରାମ। ଭାରତ ଛାଡ଼ିବାକୁ ଫିରିଙ୍ଗିଏ ସଜବାଜ। ମୁକ୍ତସଂଗ୍ରାମକାଳୀନ ଆଉ ଏକ ଅଭାବନୀୟ ଘଟଣା। ସୃଷ୍ଟି ହେଲା ଅଲ୍ ଇଣ୍ଡିଆ ମୁସଲିମ ଲିଗ୍ (୧୯୦୬)। ଜନ୍ମଦାତା ନବାବ ଖ୍ୱାଜା ସଲିମୁଲ୍ଲା। ନେତୃତ୍ୱ ନେଲେ ମହମ୍ମଦ ଅଲ୍ଲୀ ଜିନ୍ନା। ଗୋଟେ ମୁସଲମାନ ଅଧୁଷିତ ରାଜ୍ୟ ପାକିସ୍ତାନ ଗଠନ। ଏଥି ନିମନ୍ତେ ଦୃଢ଼ ଦାବୀ ଉପସ୍ଥାପନ। ୧୯୩୦ ମସିହା। ଏ ଦାବୀ ତୀବ୍ରତର ହେଲା। କୁଚକ୍ରୀ ଫିରିଙ୍ଗି ଶାସକ। ଭାରତ ବିଭାଜନ ପାଇଁ ପ୍ରସ୍ତୁତ। ବିଭାଜନର ଚିଠା ସ୍ଥିରୀକୃତ। ଇଣ୍ଡିଆନ ଇଣ୍ଡିପେଣ୍ଡେନ୍ସ ଆକ୍ଟ ୧୯୪୭। ବ୍ରିଟିଶ ଇଣ୍ଡିଆ ଏମ୍ପାୟାରର ଅବସାନ। ପାର୍ଟିସନ୍ ଅଫ୍ ଇଣ୍ଡିଆର ଚୂଡ଼ାନ୍ତ ରୂପରେଖ - ହିନ୍ଦୁସ୍ତାନ, ପାକିସ୍ତାନ। ଅଗଷ୍ଟ ୧୪, ୧୯୪୭ ମସିହା ମଧ୍ୟରାତ୍ର। ଭାରତ ହେଲା ସ୍ୱାଧୀନ। "ମାତ୍ର ସର୍ବଶ୍ରେଷ୍ଠ ମୂଲ୍ୟ ଦେବାକୁ ପଡିଲା। ଅଖଣ୍ଡ ଭାରତ ହେଲା ଦି' ଭାଗ।

ଫିରିଙ୍ଗି ଦଳ। ଆସିଥିଲେ ସାତ ସମୁଦ୍ର, ତେର ନଈ ସେପାରିରୁ। ପେଡ଼ିପୁଟୁଳା ଧରି ଚାଲିଲେ ସ୍ୱଦେଶ। ପୋତି ଦେଇଗଲେ ବିଷମଞ୍ଜି। ସାମ୍ପ୍ରଦାୟିକ ବିଦ୍ୱେଷ। ଭୟଙ୍କର ରୂପ ନେଲା। ବେଙ୍ଗଲ, ପଞ୍ଜାବ ପ୍ରଭିନ୍ସ। ସଂଖ୍ୟାଗରିଷ୍ଠ ହିନ୍ଦୁ, ମୁସଲମାନ, ସେମାନଙ୍କୁ ନେଇ ଜିଲ୍ଲା ବିଭାଜନ। ଆରମ୍ଭ ହେଲା ହୀନ ସାମ୍ପ୍ରଦାୟିକ ହିଂସା। ଶରଣାର୍ଥୀ ସମସ୍ୟା ମୁଣ୍ଡ ଟେକିଲା। ଦଙ୍ଗାରେ ମୃତାହତ ଦୁଇ ଲକ୍ଷରୁ ଦୁଇ ନିୟୁତ। ବାସ ଛାଡ଼ିଲେ ୧୦-୨୦ ନିୟୁତ। ଏମିତି ଏକ ଅଭାବନୀୟ ସ୍ଥିତି। ଅଖଣ୍ଡ ଭାରତ, ବର୍ଷ ବର୍ଷ ଧରି ଦେଇ ଆସୁଥିଲା ଶାନ୍ତିର ବାର୍ତ୍ତା। ଏବେ ଅଶାନ୍ତିର ଆଗ୍ନେୟଗିରିର ଜ୍ୱାଳା। କ୍ଷତବିକ୍ଷତ ମାନବିକତା। ଲାଳସାର କାରାଗାର। ବନ୍ଦୀ ପଡ଼ିଲା ମଣିଷପଣିଆ। ଅଧୁନା ଭାରତ, ପାକିସ୍ତାନ- ରିପବ୍ଲିକ୍ ଅଫ୍ ଇଣ୍ଡିଆ (୧୯୫୦), ଇସ୍‌ଲାମିକ୍ ରିପବ୍ଲିକ୍ ଅଫ୍ ପାକିସ୍ତାନ (୧୯୫୬) - ଏଇ ଦୁଇ ସ୍ୱତନ୍ତ୍ର ଦେଶ ଭାବେ ପରିଚିତ। ଜିନ୍ନା ନିଜ ସ୍ୱପ୍ନକୁ ସାକାର କରିଦେଲେ। ମାତ୍ର ତାହା ଚିରସ୍ଥାୟୀ ନଥିଲା। ଗୋଟେ ଆପ୍ତବାକ୍ୟ। ଆରମ୍ଭ ଯେମିତି, ଅନୁରୂପ ବିଲୟ। ପାକିସ୍ତାନ ଠାରୁ ଅଲଗା ହେଲା ପିପୁଲ୍‌ସ ରିପବ୍ଲିକ୍ ଅଫ୍ ବାଙ୍ଗଲାଦେଶ (୧୯୭୧)। ଏ ସବୁ ବିଗତ ଇତିହାସ।

ସେଦିନ ବହିଲା ତିକ୍ତ ସାମ୍ପ୍ରଦାୟିକତାର ଅଦିନିଆ ଝଡ଼। ଅନେକ ଘର ଛାଡ଼ିଲେ। ଦଳେ ହାଣ ମୁହଁରେ ଗଲେ। ଏ ସବୁ ଦେଖିଛି ହନିଫ୍ ମିର୍ଜା ଓରଫ୍

'ମାଷ୍ଟରେ କଟିଙ୍ଗ୍ ଆଣ୍ଡ ଟେଲରିଂ'। ଛୋଟ ସହରଟି। ସେଇଠି ହନିଫ୍ ମାଷ୍ଟରର ଟେଲରିଂ ସପ୍। ଦର୍ଜି କାମରେ ଓସ୍ତାଦ୍। ମଧ୍ୟମ ବୟସ୍କ, ସୁପୁଷ୍ଟ ଦେହ, ଓସ୍ତାଦୀ ଆଖଡ଼ାରେ। ବଳା ନିଟୋଳ ମାଂସପେଶୀ। ମୁହଁରେ ତ୍ରିକୋଣାକାର କଟା ଦାଢ଼ି। ଆଖିରେ ସୁର୍‌ମା, କାନରେ ଅତରଦିଆ ତୁଳା। ଛାତିରେ କଳା ଫିତାରେ ବନ୍ଧା ଗୋଟେ ରୁପା ତାବିଜ। ପିନ୍ଧା ଖଣ୍ଡେ ଗାରଟଣା ଲୁଙ୍ଗି। ଏଥିରେ ସୂଚୀ-ଶିଳ୍ପର କୁଶଳତା। ଏଇଥି ପାଇଁ କେହି ଜଣେ ବିଦଗ୍ଧ। ତା' ନାଁ ସହିତ ମାଷ୍ଟର ଉପାଧି ଯୋଡ଼ିଦେଲେ। ସେ ହେଇଗଲା ହନିଫ୍ ମାଷ୍ଟର। ସଂକ୍ଷେପରେ ରହିଲା 'ହନି ମାଷ୍ଟର'। ଲୋକଟି ପ୍ରତି ସମସ୍ତଙ୍କର ଶ୍ରଦ୍ଧା। ବସ୍ତି ଆଖଡ଼ା, ସୌଖୀନ ଗରାଖଙ୍କର ମହଲ - ସବୁଠି ତା'ର ପରିଚୟ 'ହନି ମାଷ୍ଟର'। ତା'ର ଗୋଟେ ବିଶେଷ ଗୁଣ। ସାହିରେ ଦଶହରା, ଦିଓ୍ୱାଳୀ ଉତ୍ସବ। ମେଢ଼ ବିସର୍ଜନ ହେବ। ହିନ୍ଦୁମାନଙ୍କର ପଟୁଆର ବାହାରେ। ହନି ମାଷ୍ଟର ସମସ୍ତଙ୍କ ପୁରୋଭାଗରେ। ସେ ନ ଗଲେ ମେଢ଼ ଉଠେନି। ତା' ପିନ୍ଧା ଗାରକଟା ଲୁଙ୍ଗି। ଦେହରେ ଫୁଲପକା ପତଳା ଅର୍ଦ୍ଧି କନାର ପଞ୍ଜାବି। ମୁଣ୍ଡରେ ଗୋଲାପୀ ଜରଜେଟ୍‌ର ପଗଡ଼ି। ବେକରେ ହଳଦିଆ ଜିଲପି ମାଳ। ହାତରେ ଚିତାଏ ଉଞ୍ଚର ରୁପା ଗୋବବସା ବାଉଁଶ ଠେଙ୍ଗା। ସାହିରେ ଉଭୟ ସମ୍ପ୍ରଦାୟ ମଧ୍ୟରେ ସଂପ୍ରୀତି। ସମ୍ପର୍କରେ ନିବିଡ଼ତା। ଜନଜୀବନ ଚଳଚଞ୍ଚଳ। ନ ଥିଲା ଭେଦ ବିଚାର। ଏ କାହାଣୀ ଅଠର ବର୍ଷ ତଳର। ସେଦିନର ସେଇ ଅତି ପରିଚିତ, ସମସ୍ତଙ୍କର ଶ୍ରଦ୍ଧାର ପାତ୍ର, ହନିମାଷ୍ଟର ଘର ଛାଡ଼ିଲା। ତା' ଜୀବନକୁ ଆଚ୍ଛନ୍ନ କଲା ଦୁର୍ଭାଗ୍ୟ। ଭାରତ ପାକିସ୍ତାନ ବିଭାଜିତ। ଅନେକ ଉତ୍ସାହୀଙ୍କ ପାଇଁ ପାକିସ୍ତାନ ପବିତ୍ର 'ମକ୍‌କା'। ଏଥିରୁ ହନି ମାଷ୍ଟର ବାଦ୍ ପଡ଼ିଲାନି। କିନ୍ତୁ ତା' ସହରକୁ ଦଙ୍ଗା ଛୁଇଁ ନଥିଲା। ତା'ର ଦି' ଦିଟା ଭେଣ୍ଡିଆ ପୁଅ, ରମଜାନ୍, ଉସ୍‌ମାନ। କଲିକତା ପୋର୍ଟରେ ଖଲାସି କାମ। ବହୁଦିନୁ ସେମାନଙ୍କର ପତ୍ତା ନାହିଁ। ଶୁଣାଖବର, ସେମାନେ କୁଆଡ଼େ ଗଲେ ହାଣ ମୁହଁରେ। ସ୍ତ୍ରୀ ଅସଗରୀଜାନ, ଏବେ ସ୍ୱର୍ଗରେ। ହନିମାଷ୍ଟର ଏବେ ଆନମନା। ଲୋଭ, ମୋହ ଆଉ ଭୟ, ଶେଷରେ ଚାଲିଗଲା ପାକିସ୍ତାନ। ଦୀର୍ଘ ଅଠରବର୍ଷ ପରେ ଫେରିଛି ସହରକୁ। ପାକିସ୍ତାନ ରେ କେତେ ବୁଲିଛି, କେତେ କେତେ ଅକୁହା ବେଦନା। ଲୁଗା ଗଣ୍ଠିଲି ଧରି ଗାଁ ଗାଁ ବିକିଛି। ହେଲେ ନାହିଁ ଶାନ୍ତି। ତା' ସହର, ତା' ଦର୍ଜି ଦୋକାନ, ଭାଇବନ୍ଧୁ, ଦଶହରା ମେଳଣ, ସାହି ଆଖଡ଼ା, ସର୍ବୋପରି ତା' ଭିଟାମାଟିର ମୋହ। ଶେଷରେ ହନି ମାଷ୍ଟର ଫେରି ଆସିଛି ଲୁଚିଛପି। ନଥିଲା ଭିସା। ସର୍ବଦା ଏକ ଅନାଗତ ଆତଙ୍କ। ପୁଲିସବାଲା ଚଢ଼ାଉ କରିବେ। ବାନ୍ଧିନେବେ। ଗୁପ୍ତଚରର ଆଖ୍ୟା ଦିଆଯିବ। ଏମିତି ନାନା ଦୁଶ୍ଚିନ୍ତା। ହନି ମାଷ୍ଟରର ସେଇ ସିଲେଇ କାମ। ଏବେ ଆଉ ଆସନ୍ତିନି

ନାମୀ ଦାମୀ ଗରାଖ। କେବଳ ଚିରାଫଟା ରଫୁ କାମ। ତା' ଦୋକାନ ପାଖ ରାସ୍ତା ଆରପଟେ। ସେଇଠି ଜଣେ ପୀରଙ୍କ ସମାଧି। ନିତି ସେ ଧୂପକାଠି ଲଗାଏ। ନମାଜ ପଢ଼େ। ପୀରବାବାଙ୍କ ସମାଧି ହିନ୍ଦୁଙ୍କ ପାଇଁ ବି ପବିତ୍ର। ସନ୍ଧ୍ୟାଟା ବେଶ୍ ଜମେ। ଦୀର୍ଘ ଅଠରବର୍ଷ ପରେ ଫେରିଛି ସହରକୁ। ସମସ୍ତଙ୍କର ତା' ଉପରେ ନଜର। କିଏ କହେ ସ୍ପାଏ, ଆଉ କେଇଜଣ ଅସହିଷ୍ଣୁ। ନିନ୍ଦା ରଟାନ୍ତି। ଆଉ କାହାର ଟିପଣୀ। ହନିଫ୍ ମାଷ୍ଟରର ନାଁକୁ ଦରଜି କାମ। ଅସଲ କାମ ହାତ ହତିଆରରେ। ହନିଫ୍ ମାଷ୍ଟର ଜଣେ ନିରୀହ ମଣିଷ। ତିନି ତୁଣ୍ଡେ ଛେଳି କୁକୁର। ଶେଷରେ ଖବର କାଗଜବାଲାଙ୍କ ତୀକ୍ଷ୍ଣ ଆଖି ତା' ଉପରେ। ତଥାପି ସେଇ ସହର, ତା' ପାଇଁ ଭୂସ୍ୱର୍ଗ। କାଳର କୁଟିଳ ଗତି। ସ୍ଥିତିରେ ମୁହୁର୍ମୁହୁ ପରିବର୍ତ୍ତନ। ହନିମାଷ୍ଟର ପୁଣିଥରେ ଘର ଛାଡ଼ିଲା। ଫକୀର ବେଶ। ଗାଁ ଗାଁ ବୁଲେ। ପୋଷା ପାତିମାଙ୍କଡ଼ ନଚାଇ ପେଟ ପୋଷେ। ଗାଁ ମୁଣ୍ଡ ବରଗଛ ତା'ର ଆଶ୍ରୟ। ଏମିତି ତ ବୁଲୁଛି।

ସେ ଦିନର ଅକୁହା କଥାବ୍ୟଥା। ଭୂତ ହୋଇ ସବାର ହନିମାଷ୍ଟର ଦେହରେ। ଉତ୍କଟ ସାମ୍ପ୍ରଦାୟିକତାର ବିଷାକ୍ତ ପରିବେଶ। ଏବେ କଳ୍ପନା କଲେ ଦିହ ଶୀତେଇ ଉଠେ। ଛୋଟ ସହର, ସଂଖ୍ୟା ଗରିଷ୍ଠଙ୍କ ଆଖି, କାଚ ଆଖିପରି କଠୋର; ଶୀତଳ ଆଉ ନିଷ୍ପ୍ରାଣ। ତାହା ସମ୍ପୂର୍ଣ୍ଣ ଅଭିବ୍ୟକ୍ତିହୀନ ହୋଇ ନ ଥିଲା। ସଂଖ୍ୟାଲଘୁଙ୍କ ଆଶଙ୍କା, ତଥାପି ଆଖି ଛଳଛଳ ନ ଥିଲା। ଆତଙ୍କ ଛାଇ ଢଙ୍କା କଳାଘୁମର ମେଘ। ତଥାପି ଢାଙ୍କି ନ ଥିଲା। ଗୁମ୍‌ଗୁମିଆ ରଢ଼ନିଆଁ ଉପରେ ପାଉଁଶର ଆବରଣ, ଏତାଦୃଶ ବିଷଣ୍ଣ ବି ନ ଥିଲା। ତଥାପି ବାରୁଦର ଗଦା ଉପରେ ସେଇ ସହର। କେତେବେଳେ ବି ବିସ୍ଫୋରଣ, ପରିସ୍ଥିତି ହେବ ଭୟାନକ।

ଏବେ ବି ଛନକା, ସେଇ ଲୋମହର୍ଷଣକାରୀ ଘଟଣା। କଲିକତା, କାନପୁର, ଦିଲ୍ଲୀ, ବମ୍ବେ, ସର୍ବତ୍ର ରକ୍ତର ହୋରିଖେଳ। କିନ୍ତୁ ହନିମାଷ୍ଟର ରହୁଥିବା ସହର, ତଥାପି ସୁରକ୍ଷିତ। ସାମ୍ପ୍ରଦାୟିକ ହିଂସାର ଉତ୍ତରଳ ଫେନିଳ ଜଳରାଶି। ଚାରିକଡ଼ରେ ଅମାନିଆ ପ୍ରଚଣ୍ଡ ଢେଉ। ତା'ରି ଭିତରେ ସହରଟି ଏକ ଦ୍ୱୀପ ସଦୃଶ, ସମ୍ପୂର୍ଣ୍ଣ ବିଚ୍ଛିନ୍ନ ବାହ୍ୟ ପରିବେଶ ଠାରୁ। ମାତ୍ର ସେଇ ଲହରୀର ଆଘାତ ପରେ ଆଘାତ। ସହରର ମର୍ମମୂଳ ପ୍ରକମ୍ପିତ। ପ୍ରତିଟି ମୁହୂର୍ତ୍ତ ସଙ୍କଟ, ସନ୍ଦେହରେ ଦୁର୍ବିସହ। ପ୍ରତିଟି ରାତି ଆତଙ୍କିତ, ସମ୍ପୂର୍ଣ୍ଣ ବିନିଦ୍ର। ପ୍ରତିକ୍ଷଣରେ ଅନାଗତ ଭୟ। ଆକ୍ରମଣ ଅବା ଆତ୍ମରକ୍ଷା। ସାମାନ୍ୟ ଦିଆସିଲି କାଠିଟେ, ପାରିପାର୍ଶ୍ୱିକ ବାରୁଦ ସ୍ତୂପ। ହୋଇଯିବ ଉତ୍ତପ୍ତ ଆଗ୍ନେୟଗିରି। ହୁତୁହୁତୁ ଜଳିବ। ଅବଶ୍ୟ ଲାଭା ପ୍ରଶମିତ ହେବ। ମାତ୍ର ପୁନଃ ସୃଷ୍ଟିର ସମ୍ଭାବନା। ତାହା ଜ୍ୱଳନ ଠାରୁ ଆହୁରି ଉତ୍ପୀଡ଼ନ। ଆଜି ରାତି ଅଧରେ ହେବ

ଚଢ଼ାଉ । କାଲି ଆକ୍ରମଣ । ପ୍ରତିଟି କ୍ଷଣ ଉଦ୍‌ବେଗପୂର୍ଣ୍ଣ । ସବୁଆଡ଼େ ଅସୁମାରି କାଚଆଖି । ଅନ୍ଧାରରେ ମହାବଳର ଜଳନ୍ତା ଆଖିପରି । ହନି ମାଷ୍ଟର ପାକିସ୍ତାନ ପଳାୟନ କଲା । ସେଠାରେ ଚିହ୍ନିଲା ଏହାର ଅସଲ ସ୍ୱରୂପ । ବୁଝିଲା ସତମିଛ । ମୁଷ୍ଟିମେୟ ଧର୍ମାନ୍ଧ, ତାଙ୍କରି ଏ ରକ୍ତର ଜୁଆଖେଳ । ସେଦିନ ଅନେକ ପାଇଁ ପାକିସ୍ତାନ ମକ୍‌କା, ମର୍ତ୍ତ୍ୟରେ ଜନ୍ନତ । ଦୋଦୁଲ୍ୟମାନ ସ୍ଥିତି । ହନି ମାଷ୍ଟ୍ରେ କିଂକର୍ତ୍ତବ୍ୟବିମୂଢ଼ । ମନୁଷ୍ୟ ମନୁଷ୍ୟ ମଧ୍ୟରେ ସମ୍ପର୍କର ବିରାଟ ପରିବର୍ତ୍ତନ । ସବୁ ଅଦୃଶ୍ୟ ଭାବେ, ଅଲକ୍ଷିତରେ ଘଟି ଚାଲିଲା । ହନିମାଷ୍ଟର ତା' ମାପ ଖୋଜି ପାଉ ନ ଥିଲା । ଅଠର ବର୍ଷର ଦେଶାନ୍ତର ପରେ ଏବେ ସେ ତା' ପରିଚିତ ସହରରେ । ସେଇ ତା' ଜୀବନର ଉତ୍ସମୂଳ, ଅତି ଅନ୍ତରଙ୍ଗ, ଚିର ଅଭୁଲା ।

ଦୂର ପାହାଡ଼ ସୁନ୍ଦର, ସବୁଜ ଶାଗୁଆ ଲତାଗୁଳ୍ମରେ ଶୋଭିତ । ଆକାଶ ଛୁଆଁ ଶିଖର । ଖଣ୍ଡ ଖଣ୍ଡ ଭସା ବଉଦ । ସାଉଁଳାଇଦିଏ ତା' ଟାଙ୍ଗରା ଛାତିକି । ଶୀତ ଆସେ । ପାହାଡ଼ ଛାତିରେ ଛାତିଏ କୁରେଇ ଫୁଲ । ମହମହ ବାସ, ଚଉଦିଗ ଚହଟି ଯାଏ । ମନ କିଣି ନିଏ, ଆନମନା କରିଦିଏ । ପାଖରେ ସେଇ ପାହାଡ଼, ଆବଡ଼ା ଖାବଡ଼ା, କଠିନ; ବନ୍ଧୁର ତା'ର ଶିଳା ଶେଯ । ଏଇଟି ବାସ୍ତବତା । ପାହାଡ଼ ପାଖରେ ମୋହ ଭାଙ୍ଗି ତୁଟିଯାଏ । ବୁଝାପଡ଼େ ପାଖ, ଦୂରର ଫାଙ୍କ ଫରକ । ସେଦିନ ବୁଝିଲା ହନିମାଷ୍ଟର । ସେତେବେଳକୁ ସମୟ ଆଉ କେଇପାଦ ଆଗରେ । ତା' ଆଖି ଆଗରେ ଚକ୍‌ଚକ୍ । ନୂଆ ଜାଗା, ମୋହ ବଢ଼ିଲା । ୧୯୪୭ ମସିହା । ବିଭାଜିତ ଭାରତ । ଅନେକଙ୍କ ପାଇଁ ପାକିସ୍ତାନ ତୀର୍ଥସ୍ଥାନ । ବାଦ୍ ପଡ଼ି ନଥିଲା ହନିମାଷ୍ଟର । ଭାରତ ଛାଡ଼ିଲା । ଦୀର୍ଘ ୧୮ ବର୍ଷର ଦେଶାନ୍ତର । ଆଶା ଆକାଶ ଛୁଆଁ । ସୁଖ ଖୋଜା ଦିନଗୁଡ଼ିକ ଶେଷରେ ଲୁହରେ ଭିଜିଲା । ମନେ ପଡ଼ିଲା ତା' ଭିଟାମାଟି, ଭାରତମାତା । ତା' ସହିତ ଦଶହରା ମେଳଣ ସଂପ୍ରୀତି, ସଦ୍‌ଭାବନା ହସ ସରସ ଦିନ । ପୁନଃ ଫେରିଛି ହନିମାଷ୍ଟର, ଦର୍ଜି ହନିମାଷ୍ଟର । ତା' ପରିଚିତ ସହର । ଦୋକାନ ଆଗରେ ଥିଲା କଳିଙ୍କି ଲଗା ଫଳକ – 'ମାଷ୍ଟର କଟିଙ୍ଗ୍ ଆଣ୍ଡ ଟେଲରିଂ' । ଆନନ୍ଦ, ପୁଲକ, ରୋମାଞ୍ଚ, ଶିହରିତ ହନିମାଷ୍ଟର । ସତରେ ! ସୁଖୀ ପରଦେଶୀ ନଜ ଦେଶେ ।

୧୮ ବର୍ଷ ପରେ, ଅନେକ କିଛି ବଦଳି ଯାଇଛି । ବଦଳିଛି ମନୁଷ୍ୟର ରୁଚି । ପରସ୍ପର ମଧ୍ୟରେ ସମ୍ପର୍କ । ସବୁଥିରେ ଭଟା । ସେଦିନ ଆଜି ଅତୀତ । 'ମାଷ୍ଟର କଟିଙ୍ଗ୍ ଏଣ୍ଡ ଟେଲରିଂ'ର ସଂକୀର୍ଣ୍ଣ ଅଣଓସାରୀ ପିଣ୍ଡା । ଘରେ ଗୋଟେ ସିଲେଇ ମେସିନ୍ । ହନିମାଷ୍ଟର ମେସିନ୍ ଚଳାଏ । ଲୋକପ୍ରିୟ ଫିଲ୍ମର ମଧୁରିଆ ଗୀତ । ଗୁଣୁଗୁଣୁ କରି ଗାଏ । ଖରିଦ୍‌ଦାର ମାନଙ୍କର ଭିଡ଼ । ତା' କଟିଙ୍ଗର ଏକ ବିଶେଷତ୍ୱ । ଫତେଇ,

କୁର୍ତ୍ତା, ପଞ୍ଜାବି ଅବା ଓପନ୍ କଲାର କାମିଜ୍ - ସବୁଥିରେ ଓସ୍ତାଦ୍। ଏବେ ସ୍ଥିତି ଓଲଟା। ଗରାଖଙ୍କ ଆସିବା ବନ୍ଦ। ନିଜ ସମ୍ପ୍ରଦାୟର କେଇଜଣ ଆସନ୍ତି। ଖଣ୍ଡେ ଫତେଇ ବା କୁର୍ତ୍ତା ଅବା ଜଂଘିଆ ସିଲେଇ ଲୋଡ଼ା। ହନିମାଷ୍ଟର ଦୂର୍ ଦୂର୍ କରେ। ଏଥି ପାଇଁ ଦୋସରା ଦୋକାନ, ଦୋସରା ମିସ୍ତ୍ରୀ। ଫେରେଇଦିଏ। ସନ୍ଧ୍ୟା ଆସେ। ତା' ଦୋକାନ ପିଣ୍ଡା ଏବେ ଖାଁ ଖାଁ। ବସ୍ତି ଟୋକାଙ୍କର ନାହିଁ କଓ୍ୱାଲୀ ଆଡ୍ଡା। ନାହିଁ ବତୀଖୁଣ୍ଟ ଆଲୁଅରେ ତାସ ଖେଳ। ତା' ଦୋକାନ ସାମନାରେ ରେସ୍ତୋରାଁଟେ। ନିତି ବସନ୍ତି 'ସ୍ୱଦେଶ ମିତ୍ର'ର ସାମ୍ବାଦିକ ଅମିତାଭ। ତୀକ୍ଷ୍ଣ ନଜର ହନିମାଷ୍ଟର ଉପରେ। ସହସା ଫେରିଛି ପାକିସ୍ଥାନରୁ। ଗୁପ୍ତଚର ହୋଇପାରେ! ପାକିସ୍ତାନ ପାଇଁ ଗୋଇନ୍ଦାଗିରି। ରେସ୍ତୋରାଁ ମାଲିକର ଏଇ ଅଭିଯୋଗ। ସରକାର ନାହିରେ ତେଲ ଦେଇ ପଡ଼ିଛନ୍ତି। ଖବରକାଗଜବାଲା ବି ଚୁପ୍। ଗୁପ୍ତଚରମାନେ ଦାଣ୍ଡ ଦୁଆରେ। ହନିମାଷ୍ଟର ଦୋକାନ ଭିତରେ ହାତବୋମା, ୱାର୍‌ଲେସ, ବନ୍ଧୁକ - ସବୁ ମହଜୁଦ। ଇସାରା ମାତ୍ରେ କାମ କରିଦେବେ। ସାମ୍ବାଦିକଙ୍କର ଏକା ସନ୍ଦେହ। ସେୟା ହେଇଥିବ। ନଚେତ୍ ପାକିସ୍ତାନ ଛାଡ଼ି ସେ କାହିଁ ଆସନ୍ତା? କିନ୍ତୁ ଏ ସବୁ ସନ୍ଦେହ ଅମୂଳକ। ହନିମାଷ୍ଟରର ବିରାଟ ଭୁଲ। ବିନା ଭିସାରେ ଭାରତ ଫେରିଛି। ପୁଲିସବାଲା ଦେଖିଲେ ଛାତିରେ ଛନକା। କନକନ ଚାହାଁଣୀ। ସନ୍ଦେହ ନ କରୁଥିଲେ ବି କେହି ସନ୍ଦେହ କରିବ।

ହନିମାଷ୍ଟର ସରଳ, ନିଷ୍କପଟ, ଅମାୟିକ। ଭଦ୍ର ବି। ଦେଶାନ୍ତର ବେଳ କଥା। ତା' ଡିହ ଖଣ୍ଡକ। ତା' ଉପରେ ବି କେତେକଙ୍କ ଆଖି। ତା' ଭିତରେ ସାମନା ହୋଟେଲ ମାଲିକ। ଦଖଲ ପାଇଁ ଚଞ୍ଚକ। ଅନେକ ହିନ୍ଦୁ ଏ ଅପକର୍ମର ବିରୋଧ କଲେ। ପୀରସ୍ଥାନ ସେମାନଙ୍କ ପାଇଁ ପବିତ୍ର। କୂଟ ଚକ୍ରାନ୍ତ ବିଫଳ ହେଲା। ଶେଷରେ ଆଶା କରା ଯାଇ ନ ଥିବା ଘଟଣାଟେ ଘଟିଲା। ହନିମାଷ୍ଟର ସହରକୁ ଫେରିଛି। ପୂର୍ବ ପାକିସ୍ଥାନରେ କେତେ କେତେ ଅଜଣା ସହର, ଅନେକ ଜନପଦ। ଭାରତର ଏହି ନିଦୁଆଳୀ ସହରର ଅନ୍ଧାରଗଳି। ତା'ରି ଭିତରେ ଦୀର୍ଘ ଅଠର ବର୍ଷର ଆତ୍ମସମୀକ୍ଷା। ଖୋଜି ପାଇନି ସମାଧାନ। ଢାକ୍‌କା, ସୁଲତାନ ଗଞ୍ଜ, ଚିଟାଗଞ୍ଜ - ଏମିତି ବହୁ ସହର। ଅନୁସନ୍ଧାନ ଜାରି ରଖିଛି। ଖୋଜୁଛି ଜୀବନର ଉତ୍ସମୂଳ। ହୁଏତ କେଉଁଠି ପାଇଛି ଆଶ୍ରୟ ଅବା ଅବଲମ୍ବନ। କେଉଁଠି ପାଇନି ଜୀବନର ଉତ୍ସମୂଳ। ସବୁଠି ସେ ଏକାକୀ, ନିଃସଙ୍ଗ, ଅବାଞ୍ଛିତ। ଅନ୍ୟତ୍ର ଏକାନ୍ତ ଅପରିଚିତ, ଏକାନ୍ତ ଆଗନ୍ତୁକ। ପରଦେଶ, ହନିମାଷ୍ଟର ସମ୍ପୂର୍ଣ୍ଣ ନୂତନ। ପ୍ରଥମେ ପ୍ରଥମେ ପରିହାସ, ଉପହାସର ପାତ୍ର। ତାକୁ ଅଜଣା ଉର୍ଦ୍ଦୁ ସଠିକ୍ ଉଚ୍ଚାରଣ। ପାକିସ୍ଥାନୀ ବଙ୍ଗଳା କହିବାର ଭଙ୍ଗୀ। ତାହା ମଧ୍ୟ ପ୍ରମାଦପୂର୍ଣ୍ଣ। ସେ ହେଇଗଲା ଅପାଙ୍କ୍ତେୟ। ଦିନେ ସେ ଥିଲା ଗୋଟେ

ଅନୁଷ୍ଠାନ। ଏବେ ଅଣଦେଖା ତୁଠ ପଥରଟେ। ନାହିଁ ସ୍ନେହ, ଶ୍ରଦ୍ଧା, ଆଦର। ତା' ହାତ କଟିଙ୍ଗ୍ ଦିନେ ଥିଲା ସୌଖୀନ ଆଉ କଳାବନ୍ତ। ଏବେ ଅନ୍ୟମାନଙ୍କର ମୁହଁମୋଡ଼ା। କାହା କାହା ଆଖିରେ ତାହା ଗ୍ରାମ୍ୟ ଅଥବା ଅମାର୍ଜିତ। ତା' ଦର୍ଜିକାମ ପୂରା ନାପସନ୍ଦ। ଏବେ ବଞ୍ଚିବାର ନୂଆ ଅବଲମ୍ବନ ଲୋଡ଼ା। କିଛିଦିନ ଲୁଗାବିକା, ପିଠିରେ ଲୁଗା ଗଣ୍ଠିଲି। ବହୁ ଅଞ୍ଚଳ ବୁଲିଲା। ବୁଲୁ ବୁଲୁ ପୂର୍ବ ବଙ୍ଗ ସୀମା ଟପିଗଲା। ଆସାମରେ ପହଞ୍ଚିଲା। ଆସାମରୁ ପଶ୍ଚିମ ବଙ୍ଗଳା। ସେଠୁ ଲୁଚି ଲୁଚି ଆସି ନିଜ ସହରରେ। ନ ଥିଲା ପାସ୍‌ପୋର୍ଟ ଅବା ଭିସା। ଜାଣି ନ ଥିଲା ସେ କେଉଁ ଦେଶର ନାଗରିକ। ଗୋଟେ ବ୍ୟାଧତ୍ରସ୍ତ ପଶୁସମ ଭୀତତ୍ରସ୍ତ। ଅତି ସନ୍ତର୍ପଣରେ, ଅତି ଗୋପନରେ। ଦିନରେ ଆତ୍ମଗୋପନ। ରାତିର ଘନ ଅନ୍ଧାର। ଶୁଖିଲା ପତ୍ରଟି ପରି ଉଡ଼ି ଉଡ଼ି ଆସିଲା। ପହଞ୍ଚିଲା ତା' ଭିଟାମାଟିରେ। ସେଇଦିନୁ ମନରେ ଛନକା, ପୁଲିସ ବାଲା ଅବା ସରକାରୀ ଲୋକ; ଦେଖିଲେ ଭୟରେ ଥରେ। ଏକ ଅହେତୁକ ଆଶଙ୍କାରେ ତା' ଅବଚେତନ ମନ ଆଚ୍ଛନ୍ନ। ଅକାରଣରେ ଏଣେ ତେଣେ ଚାହେଁ। ଭୟକାତର ଦୃଷ୍ଟି। ଏଇଟା ତା'ର ଅଭ୍ୟାସ ହେଇଗଲା। ନିଜ ମାଟି, ଏଇ ତା' ଘରଡିହ। ତଥାପି ଅଜ୍ଞାତବାସ ପରି ମନେହେଲା।

ସେଦିନର ଘଟଣା। ତା' ଦୋକାନରେ ଜଣେ ନୂତନ ଗରାଖ ହାଜର। ଦିହରେ ଲୋଚାକୋଚା ଖଣ୍ଡେ ମଇଳା ପାଇଜାମା। ପିନ୍ଧା ଖଣ୍ଡେ ଧଡ଼ି ଛିଣ୍ଡା ହାୱାଇନ୍। କାଖରେ ଗୋଟେ କାଗଜ ମୋଡ଼ା ପ୍ୟାକେଟ୍। ହନିମାଷ୍ଟର ମୁଖରେଖାଗୁଡ଼ିକ କୁଞ୍ଚିତ। ହତଭାଗାଟା ! ଆସିଛି ଛିଣ୍ଡା ପାଇଜାମା ରଫୁ ପାଇଁ। ନୋହିଲେ ମରାମତ କଥା କହିବ। କାଲି ଅବା ପହରଦିନ ଇଣ୍ଟରଭ୍ୟୁ। ତା' ପୂର୍ବରୁ ତାଳିପକା ପାଇଜାମା, ଚିକ୍‌କଣ ଦୋରସ୍ତ ହେବା ଲୋଡ଼ା। ଏମିତି ବହୁ ଅର୍ଡ଼ର। ହନିମାଷ୍ଟର ତାମିଲି କରେ। ଆଉ ମିଳୁନି ଦାମିକା କାମ। ଏବେ ରଫୁକାମ। ମନେ ମନେ ହସେ। ସତରେ ! କି ଥିଲା ସେଦିନ ? ଆଜି ତା'ର କି ଦୁରବସ୍ଥା ? କର୍ମକୁ ନିନ୍ଦିବା ସାର ଯାହା। ସାମ୍ବାଦିକଙ୍କ ହନିମାଷ୍ଟର ଉପରେ ଶ୍ୟେନ ଦୃଷ୍ଟି। ସେଇ ଅଚିହ୍ନା ଗରାଖଟି ନିଶ୍ଚୟ ଏକ ସ୍ପାଇ। କୌଣସି ଗୁପ୍ତ ସମ୍ବାଦ ଧରି ଆସିଛି। ତାହା ମଧ୍ୟ ସମ୍ପୂର୍ଣ୍ଣ ଅସତ୍ୟ ହେଇ ନ ପାରେ। ଏ ଅଶ୍ଳୀଳ ଦୋକାନ, ଏଠିକି ବା କେଉଁ ମାର୍ଜିତ ଲୋକ ଆସିବ ? ପୋଷାକ ସିଲେଇ କେବଳ ବାହାନା, ହୁଏତ ଆଣିଥିଲା ଓ୍ୱାୟାରଲେସ୍ ଟ୍ରାନ୍‌ସମିଟର ସେଟ୍, ହାଣ୍ଡଗ୍ରେନେଡ଼୍, ନତୁବା କେତେକ ଗୋପନୀୟ ନଥିପତ୍ର। ଏଇ ଧାରଣା ସାମ୍ବାଦିକ ଜଣଙ୍କର। ଦୁଇଜଣ କନେଷ୍ଟବଳ, ବୁଟ୍ ଜୋତାର ମଚ୍ ମଚ୍ ଶବ୍ଦ। ସେମାନେ ଟ୍ରାଫିକ୍ ଡିଉଟି ଫେରନ୍ତା। ସେମାନଙ୍କୁ ଦେଖିବା କ୍ଷଣି ହନିମାଷ୍ଟର ଘର ଭିତରେ। କବାଟ କିଳିଦେଲା ଭିତରୁ।

ସାମ୍ବାଦିକ ଜଣକ ଏବେ ସ୍ଥିର ନିଶ୍ଚିତ । ଆଗନ୍ତୁକ ଜଣକ ପାକିସ୍ଥାନ ଗୁପ୍ତଚର ନିଶ୍ଚୟ ।

ହନିମାଷ୍ଟରର ଦୋକାନ ପାଖରେ ଛୋଟ ପଡ଼ିଆଟି । ଗୋଟେ ଥୁଣ୍ଟା ଶିମିଳି ଗଛଟି । ଶାଖା ପ୍ରଶାଖା ମେଲିଛି । ଲାଲଫୁଲ ଭର୍ତ୍ତି । ଗଛଟି ସାକ୍ଷୀ । ନିରୁତ୍ସବ ଜୀବନ । ମାସ ବର୍ଷର ପୌନପୌନିକତା । ତା'ରି ଭିତରେ ଗୋଟେ ବର୍ଣ୍ଣାଢ଼୍ୟ ମୁହୂର୍ତ୍ତ ମାତ୍ର । ପୀରବାବା ସମାଧି । ବିଛେଇ ହୋଇ ପଡ଼ିଛି ଶିମିଳି ଫୁଲ । ସତେ ଯେମିତି ପ୍ରୀତି ପୁଷ୍ପାଞ୍ଜଳି । ସେଦିନ ଦରବେଶ୍ ପରି ଦୃଶ୍ୟମାନ । ଆଉ ଦି'ଜଣ ଫକିର । ସମାଧି ପାଖରେ ନମାଜ ପଢ଼ାରେ ନିମଗ୍ନ । ସମାଧି ଉପରେ ଦ୍ୱିତୀୟାର ବଙ୍କିମ ଚନ୍ଦ୍ର ଜୋଛନା ଲାଞ୍ଛିତ ସାବ୍‌ଜା ରଙ୍ଗର ପତାକା । ମାଟିର ଧୂପଦାନୀ, ଝୁଣାପାତ୍ର, ଇତସ୍ତତଃ ବିକ୍ଷିପ୍ତ । ସାମ୍ବାଦିକଙ୍କ ଆଖିରେ ପତାକାଟି ପାକିସ୍ଥାନର । ନମାଜ ଶେଷ । ଦର୍‌ବେଶ୍ ଦି' ଜଣ ଦୋକାନ ପିଣ୍ଡାରେ । ସେମାନେ ସ୍ଥାନୀୟ ଅଧିବାସୀ ନୁହନ୍ତି । ଦେହରେ କଳା ଆଲଖାଲ୍ଲା, ବେକରେ ନାନାରଙ୍ଗର କାଚମାଳି । ମୁଣ୍ଡରୁ କାନ୍ଧ ଯାଏ ବାବୁରିବାଳ । ମୁହଁରେ ଅଯତ୍ନ ବର୍ଦ୍ଧିତ ଦାଢ଼ି । ଏସବୁର ସମ୍ମିଶ୍ରଣ । ସେମାନଙ୍କର ରହସ୍ୟାବୃତ୍ତ ଚେହେରା । ହନିମାଷ୍ଟର ଯେ ଗୁପ୍ତଚର, ଏ ଧାରଣା ଅଧିକ ସ୍ପଷ୍ଟ ହୋଇଗଲା । ତା' ପରଦିନ ଖବରଟେ ପ୍ରକାଶ ପାଇଲା । ଦୈନିକ ଖବରକାଗଜ 'ସ୍ୱଦେଶ ମିତ୍ର' । ବଡ଼ ବଡ଼ ହର୍‌ଫ, ଚାଞ୍ଚଲ୍ୟକାରୀ ଶିରୋନାମା । ହିଂସା ଆଉ ଘୃଣାର ଫୁଲକି ଉଡ଼ା ଭାଷା । ଖବରଟି ଏହିପରି - ସହରରେ ପାକିସ୍ତାନ ଗୁପ୍ତଚର - ଚକ୍ର, ସୂତ୍ରଧର ହନିମାଷ୍ଟର । ଗୁପ୍ତଚରମାନଙ୍କର ଚକ୍ରାନ୍ତ, ବିନା ଭିସା, ପାସ୍‌ପୋର୍ଟରେ ଅନୁପ୍ରବେଶ । ହାଣ୍ଡଗ୍ରେନେଡ଼, ଅନ୍ୟାନ୍ୟ ମାରାତ୍ମକ ଅସ୍ତ୍ରଶସ୍ତ୍ର ସେମାନଙ୍କ ପାଖରେ । ଶାସନର ଉଦାସୀନତା । ଜାତୀୟ ନିରାପତ୍ତା ସଙ୍କଟରେ ଇତ୍ୟାଦି । ଏମିତି ସବୁ ଅରୁଚିକର ଶବ୍ଦ - ଖବରକାଗଜଟିରେ । ଜଣେ ନିରୀହ ସ୍ୱଦେଶୀ ହନିମାଷ୍ଟର, ତାକୁ ସନ୍ତ୍ରାସବାଦୀ ସଜେଇବା ଏକ ଘୃଣ୍ୟ ଅପରାଧ । ପରିଣାମ କରୁଣାନ୍ତକ । ସରଳ ମଣିଷଟି । ଶେଷରେ ବେଘର ବନିଗଲା ।

ସେଦିନ ପ୍ରତ୍ୟୁଷ । ବସ୍‌ଷ୍ଟାଣ୍ଡ, ରେସ୍ତୋରାଁ, ବୈଠକଖାନା, ଦପ୍ତରରେ, ଘରେ, ବାହାରେ, ସବୁଠାରେ, ଅଜସ୍ର ମୁଖରେ -ସବୁଠି ଗୋଟେ ଚର୍ଚ୍ଚା । ହନିମାଷ୍ଟର ସନ୍ତ୍ରାସବାଦୀ, କିଏ କହିଲା ଗୁପ୍ତଚର । ଲୋକଭିଡ଼ ଜମିଲା । ସମସ୍ତେ ନିରବ । ହନିମାଷ୍ଟର ଦୋକାନ ବନ୍ଦ । ସଶସ୍ତ୍ର ପୁଲିସ, ଓ୍ୱାୟାରଲେସ୍ ଭ୍ୟାନ୍ ହାଜର । ହନିମାଷ୍ଟର ସେତେବେଳେ ନ ଥିଲା । ବିନା ପାସ୍‌ପୋର୍ଟ, ବିନା ଭିସା । ଏଥିପାଇଁ ଶାସ୍ତି ବଡ଼ କଠୋର । ଏକଥା ତାକୁ ବେଶ୍ ଜଣା । ଖବରକାଗଜ ରିପୋର୍ଟର, ପୁଲିସ, ମାଜିଷ୍ଟ୍ରେଟ୍, ସାଧାରଣ କୌତୁହଳୀ ଜନତା । ସମସ୍ତେ ଉପସ୍ଥିତ । ଦୋକାନ ଦରଜା ଭଙ୍ଗାଗଲା । ଗୋଟାଏ ପୁରୁଣା ସିଲେଇ ମେସିନ୍, ଟୁକୁରା ଟୁକୁରା କନା, ସିଲେଇ ଟୁକୁରା । ମେସିନ୍‌ର

ଦରଜା। ତା' ଭିତରେ କେତେଟା ଅର୍ଡ଼ର ମାପ। ଗୋଟାଏ କୋଣରେ ସନ୍ଦେହଜନକ ପୁଟୁଳିଟିଏ। ତା' ଭିତରେ କେଇଖଣ୍ଡ ଫୁଟା ଟ୍ରାଉଜର ଆଉ ହାୱାଇନ୍। କାହିଁ ସେଇ ସବୁ ମାରାତ୍ମକ ହାଣ୍ଡଗ୍ରେନେଡ଼, ଟ୍ରାନ୍ସମିଟର, ଗୁପ୍ତ ଚିଠିପତ୍ର ? ସାମ୍ବାଦିକ ଜଣଙ୍କର କୈଫିୟତ - 'କେହି କ'ଣ ସେ ସବୁ ପଛରେ ଛାଡ଼ିଯାଏ ?" ହନିମାଷ୍ଟର ଜଣେ ଗୁପ୍ତଚର। ପୁଲିସ ଆସିବା ଆଗରୁ ତା'ର ପଳାୟନ। ଏଇ ତ ଶ୍ରେଷ୍ଠ ପ୍ରମାଣ। ଦୋକାନ ପଛରେ ସନ୍ତସନ୍ତିଆ ଅନ୍ଧାର କୋଠରି। ସେଇଠି ହନିମାଷ୍ଟର ରହେ। ଖାନ୍‌ତଲାସି ଚାଲିଲା। ଗୋଟେ କୋଣରେ କେଇଟା ଚିଲମ, ପୋଡ଼ା ଗଞ୍ଜେଇ ଗୁଣ୍ଡ, ଗୋଟିଏ ବିଡ଼ି, ମେଞ୍ଚାଏ ଶୁଖିଲା ପିଜୁଳି ପତ୍ର, ଗୁଲି ରାନ୍ଧିବାର ଆଉ ଆଉ ସରଞ୍ଜାମ। ଉଚ୍ଚପଦସ୍ଥ ପୁଲିସ ଅଫିସର। ତାଙ୍କରି ନେତୃତ୍ୱରେ ଖାନ୍‌ତଲାସି, ତାଚ୍ଛଲ୍ୟରେ କହିଲେ - ଦୂତ୍, ଏ ସବୁ ଏକସାରଜ୍‌ମାଲ। ସମସ୍ତେ ବିସ୍ମିତ। କାହିଁ ସେଇ ଷଡ଼ଯନ୍ତ୍ରର ବ୍ୟୂହକେନ୍ଦ୍ର ? ଘରଭିତରେ ଗୋଟେ ଚେପା ବଦ୍‌ନା, କଲେଇ ଛଡ଼ା କେଇଖଣ୍ଡ ଆଲୁମିନିୟମ୍ ବାସନ; ଛିଣ୍ଡା ଗୋଦଡ଼ା, ଦରବେଶ୍‌ମାନଙ୍କର କାଚମାଳିଟିଏ। କିଛି ରହସ୍ୟ ଜନକ ଜିନିଷ ନ ଥିଲା। ନିଜ ସପକ୍ଷରେ ଯୁକ୍ତି, ଏଇଟି ମଣିଷର ଗୋଟେ ବଡ଼ ଦୁର୍ଗୁଣ। ଏଥିରୁ ବାଦ୍ ପଡ଼ିନଥିଲେ ସାମ୍ବାଦିକ ଅମିତାଭ। ପାଣି ପାଣି, କ୍ଷୀର କ୍ଷୀର। ସତ୍ୟ ଫୁଟି ବାହାରିଲା। ତଥାପି ତାଙ୍କର ଆତ୍ମରକ୍ଷା ପ୍ରଚେଷ୍ଟା। ହନିମାଷ୍ଟର ପୁଲିସ ଆସିବା ଆଗରୁ ଫେରାର। ତା' ସହ ଅନ୍ୟ ଗୁପ୍ତଚରଙ୍କର ପଳାୟନ। ଅନେକ ଗୁପ୍ତ ନଥିପତ୍ର। ସେମାନେ ନେଇ ପଳାଇଥିବା ଆଶଙ୍କା। ଏ ଖବରଟି ପରଦିନ ପ୍ରକାଶ ପାଇଲା। ତାହା ଯେତିକି ରୋଚକ; ତା' ଠାରୁ ଅଧିକ ହାସ୍ୟାସ୍ପଦ।

ଏଇ ଚିହ୍ନାମାଟି। ହନିମାଷ୍ଟର ଘର ଆଗ ଶିମିଳି ଗଛ। ତା'ପରି ସେ ବଢ଼ିଥିଲା। ମୁଣ୍ଡ ଉପରେ ଉଦାର, ସୁବିସ୍ତୃତ ସୁନୀଳ ଆକାଶ। ଶିମିଳିର ଶାଖାରେ ଶାଖାରେ। ଆଜି ରାଶି ରାଶି ଲାଲଫୁଲର ସ୍ତବକ। ଢେର୍ ବର୍ଷର ଗଛ। ଗୋଡ଼ ଦମ୍ଭ କରିବାର ବିଶ୍ୱାସଟି ଶିଖାଏ। ଆଜି ଅଛି ସେଇ ଗଛ; ମାତ୍ର ସେ ବିଦାୟ ନେଇଛି ରାତ୍ରିର ଦସ୍ୟୁପରି। ପଳାୟନ ସନ୍ତର୍ପଣରେ, ଲୁଚି ଲୁଚି। ଅଠର ବର୍ଷର ଅନୁଭୂତି। ଏ ବିଦ୍ୟାରେ ତା'ର ପାରଦର୍ଶିତା। ସାଥିରେ ତା'ର ପୋଷା ପାତିମାଙ୍କଡ଼ଟି। ସହରଠାରୁ ଢେର୍ ଦୂରରେ, ଗ୍ରାମାଞ୍ଚଳ ପଥେପଥେ ଫକିରଟିଏ ବୁଲେ। ମାଙ୍କଡ଼ ନଚାଏ, ହାତରେ ଡମ୍ବରୁ। ଡମ୍ବରୁ ବାଜେ। ପାତି ନାନାରଙ୍ଗରେ ନାଚେ, ଅଳିକରେ, ହାତ ଯୋଡ଼ି ପଇସା ମାଗେ। ଫକିର ହନିମାଷ୍ଟର, ପାରିପାର୍ଶ୍ୱିକ ସ୍ଥିତି ସହ ମିଶି ଯାଉଥିଲା, କେହି ଆଉ ସନ୍ଦେହ କରୁ ନ ଥିଲେ।

ଉଦୁଉଦିଆ ଦିପହର ଅବା ଶୀତୁଆ ରାତି। ତା'ର ଆଶ୍ରୟ ଏଇ ଚିହ୍ନାମାଟି

ଆଉ ଅଚିହ୍ନା ଆକାଶ। ସାଥୀ, ସହଚର ପୋଷା ପାତିମାଙ୍କଡ଼। ହଜିଲା ଅତୀତ। ହନିମାଷ୍ଟର ସ୍ମୃତି ଚହଲି ଯାଏ। ଆଖିରେ ଲୁହ ଜକେଇ ଆସେ। ତା' ମନରେ ଅସମାହିତ ପ୍ରଶ୍ନ। ସବୁ ତ ଠିକ୍‌ଠାକ୍। ମାଟି ମାଟି, ଆକାଶ ଆକାଶ, ପାଣି ପଣା ହେଇ ଯାଇନି। ପବନ ତଥାପି ସୁଗନ୍ଧିତ, ଆକାଶ ସୁନିର୍ମଳ, ମାଟି ତଥାପି ମମତାଭରା। ବୃକ୍ଷ ଛାୟା ତଥାପି ନିବିଡ଼। ଏଠୁ ତାକୁ ନିର୍ବାସିତ କଲା କିଏ ? ବଞ୍ଚିବାର ଅଧିକାରରୁ ବଞ୍ଚିତ କଲା କିଏ ? ସତରଞ୍ଜି ଖେଳରେ କିସ୍ତିମାତ୍। ଏଥିପାଇଁ ବୋଡ଼ିଆଟି ପରି ତାକୁ ବିସର୍ଜନ ଦେଲା କିଏ ? ଏସବୁ ପ୍ରଶ୍ନ ତଥାପି ଅସମାହିତ। ଏଇ ଦେଶ, ଏଇ ମାଟି, ହନିମାଷ୍ଟର ଜୀବନର ଉତ୍ସମୂଳ। ଏବେ ସେ ଘରଛଡ଼ା। ସେ ଅଜ୍ଞାତବାସରେ। ତା' ପାଇଁ ଦୈନ୍ୟର ଅଭିଶାପ। ହେଉପଛେ ଗାଁ ମୁଣ୍ଡ ବରଗଛ ଆଶ୍ରୟ ସ୍ଥଳ। ଏ ପରା ତା' ଜନ୍ମଭୂମି, ଭାରତମାତା ! ଏବେ ସେ ପରଦେଶୀ ନୁହେଁ; ସ୍ୱଦେଶୀ। ତା' ପାଦତଳର ମାଟି, ମୁଣ୍ଡ ଉପରେ ସୀମାହୀନ ଗଗନ - ଏମାନେ ତ ସବୁଦିନେ ଆପଣାର। ପର କରିଦେଲେ ଆପଣାର ମଣିଷମାନେ।

ପାଇକାଳୀ ଗାଁ ଗଡ଼ମାଳୀପୁର : ପାଇକ ଦଳପତି ଦଳେଇ ବୁଢ଼ା

ପୁରାତନ କଳିଙ୍ଗ, କୋଶଳ, ଉତ୍କଳର ସମନ୍ୱୟ ଆଧୁନିକ ଓଡ଼ିଶା । ଏ ସମସ୍ତ ରାଜ୍ୟର ଗୌରବୋଜ୍ଜ୍ୱଳ ଇତିହାସ । କଳା, ସାହିତ୍ୟ, ସଂସ୍କୃତି, ଶିକ୍ଷା, ଭାସ୍କର୍ଯ୍ୟ – ପ୍ରତିଟି କ୍ଷେତ୍ରରେ ଏହା ବିଶ୍ୱବନ୍ଦିତ । ସାହସିକ ସାମରିକ ବାହିନୀ ରାଜ୍ୟଗୁଡ଼ିକର ଅନ୍ୟ ଏକ ବିଶେଷତ୍ୱ । କଳିଙ୍ଗ ଯୁଦ୍ଧ (ଖ୍ରୀ.ପୂ. ୨୬୧) ଏହାର ପ୍ରକୃଷ୍ଟ ଉଦାହରଣ । ସମଗ୍ର ଉତ୍ତର ଭାରତରେ ଓଡ଼ିଶାର ପ୍ରାଧାନ୍ୟ ସ୍ୱତନ୍ତ୍ର । ଏଥିପାଇଁ ବିଦେଶୀମାନେ ବହୁଭାବରେ ଓଡ଼ିଶା ପ୍ରତି ଆକୃଷ୍ଟ ହେଲେ । ଓଡ଼ିଶା ଅଧିକାର ପାଇଁ ମନ ବଳାଇଲେ । ବିଶେଷକରି ଆଫଗାନ, ମୋଗୋଲମାନଙ୍କ ଲୋଲୁପ ଦୃଷ୍ଟି ଓଡ଼ିଶା ଉପରେ । ଓଡ଼ିଶା ସ୍ୱାଧୀନତା ଅପହୃତ ହେବାର ପ୍ରାୟ ୨୫୦ ବର୍ଷ ସେମାନେ ଶାସନ କଲେ । ତନ୍ମଧ୍ୟରୁ ଆଫଗାନ ଶାସନ (୧୫୬୮-୯୩)ର ଅବଧି ୨୫ ବର୍ଷ । ମୋଗଲ ଶାସନ (୧୫୯୪-୧୭୧୩) ଏକଶହ କୋଡ଼ିଏ ବର୍ଷ, ମରହଟ୍ଟା ଶାସନ (୧୭୧୩-୧୭୫୧-୧୮୦୩) ପଚାଶରୁ ଶହେବର୍ଷ ଚାଲିଲା । ଶେଷରେ ଇଂରେଜମାନେ ଓଡ଼ିଶା ଅଧିକାର କଲେ (୧୮୦୩) । ଓଡ଼ିଶାର ଶେଷ ସ୍ୱାଧୀନ ରାଜା ଗଜପତି ମୁକୁନ୍ଦ ଦେବ । ତାଙ୍କର ସୁସମ୍ପର୍କ ସମ୍ରାଟ ଆକବରଙ୍କ ସହ । ସେତେବେଳେ ବିହାର, ବଙ୍ଗଳାରେ ଆଫଗାନ ରାଜତ୍ୱ । ବଙ୍ଗଳାର ସୁଲେମାନ କରାନୀ, ଜଣେ ଆଫଗାନ । ୧୫୬୭ ମସିହା, ଆକବର ଚିତୋର ଆକ୍ରମଣରେ ସୈନ୍ୟସାମନ୍ତ ଖଟାଇଲେ । ଏଣେ କରାନୀ ଓଡ଼ିଶା ଆକ୍ରମଣ କଲେ (୧୫୬୭) । ଗଜପତି ମୁକୁନ୍ଦ ଦେବ ତାଙ୍କୁ ଏକା ସମ୍ମୁଖୀନ ହେବା ସମ୍ଭବ ନ ଥିଲା । ପରାଜିତ ମୁକୁନ୍ଦଦେବ କୋଟସୀମା ଦୁର୍ଗରେ ଆଶ୍ରୟ ନେଲେ । ସାରଙ୍ଗ ଗଡ଼ ରାଜା ରାମଚନ୍ଦ୍ର ଦେବ । ସେ ଜଣେ ପ୍ରତାରକ । ପ୍ରବଞ୍ଚକ ବି । ନିଜକୁ ଓଡ଼ିଶାର ରାଜା ଘୋଷଣା କଲେ । ତାଙ୍କ ସହ ମୁକୁନ୍ଦଦେବଙ୍କ

ଯାଜପୁର ଗୋହିରୀଟିକିରା ଠାରେ ହେଲା ଘୋର ସଂଘର୍ଷ । ମୁକୁନ୍ଦଦେବଙ୍କ ନିଧନ ହେଲା (୧୫୬୮) । ଓଡ଼ିଶାର ଭାଗ୍ୟ ରବି ହେଲା ବିଡ଼ମ୍ବିତ । ସ୍ୱାଧୀନତାର ସୂର୍ଯ୍ୟାସ୍ତ । ଆରମ୍ଭ ହେଲା ଏକ ଗୌରବାବହ ଇତିହାସର ଅବକ୍ଷୟ । ଛତ୍ରପତି ଶିବାଜୀଙ୍କର ନେତୃତ୍ୱରେ ପରିଚାଳିତ ମରହଟ୍ଟା ବାହିନୀ । ସେମାନେ ଓଡ଼ିଶା ଅଧିକାର କଲେ । ଏକ ସୁସ୍ଥ, ଦେଶପ୍ରେମୀ, ସ୍ୱାଭିମାନୀ ମରହଟ୍ଟା ଜାତି । ମୋଗଲମାନଙ୍କୁ ସେମାନେ ଟକ୍କର ଦେଲେ । ହେଲେ ଓଡ଼ିଶା ପାଇଁ ପାଲଟିଲେ ଗଳଗ୍ରହ । ଲୁଣ୍ଠନ, ଲୁଟତରାଜ, ଅକଥନୀୟ ଅତ୍ୟାଚାର, ଅର୍ଥଶୋଷଣ । ଓଡ଼ିଶାର ଜନଜୀବନ ଭୀତତ୍ରସ୍ତ । ମହାରାଷ୍ଟ୍ରୀୟ ଅଶ୍ୱାରୋହୀ ସୈନ୍ୟ । ଏମାନେ ବର୍ଗୀ ଭାବେ ପରିଚିତ । ସେମାନଙ୍କ ଶୋଷଣ ସୀମାତିକ୍ରାନ୍ତ । ହିନ୍ଦୁ ବିଦ୍ୱେଷୀ ଆଫଗାନ, ମୋଗଲମାନେ; ମାତ୍ର ସ୍ୱଧର୍ମୀୟ ମରହଟ୍ଟାମାନେ, ସେମାନଙ୍କୁ ଟପିଲେ । ଓଡ଼ିଶାର କଷଣ ସୀମାତିକ୍ରାନ୍ତ । ଏମିତି ଏକ ବିପର୍ଯ୍ୟସ୍ତ ଇତିହାସକୁ ନେଇ ସୁରେନ୍ଦ୍ର ମହାନ୍ତିଙ୍କ ଗପ 'ଦଳେଇ ବୁଢ଼ା' । ଇତିହାସର ସାମାନ୍ୟ ଉତ୍ସାହ, କଳ୍ପନା ବିଳାସର ଅପୂର୍ବ ସମନ୍ୱୟ । ଗପଟି ହୋଇଯାଇଛି ରସୋତ୍ତୀର୍ଣ୍ଣ । ଗଡ଼ମାଳୀପୁର ଗାଁର ପାଇକ ଦଳପତି ମାଗୁଣି ଦଳେଇ । କର୍ପୂର ଯାଇଛି କନା ବି । ଦଳେଇବୁଢ଼ା ସେଇ ସ୍ମୃତିରୁ ଖିଏ । ଦଳେଇ ବୁଢ଼ା ଗପଟି ଇତିହାସକୁ ନେଇ ଚଳଚଞ୍ଚଳ ।

ଅତୀତ ଉତ୍କଳ କଥା । ଗଜପତିଙ୍କ ମୁଖ୍ୟ ସାମରିକ ବଳ, ପାଇକ ବାହିନୀ । ପାଇକ ଶବ୍ଦଟି 'ପଦାତିକ' ଶବ୍ଦର ଅପଭ୍ରଂଶ । ସଂସ୍କୃତ ଶବ୍ଦ 'ପାୟିକ', ତା'ର ଓଡ଼ିଆ ରୂପାନ୍ତର 'ପାଇକ' । ଏହା ମଧ୍ୟ ହୋଇପାରେ । ପାଇକ ଶବ୍ଦ ପଦାତିକ ସୈନ୍ୟ । ସୈନ୍ୟ ବିଭାଗରେ ବଂଶାନୁକ୍ରମିକ ଓଡ଼ିଆ ଗୋଷ୍ଠୀ ହିଁ ପାଇକ । ଏମାନଙ୍କର କୌଣସି ବେତନ ନଥିଲା । ପୁରୁଷାନୁକ୍ରମେ ନିଷ୍କର ଭୂମି ଭୋଗ ଦଖଲ କରନ୍ତି । ପାଇକମାନେ ଯୁଦ୍ଧ ବିଦ୍ୟା ଶିକ୍ଷା କରନ୍ତି । କୁସ୍ତି କସରତ ଶିଖନ୍ତି । ସେମାନଙ୍କର ବଳିଷ୍ଠ ଶରୀର । ପାଇକ ଆଖଡ଼ା ସେମାନଙ୍କ ସାଧନାଘର । 'ପାଇକବୋଲି' ବୀରରସ ପ୍ରଦାୟୀ ସଂଗୀତ । ଯୁଦ୍ଧ ସମୟରେ ରାଜାଙ୍କ ଡାକରା ଆସେ । ଆପଣାର ପାରମ୍ପରିକ ଅସ୍ତ୍ରଶସ୍ତ୍ରରେ ସଜ୍ଜିତ । ପାଇକମାନେ ବୀରଦର୍ପରେ ରଣାଙ୍ଗନରେ ଝାସ ଦିଅନ୍ତି । ଏମାନେ ଦେଶଭକ୍ତ, ମାତୃଭୂମି ପାଇଁ ଅକାତରେ ପ୍ରାଣବଳି ଦିଅନ୍ତି । ଶତ୍ରୁର ହୃତ୍‌କମ୍ପ ସୃଷ୍ଟି ହୁଏ । ମରହଟ୍ଟା, ବର୍ଗୀଏ ଗାଁ ଲୁଣ୍ଠନ କରୁଥିଲେ । ସେତେବେଳକୁ ନ ଥିଲେ ଗଜପତି, ତଥାପି ପାଇକମାନେ ଲୁଣ୍ଠନକାରୀଙ୍କୁ ଉଚିତ୍ ଜବାବ ଦିଅନ୍ତି । ଗଡ଼ମାଳୀପୁର ଗାଁର ଦଳେଇ ବୁଢ଼ା ଏହାର ଜ୍ୱଳନ୍ତ ନିଦର୍ଶନ ।

ଐତିହାସିକ ଷ୍ଟର୍ଲିଂ । ତାଙ୍କ ଇତିହାସରୁ ମିଳେ ପାଇକମାନଙ୍କର ବେଶ ପୋଷାକର ବିବରଣୀ । ପାଇକମାନଙ୍କ ମୁଣ୍ଡରେ ଟୋପି, ଦେହରେ ବନ୍ୟ ଜନ୍ତୁଙ୍କ ଚମଡ଼ା ପୋଷାକ । ବଣୁଆ ପଶୁଙ୍କ ଲାଙ୍ଗୁଡ଼ ଏମାନଙ୍କର କମରପଟି । ଲଜ୍ଜାକୃତ ଭାବେ ସେମାନେ

ଚେହେରାକୁ ଭୟଙ୍କର କରନ୍ତି। ହଳଦିଆ କାଇମାଟି ବିଭୂଷିତ, ସେମାନଙ୍କ କପାଳରେ ଚିନି ସିନ୍ଦୂର ଟୋପା। ମୁଣ୍ଡବାଳ ପଛରେ ଗଣ୍ଠି ପକାନ୍ତି। ଧୋତି ମାଲକଛା ମାରି ପିନ୍ଧନ୍ତି। ଉଚ୍ଚପଦାଧିକାରୀମାନଙ୍କ ହାତରେ ବଳା, ଦେହରେ ଗହଣା। ଓଡ଼ିଶାର ମୋଗଲବନ୍ଦୀ ଅଞ୍ଚଳ, ଇଂରେଜ ରାଜତ୍ୱ ଆରମ୍ଭ ହେଲା। ସେତେବେଳକୁ ଅବଶିଷ୍ଟ ଥିଲା ଖୁରୁଧା ରାଜବଂଶ, ସେହିଠାରେ ହିଁ ବେଶୀ ସଂଖ୍ୟକ ପାଇକ ବଂଶ। ପାଇକମାନେ ମୁଖ୍ୟତଃ ଖଣ୍ଡାୟତ। ସେମାନଙ୍କ ସହ ଚଷା, ପାଣ, କଣ୍ଡରା, ବାଉରି, ମୁସଲମାନ, ତେଲଙ୍ଗା କାୟସ୍ଥ ବି ସାମିଲ। ମୁସଲମାନ, ମରାଠାମାନେ ବି ପାଇକ କାର୍ଯ୍ୟ କରୁଥିଲେ। କନିକା ବିଦ୍ରୋହ (୧୮୦୫)ରେ ଦୁଇଜଣ ମୁସଲମାନ ପାଇକ ବିଦ୍ରୋହର ନେତୃତ୍ୱ ନେଇଥିଲେ। ଐତିହାସିକ ଆବୁଲ ଫାଜଲ, ତାଙ୍କ ରିପୋର୍ଟରେ ପାଇକମାନଙ୍କ କଥା ବର୍ଣ୍ଣିତ। କଟକ, ମେଦିନୀପୁର - ଏ ଦୁଇ ଜିଲ୍ଲାରେ ୧,୫୫,୦୦୦ ପାଇକ ଜାଗିର ଭୋଗ କରୁଥିଲେ। ଏକଥାଟି ସେ ଉଲ୍ଲେଖ କରିଛନ୍ତି। ପାଇକମାନଙ୍କ ଅସ୍ତ୍ରଶସ୍ତ୍ର ତିନିଭାଗରେ ବିଭକ୍ତ - (୧) ପାହାରୀ ପାଇକଙ୍କ ଅସ୍ତ୍ର ଲମ୍ବା ସିଧା ତରବାରି, କାଠ ଉପରେ ଚମଛାଆଣି ଲୁହା ଗୁବା ଥିବା ଢାଲ, (୨) ବଣୁଆ ପାଇକ - ଧନୁଶର, ତୋଟାଦାର ବନ୍ଧୁକରେ ସଜ୍ଜିତ, ଦୂରଦେଶ ଯିବା ଏମାନଙ୍କ ସ୍ୱତନ୍ତ୍ର ଦାୟିତ୍ୱ, (୩) ଢେଙ୍କିଆ ପାଇକ - ଧନୁଶର, ଖଣ୍ଡା ଏମାନଙ୍କ ଅସ୍ତ୍ର। ସେମାନେ ଅଶ୍ୱାରୋହୀ, ରାଜ୍ୟରେ ଶାନ୍ତିରକ୍ଷା, ସମ୍ମୁଖ ଯୁଦ୍ଧରେ ସାମିଲ ହେବା - ଏଇ ଦୁଇ ତାଙ୍କର ମୁଖ୍ୟ କାର୍ଯ୍ୟ। ପାଇକମାନେ ପ୍ରଭୁଭକ୍ତ, ଯୁଦ୍ଧରେ ଅତି ଭୟଙ୍କର। ଏଇମାନଙ୍କ ବାହୁବଳ ଓଡ଼ିଶା ରାଜାଙ୍କର ସାହା ଭରସା। ପାଇକମାନେ ଜନ୍ମମାଟିର ସ୍ୱାଧୀନତା ଢେର୍ ଦିନ ରଖିଲେ। ମାତ୍ର ଦୁର୍ଭାଗ୍ୟ, ଆଧୁନିକ ଅସ୍ତ୍ରବିଦ୍ୟାର ଅଭାବ, ଅନେକ ସମୟରେ ସେମାନଙ୍କ ପରାଜୟର କାରଣ ହେଲା। ଏଥିପାଇଁ ଓଡ଼ିଶା ରାଜାମାନେ ମୁଖ୍ୟତଃ ଦାୟୀ। ପାଇକମାନଙ୍କୁ ଉପଯୁକ୍ତ ଶିକ୍ଷା ଦିଆଯିବାର ଥିଲା। ସେମାନେ ହେଇଯାଇଥାଆନ୍ତେ ଜଣେ ଜଣେ ଛତ୍ରପତି ଶିବାଜୀ। ଏ କଥାଟି ଲେଖିଲେ ଐତିହାସିକ ଷ୍ଟର୍ଲିଂ।

ଗଙ୍ଗାଠାରୁ ଗୋଦାବରୀ ଯାଏ ବିସ୍ତୃତ ଥିଲା ଏ ଦେଶ। ବଙ୍ଗ, ବିହାର, ଓଡ଼ିଶାର ନବାବ ଅଲ୍ଲିବର୍ଦ୍ଦୀ ଖାଁ। ନାଗପୁରର ଭୋଁସଲା, ତାଙ୍କରି ଦରବାରେ ଚଉଥ ପଇଠ କରିବାକୁ ପଡ଼ିଲା। ବର୍ଷକୁ ବାରଲକ୍ଷ ଟଙ୍କା ଚଉଥ। ମାରିପିଟି ଆଦାୟ କରିବା ଏକମାତ୍ର ଲକ୍ଷ୍ୟ ମରହଟ୍ଟାଙ୍କର। ଏ କାର୍ଯ୍ୟଟି କଟକ ମରହଟ୍ଟା ଫୌଜଙ୍କର। ଯେଉଁ ଫଉଜର ଯେତେବେଶି ଲୁଟତରାଜ, ତା'ର ପ୍ରତିଷ୍ଠା ନାଗପୁର ଦରବାରରେ ସେତେ ଅଧିକ। ଆଫଗାନ, ମୋଗଲଙ୍କ ଠାରୁ ଏମାନେ ବହୁ ପାହଚ ଆଗରେ। ହିନ୍ଦୁଧର୍ମର ପରମରକ୍ଷକ ମରହଟ୍ଟାମାନେ; ମାତ୍ର ଏମାନେ ଦୟାମାୟା ଶୂନ୍ୟ। ଜଗନ୍ନାଥ-ପୁରୀ ତୀର୍ଥ ଯାତ୍ରୀମାନେ

ସର୍ବଦା ପୂଜ୍ୟ। ଆଦରଣୀୟ ବି। ସେମାନେ ବି ବାଦ୍ ପଡ଼ିଲେନି। ବର୍ଗୀଙ୍କ ଶ୍ୟେନ ଦୃଷ୍ଟିରେ ସେମାନେ। ମୁସଲମାନ ଅମଳରେ ଏମାନଙ୍କ ଉପରେ ଜୁଲମ ନ ଥିଲା। ନବାବ ନାଜିମଙ୍କ ଅମଳ, ଜଗନ୍ନାଥ ଯାତ୍ରୀଙ୍କ ଠାରୁ ଟିକସ ଆଦାୟ ତାଙ୍କ ଆୟର ପ୍ରଧାନ ସୂତ୍ର। ମୁର୍ଶିଦ କୁଲି ଖାଁ, ଓଡ଼ିଶାର ମୁସଲମାନ ଶାସକ। ଟିକସରୁ ତାଙ୍କ ବର୍ଷକର ଆୟ ନଅଲକ୍ଷ ଟଙ୍କା। ହିନ୍ଦୁ ମରହଟ୍ଟା ଫୌଜମାନେ, ସେ ଘୃଣ୍ୟ ଟିକସ ବନ୍ଦ କଲେନି। ଆଖିବୁଜି ତାହା ବଢ଼ାଇଲେ। ଭାରତର ଅଭିଶପ୍ତ ଇତିହାସର କଳଙ୍କିତ କାହାଣୀ, ହିନ୍ଦୁ ହିଁ ହିନ୍ଦୁର ବଡ଼ ଶତ୍ରୁ। ଯାତ୍ରୀ ଟିକସ ଦେଇ ସୁଦ୍ଧା ରକ୍ଷା ନାହିଁ। ବାଘ, ଭାଲୁଙ୍କ ଠାରୁ ଯାତ୍ରୀଙ୍କର ରକ୍ଷା ପାଇବା ସମ୍ଭବ; ମାତ୍ର ବର୍ଗୀମାନେ ସେମାନଙ୍କ ଠାରୁ ଅଧିକ ହିଂସ୍ର। ଏମିତି ଉଲଙ୍ଗ ଅତ୍ୟାଚାର, ଓଡ଼ିଆ ଜାତିର ମେରୁଦଣ୍ଡ ଧ୍ୱସ୍ତବିଧ୍ୱସ୍ତ। ବର୍ତ୍ତମାନ ଥିଲା ଅନିଶ୍ଚିତ, ଭବିଷ୍ୟତ ଅନ୍ଧକାର, ଅତୀତ ହିଁ ଏକମାତ୍ର ସାନ୍ତ୍ୱନା। ଅଧା କାହାଣୀ, ଅଧା ଇତିହାସ, ତା'ରି ମଧ୍ୟରେ ଅତୀତର ସ୍ମରଣ ଆଉ ଉଦ୍‌ବୋଧନ। ଭଗ୍ନଜାନୁ ଜାତି ପାଇଁ ଏଇ ତକ କିଛି କିଛି ପ୍ରେରଣା। ସେଇ ଅତୀତର ମୂକ ସାକ୍ଷୀ 'ଦଳେଇ ବୁଢ଼ା'।

ଜେନାପୁର, ଢେଙ୍କାନାଳ ଦୋସୀମାଳିରେ ଗଡ଼ମାଳୀପୁର ଗାଁ। ଓଡ଼ିଶା ଗଜପତିଙ୍କର ଗତଗୌରବ। ଠିକ୍ ସେମିତି ଗଡ଼ମାଳୀପୁରର ସବୁ ଗୌରବ ଆଜି ଅତୀତ। ଏଇ ଗାଁରେ ଥିଲା ପ୍ରସିଦ୍ଧ ଚଉପାଢ଼ୀଟିଏ। ଉତ୍କଳ ବାରମ୍ବାର ଯାଜପୁର ପଟୁ ଆକ୍ରାନ୍ତ। ଧନ ଜୀବନ ସୁରକ୍ଷା ପାଇଁ ଥିଲା ଚଉପାଢ଼ୀ। ଏଥି ସହିତ ଅନେକ ପାଇକାଳୀ ଗାଁ। ଗଡ଼ମାଳୀପୁର ଗୋଟେ ପାଇକାଳୀ ଗାଁ। ଗାଁଟି ଖଣ୍ଡାୟତ ବହୁଳ। ଚାରିଆଡ଼େ ନଡ଼ିଆ କୁଞ୍ଜ ଆଉ ଆମ୍ବତୋଟା ଚିତ୍ରପଟ ସଦୃଶ। ବ୍ରାହ୍ମଣୀ ନଦୀ ଗଡ଼ାଣି, ସେଇଠାରୁ ଲମ୍ବି ଯାଇଛି 'ପଠାଣ-ସଡ଼କ'। ବଣ ପାହାଡ଼ ଭେଦି ସାପେଇ ସାପେଇ ଚାଲିଛି କଟକ ଆଡ଼େ। ବଙ୍ଗଳା ଆଡୁ ଏଇବାଟ ଦେଇ ଆଫଗାନ, ମୋଗଲମାନେ ଓଡ଼ିଶା ଆସିଲେ। ରାସ୍ତା ନାଁ 'ପଠାଣ-ସଡ଼କ'। ବାଟୋଇଟିର ଯିବା ଆସିବା ବେଳେ ଗଡ଼ମାଳୀପୁର ଦୃଷ୍ଟି ଆକର୍ଷଣ କରେ। ଗାଁଟିର ଅନୁପମ ଶୋଭା ସୁଷମା ମନଜିଣା। ବାଟୋଇ ମନ ଲାଖିରହେ। ଏବେ ନାହିଁ ସେଇ ଆମ୍ବତୋଟାର ନଡ଼ିଆ କୁଞ୍ଜ। ସବୁ କଟା ଯାଇଛି। ଗାଁଟି ଶ୍ରୀହୀନ। ଚାରିପଟେ ବାଉଁଶ, କିଆ ଜଙ୍ଗଲ। ଗାଁ ଉପରେ ବର୍ଗୀ ଡକାୟତଙ୍କ ଗୃଧ୍ର ଦୃଷ୍ଟି। ଗାଁର ସୁରକ୍ଷା ପାଇଁ ଏଇ ଜଙ୍ଗଲ ସୃଷ୍ଟ। ମୋଗଲ ଅଞ୍ଚଳରେ ବହୁ ଜନପଦ, ସେଗୁଡ଼ିକ ଜଙ୍ଗଲ ଭିତରେ, ଠିକ୍ ଗଡ଼ମାଳୀପୁର ଗାଁ ପରି।

ଗଡ଼ମାଳୀପୁର ଗାଁରେ ଦଳେଇ ମହାପାତ୍ରଙ୍କ ଚଉପାଢ଼ୀ। ନବାବ ଆଲିବର୍ଦ୍ଦୀ ଖାଁଙ୍କ ଅମଳ ପର୍ଯ୍ୟନ୍ତ ସୁଦ୍ଧା ଥିଲା। ଚଉପାଢ଼ୀର ଦଳେଇ ବଂଶ। ବିସ୍ତୀର୍ଣ୍ଣ ସମ୍ପତ୍ତି; ଏସବୁ ନିଷ୍କର ଜାଗିରି ଭୂ-ସମ୍ପତ୍ତି। ଦଳେଇ ବଂଶ ଏହାର ଭୋଗ ଦଖଲକାରୀ। ଦଳେଇ

ମହାପାତ୍ରଙ୍କ ପଥର ଚଉପାଢ଼ୀ। ଶେଷ ସନ୍ତକ ଏବେବି ଗାଁରେ ଦେଖିବାକୁ ମିଳେ। ଦଳେଇ ମହାପାତ୍ରଙ୍କ ବଂଶ ଏବେ ନିଶ୍ଚିହ୍ନ। ବହୁ ବର୍ଷ ପୂର୍ବର କଥା। ଭାନୁଜୀ ଭୋଁସଲା କଟକର ଫୌଜଦାରୀ। ତାଙ୍କ ସୈନ୍ୟ ଦଳେ ତୀର୍ଥଯାତ୍ରୀଙ୍କୁ ଆକ୍ରମଣ କଲେ। ଲୁଣ୍ଠନ ଆରମ୍ଭ ହେଲା। ସେତେବେଳକା ଚଉପାଢ଼ୀ। ଅଧିକାରୀ ବେଣୁଧର ଦଳେଇ ମହାପାତ୍ର। ପ୍ରତିରୋଧ କଲେ ବର୍ଗୀ ଆକ୍ରମଣକାରୀଙ୍କୁ। ସଫଳ ହେଲେ ବି। ଏବେ ମରହଟ୍ଟାଙ୍କ ଶନି ଦୃଷ୍ଟି ଗଡ଼ମାଳୀପୁର ଚଉପାଢ଼ୀ ଉପରେ। ବେଣୁ ଦଳେଇ ମହାପାତ୍ରଙ୍କୁ ଡକରା ଆସିଲା। ପହଞ୍ଚିଲେ ଲାଲବାଗ କୋଠିରେ। ବର୍ଗୀମାନେ ଅତି ନିର୍ମମ। ବାଉଁଶ ଚାପୁଆଣି ଦେଇ ତାଙ୍କୁ ହତ୍ୟା କଲେ। ଅପରାଧ – ରାଜଦ୍ରୋହ। ସେତିକିରେ ଅପରାଧ ଖଣ୍ଡିଲା ନାହିଁ। ତାଙ୍କ ଘର ଅମାରକୁ ଲୁଟ କରାଗଲା, ତାହା ଜୋରିମାନା ପାଇଁ। ଏକ ବୁନିଆଦ ବଂଶ ତଳିତଳାନ୍ତ, ଚଉପାଢ଼ୀ ଲୋପ ପାଇଲା। ଉଭୟ ବ୍ରାହ୍ମଣୀ, ବୈତରଣୀ ମଧ୍ୟସ୍ଥ ବିସ୍ତୀର୍ଣ୍ଣ ଭୂମି। ଏହାର ରକ୍ଷା କବଚ ଥିଲେ ଗଡମାଳୀପୁର ଗାଁର ବୀର ଖଣ୍ଡାୟତମାନେ। ବର୍ଗୀମାନଙ୍କର ଜୁଲମ, ବାରମ୍ବାର ଲୁଣ୍ଠନ। ବହୁ ଗାଁ ବାଲା ଗାଁ ଛାଡ଼ିଲେ। ସୁକିନ୍ଦା, ଢେଙ୍କାନାଳ ଆଦି ପାର୍ବତ୍ୟ ଅଞ୍ଚଳ, ସେଠାରେ ଘରଦ୍ୱାର କରି ରହିଲେ। ଭିଟା ମାଟିର ମୋହ, ଅନେକ ତୁଟାଇ ପାରିନାହାନ୍ତି। ସେମାନଙ୍କର ଉଠପଡ଼ ସେଇ ଗାଁରେ। ଦିନରେ ହଳ, ରାତିରେ ନଦିଆ କୀର୍ତ୍ତନ – ଏଇ ତାଙ୍କର ବୃତ୍ତି। ସମସ୍ତ ଦୁର୍ଯୋଗ ସତ୍ତ୍ୱେ ; ବଞ୍ଚିରହିଛି ଗଡ଼ମାଳୀପୁର ଗାଁ, ଆଉ ସେଇ ଗାଁରେ ପେଡ଼ିବୁଢ଼ା ମାଗୁଣି ଦଳେଇ ଓରଫ ଦଳେଇ ବୁଢ଼ା। ତାଙ୍କ ସମ୍ବନ୍ଧରେ ନାନାଦି ରୋମାଞ୍ଚକର କାହାଣୀ। ଆଖପାଖ ଲୋକେ କୁହାକୁହି। ଦଳେଇବୁଢ଼ା କୁଆଡ଼େ ଏକଦା ଚଉପାଢ଼ୀର ସେନାପତି ଥିଲେ। ଏବେ ସେ ବର୍ତ୍ତମାନ; ମାତ୍ର ଭବିଷ୍ୟତ ହୀନ। ଅତୀତ ସର୍ବସ୍ୱ ହତଭାଗ୍ୟ ଓଡ଼ିଆ ଜାତି। ତା'ର ଏକ ଅନ୍ତରଙ୍ଗ ପ୍ରତିରୂପ ପାଇକ ଦଳପତି ଦଳେଇ ବୁଢ଼ା। ମନେ ପକାଇ ଦିଅନ୍ତି ପାଇକ ପୁଅର ଗତ ଗୌରବ, ହୃତ ଗୌରବ କଥା।

କାଳ କଡ଼ ଲେଉଟାଏ। ବଦଳିଯାଏ ସ୍ଥିତି, ଗତି, ପ୍ରକୃତି। ଗୌରବୋଜ୍ଜ୍ୱଳ ଇତିହାସ ବି। ଠିକ୍ ସେମିତି ପାଇକାଳୀ ଗାଁ ଗଡ଼ମାଳୀପୁର। ଆମ୍ର କାନନ, ନଡ଼ିଆ ଗହନ, ତାଳ ତମାଳ ଶୋଭିତ ଗାଁଟି, ଏବେ ଚାରିପଟେ ଘଞ୍ଚ ଜଙ୍ଗଲ। ଗାଁବାଲା ତ୍ରସ୍ତ। ଦୂରରୁ ଘୋଡ଼ା ଟାପୁର ଶବ୍ଦ ପବନ ପହଞ୍ଚାଇଦିଏ। ପଡ଼ିଯାଏ ତାଟି କବାଟ। ସବୁରି ମୁହଁରେ ଗୋଟେ କଥା – 'ହେଇ ବର୍ଗୀ ଆଇଲା।' ବର୍ଗୀମାନେ କେବଳ ଲୁଣ୍ଠନକାରୀ ନୁହଁନ୍ତି, ନରହନ୍ତା ମଧ୍ୟ। ଦିନେ ଗାଁର ରକ୍ଷା କବଚ ଥିଲେ ଖଣ୍ଡାୟତ ପାଇକମାନେ। ଆପଣା ଜୀବନକୁ ବାଜି ଲଗାଇ ଦିଅନ୍ତି। ପ୍ରତିରୋଧ କରନ୍ତି ବର୍ଗୀଙ୍କର। ଗାଁରେ ଆଜି ନାହିଁ ଚଉପାଢ଼ୀ, ନାହାନ୍ତି ସେଇ ଯଶସ୍ୱୀ ବୀର ପାଇକମାନେ। ଅଛନ୍ତି ସେମାନଙ୍କର

ଶେଷ ସନ୍ତକ ମାଗୁଣି ଦଳେଇ। ତାଙ୍କରି ମୁହଁରେ ବହୁ ବୀରତ୍ୱ ବ୍ୟଞ୍ଜକ କାହାଣୀ। ଅତୀତ ପାଇକ ପୁଅର ଦୁଃସାହସ କଥା। କିଛି ସତ୍ୟ, କିଛି କଥାରେ ମିଥ୍ୟାର ପୁଟ। କେତେ ରୋମାଞ୍ଚକର ରଣବିଜୟ କଥା। ନିଜକୁ ସାମିଲ କରି କହନ୍ତି। ସତ ନ ହେଲେ ବି, କଥାଗୁଡ଼ିକ ତାଙ୍କ ପୂର୍ବ ପୁରୁଷକୁ ନେଇ। ତହିଁରେ ରହିଛି ଇତିହାସ ଅରୁଣିମାର ଝଲକ। ପୁନଃ ଜାଗରିତ କରିଦିଏ ପାଇକ ପୁଅର ସ୍ମୃତି ବିସ୍ମୃତିକୁ।

ପାଇକ ଦଳପତି ମାଗୁଣି ଦଳେଇ, ବୟସ ସାତ କୋଡ଼ି। ତାଙ୍କ ବୟସର ଖୁବ୍ କମ୍ ଲୋକ ସେ ଅଞ୍ଚଳରେ। ସତ ମିଛ ଜଣା ନାହିଁ। ସେଦିନ କଥା। ଚିଲିକା କୂଳର କାଲୁପଡ଼ା ଘାଟ। ସେଇଠି ହେଲା ଘୋର ଯୁଦ୍ଧ, ଖାନ୍-ଇ-ଦୌରାନ ଖାଁ ସହିତ ଗଜପତି ମୁକୁନ୍ଦ ଦେବଙ୍କ ଲଢ଼େଇ। ମାଗୁଣି ଦଳେଇ ମୁକୁନ୍ଦ ଦେବଙ୍କ ପକ୍ଷରେ ଲଢ଼ିଲେ। ତାଙ୍କ ସଙ୍ଗେ ଯିଏ ଲଢ଼ିଛନ୍ତି, ମାଟି କାମୁଡ଼ି ପଡ଼ିଛନ୍ତି। କେହି ବର୍ତ୍ତି ନାହାନ୍ତି। ଖାନ୍-ଇ-ଦୌରାନ ଖାଁ ତାଙ୍କରି ଖଣ୍ଡା ଚୋଟରେ ନହିତ। ମାତ୍ର କଥାଟି ମିଛ। ଖାନ୍-ଇ-ଦୌରାନ୍ ମୁକୁନ୍ଦ ଦେବଙ୍କୁ ପରାସ୍ତ କଲେ। ଖୋର୍ଦ୍ଧା ଗଡ଼କୁ ଅଧିକାର କଲେ। ଏହା ହିଁ ଇତିହାସ। ଦଳେଇଙ୍କ କଥା, କେହି ମିଛ ବୋଲି କହିଲେ ଅବା ସନ୍ଦେହ କଲେ, ରକ୍ଷା ନାହିଁ। ତାଙ୍କର ଉଗ୍ର ମୂର୍ତ୍ତି, ନିଆଁରେ ଘିଅ ପଡ଼ିବା ସମ ଦପ୍‌କରି ଜଳି ଉଠିବେ। ଏଣିକି ସମ୍ଭାଳେ କିଏ ? ହିନ୍ଦୁସ୍ଥାନୀ ମିଶା ଓଡ଼ିଆ ଅଥବା ଓଡ଼ିଆ ମିଶା ହିନ୍ଦୁସ୍ଥାନୀ – 'ମାର ଦେଙ୍ଗା', 'ହାଣ ଦେଙ୍ଗା' – ଏମିତି ନାନାଦି ଧମକ। ବଡ଼ ପାଟିରେ ଡାକ ପକାନ୍ତି – "ଗମ୍ଭିରି ଘରୁ ଖଣ୍ଡାପଟ କାଢ଼ି ଆଣରେ।" ତାଙ୍କୁ ଦଳେଇ କହିଲେ ନିସ୍ତାର ନାହିଁ। ଚଉପାଢ଼ୀର ପୂର୍ବ ଅଧିକାରୀ ଦଳପତି ମହାପାତ୍ର। ସେ ସେଇମାନଙ୍କ ବଂଶଧର। ତାଙ୍କର ଯଥାର୍ଥ ନାଁ – ଦଳପତି ମାଗୁଣି ମହାପାତ୍ର। ଶକ୍ତ ଚେହେରା, ମୁଣ୍ଡ ଚନ୍ଦା। ଚଉଡ଼ା ଖଣ୍ଡାଧାର ପରି କପାଳ ତଳେ ଭୂଲତା, ବଡ଼ ଗହଳିଆ। ଏବେ ପାଚି ସବୁ ଝୋଟ। ଭୂଲତା କେଶରେ ତାଙ୍କ ଗହୀର ଆଖି ଦୁଇଟି ଅଧାଢଙ୍କା, ତଥାପି ଦୀପ ଆଲୁଅରେ ଦଳେଇ ପୋଥି ବୋଲନ୍ତି, ଭାଗବତ ପଢ଼ନ୍ତି। କପାଳରେ ଗୋଟେ ଲମ୍ବା ସିନ୍ଦୂର କଲି, ପୌରୁଷର ସୁସ୍ପଷ୍ଟ ଛାପ। ଦୁଇପଟ ଗାଲରେ ଗାଲମୋଛା କଲି। ନାକ ତଳରେ ବାଘୁଆ ନିଶ। ମୋଡ଼ା ହୋଇ କଲିରେ ମିଶିଛି। ହାତରେ ସବୁବେଳେ କପିଳାସିଆ ଠେଙ୍ଗା। ଠେଙ୍ଗା ଉପରେ ପିତଳ ଗୋବା। ଢେଙ୍କାନାଳ ଠାରେ ମରହଟ୍ଟା ଫଉଜ ଚେମଣା ନାୟକ, ତାଙ୍କ ନାକଦଣ୍ଡୀ ଫଟାଇ ଦେଲେ ମାଗୁଣି ଦଳେଇ। ସତ ମିଛ ତାଙ୍କୁ ଜଣା। ହେଲେ ତାଙ୍କ ଚେହେରା, ସାଜସଜ୍ଜା ଜଣେ ସୁଦକ୍ଷ ପାଇକର – ଏ କଥାଟିକୁ ଅସ୍ୱୀକାର କରାଯାଇ ନପାରେ।

ମାଗୁଣି ଦଳେଇ ଦେହରେ ବହୁତ କ୍ଷତ ଚିହ୍ନ। ପ୍ରତିଟି କ୍ଷତର ଗୋଟେ ଗୋଟେ

ଇତିହାସ। ସବୁ ଦଳେଇଙ୍କ ଜିଭ ଅଗରେ। ହରିପୁର ଭଞ୍ଜରାଜାଙ୍କ ପକ୍ଷରେ ଦଳେଇ, ଲଢ଼ିଥିଲେ ମରହଟ୍ଟା ଫୌଜ ଭାସ୍କରରାମ ବିରୋଧରେ। ସେଇ ଲଢ଼େଇର ଏ ଚିହ୍ନ। ଗୋଟାଏ ମରହଟ୍ଟା ବର୍ଚ୍ଛାଟେ ପିଠିରେ ଭୁସି ଦେଲା। ଦଳେଇ ଖଣ୍ଡା ପଟକ ଏପରି ବୁଲାଇଲେ, ଗଣ୍ଡା ଗଣ୍ଡା ଫଉଜ ଟଳି ପଡ଼ିଲେ। ଦକ୍ଷିଣ ବାହାର ଚିହ୍ନ, ଆଉ ଏକ ଯୁଦ୍ଧର ସନ୍ତକ। ଚେମଣା ନାୟକ, ସେତେବେଳକା କଟକ ମରହଟ୍ଟା ଫୌଜଦାର। ଢେଙ୍କାନାଳ ରାଜା ତ୍ରିଲୋଚନ ମହେନ୍ଦ୍ର ବାହାଦୂର, ଷାଠିଏ ହଜାର କାହାଣ କଉଡ଼ି ପେଶକିସ ଦେବାକୁ ରୋକଠୋକ ମନା କଲେ। ଚେମଣା ଖପ୍‌ପା, ଆସିଲା ବର୍ଗୀ ଫଉଜ ଧରି। ଢେଙ୍କାନାଳ ଜିଲ୍ଲାର ଦଳେଇ, ବିଶୋୟୀ, ଗଡ଼ନାୟକ, ପାଇକ, ସମସ୍ତଙ୍କ ମଧ୍ୟରେ ଗଣ୍ଡି ବୁଲିଗଲା। ସୌରୀକ ବିଶୋୟୀ, ମାଗୁଣି ଦଳେଇଙ୍କ ମାମୁଁଲେଖା ହୁଅନ୍ତି, ତାଙ୍କରି ଠାରୁ ଖବର ପାଇଲେ। ଲଢ଼େଇରେ ଯୋଗ ଦେଲେ। ବ୍ରଜନାଥ ବଡ଼ଜେନାଙ୍କ 'ସମର ତରଙ୍ଗ' କାବ୍ୟ, ସେଥିରେ ସେଇ ଲଢ଼େଇ ଚିତ୍ର ସ୍ଥାନିତ। ଯୁଦ୍ଧକଥା ଦଳେଇ କହନ୍ତି, ଗାଇ ପକାନ୍ତି 'ସମର ତରଙ୍ଗ'ରୁ ପଦେ ଦି' ପଦ –

"ସାରା ଫଉଜ ହେଲେ ତିୟାର, ମୁସଦି ମୁସା ହେଲେ ବାହାର / ପାଗା ସୁଆର କି ଜମାଦାର / କି ସରଦାର ଯେ / ଯେ ଯାହା ମୁରାତବ / ସମ୍ଭାର, ଦୌଲତ ଘେନି ହେଲେ ହାଜର / ମଜୁରା କର ହୁକୁମ ପାଇ ଯା'ନ୍ତି ସ୍ୱତର ଯେ / କେହୁ ଚଢିଛି ବାଜି ବାଜି ଉପରେ ଯେ / ରଙ୍ଗ ଅଙ୍ଗା ରଙ୍ଗକୁ ଦିଶେ ସୁନ୍ଦର ଯେ / ଢାଲେକ ଧରି ବାମ ହାତରେ, ଭାଲ କଷିଛି ଦକ୍ଷିଣ କରେ / ଲାଲ ପଗଡ଼ି ଭଲା ମାନିଛି / ଶରକୁ ତା'ର ଯେ..." ଦଳେଇଙ୍କ ମୁହଁରେ ଏଇ ଛାନ୍ଦଟି। ବଡ଼ମାଳୀପୁର ଗାଁର ଭେଣ୍ଡିଆମାନେ ବଲବଲ କରି ଚାହାଁନ୍ତି। ତାଙ୍କ ନିର୍ଜୀବ ଆଖି ମୁହୂର୍ତ୍ତକ ପାଇଁ ଜଳିଉଠେ। ସେମାନଙ୍କ ଶିରାପ୍ରଶିରାରେ ଉଷୁମ ରକ୍ତ ଛୁଟେ।

ମରହଟ୍ଟା ବର୍ଗୀମାନେ ବଙ୍ଗଳା, ବିହାର, ଓଡ଼ିଶାରେ ଆତଙ୍କ ଖେଳାଇଲେ। ସାଧାରଣ ଜନତା କଥା କିଏ ପଚାରେ? ବଡ଼ ବଡ଼ ଜମିଦାର, ଦନ୍ତା ଦନ୍ତା ନବାବ ବି ପ୍ରମାଦ ଗଣନ୍ତି। ଦଳେଇମାନେ ନିଶଙ୍କ। ସେମାନଙ୍କୁ ସାମନା କରନ୍ତି। ଗଜପତି ପାଇକ ବାହିନୀର ଅମାପ କୀର୍ତ୍ତି। ଓଡ଼ିଶାର ଶେଷ ସ୍ୱାଧୀନ ରାଜା ମୁକୁନ୍ଦଦେବ। ତାଙ୍କ ସପକ୍ଷରେ ସେ ଲଢ଼ିଲେ ଗୋହିରୀଟିକିରା ଯୁଦ୍ଧ। ଗଜପତି ଗଲେ, କ୍ରମେ ଅସ୍ତିତ୍ୱ ହରାଇଲେ ଓଡ଼ିଶାର ପାଇକ କୁଳ। ମାଗୁଣି ଦଳେଇଙ୍କ ପ୍ରତିଟି କଥାରେ ପାଇକି ଦମ୍ଭ। କେହି ତାଙ୍କ କଥାକୁ ଅସମ୍ମାନ କଲେ, ତା' କପାଳ ଫାଟିଲା। ସଙ୍ଗେ ସଙ୍ଗେ ଗମ୍ଭୀରା ଭିତରୁ ଖଣ୍ଡାଟାକୁ କାଢ଼ି ଆଣିବେ। କ'ଣ ନା' କ'ଣ ବକି ଯିବେ, "ମାଳୀପୁରିଆ ଗୁଡ଼ାକ ଖଣ୍ଡାଏତ ନୁହନ୍ତି, ଓଡ଼ଚଷା। ନଦିଆ କୀର୍ତ୍ତନ କରି ମାଇଚିଆ ହେଇଗଲେ, ସାରା ଦେଶଟା ମାଇଚିଆ

ହେଇଗଲା । ଆସନ୍ତୁ ଗାଁ ଯାକ ସମସ୍ତେ, ସେଇ ଖଣ୍ଡାପଟକରେ ଯମପୁର ପଠେଇ ଦେବି” – ଏମିତି ଗପିବେ, ଆଗରେ ପଇଲେ ସତେ କି ହାଣି ପକେଇବେ ? ତାଙ୍କ ହୁଙ୍କାର ଦେଖି ସମସ୍ତେ ନିରବ ।

ବର୍ଗୀ ଜୁଲମ କେଇବର୍ଷ ଥମିଲା, ପୁଣି ମାଡ଼ିଚାଲିଲା ମହାମାରୀ ପରି । ଓଡ଼ିଶା ସୁବାଦାର ସେତେବେଳେ ରାଜାରାମ ପଣ୍ଡିତ । ଖୋର୍ଦ୍ଧାର ରାଜା ଦିବ୍ୟସିଂହ ଦେବ । ମରହଟ୍ଟା ତାଙ୍କୁ ଧମକେଇଲେ । ରାଜାଙ୍କ ନାକ ଦଣ୍ଡିରେ ପ୍ରାଣ । ମରହଟ୍ଟାଙ୍କ କଥା ରାଜାଙ୍କ ଶିରୋଧାର୍ଯ୍ୟ, ଆଉମାନଙ୍କ କଥା ପଚାରେ କିଏ ? ନାଗପୁର ଦରବାରରେ ସୁବାଦାର, ଫୌଜଦାର, କିଲ୍ଲାଦାର ପଦବୀ । ଏଥିପାଇଁ ନିଲାମ ଡକାଯାଏ, ଯିଏ ଯେତେ ଅଧିକ ରାଜସ୍ୱ ପଇଠ କରେ, ତା'ର ପଦୋନ୍ନତି । ପ୍ରଜାଏ ଶୋଷଣର ଶିକାର ହୁଅନ୍ତି, ଲୁଣ୍ଠନ ଚାଲେ । ହଠାତ୍ ଅକାଳ ପଡ଼ିଲା । ରାଜାରାମଙ୍କ ଅମଳ, ଲାଗଲାଗ ଦୁଇବର୍ଷ ଦୁର୍ଭିକ୍ଷ । ଏଣେ ବର୍ଗୀଙ୍କ ଅତ୍ୟାଚାର । ତନ୍ତୀ, ବୁଣାକାର, ଥଟାରି, କୁମ୍ଭାର, ବଢ଼େଇ – ଏଇ ସବୁ କାରିଗର ଶ୍ରେଣୀର ଲୋକ । ଚାଲିଗଲେ ବାଲେଶ୍ୱର, ପିପିଲିକୁ । ସେଗୁଡ଼ିକ ଫିରିଙ୍ଗି ଅଞ୍ଚଳ । ଇଂରେଜ ବଣିକଙ୍କ ସାମରିକ ଶକ୍ତି ଦ୍ୱାରା ସେ ସ୍ଥାନ ସୁରକ୍ଷିତ । ବର୍ଗୀ ସେଠାରେ ପଶିବା ସହଜ ନଥିଲା । ଇଂରେଜ ବଣିକମାନେ ଖୁବ୍ ଚତୁର । କାରିଗରମାନଙ୍କ ଠାରୁ ଶସ୍ତାରେ ଜିନିଷ କିଣିଲେ, ରପ୍ତାନି କରି ଲାଭ ଉଠାଇଲେ । ମାଟି ମାୟା ମୋହ କେହି କେହି ତୁଟେଇ ପାରିଲେନି । ଗାଁରେ ପଡ଼ି ରହିଲେ, ତାଙ୍କ ଚୁଲି ଓଳିଏ ଜଳେ, ଆର ଓଳି ଉପବାସ । ଏ ଭଳି ସ୍ଥିତି । ରାଜସ୍ୱ ଆଦାୟ ହୋଇ ପାରିଲାନି । ମୋଗଲବନ୍ଦୀରୁ ଶିବରାମ ଭଟ୍ଟ ୧୦ ଲକ୍ଷ ୭୮ ହଜାର ଟଙ୍କା ରାଜସ୍ୱ ଆଦାୟ କରୁଥିଲେ । ଶମ୍ଭୋଜୀ ଗଣେଶ ତାକୁ ବଢ଼େଇ ଦେଲେ । ୧୫ ଲକ୍ଷ ଟଙ୍କା ଧାର୍ଯ୍ୟ ହେଲା । ଟଙ୍କା ଆଦାୟ ଢେର୍ ଊଣା ପଡ଼ିଲା । ତେଣେ ନାଗପୁର ଦରବାରର ଘନଘନ ତାଗଦା । ଲୋକଙ୍କ ସୁଖ ଶାନ୍ତି ଦେଖିବା ଶାସକର କାର୍ଯ୍ୟ, ମରହଟ୍ଟାମାନେ ଏଥିରୁ ନିବୃତ୍ତ ରହିଲେ । ତାଙ୍କର ଲୋଡ଼ା ଟଙ୍କା ଆଉ ଟଙ୍କା । ବର୍ଗୀ ପଲ ପଙ୍ଗପାଳ ପରି ଛାଇ ହୋଇଗଲେ । ବକେୟା ରାଜସ୍ୱ ଆଦାୟ ଏକମାତ୍ର ଲକ୍ଷ୍ୟ । ତା' ସହ ଚାଲିଲା ଜୁଲମ, ଲୁଟ୍, ଡକାୟତି ।

ମାର୍ଗଶୀର ମାସ, ଶୀତୁଆ ସକାଳ । ରାତି ପାହା ପାହା, ଗାଁ ବାଲା ଦଳେଇଙ୍କ ପିଣ୍ଡା ତଳେ ହାଜର । ବର୍ଗୀମାନେ ରଥୀପୁର, ନଛିପୁର, ହରିପୁର ଗାଁ ଲୁଟି ସାରିଲେଣି । ଗାଁ ସବୁ ପୋଡ଼ି ଛାରଖାର । ଏହା ପରେ ପାଳି ଗଡ଼ମାଳୀପୁର ଗାଁର । ପାଖ ବଣ ଜଙ୍ଗଲକୁ ପଳେଇବେ, ଉପାୟ ନାହିଁ । ଏକଥା ଶୁଣି ଦଳେଇ ବୁଢ଼ା ଖପ୍ପା । ରାଗ ତମତମ ହେଇ କହିଲେ – “ତମେ ଗୁଡ଼ା ଖଣ୍ଡେଇତ ପାଇକ ହେଇ ପଳେଇବ କ'ଣ ? ଏଇ ଠେଙ୍ଗା ଦେଖୁଛ, ଏଥିରେ ଢେଙ୍କାନାଳ ଷାଠିଏ ବାଟିଆ ବିଲରେ ଚେମଣା ନାୟକର ନାକଦଣ୍ଡି

ଫଟାଇଥିଲି । ମରହଟ୍ଟା ସବୁଆଡ଼େ ଲୁଟିବେ ସିନା, ଏ ଗାଁ ମାଡ଼ିବେ ନାହିଁ ?” ଲୋକଙ୍କର ଶୁଣିବାର ଧୈର୍ଯ୍ୟ ନ ଥିଲା, ଆତ୍ମରକ୍ଷାର ବାଟ ଉଣ୍ଡିଲେ । ପଶ୍ଚିମ ଆକାଶରେ ଅସ୍ତଗାମୀ ସୂର୍ଯ୍ୟ । ଅନ୍ଧାର ମାଡ଼ି ଆସିବାକୁ ଅଳ୍ପ ସମୟ ବାକି । ବ୍ରାହ୍ମଣୀ ନଈପଠାରେ ଘଞ୍ଚ ଜଙ୍ଗଲ । ସେଠାକୁ ଚାଲିଗଲେ । ନାତି, ନାତୁଣୀ, ବୋହୂ କେତେ ବୁଝେଇଲେ । ଦଳେଇ ବୁଢ଼ାର ଏକା ଜିଦ୍ । ସେ ଖଣ୍ଡେଇତ, ପାଇକ, ସେ ମାଇଚିଆ ନୁହଁ । ଯିବନି, ବୁଢ଼ା ଅବୁଝା । ପରିବାରର ସମସ୍ତେ ଚାଲିଗଲେ । ଗାଁ ବାଲା ବି । ଗଡ଼ମାଳୀପୁରରେ ଏକା ମାଗୁଣି ଦଳେଇ ।

କଥା ସତ ହେଲା । ରାତି ଘନେଇଲା । ବର୍ଗୀମାନଙ୍କ ରେରେକାର । ହାତରେ ମଶାଲ, ଘୋଡ଼ା ଉପରେ ଚଢ଼ି ଗଡ଼ମାଳୀପୁରରେ ହାଜର । ଲୁଟତରାଜ କରି ଚାଲିଗଲେ । ସବୁ ରାତିର ସକାଳ ଆସେ । ବ୍ରାହ୍ମଣୀ ନଈ ମଝିରେ ବେଣା ଜଙ୍ଗଲ । ଶୀତକାକରେ ରାତି କଟିଲା । ସୂର୍ଯ୍ୟ ଉଇଁଲେ । ଧୀରେ ଧୀରେ ସମସ୍ତେ ଗାଁକୁ ଫେରିଲେ । ଗାଁଟା ଶ୍ମଶାନ ପାଲଟିଛି । କେତେକ ଆଟୁଘର, ତଥାପି ନିଆଁ ଜଳୁଛି । ଗୁହାଳରେ ଗୋରୁ ଗାଈ, ବର୍ଗୀମାନେ ଫିଟାଇ ନାହାନ୍ତି । ସବୁ ଜଳି ଯାଇଛି । ମାଗୁଣି ଦଳେଇ ଖୋଜା ପଡ଼ିଲେ । ଗାଁ ମୁଣ୍ଡରେ ଲୋମଟାଙ୍କୁରା ଦୃଶ୍ୟ । ବୁଢ଼ା ଗଛରେ ବନ୍ଧା ହେଇଛି । ମାଲକଚ୍ଛା ମାରିଛି, ଅଣ୍ଟାରେ କଟୁରି, ବାଙ୍କଛୁରି, କଟିରେ, ବାଘନଖୀ, ଶିଙ୍ଗା, ଛାତିରେ ଢାଲ । ହାତରେ ପଟେ ଖଣ୍ଡା । ଠିକ୍ ପାଇକ ସେନାପତି ବେଶରେ । ପଥର ମୂର୍ତ୍ତିପରି ଦିଶୁଛନ୍ତି ମାଗୁଣି ଦଳେଇ । ପାଇକଙ୍କର ଏଇ ସବୁ ପୁରୁଣା ଅସ୍ତ୍ର । ନିଜକୁ ସଜେଇ ଦେଇଛନ୍ତି । କାହା ମୁହଁରେ ସ୍ମିତହାସ୍ୟ । କିନ୍ତୁ ଘଟଣା ଥିଲା ଭିନ୍ନ । ଅସ୍ତ୍ର ଶସ୍ତ୍ରରେ ସଜ୍ଜିତ ହେଇ, ବୀରଦର୍ପରେ ଆସିଥିଲେ ଗାଁ ମୁଣ୍ଡ ଗୋହିରି ଯାଏ । ସେଠାରେ ସମ୍ଭବତଃ ବର୍ଗୀଙ୍କ ସହ ଭେଟାଭେଟି । ବର୍ଗୀମାନେ ତାଙ୍କୁ ଧରି ଆମ୍ବଗଛ ଗଣ୍ଡିରେ ବାନ୍ଧି ଦେଇଛନ୍ତି । ମାଗୁଣି ଦଳେଇ ପିଣ୍ଡରେ ପ୍ରାଣ ନ ଥିଲା । ଭ୍ରୂଲତା ତଳର ଦୁଇ ଆଖି ପଥର ଆଖିପରି ମେଲା ହୋଇ ଯାଇଛି । ଡାହାଣ ହାତରେ ଖଣ୍ଡା, ବେଣ୍ଟରେ ହାତମୁଠା ଯାବ ପଡ଼ିଯାଇଛି ।

ସାତକୋଡ଼ି ବର୍ଷର ପୋକଲଗା ଇତିହାସରେ ପୂର୍ଣ୍ଣଚ୍ଛେଦ । ଅତୀତ ଓଡ଼ିଆ ପାଇକ ପୁଅର ଶେଷ ସନ୍ତକ ଯେମିତି ମାଗୁଣି ଦଳେଇ ! ସେଇ ଇତିହାସ ଗଡ଼ମାଳୀପୁର ଗାଁ ମୁଣ୍ଡ, କିଆ ଗୋହିରିରେ ପାଳଭୂତ ପରି ଠିଆ ହୋଇଛି । ପାଇକ ପୁଅର ରୋମାଞ୍ଚକର ବୀରତ୍ୱ କାହାଣୀ, ଆସ୍ତେ ଠେଲି ହେଇଯାଇଛି କାଳର କରାଳ ଗର୍ଭକୁ !

ମଧୁମଭାର ରାତ୍ରୀ

ସଦା ପ୍ରଧାବିତ ଜୀବନ। ରାସ୍ତା ଅଙ୍କାବଙ୍କା ସମତଳ, ବନ୍ଧୁର ଅବା କଙ୍କରିଳ। ତଥାପି ଚାଲିବାକୁ ପଡ଼ିବ, ଆଗକୁ, ଆଗକୁ - ଚରୈବେତି, ଚରୈବେତି - ଚାଲ ଆଗେଇ ଚାଲ। ଜୀବନ ହିଁ ଚାଲିବା। ଅନନ୍ତ, ଅଫୁରନ୍ତ ଯାତ୍ରା, ଯାତ୍ରାର ଶେଷ ନାହିଁ। କେତେ କେତେ ଅନୁଭବ ଅନୁଭୂତି। କେବେ ଆଣିଦିଏ ସୁଖ, ଶାନ୍ତି, ଆନନ୍ଦ, କେବେ ପସରା ପସରା ଦୁଃଖ, ତା'ରି ଭିତରେ ଜୀଇବା ଧାରା। ଲକ୍ଷ୍ୟ ଭିନ୍ନ ଭିନ୍ନ। ଅଛି ଅର୍ଥ ପ୍ରାଚୁର୍ଯ୍ୟ, ବିଳାସ ବ୍ୟସନ, ନାହିଁ ଶାନ୍ତି। ଯୋଗ ସାଧନର ପରିସମାପ୍ତି ସିଦ୍ଧିରେ। ମାତ୍ର ସିଦ୍ଧି ପ୍ରାପ୍ତି କାଠିକର ପାଠ। ସଭ୍ୟତାର ଉନ୍ମେଷରୁ ଉତ୍ତରଣ। ପ୍ରତିଟି କ୍ଷେତ୍ରରେ ଜୀବନରେ ବିଷାଦ। ନାହିଁ ପୂର୍ଣ୍ଣତା। ସଦା ଅତୃପ୍ତ କାମନା ବାସନା। ସ୍ଥିତାବସ୍ଥା ନେଇ ସର୍ବେ ସନ୍ଦିହାନ। ସୁଖ ଖୋଜୁ ଖୋଜୁ ଦୁଃଖ ଦରିଆରେ ଉବୁଟୁବୁ। ଅଣନିଶ୍ୱାସ ଜୀବନ। ମୁନି ଋଷିଏ, କେତେ କେତେ ଧର୍ମୀୟ ମାର୍ଗ ଦେଖାଇଲେ। ପ୍ରତିଟି କ୍ଷେତ୍ରରେ ଧର୍ମ, ଦର୍ଶନ ଭିନ୍ନ ଭିନ୍ନ। ସନାତନ ହିନ୍ଦୁ ଧର୍ମ, ମୋକ୍ଷ ଏହାର ଶେଷ ଲକ୍ଷ୍ୟ। ବୌଦ୍ଧଧର୍ମର ନିର୍ବାଣ, ପୁନର୍ଜନ୍ମ ନାସ୍ତି। ହିନ୍ଦୁଧର୍ମର ଆଧାର ବିଶ୍ୱାସ, ପ୍ରାରବ୍ଧ। ଏଥି ସହିତ ପୁନର୍ଜନ୍ମ। ଜୀବନ ସତ୍ୟ, ହେଉ ଦୁର୍ବିସହ ଅବା ସୁଖଦ। ଏଇଟି ପୂର୍ଣ୍ଣ ଅନୁଭବର କଥା। ମୃତ୍ୟୁପରେ ପୁନଶ୍ଚ ଆଉ ଏକ ଜନ୍ମ, ଏଇଟି ଏକ କଳ୍ପନା, ସେମିତି ନିର୍ବାଣ। କଳ୍ପନାରୁ ବାଦ୍ ନୁହେଁ। ଏମିତି ଏକ ତିଳ ତଣ୍ଡୁଳିତ ବିଚାରବୋଧ। ଏହାରି ଉପରେ ପରୀକ୍ଷା ନିରୀକ୍ଷା। ଶେଷ ସିଦ୍ଧାନ୍ତ ଏବେବି ଅଜଣା। ରହସ୍ୟ ହୋଇ ରହିଥିବ କାଳ କାଳକୁ।

ତଥାଗତ ବୁଦ୍ଧ, ସାଧନା କଲେ, ସନ୍ନ୍ୟାସୀର ଜୀବନ ବାଛି ନେଲେ। ଅନେକ ସ୍ତର ଅତିକ୍ରମ କଲେ, ଶେଷରେ ବାଣ୍ଟିଲେ ନିର୍ବାଣ ବାର୍ତ୍ତା। ଜୀବର ଆଉ ପୁନର୍ଜନ୍ମ ନାହିଁ। ବୌଦ୍ଧ ଭିକ୍ଷୁମାନେ। ଶମଣର ଜୀବନ, ନାନା ପ୍ରକାର ସାଧନା, କେତେବେଳେ ତୃଣଶଯ୍ୟାରେ 'ଶୁଷ୍କପାଣୟ ବ୍ରତ' ପାଳନ, ସମ୍ପୂର୍ଣ୍ଣ ଉପବାସ। ମାତ୍ର ଶରୀର ଅଛି,

ଶରୀର ପାଇଁ ଖାଦ୍ୟ ଏକାନ୍ତ ଲୋଡ଼ା। ଶମଣଙ୍କର ବାଧ୍ୟବାଧକତା ଉପବାସ। କ୍ଷୁଧା, ତୃଷ୍ଣା ବହୁ ଗୁଣିତ ହୁଏ। ଶମଣଟି ଅନ୍ୟମାନଙ୍କ ଅଲକ୍ଷ୍ୟରେ ଭକ୍ଷଣ କରେ। ପୁନଶ୍ଚ କାମିନୀ, କାଞ୍ଚନ ମୋହ। ପ୍ରବୃତ୍ତି ଉପରେ ଅଙ୍କୁଶ। ଆଦିମ ପ୍ରବୃତ୍ତିର ଭୀଷଣ ରୂପ, ଦେହ ଦାହର ଜ୍ୱାଳା, ବୌଦ୍ଧସନ୍ନ୍ୟାସୀଟି ହୁଏ ବିପଥଗାମୀ। ଏମିତି ଏକ ଘଟଣା। ଚତୁର୍ମାସ୍ୟା ପାଇଁ ଆମନ୍ତ୍ରିତ ବୌଦ୍ଧଭିକ୍ଷୁମାନେ। ସେମାନଙ୍କ ମଧ୍ୟରେ ତୀର୍ଥଙ୍କର ଚିରପଦ୍ଧଜିତ ବେଲଥୀ ପୁତ୍ତ, ସାଥିରେ ତାଙ୍କ ଶିଷ୍ୟମାନେ। ବିଦେହର ଜଣେ ଶ୍ରେଷ୍ଠୀ, ସମର୍ପଣ କରିଥିଲେ ଏକ ସଂଘାରାମ। ଭିକ୍ଷୁମାନଙ୍କ ମଧ୍ୟରେ ଶମଣ ଶ୍ରେଷ୍ଠ ଉପକ। ଉପକ ଅତିକ୍ରମ କରିଛି, ରାଜଗୃହରୁ ନାଳନ୍ଦା, ନାଳନ୍ଦାରୁ ଉରୁବିଲ୍ୱ, ଉରୁବିଲ୍ୱରୁ ପାଟଳିପୁତ୍ର, ପାଟଳିପୁତ୍ରରୁ ବୈଶାଳୀ, ବୈଶାଳୀରୁ ବିଦେହ, ବିଦେହରୁ ବେଶଳୀ, ବେଶଳୀରୁ କାଶୀ, କାଶୀରୁ ସକେତ, ସକେତରୁ ଚମ୍ପା। ଯାତ୍ରା ଥିଲା ନିରବଚ୍ଛିନ୍ନ। ଶେଷରେ ବିଦେହରେ ଚତୁର୍ମାସ୍ୟା ବ୍ରତ ପାଳନ। ଦିନକର କଥା। ସଂଘାରାମକୁ ଆସିଲା ଅନିନ୍ଦ୍ୟ ସୁନ୍ଦରୀ ବଜ୍ଜୀକନ୍ୟା, ଗଣିକା, ମଧୁମତ୍ତା। ହାତରେ ଅର୍ଘ୍ୟଥାଳି, ତାହା ବେଲଥୀପୁତ୍ତଙ୍କ ପାଇଁ। ପୂଜାର୍ଘ୍ୟ ଭିତରେ ସୁମିଷ୍ଟ ପାୟସ। ତୃଣଶଯ୍ୟା ଉପରେ ଶାୟିତ ଉପକ। ମଧୁମତ୍ତାର ଶ୍ଳଥ କବରୀ, ଝରି ପଡୁଥାଏ କେତୋଟି ଅଶୋକ କଳିକା। ଉପକ ମୁଗ୍ଧବିହ୍ୱଳ, ଅପଲକ ଦୃଷ୍ଟି, ମଧୁମତ୍ତାର ତନୁ ଲାବଣ୍ୟରେ ବିଭୋର ଶମଣ ଉପକ। ଆବୁସଙ୍କ ପାଇଁ ଆଣିଥିଲା ପାୟସ ମଧୁମତ୍ତା। ଉପକ କ୍ଷୁଧାର୍ତ୍ତ। ଏଣେ ଦୂର୍ବାଶଯ୍ୟା ପରେ ଶୁଦ୍ଧପାଣୟ ବ୍ରତ ପାଳନ, ତଥାପି ପାୟସ ସ୍ୱାଦ ବାରିବାର ଲାଳସା। ଶୁଦ୍ଧପାଣୟ ବ୍ରତ ପାଳନ ସମୟରେ ଭୋଜନ, ଗତିରୋଧ କରେ ନିର୍ବାଣର। ମଧୁମତ୍ତାର ଏଇ କଟାକ୍ଷ। ନିର୍ବାଣ ପ୍ରାପ୍ତିର ପଥ, ଯଦି ରୋଧ ହୋଇଯାଏ ଅନ୍ନ ଭୋଜନରେ, ସେ ନିର୍ବାଣ ଅନ୍ନ କଣିକା ଠାରୁ ସୁଦ୍ଧା ସୁଲଭ୍ୟ। ଆଜୀବନ ବ୍ରତ - ଉପବାସ ଗଙ୍ଗାସ୍ନାନ, ସୁକର୍ମ କଲେ ପୁଣ୍ୟ ପ୍ରାପ୍ତି ହୁଏ ନାହିଁ। ବ୍ରତ ଉପବାସ ନ କରି ଧର୍ମ ଆଚରଣ ନକଲେ, ପାପର କାଳିମା ସୁଦ୍ଧା ଲାଗେ ନାହିଁ। ଅର୍ହତ ମଙ୍ଗଳୀ ଗୋଶାଳାଙ୍କର ଏଇ ଉକ୍ତି। ଉପକ ଏଇ କଥାଟି କହିଲା। ସ୍ମିତ ହାସ୍ୟ ମଧୁମତ୍ତାର, ଶୁଦ୍ଧପାଣୟ ବ୍ରତ ପାଳନ, ଲୁଚାଇ କରି ଖାଦ୍ୟ ଗ୍ରହଣ, ଏ କଥା ଯଦି ଗୋଶାଳା କହିଥିବେ, ଅଜିତ କେଶକମ୍ୱଳୀ ଶୁଦ୍ଧପାଣାୟ ଜଳସୁଦ୍ଧା ସ୍ପର୍ଶ ନ କରିବା, ଏଥି ପାଇଁ ନିଶ୍ଚୟ ସୂତ୍ର ବାନ୍ଧିଥିବେ। ମଧୁମତ୍ତାର ଏଇ ଉତ୍ତର। ଉପକ ଚାହିଁଛି ମଧୁମତ୍ତାକୁ ମୁଗ୍ଧ ଦୃଷ୍ଟିରେ, କଳା ଭୃଙ୍ଗ ପରି ମଧୁମତ୍ତାର ବଦନ କମଳ ଉପରକୁ ଉଡ଼ି ଯାଆନ୍ତା କି ସେ।

କେବଳ ଉପକ ନୁହେଁ, ତାଙ୍କ ପରି ଅନେକ ଶମଣ, ସାଧନାର ପଥ ହୁଡ଼ିଛନ୍ତି। କାମିନୀ କାଞ୍ଚନ ମୋହରେ ପଡ଼ିଛନ୍ତି। ସେମିତି ଏକ ସ୍ଖଳନର କାହାଣୀ। ତାକୁ ନେଇ ଗାଳ୍ପିକ ସୁରେନ୍ଦ୍ର ମହାନ୍ତିଙ୍କର ଗପ 'ମଧୁମତ୍ତାର ରାତ୍ରି'। ଶମଣଟି ନା ପାଇଛି ନର୍ବାଣର

ସଫଳତା, ନା ସଠିକ୍ ଉତ୍ତର ଦେଇଛି ରୂପଜୀବ୍ୟା ମଧୁମତ୍ତା ପ୍ରଶ୍ନର ଉତ୍ତର। ପ୍ରଶ୍ନ ଥିଲା - କହିପାରିବ ଶମଣ ପୁନର୍ଜନ୍ମ ଅଛି ? ବେଶ୍ୟାର ଜୀବନ କୁଣ୍ଡଳୀ ମଧ୍ୟରୁ ସେ ଚାହିଁଥିଲା ମୁକ୍ତି। ଅନ୍ୟର ପାଦତଳେ କେବଳ ଅସହାୟ ଭାବେ ନିବେଦିତ ହେବା, ଏହା କ'ଣ କୁସୁମର ଭବିତବ୍ୟ ? ପୂତିଗନ୍ଧମୟ ଜୀବନରୁ କ'ଣ ମୁକ୍ତି ନାହିଁ ? ଶମଣ ଉପକ ପାଖେ ଏହାର ବା କି ଉତ୍ତର ? ଜୀବନ, ନିର୍ବାଣ, ପୁନର୍ଜନ୍ମ - ଏହାରି ଉପରେ ପର୍ଯ୍ୟବସିତ ଗପଟି। ବୌଦ୍ଧଧର୍ମ, ଦର୍ଶନ, କାଳେ କାଳେ ଜୀବନକୁ ଉପେକ୍ଷା କରିଛି। ଜୀବନର ଉପେକ୍ଷିତ ଦିଗକୁ ନେଇ ଗପଟି ଗତିଶୀଳ।

ମଧୁମତ୍ତା ଚାଲିଯାଇଛି, ଉପକ ଉପରେ ତା'ର ବକ୍ର ଚାହାଁଣି। କୌତୁହଳରେ ଦନ୍ତ ପୀଡ଼ିତ ଜିହ୍ୱାଗ୍ର, ନିତମ୍ବର ଚାରୁଚଳନ, ଲୀଳାୟିତ ପାଦ ଯୁଗଳ, ଶମଣ ଉପକ ମୋହଗ୍ରସ୍ତ। ଶୁଦ୍ଧପାଣୟ ବ୍ରତର ଏ ନିର୍ବୋଧ ଅଭିନୟ କାହିଁକି ? ଆଷାଢ଼ର ମେଘାକ୍ରାନ୍ତା ସନ୍ଧ୍ୟା ଦେହରେ ବଳକା ସମ, ନୀଳ ଦୁକୁଳା ବୃତା ମଧୁମତ୍ତାର ଦେହ। ତାକୁ ଆଲିଙ୍ଗନ କରିବାର ମୋହ ତୀବ୍ରତର। ମଧୁମତ୍ତାର କେଳି କକ୍ଷରେ କାମାଭିଳାଷ ଚରିତାର୍ଥ, ସେଇଥିରେ ଅଫୁରନ୍ତ ଆନନ୍ଦ, ସେଇଥି ପାଇଁ ଉପକ ବ୍ୟାକୁଳ। ମଧୁମତ୍ତା ଆଣିଥିବା ପାୟସ, ଆକଣ୍ଠ ପାନ କଲେ ଉପକ। ସଂଘାରାମର ଶମଣମାନେ, ପ୍ରାୟତଃ ଗୋପନରେ ଖାଦ୍ୟ ଗ୍ରହଣ କରନ୍ତି। ଗୌତମ ପାଇଲେ ନିର୍ବାଣର ସନ୍ଧାନ, ନାନାଦି ଉପବାସ ବ୍ରତ, ଶେଷକୁ ସରମା ହସ୍ତୁ ପାୟସାନ୍ନ ଭୁଞ୍ଜିଲେ। ବୁଦ୍ଧ ମୁଣ୍ଡ ଗହପତିକ (ଲଣ୍ଡିତ ମସ୍ତକ ଗୃହସ୍ଥ ବା ଛଦ୍ମବେଶୀ ଶମଣ) - ଏକଥାଟି ମୁହେଁ ମୁହେଁ ତାଙ୍କୁ ଉପକ ଶୁଣାଇ ଦେଇଥିଲେ। ସବୁ ମାୟା, ଜୀବନ କ୍ଷଣସ୍ଥାୟୀ, ସଂସାର ଅଳୀକ। ତେବେ ନିର୍ବାଣ ଯେ ସତ୍ୟ, ଏହାର ପ୍ରମାଣ କାହିଁ ? ସଂଶୟାଚ୍ଛନ୍ନ ଉପକ, ଏଣିକି ଚିନ୍ତାରେ ଚେତନାରେ, ଧାରଣାରେ ମଧୁମତ୍ତା ସହ ରାତ୍ରିଯାପନ। ସେଇଥିରେ ନିର୍ବାଣ, ଅପୂର୍ବ ସୁଖ ? ଶମଣ ଜୀବନର ଚରମସିଦ୍ଧି।

ଚତୁର୍ମାସ୍ୟା ବ୍ରତ ଶେଷ। ଶରତ ଆକାଶରେ ଖଣ୍ଡ ଖଣ୍ଡ ମେଘମାଳା। ଠିକ୍ ନିଃସମ୍ବଳ, ନିରୁଦ୍ଦିଷ୍ଟ; ଅନବସ୍ଥିତ ଶମଣମାନଙ୍କ ପରି। ଏବେ ଘର ବାହୁଡ଼ା। ସଂଘାରାମ ଉଠିବ, ଶମଣମାନେ ପ୍ରବର୍ଜ୍ୟା ଆରମ୍ଭ କରିବେ। ବିଦେହ ଛାଡ଼ିବାକୁ ପଡ଼ିବ। ତା' ପୂର୍ବରୁ ମଧୁମତ୍ତାର ସାହଚର୍ଯ୍ୟ, ବ୍ୟାକୁଳ ଉପକ। ଶରତର ଗୋଟେ ସ୍ନିଗ୍ଧକୋମଳ ଗୋଧୂଳି, ଭିକ୍ଷା ଶେଷ। ଉପକର ପ୍ରତ୍ୟାବର୍ତ୍ତନ ବିଦେହ ରାଜପଥରେ। ମଧୁମତ୍ତା ନିଜ ଭବନ ଶିଖରରେ। ସାଥିରେ କିଙ୍କରୀଗଣ। କବରୀର ଗୋଟେ ଦଳିତ ଚମ୍ପାକଢ଼ି, ଫିଙ୍ଗି ଦେଲା ଉପକ କମଣ୍ଡଳକୁ। ମଧୁମତ୍ତାର ଭୁବନ ମୋହିନୀ ରୂପକାନ୍ତି। ଉପକର ସାରା ଦେହରେ କମ୍ପନ, ଉତ୍ତେଜନାରେ ଦୀପଶିଖା ପରି ପ୍ରକମ୍ପିତ। ସେ ଶମଣ, ରୁକ୍ଷ କେଶବାସ, ମଳିନ କୌପୀନ, ଛିନ୍ନ ଚୀବର, ଅର୍ଦ୍ଧ ଦଗ୍ଧ ହସ୍ତ ମାମୁଲି। ମଧୁମତ୍ତା ପରି ରୂପସୀ ପାଇଁ ସେ

ସମ୍ପୂର୍ଣ୍ଣ ଅଯୋଗ୍ୟ। ମନେପଡ଼େ ତା'ର ଦୀକ୍ଷା ଗ୍ରହଣ ସମୟର କଥା। ରୂପ, ସ୍ପର୍ଶ, ଅନୁଭୂତି - ଏହା ଉପରେ ବିଜୟ ପ୍ରାପ୍ତି। ପୁନଶ୍ଚ ଆଜୀବକ ଦୀକ୍ଷା ଗ୍ରହଣ। ଏଥିରେ କଠୋର ବିଧିବିଧାନ। ତପ୍ତ ଲୌହଖଣ୍ଡ। ଦୁଇ ହାତରେ ଅଞ୍ଜଳିବଦ୍ଧ କରି ଧରିଥିଲା ଉପକ। ଅକଥନୀୟ ଯନ୍ତ୍ରଣା, ଦୁଇ ହସ୍ତର ଅଙ୍ଗୁଳି ସମୂହ ଅର୍ଦ୍ଧଦଗ୍ଧ। କୁଞ୍ଚିତ ଚର୍ମ ତଳେ ଅସ୍ଥିଖଣ୍ଡମାନ ଅବସ୍ଥିତ। ଓଃ ! କି କୁତ୍ସିତ, କଦାକାର ତା' ହସ୍ତଦ୍ୱୟ।

ମଧୁମତ୍ତାର ସହଚରୀ କାମଦା, ଉପକକୁ ସ୍ୱାଗତ ଜଣାଇଲା। ଅପ୍ରଶସ୍ତ ଅଳିନ୍ଦ। କାମପୀଡ଼ିତ ଉପକ, କାମଦାକୁ ବାହୁ ପାଶରେ ଆବଦ୍ଧ କରିବା ପାଇଁ ବି ବ୍ୟଗ୍ର। ଅଳିନ୍ଦ ପ୍ରାନ୍ତରେ ସ୍ମିତହାସିନୀ ମଧୁମତ୍ତା। ଅଗୁରୁ ସୁବାସ, ସିତ ଚନ୍ଦନ ଲେପିତ ନାରୀ ଦେହର ଗନ୍ଧ। ଆମୋଦିତ, କ୍ଷୁଧିତ ଉପକ। ତା' ଦୁଇ ଆଖିରେ ଅନିର୍ବଚନୀୟ କଳ୍ପଲୋକ ସୃଷ୍ଟି କରିଦେଲା।

ମଧୁମତ୍ତାର କେଳିକକ୍ଷ। ଶିରୀଷ ମାଲ୍ୟ ଭୂଷିତା, ନବମଣି ବିନିର୍ମିତ କାଞ୍ଚୀ, କେୟୂର, କଙ୍କଣ, ନୂପୁର ଭୂଷିତା, ସୁଧାରସ ତରଙ୍ଗତନୟା, ମଦାବେଶ ବିହ୍ୱଳା, ରତିକାଂକ୍ଷିଣୀ ନାରୀ ମଧୁମତ୍ତା। ବିଶ୍ୱର ପୁଞ୍ଜୀଭୂତ କାମନା ତା' ଭିତରେ ଠୁଳ। ଉପହାସ କରୁଛି, ଅଗଣିତ ଜୀନ, ତୀର୍ଥଙ୍କର, ଶମଣଙ୍କ ନିର୍ବାଣ ସାଧନାକୁ। କମଳ ଦଳାବୃତ୍ତ ଶଯ୍ୟା, ଅଳସ ଅପରାହ୍ନ ସମ, ଦେହଢାଳି ଶୋଇଛି ମଧୁମତ୍ତା। ଦୁଇଟି ପାତ୍ରରେ ଆସବ, ଗୋଟେ ମଧୁମତ୍ତାର, ଆରଟି ଉପକ ପାଇଁ। କମ୍ପିତ ହସ୍ତ, ଉପକ ନିଃଶେଷ କରିଦେଲା, ଶୂନ୍ୟ ମଦିରା ପାତ୍ର। ନିର୍ଭୟ ଦେଲା ମଧୁମତ୍ତା। ସଞ୍ଜୟ ବେଲୁଥୀ ପୁତ୍ତଙ୍କ ସଂଘାରାମ ଅବା ନିଶାର୍ଦ୍ଧରେ ଅପହୃତ ପାୟସାନ୍ନ ଏ ନୁହେଁ? ସତେ ଯେମିତି ମଧୁମତ୍ତା ଉପହାସ କରୁଥିଲା ଉପକର ସ୍ଖଳନକୁ। ଅବଶ୍ୟ ଆସବ ପାନ, ଆଜୀବକ ପାଇଁ ବାରଣ ନାହିଁ। ନୀଳ ଚିନାଂଶୁକର ଅବଗୁଣ୍ଠନ ତଳେ ମଧୁମତ୍ତାର ଅପୂର୍ବ ରୂପଶ୍ରୀ, ଠିକ୍ ଜ୍ୟୋତ୍ସ୍ନାର୍ଙ୍କିତ ଆକାଶ ତଳେ ଭୁବନ ମୋହିନୀ ରାତ୍ରି ପରି।

ରୂପଜୀବ୍ୟା ମଧୁମତ୍ତା, ବିଦେହ ରାଜକୋଷର ଦୈନିକ ଆୟ, ତା'ର ଏକ ରାତ୍ରି ଆୟର ଅର୍ଦ୍ଧାଂଶରୁ କମ୍। ଉପକ ଆଜି ତା'ର ଅତିଥି। ଉପଯୁକ୍ତ ପାଉଣା ଦେବାକୁ ହେବ। ସ୍ୱର୍ଣ୍ଣମୁଦ୍ରା ନୁହେଁ, କେବଳ ଗୋଟିଏ, ଗୋଟିଏ ପ୍ରଶ୍ନର ଉତ୍ତର ମାତ୍ର- ଏ ଜନ୍ମ ପରେ ଆଉ ପୁନର୍ଜନ୍ମ ନାହିଁ ଶମଣ ? ଏହାର ଉତ୍ତର, ଜାଣି ନ ଥିଲା ଉପକ ନା ଜାଣିଛି ଆଉ କିଏ ? ଜନ୍ମ ମିଥ୍ୟା, ପୁନର୍ଜନ୍ମ କଳ୍ପନା। ସତ୍ୟ କେବଳ ଧାବମାନ ମୁହୂର୍ତ୍ତ, ଆଉ ମଧୁମତ୍ତା। ତାହାଲେ ମଧୁମତ୍ତା ଠାରେ ଉପକର ଭିକ୍ଷା କ'ଣ ଅପୂର୍ଣ୍ଣ ରହିଯିବ ? ଉପକ କିଂକର୍ତ୍ତବ୍ୟବିମୂଢ଼ - "ପୁନର୍ଜନ୍ମ ହୁଏତ ଥାଇପାରେ, ହୁଏତ ଅଛି।" ମଧୁମତ୍ତା ସ୍ଥିର ନିଶ୍ଚଳ, ଆକୁଳ ଆବେଗରେ ଦିଗହଜା ଉପକ, ମଧୁମତ୍ତାକୁ ଆଲିଙ୍ଗନ କରିବାକୁ ଉଦ୍ୟତ।

ଦୃଷ୍ଟି ପଡ଼ିଲା ଅର୍ଦ୍ଧଦଗ୍ଧ ବୀଭତ୍ସ ହସ୍ତ ଉପରେ। ଆର୍ତ୍ତଚିତ୍କାର କରି ଉଠିଲା ମଧୁମତ୍ତା। ସ୍ୱୟଂ ଉପକ ବି ଆତଙ୍କିତ। ଭୟକାତର ମଧୁମତ୍ତା, ଚିତ୍କାର କରୁଥିଲା - "ଆଲୋ କାମଦା, କାହିଁ ଗଲୁ କାମଦା, ଶମଣକୁ ଶୀଘ୍ର ବିଦାକର ଏଠୁ।"

ସ୍ରୋତସ୍ୱିନୀ ବେତ୍ରବତୀ, ଆସନ୍ନ ସନ୍ଧ୍ୟାର ପ୍ରାୟାନ୍ଧକାର। ତଟଭୂମି ନିଃଶବ୍ଦ, ନିର୍ଜୀବ। ଚାଲିଛି ଉପକ, ନଦୀ ଆରପାଖେ ଚମ୍ପାପୁରୀ। ଭୁଲିପାରିନି ସେଦିନର ଘଟଣା। ମଧୁମତ୍ତା ଚାହୁଁଥିଲା ପୁନର୍ଜନ୍ମ। ଚାହୁଁଥିଲା ତା' ବ୍ୟର୍ଥ ନାରୀତ୍ୱ, ମାତୃତ୍ୱର ନୂତନ ସାର୍ଥକତା। ଚାଲିଛି ଉପକ, ପଛରୁ ଯେମିତି କହୁଥିଲା ମଧୁମତ୍ତା - "ତୁମେ କ'ଣ ଭାବୁଛ ଶମଣ, ଅନ୍ୟର ପାଦ ତଳେ କେବଳ ଅସହାୟ ଭାବରେ, ନିବେଦିତ ହେବା ହିଁ କୁସୁମର ଭବିତବ୍ୟ ?" ପୁନର୍ଜନ୍ମ ହୋଇପାରେ କଳ୍ପନା, ପୁନର୍ଜନ୍ମରେ ମଧୁମତ୍ତାର ଶାନ୍ତି, ତା'ର ପୂର୍ଣ୍ଣତା। ରୂପଜୀବୀ ମଧୁମତ୍ତା ଅସହାୟ, ଅତୃପ୍ତ ଜୀବନରୁ ମୁକ୍ତି ଚାହେଁ ଶମଣ ଉପକ। ତା'ର ବି ଲୋଡ଼ା ପୁନର୍ଜନ୍ମ !

ଦିନ ଯାଏ, ଚିହ୍ନ ରହେ। ଗୋଟେ ଯୁଗ ବିତିଲାଣି। ମଧୁମତ୍ତାର କେଳିମନ୍ଦିରରୁ ବେତ୍ରାହତ ଶିଶୁ ପରି ପଳାତକ ଉପକ। ଦେହର ତାତି ପ୍ରଶମିତ ହେଲାନି, ଏଥି ପାଇଁ ଦାୟୀ ତା' ରୁକ୍ଷ ବେଶ, ଅର୍ଦ୍ଧଦଗ୍ଧ ପାପୁଲି, ଏଣିକି କଠୋର ସାଧନା; ବ୍ରତ ଉପବାସ ପାଳନ। ଦେହ ଜରାଜୀର୍ଣ୍ଣ, ଯୌବନ ପ୍ରାୟ ନିଃଶେଷ, ତଥାପି ସେଥିରେ ବି ଶୁଷ୍କ ବିଦଳିତ ବକୁଳ ସମ ସୁରଭି, ଏବେ ବି ଲିଭି ନାହିଁ। ପୌଢ଼ତ୍ୱ - ପାଣ୍ଡୁରିତ ହୃଦୟ, ତଥାପି ଅଦିନ ମଳୟ ପରି ଚହଲେଇ ଦିଏ ମଧୁମତ୍ତାର ସ୍ମୃତି। ଉପକର ସାଧନା, ସଂଯମ, ନିଷ୍ଠା - ଆଣିଦେଇଛି ଶମଣର ପ୍ରତିଷ୍ଠା। ଏମିତି ମୁହୂର୍ତ୍ତ ଆସେ, ଶମଣର ସଂଯମ, ଶୃଙ୍ଖଳା ଭାଙ୍ଗିଯାଏ। ଶୀତକ୍ଳିଷ୍ଟ ପାଣ୍ଡୁର ଅରଣ୍ୟ, ମଧୁମତ୍ତା ରକ୍ତିମ ପଳାଶର ଆଗ୍ନେୟ ଉଚ୍ଛ୍ୱାସ। ଜାଗି ଉଠେ, ପୁଲକିତ କରିଦିଏ। ଉପକ ପୁନଶ୍ଚ ହେଇଯାଏ ସଚେତନ। ଦୃଷ୍ଟି ତା'ର ନିଜ ଅର୍ଦ୍ଧଦଗ୍ଧ ପାପୁଲି ଉପରେ। ତା'ର କଠୋର ଯନ୍ତ୍ରଣାକ୍ଳିଷ୍ଟ ସାଧନା, ମଧୁମତ୍ତା ସହ ମିଳନର ବାଧକ। ନା ସେ ହେଇପାରିଲା ସଚ୍ଚା ଶୁଦ୍ଧପୂତ ଶମଣଟେ, ନା ତା'ର ଦେହର ଦାହ ପ୍ରଶମିତ ହେଲା। ଏବେ ସେ ତ୍ରିଶଙ୍କୁ। ଖୋଜିଛି ମଧୁମତ୍ତା ପ୍ରଶ୍ନର ଉତ୍ତର - ସତରେ କ'ଣ ପୁନର୍ଜନ୍ମ ଅଛି ? ରୂପଜୀବ୍ୟା ମଧୁମତ୍ତା, ବିଦେହର ସବୁ ପ୍ରାଚୁର୍ଯ୍ୟ ତା' ପାଦତଳେ। ହେଲେ ସେ ଅସୁଖୀ। ନିତି ଦଳିତ ତା'ର ନାରୀତ୍ୱ। ସେ ଚାହେଁ ପୁନର୍ଜନ୍ମ। ଶମଣ ଉପକର ଲୋଡ଼ା ପୁନର୍ଜନ୍ମ। ଉଭୟ ଅସହାୟ, ହାହାକାରମୟ ତାଙ୍କ ଜୀଇବା ଧାରା। ମଧୁମତ୍ତା ଚାହୁଁଥିଲା ପୁନର୍ଜନ୍ମ। ଉପକ ଚାହେଁ ପୁନର୍ଜନ୍ମ, କିନ୍ତୁ ପୁନର୍ଜନ୍ମ ନାହିଁ। ଶରୀର ଦିନେ ପଞ୍ଚଭୂତରେ ଲୀନ ହେଇଯିବ। ପୁନର୍ଜନ୍ମ ନାହିଁ, ଜୀବନ ହିଁ ଏକମାତ୍ର ସତ୍ୟ। ସଂଯମର ନାଗପାଶରେ ଜୀବନକୁ ତିଳ ତିଳ ଦଗ୍ଧ କରିବା, ନିର୍ବାଣ

ପାଇଁ ସାଧନାରତ ହେବା – ଏଥିରେ ସାର୍ଥକତା କେଉଁଠି ?

ଉପକ ବହୁ ଶମଣଙ୍କୁ ଭେଟିଛି । ପଚାରିଛି ସେଇ ଏକା ପ୍ରଶ୍ନ – ପୁନର୍ଜନ୍ମ କଥା । ପାଇନି ଉତ୍ତର । ସେଦିନର ଘଟଣା । ଚମ୍ପାନଗରୀର ଆଜୀବ୍ୟ ସଭା, ଉପସ୍ଥିତ ନିଗନ୍ଥନାଥପୁତ୍ତଙ୍କ ଶିଷ୍ୟ ଶିରୋମଣି କିଶା । ସଭାଟି ଜନାକୀର୍ଣ୍ଣ, ସାଧାରଣ ଜନତା ଠାରୁ ଶମଣ ଯାଏ ଉପସ୍ଥିତ । ପହଞ୍ଚିଛି ଉପକ । ସଭା ମଧ୍ୟ ଭାଗରେ ଶମଣ ଆଉ କିଶା । ବୁଝାଉଥାଆନ୍ତି ଶମଣଫଳସୁତ୍ତ (ଆଜୀବ୍ୟ ମାନଙ୍କର ଏକ ଧର୍ମସୂତ୍ର) । ପୁନର୍ଜନ୍ମ ସମ୍ବନ୍ଧରେ ସେ ଅଜଣା, ଶମଣର ସାଧନାରେ ସାର୍ଥକତା ଅଛି କି ନାହିଁ, ତାହା ମଧ୍ୟ ସନ୍ଦେହ ଘେରରେ । କିଶାଙ୍କ ଭାଷଣର ଏ ଥିଲା ସାରାଂଶ । ଶ୍ରୋତୃମଣ୍ଡଳୀ ମଧ୍ୟରୁ ପ୍ରଶ୍ନ – "ପାପ ପୁଣ୍ୟ ମଧ୍ୟରେ ପାର୍ଥକ୍ୟ କ'ଣ ?" ତପ, ଯଜ୍ଞ, ଦାନ ଧର୍ମରେ ପୁଣ୍ୟ ନାହିଁ, ହତ୍ୟା ରକ୍ତପାତ ଲୁଣ୍ଠନରେ ପାପ ନାହିଁ ! ଏ ଉକ୍ତି ଅଜିତ କେଶକମ୍ବଳୀଙ୍କର । ନିଗନ୍ଥ ତାହା ମଧ୍ୟ ଜାଣନ୍ତି ନାହିଁ । ସଭା ମଧ୍ୟରେ ବହୁ ବ୍ରାହ୍ମଣଙ୍କ ଉପସ୍ଥିତି । ଜଣକର କୁଟିଳ ପ୍ରଶ୍ନ - ତାହେଲେ ନିଗନ୍ଥ କ'ଣ ଜାଣନ୍ତି ?" କାମନାର ଗ୍ରନ୍ଥିଛିନ୍ନକର, ଚତୁଃଯମ (ଚତୁର୍ବିଧ ସଂଯମ) ଦ୍ୱାର ପରିବୃତ୍ତ ହୁଅ, ତା' ପରେ ନିଗନ୍ଥ ମୋକ୍ଷ ଲାଭ । ତାହାଲେ କେଉଁଟି ସତ୍ୟ – ଜୀବନ ନା ମୋକ୍ଷ ? ଏ ପ୍ରଶ୍ନ ଥିଲା ଶମଣ ଉପକର । ଶମଣ, ଶମଣଙ୍କ ଭିତରେ ପ୍ରତିଦ୍ୱନ୍ଦ୍ୱିତା । ଏଥିରୁ ବାଦ୍ ପଡ଼ିନାହାନ୍ତି ଉପକ ଆଉ କିଶା । ପରିହାସ ଜର୍ଜରିତ କଣ୍ଠ । କିଶାଙ୍କର ଆକ୍ଷେପ – ଶମଣ ଶ୍ରେଷ୍ଠ ଉପକ ! ବିଦେହର ରୂପଜୀବ୍ୟା ମଧୁମତ୍ତାର କେଳି ମନ୍ଦିର । ଏହାଙ୍କର ଦଣ୍ଡ, କମଣ୍ଡଳୁ, ଚୀବର – ଏ ସମସ୍ତ ଏବେ ସୁଦ୍ଧା ସେଠାରେ ପଡ଼ିଛି । ଶ୍ରୋତୃମଣ୍ଡଳୀଙ୍କ ତାଚ୍ଛଲ୍ୟ । ଚତୁଃ-ଯମ-ସମ୍ଭୂତ କିଶା । ସେ ବି ରୂପଜୀବ୍ୟା ଗଣିକା ମଧୁମତ୍ତା କେଳିମନ୍ଦିର ସହ ପରିଚିତ ? ଉପକଙ୍କର ଏ ଉକ୍ତି । ସଭା ସ୍ଥଳରେ ସୃଷ୍ଟି ହେଲା ଏକ ବିକଳ ସ୍ଥିତି । ସମବେତ ଜନତାଙ୍କର ହୋ ହଲ୍ଲା, ଅଟ୍ଟହାସ୍ୟ । ଶମଣଙ୍କର ବେଶ୍ୟା ପ୍ରୀତି ପଦାକୁ ଆସିଲା । ପଦାକୁ ଆସିଲା ଭିକ୍ଷୁ ଜୀବନର ସ୍ଖଳନ କଥା । କିଏ କିଶାଙ୍କୁ ସମର୍ଥନ କଲେ, ଅନ୍ୟମାନେ ଉପକଙ୍କୁ । କଳହ ଚରମ ସୋପାନରେ ପହଞ୍ଚିଲା । ଏବେ ଆଜୀବ୍ୟ ସଭା ନିର୍ଜନ, ନିଃଶବ୍ଦ । ଆଜୀବ୍ୟଙ୍କର ପାଇଁ କଠୋର ନିୟମ, ରାତ୍ରି ହେଲେ ସେମାନେ ନିଜ ନିଜ ଅନ୍ଧକାର ପ୍ରକୋଷ୍ଠରେ, ପାଷାଣ ଶଯ୍ୟା । ରାତି ଘନେଉଛି, ଉପକ, କିଶା ଉଭୟ ବିନିଦ୍ର । ଉପକ ଭେଟିଛି କିଶାଙ୍କୁ । ବାହାରେ ସୁନ୍ଦର ଜ୍ୟୋସ୍ନାଲୋକିତ ରାତ୍ରି । ଅପୁଷ୍ପିତ ଅଶୋକ କୁଞ୍ଜ । ତଳେ ବସିଛନ୍ତି ଲଣ୍ଡିତ କିଶା, ଜଟାଜୂଟ ବୃତ କୌପୀନ ପରିହିତ ଉପକ । କଥା ଆରମ୍ଭ କଲେ କିଶା । ସେଦିନ ବିଦେହରେ ବସନ୍ତୋତ୍ସବ, ନୃତ୍ୟାମୋଦରେ ବସନ୍ତୋତ୍ସବ ଆମୋଦିତ । କିଶାଙ୍କ ବାତାୟନ ଉନ୍ମୁକ୍ତ । ଦୂରରୁ ଉପଭୋଗ କରୁଥାଆନ୍ତି ସେ ଦିନର ଦୃଶ୍ୟ । ମଦାବେଶ ବିହ୍ୱଳା ମଧୁମତ୍ତାର ନୃତ୍ୟ । କାଞ୍ଚୀପୀଡ଼ିତ

ଗୁରୁନିତମ୍ବ ଉପରେ ନ୍ୟସ୍ତ, ବାମହସ୍ତ ସନ୍ଧିରେ ସ୍ତିମିତ କନକ ବଳୟ, କୁଟ୍ଟିମୋପରି ଲୁଳିତ କୁସୁମ ଉପରେ ପଦାଙ୍ଗୁଷ୍ଠିର ନମ୍ର ସଞ୍ଚାରଣ। ବିହ୍ୱଳ ଦୁଇ ଦୀର୍ଘାକ୍ଷିରେ ଛନ୍ଦର ଆବେଶ। କିଶା ବିଭୋର। ମୁରୁଜର ମନ୍ଦ୍ରଧ୍ୱନି। ନାଟ୍ୟଶାଳା ମୁଖରିତ। କିଶା ବ୍ୟାଧ ଶରାହତ ପରି କ୍ଷତ ବିକ୍ଷତ। ବନ୍ଦ କରିଦେଲେ ଗବାକ୍ଷ। ତଥାପି ଚାରୁହାସିନୀ ମଧୁମତ୍ତାର ଚିନ୍ତା। ଦିବସ ରଜନୀ, କିଶା ଅଧୀର। ଅନବସ୍ଥିତ ମଧୁମତ୍ତା ରୂପଜୀବ୍ୟା, କଳଙ୍କିତ ତା'ର ଜୀବନ। ଏଥିରୁ ମୁକ୍ତି ଲୋଡ଼ା, ନିର୍ବାଣ ଜରୁରୀ। ଏଇ ଦୀକ୍ଷା ପ୍ରଦାନ ପାଇଁ ଉପାୟ ଚିନ୍ତା କଲେ କିଶା।

ଆଉ ଏକ ଦିନ, କୋଜାଗରୀ ପୂର୍ଣ୍ଣିମାର ସନ୍ଧ୍ୟା। ରାଜରାସ୍ତାରେ କିଶା। ମଧୁମତ୍ତାର ଭବନ ଆଉ ଅଳ୍ପଦୂର। ନୃତ୍ୟ ପ୍ରଦାନ ମୁଦ୍ରାରେ ମଧୁମତ୍ତାକୁ ଦେଖିବାକୁ ବ୍ୟାକୁଳ କିଶା। ମରଣଶୀଳ ଏ ଦେହ। ଏତେ ସୁନ୍ଦର ହୋଇପାରେ ? ତାହା ପୁଣି କ'ଣ ପାଇଁ ? ବ୍ୟଥିତ କିଶା। ପହଞ୍ଚିଗଲେ ମଧୁମତ୍ତା ଦ୍ୱାରରେ। ଭୁବନ ମୋହିନୀ ମଧୁମତ୍ତା। ସେଦିନର ସେଇ ନୟନାଭିରାମ ଭଙ୍ଗୀ। କଙ୍କଣ ବଳୟ ଶୋଭିତ ବାମହସ୍ତ, ନ୍ୟସ୍ତ ଚାରୁ ନିତମ୍ବ ଉପରେ, ଶ୍ୟାମା ଲତା ପରି ଦକ୍ଷିଣ ହସ୍ତ, ଲମ୍ବି ଆସିଛି ତଳକୁ। ଏ କାମଶର ବିନ୍ଦୁକାନ୍ତି ମଧୁମତ୍ତା ନା ସେ କୋଜାଗରୀ ପୂର୍ଣ୍ଣିମାର ଚନ୍ଦ୍ରମା ? ବିହ୍ୱଳ କିଶା। ଆମନ୍ତ୍ରଣ କଲା ମଧୁମତ୍ତା। ଆଜି ଶମଣ କିଶା ରୂପଜୀବୀ କେଳି କକ୍ଷରେ। ସେଦିନ ଆସିଥିଲେ ବିଦେହର ଶ୍ରେଷ୍ଠୀ ନୀଳକେକୀ। ଏକ ସହସ୍ର ସୁବର୍ଣ୍ଣ ମୁଦ୍ରାର ଉପହାର, ପ୍ରତ୍ୟାଖ୍ୟାନ କଲା ମଧୁମତ୍ତା। ଆଜି ଶମଣ କିଶା ତା' ଅତିଥି। ମଧୁମତ୍ତାର ଅପୂର୍ବ ବେଶ ରଚନା। ବିରଳ ନୀଳାଂଶୁକ ତଳେ ମଧୁମତ୍ତାର ନଗ୍ନଦେହର ସେ କି ତୃଷ୍ଣା ! ଦଳିତ କୁସୁମ ଶଯ୍ୟା ଉପରେ ମଧୁମତ୍ତା ଅଙ୍ଗ ବିନ୍ୟସ୍ତ। ଅଙ୍ଗାଭରଣ ଈଷତ୍ ଅନାବୃତ। ମୁଖରେ ସ୍ମିତହାସ୍ୟ। ତା' ଶଯ୍ୟା ଉପରେ କିଶା। ମଧୁମତ୍ତା କଟୀର କାଞ୍ଚିଦୁକୁଳ ଧୀରେ ଧୀରେ ଶିଥିଳ କଲା। କାମଦା, କାମନ୍ଦକୀ, ପରଭୃତିକା - ସମସ୍ତଙ୍କର ପ୍ରସ୍ଥାନ। ମଧୁମତ୍ତା, କିଶା ଉଭୟଙ୍କ ହାତରେ ଆସବ ପାନପାତ୍ର। ଆକଣ୍ଠ ପାନ କଲେ କିଶା। ମଧୁମତ୍ତାର ଈଷତ୍ ହସ। ତା' ବକ୍ଷରେ ଚୋଳ ଦୁକୁଳର କଠୋର ବନ୍ଧନ ପୀଡ଼ାଦାୟକ। ଟିକିଏ ଶିଥିଳ କରିବା ପାଇଁ କିଶାଙ୍କୁ ଆମନ୍ତ୍ରଣ। ଆତ୍ମ ବିସ୍ମୃତ କିଶା। ମଧୁମତ୍ତାର ସେଇ ଏକାପ୍ରଶ୍ନ, ଲୋଡ଼ାନାହିଁ, "ତା'ର ସ୍ୱର୍ଣ୍ଣ ମୁଦ୍ରା। କେବଳ ଆବଶ୍ୟକ ଉତ୍ତରଟେ - ପୁନର୍ଜନ୍ମ ଅଛି ନା ନାହିଁ ?" ଜନ୍ମ ମିଥ୍ୟା, ପୁନର୍ଜନ୍ମ କଳ୍ପନା। ଏ ଉତ୍ତର ସନ୍ତୁଷ୍ଟ କରିପାରିନି ମଧୁମତ୍ତାକୁ। ଅସହାୟ କିଶା, କାମବାଣାଘାତରେ ଜର୍ଜରିତ। ଯନ୍ତ୍ରବତ୍ କହିପକାଇଲେ - "ପୁନର୍ଜନ୍ମ ଅଛି, ପୁନର୍ଜନ୍ମ ନାହିଁ।" ମଧୁମତ୍ତାର ଆକୁଳ କଣ୍ଠ। ପୁନର୍ଜନ୍ମ ଅଛି ଶମଣ। ମୋତେ ପୁନର୍ଜନ୍ମ ଦିଅ ଶମଣ। ମଧୁମତ୍ତାର ନିବିଡ଼ ଆଲିଙ୍ଗନ। ସୁରାସିକ୍ତ ନିଶ୍ୱାସ, କଣ୍ଠରୋଧ ହେଇଗଲା

କିଶାଙ୍କର। ସେଦିନ ଶମଣର ସବୁ ସାଧନାର ସମାଧି। ମଧୁମତ୍ତାର ଅଙ୍ଗବିଳାସରେ ନିମଜ୍ଜିତ ଶମଣ କିଶା।

ଐଶ୍ୱର୍ଯ୍ୟ, ପ୍ରବୃତ୍ତିର କାରାଗାର- ଆଜୀବନ ବନ୍ଦୀ ମଧୁମତ୍ତା। କାମନା କରୁଥିଲା ଏକ ନାମହୀନ ଜନପଦ। କେଉଁ ଅଖ୍ୟାତ ଅଜ୍ଞାତ କୋଣରେ ଚାହୁଁଥିଲା ଏକ ସାମାନ୍ୟ ଗୃହସ୍ଥଳୀ। ଲୋଡୁଥିଲା ଶୁଭ୍ର ଅଙ୍ଗନ। ଅନାବଶ୍ୟକ ତା' ପାଇଁ ଏ ବିଳାସପୂର୍ଣ୍ଣ ଜୀବନ।

ଜୀବନ ମୋହଗ୍ରସ୍ତ ମାୟା, ନିର୍ବାଣ ବୁଦ୍ଧିଗ୍ରସ୍ତ ମନର ପରିକଳ୍ପନା। ପୁନର୍ଜନ୍ମ ସମସ୍ତଙ୍କର ଲୋଡ଼ା। ଉପକ, କିଶା, ମଧୁମତ୍ତା - ସମସ୍ତଙ୍କର। ଏ ଶିଶିର ସିକ୍ତ ସନ୍ଧ୍ୟା ଅଣଲେଉଟା। ସେମିତି ମୃତ୍ୟୁପରେ ଜୀବନ। ଦେହ ସୁଖ ପାଇଁ ମିଥ୍ୟା କହିଥିଲେ କିଶା। ଝଡ଼ପରି ଉଠି ଚାଲିଗଲେ ଉପକ। ଚାଲିବାକୁ ହେବ, ଆଗକୁ ବହୁ ଆଗକୁ। ଚାଲିବା ହିଁ ଜୀବନ।

ପଶ୍ଚିମ ଦିଗ୍‌ବଳୟରେ ଜ୍ୟୋସ୍ନାଲୋକ ଧୀରେ ଧୀରେ ଲିଭି ଆସୁଥିଲା। ଲଜ୍ଜାବତୀ ଉଷାର ରାଗରଞ୍ଜିତ କପାଳ ଉପରେ କୁଜ୍‌ଝଟିକାର ଅବଗୁଣ୍ଠନ। ଅଶୋକକୁଞ୍ଜର ପତ୍ର ଗହଳି ଭିତରେ ପ୍ରଭାତର ପକ୍ଷୀଙ୍କ କଣ୍ଠରେ ବେତାଳିକାର ଗାନ। କିଶା ମୂଢ଼ ପରି ଚାହିଁଥିଲେ। ଉକ୍ଷିପ୍ତ ଉପକ। ଦଣ୍ଡ କମଣ୍ଡଳୁ ତଳେ ଫିଙ୍ଗି ଦେଇଥିଲେ। ଚୀବରାବୃତ ଅଙ୍ଗ, ଆଜୀବ୍ୟ ସଂହତି ଛାଡ଼ି ବାହାରି ଯାଉଥିଲେ, ଚାଲିଥିଲେ ଚମ୍ପାର ରାଜପଥରେ। ଶମଣ ଶ୍ରେଷ୍ଠ କିଶା ଆଉ ଉପକ। ତାଙ୍କ କର୍ଣ୍ଣ ଗହ୍ୱରରେ ହୁଏତ ବାରମ୍ବାର ପ୍ରତିଧ୍ୱନିତ ହେଉଥିବ - "ଅନ୍ୟର ପାଦତଳେ କେବଳ ନିବେଦିତ ହେବା ହିଁ କ'ଣ କୁସୁମର ଭବିତବ୍ୟ ? ଜୀବନର ବ୍ୟର୍ଥ ସ୍ୱପ୍ନ କ'ଣ ଅନ୍ୟ ଜୀବନରେ ସଫଳ ହେବ ? ସତରେ କ'ଣ ପୁନର୍ଜନ୍ମ ଅଛି ?" ମଧୁମତ୍ତାର ଏ ପ୍ରଶ୍ନ ଏବେବି ଅସମାହିତ।

■

ଲେଖକଙ୍କର ପ୍ରକାଶିତ ଅନ୍ୟାନ୍ୟ ପୁସ୍ତକ

୧ । ଓଡ଼ିଶାରେ ମୁକ୍ତି ସଂଗ୍ରାମର ଓଁକାର
୨ । ଓଡ଼ିଶା ଜନଜୀବନ ଓ ଔପନ୍ୟାସିକ ନିତ୍ୟାନନ୍ଦ ମହାପାତ୍ର
୩ । ଛାଇ ଓ ମଣିଷ
୪ । ମୁକ୍ତି ସଂଗ୍ରାମରେ ସ୍ରଷ୍ଟା କତିପୟ
୫ । ସୃଷ୍ଟି ସମୀକ୍ଷା
୬ । ନବଧା ନିତ୍ୟାନନ୍ଦ
୭ । ଅନନ୍ୟ କାନ୍ତକବି
୮ । ଜନଜୀବନ ଓ ସାହିତ୍ୟ
୯ । ଊନବିଂଶ ଶତାବ୍ଦୀ ଓ ଫକୀରମୋହନ
୧୦ । ଓଡ଼ିଆ ସାହିତ୍ୟ-ସଂସ୍କୃତି ଓ କବିଚନ୍ଦ୍ର କାଳୀଚରଣ
୧୧ । କାଳ ଓ କଳାର ଶିଳ୍ପୀ ସୁରେନ୍ଦ୍ର

BLACK EAGLE BOOKS

www.blackeaglebooks.org
info@blackeaglebooks.org

Black Eagle Books, an independent publisher, was founded as a nonprofit organization in April, 2019. It is our mission to connect and engage the Indian diaspora and the world at large with the best of works of world literature published on a collaborative platform, with special emphasis on foregrounding Contemporary Classics and New Writing.

www.ingramcontent.com/pod-product-compliance
Lightning Source LLC
Chambersburg PA
CBHW060600080526
44585CB00013B/635
9781645604983